CCNA ICND Prüfungshandbuch

Wendell Odom

Übersetzung: Uwe Ring, Cosmos Consulting GmbH

CCNA ICND Prüfungshandbuch

Die offizielle Vorbereitung zum Cisco-Examen Nr. 640–811

Cisco Press

Markt+Technik Verlag

Bibliografische Information Der Deutschen Bibliothek
Die Deutsche Bibliothek verzeichnet diese Publikation in der Deutschen
Nationalbibliografie; detaillierte bibliografische Daten sind im Internet
über <http://dnb.ddb.de> abrufbar.

Die Informationen in diesem Produkt werden ohne Rücksicht auf einen
eventuellen Patentschutz veröffentlicht.
Warennamen werden ohne Gewährleistung der freien Verwendbarkeit benutzt.
Bei der Zusammenstellung von Texten und Abbildungen wurde mit größter
Sorgfalt vorgegangen. Trotzdem können Fehler nicht vollständig ausgeschlossen werden.
Verlag, Herausgeber und Autoren können für fehlerhafte Angaben
und deren Folgen weder eine juristische Verantwortung noch
irgendeine Haftung übernehmen. Für Verbesserungsvorschläge und Hinweise auf Fehler sind Verlag und
Herausgeber dankbar.

Autorisierte Übersetzung der amerikanischen Originalausgabe:
Cisco Secure Internet Security Solutions
Alle Rechte vorbehalten, auch die der fotomechanischen
Wiedergabe und der Speicherung in elektronischen Medien.
Die gewerbliche Nutzung der in diesem Produkt gezeigten
Modelle und Arbeiten ist nicht zulässig.
Fast alle Hardware- und Software-Bezeichnungen, die in diesem Buch
erwähnt werden, sind gleichzeitig auch eingetragene Warenzeichen
oder sollten als solche betrachtet werden.

Authorized translation from the English language edition, entitled
CCNA ICND Exam Certification Guide
by Cisco Systems Inc., published by Pearson Education, Inc,
publishing as Cisco Press, Copyright © 2003

All rights reserved. No part of this book may be reproduced or transmitted in any form or
by any means, electronic or mechanical, including photocopying, recording or by any
information storage retrieval system, without permission from Pearson Education, Inc.
GERMAN language edition published by PEARSON EDUCATION
DEUTSCHLAND, Copyright © 2004

Umwelthinweis:
Dieses Buch wurde auf chlorfrei gebleichtem Papier gedruckt.
Die Einschrumpffolie – zum Schutz vor Verschmutzung – ist aus
umweltverträglichem und recyclingfähigem PE-Material.

10 9 8 7 6 5 4 3 2 1
06 05 04

ISBN 3-8272-6650-5

© 2004 by Markt+Technik Verlag,
ein Imprint der Pearson Education Deutschland GmbH.
Martin-Kollar-Straße 10–12, D-81829 München/Germany
Alle Rechte vorbehalten
Übersetzung und Lokalisierung: Uwe Ring, Cosmos Consulting GmbH, uwe.ring@cosmosnet.de
Lektorat: Erik Franz, efranz@pearson.de
Herstellung: Claudia Bäurle, cbaeurle@pearson.de
Einbandgestaltung: H2 Design, München
Satz: text&form, Fürstenfeldbruck
Druck und Verarbeitung: Kösel, Kempten (www.KoeselBuch.de)

Printed in Germany

Inhaltsverzeichnis

Einleitung			9
Teil I: LAN Switching			31
1	**LAN Switching und die Konfiguration von Cisco 2950 LAN Switches**		33
	1.1	»Weiß ich's schon?«-Quiz	33
	1.2	Grundlagen	37
	1.2.1	Kurzer Überblick über das LAN-Switching	38
	1.2.2	Grundkonfiguration und Befehle für den Cisco 2950 Switch	42
	1.3	Grundlagen-Zusammenfassung	56
	1.4	Q&A	57
2	**Das Spanning-Tree-Protokoll**		61
	2.1	»Weiß ich's schon?«-Quiz	61
	2.2	Grundlagen	65
	2.2.1	Das Spanning-Tree-Protokoll	65
	2.2.2	Rapid-Spanning-Tree (IEEE 802.1w)	79
	2.2.3	Konfiguration des Spanning-Tree-Protokolls	87
	2.3	Grundlagen-Zusammenfassung	93
	2.4	Q&A	95
3	**Virtuelle LANs und Trunking**		99
	3.1	»Weiß ich's schon?«-Quiz	99
	3.2	Grundlagen	102
	3.2.1	Überblick über Virtuelle-LAN-Konzepte	102
	3.2.2	Trunking mit ISL und 802.1Q	103
	3.2.3	VLAN-Trunking-Protokoll (VTP)	108
	3.2.4	VLAN- und Trunking-Konfiguration	111
	3.3	Grundlagen-Zusammenfassung	121
	3.4	Q&A	122

Teil II: TCP/IP — 125

4 IP-Adressierung und Subnetz-Konfiguration — 127
- 4.1 »Weiß ich's schon?«-Quiz — 127
- 4.2 Grundlagen — 131
  - 4.2.1 Überblick über die IP-Adressierung — 131
  - 4.2.2 Analyse und Interpretation von IP-Adressen und Subnetting — 136
- 4.3 Grundlagen-Zusammenfassung — 166
- 4.4 Q&A — 168

5 RIP, IGRP und statische Routen — 173
- 5.1 »Weiß ich's schon?«-Quiz — 174
- 5.2 Grundlagen — 177
  - 5.2.1 Statische Routen konfigurieren und testen — 177
  - 5.2.2 Distanzvektorkonzepte — 183
  - 5.2.3 Konfiguration von RIP und IGRP — 195
- 5.3 Grundlagen-Zusammenfassung — 213
- 5.4 Q&A — 216

6 OSPF und EIGRP — 221
- 6.1 »Weiß ich's schon?«-Quiz — 222
- 6.2 Grundlagen — 225
  - 6.2.1 Link-State und OSPF — 225
  - 6.2.2 Balanced Hybrid und EIGRP — 234
  - 6.2.3 OSPF-Konfiguration — 238
  - 6.2.4 EIGRP-Konfiguration — 246
- 6.3 Grundlagen-Zusammenfassung — 249
- 6.4 Q&A — 252

7 Weiterführende Themen zu Routingprotokollen — 255
- 7.1 »Weiß ich's schon?«-Quiz — 255
- 7.2 Grundlagen — 258
  - 7.2.1 Route Summarization und VLSM — 258
  - 7.2.2 Klassenlose Routingprotokolle, klassenloses Routing — 269
- 7.3 Grundlagen-Zusammenfassung — 281
- 7.4 Q&A — 283

8	Weiterführendes zu TCP/IP		287
	8.1	»Weiß ich's schon?«-Quiz	287
	8.2	Grundlagen	292
	8.2.1	Skalierung des IP-Adressbereichs für das Internet	292
	8.2.2	Weitere TCP/IP-Protokoll Themen	314
	8.3	Grundlagen-Zusammenfassung	330
	8.4	Q&A	334

Teil III: Wide-Area Netzwerke 337

9	Punkt-zu-Punkt Standleitungen		339
	9.1	»Weiß ich's schon?«-Quiz	339
	9.2	Grundlagen	342
	9.2.1	Überblick über die WAN-Grundlagen	342
	9.2.2	Datenverbindungsprotokolle für Punkt-zu-Punkt-Standleitungen	345
	9.2.3	Authentifizierung auf WAN-Links	352
	9.3	Grundlagen-Zusammenfassung	354
	9.4	Q&A	357
10	ISDN und DDR (Dial-on-Demand Routing)		359
	10.1	»Weiß ich's schon?«-Quiz	359
	10.2	Grundlagen	363
	10.2.1	ISDN-Protokolle und Design	363
	10.2.2	Konfiguration von ISDN und DDR (Dial-on-Demand Routing)	375
	10.3	Grundlagen-Zusammenfassung	402
	10.4	Q&A	406
11	Frame Relay		409
	11.1	»Weiß ich's schon?«-Quiz	409
	11.2	Grundlagen	414
	11.2.1	Frame-Relay-Protokolle	414
	11.2.2	Die Konfiguration von Frame Relay	435
	11.3	Grundlagen-Zusammenfassung	454
	11.4	Q&A	456

Teil IV: Netzwerksicherheit   459

12 IP Access-Kontrolllisten-Sicherheit   461

12.1	»Weiß ich's schon?«-Quiz	461
12.2	Grundlagen	465
12.2.1	Standard IP-Zugangskontrolllisten	465
12.2.2	Erweiterte IP-ACLs	476
12.2.3	Weitere ACL Themen	483
12.3	Grundlagen-Zusammenfassung	488
12.4	Q&A	491

Teil V: Letzte Vorbereitungen   497

13 Vor der Prüfung   499

13.1	Vorschläge für die letzte Vorbereitung	499
13.1.1	Vorbereitung auf die Examenserfahrung	500
13.1.2	Laborsimulation für die Prüfung	502
13.1.3	Szenario 1	503
13.1.4	Szenario 2	515

Anhang A: Antworten zum »Weiß ich's schon?«-Quiz und den Q&A-Fragen für alle Kapitel   533

Anhang B: Dezimal-Binär Übersetzungstabelle   597

Anhang C: Simulations-Software für Praxisübungen   601

Anhang D: Dynamische Routingprotokolle im Vergleich   609

Anhang E: Konfiguration beim Cisco 1900 Switch   621

Glossar   641

Stichwortverzeichnis   653

Einleitung

Der Autor

Wendell Odom, CCIE 1624, ist Senior-Trainer bei Skyline Computer (www.skylinecomputer.com) und gibt dort Kurse zu den Themenkreisen um QoS, CCNA und CCIE-Laborvorbereitung. Er hat 20 Jahre lang in der Networking-Arena gekämpft: als Technischer Verkaufsberater, Trainer und Kursentwickler. In den mehr als 12 Kursen, die er maßgeblich mitgestaltet hat, geht es um Themen wie IP-Routing, MPLS, Cisco WAN Switches, SNA-Protokolle und LAN-Troubleshooting. Wendell Odom ist zudem Autor der drei letzten Auflagen des *CCNA Examens* und *DQOS Exam Certification Guide*.

Fachlektoren

Elan Beer, CCIE Nr. 1837, CCSI Nr. 94008, ist Senior Consultant und zertifizierter Kursleiter bei Cisco. Seine Expertise ist unter Internetworkern durch seine internationalen Berater- und Trainertätigkeiten anerkannt. Als einer der Top Internetworking Consultants und Cisco Kursleiter hat Beer sein Wissen in den Bereichen Design, Implementierung und Betrieb von Multi-Protokollnetzwerken in einem internationalen Umfeld entwickelt. Als Senior Kursleiter und Kursentwickler präsentiert er viele der heutigen Top-Technologien einer breiten Öffentlichkeit. Sie erreichen Elan Beer unter *elan@CiscoConsultants.com*.

Lynn Maynes, CCIE Nr. 6569, Senior Netzwerk-Ingenieur bei Sprint Managed Network Services, ist auf Netzwerkdesign, Netzwerkarchitektur und Netzwerksicherheit in Großnetzen spezialisiert und ist ebenso weltweit tätig. Er hat über neun Jahre Erfahrung im Computer Networking und ist Mitautor des Cisco Press-Titels CCNA Practical Studies. Lynn Maynes hat einen Bachelor in International Business des Westminster College.

Martin Walshaw, CCIE Nr. 5629, CISSP, CCNP, CCDP, ist Systemingenieur bei Cisco Systems. Er arbeitet bei der Unternehmensgruppe South Africa. Seine Spezialgebiete liegen unter anderem in den Bereichen Konvergenz, Sicherheit und Content Delivery Networking. Walshaw war in den letzten 15 Jahren in etlichen Bereichen der IT-Industrie tätig, von der RPG III und COBOL Programmierung bis zum Verkauf von PCs.

Icons

Router · Bridge · Hub · DSU/CSU

Catalyst Switch · Multilayer Switch · ATM Switch · ISDN/Frame Relay Switch

Kommunikations-Server · Gateway · Zugangsserver

PC · PC mit Software · Sun Workstation · Macintosh

Terminal · Dateiserver · Webserver · Cisco Works Workstation · Modem

Drucker · Laptop · IBM Mainframe · Front-End-Prozessor · Cluster Controller

Icons in diesem Buch

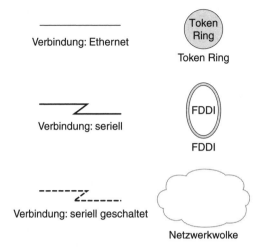

Icons in diesem Buch (Forts.)

Befehlssyntax

Die hier verwendeten Regeln bei der Befehls-Syntax entsprechen denen der IOS-Befehlsreferenz. Dort sind die Konventionen wie folgt:

- Ein vertikaler Strich (|) trennt alternative, sich ausschließende Elemente.
- Eckige Klammern ([ ]) zeigen optionale Elemente an.
- Geschweifte Klammern ({ }) markieren eine notwendige Auswahl.
- Geschweifte Klammern in eckigen Klammern ([{ }]) zeigen eine notwendige Auswahl innerhalb einer Option an.
- **Fett** gedruckte Befehle und Schlüsselworte werden in den angegebenen Zeichen eingegeben. In unseren Konfigurationsbeispielen und -anzeigen (nicht nach allgemeiner Befehls-Syntax) sind fett gedruckte Befehle diejenigen, die ein Anwender manuell eingibt (wie **show**).
- *Kursiv* gedruckte Eingaben enthalten die im Einzelfall gültigen und einzugebenden Werte.

Überblick über die Zertifizierung und wie man sie besteht

Wenn Sie diese Zeilen lesen, haben Sie sich vermutlich entschieden, das CCNA-Zertifikat (Cisco Certified Network Associate) zu erwerben. Dieses Zertifikat von Cisco Systems zählt zu den besten Einstiegshilfen in die IT-Industrie. Der CCNA gibt Ihnen zwar keine Jobgarantie, allerdings geht Ihr Gesprächspartner mit Sicherheit davon aus, dass Sie wissen, wovon Sie reden!

Das CCNA-Zertifikat von Cisco bestätigt, dass Sie fundierte Grundkenntnisse über die wichtigsten Ciscoprodukte haben – Router und Switches. Es beinhaltet darüber hinaus, dass Sie über ein breites Wissensprektrum in bezug auf Protokolle und Netzwerktechnologien verfügen. Das CCNA-Zertifikat selbst ist nicht einfach zu bestehen, aber die Mühe lohnt sich. In einem boomenden Wirtschaftszweig ist der CCNA der erste Schritt zu einem höheren Einkommen gegenüber nicht-zertifizierten Mitbewerbern. In einer schwierigen Wirtschaftslage wiederum kann der CCNA mit darüber entscheiden, ob ein möglicher Arbeitgeber sich überhaupt Ihren Lebenslauf ansieht. Unabhängig von Ihren lokalen wirtschaftlichen Verhältnissen verbessert der CCNA Ihren Marktwert und die Beurteilung Ihrer Qualifikationen!

Gelegentlich werde ich nach Ratschlägen für die Karriere gefragt. Dann gebe ich eigentlich immer die gleiche Antwort: Wer in der Netzwerk-Industrie etwas werden möchte, muss Cisco kennen. Cisco verfügt über beachtliche Marktanteile bei Routern und Switches von teilweise mehr als 80 Prozent. In weiten Bereichen des Marktes richtet sich das Networking nach Cisco. Wenn Sie daher als Netzwerktechniker ernst genommen werden wollen, müssen Sie ein Cisco-Zertifikat vorweisen können. Um es klar zu sagen: Wahrscheinlich müssen Sie auch noch weiterführende Zertifikate angehen – aber alles der Reihe nach! Schon der CCNA wird Sie einiges an Zeit und Mühe kosten.

Die Motivation von Cisco: Zertifizierte Partner

Das Hauptmotiv von Cisco für die Entwicklung des CCNA und vieler anderer Zertifikate ist eine Zuordnung der Kompetenzen der jeweiligen Partner. Cisco liefert nur einen kleinen Teil der Bestellungen direkt an einen Kunden; meistens ist ein Reseller involviert, ein so genannter *Channel Partner*. Und Cisco rät Partnern, den Hauptteil der Consulting- und Implementierungstätigkeit mit Produkten von Cisco selbst zu realisieren. Um möglichst eng mit einem Partner zusammenarbeiten zu können, muss erkennbar sein, über welche nachweisbaren Skills der Partner verfügt. Daher hat Cisco die Zertifikate, und darunter den CCNA entwickelt.

Cisco misst die technischen Fertigkeiten von Channel Partnern (Resellern) und Partnern im professionellen Dienstleistungsbereich an der Zahl der Angestellten, die ein Cisco-Zertifikat vorweisen können. Premier, Silver und Gold Channel Partner müssen zum Beispiel zwei oder vier CCNAs in der Belegschaft haben, zusätzlich zu Spezialisten auf dem Professional- und Expert-Level.

Was bedeutet das alles nun für Sie? Wenn Sie in Ihrem Lebenslauf schon ein Ciscco-Zertifikat haben, sind Sie für Cisco-Partner als Mitarbeiter interessant. In der heutigen Konkurrenzsituation zählt jeder Nachweis. Vielleicht ist das Cisco-Zertifikat für Ihren nächsten Job entscheidend! Und gerade der CCNA ist eine Grundlage für fast alle anderen Zertifikate.

Die CCNA-Examina (Wie bitte? Gibt es mehr als ein Examen?)

Das erste Mal, seit 1998 das CCNA-Zertifikat von Cisco angekündigt wurde, kann man es auch mit mehreren Prüfungen statt einer einzigen erwerben. Vor den letzten Änderungen im Jahr 2003 machte man ein einziges »CCNA-Examen«. Nun ist es möglich, eine Prüfung zu machen oder zwei getrennte – in diesem Fall enthalten beide Teilprüfungen einen Teil des Gesamtstoffes. Tabelle I.1 zeigt die Examen.

Tabelle I.1: CCNA-Examen – Namen und Nummern

Examensbezeichnung	Examensnummer	Beschreibung
INTRO-Examen	640-821	Teil des CCNA-Stoffs. Sollte man vor dem ICND-Examen machen.
ICND-Examen	640-811	Teil des CCNA-Stoffs. Sollte man nach dem INTRO-Examen machen.
CCNA-Examen	640-801	Kann man statt INTRO- und ICND-Examen machen. Enthält den gleichen Stoff, wie die anderen beiden zusammen.

Um den CCNA zu bekommen legen Sie also die CCNA-Prüfung ab, oder nacheinander das INTRO- und das ICND-Examen.

Wie bei den meisten Cisco-Examen, leiten sich die Bezeichnungen INTRO und ICND von zwei Cisco-Kursen ab: Der INTRO-Kurs enthält einen breit angelegten Stoff zu Ethernet-Verkabelung und VPNs (Virtuelle Private Netzwerke). Der ICND-Kurs (Interconnecting Cisco Network Devices) geht genauer auf die Cisco-Technologie und die Protokolle ein – besonders auf Switching und Routing. Der INTRO-Kurs enthält viel Stoff, der im Überblick behandelt wird. Der ICND enthält weniger Stoff, der aber eingehender besprochen wird. Das INTRO- und das ICND-Examen prüfen den Stoff in der gleichen Breite und Tiefe, wie er in den gleichnamigen Kursen dargestellt wird.

Das CCNA-Examen umfasst genau den gleichen Stoff, der im INTRO- und im ICND-Examen getrennt abgefragt wird. Wenn Sie etwas Geld sparen wollen, und sich sicher sind, Fragen zum gesamten Stoff beantworten zu können, machen Sie einfach das CCNA-Examen. Andernfalls konzentrieren Sie sich zuerst auf das INTRO-Examen, lernen den Stoff, machen die Prüfung, und gehen dann zum ICND über.

Der Rahmen der CCNA-Examina

INTRO, ICND und CCNA – alle Examina folgen denselben Rahmenbestimmungen. Sobald Sie am Testort ankommen und sich angemeldet haben, gibt Ihnen der Prüfer allgemeine Hinweise und führt Sie an einen ruhigen Arbeitsplatz mit PC. Wenn Sie Platz genommen haben, müssen Sie noch ein paar Dinge erledigen, bevor die Uhr anfängt, zu laufen. So können Sie zum Beispiel zunächst an einem Vorquiz teilnehmen, um sich an den PC und das Testinterface zu gewöhnen. Wer Anwenderkenntnisse am PC besitzt, wird mit der Testumgebung bestimmt gut klarkommen.

Sobald Sie mit der Prüfung anfangen, werden Ihnen eine Reihe von Fragen gestellt. Beantworten Sie eine Frage und gehen Sie dann zur nächsten. *Die Testmaschine lässt Sie nicht zurückgehen, um eine Antwort zu verändern.* Sobald Sie zur nächsten Frage gegangen sind, können Sie an der vorhergehenden Frage bzw. Ihrer Antwort nichts mehr verändern.

Die Prüfungsfragen können die folgenden Formate aufweisen:

- Multiple Choice
- Einsetzen eigener Anworten
- Drag & Drop
- Laborsimulation

Bei Multiple-Choice-Fragen klicken Sie ein Kästchen neben der richtigen Antwort an (es können mehrere Antworten richtig sein). Bei mehreren richtigen Antworten bekommen Sie wahrscheinlich mitgeteilt, wieviele Antworten angeklickt werden müssen.

Bei Einsetzaufgaben müssen Sie genau die richtige Antwort einsetzen.

Bei Drag & Drop-Aufgaben ziehen Sie einen Button oder ein Icon mit der Maus (Festhalten mit der linken Maustaste, Loslassen an der richtigen Stelle) an die Stelle, an die das Objekt sachlich richtig gehört – meistens geht es um eine Liste. Bei einigen Fragen müssen Sie unter Umständen fünf Dinge in die richtige Reihenfolge bringen.

Den meisten Respekt haben viele Prüflinge vor den Laborsimulationen. Die Prüfungsmaschine gibt Ihnen ein Interface in einem Netzwerk mit mehreren Routern vor und Sie müssen sich einloggen und ein Troubleshooting für ein Szenario durchführen. Um das Problem zu lösen, müssen Sie im User-Interface navigieren können, verschiedene Kommandos kennen und eventuell eine Fehlkonfiguration durch eine richtige Konfiguration ersetzen. Speichern Sie Ihre Konfigurationen immer ab, bis die Maschine Ihnen die Anweisung gibt, nicht mehr zu speichern.

Die beste Vorbereitung auf die Laborsimulation besteht in praktischer Übung. Sie können sich im Internet Seiten heraussuchen, die Ihnen freien Zugang zu CCNA-Übungsmaschinen geben. Ich habe einmal »free CCNA labs« eingegeben, und die ersten drei Treffer waren schon (dem ersten Anschein nach) legitime Angebote für freien Laborzugriff auf CCNA-Studien. Sie können auch einen Simulator verwenden wie den *CCNA Router and Switch eSIM* von Cisco Press. Eine Version von Boson Netsim speziell für dieses Buch finden Sie auf der mitgelieferten CD.

Inhalt des CCNA Examens

Solange ich zur Schule gegangen bin, hat immer jemand gefragt, was »drankommt«, sobald der Lehrer einen Test oder eine Arbeit angekündigt hat. Auch auf der Uni möchten die Studierenden möglichst genau wissen, was im Examen gefragt wird. Das Ziel ist, herauszubekommen, welche Themen man besonders intensiv vorbereiten soll, welche wenig und welche gar nicht.

Cisco möchte, dass Sie wissen, was Sie lernen müssen, und dass Sie gut vorbereitet ins Examen gehen. Cisco möchte aber nicht so konkret werden, dass Sie nur ein paar Fakten gut genug auswendig lernen müssen, um das Examen zu bestehen. Kurz gesagt: Sie sollen das Examen bestehen, weil Sie Ihren Stoff beherrschen und nicht weil Sie eine Reihe von Fragen und Antworten mechanisch wiedergeben können, die Sie sich von irgendeiner Internetseite gezogen haben, auf der sie jemand (möglicherweise illegal) veröffentlicht hat.

Was kann man nun zum Inhalt der Prüfungen sagen? Zunächst einmal stellt Cisco die Themen für jedes Examen neu zusammen. Diese offizielle Themenliste bildet die Grundlage für die Examensfragen. Sie sollten sich diese aktuelle Liste also ansehen. Die Breite und Tiefe der Examensfragen stimmt immer in etwa mit den Kursinhalten überein, denen die jeweiligen Prüfungen zugeordnet sind. Daher kann man Rückschlüsse aus den aktuellen Kurse ziehen. Schließlich muss man noch berücksichtigen, dass Cisco die Materialien zum CNAP-Kurs (Networking Academy Program) mit dem CCNA im Hinterkopf zusammenstellt. Wenn Sie sich also unter den genannten Quellen informieren, gewinnen Sie einen ganz guten Einblick in die Anforderungen des aktuelle Examens.

Themen des CCNA Examens

Sehen Sie sich genau die Prüfungsthemen an, die Cisco auf der Website veröffentlicht. Vielleicht entdecken Sie Hinweise darauf, wie eingehend Sie sich mit welchen Themen beschäftigen müssen. Die Prüfungsthemen sind mit Code-Worten versehen, die einem Standard für die Bedeutung von Prüfungsthemen folgen (»Bloom's Taxonomy of the Cognitive Domain«). Dieser

Standard gibt vor, welche Code-Worte Prüfer für die Formulierung der Kursthemen verwenden. Themen, die nach den Vorschriften dieses Standards formuliert sind, geben ein Bild darüber ab, was ein Prüfling am Ende eines Kurses können muss. Wenn Sie sich ein Examensthema ansehen, suchen Sie nach dem Code-Wort. Daraus geht hervor, welche Fähigkeiten und welchen Wissensstand Sie für das Examen brauchen. (Wenn Sie sich über Blooms Taxonomie informieren wollen, können Sie im Internet suchen. Meine favorisierte Kurzliste findet man unter *http://chiron.valdosta.edu/whuitt/col/cogsys/bloom.html*.).

Nehmen wir drei Beispiele. Kommt in einem Kursthema das imperativische »Listen Sie auf!« vor, müssen Sie die Eigenschaften auflisten können. Das Code-Wort »Konfigurieren Sie« bedeutet, dass Sie die damit zusammenhängenden Konfigurationsbefehle kennen müssen und wie sie eingesetzt werden. »Führen Sie ein Troubleshooting durch« bedeutet, dass Sie alle **show** und **debug** Befehle zum fraglichen Themenbereich kennen müssen.

Was bedeutet Blooms Standard für Ihre Prüfungsvorbereitung? Achten Sie auf die Imperative und stellen Sie sicher, dass Sie die daraus hervorgehenden Aufgaben bewältigen können. Nehmen wir an, in einer Aufgabe steht so etwas wie »Konfigurieren Sie RIP ...«. Studieren Sie dann nicht nur die RIP-Konzepte, sondern sehen Sie sich die Details der Konfiguration an. Der Imperativ in der Aufgabenstellung heißt ja schließlich »Konfigurieren Sie!«. Das ist ein Hinweis darauf, dass Sie konfigurieren können müssen.

Cisco fügt solchen Hinweisen einen Zusatz hinzu, dass es sich bei allen veröffentlichten Examensthemen um *Richtlinien* handelt. Cisco speichert die Fragen in einer Datenbank mit den Examensthemen, die schon vorgekommen sind. Das kann man aber kaum für jedes Examen tun, das jemals stattgefunden hat. Und dennoch könnten Sie auch auf Fragen stoßen, die aus dem Rahmen der Examensthemen herausfallen. Wenn Sie jedoch den Richtlinien von Cisco folgen, haben Sie auf jeden Fall eine gute Basis für die Examensthemen in ihrer ganzen Breite und Tiefe.

Tabelle I.2 führt die Themen im ICND-Examen auf. Sie können diese Punkte auch in der Einleitung zum *CCNA ICND Exam Certification Guide* (in der deutschen Übersetzung Prüfungshandbuch genannt) und auf *www.cisco.com* finden. Beachten Sie, dass die Themen in der *Exam Certification Guide* Reihe nummeriert sind, obwohl Cisco die Examensthemen selbst nicht durchnummeriert hat. Das dient nur der besseren Übersicht. Beachten Sie dabei auch, dass Cisco im Laufe der Zeit Examensthemen geändert hat, ohne deren laufende Nummer zu verändern. Wundern Sie sich also nicht, wenn Sie auf solche kleinen Änderungen stoßen, sie ergeben sich in einer längeren Entwicklung einfach. Wenn Sie unsicher sind, gehen Sie auf *www.cisco.com*, klicken auf Learning & Events und wählen Career Certifications and Paths.

Tabelle 1.2: Themen des ICND Examens

Referenz-nummer zum Prüfungsthema	Prüfungsthema
Planung und Design	
1	Entwerfen oder modifizieren Sie eine einfaches LAN mit Cisco-Produkten
2	Entwerfen Sie ein IP-Adress-Schema, das klassenabhängige und klassenlose und private Adressierung und Design Anforderungen unterstützt
3	Wählen Sie ein passendes Routingprotokoll für die Anwenderanforderungen aus
4	Designen Sie ein einfaches Internetzwerk mit Cisco-Produkten
5	Entwickeln Sie eine ACL für Anwendererfordernisse
6	Wählen Sie ein WAN-Protokoll für die Designanforderungen aus
Implementierung und Betrieb	
7	Konfigurieren Sie Routingprotokolle für Anwenderanforderungen
8	Konfigurieren Sie IP-Adresse, Subnetzmaske und Gateway-Adressen auf Routern und Hosts als Teil einer Netzwerklösung
9	Konfigurieren Sie einen Router für zusätzliche administrative Funktionalität
10	Konfigurieren Sie einen Switch mit VLANS und Inter-Switch-Kommunikation
11	Implementiere ein LAN
12	Passen Sie eine Switchkonfiguration an bestimmte Netzwerkanforderungen an
13	Implementieren Sie ACLs
14	Implementieren Sie einfache WAN-Protokolle
Troubleshooting	
15	Verwenden Sie das OSI-Modell als Richtlinie für ein systematisches Netzwerk-Troubleshooting
16	Führen Sie ein LAN- und VLAN-Troubleshooting durch
17	Führen Sie ein Routingprotokoll-Troubleshooting durch
18	Führen Sie ein Troubleshooting für die IP-Adressierung und die Hostkonfiguration durch
19	Führen Sie ein Troubleshooting für ein Gerät als Teil eines arbeitenden Netzwerks durch

Tabelle 1.2: Themen des ICND Examens (Forts.)

Referenz-nummer zum Prüfungsthema	Prüfungsthema
20	Führen Sie ein Troubleshooting für eine ACL durch
21	Führen Sie ein einfaches WAN-Troubleshooting durch
Technologie	
22	Beschreiben Sie den Spanning Tree Prozess
23	Beurteilen Sie die Eigenschaften von LAN-Komponenten
24	Beurteilen Sie die Eigenschaften von Routing-Protokollen
25	Beurteilen Sie Regeln für die Paketkontrolle
26	Beurteilen Sie Schlüsselfunktionen von HDLC, PPP, Frame Relay, DDR und ISDN-Technologien

Bezüge zwischen Examensthemen und Teilen des Buches

Tabelle I.3 liefert Ihnen Bezüge zwischen Examensthemen und Teilen des Buches, in denen sie behandelt werden.

Tabelle I.3: ICND-Examensthemen und ihre Bezüge zum CCNA ICND Prüfungshandbuch

Examensthema	Teil	Examensthema	Teil
1	1	14	3
2	2	15	1-4
3	2	16	1
4	1-3	17	2
5	4	18	2
6	3	19	1-4
7	2	20	4
8	2	21	3
9	2	22	1
10	1	23	1
11	1	24	2
12	1	25	4
13	4	26	3

CCNA Examensthemen

Interessanterweise sind die Examensthemen zum CCNA (640-801) nicht einfach eine Kombination aus INTRO-Examen und ICND-Examen. Wenn Sie genau hinsehen, stimmen die CCNA-Themen mehr mit den ICND-Themen überein, als mit den INTRO-Themen.

Was bedeutet das für diejenigen unter Ihnen, die sich für den Abschluss mit dem CCNA-Examen entschieden haben? Aus praktischen Gründen enthält das CCNA-Examen genau die gleichen Themen, wie INTRO und ICND zusammen. Die Länge der Prüfung gestattet es nicht, nach allen möglichen Dingen zu fragen. Rechnen Sie also einmal damit, dass das CCNA-Examen fortgeschrittene Fragestellungen enthält, zu deren Beantwortung Sie oft Basiswissen parat haben müssen. Zum Beispiel wird es eher eine Aufgabe geben, in der Sie Subnetznummern herleiten müssen, als dass Sie die binäre Mathematik erklären, wie es in den INTRO-Themen enthalten ist. Ein weiteres Beispiel: Statt einer Beschreibung von LAN-Verkabelung gibt es eine Aufgabe zum Troubleshooting in einer LAN-Topologie, bei der Sie wissen müssen, ob irgendwo ein falsches Kabel verwendet wurde. Also, egal, ob die Examensthemen nun ganz genau übereinstimmen oder nicht, Sie müssen alles können, was in INTRO und ICND vorkommen kann, um den CCNA zu bestehen.

Tabelle I.4 führt die CCNA-Themen zum Zeitpunkt der Buchveröffentlichung auf. Sehen Sie wie immer unter *www.cisco.com* nach, wie die aktuellsten Veröffentlichungen von Cisco zu CCNA, INTRO und ICND aussehen!

Tabelle I.4: CCNA Examensthemen

Referenznummer zum Prüfungsthema	Prüfungsthema
Planung und Design	
1	Designen Sie ein einfaches LAN unter Verwendung von Cisco-Technologie
2	Designen Sie ein IP-Adress-Schema für bestimmte Designanforderungen
3	Wählen Sie ein passendes Routingprotokoll für Anwenderanforderungen
4	Designen Sie ein einfaches Internetzwerk mit Cisco-Technologie
5	Entwickeln Sie eine ACL für Anwenderanforderungen
6	Wählen Sie WAN-Dienste für Kundenerfordernisse aus

Tabelle I.4: CCNA Examensthemen (Forts.)

Referenz-nummer zum Prüfungsthema	Prüfungsthema
Implementierung und Betrieb	
7	Konfigurieren Sie Routingprotokolle für gegebene Anwenderanforderungen
8	Konfigurieren Sie IP-Adressen, Subnetzmasken und Gateway-Adressen für Router und Hosts
9	Konfigurieren Sie einen Router für zusätzliche administrative Funktionalität
10	Konfigurieren Sie einen Switch mit VLANS und Inter-Switch-Kommunikation
11	Implementieren Sie ein LAN
12	Passen Sie eine Switchkonfiguration an bestimmte Netzwerkanforderungen an
13	Verwalten Sie System-Images und Konfigurationsdateien
14	Führen Sie eine Startkonfiguration auf einem Router durch
15	Führen Sie eine Startkonfiguration auf einem Switch durch
16	Implementieren Sie ACLs
17	Implementieren Sie einfache WAN-Protokolle
Troubleshooting	
18	Verwenden Sie das OSI-Modell als Richtlinie für ein systematisches Netzwerk-Troubleshooting
19	Führen Sie ein LAN- und VLAN-Troubleshooting durch
20	Führen Sie ein Routingprotokoll-Troubleshooting durch
21	Führen Sie ein Troubleshooting für IP-Adressierung und Hostkonfiguration durch
22	Führen Sie ein Troubleshooting für ein Gerät als Teil eines Netzwerks durch
23	Führen Sie ein Troubleshooting für eine ACL durch
24	Führen Sie ein einfaches WAN-Troubleshooting durch
Technologie	
25	Beschreiben Sie die Netzwerkkommunikation mit Layer-Modellen
26	Beschreiben Sie den Spanning Tree Prozess

Tabelle I.4: CCNA Examensthemen (Forts.)

Referenz-nummer zum Prüfungsthema	Prüfungsthema
27	Stellen Sie LAN-Umgebungen einander vergleichend gegenüber
28	Beurteilen Sie die Eigenschaften von Routingprotokollen
29	Beurteilen Sie TCP/IP-Kommunikationsprozesse und die dazugehörigen Protokolle
30	Beschreiben Sie die Komponenten von Netzwerkgeräten
31	Beurteilen Sie die Regeln für eine Paketkontrolle
32	Beurteilen Sie Schlüsseleigenschaften von WANs

Die Beschreibungen der INTRO- und ICND-Kurse

Es gibt noch eine weitere Möglichkeit, sich die Inhalte der Prüfungen anzusehen, und zwar anhand der Inhalte der entsprechenden Kurse. Cisco bietet INTRO (Introduction to Cisco Networking) und ICND-Kurse (Interconnecting Cisco Network Devices) über CLSPs (Certified Learning Solutions Provider) an. CLSPs arbeiten ihrerseits mit weiteren Trainingspartnern zusammen.

Der INTRO-Kurs enthält ein wesentlich breiteres Themenspektrum als der ICND. Dafür geht der ICND mehr ins Detail. Im ICND sind besonders viele Informationen zu Befehlen für die Konfiguration und das Troubleshooting von Routern und Switches enthalten.

Die Beschreibungen dazu finden Sie unter *www.cisco.com*.

Lehrbücher für INTRO- und ICND-Examen

Wie schon weiter oben erwähnt, können Sie das INTRO- und ICND-Examen nacheinander ablegen oder den CCNA in einem machen. Aufgrund der ausfernden Thematik, auch im Vergleich zu früher, hatten wir zuviel Material vorliegen, um es nur in ein einzigesBuch zu packen. Daher haben wir den Stoff aufgeteilt und zwei Lehrbücher erstellt – eins für das INTRO- und eins für das ICND-Examen.

Der Inhalt dieser beiden Bücher ist für beide Zielgruppen bestimmt: diejenigen mit einem einzigen und diejenigen mit den beiden kombinierten Examen. Wenn Sie nur das ICND-Examen machen wollen, reicht es, wenn Sie nur das vorliegende Buch lesen. Die ICND-Themen gehen aber tiefer als beim INTRO. Daher empfiehlt es sich, das INTRO-Examen zuerst abzulegen. Halten Sie sich zur Verwirklichung dieses Ziels an das passende Buch, das auch auf deutsch in dieser Reihe erschienen ist (Cisco INTRO Prüfungshandbuch, ISBN 3827267196).

Wenn Sie für das CCNA-Examen lernen, können Sie beide Bücher zugrunde legen und abwechselnd lesen. So erhalten Sie eine optimale Reihenfolge beim Lernen. Diese Einführung enthält einen Leseplan für alle, die das CCNA-Examen vorbereiten. Er empfiehlt Ihnen eine Reihenfolge, in der Sie die Kapitel der beiden Bücher lesen sollten. Im Grunde lesen Sie die ersten drei Teile dieses Buches, dann einen Teil des anderen, kehren zu diesem zurück und so weiter. Da die Teile mit klaren Bezeichnungen versehen sind, kann man leicht nachvollziehen, in welcher Reihenfolge man von Buch zu Buch wechselt. Wenn Sie die Empfehlung befolgen, schließen Sie alle Inhalte zu einem technischen Themenbereich ab, bevor Sie zum nächsten gehen.

Themen und Methoden

Das wichtigste Ziel dieses Buches ist es, dass Sie Ihre ICND- oder CCNA-Prüfung bestehen. Wenn es um etwas anderes gehen würde, wäre schon der Titel missverständlich! Allerdings muss man sagen, dass die Lernmethoden in diesem Buch auch dafür ausgelegt sind, dass Sie Ihren Job qualifizierter ausüben können.

Dieses Buch bietet Ihnen mehrere Methoden an, mit denen Sie prüfen können, welche Prüfungsthemen Sie noch einmal wiederholen müssen, damit Sie das Thema in allen Einzelheiten verstehen, und um Ihr Wissen selbst zu prüfen. Wir können Ihnen mit einem Buch in erster Linie beim auswendig lernen helfen. Es geht uns dabei aber eigentlich um ein wirkliches Verständnis der Themen. Der CCNA bildet die Grundlage vieler professioneller Cisco-Zertifikate. Wir würden Sie geradezu auf eine falsche Fährte führen, wenn wir Ihnen nicht wirklich das beste Material lieferten. In diesem Buch wird Ihnen mit den folgenden Methoden bei der Examensvorbereitung geholfen:

- Erkennen von Themenbereichen, die Sie noch nicht ausreichend beherrschen

- Bereitstellen von Erklärungen und Informationen, mit denen Sie Ihre Wissenslücken schließen

- Übungen zur Verbesserung Ihrer Fähigkeit, sich an Antworten auf Prüfungsfragen zu erinnern und diese abzuleiten

- Bereitstellen praktischer Übungen zu allen Themen auf der Übungs-CD

Die Übungshilfen dieses Lehrbuchs

Damit Sie Ihre Studienzeit möglichst sinnvoll einteilen können, bieten Ihnen die beiden Lehrbücher hilfreiche Features an:

- »Weiß ich's schon?«-Quiz – Jedes Kapitel beginnt mit einem Quiz, mithilfe dessen Sie erkennen können, wieviel Zeit Sie noch in dieses Kapitel stecken müssen. Wenn Sie den Empfehlungen am Anfang des Kapitels folgen, führt Sie der »Weiß ich's schon?«-Quiz automatisch zu den richtigen Abschnitten des Kapitels.

- Grundlagen – Dies sind die Herzstücke der Kapitel. Erklärt werden Protokolle, Konzepte und Konfigurationen, die die jeweiligen Themenbereiche betreffen. Wenn Sie etwas über die Themen des Kapitels lernen wollen, lesen Sie die Grundlagenabschnitte.

- Grundlagen-Zusammenfassung – Gegen Ende der Kapitel steht immer eine Zusammenfassung, in der Sie die wichtigsten Punkte aus dem Kapitel in Listenform, Tabellen und Bildern wiederfinden. Die »Grundlagen-Zusammenfassung« soll dazu dienen, dass Sie auch einmal nur die Hauptkonzepte des Kapitels wiederholen können, wenn Sie im »Weiß ich's schon?«-Quiz super abgeschnitten haben. Außerdem eignen sich die Abschnitte sehr gut für einen Überlick in der letzten Sekunde.

- Q&A – Am Ende jedes Kapitels finden Sie den Q&A-Abschnitt mit Fragen und Antworten (Questions & Answers). Hier prüfen Sie, ob Sie sich an das gerade Erlernte wirklich erinnern und es verstanden haben. Die Fragen sind übrigens allgemein etwas schwieriger zu beantworten als die Examensfragen, da es keine Multiple-Choice-Fragen sind. Dafür können Sie auf diese Weise hervorragend Ihr Gedächtnis für die behandelten Sachverhalte schulen und verbessern.

- CD-gestützte Examensübung – Die Begleit-CD enthält viele Fragen, die im Buch nicht vorkommen. Diese können Sie mit dem Examensprogramm oder mit dem themenbezogenen Wiederholungsprogramm üben. Auf diese Weise machen Sie gut mit dem wirklichen Testverfahren vertraut. (Anmerkung zur deutschen Ausgabe: Die Buch-CD wurde in engl. Originalsprache belassen.)

- Praktische Übungen mit Netsim – Die CD enthält auch den Boson Netsim Netzwerksimulator, mit dem man viele Befehle aus dem Buch ausführen und üben kann. Damit können Sie etliche der Szenarien von der CD oder aus dem Buch nachstellen. In Anhang C steht, wie man in den Simulator hineinkommt und welche Laborsituationen man nachstellen kann. (Die mitgelieferte Version der Software Boson NetSim™ in diesem Buch ist keine Vollversion. Wenn Sie alle Funktionen nutzen möchten, müssen

Sie sich an die Firma Boson Software, Inc. wenden und das Programm kaufen)

- **CD-gestützte praktische Übungen** – Die Begleit-CD enthält einen eigenen Anhang B, der sich grundlegend von dem im Buch unterscheidet. Er enthält praktische Übungen. Diese Übungen enthalten Problemstellungen und Lösungen. Sie sollen hier lernen, Konzepte und Konfigurationsbefehle einander zuzuordnen. Damit können Sie Ihre Praxiserfahrung schulen, auch wenn Ihnen kein Labor zur Verfügung steht. Einige der Szenarien können Sie auch auf dem Boson Netsim Netzwerksimultator oder Ihrem eigenen Laborsimulator nachstellen.

- **CD-gestützte Laborübungen** – Die Begleit-CD enthält einen eigenen Anhang C, der sich grundlegend von dem im Buch unterscheidet. Er enthält Laborübungen. Diese Laborübungen machen Sie mit den häufigsten Konfigurierungen vertraut. Wie bei den Szenarien enthält der CD-Anhang auch die Antworten zu den Übungen, so dass Sie Ihre Befehlskenntnisse damit gut festigen können. Die Laborübungen können Sie auch auf dem Boson Netsim Netzwerksimultator oder Ihrem eigenen Laborsimulator nachstellen.

- **CD-gestützte Subnetting-Übungen** – Die Begleit-CD enthält einen Anhang mit 25 zusätzlichen Subnetting-Übungen. Zu jeder Übung gibt es die Lösungen für die Subnetznummer, die Broadcastadresse und die gültigen IP-Adressen für jedes Subnetz. Mit dieser Zusatzübung sind Sie in der Lage, die Subnettingfragen aus dem INTRO-, ICND- und CCNA-Examen schnell und richtig zu beantworten.

Aufbau dieses Buches

Dieses Buch enthält 12 Hauptkapitel: die Kapitel 1 bis 12. Kapitel 13 enthält Zusammenfassungen und Vorschläge, wie Sie an die Prüfungen herangehen sollten. Die Hauptkapitel enthalten einen Themenbereich aus dem ICND-Examen. Sie sind in vier Teile gegliedert:

Teil I: LAN Switching

- **Kapitel 1:** Wenn Sie das INTRO-Examen schon haben, könnten Sie ein paar der Einzelheiten inzwischen wieder vergessen haben. Dieses Kapitel wiederholt die Grundlagen des LAN-Switching. Außerdem enthält es Grundkonfigurationen für den 2950er Switch.

- **Kapitel 2:** Das *CCNA INTRO Prüfungshandbuch* erwähnt das STP (Spanning Tree Protocol) nur kurz; dieses Kapitel geht tiefer und berücksichtigt auch das neuere Rapid STP (RSTP).

- **Kapitel 3:** Dieses Kapitel wiederholt VLANs und VLAN-Trunking und erklärt das VTP (VLAN Trunking Protocol). Außerdem ist die VTP-Konfiguration enthalten.

Teil II: TCP/IP

- **Kapitel 4:** Dieses Kapitel geht intensiv auf IP-Adressierung und Subnetting ein. Es erklärt die Boolesche Algebra, die für die Analyse von IP-Adressen wichtig ist. Anhand mehrerer Beispiele wird deutlich, wie IP-Subnetze gebildet werden, welche IP-Adressen im selben Subnetz liegen und mit welchen Rechenwegen man Prüfungsfragen zum Subnetting löst. Dieses Kapitel ist ein Teil von Kapitel 12 im *CCNA INTRO Examen*. Es gibt nur ein paar unterschiedliche Fragen zu Beginn und am Ende des Kapitels. Im Abschnitt »Wie man mit diesem Buch das CCNA-Examen vorbereitet« stehen Vorschläge, wie Sie mit diesem Kapitel umgehen.

- **Kapitel 5:** RIP (Routing Information Protocol) und IGRP (Interior Gateway Routing Protocol) sind zwei sehr beständige IP-Routingprotokolle. Dieses Kapitel erklärt ihre Verfahren im Hintergrund, das Distanzvektorverfahren, und beschreibt, wie man die Protokolle auf einem Cisco-Router konfiguriert.

- **Kapitel 6:** OSPF (Open Shortest Path First) und EIGRP (Enhanced IGRP) sind weiterführende und leistungsfähigere Routingprotokolle. Dieses Kapitel erklärt ihre Verfahren im Hintergrund und beschreibt, wie man die Protokolle auf einem Cisco-Router konfiguriert.

- **Kapitel 7:** Viele IP-Routingprotokolle haben die gleichen Features. Dieses Kapitel enthält die komplizierteren der ähnlichen Eigenschaften dieser Routingprotokolle. Dazu gehört VLSM (Variable-Length Subnet Masking) und Route Summarization.

- **Kapitel 8:** In diesem letzten Kapitel zu TCP/IP-Themen sind einige kleinere Themenkomplexe enthalten, die aber dennoch wichtig sind. Darunter fallen CIDP (Classless Interdomain Routing) und NAT (Network Address Translation).

Teil III: Wide-Area Netzwerke

- **Kapitel 9:** Dieses Kapitel beschreibt zwei häufig verwendete Datenverbindungsprotokolle für Punkt-zu-Punkt-Verbindungen – HDLC und PPP.

- **Kapitel 10:** Dieses Kapitel enthält ISDN-Techniken und Konfigurationen und eine Anzahl von Beispielen für DDR (Dial-on-Demand Routing), eine Möglichkeit für eine ISDN-Einwahlverbindung zwischen Routern.

- **Kapitel 11:** Heute wird Frame Relay von Netzwerktechnikern häufiger eingesetzt, als andere WAN-Protokolle. Diese Kapitel wiederholt, wie Frame Relay Frames zu verschiedenen WAN-Standorten schicken kann. Außerdem: die Konfiguration von Frame Relay mit vielen Optionen.

Teil IV: Netzwerksicherheit

- **Kapitel 12:** ACLs (IP Access Control Lists) filtern IP-Pakete, wenn diese einen Router passieren. Dieses Kapitel erläutert Konzepte und Konfigurationen.

Teil V: Letzte Vorbereitung

- **Kapitel 13:** Dieses Kapitel enthält Vorschläge für die letzte Prüfungsvorbereitung. Außerdem sind einige Übungen enthalten, mit denen Sie das erlernte Material wiederholen können.

Wenn Sie mit den Hauptkapiteln fertig sind, können Sie Ihre Vorbereitungen auf unterschiedliche Weise abschließen. Eine mögliche Methode ist die Bearbeitung von Kapitel 13. Sie können auch die Fragen am Ende jedes Kapitels bearbeiten oder die Testsoftware auf der CD benutzen.

Wie man sich mit diesem Buch auf die ICND-Prüfung vorbereitet

Um sich auf die ICND-Prüfung vorzubereiten, können Sie einfach dieses Buch zur Hand nehmen, und anfangen zu lesen. Das wäre ein relativ einfacher Lernplan. Wenn Sie sich jedoch schon mit einigen Cisco-Produkten und Netzwerkprotokollen auskennen, können Sie vermutlich ohne große Risiken einiges auslassen und so Zeit sparen. Bild I.1 zeigt, wie Sie vorgehen sollten, um sich mit diesem Buch auf das INTRO-Examen vorzubereiten.

In jedem Kapitel gibt es ein Quiz, mit dem Sie Ihr Vorwissen zum Material im jeweiligen Kapitel bewerten können. Es heißt »Weiß ich's schon?« und prüft nicht jeden Punkt aus dem Kapitel ab, gibt aber einen repräsentativen Überblick. Wenn Sie das Quiz ernsthaft bearbeiten, ergibt sich ein aussagekräftiges Bild Ihres Wissensstandes.

Anhand Ihres Ergebnisses können Sie beurteilen, ob Sie die »Grundlagen« überspringen können. Unabhängig davon sollte jeder die »Grundlagen-Zusammenfassung« lesen und die Fragen am Ende des Kapitels beantworten. Wenn Sie im Quiz ein gutes Ergebnis hatten, die Fragen am Ende aber nicht richtig beantworten können, sollten Sie erwägen, die »Grundlagen« doch noch zu lesen.

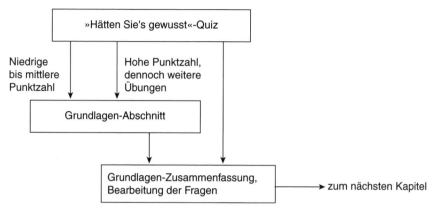

Bild I.1: Wie man an die Kapitel in diesem Buch herangeht

Wenn Sie mit den Kapiteln 1 bis 12 fertig sind, können Sie zu den letzten Vorbereitungen übergehen. Dabei helfen Ihnen verschiedene Vorgehensweisen:

- Lesen Sie Kapitel 13. Es enthält Tipps für die Prüfung und Übungen zur Festigung Ihres Wissens zu allen Themen des Buches.

- Beantworten Sie nochmals die Fragen am Ende der Kapitel. Die Fragen sind schwieriger zu bearbeiten als die auf der CD, weil sie nicht nach dem Multiple-Choice-Verfahren erstellt sind.

- Wiederholen Sie die »Grundlagen-Zusammenfassung« zu jedem Kapitel.

- Bereiten Sie sich auf Praxisfragen in der Prüfung vor. Machen Sie tatsächlich alle simulierten Übungen auf der Begleit-CD. Arbeiten Sie auch die Szenarien und Laborübungen durch, die nur in Anhang B und Anhang C der CD enthalten sind.

- Üben Sie das Subnetting. Benutzen Sie unter Umständen den Subnetting-Anhang auf der CD. Dort finden Sie 25 weitere Fragen mit ausgearbeiteten Antworten, bei denen meistens die schwierigen Subnetzmasken verwendet werden.

- Wählen auf der CD im Prüfungsprogramm »Questions from the Book«, anstatt »Questions only on the CD«. Dadurch werden Sie von der CD geprüft, die Fragen sind aber diejenigen aus dem Buch. Gehen Sie in den Übungsmodus und üben Sie die Fragen so lange, bis Sie sie im Schlaf beantworten können.

- Zum Schluss brechen Sie auf der CD die Fragen aus dem Buch ab und wählen »Neue Fragen«. Gehen Sie in den Examensmodus und legen Sie einige Male ein simuliertes Examen ab. Das ist Ihr letzter Vorbereitungsschritt.

Wenn Sie eine Frage nicht beantworten können, lesen Sie bitte zum Auffrischen das jeweilige Kapitel aus dem Buch.

Wenn Sie an diesem Punkt angekommen sind, sollten Sie eigentlich gut genug auf das ICND-Examen vorbereitet sein!

Wie man sich mit diesem Buch auf die CCNA-Prüfung vorbereitet

Wenn Sie sich mit diesem Buch auf den ICND vorbereiten, folgen Sie den Angaben auf den letzten paar Seiten. Wenn Sie jedoch mit diesem Buch für das CCNA lernen, sollten Sie dieses Buch zusammen mit dem *CCNA INTRO Prüfungshandbuch* verwenden. Die beiden Bücher sind so ausgelegt, dass man sie auch als Lerngrundlage benutzen kann, wenn man den CCNA mit einem einzigen Examen machen möchte.

Beachten Sie, dass die Namen von fünf der acht Teile im *CCNA INTRO Prüfungshandbuch* mit allen fünf Teilen des vorliegenden *CCNA ICND Prüfungshandbuch* übereinstimmen. Wenn Sie einen Teil des ersten Buches geschafft haben und es im zweiten einen genauso lautenden Teil gibt, lesen Sie diesen als nächsten. Nach Abschluss dieses Teils im *CCNA ICND* gehen Sie zurück zum *CCNA INTRO*. Bild I.2 weist diese Reihenfolge aus.

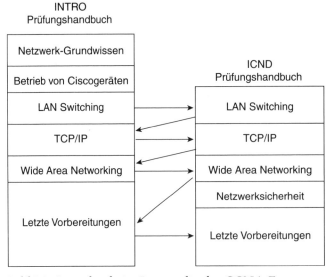

Bild I.2: Leseplan beim Lernen für das CCNA-Examen

Das Vor- und Zurückspringen hilft dabei, immer erst einmal bei einem Hauptpunkt zu bleiben. Jedesmal, wenn Sie vom INTRO- zum ICND-Buch übergehen, finden Sie zusätzliche Materialien zum vorher Gelernten, wobei auch einiges wiederholt wird. (Was hier wie eine Wiederholung wirkt, ist aber besonders für diejenigen gedacht, die mit dem ICND-Buch für das ICND-Examen lernen.) Das Ergebnis ist, dass Sie immer ein Hauptthema abschließen, bevor Sie zum nächsten gehen.

Ein Thema gibt es allerdings bei diesem Leseplan, bei dem Sie mehrere Möglichkeiten haben, wenn Sie für das CCNA-Examen lernen: Cisco hat den Hauptpunkt IP-Adressierung und Subnetting sowohl in das INTRO-, als auch in das ICND-Examen aufgenommen. Der Punkt wird daher in beiden Büchern behandelt. Kapitel 12 im *CCNA INTRO Prüfungshandbuch* enthält ebenfalls das Subnetting aus Kapitel 4 im Buch zum *CCNA ICND*. Wenn Sie für die CCNA-Prüfung lernen, sollten Sie im Hinterkopf behalten, dass die »Grundlagen« in Kapitel 4 des ICND-Buchs – der Hauptteil des Kapitels also – ein Teil von Kapitel 12 im INTRO-Buch sind. Sie brauchen diesen Stoff nicht zweimal zu lesen!

Wenn Sie die Bücher durcharbeiten, sollten Sie sich etwas Zeit für Kapitel 4 im ICND-Buch nehmen. Das Quiz enthält ein paar neue Fragen und es gibt auch ein paar neue Fragen am Ende des Kapitels, die sich von Kapitel 12 im INTRO-Buch unterscheiden.

Weitere Informationen

Wenn Sie einen Kommentar zu diesem Buch haben, können Sie diesen auf den Internetseiten *www.ciscopress.com* oder *www.mut.de* an uns senden.

Das CCNA-Zertifikat ist aus gutem Grund die wichtigste Cisco-Zertifizierung – und sicherlich auch die beliebteste und bekannteste. Es ist die Voraussetzung für viele weitere Zertifikate und der erste Schritt, mit dem Sie sich als Kenner der Netz- und Cisco-Welt ausweisen.

Dieses Buch soll Ihnen helfen, das CCNA-Zertifikat zu bestehen. Es handelt sich um das einzige authorisierte Buch zum CCNA-/ICND- Zertifikat. Wir bei Cisco-Press und Markt+Technik sind uns sicher, dass Ihnen das Buch wirklich zu einem erfolgreichen Examen verhelfen wird, aber die eigentliche Arbeit liegt bei Ihnen!

Teil I

LAN Switching

Kapitel 1: LAN Switching und die Konfiguration von Cisco 2950 LAN Switches

Kapitel 2: Das Spanning-Tree-Protokoll

Kapitel 3: Virtuelle LANs und Trunking

Dieses Kapitel deckt folgende Punkte ab:
- Kurzer Überblick über das LAN-Switching
- Grundkonfiguration und Befehle für den Cisco 2950 Switch

Kapitel 1

LAN Switching und die Konfiguration von Cisco 2950 LAN Switches

Im folgenden Kapitel werden zwei verschiedene Hauptthemen behandelt. Es beginnt mit den Grundlagen des LAN Switching. Im zweiten und umfangreicheren Abschnitt werden grundlegende Konfigurationsmöglichkeiten eines Cisco 2950 Switches vorgestellt.

Falls Sie vorhaben, die Zertifizierung zum CCNA über zwei Examen abzulegen, sollten Sie für die Lektüre dieses Buches das »Intro-Examen« bereits haben und für das ICND-Examen lernen. Der erste Teil dieses Kapitels mit dem Grundlagenwissen über LANs wird Sie dann inhaltlich nicht überraschen. Wenn Sie sich bei den Themen LAN Switching und Ethernet-Adressen sicher fühlen, können Sie das erste Kapitel getrost überspringen.

Haben Sie die Variante mit einem Examen gewählt und folgen dem Arbeitsplan aus der Einleitung dieses Buches, kennen Sie LAN Switching-Konzepte schon aus Kapitel 9 des CCNA Intro Examens. Auch in diesem Fall könnten Sie diesen Abschnitt überspringen.

Um einen kurzen Überblick über LAN Switching-Konzepte zu bekommen, lesen Sie bitte einfach den ersten Abschnitt des Kapitels.

1.1 »Weiß ich's schon?«-Quiz

Ziel des Quiz ist es, Ihnen bei der Entscheidung zu helfen, welche Abschnitte eines Kapitels Sie lesen müssen. Wenn Sie ohnehin das ganze Kapitel lesen wollen, brauchen Sie die Fragen an dieser Stelle nicht zu beantworten.

Mit dem 12-Fragen-Quiz können Sie, bezogen auf das Grundlagen-Kapitel, Ihre begrenzte Studienzeit sinnvoll einteilen.

Tabelle 1.1 stellt die Hauptthemen des Kapitels und die dazu passenden Fragen aus dem Quiz dar.

Tabelle 1.1: »Weiß ich's schon?«-Übersicht zum Grundlagen-Kapitel

Grundlagen-Kapitel	Fragen zu diesem Abschnitt
Allgemeiner Überblick über LAN Switching	1 bis 4
Grundlegende Konfigurationsmöglichkeiten und Befehle des Cisco 2950 Switch	5 bis 12

Achtung

Das Ziel dieser Selbsteinschätzung soll sein, dass Sie Ihren Wissenstand zu den Themen richtig bewerten. Wenn Sie eine Frage nicht beantworten können oder sich auch nur unsicher fühlen, sollten Sie sie als falsch einstufen und markieren. Jeder Sympathiepunkt, den Sie sich selbst geben, verfälscht Ihr Ergebnis und wiegt Sie in trügerischer Sicherheit.

1. Welche der folgenden Aussagen beschreibt einen Teil der Entscheidung, die ein Switch beim Weiterleiten eines Frames an eine Unicast-MAC-Adresse trifft?

    a) Er vergleicht die Unicast-Empfängeradresse mit der Bridging- oder MAC-Adressen-Tabelle.

    b) Er vergleicht die Unicast-Quelladresse mit der Bridging- oder MAC-Adressen-Tabelle.

    c) Er leitet grundsätzlich alles über alle Schnittstellen außer dem jeweiligen Eingangs-Interface weiter.

    d) Er leitet abhängig von der VLAN ID weiter.

    e) Er vergleicht die IP-Zieladresse mit der Ziel-MAC-Adresse.

    f) Er vergleicht das Eingangs-Interface diese Frames mit dem MAC-Quelleintrag in der MAC-Adressen-Tabellen.

2. Welche der folgenden Aussagen beschreibt einen Teil der Entscheidung, die ein LAN-Switch für die Weiterleitung eines Frames an eine Broadcast-MAC-Adresse trifft?

    a) Er vergleicht die Unicast-Zieladresse mit der Bridging- oder MAC-Adressen-Tabelle.

    b) Er vergleicht die Unicast-Quelladresse mit der Bridging- oder MAC-Adressen-Tabelle.

    c) Er leitet grundsätzlich alles über alle Schnittstellen außer dem jeweiligen Eingangs-Interface weiter.

    d) Er leitet abhängig von der VLAN ID weiter.

e) Er vergleicht IP-Zieladresse mit der MAC-Zieladresse.

f) Er vergleicht das Eingangs-Interface dieses Frames mit dem MAC-Quelleintrag in der MAC-Adressen-Tabellen.

3. Welche der folgenden Aussagen beschreibt am besten, wie ein Switch einen Frame verarbeitet, der für eine unbekannte Unicast-Adresse bestimmt ist?

   a) Er leitet ihn über alle Interfaces außer seinem jeweiligen Eingangs-Interface weiter.

   b) Er leitet ihn anhand der VLAN ID weiter.

   c) Er vergleicht die IP-Zieladresse mit der Ziel-MAC-Adresse.

   d) Er vergleicht das Eingangs-Interface dieses Frames mit dem MAC-Quelleintrag in der MAC-Adressen-Tabellen.

4. Welche der folgenden Vergleiche stellt ein Switch an, um zu entscheiden, ob eine neue MAC-Adresse seiner Bridging-Tabelle hinzugefügt wird?

   a) Er vergleicht die Unicast-Zieladresse mit der Bridging- oder MAC-Adressen-Tabelle.

   b) Er vergleicht die Unicast-Quelladresse mit der Bridging- oder MAC-Adressen-Tabelle.

   c) Er vergleicht VLAN ID und MAC-Quelladresse mit der Bridging- oder MAC-Adressen-Tabelle.

   d) Er vergleicht den ARP-Cache-Eintrag der IP-Zieladresse mit der Bridging- oder MAC-Adressen-Tabelle.

5. In welchem der folgenden CLI-Modi könnten Sie ein Duplex-Setting für Interface Fastethernet 0/5 konfigurieren?

   a) User-Modus

   b) Enable-Modus

   c) Globaler Konfigurations-Modus

   d) Setup-Modus

   e) Interface Konfigurations-Modus

6. In welchem der folgenden CLI-Modi könnten Sie einen Befehl eingeben, mit dem Sie die Initial-Konfiguration des Switch ermitteln können?

   a) User-Modus

   b) Enable-Modus

   c) Setup-Modus

   d) Globaler Konfigurations-Modus

   e) Interface Konfigurations-Modus

7. Welche Art von Switch-Speicher wird verwendet, um die Konfiguration zu speichern, die der Switch für das erste Hochfahren verwendet?

    a) RAM

    b) ROM

    c) Flash

    d) NVRAM

    e) Bubble

8. Welcher Befehl kopiert die Konfiguration vom RAM in den NVRAM?

    a) **copy running-config tftp**

    b) **copy tftp running-config**

    c) **copy running-config start-up-config**

    d) **copy start-up-config running-config**

    e) **copy startup-config running-config**

    f) **copy running-config startup-config**

9. Sie konfigurieren den Befehl **enable secret**, gefolgt von **enable password** von der Konsole aus. Nun loggen sie sich am Switch aus und loggen sich auf der Konsole wieder ein. Mit welchem Befehl bestimmen Sie das Passwort, das eingegeben werden muss, wenn Sie von der Konsole aus wieder in den privilegierten Modus wechseln wollen?

    a) **enable password**

    b) **enable secret**

    c) Weder **enable password** noch **enable secret**

    d) Man kann **enable secret password** und **enable password** nicht gleichzeitig konfigurieren.

10. Mit welchem Befehl stellt man die IP-Adresse eines Switch für In-Band-Management auf 10.1.1.1, Subnetz-Maske 255.255.255.0 ein?

    a) **ip address 10.1.1.1 255.255.255.0**

    b) **ip address 10.1.1.1 mask 255.255.255.0**

    c) **address 10.1.1.1 255.255.255.0**

    d) **set ip address 10.1.1.1 255.255.255.0**

    e) **set ip address 10.1.1.1 mask 255.255.255.0**

11. Stellen Sie sich einen Switch vor, bei dem ein PC an das Interface Fastethernet 0/1 und ein Router an das Interface Fastethernet 0/2 angeschlossen sind. Der PC muss mit TCP/IP über den Router mit anderen TCP/IP-Hosts kommunizieren können. In welchem Konfigurations-Modus könnten Sie die IP-Adresse des Switch eingeben?

a) User-Modus

b) Enable-Modus

c) Setup-Modus

d) Globaler Konfigurations-Modus

e) Interface-Konfigurations-Modus für fastethernet 0/1

f) Interface-Konfigurations-Modus für fastethernet 0/2

g) Keine der genannten Lösungen

12. Welcher Interface-Unterbefehl nimmt ein Interface des Switch außer Betrieb?

a) **down**

b) **admin down**

c) **shutdown**

d) **admin shutdown**

e) **disable**

Die Antworten zum »Weiß ich's schon?«-Quiz stehen in Anhang A. Unser Vorschlag für Ihr weiteres Vorgehen sieht so aus:

- 10 oder weniger Gesamtpunkte – Lesen Sie das komplette Kapitel. Es enthält die »Grundlagen«, die »Grundlagen-Zusammenfassung« und »Q&A«-Abschnitte.

- 11 oder 12 Gesamtpunkte – Wenn Sie einen größeren Überblick über diese Themen bekommen möchten, springen Sie zur »Grundlagen-Zusammenfassung« und dann zum »Q&A«-Abschnitt. Andernfalls gehen Sie sofort zum nächsten Kapitel.

1.2 Grundlagen

Ciscos Einnahmen im LAN-Switch-Bereich übertrafen die Einkünfte durch den Verkauf von Routern ungefähr zu der Zeit, als 1998 das erste CCNA-Examen angekündigt wurde. Es gibt intern also kaum Zweifel über die Bedeutung von LAN-Switches. Daher ist es auch keine Überraschung, dass beide CCNA-Examen die Konzepte des LAN-Switching ausführlich behandeln.

Dieses Kapitel beginnt mit einem kurzen Überblick über die Themen des LAN-Switching. Der Hauptteil ist dann den Grundkonfigurationen für den Switch Cisco 2950 gewidmet.

1.2.1 Kurzer Überblick über das LAN-Switching

LAN-Switches leiten Ethernet-Frames weiter – sie haben zu entscheiden, wann ein Frame weitergeleitet wird, und wann nicht. Die innere Logik dieser Entscheidung hat dabei meistens etwas mit den MAC-Adressen zu tun, die sich in den Headern der Frames befinden, die sich durch das LAN bewegen, und zwar sowohl Quell- als auch Ziel-Adressen. Außerdem richtet sich die Switch-Logik nach der Art der MAC-Adressen, die verwendet wurde. Daher beleuchten wir die Sache erst einmal durch eine kurze Wiederholung zum Thema Ethernet-Adressen.

Das Institut IEEE definiert 3 Hauptkategorien für MAC-Adressen in Ethernet-Umgebungen:

- **Unicast-Adressen** – Eine MAC-Adresse, die eine einzige LAN-Interfacekarte identifiziert. Heute benutzen die meisten Karten die Adresse, die auch sichtbar in die Karte eingebrannt ist.

- **Broadcast-Adressen** – Die am häufigsten verwendete IEEE Gruppen-MAC-Adresse, die Broadcast-Adresse, hat den Wert FFFF.FFFF.FFFF (Hexadezimal-Schreibweise). Die Verwendung der Broadcast-Adresse impliziert, dass alle Geräte auf dem LAN einen Frame empfangen und verarbeiten, der an die Broadcast-Adresse gesendet wurde.

- **Multicast-Adressen** – Frames an Unicast-Adressen sind für ein einzelnes Gerät bestimmt; Frames an Broadcast-Adressen senden an alle Geräte in einem LAN. Frames an Multicast-Adressen gehen an alle Geräte, die diesen Frame empfangen sollen und wollen, ob es sich nun um alle Geräte auf dem LAN, kein Gerät oder irgendetwas dazwischen handelt. Einige Anwendungen erfordern die Kommunikation mehrerer Geräte. Durch das Senden eines Frames können alle relevanten Geräte mit einer Information versorgt werden, die anderen ignorieren den Frame.

Wenn Sie sich diese drei Typen von Ethernet-MAC-Adressen merken, können Sie die Logik eines LAN-Switchs verstehen. Der Switch achtet auf die Frames, die ihn über seine Schnittstellen erreichen. Hat er einen Frame empfangen, entscheidet er, ob er ihn weiterleitet, und wenn ja, über welchen oder welche Ports. Switches nehmen drei Aufgaben wahr:

- **Lernen** – Der Switch merkt sich MAC-Adressen, indem er die Quell-MAC-Adresse jedes Frames untersucht, der die Bridge erreicht. Durch seinen Lernprozess kann der Switch in der Zukunft immer bessere Entscheidungen über die Weiterleitung treffen.

- **Weiterleiten oder Filtern** – Anhand der MAC-Ziel-Adresse entscheidet der Switch, ob ein Frame weitergeleitet oder herausgefiltert wird. Der Switch sieht sich die vorher erlernten MAC-Adressen in der angelegten Adressen-Tabelle an und entscheidetanschließend, wohin die Frames geleitet werden.

- **Loop-Prävention** – Durch die Verwendung von STP, dem Spanning-Tree-Protokoll, sorgt der Switch mit anderen Bridges dafür, dass in der Umgebung keine Loops bzw. Schleifen entstehen. Die Bereitstellung von physikalisch redundanten Verbindungen fördert die Verfügbarkeit der LAN-Umgebung. Das STP wiederum hält die Switch-Logik davon ab, irgendwelche Frames unendlich lange durch das Netzwerk kreisen zu lassen, was die Performance extrem beeinträchtigen würde.

In den nächsten Abschnitten werden Sie die ersten beiden Aufgaben kennen lernen, die ein Switch durchführen muss. Die dritte Aufgabe, die Verhinderung von Loops mittels STP, wird in Kapitel 2, »Spanning-Tree-Protokoll«, in aller Ausführlichkeit behandelt.

Weiterleiten/ Filtern-Entscheidung

Switches vermindern die Überlastung von Netzwerken, indem sie den Datenverkehr nur weiterleiten, wenn es notwendig ist. Um hier die richtige Entscheidung zu fällen, verwendet ein Switch eine dynamisch erstellte Tabelle namens *Bridge-Tabelle*, auch *Bridging-Tabelle* oder *MAC-Adressen-Tabelle* genannt. Der Switch sieht sich dann im konkreten Fall die Adressen-Tabelle an und entscheidet, ob der Frame weitergeleitet wird.

Nehmen wir zum Beispiel das einfache Netzwerk aus Bild 1.1. Fred sendet zuerst einen Frame an Barney, dann an Wilma.

Der Switch entscheidet, den Frame, den Fred an Barney sendet, zu filtern: Er wird nicht weitergeleitet. Fred sendet einen Frame mit der Ziel-MAC-Adresse 0200.2222.2222. Das ist Barneys MAC-Adresse. Der Switch überhört den Frame, da er an Hub1 angeschlossen ist. Dann entscheidet der Switch so, wie es der gesunde Menschenverstand beim Blick auf Bild 1.1 auch getan hätte – der Frame sollte nicht weitergeleitet werden, da Barney ebenfalls an Hub1 angeschlossen ist und den Frame längst auch erhalten hat. (Hubs geben Signale einfach über alle Ports weiter, was für alle Frames gilt, so dass der Switch alles empfängt, was von Barney oder Fred gesendet wird.) Aber woher weiß der Switch, dass er den Frame nicht weiterleiten soll? Der Switch entscheidet sich für das Filtern, da er den Frame über Port E0 empfangen hat, wobei er zugleich weiß, dass Barneys MAC-Adresse auch auf dem Ausgang E0 angesiedelt ist.

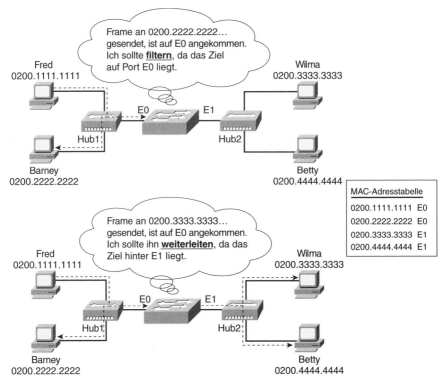

Bild 1.1: Die Weiterleiten/Filtern-Entscheidung beim Switch

Im Gegensatz dazu entscheidet der Switch den Frame weiterzuleiten, den Fred an Wilma sendet, wie im unteren Teil des Bildes zu erkennen ist. Der Frame kommt über Interface E0 in den Switch hinein, der weiß, dass die Zieladresse 0200.3333.3333 irgendwo außerhalb von Interface E1 liegt. Also wird der Frame weitergeleitet.

Wie Switches MAC-Adressen erlernen

Die Weiterleiten/Filtern-Entscheidung funktioniert am besten, wenn der Switch weiß, wo sich die ganzen MAC-Adressen innerhalb des Netzwerks befinden. Switches erlernen die MAC-Adressen ihres Netzwerks dynamisch und erstellen aus ihnen ihre MAC-Adressen-Tabelle. Mit einer akkurat und vollständig geführten MAC-Adressen-Tabelle kann der Switch auch fehlerlos seine Weiterleiten/Filtern-Entscheidungen treffen.

Switches erstellen ihre MAC-Adressen-Tabelle, indem sie auf hereinkommende Frames achten und deren Quell-MAC-Adresse untersuchen. Kommt ein Frame herein, dessen MAC-Quelladresse sich nicht in der MAC-Adressen-Tabelle befindet, erstellt der Switch einen neuen Eintrag in der Tabelle.

Die MAC-Adresse wird in der Tabelle in Verbindung mit dem Interface verzeichnet, über das der Frame gekommen ist. So einfach arbeitet und lernt ein Switch!

Bild 1.2 zeigt dasselbe Netzwerk wie Bild 1.1, aber noch bevor der Switch irgendeinen Eintrag in der Bridging-Tabelle vorgenommen hat. Dieses Bild zeigt die ersten beiden Frames, die in diesem Netzwerk überhaupt unterwegs waren – ein Frame von Fred, adressiert an Barney, und daraufhin Barneys Antwort, adressiert an Fred.

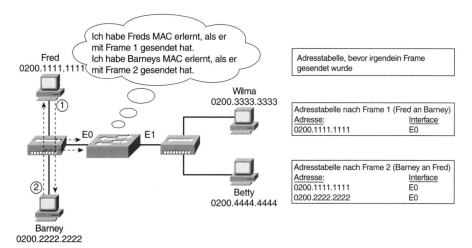

Bild 1.2: Dynamisches Lernen: Einfügen der zwei ersten Einträge in eine leere Tabelle

Wie man auf dem Bild erkennt, fügt der Switch der Tabelle den Eintrag 0200.1111.1111, Freds MAC-Adresse, in Verbindung mit Interface E0 hinzu. Wenn Barney in einem zweiten Schritt antwortet, fügt der Switch den zweiten Eintrag hinzu, und zwar 0200.2222.2222, Barneys MAC-Adresse. Der dynamische Lernprozess findet immer statt, wenn der Switch sich wieder eine MAC-Quelladresse eines Frames ansieht.

Weiterleitung unbekannter Unicasts und Broadcasts

Bridges leiten LAN-Broadcast-Frames und unbekannte Unicast-Frames aus allen Ports weiter. LAN-Broadcasts, so ist ihre Definition, werden von allen Geräten auf demselben LAN empfangen. Also leitet der Switch Broadcasts ganz einfach aus allen Ports heraus weiter, außer dem einen, über den der Frame empfangen wurde. Switches leiten auch *unbekannte-Unicast*-Frames, also solche Frames, deren MAC-Zieladressen noch nicht in der Bridging-Tabelle vorkommen, aus allen Ports heraus weiter. Der Switch flutet den

Frame ins Netz, in der Hoffnung, dass sich das unbekannte Gerät auf einem anderen Ethernet-Segment befindet und antwortet, so dass ein korrekter Eintrag in der Adressen-Tabelle vorgenommen werden kann.

Allgemein gesprochen leiten Switches auch LAN-Multicast-Frames über alle Ports weiter, genau wie Broadcasts. Es gibt aber Features für Multicasts, die deren unkontrollierte Flutung in das Netzwerk unterbinden, zum Beispiel Snooping mit dem IGMP (Internet Group Management Protocol).

Zusammenfassung der Arbeitsweise eines LAN-Switchs

Die folgende Aufzählung bietet einen kurzen Überblick über die Vorgehensweise eines Switchs:

1. Ein Frame wird empfangen.

2. Wenn die Zieladresse eine Broadcast- oder Multicast-Adresse ist, wird der Frame aus allen Ports heraus weitergeleitet, außer dem, über den er empfangen wurde.

3. Wenn die Zieladresse eine Unicast-Adresse ist, die sich nicht in der Adressen-Tabelle befindet, wird der Frame aus allen Ports heraus weitergeleitet, außer dem, über den er empfangen wurde.

4. Wenn die Zieladresse eine Unicast-Adresse ist, die sich in der Adressen-Tabelle befindet und das damit verknüpfte Interface nicht das ist, über das der Frame herein kam, wird der Frame aus dem einen, richtigen Port heraus weitergeleitet.

5. Andernfalls wird der Frame gefiltert, also gar nicht weitergeleitet.

Nach dieser kurzen Darstellung der LAN-Switching-Konzepte können Sie sich den Lernmaterialien für das ICND-Examen in den ersten drei Kapiteln dieses Buches widmen.

1.2.2 Grundkonfiguration und Befehle für den Cisco 2950 Switch

Wer einen Cisco-Router bedienen kann, kann auch mit einem Cisco-Switch umgehen. In diesem Kapitel finden Sie die gängigen Konfigurations- und Arbeits-Befehle für einen Switch. Die Kapitel 2 und 3 bringen dann zusätzliche Befehle für die STP- und VLAN- Konfiguration.

Zur besseren Übersicht sind in Tabelle 1.2 die Konfigurations-Befehle für einen Switch aufgeführt, die Sie in dieser Lektion brauchen. In Tabelle 1.3 stehen die Befehle für den Betrieb des Switch und das Troubleshooting.

Tabelle 1.2: Befehle für die Konfiguration des Catalyst 2950 Switch

Befehl	Beschreibung
interface vlan 1	Global-Befehl. Bringt den Anwender in den Interface-Konfigurations-Modus für ein VLAN-Interface.
ip address *address subnetmask*	Befehl im Interface-Konfigurations-Modus, der die IP-Adresse für das In-Band-Management des Switch festlegt.
ip default-gateway *address*	Global-Befehl, der das Standard-Gateway festlegt, so dass das Verwaltungs-Interface von einem Remote-Standort aus erreicht werden kann.
interface fastethernet 0/*x*	Versetzt den Anwender in den Interface-Konfigurations-Modus für dieses Interface.
duplex {auto	full	half}	Befehl im Interface-Konfigurations-Modus, der das Interface in den gewählten Duplex-Modus versetzt.
speed {10	100	1000	auto| nonegotiate}	Befehl im Interface-Konfigurations-Modus, der die Geschwindigkeit dieses Interface festlegt.
switchport port-security mac-address *mac-address*	Befehl im Interface-Konfigurations-Modus, der dem Interface statisch bestimmte (erlaubte) MAC-Adressen hinzufügt.
switchport port-security mac-address sticky	Interface-Unterbefehl, der den Switch anweist, sich MAC-Adressen zu merken und der Interface-Konfiguration hinzuzufügen, zum Beispiel sichere MAC-Adressen.
switchport port-security maximum *value*	Global-Befehl, der die Höchstzahl statischer sicherer MAC-Adressen festlegt, die einem Interface zugeordnet werden können.
switchport port-security violation {protect	restrict	shutdown}	Globaler Konfigurations-Befehl, der die Verfahrensweise des Switch bestimmt, falls eine unstimmige MAC-Adresse über einen sicheren Switch-Port Zugang zum Netzwerk anfordert.
hostname *name*	Legt den Host-Namen für den Switch fest.
line con 0	Global-Befehl, der den Anwender in den Konsolen-Konfigurations-Modus versetzt.
line vty 0 15	Global-Befehl, der den Anwender in den vty-Konfigurations-Modus versetzt.
login	Konsolen- oder vty-Konfigurations-Modusbefehl, der den Switch einen Konsolen- oder Telnet-Benutzer nach einem Passwort fragen lässt.
password *password*	Mit diesem Konsolen- oder vty-Konfigurations-Modusbefehl wird das erforderliche Passwort festgelegt.

Tabelle 1.2: Befehle für die Konfiguration des Catalyst 2950 Switch (Forts.)

Befehl	Beschreibung
enable secret *password*	Mit diesem Global-Befehl wird das enable-Passwort für die Aktivierung des Switch festgelegt. Das Passwort wird zerhackt abgespeichert, so dass niemand das korrekte Passwort einfach der Konfigurations-Datei entnehmen kann.
enable *password*	Global-Befehle zur Einstellung des enable-Passworts. Sind beide Passworte konfiguriert, wird das enable secret-Passwort verwendet.

Tabelle 1.3: Befehle für den Betrieb eines Catalyst 2950

Befehl	Beschreibung
configure terminal	Versetzt den Anwender in den Konfigurations-Modus.
show interface fastethernet 0/*x*	Zeigt den Status eines physikalischen 10/100 Interface an.
show interface vlan 1	Zeigt die Konfiguration der IP-Adressen an.
show interfaces [*interface-id* | **vlan** *vlan-id*] [**description** | **etherchannel** | **pruning** | **stats** | **status** [**err-disabled**] | **switchport** | **trunk**]	Generischer Befehl mit etlichen Optionen zum Anzeigen spezifischer Interface-Informationen.
show running-config	Zeigt die aktuell laufende Konfiguration an.
show startup-config	Zeigt die Start-Konfiguration an, die beim nächsten Hochfahren des Switchs abläuft.
show mac address-table [**aging-time** | **count** | **dynamic** | **static**] [**address** *hw-addr*] [**interface** *interface-id*] [**vlan** *vlan-id*]	Zeigt die MAC-Adressen-Tabelle an. Die Security-Option zeigt Informationen zu statischen oder restriktiven Einstellungen an.
show port-security [**interface** *interface-id*] [**address**]	Zeigt die Sicherheits-Einstellungen, die für ein bestimmtes Interface konfiguriert wurden.
erase startup-config	Löscht die Datei mit der Start-Konfiguration.
show version	Anzeige der Software-Version des Switch-Betriebssystems.
reload	Neustart des Switches.

Einfacher Switch-Betrieb mit dem Cisco 2950

Den Cisco 2950 kann man bestellen, anschließen, und: er läuft! Deshalb beginnt dieser Abschnitt nicht mit dem Konfigurations- sondern mit den **show**-Befehlen. Fast jeder Befehl, mit dem Sie den Status eines Switchs – übrigens, auch eines Routers – anzeigen können, beginnt mit dem Wort **show**, so dass viele Leute Troubleshooting-Befehle einfach show-Befehle nennen. Beispiel 1.1 zeigt das Ergebnis gängiger **show**-Befehle auf einem 2950 ohne zusätzliche Konfiguration.

*Beispiel 1.1: Gängige **show**-Befehle auf einem Cisco 2950 Switch*

```
Switch>
Switch>enable
Switch#show interfaces fastEthernet 0/13
FastEthernet0/13 is up, line protocol is up
  Hardware is Fast Ethernet, address is 000a.b7dc.b78d (bia 000a.b7dc.b78d)
  MTU 1500 bytes, BW 100000 Kbit, DLY 100 usec,
     reliability 255/255, txload 1/255, rxload 1/255
  Encapsulation ARPA, loopback not set
  Keepalive set (10 sec)
  Full-duplex, 100Mb/s
  input flow-control is off, output flow-control is off
  ARP type: ARPA, ARP Timeout 04:00:00
  Last input never, output 00:00:01, output hang never
  Last clearing of "show interface" counters never
  Input queue: 0/75/0/0 (size/max/drops/flushes); Total output drops: 0
  Queueing strategy: fifo
  Output queue :0/40 (size/max)
  5 minute input rate 0 bits/sec, 0 packets/sec
  5 minute output rate 0 bits/sec, 0 packets/sec
     0 packets input, 0 bytes, 0 no buffer
     Received 0 broadcasts, 0 runts, 0 giants, 0 throttles
     0 input errors, 0 CRC, 0 frame, 0 overrun, 0 ignored
     0 watchdog, 0 multicast, 0 pause input
     0 input packets with dribble condition detected
     20 packets output, 2291 bytes, 0 underruns
     0 output errors, 0 collisions, 1 interface resets
     0 babbles, 0 late collision, 0 deferred
     0 lost carrier, 0 no carrier, 0 PAUSE output
     0 output buffer failures, 0 output buffers swapped out

Switch#show interfaces status
Port      Name              Status       Vlan       Duplex  Speed Type
Fa0/1                       notconnect   1          auto    auto 10/100BaseTX
Fa0/2                       notconnect   1          auto    auto 10/100BaseTX
Fa0/3                       notconnect   1          auto    auto 10/100BaseTX
Fa0/4                       notconnect   1          auto    auto 10/100BaseTX
Fa0/5                       connected    1          a-full  a-100 10/100BaseTX
Fa0/6                       notconnect   1          auto    auto 10/100BaseTX
```

Beispiel 1.1: Gängige show-Befehle auf einem Cisco 2950 Switch (Forts.)

```
Fa0/7                   notconnect   1    auto    auto 10/100BaseTX
Fa0/8                   connected    1    a-full  a-100 10/100BaseTX
Fa0/9                   notconnect   1    auto    auto 10/100BaseTX
Fa0/10                  notconnect   1    auto    auto 10/100BaseTX
Fa0/11                  notconnect   1    auto    auto 10/100BaseTX
Fa0/12                  notconnect   1    auto    auto 10/100BaseTX
Fa0/13                  connected    1    a-full  a-100 10/100BaseTX
Fa0/14                  notconnect   1    auto    auto 10/100BaseTX
Fa0/15                  notconnect   1    auto    auto 10/100BaseTX
Fa0/16                  notconnect   1    auto    auto 10/100BaseTX
Fa0/17                  notconnect   1    auto    auto 10/100BaseTX
Fa0/18                  notconnect   1    auto    auto 10/100BaseTX
Fa0/19                  notconnect   1    auto    auto 10/100BaseTX
Fa0/20                  notconnect   1    auto    auto 10/100BaseTX
Fa0/21                  notconnect   1    auto    auto 10/100BaseTX
Fa0/22                  notconnect   1    auto    auto 10/100BaseTX
Fa0/23                  notconnect   1    auto    auto 10/100BaseTX
Fa0/24                  notconnect   1    auto    auto 10/100BaseTX
Gi0/1                   notconnect   1    auto    auto unknown
Gi0/2                   notconnect   1    auto    auto unknown

switch#show mac-address-table dynamic
          Mac Address Table
Vlan    Mac Address       Type        Ports
----    -----------       ----        -----
   1    0007.8580.71b8    DYNAMIC     Fa0/5
   1    0007.8580.7208    DYNAMIC     Fa0/8
   1    0007.8580.7312    DYNAMIC     Fa0/13

Total Mac Addresses for this criterion: 2
Switch#
Switch#show running-config
Building configuration...
Current configuration : 1451 bytes
!
version 12.1
no service pad
service timestamps debug uptime
service timestamps log uptime
no service password-encryption
!
hostname Switch
!
ip subnet-zero
!
spanning-tree extend system-id
!
```

*Beispiel 1.1: Gängige **show**-Befehle auf einem Cisco 2950 Switch (Forts.)*

```
interface FastEthernet0/1
 no ip address
interface FastEthernet0/2
 no ip address
interface FastEthernet0/3
 no ip address
interface FastEthernet0/4
 no ip address
interface FastEthernet0/5
 no ip address
interface FastEthernet0/6
 no ip address
interface FastEthernet0/7
 no ip address
interface FastEthernet0/8
 no ip address
interface FastEthernet0/9
 no ip address
interface FastEthernet0/10
 no ip address
interface FastEthernet0/11
 no ip address
interface FastEthernet0/12
 no ip address
interface FastEthernet0/13
 no ip address
interface FastEthernet0/14
 no ip address
!
! (Lines omitted for brevity)
!
interface Vlan1
 no ip address
 shutdown
!
ip classless
ip http server
!
line con 0
line vty 5 15
!
end
Switch#show startup-config
%% Non-volatile configuration memory is not present
```

Da Beispiel 1.1 relativ lang ist, sind die wesentlichen Punkte grau hinterlegt. Zu Beginn wird der Anwender an der Konsole sofort in den User-Modus versetzt, was automatisch in dem Pfeilzeichen »>« am Ende der Befehlszeile enthalten ist. Da kein enable-Passwort festgelegt wurde, geht der Anwender mit dem enable-Befehl ohne Passwortabfrage in den enable-Modus. Sie lernen also die absoluten Grundkonfigurationen für einen Cisco-Switch nur zur Sicherheit!

Der Befehl **show interfaces fastethernet 0/13** listet grundlegende Informationen zum Status und zur Konfiguration des Interface fastethernet 0/13. Das Interface-Kabel führt zu einem laufendem PC, weshalb die Rückmeldung des Switch in Zeile 1 »up« und »up« lautet. Ein Interface ist nicht betriebsbereit, wenn nicht beide Status-Rückmeldungen »up« und »up« lauten.

Wenn man sich alle Schnittstellen ansehen möchte, ist der nächste Befehl aus dem Beispiel praktischer – **show interfaces status**. Er schreibt den Status jeder Schnittstelle in eine eigene Zeile. Dabei werden auch die Geschwindigkeit und die jeweils vereinbarten Duplex-Einstellungen angegeben. In unserem Beispiel sind nur drei aktive Geräte an den Switch angeschlossen. Anhand der Befehls-Ausgabe können Sie erkennen, welche Interfaces gerade aktiv sind (0/5, 0/8 und 0/13).

Als Nächstes führt der Befehl **show mac-address-table dynamic** alle dynamisch erlernten Einträge der Bridging-Tabelle auf. Für jedes der drei Interfaces, die im Befehl **show interfaces status** ein »connected« ergeben haben, ist eine MAC-Adresse erlernt worden. Der Befehl **show mac-address-table dynamic** aus dem Beispiel zeigt nur die dynamisch erlernten MAC-Adressen an. Statische und dynamische Einträge werden mit **show mac-address-table** angezeigt.

Im Beispiel folgt der Befehl **show running-config,** der die Standard-Konfiguration anzeigt. (Der Output wurde aus Platzgründen etwas gekürzt.) Jedes Interface ist aufgeführt, allerdings gibt es ein weiteres mit dem Namen Vlan1. Auf diesem Interface wird die IP-Adresse für die Verwaltung des Switch konfiguriert, was im Verlauf dieses Kapitels noch erklärt wird.

Der Befehl **show startup-config** am Ende des Beispiels führt zu einer sehr interessanten Rückmeldung: Es wurde bisher nichts gespeichert! Um dieses Beispiel zu erstellen, wurde zunächst die Startkonfiguration mit dem Befehl **erase startup-config** gelöscht und der Switch neu gestartet, und zwar mit dem Befehl **reload**. Es wurde nichts weiter konfiguriert, aber der Switch fuhr hoch und begann normal zu arbeiten. Da seit dem letzten Löschen der Startkonfiguration keine Kopie über **copy running-config startup-config** erstellt wurde, war im NVRAM nichts gespeichert. Die entsprechende Datei war also leer, was im Beispiel auch vom Switch mitgeteilt wird. Im Normalfall speichert man später die Konfiguration mit dem Befehl **copy running-config startup-config.**

Nun läuft der Switch also. Daher kommen wir jetzt zu den etwas grundlegenderen Konfigurations-Befehlen.

Typische administrative Grundkonfiguration

Der Switch startet und arbeitet mit allen Ports in VLAN 1 ohne jede vorherige Konfiguration. Normalerweise muss man aber irgend etwas konfigurieren. Beispiel 1.2 zeigt einen typischen ersten Konfigurationsprozess für den 2950 Switch und berücksichtigt auch einige Befehle, mit denen man das Ergebnis der Konfiguration überprüfen kann.

Beispiel 1.2: Grundkonfiguration des Cisco 2950 Switch

```
Switch>enable
Switch#
Switch#configure terminal
Enter configuration commands, one per line.  End with CNTL/Z.
Switch(config)#hostname fred
fred(config)#enable secret cisco
fred(config)#line con 0
fred(config-line)#password barney
fred(config-line)#login
fred(config-line)#line vty 0 15
fred(config-line)#password wilma
fred(config-line)#login
fred(config-line)#interface fastethernet0/5
fred(config-if)#speed 100
fred(config-if)#duplex half
fred(config-if)#
00:23:49: %LINEPROTO-5-UPDOWN: Line protocol on Interface FastEthernet0/5, changed
  state to down
00:23:52: %LINK-3-UPDOWN: Interface FastEthernet0/5, changed state to up
00:23:54: %LINEPROTO-5-UPDOWN: Line protocol on Interface FastEthernet0/5, changed
  state to up
fred(config-if)#
fred(config-if)#shutdown
fred(config-if)#
00:24:33: %LINK-5-CHANGED: Interface FastEthernet0/5, changed state to
  administratively down
00:24:34: %LINEPROTO-5-UPDOWN: Line protocol on Interface FastEthernet0/5, changed
  state to down
fred(config-if)#
fred(config-if)#no shutdown
fred(config-if)#
fred(config-if)#
00:24:42: %LINK-3-UPDOWN: Interface FastEthernet0/5, changed state to up
00:24:45: %LINEPROTO-5-UPDOWN: Line protocol on Interface FastEthernet0/5, changed
  state to up
fred(config-if)#exit
fred(config)#interface vlan 1
```

Beispiel 1.2: Grundkonfiguration des Cisco 2950 Switch (Forts.)

```
fred(config-if)#ip address 10.1.1.1 255.255.255.0
fred(config-if)#no shutdown
00:25:07: %LINK-3-UPDOWN: Interface Vlan1, changed state to up
00:25:08: %LINEPROTO-5-UPDOWN: Line protocol on Interface Vlan1, changed state
  to up
fred(config-if)#exit
fred(config)#ip default-gateway 10.1.1.1
fred(config)#^Z

fred#copy running-config startup-config
Destination filename [startup-config]?
Building configuration...
[OK]
fred#show startup-config
Using 1613 out of 393216 bytes
!
version 12.1
no service pad
service timestamps debug uptime
service timestamps log uptime
no service password-encryption
!
hostname fred
!
enable secret 5 $1$sgBC$CWUWtIwBJ1G1zed1EIYr5/
!
spanning-tree extend system-id
!
interface FastEthernet0/1
 no ip address
!
interface FastEthernet0/2
 no ip address
!
interface FastEthernet0/3
 no ip address
!
interface FastEthernet0/4
 no ip address
!
interface FastEthernet0/5
 no ip address
 duplex half
 speed 100
!
!
! Lines omitted for brevity
!
```

Beispiel 1.2: Grundkonfiguration des Cisco 2950 Switch (Forts.)

```
interface Vlan1
 ip address 10.1.1.1 255.255.255.0
!
ip classless
ip http server
!
line con 0
 password barney
 login
line vty 0 4
 password wilma
 login
line vty 5 15
 password wilma
 login
!
end
fred#quit
fred con0 is now available
Press RETURN to get started.
User Access Verification
Password:
fred>enable
Password:
fred#
```

In diesem Beispiel werden nicht nur die Konfigurations-Befehle aufgeführt, es ist auch alles dargestellt, was in der Realität auf dem Bildschirm erscheint, wenn Sie im Konfigurations-Modus die genannten Befehle eingeben.

Das Beispiel beginnt in dem Moment, in dem sich ein Anwender in den Switch einloggt. Da zu diesem Zeitpunkt noch keine Konfiguration eingegeben wurde, fragt der Switch weder nach einem Konsolen-, noch nach einem enable-Passwort. Als Nächstes geht der Anwender in den Konfigurations-Modus und gibt dem Switch seinen Namen, in diesem Fall mit dem Befehl **hostname fred**. Ab jetzt beginnt die Befehlszeile immer mit **fred**, da am Anfang des Prompts immer der Hostname steht. Damit ist klar, dass das IOS des Switches die Konfigurations-Befehle sofort umsetzt – passen Sie ab jetzt also bitte auf, was Sie eingeben!

Nun gibt der Anwender **cisco** als enable-secret-Passwort, **barney** als Konsolen-Passwort und **wilma** als vty-Passwort (Telnet) ein. **login**-Befehle fordern den Switch auf, an der Konsole oder für Telnetverbindungen ein Passwort zu verlangen. Der Befehl **password** teilt dem Switch mit, welches Passwort er zu erwarten hat. Oft sind das Konsolen- und das Telnet-Passwort gleich, da man mit beiden in den User-Modus gelangt. Ich habe im Beispiel zwei verschiedene Passwörter verwendet, um zu zeigen, dass dies prinzipiell möglich ist.

In unserer Konfiguration verlangt der Switch ein Passwort von einem Anwender, der sich über Telnet anmelden will, und erwartet, dass **wilma** eingegeben wird. Entsprechend dazu wird vom Anwender an der Konsole ein Passwort verlangt und als Antwort **barney** erwartet. In beiden Fällen findet sich der Anwender im User-Modus vor. Um in den privilegierten Modus zu kommen, gibt man den Befehl **enable** und das enable-secret-Passwort **cisco** ein, wenn danach gefragt wird. (Ein solcher Fall findet sich am Ende unseres Beispiels.)

> **ANMERKUNG**
>
> Die Befehle **enable secret** und **enable password** bestimmen das Passwort, das man für den enable-Modus benötigt. Auch mit **enable password** legt man das enable-Passwort fest. Wenn in der Konfiguration nur einer dieser beiden Befehle vorkommt, wird das entsprechende Passwort verwendet. Sind beide Passworte konfiguriert, wird das **enable secret**-Passwort verwendet. Warum gibt es dann zwei Befehle? Der Befehl **enable password** war zuerst da, allerdings zu Zeiten, als es selbst bei Verschlüsselung noch einfach war, Passworte zu knacken. **enable secret** ist mit einer zerhackten Speicherung des Passworts verbunden, was eine Entschlüsselung schwierig und den Switch sicherer macht.

Als Nächstes gibt der Anwender **interface fastethernet 0/5** ein, um in den Interface-Konfigurations-Modus zu gelangen. Hier bekommt der Switch über die Befehle **duplex** und **speed** die Anweisung, seine Einstellungen durchzusetzen, statt die automatische Einstellungs-Vereinbarung zuzulassen. Der PC am anderen Ende der Leitung an Interface fastethernet 0/5 hat aber schon die Vereinbarung 100 Mbps, full-duplex eingestellt – und die neue Halb-Duplex-Einstellung wirkt sofort! Diese Verbindung wird also nach kürzester Zeit zusammenbrechen und neu initialisiert werden.

Die Mitteilungen, die in unserem Beispiel die Veränderung bei den Geschwindigkeits- und Duplex-Einstellungen anzeigen, betätigen, dass das Interface zeitweise unbrauchbar war. Wenn es Vorkommnisse gibt, sendet der Switch automatisch eine Information darüber an die Konsole. In diesem Fall wird mitgeteilt, dass der Switch das Interface wegen des Fehler in der Duplex-Einstellung abgeschaltet hat. Danach wird aber wieder gemeldet, dass das Interface wieder läuft und der Switch sich mit dem anderen Gerät auf Halb-Duplex geeinigt hat.

Als Nächstes wird die Arbeitsweise der Befehle **shutdown** und **no shutdown** sichtbar. **shutdown** versetzt ein Interface administrativ in einen abgeschalteten Status, so dass kein Verkehr fließen kann. Der Befehl **no shutdown** aktiviert das Interface wieder. Im Beispiel können Sie die Informations-Mitteilung erkennen, die nach jedem Statuswechsel ausgegeben wurde.

Um den Switch über Telnet anwählen und verwalten zu können, braucht er eine IP-Adresse. Außerdem ist, wie bei einem Anwender-PC, ein Standard-Gateway notwendig. Das Standard-Gateway ist die IP-Adresse eines Routers, der mit dem Switch verbunden ist; der Switch sendet IP-Pakete an den Router, die an IP-Hosts gerichtet sind, welche sich nicht auf dem Switch-LAN befinden.

Um die IP-Adresse zu konfigurieren, verwendet man zunächst den Befehl **interface vlan 1**, da die IP-Adresse des 2950er Switch auf diesem Interface konfiguriert ist. Nun stellt man mit dem Befehl **ip address** die IP-Adresse und die Subnetz-Maske ein. (IP-Subnetz-Masken werden in Kapitel 4 behandelt). Zum Schluss wird mit dem Global-Befehl **ip default-gateway** das Standard-Gateway für den Switch konfiguriert.

Da die Konfiguration nun verändert wurde, sollte sie abgespeichert werden. So geht sie bei einem Neustart des Switch nicht verloren. Wie im Beispiel dargestellt, wird dies mit dem Befehl **copy running-config startup-config** realisiert.

Jetzt kann man noch mit dem Befehl **show startup-config** die frisch abgespeicherte Konfiguration prüfen. Bestimmt erinnern Sie sich, dass bei der vorigen Eingabe von **show startup-config** am Ende von Beispiel 1.2 die Start-Konfigurations-Datei leer war; jetzt ist eine Start-Konfiguration gespeichert, die beim nächsten Neustart des Switchs verwendet wird. Mit **show startup-config** werden alle Konfigurations-Befehle noch einmal angezeigt, die vorher im Beispiel eingesetzt worden sind.

Sicherheits-Konfiguration der Switch-Ports

Das letzte größere Thema für dieses Kapitel behandelt die Sicherheit der Switch-Ports, die *port security*. Da der Netzwerktechniker Bescheid weiß, welche Geräte an bestimmte Interfaces eines Switch angeschlossen werden sollten, kann er ein Interface auch so einstellen, dass nur die Kommunikation mit den bekannten Geräten zugelassen wird. Versucht ein anderes (ungewolltes) Gerät darauf zuzugreifen, kann der Switch eine Mitteilung herausgeben, Frames löschen, die von dem entsprechenden Gerät kommen oder das Interface schließen.

Um Port-Sicherheit zu konfigurieren, muss man verschiedene Dinge berücksichtigen. Zunächst wird die Funktion mit dem Interface-Konfigurations-

Befehl **switchport port-security** aktiviert. Das IOS des 2950er gestattet die Einrichtung von Port-Sicherheit jedoch nur auf Interfaces, die nicht mit einem anderen Switch verbunden sind. Mit dem Befehl **switchport mode access** kennzeichnet man ein Interface als nicht-verbunden mit einem anderen Switch. Nun kann man statische MAC-Adressen über den Befehl **switchport port-security mac-address** *mac-address* konfigurieren.

In Bild 1.3 sind Server 1 und Server 2 zum Beispiel die einzigen Geräte, die mit den Interfaces Fastethernet 0/1 und 0/2 verbunden werden sollen. Über die Port-Sicherheit können Sie einstellen, dass nur die gewollten MAC-Adressen Kontakt zu diesen Ports aufnehmen können (siehe Beispiel 1.3).

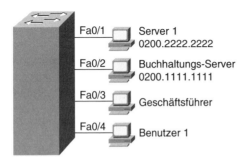

Bild 1.3: Konfigurations-Beispiel für Port Security

Beispiel 1.3: Auswahl erwünschter MAC-Adressen für bestimmte Interfaces über Port-Sicherheit

```
Fred#show running-config
(Lines omitted for brevity)
interface FastEthernet0/1
 switchport mode access
 switchport port-security
 switchport port-security mac-address 0200.1111.1111
 no ip address
!
interface FastEthernet0/2
 switchport mode access
 switchport port-security
 switchport port-security mac-address sticky
 no ip address

fred#show port-security interface fastEthernet 0/1
Port Security : Enabled
Port status : Err-Disabled
Violation mode : Shutdown
Maximum MAC Addresses : 1
Total MAC Addresses : 1
Configured MAC Addresses : 1
```

Beispiel 1.3: Auswahl erwünschter MAC-Adressen für bestimmte Interfaces über Port-Sicherheit (Forts.)

```
Sticky MAC Addresses : 0
Aging time : 0 mins
Aging type : Absolute
SecureStatic address aging : Disabled
Security Violation count : 1

fred#show port-security interface fastEthernet 0/2
Port Security : Enabled
Port status : SecureUp
Violation mode : Shutdown
Maximum MAC Addresses : 1
Total MAC Addresses : 1
Configured MAC Addresses : 0
Sticky MAC Addresses : 1
Aging time : 0 mins
Aging type : Absolute
SecureStatic address aging : Disabled
Security Violation count : 0
Fred#show running-config
(Lines omitted for brevity)
interface FastEthernet0/2
 switchport mode access
 switchport port-security
 switchport port-security mac-address sticky
 switchport port-security mac-address sticky 0200.2222.2222
 no ip address
```

In diesem Beispiel werden zwei verschiedene Formen von Port-Sicherheit konfiguriert. Für Fastethernet 0/1 wird die MAC-Adresse von Server 1 mit dem Befehl **switchport port-security mac-address 0200.1111.1111** konfiguriert. Damit die Port-Sicherheit funktioniert, muss ein Cisco 2950 Switch wissen, dass es sich um ein Access-Interface und nicht um ein Trunk-Interface handelt. Daher benutzt man den Befehl **switchport mode access**. Um die Port-Sicherheit zu aktivieren, gibt man **switchport port-security** ein. Diese drei Interface-Sub-Befehle aktivieren die Port-Security und nur die MAC-Adresse 0200.1111.1111 hat noch Zugang zum Interface.

Bei der Verwendung von Port-Security erlaubt die Standard-Einstellung nur eine einzige MAC-Adresse pro Interface. Mit dem Befehl **switchport port-security maximum** kann man bis zu 132 Adressen pro Interface konfigurieren. Für den Fall, dass eine andere MAC-Adresse Zugang zum Interface anfragt, bewirkt die Standard-Einstellung ein Abschalten dieses Interface. Dieses Default-Verhalten lässt sich mit dem Befehl **switchport port-security violation** ändern.

Das Interface fastethernet 0/2 verwendet ein Feature, dass sich *sticky-secure, anhaftend-sichere* MAC-Adressen nennt. Aus dem selben Grund wie beim Interface fastethernet 0/1, beinhaltet die Konfiguration hier die Befehle **switchport mode access** und **switchport port-security**. In diesem Fall sorgt der Befehl **switchport port-security mac-address sticky** dafür, dass der Switch die MAC-Adresse im ersten Frame, der ihn überhaupt erreicht, als sicher einordnet und der aktuellen Konfiguration hinzufügt. Mit anderen Worten haftet die erste MAC-Adresse, die der Switch überhaupt zu sehen bekommt, der Konfiguration an. Der Netzwerktechniker muss also die MAC-Adresse des angeschlossenen Gerätes nicht im Vorhinein parat haben.

Wie in Beispiel 1.3 hervorgehoben, kommt es auf dem Interface fastethernet 0/1 zu einer Sicherheitsverletzung, während auf fastethernet 0/2 alles in Ordnung ist. Der Befehl **show port-security interface fastethernet 0/1** ergibt die Rückmeldung, dass sich das Interface einem err-disabled-Status befindet: Das Interface ist abgeschaltet. Das Gerät, das mit Interface fastethernet 0/1 verbunden ist, hat nicht die MAC-Adresse 0200.1111.1111. Daher bekommt der Switch über dieses Interface einen Frame von einer anderen MAC-Adresse und schaltet das Interface vorsichtshalber ab.

Interface fastethernet 0/2 ist im »secureup«-Status, zumindest was das Feature Port-Security angeht. Beachten Sie im unteren Teil der **show running-config**-Anzeige, dass der Switch die MAC-Adresse von Server 2 (0200.2222.2222) erlernt und zur aktuellen Konfiguration durch den Befehl **switchport port-security mac-address sticky 0200.2222.2222** hinzugefügt hat. Wenn Sie die Konfiguration nun so speichern wollten, dass auf diesem Interface nur noch die Adresse 0200.2222.2222 verwendet wird, speichern Sie die Konfiguration einfach mit dem Befehl **copy running-config startup-config** ab.

1.3 Grundlagen-Zusammenfassung

Die »Grundlagen-Zusammenfassung« wiederholt kurz die wichtigsten Inhalte des Kapitels. Obwohl in diesen Abschnitten nicht alle Anforderungen des Examens vorkommen, gehört es zu einer guten Vorbereitung, alle Feinheiten aus den Grundlagen-Zusammenfassungen für das Examen gelernt zu haben.

Switches nehmen grundsätzlich drei Aufgaben wahr:

- Lernen – Der Switch merkt sich MAC-Adressen, indem er die Quell-MAC-Adresse jedes Frames untersucht, der die Bridge erreicht. Durch seinen Lernprozess kann der Switch in der Zukunft immer bessere Entscheidungen über die Weiterleitung treffen.

- Weiterleiten oder Filtern – Anhand der MAC-Ziel-Adresse entscheidet der Switch, ob ein Frame weitergeleitet oder herausgefiltert wird. Der Switch sieht sich die vorher erlernten MAC-Adressen in der angelegten Adressen-Tabelle an und entscheidet danach, wohin die Frames weitergeleitet werden.

- Loop-Prävention – Durch die Verwendung von STP, dem Spanning-Tree-Protokoll, sorgt der Switch mit anderen Bridges dafür, dass in der Umgebung keine Loops entstehen. Die Bereitstellung von physikalisch redundanten Verbindungen fördert die Verfügbarkeit der LAN-Umgebung. Das STP wiederum hält die Switch-Logik davon ab, irgendwelche Frames unendlich lange durch das Netzwerk kreisen zu lassen, was die Performance extrem beeinträchtigen würde.

Die folgende Aufzählung bietet einen kurzen Überblick über die Vorgehensweise eines Switchs:

1. Ein Frame wird empfangen.
2. Wenn die Zieladresse eine Broadcast- oder Multicast-Adresse ist, wird der Frame aus allen Ports heraus weitergeleitet, außer dem, über den er empfangen wurde.
3. Wenn die Zieladresse eine Unicast-Adresse ist, die sich nicht in der Adressen-Tabelle befindet, wird der Frame aus allen Ports heraus weitergeleitet, außer dem, über den er empfangen wurde.
4. Wenn die Zieladresse eine Unicast-Adresse ist, die sich in der Adressen-Tabelle befindet und das damit verknüpfte Interface nicht das ist, über das der Frame herein kam, wird der Frame aus dem einen, richtigen Port heraus weitergeleitet.
5. Andernfalls wird der Frame gefiltert, also gar nicht weitergeleitet.

1.4 Q&A

Wie in der Einleitung erwähnt, haben Sie für die Bearbeitung der Fragen zwei Möglichkeiten. Die Beantwortung der hier im Buch folgenden Fragen stellt eine größere Herausforderung dar, als diejenigen, die später im Examen auf Sie zukommen werden. Allerdings schulen Sie durch die etwas umfangreicheren und schwierigeren Fragen Ihr Gedächtnis, Ihr konzeptuelles Verständnis und Ihr Faktenwissen besser, da die Fragen offener angelegt sind. Die Antworten finden Sie in Anhang A.

Übungen und Multiple-Choice-Fragen, die eng an das Examen angelehnt sind, finden Sie auf der CD. Mit der CD lassen sich auch Übungen am Router-Simulator durchführen.

1. Wie entscheidet ein Switch, ob ein Frame weitergeleitet wird? Wie wählt er das richtige Interface für die Weiterleitung aus?

2. Wie erstellt ein Switch seine Adressen-Tabelle?

3. Durch welchen Konfigurations-Befehl fordert ein Switch den Anwender an der Konsole zur Eingabe eines Passworts auf? In welchem Befehls-Zusammenhang muss man sich im Konfigurations-Modus aufhalten, um den erforderlichen Befehl einzugeben. (Welche/r Befehl/e muss zuvor im Konfigurations-Modus eingegeben werden?) Listen Sie die Befehle in der Reihenfolge auf, in der sie im Konfigurations-Modus eingegeben werden müssen.

4. Mit welchem Befehl teilt man dem Switch das Passwort mit, das er beim Zugriff von der Konsole aus verlangen soll? In welchem Konfigurations-Modus muss man sich dazu aufhalten? (Welche/r Befehl/e muss zuvor im Konfigurations-Modus eingegeben werden?) Listen Sie die Befehle in der Reihenfolge auf, in der sie im Konfigurations-Modus eingegeben werden müssen.

5. Mit welchem Befehl legt man das Passwort fest, das bei der Eingabe des Befehls **enable** verlangt werden soll? Wird das Passwort automatisch verschlüsselt?

6. Wird an der Konsole das gleiche Passwort verlangt wie bei einem Zugriff über Telnet?

7. Nennen Sie zwei Befehle, mit denen man sich die Konfiguration ansehen kann, die der Switch beim nächsten Neustart verwendet. Welcher der beiden hat die größere Nähe zum IOS?

8. Nennen Sie zwei Befehle, mit denen man die aktuell laufende Konfiguration anzeigen kann. Welcher der beiden hat die größere Nähe zum IOS?

Dieses Kapitel deckt folgende Punkte ab:
- Das Spanning-Tree-Protokoll
- Rapid-Spanning-Tree (IEEE 802.1w)
- Konfiguration des Spanning-Tree-Protokolls

Kapitel 2

Das Spanning-Tree-Protokoll

Falls ein LAN-Design mehrere Switches erfordert, bauen die meisten Netzwerk-Techniker zwischen den Switches redundante Ethernet-Segmente ein, um das Netzwerk vor Ausfällen zu schützen. Bei Ausfall eines Switches oder Kabels wird die Aufgabe von einem redundanten Bauteil weitgehend mit übernommen.

LAN-Designs mit redundanten Verbindungen bergen allerdings die Gefahr von Loops bzw. Schleifen. Solche umherkreisenden Frames können die Performance des Netzwerks extrem reduzieren. Aus diesem Grund verwendet man in LANs das Spanning-Tree-Protokoll (STP), um zu verhindern, dass Frames unendlich lange über die redundanten Verbindungen durch das Netzwerk zirkulieren. Dieses Kapitel enthält das STP und einige Befehle, um seine Arbeitsweise einzustellen.

Wir sehen uns das STP zunächst in allen Feinheiten an, besprechen dann seine neuere Variante, das RSTP (Rapid-Spanning-Tree-Protokoll). Am Ende des Kapitels wird die STP-Konfiguration auf einem 2950er Switch behandelt.

2.1 »Weiß ich's schon?«-Quiz

Ziel des Quiz ist es, Ihnen bei der Entscheidung darüber zu helfen, was Sie von einem Kapitel lesen müssen und was nicht. Wenn Sie auf jeden Fall das ganze Kapitel lesen wollen, brauchen Sie die Fragen an dieser Stelle nicht zu beantworten.

Mit dem 10-Fragen-Quiz können Sie, bezogen auf den Grundlagen-Abschnitt, Ihre begrenzte Studienzeit sinnvoll einteilen.

Tabelle 2.1 stellt die Hauptthemen des Kapitels und die dazu passenden Fragen aus dem Quiz dar.

Tabelle 2.1: »Weiß ich's schon?«-Übersicht zum Grundlagen-Abschnitt

Grundlagen-Abschnitt	Fragen zu diesem Abschnitt
Spanning-Tree-Protokoll	1 bis 6
Rapid Spanning Tree (IEEE 802.1w)	7 und 8
Konfiguration des Spanning-Tree-Protokolls	9 und 10

ACHTUNG

Das Ziel dieser Selbsteinschätzung soll sein, dass Sie Ihren Wissenstand zu den Themen richtig bewerten. Wenn Sie eine Frage nicht beantworten können oder sich auch nur unsicher fühlen, sollten Sie sie als falsch einstufen und markieren. Jeder Sympathiepunkt, den Sie sich selbst geben, verfälscht Ihr Ergebnis und wiegt Sie in trügerischer Sicherheit.

1. In welchem Zustand befinden sich die Ports nach Abschluss der STP-Abstimmung?
   a) Blocking (Blockade)
   b) Forwarding (Weiterleitung)
   c) Listening (Hören)
   d) Learning (Lernen)
   e) Discarding (Löschen)
   f) Disabled (Abgeschaltet)

2. Welche der folgenden Port-Zustände werden nur vorübergehend während der STP-Anpassung (»Konvergenzprozess«) verwendet?
   a) Blockade
   b) Weiterleitung
   c) Hören
   d) Lernen
   e) Löschen
   f) Abgeschaltet

3. Auf welche der folgenden Bridge-IDs würde die Wahl zur Root fallen, wenn sich die Switches mit den Bridge-IDs im selben Netzwerk befinden?
   a) 32768:0200.1111.1111
   b) 32768:0200.2222.2222

c) 200:0200.1111.1111
d) 200:0200.2222.2222
e) 40,000:0200.1111.1111
f) 40,000:0200.2222.2222

4. Wovon hängt ab, wie häufig eine Bridge oder ein Switch, welche nicht als Root konfiguriert sind, eine BPDU-Mitteilung senden?
   a) Von der Konfiguration des hello-Intervalls auf dem Switch.
   b) Von der Konfiguration des hello-Intervalls auf dem Root-Switch.
   c) Grundsätzlich alle 2 Sekunden.
   d) Der Switch antwortet auf BPDUs vom Root-Switch mit einer eigenen BPDU, die er 2 Sekunden nach Empfang der Root-BPDU verschickt.

5. Welches Feature versetzt ein Interface sofort in den Weiterleitungs-Status, sobald es physikalisch eingeschaltet ist?
   a) STP
   b) RSTP
   c) Root Guard
   d) 802.1w
   e) PortFast
   f) EtherChannel
   g) Trunking
   h) 802.1q

6. Welches Feature verwendet mehrere parallele Ethernet-Verbindungen zwischen zwei Switches, so dass der Datenverkehr ausgeglichen über beide Verbindungen fließt und das STP alle Verbindungen wie eine einzige betrachtet?
   a) STP
   b) RSTP
   c) Root Guard
   d) 802.1w
   e) PortFast
   f) EtherChannel
   g) Trunking
   h) 802.1q

7. Welche Abkürzung steht für das weiter entwickelte STP, mit dem die Konvergenz-Zeit verringert wird?

    a) STP

    b) RSTP

    c) Root Guard

    d) 802.1w

    e) PortFast

    f) Trunking

    g) 802.1q

8. Welche der folgenden Port-Funktionen unter RSTP haben unter STP genau die gleiche Bezeichnung?

    a) Blocking

    b) Forwarding

    c) Listening

    d) Learning

    e) Discarding

    f) Disabled

9. Mit welchem Befehl lässt sich auf einem Cisco 2950 der Wert der Bridge-ID verändern, ohne dass man für jeden Teil der Bridge-ID einen speziellen Wert konfiguriert?

    a) spanning-tree bridge-id

    b) spanning-tree root

    c) spanning-tree priority

    d) set priority

10. Mit welchem Befehl lassen sich auf einem Cisco 2950 Switch die Status-Informationen zum STP anzeigen?

    a) **show spanning-tree**

    b) **show stp**

    c) **show spantree**

    d) **show span-tree**

    e) **debug span**

Die Antworten zum »Weiß ich's schon?«-Quiz stehen in Anhang A. Unser Vorschlag für Ihr weiteres Vorgehen sieht so aus:

- **8 oder weniger Gesamtpunkte** – Lesen Sie das komplette Kapitel. Es enthält die »Grundlagen«, die »Grundlagen-Zusammenfassung« und »Q&A«-Abschnitte.

- **9 oder 10 Gesamtpunkte** – Wenn Sie einen größeren Überblick über diese Themen bekommen möchten, springen Sie zur »Grundlagen-Zusammenfassung« und dann zum »Q&A«-Abschnitt. Andernfalls gehen Sie sofort zum nächsten Kapitel.

2.2 Grundlagen

2.2.1 Das Spanning-Tree-Protokoll

Ohne das Spanning-Tree-Protokoll (STP) könnten Frames im Grunde unendlich lange durch ein Netzwerk mit physikalisch redundanten Verbindungen kreisen. Um solche kreisenden Frames (»looping frames«) zu verhindern, blockiert das STP bestimmte Ports, so dass zwei LAN-Segmente (»Kollisions-Domains«) nur noch über einen Weg verbunden sind. Das STP hat gleichzeitig gute und weniger gute Auswirkungen. Gut ist: Die Frames können nicht unendlich lange kreisen. Andererseits hat das Netzwerk gar keinen Vorteil mehr durch die redundanten Verbindungen. Sie sind blockiert, um Frames daran zu hindern, durch das Netzwerk zu kreisen. Dadurch läuft der Datenverkehr für einige Anwender über Umwege, da die Direktverbindung blockiert ist. Trotzdem ist das Ergebnis insgesamt positiv. Frames, die ungehindert unendlich lange kreisen, machen das LAN schließlich unbrauchbar. Das STP verursacht also geringere Kollateralschäden im Vergleich zu dem Vorteil, dass man redundante Verbindungen einrichten kann.

Für das INTRO-Examen müssen Sie wissen, warum das STP notwendig ist und wie es funktioniert. Für das ICND-Examen muss man die unter IEEE 802.1d für das STP definierten Feinheiten etwas genauer parat haben. Dieses Kapitel enthält eine recht genaue Erläuterung des STP 802.1d, der Auswahl der Root und der Einstellung von Ports für den Weiterleitungs- oder den Blockieren-Status. Außerdem wird das neuere RSTP Rapid Spanning Tree Protocol (Rapid-Spanning-Tree-Protokoll) gemäß der Definition in IEEE 802.1w behandelt.

Arbeitsweise des Spanning-Tree-Protokoll (IEEE 802.1d)?

Durch den Einsatz von Spanning Tree versetzt man jeden Bridge- und Switch-Port in den Weiterleitungs- oder Blockieren-Status. Alle Ports im Weiterleitungs-Status kann man nun als Teil des aktuellen »Spanning Tree«

ansehen. In ihrer Kombination schaffen die Weiterleitungs-Ports einen einzigen Pfad, über den Frames über die Ethernet-Segmente geschickt werden können. Die Switches können über Ports im Weiterleitungs-Status Frames empfangen und weiterleiten, nicht aber über Ports im Blockieren-Status.

Bild 2.1 zeigt einen einfachen STP-Baum, bei dem sich ein Port von SW 3 im Blockieren-Status befindet.

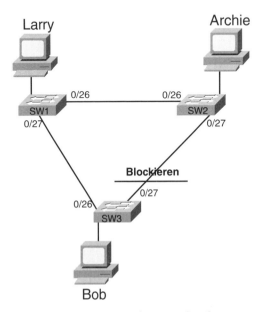

Bild 2.1: STP-Netzwerk mit redundanten Verbindungen

Wenn Larry einen Frame an Bobs MAC-Adresse sendet, kann der Frame nicht im Kreis laufen. SW1 sendet eine Kopie an SW3. SW3 kann den Frame nicht an SW2 weiterleiten, da Port 0/27 blockiert. Allerdings verschafft der Einsatz von STP einigen Frames einen längeren Weg. Dafür werden eben Loops verhindert. Wenn Archie einen Frame an Bob senden möchte, muss der Frame zuerst von SW2 an SW1, dann an SW3 gesendet werden – eine längere Strecke, als physikalisch notwendig wäre. STP verhindert Loops, dafür muss man in einigen Fällen mit etwas längeren Wegen rechnen. Bei den Geschwindigkeiten in LANs werden die Anwender im Normalfall davon aber nichts merken, es sei denn, die Netzwerk-Performance wird durch andere Eigenschaften des Datenverkehrs verringert.

Bricht die Verbindung zwischen SW1 und SW3 einmal zusammen, übergibt STP die Verbindung an das andere Kabel zu SW 3 und öffnet Interface 0/27. Dieses Beispiel ist in Bild 2.2 bildlich dargestellt.

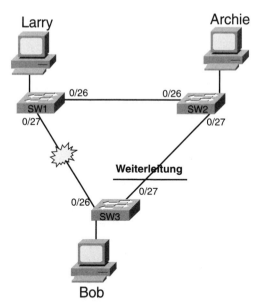

Bild 2.2: Netzwerk mit redundanten Verbindungen nach einem Verbindungsfehler

Wie kann das STP für einzelne Interfaces einen Blockieren- oder Weiterleitungs-Status veranlassen? Wieso kann es im Falle eines Fehlers den Status ändern und redundante Verbindungen nutzen, einen Netzwerkausfall zu verhindern? Antworten auf diese Fragen finden Sie in den folgenden Abschnitten.

Wie funktioniert Spanning-Tree?

Spanning-Tree bildet einen Interface-Baum aus den Schnittstellen, die Frames weiterleiten. Diese Baum-Anordnung liefert genau eine Verbindung von einem Ethernet-Segment zum anderen und zurück, vergleichbar mit der Verbindung vom Stamm eines Baumes bis in jedes Blatt. STP versetzt die Interfaces in Weiterleitungs- oder Blockieren-Status; wenn ein Interface nicht im Weiterleitungs-Status sein muss, wird es in den Blockieren-Status versetzt.

Das STP sucht also aus, welche Interfaces weiterleiten und welche nicht.

Das STP verwendet drei Kriterien, anhand derer entschieden wird, ob ein Interface in den Weiterleitungs-Status versetzt wird:

- STP wählt eine Root-Bridge aus. STP versetzt alle Interfaces auf der Root-Bridge in den Weiterleitungs-Status.

- Jede Bridge ohne Root-Funktion hat einen Port mit dem geringsten administrativen Aufwand zwischen sich und der Root-Bridge. STP versetzt das

Interface mit dem geringsten Aufwand, genannt *Root-Port,* in Weiterleitungs-Status.

- Es können viele Bridges an dasselbe Ethernet-Segment angeschlossen sein. Die Bridge mit dem geringsten administrativen Aufwand (»lowest-cost«) zwischen sich und der Root-Bridge (im Vergleich zu den anderen Bridges, die an dasselbe Segment angeschlossen sind), wird in Weiterleitungs-Status versetzt. Die Bridge mit dem geringsten Aufwand in jedem einzelnen Segment wird als *designierte Bridge* bezeichnet. Das Interface der Bridge, das an dieses Segment angeschlossen ist, heißt *designierter Port.*

Alle anderen Interfaces werden in den Blockieren-Status versetzt. Tabelle 2.2 fasst die Gründe zusammen, aus denen STP einen Port in den Weiterleitungs- oder den Blockieren-Status versetzt.

Tabelle 2.2: STP: Gründe für das Weiterleiten oder Blockieren

Charakterisierung des Ports	STP-Status	Beschreibung
Alle Ports der Root-Bridge	Weiterleitung	Die Root-Bridge ist grundsätzlich die designierte Bridge auf allen angeschlossenen Segmenten.
Jeder Root-Port einer nicht als Root eingesetzten Bridge	Weiterleitung	Der Root-Port erhält die BPDU für den geringsten Aufwand von der Root.
Der designierte Port jedes LANs	Weiterleitung	Die Bridge, welche die »lowest-cost« BPDU auf das Segment leitet, ist die designierte Bridge für dieses Segment.
Alle anderen Ports	Blockieren	Dieser Port ist weder zur Weiterleitung noch zum Empfang irgend eines Frames vorgesehen.

Wahl der Root und Erkennen der Root-Ports und der designierten Ports

Das STP nimmt bei jeder Bridge zunächst einmal an, es könnte sinnvollerweise eine Root-Bridge sein und sendet STP-Mitteilungen. Solche STP-Mitteilungen, die dem Informations-Austausch zwischen Bridges dienen, nennen sich BPDUs (*bridge protocol data units*). Jede Brigde beginnt mit dem Versenden von BPDUs, die folgende Informationen beinhalten:

- **Die Bridge-ID der Root-Bridge** – Die Bridge-ID ist die Verkettung der Priorität einer Bridge und einer MAC-Adresse auf dieser Bridge (es sei denn, sie wird bewusst als ganz andere Zahl konfiguriert). Zu Beginn der Root-Auswahl nimmt jede Bridge zunächst in Anspruch, die Root-Bridge zu sein, und macht sich dafür mit der eigenen Bridge-ID als Root bekannt. Das Beispiel 2.1, welches später in diesem Kapitel folgt, zeigt eine Befehlsanzeige mit einem Switch der Priorität 32768 und der MAC-Adresse 0050.f035.a940, woraus sich die Bridge-ID ergibt. Je geringer die Priorität, desto besser die Chancen bei den Root-Wahlen. Die STP-Spezifikation IEEE 802.1d erlaubt Prioritäten zwischen 0 und 65535 (inklusiv).

- **Der Aufwand, um von der Bridge aus die Root zu erreichen** – Zu Beginn des Auswahlverfahrens beansprucht jede Bridge auch die Root-Bridge zu sein. Daher wird der Wert auf 0 gesetzt – der Aufwand der Bridge, um zu sich selbst zu kommen. Je geringer nun der Aufwand ist, desto besser ist der jeweilige Pfad zu bewerten. Die Bewertung liegt zwischen 0 und 65535 (inklusiv).

- **Die Bridge-ID des Absenders einer BPDU** – Dieser Wert ist grundsätzlich die Bridge-ID des Absenders der BPDU, egal, ob die BPDU von der Root-Bridge kommt oder von einer anderen Bridge.

Die Bridges wählen auf Grund der Bridge-IDs in den BPDUs eine Root-Bridge aus. Die Root-Bridge ist die mit dem niedrigsten Zahlenwert für die Bridge-ID. Da die zweiteilige Bridge-ID immer mit dem Wert für die Priorität beginnt, wird die Bridge mit der niedrigsten Priorität zur Root-Bridge. Wenn die eine Bridge Priorität 100, eine andere Priorität 200 hat, gewinnt die Bridge mit Priorität 100, egal, welche MAC-Adresse zur Bildung der Bridge-ID für jeden Switch und jede Bridge verwendet wurde.

Bei einem Unentschieden bezüglich der Priorität gewinnt die Root-Bridge mit der niedrigsten MAC-Adresse in der Bridge-ID. Die MAC-Adressen, die für die Bridge-IDs verwendet werden, sollten einmalig sein. Bridges und Switches verwenden eine ihrer eingebrannten MAC-Adressen. MAC-Adressen sind eindeutig, da MAC-Adressen einmalig sind. Wenn nun die Prioritäten ein unentschieden ergeben und ein Switch die MAC-Adresse 0020.0000.0000 in der Bridge-ID, ein anderer 0FFF.FFFF.FFF hat, bekommt der erste Switch (MAC 0200.0000.0000) die Root.

Die Nachricht, mit der die Root, ihre Bridge-ID und ihr Verbindungs-Aufwand mitgeteilt werden, nennt sich Hallo (»hello-BPDU«).

STP wählt die Root-Bridge beinahe vergleichbar mit einer politischen Wahl. Das Auswahlverfahren beginnt mit einer Kandidatur aller Bridges, die ihre Kandidatenvorstellungen mit Hallo-BPDUs und Prioritäten öffentlich machen. Wenn eine Bridge von einem besseren Kandidaten hört, zieht sie die Kandidatur zurück, und unterstützt den besseren Kandidaten durch Weiterleitung von deren BPDUs. Wenn ein Switch gewinnt, wird er zukünftig von allen anderen unterstützt – und spätestens hier hört die Analogie zur politischen Realität natürlich vollständig auf.

In Bild 2.3 ist ein Teil dieses Prozesses dargestellt. Stellen Sie sich vor, dass SW1 sich als Root beworben hat, allerdings genau wie SW2 und SW3. SW2 glaubt nun, dass SW1 die bessere Root ist. SW1 und SW3 halten sich jedoch nach wie vor für die Geeigneten, weshalb sie nach wie vor Werbung für sich machen.

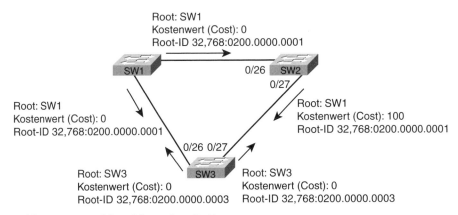

Bild 2.3: *Auswahlverfahren für die Root*

In Bild 2.3 existieren noch zwei Kandidaten – SW1 und SW3. Aber wer gewinnt? Von der Bridge-ID aus betrachtet gewinnt der Switch mit der geringeren Priorität; bei Gleichstand entscheidet die niedrigere MAC-Adresse. Im Bild ist nachzuvollziehen, dass SW1 die niedrigere Bridge-ID hat (32768:0200.0000.0001), so dass SW1 gewinnt. SW3 glaubt nun auch, dass SW1 die bessere Wahl ist. Die nun folgenden Hallo-Mitteilungen der Switches sind in Bild 2.4 zu sehen.

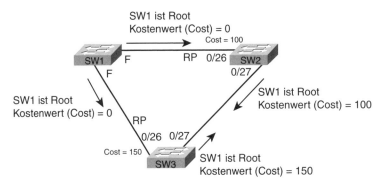

Bild 2.4: *SW1 gewinnt die Wahl.*

Die Interfaces von SW1 werden in den Weiterleitungs-Status versetzt, da SW1 die Wahl gewonnen hat. Alle Interfaces auf dem Root-Switch leiten weiter. Aber was geschieht nun mit den Interfaces von SW2 und SW3? Der zweite Grund, aus dem STP ein Interface in den Weiterleitungs-Status versetzt, liegt bei einem Root-Port auf einem Switch vor. Jeder Switch hat einen Root-Port, der die BPDU mit dem geringsten Aufwand (»Cost«) von der Root erhält. In Bild 2.4 findet man den besten Aufwand für SW2 in den Werten der Hallo-Mitteilung auf Port 0/26. Auch bei SW3 findet sich die Verbindung mit dem geringsten Aufwand auf dessen Port 0/26. Daher findet man im Bild ein »RP« (Root-Port) neben jedem dieser Ports. SW2 und SW3 versetzen diese Ports in den Weiterleitungs-Status.

Der eigentliche Grund dafür, dass STP ein Interface in den Weiterleitungs-Status versetzt, besteht darin, dass das Interface das »Lowest-Cost-Hello« für den geringsten Verbindungs-Aufwand über ein LAN-Segment verbreitet – oder anders formuliert: Die Bridge ist für das Segment als designierte Bridge ausgewählt worden. In Bild 2.4 senden sowohl SW2 als auch SW3 Hallo-Mitteilungen auf die zwischen ihnen liegende Verbindung. Der Aufwand wird errechnet, indem der Wert im empfangenen Hallo (in diesem Fall 0) mit dem Wert für das Interface addiert wird, auf dem das Hallo eingegangen ist. SW2 muss also 100 zu der 0 addieren, SW3 150. (Die »Kosten« der Interfaces erkennt man gut in Bild 2.4.) Die Kosten für die Verbindungen können konfiguriert werden oder man verwendet eine Standardeinstellung. Weil SW2 die geringeren Kosten in der Hallo-Mitteilung verbreitet, ist Port 0/27 von SW2 der designierte Port auf dem LAN-Segment zwischen SW2 und SW3. SW2 versetzt seinen Port 0/27 in den Weiterleitungs-Status, da das der designierte Port auf dem LAN-Segment ist. (Bei gleichen Kosten gewinnt SW2 auch, und zwar wegen der niedrigeren Bridge-ID von 32768:0200.0000.0002, im Gegensatz zu 32768:0200.0000.0003 bei SW3.)

Das einzige Interface der drei Switches, das nicht weiterleitet, ist Port 0/27 auf SW3, womit dieselbe Spanning-Tree-Topologie vorliegt wie in Bild 2.1. Der Prozess ist damit abgeschlossen und alle Ports sind im Weiterleitungs-Status, außer das Interface E0/27 von Switch SW3.

Tabelle 2.3 stellt den Status jedes Ports dar und den Grund, warum er in diesem Status ist.

Tabelle 2.3: Port-Status von jedem Interface

Bridge-Interface	Status	Grund für den Weiterleitungs-Status
SW1, E 0/26	Weiterleitung	Interface ist auf der Root-Bridge
SW1, E 0/27	Weiterleitung	Interface ist auf der Root-Bridge
SW2, E 0/26	Weiterleitung	Root-Port
SW2, E 0/27	Weiterleitung	Designierter Port auf dem LAN-Segment zu SW3
SW3, E 0/26	Weiterleitung	Root-Port
SW3, E 0/27	Blockieren	Nicht Root-Bridge, nicht Root-Port, nicht designierter Port

Port-Kosten kann man konfigurieren oder die Standardwerte nehmen. Tabelle 2.4 listet die Standard-Portkosten nach IEEE auf; diese Standardwerte werden auch von Cisco verwendet. Die IEEE hat die Kostenwerte für den Verbindungs-Aufwand neu herausgegeben, da die Originalwerte aus den frühen 80ern mit der Ethernet-Entwicklung nicht mithalten konnten und das 10-Gigabit-Ethernet nicht mehr unterstützen.

Tabelle 2.4: Standard-Port-Kosten gemäß IEEE

Ethernet-Geschwindigkeit	Originale IEEE-Kosten	Neue IEEE-Kosten
10 Mbit/s	100	100
100 Mbit/s	10	19
1 Gbit/s	1	4
10 Gbit/s	1	2

Reaktionen auf Veränderungen im Netzwerk

Nach der Einrichtung der STP-Topologie kann diese solange unverändert bleiben, bis sich die Netzwerk-Topologie ändert. STP wird in diesem Abschnitt zwar behandelt, aber wenn Sie tiefergehende Informationen benötigen, können Sie das bei Cisco Press erschienene Buch »*Cisco LAN Switching*« von Kennedy Clark und Kevin Hamilton lesen. Es lohnt sich aber auch schon, die Veränderungen der STP-Topologie bei einer Netzwerk-Veränderung an einem einzigen Beispiel nachzuvollziehen, da Sie eine Menge wichtiger neuer Begriffe kennen lernen, die Ihnen in der Realität bei der Arbeit sehr nützlich sein werden.

Die Root-Bridge sendet standardmäßig alle 2 Sekunden eine neue Hallo-BPDU. Sie wird von jeder Bridge weitergeleitet, wobei der Kostenwert verändert wird, da sich ja die Entfernung mit jeder zusätzlichen Bridge verändert. Jede Bridge kann den regelmäßigen Empfang der Hallo-Mitteilungen allerdings gleichzeitig als Bestätigung dafür ansehen, dass der entsprechende Pfad zur Root weiterhin offen ist, da die Datenframes genau den gleichen Weg nehmen wie die BPDUs. Wenn also bei einer Bridge plötzlich keine Hallos mehr ankommen, muss etwas im Argen sein, und sie beginnt mit einem Umbau des Spanning-Tree.

Die Hallo-BPDU stellt die Timer für alle Bridges ein, so dass sie wissen, wann der Neubau des Spanning-Tree beginnen soll:

- **Hallo-Zeit** – Zeitintervall, das die Root verstreichen lässt, bevor periodische BPDUs gesendet werden, welche dann von Switches und Bridges weitergeleitet werden. Der Standardwert liegt bei 2 Sekunden.

- **MaxAge** – Zeitintervall, das eine Bridge verstreichen lässt, bevor die STP-Topologie verändert wird, wenn einmal keine Hallo-Mitteilungen mehr kommen. Logischerweise liegt der Standardwert von 20 Sekunden bei einem vielfachen der Hallo-Zeit selbst.

- **Verzögerte Weiterleitung** – Diese Verzögerung betrifft die Zeit, die ein Interface mit dem Wechsel vom Blockieren-Status in den Weiterleitungs-Status wartet. Der Port bleibt zunächst für einige Sekunden im Hören-, dann im Lernen-Status. Diesen Timer behandeln wir in Kürze noch genauer.

In einem stabilen Netzwerk sehen die STP-Abläufe im Überblick so aus:

1. Die Root sendet eine Hallo-BPDU mit dem Kosten-Wert 0 aus allen Interfaces.

2. Die Nachbar-Bridges leiten die BPDUs aus ihren dafür designierten Ports weiter, wobei die Root gekennzeichnet und der eigene Verbindungsaufwand hinzu gerechnet wird.

3. Schritt 2 wird von jeder Bridge wiederholt, wenn sie eine solche Hallo-BPDU empfängt.

4. Die Root wiederholt nach jedem Hallo-Intervall Schritt 1.

5. Erhält eine Bridge innerhalb des Hallo-Intervalls eine erwartete BPDU nicht, bleibt alles normal. Erst wenn das komplette MaxAge-Intervall ohne den Empfang des Hallos abgelaufen ist, reagiert die Brigde.

Stellen wir uns als Fallbeispiel vor, dass die Verbindung zwischen SW1 und SW3 einen Fehler aufweist, wie es in Bild 2.5 dargestellt ist.

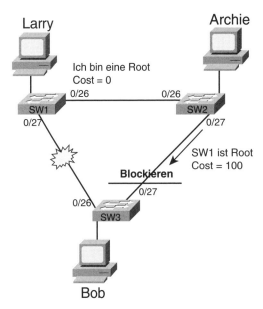

Bild 2.5: Reaktion auf einen Fehler in der Verbindung zwischen SW1 und SW3

SW3 reagiert auf den Fehler, SW2 nicht. SW3 bekommt plötzlich keine Hallo-Mitteilungen über den Root-Port, Interface 0/26. Wenn ein Switch plötzlich die beste Hallo-Mitteilung länger als ein MaxAge-Intervall nicht mehr bekommt, reagiert er; SW2 bekommt die beste BPDU jedoch weiterhin und reagiert daher nicht.

Wenn die MaxAge-Zeit auf SW3 abgelaufen ist, versucht SW3 sich selbst als Root-Bridge zu etablieren oder respektiert die nächstbeste Root-Bridge-Kandidatur. Da SW2 den Anspruch auf die Root-Position von SW1 weiterleitet und SW1 vorher bereits Root-Bridge war, muss SW1 eine bessere (niedrigere) Priorität oder eine bessere (niedrigere) MAC-Adresse als SW3 haben. SW3 weiß also schon vorher, dass er keine Chance gegen SW1 hat und handelt daher so:

- Interface 0/27 ist nun sein Root-Port, da SW3 ein Hallo mit Priorität 9 oder niedriger (oder mit einem Gleichstand, aber niedriger Bridge-ID) bekommt. SW3 versetzt 0/27 in den Weiterleitungs-Status.

- Interface 0/26 hat wahrscheinlich einen physikalischen Fehler und ist im Blockieren-Status.

- SW3 leert seine Adressen-Tabelle für diese beiden Interfaces, da sich die Lage einiger MAC-Adressen, von ihm aus betrachtet, verändert haben könnte. So war Larrys MAC-Adresse vorher über 0/26 erreichbar, nun aber über 0/27.

Der Switch SW3 kann auf Port 0/27 jedoch nicht von einer Sekunde auf die andere von Blockieren auf Weiterleiten umschalten. Wenn SW3 auf 0/27 sofort auf Weiterleiten umschalten würde und andere Bridges oder Switches auch umschalten, können eventuell plötzlich doch Loops auftreten. Um das zu verhindern, gibt es beim STP zwei Übergangs-Modi für die entsprechenden Interfaces. Der erste, *Hören (listening)*, räumt jedem Gerät eine Wartezeit ein, damit nicht kurz nach der Umstellung eine noch bessere Root durch neue, bessere Hallo-Mitteilungen bekannt wird. Der zweite Status, *Lernen (learning)*, erlaubt der Bridge, die neuen Anordnungen der MAC-Adressen schon einmal kennen zu lernen, ohne dass schon etwas weitergeleitet wird und Loops entstehen können. Diese beiden Zwischenstadien verhindern, dass ein Switch wieder Frames ins Netzwerk leitet, bevor alle Switches sich umgestellt und die neuen MAC-Adressen erlernt haben.

Mit dem Standard-Timer muss SW3 50 Sekunden warten, bis er den Port fastethernet 0/27 in den Weiterleitungs-Status versetzen kann. Zuerst wartet SW3 ein komplettes MaxAge-Intervall, bevor er sicher ist, wirklich keine richtige Root-BPDU mehr auf dem Root-Port zu empfangen (Standard: 20 Sekunden). Daraufhin versetzt SW3 den Port fastethernet 0/27 für den Zeitraum einer Weiterleitungs-Verzögerung in den Hören-Status (Standard: 15 Sekunden). Danach versetzt SW3 den Port fastethernet 0/27 für ein weiteres Verzögerungs-Intervall in den Lernen-Status, dann erst in den Weiterleitungs-Status. Es sind also ein komplettes MaxAge-Intervall und zwei Weiterleitungs-Verzögerungen erforderlich, um den Switch umzustellen, zusammen 50 Sekunden.

Tabelle 2.5 fasst diese Zwischenstadien unter Spanning-Tree zusammen.

Tabelle 2.5: Spanning-Tree Zwischenstadien

Status	Leitet Datenframes weiter?	Lernt MACs anhand empfangener Frames?	Übergangs- oder stabiler Status?
Blocking	Nein	Nein	Stabil
Listening	Nein	Nein	Vorübergehend
Learning	Nein	Ja	Vorübergehend
Forwarding	Ja	Ja	Stabil

Zusammenfassung zum Spanning-Tree-Protokoll

Mit Spanning-Tree kann man physikalische Redundanz ermöglichen, ohne Loops zu riskieren, da immer nur ein Pfad durch das Netzwerk wirklich offen ist. Dazu setzt Spanning-Tree die folgenden Eigenschaften ein:

- Alle Bridge-Interfaces landen im besten Fall in einem stabilen Weiterleitungs- oder Blockieren-Status. Die Weiterleitungs-Interfaces sind im Normalfall Teil des Verbindungs-Baumes »Spanning-Tree«.

- Eine der Bridges wird als Root ausgewählt. Beim Auswahlverfahren versuchen zunächst alle Bridges, die Root-Funktion zu beanspruchen. Zuletzt gewinnt eine Bridge, und alle Bridge-Interfaces werden in den Weiterleitungs-Status versetzt.

- Jede Bridge bekommt Hallo-BPDUs von der Root, entweder auf direktem Weg oder weitergeleitet über eine andere Bridge. Jede Bridge kann mehrere solcher Mitteilungen auf ihren Interfaces empfangen. Der Port, auf dem die Bridge die Mitteilung mit dem niedrigsten Kostenwert erhält, ist ihr Root-Port. Dieser Port wird in den Weiterleitungs-Status versetzt.

- In jedem LAN-Segment gibt es eine Bridge, die die BPDU mit dem niedrigsten Kostenwert weitersendet. Das ist für dieses Segment die designierte Bridge. Das Interface der Bridge für dieses Segment wird in den Weiterleitungs-Status versetzt.

- Alle anderen Interfaces werden auf Blockieren eingestellt.

- Die Root sendet zu jedem Hallo-Interval BPDUs. Die anderen Bridges erwarten Kopien dieser BPDUs um sicher zu gehen, dass sich nichts verändert hat. Das Hallo-Zeit-Intervall ist in der BPDU selbst festgelegt, so dass alle Bridges von dem selben Wert ausgehen.

- Wenn eine Bridge über das MaxAge-Intervall hinweg keine BPDU empfängt, beginnt sie mit dem Veränderungs-Prozess für den Verbindungs-Baum. Diese Reaktion unterscheidet sich von Netzwerk-Topologie zu Neztwerk-Topologie. (Der MaxAge-Wert ist in der BPDU definiert, so dass alle Bridges denselben Wert verwenden.)

- Eine oder mehrere Bridges treffen die Entscheidung, Interfaces vom Blockieren- in den Weiterleitungs-Status zu schalten. Beim Übergang von Blockieren zu Weiterleiten wird zunächst der Hören-Status zwischengeschaltet. Nach dem Zeit-Intervall für verzögerte Weiterleitung (»Forward Delay«), auch in der Root-BPDU festgelegt, geht das Interface in den Lernen-Status über. Nach einem weiteren Forward-Delay-Intervall geht das Interface in den Weiterleitungs-Status.

- Durch diese drei Verzögerungen kann das Spanning-Tree-Protokoll sicherstellen, dass nicht vorübergehend doch noch Loops entstehen.

Zusätzliche Eigenschaften des STP

Das STP existiert seit 20 Jahren. Es sollte damals ein sehr spezielles Problem lösen, aber das Networking hat sich seitdem rasant weiterentwickelt. Daher haben etliche Anbieter und Standards auch das STP verändert. Allein Cisco hat das STP und die Arbeitsweise seiner Switches auf verschiedene Weise verbessert. Auch das IEEE, Eigentümer der STP-Spezifikation, hat einige Verbesserungen eingeführt, die zum Teil denen von Cisco sehr ähnlich sind.

Wer an LAN-Netzwerken im Produktionsbereich arbeiten möchte, sollte sich eingehender mit den Eigenschaften des STP auseinander setzen. Viele Feinheiten findet man in der Cisco-Dokumentation für den 2950 Switch. Auf der Website www.cisco.com kann man unter »Catalyst 2950 Desktop Switch Software Configuration Guide, 12.1(11)EA1,« besonders viel zu STP, RSTP und den zusätzlichen STP-Eigenschaften nachlesen.

EtherChannel

Um die Konvergenz-Zeit des STP, deren Standard bei 50 Sekunden liegt, herab zu setzen, verzichtet man am besten ganz auf die Abstimmung über die Konvergenz-Funktion. Mit der Funktion EtherChannel wird die STP-Konvergenz überflüssig, sofern nur einmal ein Kabelfehler auftaucht.

EtherChannel bündelt 2 bis 8 Ethernet-Äste zwischen dem gleichen Switch-Paar in einen EtherChannel. Das STP behandelt einen EtherChannel wie eine einzige Verbindung. Solange auch nur ein einziges Kabel den Datenverkehr noch weiterleitet, muss kein neues Konvergenz-Verfahren stattfinden. Bild 2.6 zeigt das bekannte Netzwerk mit drei Switches, jetzt aber mit zwei FastEthernet-Verbindungen zwischen jedem Switch-Paar.

Da jedes Paar der Ethernet-Verbindungen als EtherChannel konfiguriert ist, behandelt das STP jeden EtherChannel wie eine einzelne Verbindung. Mit anderen Worten müssen beide Verbindungen zum selben Switch ausfallen, bevor das Abstimmungs-Verfahren gestartet wird. Ohne EtherChannel werden parallele Verbindungen zwischen zwei Switches bis auf ein Kabel abgeschaltet. Bei Verwendung von EtherChannel können alle parallelen Verbindungen gleichzeitig genutzt werden, und zusätzlich wird die Anzahl der Fälle reduziert, in denen das STP das Konvergenz-Verfahren durchführen muss. Die Verfügbarkeit erhöht sich, das Netzwerk ist leistungsfähiger.

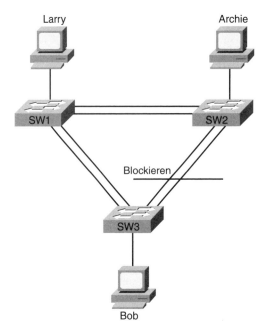

Bild 2.6: EtherChannels mit jeweils zwei physikalischen Verbindungen zwischen den Switches

Zusätzlich verschafft EtherChannel dem Netzwerk mehr Bandbreite. Alle Äste eines EtherChannel leiten entweder weiter, oder blockieren, da sie vom STP nur als eine Verbindung gezählt werden. Ist ein EtherChannel im Weiterleitungs-Status, leitet der Switch den Datenverkehr über alle Äste und erhöht dadurch die Bandbreite.

PortFast

PortFast erlaubt einem Switch einen Port sofort in den Weiterleitungs-Status zu versetzen, sobald dieser physikalisch aktiv wird. Allerdings kann man PortFast nur auf Ports sicher aktivieren, an die keine Geräte angeschlossen sind, die STP verstehen. Daher ist PortFast eine Funktion, die hauptsächlich für Verbindungen zu Geräten von End-Anwendern verwendet wird. Wenn ein End-Anwender-PC hochgefahren wird und auf dem angeschlossenen Switch PortFast eingeschaltet ist, kann der Switch Daten weiterleiten, sobald die Ethernet-Karte des PCs aktiv ist. Ohne PortFast muss jeder Port im Standardfall ein MaxAge-Intervall und zwei Forward-Delay-Intervalle abwarten, bevor Datenverkehr fließt.

Es ist zwar nicht unbedingt notwendig, aber man kann sich (im übertragenen Sinn) »dagegen versichern«, dass jemand versehentlich eine Bridge oder einen Switch mit einem Port verbindet, auf dem PortFast aktiviert ist. Das erforderliche Feature nennt sich Cisco-BPDU-Guard. Es schaltet einen Port-Fast-Port sofort ab, wenn eine BPDU auf diesem Port empfangen wird. Dadurch setzt niemand aus Versehen ein komplettes Konvergenz-Verfahren auf dem Netzwerk in Gang.

2.2.2 Rapid-Spanning-Tree (IEEE 802.1w)

Wie weiter oben erwähnt, definiert das IEEE STP im Standard 802.1d. Das IEEE hat das Protokoll 802.1d allerdings durch die Einführung des 802.1w-Standards weiterentwickelt und verbessert. Sein geläufiger Name lautet RSTP (Rapid-Spanning-Tree-Protokoll).

Das RSTP (802.1w) funktioniert in vielerlei Hinsicht genau wie das STP (802.1d):

- Der Root-Switch wird anhand derselben Parameter und desselben »Tie-Breaks« ausgewählt.

- Auf den Switches ohne Root-Funktion wird nach den gleichen Regeln der Root-Port ausgewählt.

- Auf jedem LAN-Segment werden nach den gleichen Regeln designierte Ports ausgesucht.

- Jeder Port wird in den Weiterleitungs- oder den Blockieren-Status vesetzt – obwohl »Blockieren« beim RSTP »Discarding« (»Löschen«) heißt.

RSTP kann man neben traditionellen 802.1d-STP-Bridges und -Switches einsetzen. Die RSTP-Eigenschaften laufen dann auf den Switches, die RSTP unterstützen, die anderen arbeiten ganz normal mit STP weiter.

Bei allen diesen Ähnlichkeiten fragen Sie sich wahrscheinlich langsam, wozu das IEEE das RSTP überhaupt dem STP vorangestellt hat. Der alles entscheidende Grund liegt im Konvergenz-Verfahren. STP braucht ziemlich lang für die Konvergenz (50 Sekunden bei den Standardeinstellungen). RSTP verbessert die Konvergenz-Zeit bei Topologie-Änderungen.

Die STP-Konvergenz setzt sich aus drei Phasen zusammen. Alle drei werden durch das RSTP verbessert. Zunächst einmal muss ein Switch über ein MaxAge-Intervall hinweg keine Root-BPDUs mehr bekommen, bevor der Umstellungsvorgang beginnen kann. Jedes Interface, das von Blockieren auf Weiterleiten umgestellt werden soll, muss über je ein Verzögerungs-Intervall hinweg im Hören- und Lernstatus verbleiben. Dann erst kann es in den Weiterleitungs-Status versetzt werden. Diese drei Wartezeiten von 20, 15 und noch einmal 15 Sekunden (Standardeinstellung) ergeben die recht lange Konvergenz-Zeit beim STP.

Beim RSTP liegen die Konvergenz-Zeiten normalerweise unter 10 Sekunden. In einigen Fällen können sie bis auf 1 bis 2 Sekunden sinken. Bevor wir untersuchen, wie das möglich ist, sollten Sie die zum RSTP gehörenden Begriffe und Konzepte kennen lernen.

Typen von Verbindungen und Verbindungsenden beim RSTP

Beim RSTP gibt es drei physikalische Verbindungstypen:

– Point-to-Point (Punkt-zu-Punkt)

– Shared (gemeinsam verwendet)

– End-Typ

Bild 2.7 stellt jeden dieser Typen dar.

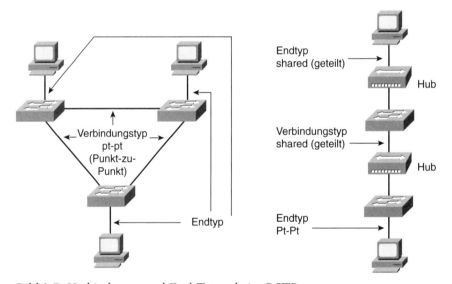

Bild 2.7: Verbindungs- und End-Typen beim RSTP

Bild 2.7 zeigt zwei Beispiel-Netzwerke. Das Netzwerk auf der linken Seite hat ein aktuelles Netzwerk-Design ohne Hubs. Alle Switches sind mit Ethernetkabeln verbunden, genau wie die Endgeräte der Anwender. Für diese Netzwerk-Lösungen hat das IEEE das verbesserte RSTP eingeführt.

Im Netzwerk auf der rechten Seite werden die Switches noch über Hubs verbunden, genau wie die Anwender-Rechner. Die meisten Netzwerke verwenden jedoch keine Hubs mehr. Das IEEE hat erst gar nicht versucht, das RSTP mit geteilten Hubs auszuprobieren.

RSTP bezeichnet Ethernetverbindungen zwischen Switches als »Links« und Ethernetverbindungen zu Anwender-Rechnern als »Verbindungsenden«

(»Edges«). Es gibt zwei Arten von Links – Punkt-zu-Punkt, zu sehen auf der linken Seite von Bild 2.7, sowie geteilte (shared), wie rechts zu sehen. Anders als der ICND-Kurs von Cisco, auf den der CCNA zum Teil aufbaut, unterscheidet RSTP bei den Verbindungsenden (edge) nicht zwischen Punkt-zu-Punkt und geteilten Verbindungstypen.

RSTP reduziert die Konvergenz-Zeiten für die Verbindungsarten Punkt-zu-Punkt und Endverbindung. Die Konvergenz über geteilte Verbindungen wird dabei nicht verbessert. Die meisten modernen Netzwerke verwenden aber auch keine Hubs zwischen Switches, weshalb die fehlende Unterstützung dieses Verbindungstyps unter RSTP nicht so sehr ins Gewicht fällt.

Port-Status unter RSTP

Mit den etwas abgeänderten Bezeichnungen für den Port-Status sollten Sie sich ebenfalls vertraut machen. Tabelle 2.6 führt diese Bezeichnungen auf. Darunter folgen einige Erklärungen.

Tabelle 2.6: Port-Status unter RSTP und unter STP

Arbeits-Status	STP-Status (802.1d)	RSTP-Status (802.1w)	Gehört der Port zur aktiven Topologie?
Aktiviert	Blockieren	Löschen	Nein
Aktiviert	Hören	Löschen	Nein
Aktiviert	Lernen	Lernen	Ja
Aktiviert	Weiterleiten	Weiterleiten	Ja
Deaktiviert	Inaktiv	Löschen	Nein

Wie beim STP, befinden sich beim RSTP in der Arbeitsphase schließlich alle Ports im Weiterleiten- (forwarding) oder Löschen-Status (discarding). *Löschen* bedeutet dabei, dass ein Port keinen Frame weiterleitet, irgendwie verarbeitet oder MAC-Adressen lernt – er hört aber auf BPDUs. Kurz gesagt arbeitet der Port wie unter STP im Blockieren-Status. Das RSTP verwendet einen Lern-Zwischenstatus, der wie der Lernstatus unter STP funktioniert. RSTP muss den Lernstatus jedoch nur für sehr kurze Zeit verwenden.

Rollen für RSTP-Ports

RSTP definiert eine bestimmte Anzahl von Rollen, die ein Port spielen kann. Unter STP ist das vergleichbar, was sich in Bezeichnungen wie Root-Port und designierter Port verbirgt. RSTP fügt drei weitere Port-Rollen hinzu. Sehen Sie sich dazu Bild 2.8 an. (Der inaktive Status ist im Bild nicht berücksichtigt.)

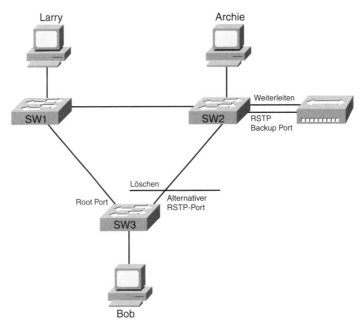

Bild 2.8: Port-Rollen unter RSTP

Switch SW3 hat einen Root-Port, genau so wie es unter STP wäre. SW3 erkennt seine Verbindung zu SW2 als alternativen RSTP-Port. RSTP designiert Ports, die suboptimale BPDUs erhalten (BPDUs, die nicht ganz so gut sind, wie die auf dem Root-Port empfangenen) als alternative Ports. Wenn SW3 keine Hallos mehr von der Root-Bridge empfängt, sucht das RSTP auf SW3 den besten alternativen Port als neuen Root-Port aus und beginnt mit dem schnellen Konvergenz-Verfahren.

Der andere neue RSTP-Porttyp, der Backup-Port, tritt nur in Erscheinung, wenn ein Switch zwei Verbindungen in dasselbe Segment hat. Zwei Links von einem Switch aus in dasselbe Segment sind dann möglich, wenn der Switch an einen Hub angeschlossen ist. Man sieht das in Bild 2.8. Switch SW2 setzt beispielsweise einen der beiden Ports in den Weiterleitungs-Status, den anderen in den Löschen-Status. SW2 leitet nun BPDUs aus dem Port im Weiterleitungs-Status und bekommt dieselben BPDUs auf dem Port im Löschen-Status zurück. Daher weiß SW2, dass er eine zusätzliche Verbindung zu demselben Segment hat, einen Backup-Port. Versagt der Port im Weiterleitungs-Status einmal, kann RSTP auf SW2 sofort den Backup-Port in den Weiterleitungs-Status versetzen.

Tabelle 2.7 führt die Namen der Port-Rollen unter STP und RSTP auf.

Tabelle 2.7: Port-Rollen unter RSTP und STP

RSTP-Rolle	STP-Rolle	Definition
Root-Port	Root-Port	Ein einziger Port auf jedem Switch, auf dem der Switch die besten BPDUs empfängt.
Designierter Port	Designierter Port	Der Port, der unter allen Ports aller Switches, die an ein Segment angeschlossen sind, die beste Root-BPDU verbreitet.
Alternativer Port	–	Port auf einem Switch, der suboptimale Root-BPDUs empfängt.
Backup Port	–	Ein nicht designierter Port auf einem Switch, der an dasselbe Segment angeschlossen ist wie ein anderer Port auf demselben Switch.
Disabled	–	Dieser Port ist administrativ deaktiviert.

RSTP-Konvergenz

Am Anfang dieses Abschnitts über RSTP haben wir hervorgehoben, wie ähnlich sich RSTP und STP sind – wie beide nach denselben Regeln eine Root auswählen, nach denselben Regeln designierte Ports bestimmen und so weiter. Wenn RSTP jedoch nicht mehr tut als STP, hätte es kein Update geben müssen. Der Hauptgrund für die Anhebung des Standards von 802.1d auf 802.1w besteht in der Verkürzung der Konvergenz-Zeit.

Der nächste Abschnitt gibt einen kurzen Einblick in die detaillierten Arbeitsabläufe des RSTP und die Methode, die Konvergenz zu verbessern.

Verhalten am Verbindungsende und PortFast

RSTP verkürzt die Konvergenz an Verbindungsenden dadurch, dass ein Port sofort in den Weiterleitungs-Status versetzt wird, wenn die Verbindung physikalisch aktiv ist. Daher kann man sagen, RSTP behandelt diese Ports so, wie das Markenprodukt PortFast von Cisco. Auf Switches von Cisco aktiviert man RSTP auf End-Interfaces tatsächlich einfach, indem man PortFast konfiguriert.

Gemeinsam verwendete Verbindung (Shared)

RSTP verhält sich auf gemeinsam verwendeten Links nicht anders, als das STP. Heute gibt es allerdings kaum geteilte Verbindungen zwischen Switches, sondern voll-duplex Punkt-zu-Punkt-Verbindungen.

Punkt-zu-Punkt-Verbindungen (Point-to-Point)

RSTP verbessert die Konvergenz bei voll-duplex Verbindungen zwischen Switches mit der RSTP-Bezeichnung »link-type point-to-point«. Die erste Verbesserung bezieht sich auf den Einsatz von MaxAge unter STP. Das STP verlangt, dass ein Switch keine Root-BPDUs mehr auf dem Root-Port empfängt und dann ein MaxAge-Intervall abwartet, bevor der Konvergenz-Prozess beginnt. Das dauert standardmäßig 20 Sekunden. RSTP erkennt den Verlust der Verbindung zur Root-Bridge über den Root-Port nach drei Hallo-Intervallen, also 6 Sekunden, wenn der Hallo-Timer standardmäßig auf 2 Sekunden eingestellt ist. Das geht also wirklich sehr viel schneller als unter STP.

RSTP macht einen Hören-Zwischenstatus unnötig und verkürzt den Lernen-Status durch ein aktives Vorgehen beim Erforschen der neuen Netzwerk-Verbindungen. STP wartet passiv auf neue BPDUs und reagiert dann während des Hören- und des Lernen-Status. Unter RSTP verhandelt jeder Switch mit seinen Nachbar-Switches. Wenn dabei entdeckt wird, dass ein Port unverzüglich in den Weiterleitungs-Status versetzt werden kann, wird das sofort gemacht. Manchmal dauert der gesamte Prozess nur ein oder zwei Sekunden für die gesamte RSTP-Domain.

Beispiel für eine sehr schnelle RSTP-Konvergenz

Mehr als jede noch so genaue Erklärung aller Einzelheiten wird Ihnen das folgende Beispiel einen umfassenden Einblick in die Konvergenz unter RSTP vermitteln. Bild 2.9 zeigt ein Netzwerk, das die RSTP-Konvergenz erklärt.

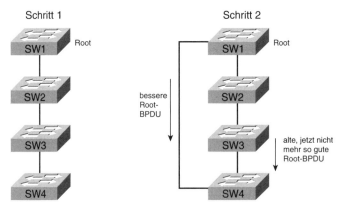

Bild 2.9: Beispiel für den Konvergenz-Prozess unter RSTP, Schritte 1 und 2

Bild 2.9 liefert die Problemstellung. Auf der linken Seite, in Schritt 1, hat das Netzwerk keine Redundanz. RSTP hat alle Punkt-zu-Punkt-Verbindungen in den Weiterleitungs-Status versetzt. Um Redundanz zu erzeugen, fügt der Netzwerk-Techniker eine weitere Punkt-zu-Punkt-Verbindung zwischen SW1 und SW4 hinzu, sichtbar auf der rechten Seite. Daher muss ein RSTP-Konvergenz-Verfahren durchgeführt werden.

Der erste Schritt im Konvergenz-Prozess wird in dem Moment eingeleitet, in dem SW4 überraschend eine bessere BPDU empfängt, als vorher von SW3. Da die ursprünglichen und die neuen Root-BPDUs den selben Switch SW1 empfehlen, muss die neuere, »bessere« BPDU über eine direktere Verbindung von SW4 zu SW1 kommen, da der Kostenwert niedriger ist. Die Gründe sind zunächst unwichtig, aber SW4 muss die neue Verbindung zu SW1 in den Weiterleitungs-Status versetzen, da es sich nun um den Root-Port von SW4 handelt.

An dieser Stelle unterscheidet sich RSTP von STP. RSTP blockiert auf SW4 nun zeitweise alle anderen Ports mit ihren verschiedenen Verbindungs-Typen. Dadurch kann SW4 die Entstehung von Loops verhindern. Aber SW4 verhandelt nun mit seinen Nachbarn auf dem neuen Root-Port SW1 über RSTP-Vorschlags- und Zustimmungs-Mitteilungen (Proposal und Agreement). SW4 und SW1 können sich unverzüglich darauf einigen, ihre jeweiligen End-Verbindungen in Weiterleitungs-Status zu versetzen. Bild 2.10 zeigt diesen dritten Schritt.

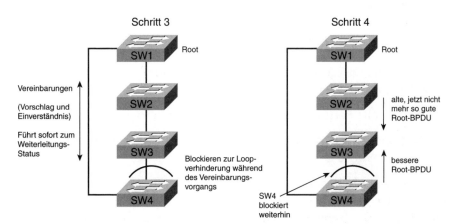

Bild 2.10: Beispiel für RSTP-Konvergenz: Schritte 3 und 4

Warum können SW1 und SW4 überhaupt ihre End-Verbindungen in den Weiterleitungs-Status versetzen, ohne Loops zu riskieren? Es können keine Loops entstehen, da SW4 bei allen anderen Verbindungsarten blockiert.

Anders formuliert, werden alle anderen Ports zu anderen angeschlossenen Bridges oder Switches blockiert. In diesem Vorgang findet sich der Schlüssel zum RSTP-Verständnis. Ein Switch bemerkt, dass er einen neuen Root-Port einrichten muss. Er blockiert alle anderen Verbindungen und verhandelt dann, um den neuen Root-Port in den Weiterleitungs-Status zu versetzen. Im Grunde beschwört SW4 den Switch SW1, ihm zu vertrauen und mit der Weiterleitung zu beginnen, weil SW4 verspricht, alle anderen Ports zu blockieren, bis klar ist, welche von ihnen wieder in den Weiterleitungs-Status versetzt werden können.

Das ganze Verfahren ist allerdings noch nicht abgeschlossen. Die RSTP-Topologie zeigt, dass SW4 weiterhin blockiert. Das ist in diesem Beispiel nicht die beste Lösung.

SW4 und SW3 wiederholen den gleichen Prozess, den SW1 und SW4 auch gerade durchgeführt haben. In Schritt 4 blockiert SW4 nach wie vor, um Loops zu verhindern. SW4 leitet jedoch die neue Root-BPDU zu SW3, weshalb SW3 jetzt zwei BPDUs hört. In unserem Beispiel nehmen wir einmal an, dass SW3 denkt, die BPDU von SW4 ist besser als die von SW2 – weshalb SW3 nun den gleichen Prozess wiederholt, den SW4 gerade hinter sich hat. Vom jetzigen Stadium aus folgt das Verfahren den folgenden Grundlinien:

1. SW3 entscheidet, seinen Root-Port auf Grundlage der neuen BPDU von SW4 zu ändern.
2. SW3 blockiert alle anderen Ports. (RSTP nennt dieses Verfahren *Synchronisierung*.)
3. SW3 und SW4 verhandeln.
4. Als Ergebnis der Verhandlung stellen SW4 und SW3 ihre Interfaces an beiden Enden der Punkt-zu-Punkt-Verbindung auf Weiterleiten ein.
5. SW3 hält alle Ports bis zum nächsten Schritt blockiert.

Bild 2.11 zeigt einige der Abläufe von Schritt 5 auf der linken Seite und das Resultat in Schritt 6 auf der rechten Seite.

SW3 blockiert zu diesem Zeitpunkt immer noch sein oberes Interface. SW2 empfängt interessanterweise zwei BPDUs, aber die BPDU, die der Switch die ganze Zeit schon empfangen hat, ist weiterhin besser. Daher braucht SW2 nicht zu reagieren, und der RSTP-Konvergenz-Prozess ist beendet!

Die Arbeitsweise des RSTP hat zwar hier im Buch einige Seiten gefüllt, in der Realität hat der Prozess, der in unserem Beispiel abgelaufen ist, aber nur 1 Sekunde gedauert. Für das ICND-Examen sollten Sie die Begriffe zum RSTP auswendig können und das Grundkonzept zur Verbesserung der Konvergenz-Zeit im Vergleich zu STP verstanden haben.

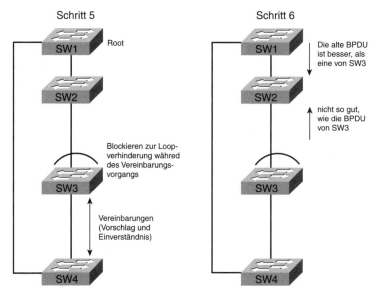

Bild 2.11: Beispiel für RSTP-Konvergenz: Schritte 5 und 6

2.2.3 Konfiguration des Spanning-Tree-Protokolls

Switches von Cisco verwenden standardmäßig STP. Sie können einfach ein paar Switches kaufen, sie mit Ethernetkabeln zu einer redundanten Topologie verkabeln und einschalten. Durch das STP werden sofort Loops verhindert. Sie müssen dazu niemals unbedingt irgendeine Grundeinstellung verändern!

Allerdings möchten Sie vielleicht die eine oder andere Standardeinstellung verändern. Vielleicht möchten Sie für unterschiedliche VLANs (Virtuelle LANs werden in Kapitel 3 ausführlich behandelt) andere Einstellungen eingeben. Daher finden Sie in diesem Abschnitt Konfigurations- und **show**-Befehle für STP auf dem 2950er von Cisco. An einem kleinen Beispiel lernen Sie, wie man die gebräuchlichen STP-Parameter erkennt und verändert.

Tabelle 2.8 zeigt einige Befehle für den Cisco 2950 Switch, die mit dem STP inhaltlich in direkter Verbindung stehen.

Tabelle 2.8: Konfigurations- und Arbeitsbefehle für den Cisco 2950 Switch

Befehl	Beschreibung
spanning-tree vlan *vlan-id* **root**	Globaler Konfigurations-Befehl, der einen Switch zum Root-Switch macht. Die Priorität des Switchs wird durch den Befehl entweder unter 24577 gesetzt, oder der Wert der aktuellen Root-Bridge um 100 reduziert.
spanning-tree vlan *vlan-id* {**priority** *priority*}	Globaler Konfigurations-Befehl, der die Priorität der Bridge dieses Switchs auf das spezielle VLAN einstellt.
spanning-tree cost *cost*	Interface-Subkommando, das die STP-Kosten auf den konfigurierten Wert festlegt.
channel-group *channel-group-number* **mode** {**auto** | **desirable** | **on**}	Interface-Subkommando, das EtherChannel auf dem Interface aktiviert.
show spanning-tree	EXEC-Befehl, der den STP-Status des Switchs und den jedes seiner Ports anzeigt.
show spanning-tree *interface interface-id*	EXEC-Befehl, der STP-Informationen über den eingegebenen Port anzeigt.
show spanning-tree vlan *vlan-id*	EXEC-Befehl, der STP-Informationen über das eingegebene VLAN anzeigt.
debug spanning-tree	EXEC-Befehl, durch den der Switch Informations-Mitteilungen über Veränderungen in der STP-Topologie verbreitet.
show etherchannel [*channel-group-number*] {**brief** | **detail** | **port** | **port-channel** | **summary**}	EXEC-Befehl, der den Status der EtherChannels auf dem Switch anzeigt.

Die folgenden Beispiele beziehen sich auf ein kleines Netzwerk mit zwei Switches, wie es in Bild 2.12 zu sehen ist.

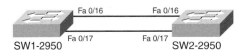

Bild 2.12: Netzwerk mit zwei Switches

Die Beispiele, die in diesem Kapitel noch behandelt werden, beziehen sich auf das dargestellte Netzwerk. Zwei 2950er sind über Crossover-Kabel verbunden. Die Kabel sind auf beiden Switches in die Interfaces 0/16 und 0/17 eingesteckt.

Grundlegende Show-Befehle für STP

Beispiel 2.1 zeigt Informationen über den aktuellen STP-Status in diesem Netzwerk an. Es werden alle Standardparameter angezeigt.

Beispiel 2.1: STP-Status für das Netzwerk in Bild 2.12 mit den STP-Standardparametern

```
sw1-2950#show spanning-tree

VLAN0001
  Spanning tree enabled protocol ieee
  Root ID    Priority    32768
             Address     0050.f035.a940
             Cost        19
             Port        16 (FastEthernet0/16)
             Hello Time  2 sec  Max Age 20 sec  Forward Delay 15 sec

  Bridge ID  Priority    32769  (priority 32768 sys-id-ext 1)
             Address     000a.b7dc.b780
             Hello Time  2 sec  Max Age 20 sec  Forward Delay 15 sec
             Aging Time 300

Interface      Port ID                Designated             Port ID
Name           Prio.Nbr   Cost Sts    Cost Bridge ID         Prio.Nbr
-------------- ---------- ---- ---    ---------------------- --------
Fa0/16         128.16       19 FWD       0 32768 0050.f035.a940 128.26
Fa0/17         128.17       19 BLK       0 32768 0050.f035.a940 128.27

sw1-2950#show spanning-tree interface fastethernet 0/17

Vlan           Port ID                Designated             Port ID
Name           Prio.Nbr   Cost Sts    Cost Bridge ID         Prio.Nbr
-------------- ---------- ---- ---    ---------------------- --------
VLAN0001       128.17       19 BLK       0 32768 0050.f035.a940 128.27
```

Dieses Beispiel zeigt, was nach der Eingabe des Befehls **show spanning-tree** auf SW1 angezeigt wird. Zu Beginn wird die Root-Bridge-ID mit der Priorität und der MAC-Adresse aufgeführt. Die Bridge-ID beinhaltet eine Kombination aus Priorität und MAC-Adresse, mit der sich jede Bridge und jeder Switch identifizieren lässt. Als Nächstes zeigt der so genannte »Output« die Anzeige auf dem Monitor, die Bridge-ID von SW1 an.

Die Topologie dieses Beispiels ist mit SW2 als Root-Bridge zu Ende, welcher auf beiden Interfaces weiterleitet. SW1 empfängt BPDUs auf den Ports Fast-Ethernet 0/16 und 0/17. Durch die Art der Topologie ist klar, dass beide BPDUs von SW2 kommen und in jeder Hinsicht ein Patt vorliegt. SW1 ist jedoch gezwungen, ein Interface in den Weiterleitungs-, und eines in den Blockieren-Status zu versetzen, um Loops zu verhindern. Der Gleichstand wird dadurch aufgelöst, dass SW1 die niedrigste interne Interface-Nummer gewinnen lässt, FastEthernet 0/16. Daher ist im Beispiel Port 0/16 von SW1 im Weiterleitungs-Status, 0/17 blockiert.

Änderung der STP-Port-Kosten und der Bridge-Priorität

In Beispiel 2.2 wirken sich die Konfigurations-Änderungen direkt auf den Verbindungsbaum aus. Auf SW1-2950 ändern sich die Port-Kosten von fastethernet 0/17, weshalb SW1-2950 diesen Port vom Blockieren-Status in den Weiterleitungs-Status versetzt, fastethernet 0/16 dagegen blockiert. Danach wird SW1 durch eine Änderung der Bridge-Priorität zur Root.

Beispiel 2.2 Manipulation von STP-Port-Kosten und Bridge-Priorität

```
sw1-2950#debug spanning-tree

Spanning Tree event debugging is on

sw1-2950#configure terminal
Enter configuration commands, one per line. End with CNTL/Z.
sw1-2950(config)#interface fastethernet 0/17
sw1-2950(config-if)#spanning-tree cost 2
sw1-2950(config-if)#^Z
sw1-2950#
00:23:19: STP: VLAN0001 new Root Port Fa0/17, cost 2
00:23:19: STP: VLAN0001 Fa0/17 -> listening
00:23:34: STP: VLAN0001 Fa0/17 -> learning
00:23:49: STP: VLAN0001 Fa0/17 -> forwarding

sw1-2950#show spanning-tree

VLAN0001
  Spanning tree enabled protocol ieee
  Root ID    Priority    32768
             Address     0050.f035.a940
             Cost        2
             Port        17 (FastEthernet0/17)
             Hello Time   2 sec  Max Age 20 sec  Forward Delay 15 sec

  Bridge ID  Priority    32769  (priority 32768 sys-id-ext 1)
             Address     000a.b7dc.b780
             Hello Time   2 sec  Max Age 20 sec  Forward Delay 15 sec
             Aging Time 300

Interface        Port ID                       Designated             Port ID
Name             Prio.Nbr     Cost Sts         Cost Bridge ID         Prio.Nbr
---------------- ------------ --------- ---    ---------------------- --------
Fa0/16           128.16       19   BLK         0 32768 0050.f035.a940 128.26
Fa0/17           128.17        2   FWD         0 32768 0050.f035.a940 128.27
```

Beispiel 2.2 Manipulation von STP-Port-Kosten und Bridge-Priorität (Forts.)

```
sw1-2950#configure terminal
sw1-2950(config)#spanning-tree vlan 1 root primary
 vlan 1 bridge priority set to 24576
 vlan 1 bridge max aging time unchanged at 20
 vlan 1 bridge hello time unchanged at 2
 vlan 1 bridge forward delay unchanged at 15
sw1-2950(config)#^Z
sw1-2950#
00:24:49: setting bridge id (which=1) prio 24577 prio cfg 24576 sysid 1 (on) id
 6001.000a.b7dc.b780
00:24:49: STP: VLAN0001 we are the spanning tree root
00:24:49: STP: VLAN0001 Fa0/16 -> listening
00:24:49: STP: VLAN0001 Topology Change rcvd on Fa0/16
00:25:04: STP: VLAN0001 Fa0/16 -> learning
00:25:19: STP: VLAN0001 Fa0/16 -> forwarding
```

Das Beispiel beginnt mit der Eingabe des Befehls **debug spanning-tree** auf SW1-2950. Hiermit veranlasst man den Switch, Informations-Mitteilungen zu geben, wenn STP eine wichtigere Tätigkeit ausführt. Diese Mitteilungen sind das Ergebnis von Befehlen, die im Output später angezeigt werden.

Als Nächstes werden die Port-Kosten auf Interface fastethernet 0/17 von SW1 mit dem Befehl **spanning-tree cost 2** verändert. (Die Default-Einstellung für eine 100-Mbit/s-Verbindung liegt bei 19.) Direkt auf diesen Befehl folgt eine bedeutsame **debug**-Mitteilung. SW1-2950 gibt jedesmal eine Mitteilung heraus, wenn ein Interface in einen anderen Status übergeht. Weiterhin ist eine Zeitangabe in der Mitteilung enthalten. fastethernet 0/17 geht offensichtlich in den Hören-Status über, kurz danach wird aber schon mitgeteilt, dass fastethernet 0/17 in den Lernen-Status versetzt wurde – die Zeitangabe lässt erkennen, dass die zweite Mitteilung 15 Sekunden nach der ersten herausgegeben wurde. Ebenso kommt die Nachricht, dass fastethernet 0/17 nun im Weiterleitungs-Status ist, 15 Sekunden später. Die debug-Mitteilungen verstärken offensichtlich die Bedeutung des Taktgebers für die Weiterleitungs-Verzögerung (Forward-Delay-Timer).

Nach den debug-Mitteilungen zeigt die Anzeige für den Befehl **show spanning-tree** an, dass fastethernet 0/16 blockiert und fastethernet 0/17 weiterleitet. Die Verbindungskosten zur Root-Bridge liegen nur noch bei 2, sie waren auf Interface fastethernet 0/17 entsprechend verändert worden.

Die nächste Veränderung wird angezeigt, nachdem auf SW1 der Befehl **spanning-tree vlan 1 root primary** eingegeben wurde. Der Befehl bestimmt 24.577 als neue Priorität der Bridge, wodurch SW1 zur Root wird. Die folgende **debug**-Mitteilung bestätigt diese Tatsache.

Konfiguration eines EtherChannel

Die beiden Switches haben eine parallele Ethernet-Leitung, die man als EtherChannel konfigurieren kann. Wenn man das so macht, blockiert STP nicht eines der Interfaces, sondern behandelt beide Interfaces auf jedem Switch als einen Kanal. Beispiel 2.3 zeigt die Konfiguration von SW1-2950 und **show**-Befehle für den neuen EtherChannel.

Beispiel 2.3 Konfiguration und Überwachen eines EtherChannel

```
sw1-2950#configure terminal
Enter configuration commands, one per line.  End with CNTL/Z.
sw1-2950(config)#int fa 0/16
sw1-2950(config-if)#channel-group 1 mode on
sw1-2950(config)#int fa 0/17
sw1-2950(config-if)#channel-group 1 mode on
sw1-2950(config-if)#^Z

sw1-2950#show spanning-tree

VLAN0001
  Spanning tree enabled protocol ieee
  Root ID    Priority    24577
             Address     000a.b7dc.b780
             This bridge is the root
             Hello Time   2 sec  Max Age 20 sec  Forward Delay 15 sec

  Bridge ID  Priority    24577  (priority 24576 sys-id-ext 1)
             Address     000a.b7dc.b780
             Hello Time   2 sec  Max Age 20 sec  Forward Delay 15 sec
             Aging Time 15

Interface        Port ID                       Designated                 Port ID
Name             Prio.Nbr   Cost Sts      Cost Bridge ID                  Prio.Nbr
---------------- --------  --------- ---  --------- ---------------------  --------
Po1              128.65        12 LIS        0 24577 000a.b7dc.b780 128.65

sw1-2950#

00:32:27: STP: VLAN0001 Po1 -> learning
00:32:42: STP: VLAN0001 Po1 -> forwarding
sw1-2950#show etherchannel 1 summary
Flags:  D - down         P - in port-channel
        I - stand-alone  s - suspended
        R - Layer3       S - Layer2
        u - unsuitable for bundling
        U - port-channel in use
        d - default port
Group Port-channel  Ports
-----+-------------+------------------------------------------------------------
1     Po1(SU)       Fa0/16(P)   Fa0/17(P)
```

Am Anfang dieses Beispiels sieht man die Konfiguration, die auf SW1-2950 läuft. Auf einem 2950er kann jeder Port Teil eines EtherChannels sein, sogar bis zu acht auf einem einzigen Switch. Daher sind die EtherChannel-Befehle Interface-Unterbefehle. Die Interface-Subbefehle **channel-group 1 mode on** aktivieren EtherChannel auf fastethernet 0/16 und 0/17. Beide Switches müssen dem Namen für den EtherChannel zustimmen – in diesem Fall »1«.

Der Befehl **channel-group** kennt den Parameter **on**. Er bestätigt auf beiden Switches, dass die Verbindungen über einen EtherChannel laufen. Wenn nun aus irgend einem Grund SW2 nicht richtig für die Verwendung von Ether-Channel konfiguriert wurde, können die Ports nicht benutzt werden. Alternativ kann man bei der Konfiguration von EtherChannel auf jedem Switch die Befehle **auto** oder **desirable** statt **on** eingeben. Mit diesen Parametern handeln die Switches selbst aus, ob sie EtherChannel verwenden. Wenn es ausgehandelt werden kann, wird ein EtherChannel erstellt. Wenn nicht, können die Ports ohne EtherChannel verwendet werden, allerdings blockiert STP dann eines der Interfaces.

Die Verwendung der Parameter **auto** und **desirable** kann allerdings auch trügerisch sein. Wenn Sie **auto** auf beiden Switches eingeben, kommt der Ether-Channel nie zustande! Das Schlüsselwort **auto** sorgt dafür, dass der Switch darauf wartet, dass der andere Switch mit den Verhandlungen anfängt. Wenn beide Switches abwarten, können sie lange warten! Solange einer der Switches mit **desirable** konfiguriert ist, wird EtherChannel ausgehandelt.

Im weiteren Verlauf des Beispiels finden Sie mehrere Hinweise auf **port-channel** oder **Po**. Da STP den gesamten Kanal wie eine einzige Verbindung behandelt, muss der Switch irgendwie den gesamten EtherChannel bezeichnen. Das IOS des 2950 Switch benutzt den Begriff **Po**, wie »port channel«, dafür, den gesamten EtherChannel zu bezeichnen. (EtherChannel nennt man im Amerikanischen gelegentlich auch »port channeling«.) Fast am Ende des Beispiels bezieht sich der Befehl **show etherchannel 1 summary** auf **Po1**, für Port channel/EtherChannel 1.

2.3 Grundlagen-Zusammenfassung

In der »Grundlagen-Zusammenfassung« finden Sie noch einmal die wichtigsten Fakten aus dem vergangenen Kapitel. Der Abschnitt enthält zwar nicht den gesamten Examens-Stoff, man sollte aber nicht zum Examen gehen, ohne zumindest die Inhalte aller Grundlagen-Zusammenfassungen parat zu haben.

Tabelle 2.9 fasst zusammen, warum Spanning-Tree einen Port in den Weiterleitungs- oder den Blockieren-Status versetzt.

Tabelle 2.9: Spanning-Tree: Gründe für Weiterleiten und Blockieren

Eigenschaften des Ports	Spanning-Tree-Status	Beschreibung
Alle Ports der Root-Bridge	Weiterleitung	Die Root-Bridge ist immer die designierte Bridge auf allen angeschlossenen Segmenten.
Jeder Port der Bridge, die nicht als Root-Bridge fungiert	Weiterleitung	Der Root-Port ist der Port, der die BPDUs mit dem niedrigsten Kostenwert von der Root erhält.
Designierter Port jedes LANs	Weiterleitung	Die Bridge, die die BPDU mit dem niedrigsten Kostenwert auf das Segment leitet, ist für dieses Segment die designierte Bridge.
Alle anderen Ports	Blockieren	Dieser Port wird nicht zur Weiterleitung oder zum Empfang von Frames verwendet, die weitergeleitet werden sollen.

Tabelle 2.10 führt die Standardwerte für die vom IEEE definierten Portkosten auf. Cisco verwendet in diesem Fall die gleichen Standards.

Tabelle 2.10: Standard-Portkosten gemäß IEEE

Ethernet-Geschwindigkeit	Originale IEEE-Kosten	Neue IEEE Cost
10 Mbit/s	100	100
100 Mbit/s	10	19
1 Gbit/s	1	4
10 Gbit/s	1	2

Tabelle 2.11 fasst die Zwischenstadien unter Spanning-Tree zusammen.

Tabelle 2.11: Spanning-Tree Zwischenstadien

Status	Leitet Datenframes weiter?	Lernt MACs anhand empfangener Frames?	Übergangs- oder stabiler Status?
Blocking	Nein	Nein	Stabil
Listening	Nein	Nein	Vorübergehend
Learning	Nein	Ja	Vorübergehend
Forwarding	Ja	Ja	Stabil

Tabelle 2.12 zeigt die verschiedenen Stadien von RSTP und STP.

Tabelle 2.12: Port-Status unter RSTP und STP

Arbeits-Status	STP-Status (802.1d)	RSTP-Status (802.1w)	Port Included in Active Topology?
Aktiviert	Blockieren	Löschen	Nein
Aktiviert	Hören	Löschen	Nein
Aktiviert	Lernen	Lernen	Ja
Aktiviert	Weiterleitung	Weiterleitung	Ja
Deaktiviert	deaktiviert	Löschen	Nein

2.4 Q&A

Wie in der Einleitung erwähnt, haben Sie zwei Möglichkeiten, die folgenden Fragen zu beantworten. Diese Fragen stellen eine größere Herausforderung für Sie dar, als das Examen selbst. Die Lösung ist nicht so eindeutig festgelegt wie bei den Examensfragen. Durch diese offeneren, schwierigeren Fragen, werden Sie mit der Thematik des Kapitels noch besser vertraut. Die Antworten zu den Fragen finden Sie in Anhang A.

Wenn Sie Fragen bearbeiten möchten, wie sie im Examen auf Sie zukommen, können Sie sich auf der Prüfungs-CD mit den Multiple-Choice-Fragen und dem Router-Simulator beschäftigen.

1. Mit welchem Routing-Protokoll erlernt eine transparente Bridge Adress-Gruppierungen auf Layer 3?

2. Welche Einstellungen untersucht eine Bridge oder ein Switch, um festzulegen, wer von ihnen als Root im Spanning-Tree ausgewählt wird?

3. Ein Switch hört drei verschiedene Hallo-BPDUs von drei verschiedenen Nachbarn auf drei verschiedenen Interfaces, die alle behaupten, dass Bridge 1 die Root ist. Wie entscheidet der Switch, welches Interface sein Root-Port ist?

4. Können Ports einer Root-Bridge oder eines Root-Switch in den Blockieren-Status versetzt werden?

5. Beschreiben Sie die Vorteile des Spanning-Tree-Protokolls, wie es von transparenten Bridges und Switches angewendet wird.

6. Eine Bridge oder ein Switch werden das erste Mal unter STP gestartet. Welches der beteiligten Geräte sollte nach der ihrer oder seiner Auffassung zur Root des Verbindungs-Baumes gewählt werden?

7. Nennen Sie drei Gründe, warum ein Port unter STP in den Weiterleitungs-Status versetzt wird.

8. Nennen Sie außer dem Weiterleitungs-Status drei weitere Interface-Status, die unter STP möglich sind. Bei welchem Status handelt es sich um einen Übergangs-Status?

9. Aus welchen beiden Gründe können ein Switch oder eine Bridge, die sich nicht in der Root-Position befinden, einen Port in den Weiterleitungs-Status versetzen?

10. Können Ports von Root-Bridge oder Root-Switch auch im Blockieren-Status sein?

11. Welche beiden EXEC-Befehle zeigen auf einem Cisco 2950 Switch Informationen über den STP-Status eines Interface an?

Dieses Kapitel deckt folgende Punkte ab:
- Überblick über Virtuelle LAN-Konzepte
- Trunking mit ISL und 802.1Q
- VLAN-Trunking-Protokoll (VTP)
- VLAN- und Trunking-Konfiguration

Kapitel 3

Virtuelle LANs und Trunking

Virtuelle LANs (VLANs) und VLAN-Trunking sind im CCNA-Examen wichtige Themen. Und in der Praxis sind sie vielleicht noch wichtiger: Mit VLANs kann ein Switch verschiedene Ports unterschiedlichen Gruppen (unterschiedlichen VLANs) zuordnen und den Datenverkehr in den virtuellen LANs voneinander abschirmen. Mit VLANs kann man Netzwerke entwerfen, die auf gemeinsame Hardware zurückgreifen, ohne dass für jede Gruppe ein eigener Switch notwendig wäre. Durch VLAN-Trunking kann jedes VLAN mehrere Switches verbinden. Der Datenverkehr mehrerer VLANs geht über dieselben Ethernetverbindungen. VLANs und VLAN-Trunking gehören heute genauso zu Unternehmens-Netzwerken wie TCP/IP.

Das Kapitel gibt einen Überblick darüber, welche Konzepte hinter VLANs stehen und geht ausführlicher auf das VLAN-Trunking ein, als der CCNA-INTRO-Examensführer. Weiterhin wird das VTP (VLAN-Trunking-Protokoll, ein Markenprotokoll von Cisco) erklärt, das Fehler bei der Konfiguration von VLANs vermeiden hilft. Das Kapitel endet mit einigen Konfigurations-Beispielen.

3.1 »Weiß ich's schon?«-Quiz

Ziel des Quiz ist es, Ihnen bei der Entscheidung zu helfen, welche Abschnitte eines Kapitels Sie lesen müssen. Wenn Sie ohnehin das ganze Kapitel lesen wollen, brauchen Sie die Fragen an dieser Stelle nicht zu beantworten.

Mit dem 8-Fragen-Quiz können Sie, bezogen auf den Grundlagen-Abschnitt, Ihre begrenzte Studienzeit sinnvoll einteilen.

Tabelle 3.1 stellt die Hauptthemen des Kapitels und die dazu passenden Fragen aus dem Quiz dar.

Tabelle 3.1: »Weiß ich's schon?«-Übersicht zum Grundlagen-Abschnitt

Grundlagen-Abschnitt	Fragen zu diesem Abschnitt
Überblick über Virtuelle-LAN-Konzepte	1 und 2
Trunking mit ISL und 802.1Q	3, 4 und 5
VLAN-Trunking-Protokoll (VTP)	6 und 7
Konfiguration von VLAN und Trunking	8

ACHTUNG

Das Ziel dieser Selbsteinschätzung soll sein, dass Sie Ihren Wissensstand zu den Themen richtig bewerten. Wenn Sie eine Frage nicht beantworten können oder sich auch nur unsicher fühlen, sollten Sie sie als falsch einstufen und markieren. Jeder Sympathiepunkt, den Sie sich selbst geben, verfälscht Ihr Ergebnis und wiegt Sie in trügerischer Sicherheit.

1. Welcher Begriff kann in einem LAN am ehesten den Begriff »VLAN« ersetzen?

    a) Kollisions-Domain

    b) Broadcast-Domain

    c) Subnetz-Domain

    d) Single-Switch

    e) Trunk

2. Stellen Sie sich einen Switch mit drei konfigurierten VLANs vor. Wieviele IP-Subnetze sind erforderlich, wenn alle Hosts in allen VLANs TCP/IP verwenden sollen?

    a) 0

    b) 1

    c) 2

    d) 3

    e) Ist anhand der Informationen in der Frage nicht zu entscheiden.

3. Welche Lösung kann den originalen Ethernet-Frame vollständig in einen Trunking-Header einkapseln?

    a) VTP

    b) ISL

    c) 802.1Q

    d) Sowohl ISL als auch 802.1Q

    e) Keine der genannten Lösungen

4. Welche der folgenden Lösungen fügt bei allen VLANs, außer einem, den Trunking-Header hinzu?

   a) VTP

   b) ISL

   c) 802.1Q

   d) Sowohl ISL als auch 802.1Q

   e) Keine der genannten Lösungen

5. Welche der folgenden Lösungen ermöglicht einen Spanning-Tree pro VLAN?

   a) VTP

   b) ISL

   c) 802.1Q

   d) Sowohl ISL als auch 802.1Q

   e) Keine der genannten Lösungen

6. Welche der folgenden Lösungen verbreitet VLAN-Informationen an Nachbar-Switches?

   a) VTP

   b) ISL

   c) 802.1Q

   d) Sowohl ISL als auch 802.1Q

   e) Keine der genannten Lösungen

7. Welche der folgenden VTP-Modi ermöglichen, dass auf einem Switch VLANs erstellt werden?

   a) Client

   b) Server

   c) Transparent

   d) Dynamisch

   e) Keine der genannten Lösungen

8. Sie bekommen die Information, dass Switch 1 auf seiner Ethernetverbindung zu Switch 2 mit dem Parameter **auto** für Trunking konfiguriert worden ist. Jetzt müssen Sie Switch 2 konfigurieren. Welche der folgenden Trunking-Einstellungen ermöglichen die Trunking-Funktionen?

   a) Trunking abgeschaltet

   b) Auto

   c) Desirable (Wünschenswert)

d) Aus

e) Keine der genannten Lösungen

Die Antworten zum »Weiß ich's schon?«-Quiz stehen in Anhang A. Es folgen die Vorschläge für Ihre nächsten Schritte:

- **6 oder weniger Gesamtpunkte** – Lesen Sie das gesamte Kapitel. Darin sind die »Grundlagen«, die »Grundlagen-Zusammenfassung« und die »Q&A«-Abschnitte enthalten.
- **7 oder 8 Gesamtpunkte** – Wenn Sie sich gern einen noch größeren Überblick verschaffen wollen, lesen Sie die »Grundlagen-Zusammenfassung« und die »Q&A«-Abschnitte. Ansonsten gehen Sie gleich zum nächsten Kapitel.

3.2 Grundlagen

Egal, ob Sie Kapitel 10 im CCNA-INTRO-Examensführer gelesen oder das INTRO-Examen gemacht haben, das Grundlagenwissen zu VLANs ist Ihnen bereits begegnet. Daher werden die Konzepte hinter VLANs hier recht kurz beleuchtet. Auch die Grundlagen des VLAN-Trunkings mit ISL und IEEE 802.1Q sollten Sie vom INTRO-Examen her kennen. Weil aber wenige Leute etwas über Trunking mitbringen, bevor Sie sich auf den CCNA vorbereiten, wird das Thema genauer behandelt.

Das Thema VTP (VLAN-Trunking-Protokoll) birgt die einzigen Punkte zu VLANs, die nicht in beiden CCNA-Examen vorkommen. VTP wird in diesem Kapitel nach dem Trunking behandelt. Das Kapitel schließt mit einem Abschnitt über die Konfiguration von VLANs.

3.2.1 Überblick über Virtuelle-LAN-Konzepte

VLANs sind konzeptuell und in der Handhabung recht einfach aufgebaut. In der folgenden Liste werden die wichtigsten Begriffe zum Thema erklärt:

- Eine *Kollisions-Domain* ist eine Gruppe von Netzwerk-Interface-Karten (NICs), in denen es zu einer Kollision von Frames kommen kann, die von unterschiedlichen NICs in derselben Domain losgeschickt wurden.
- Eine *Broadcast-Domain* ist eine Gruppe von Netzwerk-Interface-Karten (NICs), in der ein Frame, der von einer NIC losgeschickt wird, bei allen NICs ankommt.
- Ein VLAN ist im Grunde eine Broadcast-Domain.

- VLANs werden erstellt, indem man einen Switch so konfiguriert, dass jeder Port in einem anderen VLAN liegt.
- Layer-2-Switches leiten Frames zwischen Geräten auf demselben VLAN weiter; sie können keine Frames zwischen verschiedenen VLANs weiterleiten.
- Ein Layer-3-Switch, ein Multilayer-Switch oder ein Router können für das Paket-Routing zwischen VLANs eingesetzt werden.
- Die Gerätegruppe in einem VLAN ist typischerweise auch in demselben IP-Subnetz; Geräte in verschiedenen VLANs sind auch in verschiedenen Subnetzen.

Bild 3.1 zeigt einen Switch mit zwei VLANs. Fred und Dino können sich untereinander Frames zusenden, aber keiner kann Frames an Wilma schicken.

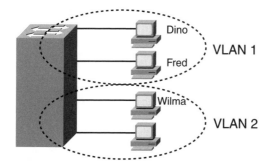

Bild 3.1: Netzwerk mit zwei VLANs und einem Switch

So einfach sind VLANs konzipiert. Durch den Einsatz von VLANs begegnet man aber einigen anderen Konzepten, die man kennen sollte. Danach geht es um VLAN-Trunking, das VLAN-Trunking-Protokoll und ein par Fragen zu Layer-3-Protokollen, die auftauchen, wenn man mit VLANs arbeitet.

3.2.2 Trunking mit ISL und 802.1Q

Wenn man in Netzwerken mit mehrfach untereinander verbundenen Switches VLANs verwendet, muss zwischen den Switches VLAN-Trunking eingesetzt werden. Durch VLAN-Trunking werden die Frames gekennzeichnet, die zwischen den Switches hin und her gehen, so dass ein Switch immer weiß, zu welchem VLAN ein gerade empfangener Switch gehört. Bild 3.2 stellt die Grundidee dar.

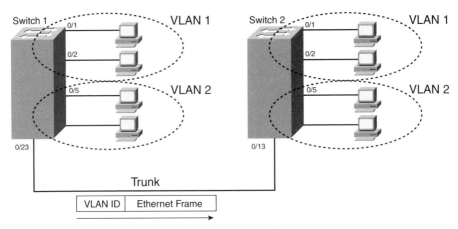

Bild 3.2: VLAN-Trunking zwischen zwei Switches

Durch das Trunking können mehrere VLANs mit mehreren Mitgliedern auf mehr als einem Switch unterstützt werden. Wenn zum Beispiel Switch1 ein Broadcast von einem Gerät in VLAN1 erhält, muss der Broadcast an Switch2 weitergeleitet werden. Bevor der Frame abgeschickt wird, fügt Switch1 dem originalen Ehternet-Frame einen weiteren Header hinzu. Dieser neue Header enthält die Nummer des VLANs. Wenn Switch2 den Frame bekommt, erkennt er, dass es sich um einen Frame von einem Gerät in VLAN1 handelt. Switch2 weiß daher, dass der Broadcast nur aus seinen Interfaces in VLAN1 weitergeleitet werden soll.

Switches von Cisco unterstützen zwei verschiedene Trunking-Protokolle – ISL (Inter-Switch Link) und IEEE 802.1Q. Beide ermöglichen einfaches Trunking, wie in Bild 3.2 zu sehen ist. Die Unterschiede beider Protokolle werden in den kommenden Abschnitten besprochen.

ISL

ISL ist von Cisco entwickelt worden, als das IEEE noch kein Trunking-Protokoll standardisiert hatte. Da es sich um ein Markenprodukt von Cisco handelt, kann ISL nur zwischen Switches von Cisco verwendet werden.

ISL kapselt jeden originalen Ethernet-Frame vollständig in ISL-Header und -Trailer ein. Der ursprüngliche Ethernet-Frame zwischen ISL-Header und -Trailer bleibt unverändert. Bild 3.3 veranschaulicht die ISL-Framing-Methode.

Der ISL-Header enthält etliche Felder. Am wichtigsten ist wohl das VLAN-Feld, in dem sich der Schlüssel für das VLAN befindet. Wenn einem Frame vom Absender die richtige VLAN-Nummer beigefügt wird, kann der Empfänger erkennen, zu welchem VLAN der eingekapselte Ethernet-Frame gehört. Die Quell- und Zieladresse im ISL-Header sind die MAC-Adressen des sendenden und des empfangenen Switches, nicht etwa der Geräte, die den Frame ursprünglich losgeschickt haben. Alle anderen Feinheiten zum ISL-Header sind weniger wichtig.

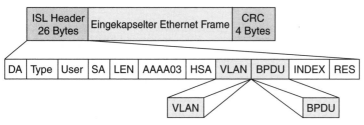

Bild 3.3: ISL-Header

802.1Q

Das IEEE hat inzwischen fast alle für LANs wichtigen Protokolle standardisiert, und VLAN-Trunking bildet da keine Ausnahme. Nachdem Cisco das ISL gerade fertig hatte, schloss das IEEE die Arbeiten am 802.1Q-Standard ab, daher gab es zwei unterschiedliche Trunking-Methoden.

802.1Q verwendet eine andere Art von Header als ISL, so dass die VLAN-Nummer anders hinzugefügt wird. Tatsächlich wird unter 802.1Q der ursprüngliche Frame nicht wirklich eingekapselt, sondern dem Ethernet-Header ein zusätzlicher, 4 Byte großer Header hinzugefügt. Dieser Zusatz-Header enthält ein Feld zur Erkennung der VLAN-Nummer. Weil nun der Original-Header verändert ist, bewirkt 802.1Q damit eine Neuberechnung des ursprünglichen FCS-Feldes im Ethernet-Trailer, da sich dieses nach dem Inhalt des gesamten Frames richtet. Bild 3.4 zeigt den 802.1Q-Header und das Framing des neuen Ethernet-Headers.

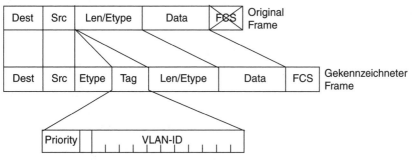

Bild 3.4: Header beim 802.1Q-Trunking

ISL und 802.1Q im Vergleich

Sowohl ISL als auch 802.1Q ermöglichen Trunking. Beide Versionen verwenden unterschiedliche Header, wobei ISL den originalen Frame einkapselt und die Verwendung eines 12 Bit langen VLAN-ID-Feldes erlaubt. Beide arbeiten zuverlässig und unterstützen dieselbe Anzahl von VLANs wegen des gleich großen 12 Bit großen Nummernfeldes für VLANs.

ISL und 802.1Q unterstützen einen eigenen Einsatz von Spanning-Tree für jedes VLAN. ISL hatte diese Eigenschaft viel früher als 802.1Q. Daher bestand damals ein Hauptunterschied zwischen den beiden Trunking-Protokollen darin, dass 802.1Q mehrere Spanning-Trees nicht unterstützen konnte. Um diesen Vorteil richtig einschätzen zu können, sehen Sie sich bitte das Netzwerk in Bild 3.5 mit zwei VLANs und drei verbundenen Switches an.

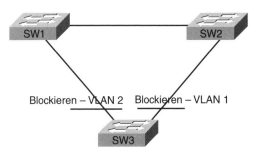

Bild 3.5: ISL Per-VLAN Spanning Tree (PVST)

Die STP-Parameter können für jedes VLAN einzeln gewählt werden, so dass in verschiedenen Verbindungs-Bäumen unterschiedliche Schnittstellen den Datenfluss blockieren. In der Darstellung braucht nur eines der sechs Interfaces, die die Switches verbinden, zu blockieren, damit Loops verhindert werden. STP kann so konfiguriert werden, dass VLAN 1 und 2 auf SW3 verschiedene Interfaces blockieren. SW3 kann die volle Bandbreite auf jeder Verbindung zu den anderen Switches nutzen, da der Verkehr in VLAN 1 die Verbindung zu SW1, der in VLAN 2 die Verbindung zu SW2 verwendet. Wenn eine Verbindung ausfällt und man ISL einsetzt, können die STP-Einstellungen sich sofort so verändern, dass ein Pfad verfügbar bleibt.

Cisco bietet mehrere STP-Tools für verschiedene Spanning-Tree-Lösungen an. Zum ISL gehört ein Cisco-properitäres Feature namens Per-VLAN Spanning Tree (PVST+). PVST unterstützt mehrere Spanning-Trees. 802.1Q unterstützte ursprünglich nicht mehrere Spanning-Trees, was aber unter Zuhilfenahme mehrerer anderer Protokolle schon möglich ist. Das Cisco PVST+ erlaubt mehrere STP-Konfigurationen über 802.1Q-Verästelungen.

Das IEEE hat inzwischen eine weitere Spezifikation unter der Bezeichnung 802.1S herausgegeben, welche die 802.1Q ergänzt und mehrere Spanning-Trees erlaubt. Als Weiterführung dieser Protokolle bietet Cisco verschiedene properitäre Lösungen an.

Einer der Hauptunterschiede zwischen ISL und 802.1Q hat mit dem so genannten »native VLAN« zu tun. 802.1Q definiert ein VLAN auf jedem Ast als Nativ-VLAN und gibt ihm standardmäßig den Namen VLAN 1. Im Native-VLAN wird unter 802.1Q per definitionem kein Frame eingekapselt, der auf dem Ast unterwegs ist. Wenn der Switch auf der anderen Seite der Verbindung einen Frame im Native-VLAN empfängt, bemerkt er, dass der 802.1Q-Header fehlt und weiß sofort, dass der Frame zum Native-VLAN gehören muss.

Native-VLANs haben einen großen, praktischen Vorteil. Stellen Sie sich vor, Sie haben etliche PCs an ein paar Switchports angeschlossen, und die PCs verstehen kein 802.1Q. Nun möchten Sie neben den PCs IP-Telefone installieren. IP-Telefone haben einen eingebauten Switch, so dass sie direkt an das Ethernetkabel des Switches und auf der anderen Seite an den PC angeschlossen werden können. Das Telefon versteht 802.1Q, daher können Sie das Telefon in ein anderes VLAN setzen als den PC. Nun konfigurieren Sie alle Ports für 802.1Q, setzen die PCs aber in das Native-VLAN. Jetzt arbeiten die PCs, als wenn nichts wäre, da die Switches keine Einkapselung für das Native-VLAN vornehmen. Wenn das Telefon zwischen Switch und PC steht, versteht das Telefon die 802.1Q-Header und empfängt und sendet Daten von und zum Switch. Der Datenverkehr auf dem Native-VLAN zwischen PC und Switch wird einfach durchgeleitet.

ISL hat kein vergleichbares Konzept wie ein Native-VLAN anzubieten. Alle Frames aller VLANs haben einen ISL-Header für die Leitung über den ISL-Ast.

Tabelle 3.2 fasst den Vergleich von ISL und 802.1Q zusammen.

Tabelle 3.2: ISL und 802.1Q im Vergleich

Funktion	ISL	802.1Q
Herausgeber der Protokolldefinition	Cisco-properitär	IEEE
Kapselt den ursprünglichen Frame ein	Ja	Nein
Erlaubt mehrere Spanning-Trees	Ja, mit PVST+	Ja, mit PVST+ oder 802.1S
Verwendet ein »Native-VLAN«	Nein	Ja

3.2.3 VLAN-Trunking-Protokoll (VTP)

Switches von Cisco verwenden das properitäre VTP, um gegenseitig Informationen über Konfiguration von VLANs auszutauschen. VTP ist ein Mitteilungsprotokoll auf Layer 2, durch das die Switches sich gegenseitig über die VLAN-Konfiguration informieren können, um ihre Stimmigkeit über das gesamte Netzwerk hinweg zu sichern. Wenn Sie etwa VLAN 3 verwenden und es »Abrechnung« nennen wollen, können Sie diese Info auf einem Switch konfigurieren, und VTP sorgt für ihre Verbreitung über das Netzwerk an die anderen Switches. VTP verwaltet Hinzufügungen, Löschungen und Namensänderungen von VLANs für mehrere Switches, so dass Fehlkonfigurationen und Widersprüche vermieden werden, die sonst leicht Schwierigkeiten verursachen, wie etwa doppelt vorkommende VLAN-Bezeichnungen oder eine falsche Einstellung des VLAN-Typs.

VTP erleichtert die Konfiguration von VLANs. Allerdings haben wir uns mit der Konfiguration von VLANs selbst noch gar nicht richtig beschäftigt. Daher führen wir uns, zum besseren Verständnis von VTP, zunächst einmal das folgende Beispiel vor Augen: Wenn ein Netzwerk zehn verbundene Switches hat, und auf allen Switches Teile von VLAN 3 liegen, müsste man eigentlich auf allen zehn Switches denselben Konfigurations-Befehl eingeben, um das VLAN einzurichten. Durch VTP gibt man VLAN 3 auf einem Switch ein, und die anderen neun lernen VLAN 3 dynamisch kennen.

Der VTP-Prozess beginnt mit der Erstellung des VLAN auf einem Switch, den man als VLAN-Server bezeichnet. Die Änderungen werden, vergleichbar mit einem Broadcast, über das Netzwerk verbreitet. VTP-Clients und VTP-Server hören die VTP-Mitteilungen und aktualisieren ihre Konfiguration entsprechend. Daher kann man durch VTP geswitchte Netzwerke ganz einfach beliebig umskalieren, etwa von einem Büroraum-Netzwerk auf die Größe einer kompletten Etage, ohne dass manuell viel konfiguriert werden müsste.

Die Funktionsweise des VTP

VTP verteilt alle fünf Minuten Advertisement-Mitteilungen über die gesamte VTP-Domain, und auch dann, wenn eine Veränderung in der VLAN-Konfiguration bekannt zu geben ist. Ein VTP-Advertisement enthält eine Revisions-Nummer, die Namen und die Nummern der VLANs und Informationen darüber, welche Ports von welchen Switches welchen VLANs zugewiesen worden sind. Durch die Konfigurierung der Einzelheiten auf einem (oder mehreren) VTP-Server und die Verbreitung der Information mittels Advertisements, wissen alle Switches über Namen und Nummern aller VLANs Bescheid.

Einer der wichtigsten Bestandteile eines VTP-Advertisements ist die Konfigurations-Revisionsnummer. Bei jeder Veränderung der VLAN-Information auf einem VTP-Server erhöht dieser die Konfigurations-Revisionsnummer um 1. Dann gibt er ein neues VTP-Advertisement mit der neuen Revisionsnummer heraus. Wenn ein Switch ein VTP-Advertisment mit einer höheren Konfigurations-Revisionsnummer erhält, aktualisiert er seine VLAN-Konfiguration. Bild 3.6 illustriert, wie VTP in einem geswitchten Netzwerk funktioniert.

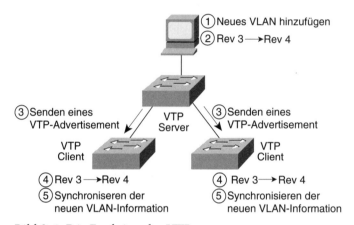

Bild 3.6: Die Funktion des VTP

VTP arbeitet immer in einem der folgenden drei Modi:

- Server-Modus
- Client-Modus
- Transparenter Modus

Damit VTP-Informationen ausgetauscht werden können, arbeiten einige Switches als Server, andere als Clients. VTP-Server können VLANs und andere Konfigurations-Parameter für ganze VTP-Domains einrichten, verändern und löschen; diese Information wird dann an die VTP-Clients und Server in der Domain weitergegeben. VTP-Server speichern die VLAN-Konfigurationen im Catalyst-NVRAM, während die VLAN-Konfiguration in den Clients gar nicht gespeichert wird. Ein VTP-Client kann weder VLANs einrichten, verändern oder löschen, noch VLAN-Konfigurationen im NVRAM speichern.

Warum sollte es dann überhaupt VTP-Clients geben? Weil ein einziger Ingenieur die VLANs von einem Switch (dem VTP-Server) aus konfigurieren kann, der die erforderlichen Informationen dann an die Clients weitergibt.

Interessanterweise deaktiviert man auf Switches von Cisco das VTP nicht, wenn man verhindern will, dass das VTP VLAN-Informationen verbreitet, sondern verwendet den transparenten Modus. Sind alle Switches eines Netzwerks in transparentem VTP-Modus, wird das VTP nicht verwendet. Außerdem besteht die Möglichkeit, nur einige Switches in den transparenten Modus zu versetzen. Die VTP-Server und Clients arbeiten dann ganz normal, während die Geräte in transparentem Modus die VTP-Mitteilungen schlicht ignorieren. Ein Switch in transparentem Modus leitet VTP-Advertisements einfach weiter und ignoriert die enthaltenen Informationen.

Ein Switch in transparentem VTP-Modus kann VLANs erstellen, löschen und verändern, gibt aber keine Informationen darüber weiter; sie betreffen dann nur diesen einen Switch. Der transparente Modus ist üblich, wenn die administrative Kontrolle über ein Netzwerk auf mehrere Switches verteilt werden muss.

Tabelle 3.3 gibt einen vergleichenden Überblick über die drei VTP-Modi.

Tabelle 3.3: VTP-Modi

Funktion	Server-Modus	Client-Modus	Transparenter Modus
Erstellt VTP-Advertisements.	Ja	Nein	Nein
Verarbeitet empfangene Advertisements und stimmt die VLAN-Konfigurations-Information mit anderen Switches ab.	Ja	Ja	Nein
Leitet VTP-Advertisements weiter, die auf einem bestimmten Ast empfangen wurden.	Ja	Ja	Ja
Speichert die VLAN-Konfiguration im NVRAM.	Ja	Nein	Ja
Erstellt, verändert oder löscht VLANs bei Eingabe von Konfigurations-Befehlen.	Ja	Nein	Ja

VTP-Pruning

Standard ist, dass eine Trunk-Verbindung Datenverkehr für alle VLANs transportiert. Broadcasts (und Unicasts mit unbekanntem Empfänger) von jedem VLAN werden gemäß der aktuellen STP-Topologie an jeden Switch im Netzwerk gesendet. In den meisten Netzwerken hat aber nicht jeder Switch Interfaces in allen VLANs, so dass die Broadcasts für VLANs, in denen ein Switch keine Interfaces hat, lediglich Bandbreite schlucken.

Mit VTP-Pruning vermeidet man, dass Broadcasts und unbekannte Unicasts zu Switches gelangen, die keine Ports in dem jeweiligen VLAN haben. Vergleicht man die verästelten Verbindungen wieder bildlich mit einem Baum, handelt es sich um die Beschneidung (engl.: pruning) einiger Äste. Bild 3.7 stellt ein Beispiel für VTP-Pruning dar.

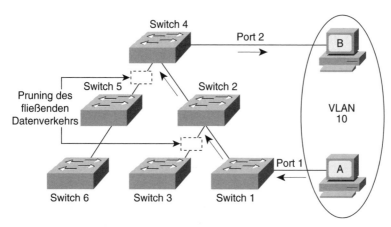

Bild 3.7: VTP-Pruning

In Bild 3.7 unterstützen die Switches 1 und 4 Ports in VLAN 10. Wenn man VTP-Pruning aktiviert, geht ein Broadcast, der von Station A gesendet wird, nur an Switches mit Ports, die VLAN 10 zugewiesen sind. Heraus kommt, dass der Broadcast-Verkehr von Station A nicht an die Switches 3, 5 und 6 geleitet wird, da VTP den Verkehr für VLAN 10 auf den entsprechenden Verbindungen auf Switch 2 und 4 abgeschnitten hat.

VTP-Pruning erhöht die verfügbare Bandbreite durch eine Einschränkung des Verkehrsflusses aus Broadcasts und Unicasts mit unbestimmtem Ziel. VTP-Pruning ist einer der beiden wichtigeren Gründe für den Einsatz von VTP. Der andere Grund ist die Erleichterung einer konsistenten Konfiguration der VLANs.

3.2.4 VLAN- und Trunking-Konfiguration

Einen Switch von Cisco kann man einfach kaufen, korrekt verkabeln, einschalten und verwenden. Sie müssen den Switch nie konfigurieren, selbst wenn er mit anderen Switches verbunden wird – bis Sie mehr als ein VLAN brauchen. Auch die Standardeinstellungen für STP und Trunking reichen absolut aus. Wenn Sie aber VLANs einsetzen, müssen Sie die Konfiguration etwas erweitern.

In wirklichen Netzwerken sind VLANs recht wahrscheinlich und müssen auf einem Switch konfiguriert werden. Fast jedes Netzwerk hat VLANs und man kann die entsprechenden Ports einfach bestimmten VLANs nicht dynamisch zuweisen. Also muss man den Switch konfigurieren, damit er weiß, welche Ports in welchem VLAN liegen.

Wie Sie schon richtig vermuten, kann man auch VTP und Trunking konfigurieren. VTP ist standardmäßig an, genau wie die Trunking-Abstimmung automatisch für alle Ports durchgeführt wird. Obwohl Sie bei einem wirklichem Netzwerk wohl selten VTP oder Trunking konfigurieren müssen, würde Cisco in einer Konfigurations-Empfehlung sicherlich auch einige grundlegende VTP- und Trunking-Konfigurationen vornehmen.

Tabelle 3.4 zählt die Befehle aus dieser Lektion mit einer kurzen Beschreibung auf. Danach werden einige grundsätzliche Zusammenhänge der VLAN-, Trunking- und VTP-Konfiguration an Beispielen erklärt.

Tabelle 3.4: VLAN-Befehle für den 2950

Befehl	Beschreibung
vlan database	EXEC-Befehl, der den Anwender in den VLAN-Konfigurations-Modus versetzt.
vtp {domain *domain-name* | password *password* | pruning | v2-mode} | {server | client | transparent}}	Bestimmt VTP-Parameter im VLAN-Konfigurations-Modus.
vlan *vlan-id* [name *vlan-name*]	VLAN-Datenbank-Konfigurationsbefehl, der ein VLAN einrichtet und benennt.
switchport mode {access | dynamic {auto | desirable} | trunk}	Interface-Unterbefehl, der ein Interface für Trunking konfiguriert.
switchport trunk {{allowed vlan *vlan-list*} | {native vlan *vlan-id*} | {pruning vlan *vlan-list*}}	Interface-Unterbefehl, der die Liste der erlaubten VLANs aktualisiert, das 802.1Q Native-VLAN bestimmt und den Bereich der VLANs festlegt, bei denen Pruning möglich ist.
switchport access vlan *vlan-id*	Interface-Unterbefehl, der ein Interface statisch für ein bestimmtes VLAN konfiguriert.
show interfaces [*interface-id* | vlan *vlan-id*] [switchport | trunk]	Zeigt den Status des Trunks an.
show vlan [brief | id *vlan-id* | name *vlan-name* | summary]	EXEC-Befehl, der Informationen über ein VLAN anzeigt.
show vlan [*vlan*]	Zeigt Informationen über ein VLAN an.
show vtp status	Zeigt die VTP-Konfiguration und die Status-Information.
show spanning-tree vlan *vlan-id*	EXEC-Befehl, der Informationen über den Spanning-Tree für ein bestimmtes VLAN anzeigt.

VLAN-Konfiguration für einen einzelnen Switch

Cisco 2950 Switches verwenden im Vergleich zu den anderen Konfigurations-Befehlen für Switches einen leicht veränderten Konfigurations-Modus für VLANs und VTP. In den VLAN-Konfigurations-Modus gelangt man mit dem EXEC-Befehl für den Aktivierungs-Modus **vlan database**. Man gibt also nicht **configure terminal** ein, auch ein Befehl für den Aktivierungs-Modus, sondern **vlan database**, und befindet sich dann im VLAN-Konfigurations-Modus.

Im VLAN-Konfigurations-Modus kann man VLAN-Informationen und VTP-Einstellungen eingeben. Ein 2950 Switch ist automatisch im Server-Modus, so dass die konfigurierten VLANs in VTP-Updates bekannt gemacht werden.

Beispiel 3.1 zeigt eine VLAN-Konfiguration für einen einzelnen Switch. Bild 3.8 zeigt den konfigurierten Switch und die VLANs.

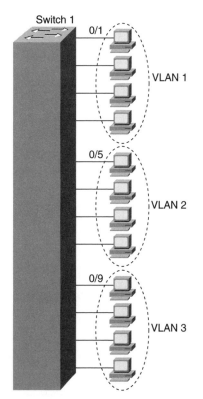

Bild 3.8: Netzwerk mit einem Switch und drei VLANs

Beispiel 3.1: Single-Switch-VLAN-Konfiguration zu Bild 3.8

```
Switch#vlan database
Switch(vlan)#vlan 2 name barney-2
VLAN 2 added:
    Name: barney-2
Switch(vlan)#vlan 3 name wilma-3
VLAN 3 added:
    Name: wilma-3
Switch(vlan)#?
VLAN database editing buffer manipulation commands:
  abort  Exit mode without applying the changes
  apply  Apply current changes and bump revision number
  exit   Apply changes, bump revision number, and exit mode
  no     Negate a command or set its defaults
  reset  Abandon current changes and reread current database
  show   Show database information
  vlan   Add, delete, or modify values associated with a single VLAN
  vtp    Perform VTP administrative functions.

Switch(vlan)#exit
APPLY completed.
Exiting....

Switch>enable
Switch#configure terminal
Enter configuration commands, one per line.  End with CNTL/Z.
Switch(config)#interface fastEthernet 0/5
Switch(config-if)#switchport mode access
Switch(config-if)#switchport access vlan 2
Switch(config)#interface fastEthernet 0/6
Switch(config-if)#switchport mode access
Switch(config-if)#switchport access vlan 2
Switch(config)#interface fastEthernet 0/7
Switch(config-if)#switchport mode access
Switch(config-if)#switchport access vlan 2
Switch(config)#interface fastEthernet 0/8
Switch(config-if)#switchport mode access
Switch(config-if)#switchport access vlan 2
Switch(config)#interface range fastEthernet 0/9 - 12
Switch(config-if)#switchport mode access
Switch(config-if)#switchport access vlan 3
Switch(config-if)#^Z

Switch#show vlan brief
```

Beispiel 3.1: Single-Switch-VLAN-Konfiguration zu Bild 3.8 (Forts.)

```
VLAN Name                             Status    Ports
---- -------------------------------- --------- -------------------------------
1    default                          active    Fa0/1, Fa0/2, Fa0/3, Fa0/4
                                                Fa0/13, Fa0/14, Fa0/15, Fa0/16
                                                Fa0/18, Fa0/19, Fa0/20, Fa0/21
                                                Fa0/22, Fa0/23, Fa0/24, Gi0/1
                                                Gi0/2
2    barney-2                         active    Fa0/5, Fa0/6, Fa0/7, Fa0/8
3    wilma-3                          active    Fa0/9, Fa0/10, Fa0/11, Fa0/12
1002 fddi-default                     active
1003 token-ring-default               active
1004 fddinet-default                  active
1005 trnet-default                    active

Switch#show vlan id 2

VLAN Name                             Status    Ports
---- -------------------------------- --------- -------------------------------
2    barney-2                         active    Fa0/5, Fa0/6, Fa0/7, Fa0/8

VLAN Type  SAID       MTU   Parent RingNo BridgeNo Stp  BrdgMode Trans1 Trans2
---- ----- ---------- ----- ------ ------ -------- ---- -------- ------ ------
2    enet  100002     1500  -      -      -        -    -        0      0

Remote SPAN VLAN
----------------
Disabled

Primary Secondary Type              Ports
------- --------- ----------------- ------------------------------------------
```

In diesem Beispiel beginnt der Techniker mit der Einrichtung von zwei neuen VLANs, barney-2 und wilma-3. Danach werden die Interfaces 1 bis 4 in VLAN 1 angesiedelt, die Interfaces 5 bis 8 in VLAN 2, und die Interfaces 9 bis 12 in VLAN 3 (siehe Bild 3.8). Die Konfiguration erfordert die Verwendung des VLAN-Konfigurations-Modus und des normalen Konfigurations-Modus.

Der VLAN-Konfigurations-Modus verhält sich etwas anders als der Konfigurations-Modus. Zuerst geht man mit dem EXEC-Befehl **vlan database** in den VLAN-Konfigurations-Modus, anstatt **configure terminal** einzugeben. Um VLANs hinzuzufügen, gibt man **vlan** ein, wie man an den Befehlen **vlan 2 name barney-2** und **vlan 3 name wilma-3** sieht.

Interessanterweise werden diese beiden neuen VLANs nicht wirklich eingerichtet, bevor man **exit** eingegeben hat. Man muss dem Switch sagen, dass er die Veränderungen auch umsetzen soll, wenn man etwas im Konfigurations-Modus eingegeben hat. Achten Sie auch auf die hervorgehobenen Hilfetexte, die im Beispiel direkt nach den **vlan**-Befehlen zu sehen sind. Hier wird darauf hingewiesen, dass die Befehle **exit** und **apply** die Änderungen aktivieren, **abort** die Änderungen wieder löscht – also gar nicht erst aktiviert. Im Beispiel wird der Befehl **exit** verwendet, um den VLAN-Konfigurations-Modus zu verlassen, und um die Änderungen zu bestätigen. Die hervorgehobene Mitteilung nach dem **exit**-Befehl bestätigt, dass der »apply«-Vorgang abgeschlossen ist und die VLANs wirklich eingerichtet werden.

Nachdem die VLANs eingerichtet sind, kann man im Konfigurations-Modus jedes Interface dem richtigen VLAN zuweisen. Die Cisco-IOS-Software weist jedes Interface erst einmal automatisch VLAN 1 zu. Deshalb sind für die Interfaces fastethernet 0/1 bis 0/4 keine weiteren Befehle notwendig. Bei den nächsten vier Ports legt man über den Befehl **switchport access vlan 2** alle Interfaces in VLAN 2. (Obwohl nicht unbedingt erforderlich, sind die Trunk-Abstimmungsfunktionen auf Interfaces deaktiviert, die man über **switchport mode access** als Access-Ports definiert.)

In Beispiel 3.1 gibt der Techniker dieselben Befehle für die Interfaces 0/5 bis 0/8 ein. Das IOS auf dem Switch lässt die Konfiguration mehrerer Interfaces durch einen einzigen Befehl zu, wie am Beispiel **interface range fastEthernet 0/9 - 12** zu sehen ist. Dieser Befehl sagt dem Switch, dass er die folgenden Befehle auf alle Interfaces im angegebenen Bereich anwenden soll. In unserem Fall wird jedes der Interfaces mit dem Befehl **switchport access vlan 3** in VLAN3 positioniert.

Nach diesem Streifzug durch die Konfiguration kann man nur feststellen, dass die VLAN-Konfiguration nicht sehr aufwendig ist. Wenn man den Befehl **switchport access vlan** vor der Einrichtung der VLANs eingegeben hätte, hätte der Switch sogar die VLANs selbst erstellt. Gut, die Namen der VLANs wären etwas langweiliger ausgefallen – »VLAN1« und »VLAN2« statt der Namen von Figuren aus Feuerstein-Comics – aber es hätte auch funktioniert.

Am Ende von Beispiel 3.1 sind noch einige wichtige **show**-Befehle aufgeführt. Der Befehl **show vlan brief** zeigt eine Zusammenfassung der VLANs und der Interfaces in jedem VLAN an. Beachten Sie die hervorgehobenen Abschnitte der neu erstellten VLANs. Wenn Sie mehr Einzelheiten über ein spezielles VLAN wissen müssen, verwenden Sie den Befehl **show vlan** mit dem Namen oder der VLAN-ID. In diesem Fall zeigt der Befehl **show vlan id 2** Informationen über VLAN 2 an.

Konfiguration von VLAN-Trunking

Beispiel 3.2 zeigt denselben Switch wie im vorherigen Beispiel, aber diesmal mit einem zusätzlichen Trunk zu einem zweiten Switch (Bild 3.9). Der neue Switch ist ein 1900er. Der 2950er wird als VTP-Server konfiguriert, mit Trunking im »desirable«-Status, also wünschenswert. Der 1900er ist VTP-Client mit Trunking im »auto«-Status.

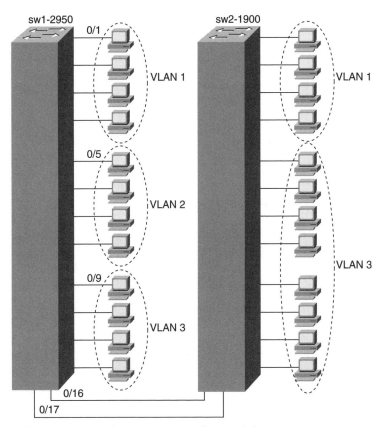

Bild 3.9: Netzwerk mit zwei Switches und drei VLANs

Beispiel 3.2: Trunking: Konfiguration und show-Befehle auf einem 2950er Switch 1

```
sw1-2950#configure terminal
Enter configuration commands, one per line.  End with CNTL/Z.
sw1-2950(config)#interface fastethernet 0/17
sw1-2950(config-if)#switchport mode dynamic desirable
sw1-2950(config-if)#^Z
sw1-2950#vlan database
sw1-2950(vlan)#vtp domain fred
```

Beispiel 3.2: Trunking: Konfiguration und show-Befehle auf einem 2950er Switch 1 (Forts.)

```
Changing VTP domain name from NULL to fred
sw1-2950(vlan)#exit
APPLY completed.
Exiting....

sw1-2950#show vtp status
VTP Version                     : 2
Configuration Revision          : 1
Maximum VLANs supported locally : 1005
Number of existing VLANs        : 7
VTP Operating Mode              : Server
VTP Domain Name                 : fred
VTP Pruning Mode                : Disabled
VTP V2 Mode                     : Disabled
VTP Traps Generation            : Disabled
MD5 digest                      : 0x54 0x80 0xA5 0x82 0x8D 0x8E 0x5F 0x94
Configuration last modified by 0.0.0.0 at 3-1-93 00:31:11
Local updater ID is 10.1.1.10 on interface Vl1 (lowest numbered VLAN interface found)

sw1-2950#show interfaces fastEthernet 0/17 switchport
Name: Fa0/17
Switchport: Enabled
Administrative Mode: dynamic desirable
Operational Mode: trunk
Administrative Trunking Encapsulation: negotiate
Operational Trunking Encapsulation: isl
Negotiation of Trunking: On
Access Mode VLAN: 1 (default)
Trunking Native Mode VLAN: 1 (default)
Administrative private-vlan host-association: none
Administrative private-vlan mapping: none
Operational private-vlan: none
Trunking VLANs Enabled: ALL
Pruning VLANs Enabled: 2-1001

Protected: false
Unknown unicast blocked: disabled
Unknown multicast blocked: disabled


Voice VLAN: none (Inactive)
Appliance trust: none

sw1-2950#show interfaces fastEthernet 0/17 trunk
```

Beispiel 3.2: Trunking: Konfiguration und show-Befehle auf einem 2950er Switch 1 (Forts.)

```
Port      Mode         Encapsulation  Status     Native vlan
Fa0/17    desirable    n-isl          trunking   1

Port      Vlans allowed on trunk
Fa0/17    1-4094

Port      Vlans allowed and active in management domain
Fa0/17    1-3

Port      Vlans in spanning tree forwarding state and not pruned
Fa0/17    1-3
!
! Next command from sw2-1900
!
sw2-1900#show vlan

VLAN Name                Status      Ports
---------------------------------------
1    default             Enabled     1-12, AUI, A, B
2    barney-2            Enabled
3    wilma-3             Enabled
1002 fddi-default        Suspended
1003 token-ring-defau    Suspended
1004 fddinet-default     Suspended
1005 trnet-default       Suspended
---------------------------------------
```

Im Beispiel wird zuerst Interface 0/17 als Trunk konfiguriert. Auf sw1-2950 sorgt der Befehl **switchport mode dynamic desirable** dafür, dass das Interface die Abstimmungen für das Erstellen eines Astes aufnimmt. Es verhandelt, ob überhaupt Trunking verwendet wird, und ob ISL oder 802.1Q eingesetzt wird. sw2-1900 verwendet die Trunk-Einstellung **auto** und nimmt an, dass ein Ast gebildet wird und die Verbindung korrekt arbeitet.

Die Konfigurations-Möglichkeiten für Trunking-Befehle auf Switches von Cisco können etwas verwirrend sein. Der häufigste Fehler besteht darin, beide Seiten auf **dynamic auto** einzustellen. Wenn man beide Seiten auf **auto** einstellt, bildet sich niemals ein Ast, und es kann kein VLAN-Verkehr über die Verbindung fließen.

In Produktions-Netzwerken konfiguriert man den Trunk unter Umständen einfach als »on«, besonders weil man weiß, welche Ports Trunks sein sollen. Mit **auto** und **desirable** kann man die Äste auf jeden Fall aus der Ferne konfigurieren, ohne dass der Datenverkehr abbricht.

Tabelle 3.5 fasst die verschiedenen Trunking-Optionen auf dem 2950 Switch und ihre Bedeutung zusammen.

Tabelle 3.5: Trunk-Konfigurations-Optionen des Befehls switchport mode beim 2950 Switch

Option	Beschreibung	Trunking
access	Schaltet den Port-Trunk-Modus ab und versucht nicht, einen Trunk auf dem Interface zu erstellen.	Kein Trunking.
trunk	Schaltet den Port in den permanenten Trunk-Modus und stimmt mit den angeschlossenen Geräten ab, ob ISL oder 802.1Q verwendet wird.	Trunking wird immer probiert.
dynamic desirable	Triggert den Port, der daraufhin versucht, die Verbindung in den Trunk-Modus zu bringen. Der Port verhandelt mit einem Trunkport, wenn sich das angeschlossene Gerät im **trunk-**, **dynamic desirable-** oder **dynamic auto-**Status befindet. Sonst wird der Port ein »non-trunk«-Port.	Verbindet mit Switches im **trunk-**, **dynamic desirable-** oder **dynamic auto-**Status.
dynamic auto	Lässt einen Port nur als Trunk zu, wenn das angeschlossene Gerät im **dynamic desirable-** oder **trunk-**Status ist.	Verbindet mit Switches im **trunk-** oder **dynamic desirable-**Status.

– In Beispiel 3.2 wird als Nächstes der VLAN-Konfigurations-Modus verwendet, um mit dem Befehl **vtp domain fred** den VTP-Domain-Namen festzulegen. sw1-2950 muss nicht als VTP-Server konfiguriert werden, da das bei Switches von Cisco die Standardeinstellung ist. sw2-1900 ist als VTP-Client in der VTP-Domain fred konfiguriert. Der folgende Befehl **show vtp** ergibt, dass sw1-2950 in der Domain fred VTP-Server ist.

– Um herauszufinden, ob eine Verbindung zwischen zwei Interfaces eine Trunking-Verbindung ist, kann man auf sw1-2950 sowohl **show interfaces fastEthernet 0/17 switchport** als auch **show interfaces fastEthernet 0/17 trunk** eingeben. Wie in Beispiel 3.2 zu sehen ist, listen beide Befehle die konfigurierte Einstellungen (**dynamic desirable**), den Status (Trunking, was bedeutet, das Trunking aktiv ist) und das Trunking-Protokoll, in diesem Fall ISL, auf.

– Wenn das Trunking-Protokoll läuft und VTP die VLAN-Konfiguration verbreitet, kann man davon ausgehen, das sw2-1900 von den VLANs 2 und 3 erfährt. Der letzte Befehl in Beispiel 3.2 bezieht sich auf sw2-1900, ein 1900er Switch. Er bestätigt, dass sw2-1900 über die VLANs barney-2 und wilma-3 Bescheid weiß.

3.3 Grundlagen-Zusammenfassung

Die »Grundlagen-Zusammenfassung« enthält die wichtigsten Inhalte eines Kapitels. Es wird zwar nicht alles wiederholt, was im Examen kommen könnte, Sie sollten aber vor der Prüfung sicherstellen, dass Sie zumindest alle Einzelheiten aus den Grundlagen-Zusammenfassungen beherrschen.

Bild 3.10 stellt den Gedanken eines VLANs anhand von zwei VLANs/Broadcast-Domains dar.

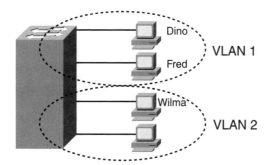

Bild 3.10: Netzwerk mit zwei VLANs und einem Switch

Tabelle 3.6 vergleicht die Haupteigenschaften von ISL und 802.1Q.

Tabelle 3.6: ISL und 802.1Q im Vergleich

Funktion	ISL	802.1Q
Herausgeber der Protokolldefinition	Cisco-properitär	IEEE
Kapselt den ursprünglichen Frame ein	Ja	Nein
Ermöglicht mehrere Spanning-Trees	Ja	Nein
Verwendet ein Native-VLAN	Nein	Ja

Tabelle 3.7 liefert einen vergleichenden Überblick über die drei VTP-Modi.

Tabelle 3.7: VTP-Modi

Funktion	Server-Modus	Client-Modus	Transparenter Modus
Erstellt VTP-Advertisements	Ja	Nein	Nein
Verarbeitet empfangene Advertisements und stimmt die VLAN-Konfigurations-Information mit anderen Switches ab	Ja	Ja	Nein
Leitet VTP-Advertisements weiter, die auf einem bestimmten Ast empfangen wurden	Ja	Ja	Ja

Tabelle 3.7: VTP-Modi (Forts.)

Funktion	Server-Modus	Client-Modus	Transparenter Modus
Speichert die VLAN-Konfiguration im NVRAM	Ja	Nein	Ja
Erstellt, verändert oder löscht VLANs bei Eingabe von Konfigurations-Befehlen	Ja	Nein	Ja

Tabelle 3.8 fasst die verschiedenen Trunking-Optionen auf dem 2950 und ihre Bedeutung zusammen.

Tabelle 3.8: Trunk-Konfigurations-Optionen mit dem switchport mode-Befehl für den 2950

Option	Beschreibung
access	Schaltet den Port-Trunk-Modus ab und versucht nicht, einen Trunk auf dem Interface zu erstellen.
trunk	Schaltet den Port in den permanenten Trunk-Modus und stimmt mit den angeschlossenen Geräten ab, ob ISL oder 802.1Q verwendet wird.
dynamic desirable	Triggert den Port, der daraufhin versucht, die Verbindung in den Trunk-Modus zu bringen. Der Port verhandelt mit einem Trunkport, wenn sich das angeschlossene Gerät im **trunk**-, **dynamic desirable**- oder **dynamic auto**-Status befindet. Sonst wird der Port ein »nontrunk«-Port.
dynamic auto	Lässt einen Port nur als Trunk zu, wenn das angeschlossene Gerät im **dynamic desirable**- oder **trunk**-Status ist.

3.4 Q&A

Wie in der Einleitung erwähnt, haben Sie zwei Möglichkeiten, die folgenden Fragen zu beantworten. Diese Fragen stellen eine größere Herausforderung für Sie dar, als das Examen selbst. Die Lösung ist nicht so eindeutig festgelegt, wie bei den Examensfragen. Durch diese offeneren, schwierigeren Fragen werden Sie mit der Thematik des Kapitels noch besser vertraut. Die Antworten zu den Fragen finden Sie in Anhang A.

1. Definieren Sie Broadcast-Domain.
2. Definieren Sie *VLAN*.
3. Welche VLAN-Trunking-Protokolle kann man verwenden, wenn zwei Cisco-LAN-Switches mit Fast Ethernet verbunden sind? Braucht man ein VLAN-Trunking-Protokoll, wenn sich nur ein VLAN zwischen beiden Switches befindet?

4. Definieren Sie *VTP*.

5. Nennen Sie die drei VTP-Modi. In welchem Modus kann man keine VLANs hinzufügen oder verändern?

6. Mit welchem Konfigurations-Befehl richtet man auf einem Catalyst 2950 Switch ISL-Trunking auf dem Port fastethernet 0/12 so ein, dass der Trunk im Trunking-Modus ist, solange der Switchport am anderen Ende des Trunks nicht abgeschaltet (off) ist oder so konfiguriert ist, dass er nicht verhandeln darf?

7. Welcher VTP-Modus erlaubt dem Switch, VLANs einzurichten und sie anderen Switches anzubieten?

8. Müssen alle Mitglieder desselben VLANs in derselben Kollisionsdomain, derselben Broadcast-Domain sein, oder beides?

9. Wie heißt das Cisco-properitäre Protokoll für Trunking über Ethernet?

10. Erklären Sie, welche Vorteile VTP-Pruning bietet.

11. Sehen Sie sich den folgenden Satz an: »Ein VLAN ist eine Broadcast-Domain ist ein IP-Subnetz.« Stimmen Sie zu oder nicht? Warum?

12. Welche Felder werden in einem Ethernet-Header hinzugefügt oder verändert, wenn Sie 802.1Q verwenden? Wo befindet sich innerhalb dieser Felder die VLAN-ID?

13. Wie behandelt ein Switch in transparentem VTP-Modus VTP-Mitteilungen von einem VTP-Server.

14. Welcher Befehl erstellt auf einem 2950er Switch VLAN 5? Welcher Konfigurations-Modus ist dafür erforderlich?

15. Welcher Befehl legt auf einem 2950er Switch ein Interface in VLAN 5? Welcher Konfigurations-Modus ist dafür erforderlich?

16. Beschreiben Sie die Hauptunterschiede zwischen den Abläufen im VLAN-Konfigurations-Modus und im normalen Konfigurations-Modus.

17. Welches ist die korrekte Schreibweise der Befehle, die ein Interface in die verschiedenen Trunking-Modi versetzen? Welche Befehle davon funktionieren, wenn der Switch auf der anderen Seite der Verbindung die Option **auto** aktiviert hat.

18. Welche **show**-Befehle zeigen auf einem 2950er Switch den konfigurierten und den operationalen Trunk-Status an?

Teil II

TCP/IP

Kapitel 4: IP-Adressierung und Subnetz-Konfiguration
Kapitel 5: RIP, IGRP und statische Routen
Kapitel 6: OSPF und EIGRP
Kapitel 7: Weiterführende Themen zu Routingprotokollen
Kapitel 8: Weiterführendes zu TCP/IP

Dieses Kapitel deckt folgende Punkte ab:
- Überblick über die IP-Adressierung
- Analyse und Interpretation von IP-Adressen und Subnetting

Kapitel 4

IP-Adressierung und Subnetz-Konfiguration

In diesem Kapitel lernen Sie die Konzepte von IP-Adressen und Subnetzen kennen. IP-Adressierung ist das ganz große Thema im CCNA-Examen. Um die Fragen beider CCNA-Examen beantworten zu können, müssen Sie die Struktur von IP-Adressen verstehen, sagen können, welche Adressen sich im selben Subnetz befinden, welche Subnetze im selben Netzwerk liegen, wie viele Hosts sich in einem Subnetz befinden und weitere Informationen über Adressen und Subnetze parat haben oder logisch erschließen können. Dieses Kapitel beschreibt und erklärt die Lösungswege, mit denen man solche Aufgaben bewältigen kann.

Das Material im »Grundlagen«-Abschnitt dieses Kapitels ist eine exakte Kopie aus dem Buch zum CCNA INTRO-Examen. Falls Sie beide Bücher besitzen und sich Kaptiel 12 in dem anderen Buch ansehen, sind einige der Fragen am Ende des Kapitels das einzig Neue, das Sie finden können. Daher können Sie dann sofort zu den Q&A-Fragen gehen.

Wenn Sie sich mit IP-Subnetting und Adressierung beschäftigen müssen, ist dieses Kapitel wie geschaffen für Sie. Es ist sehr gründlich und durch die Vielzahl der Beispiele auch recht lang. Der Text betrachtet IP-Adressierung aus der gleichen Perspektive, die auch im Examen relevant ist. Wenn Sie das Kapitel durcharbeiten, haben Sie allerdings auch ein profundes Grundwissen und sind in der Lage, die Fragen beider Examen sicher und schnell zu beantworten.

4.1 »Weiß ich's schon?«-Quiz

Ziel des Quiz ist es, Ihnen bei der Entscheidung zu helfen, welche Abschnitte eines Kapitels Sie lesen müssen. Wenn Sie ohnehin das ganze Kapitel lesen wollen, brauchen Sie die Fragen an dieser Stelle nicht zu beantworten.

Mit dem 10-Fragen-Quiz können Sie, bezogen auf den Grundlagen-Abschnitt, Ihre begrenzte Studienzeit sinnvoll einteilen.

Tabelle 4.1 stellt die Hauptthemen des Kapitels und die dazu passenden Fragen aus dem Quiz dar.

Tabelle 4.1: »Weiß ich's schon?«-Übersicht zum Grundlagen-Abschnitt

Grundlagen-Abschnitt	Fragen zu diesem Abschnitt
Analyse und Interpretation von IP-Adressen und Subnetzen	1 bis 10

ACHTUNG

Das Ziel dieser Selbsteinschätzung soll sein, dass Sie Ihren Wissensstand zu den Themen richtig bewerten. Wenn Sie eine Frage nicht beantworten können oder sich auch nur unsicher fühlen, sollten Sie sie als falsch einstufen und markieren. Jeder Sympathiepunkt, den Sie sich selbst geben, verfälscht Ihr Ergebnis und wiegt Sie in trügerischer Sicherheit.

1. Welche der folgenden Zahlen ist das Ergebnis eines Booleschen UND zwischen der IP-Adresse 150.150.4.100 und der Maske 255.255.192.0?
   a) 1001 0110 1001 0110 0000 0100 0110 0100
   b) 1001 0110 1001 0110 0000 0000 0000 0000
   c) 1001 0110 1001 0110 0000 0100 0000 0000
   d) 1001 0110 0000 0000 0000 0000 0000 0000

2. Die Maske 255.255.255.128 wird in einem B-Klasse-Netzwerk verwendet. Wie viele Subnetze kann es geben, und wie viele Hosts pro Subnetz?
   a) 256 und 256
   b) 254 und 254
   c) 62 und 1022
   d) 1022 und 62
   e) 510 und 126
   f) 126 und 510

3. Die Maske 255.255.255.240 wird in einem C-Klasse-Netzwerk verwendet. Wie viele Subnetze kann es geben und wie viele Hosts pro Subnetz?
   a) 16 und 16
   b) 14 und 14
   c) 12 und 12
   d) 8 und 32
   e) 32 und 8

f) 6 und 30

g) 30 und 6

4. Welche der folgenden IP-Adressen sind nicht in demselben Subnetz, wie 190.4.80.80, Maske 255.255.255.0?

   a) 190.4.80.1

   b) 190.4.80.50

   c) 190.4.80.100

   d) 190.4.80.200

   e) 190.4.90.1

   f) 10.1.1.1

5. Welche der folgenden IP-Adressen sind nicht in demselben Subnetz, wie 190.4.80.80, Maske 255.255.240.0?

   a) 190.4.80.1

   b) 190.4.80.50

   c) 190.4.80.100

   d) 190.4.80.200

   e) 190.4.90.1

   f) 10.1.1.1

6. Welche der folgenden IP-Adressen sind nicht in demselben Subnetz, wie 190.4.80.80, Maske 255.255.255.128?

   a) 190.4.80.1

   b) 190.4.80.50

   c) 190.4.80.100

   d) 190.4.80.200

   e) 190.4.90.1

   f) 10.1.1.1

7. Mit welcher der folgenden Subnetzmasken kann ein B-Klasse-Netzwerk bis zu 150 Hosts und bis zu 164 Subnetze haben?

   a) 255.0.0.0

   b) 255.255.0.0

   c) 255.255.255.0

   d) 255.255.192.0

   e) 255.255.240.0

   f) 255.255.252.0

g) 255.255.255.192

h) 255.255.255.240

8. Mit welcher der folgenden Subnetzmasken kann ein A-Klasse-Netzwerk bis zu 150 Hosts und bis zu 164 Subnetze haben?

   a) 255.0.0.0

   b) 255.255.0.0

   c) 255.255.255.0

   d) 255.255.192.0

   e) 255.255.240.0

   f) 255.255.252.0

   g) 255.255.255.192

   h) 255.255.255.240

9. Welche der folgenden Adressen sind gültige Subnetz-Nummern in Netzwerk 180.1.0.0 mit Maske 255.255.248.0?

   a) 180.1.2.0

   b) 180.1.4.0

   c) 180.1.8.0

   d) 180.1.16.0

   e) 180.1.32.0

   f) 180.1.40.0

10. Welche der folgenden Adressen sind gültige Subnetz-Nummern in Netzwerk 180.1.0.0 mit Maske 255.255.255.0?

    a) 180.1.2.0

    b) 180.1.4.0

    c) 180.1.8.0

    d) 180.1.16.0

    e) 180.1.32.0

    f) 180.1.40.0

Die Antworten zum »Weiß ich's schon?« Quiz stehen in Anhang A. Unser Vorschlag für Ihr weiteres Vorgehen sieht so aus:

– **8 oder weniger Gesamtpunkte** – Lesen Sie das komplette Kapitel. Es enthält die »Grundlagen«, die »Grundlagen-Zusammenfassung« und »Q&A«-Abschnitte.

- **9 oder 10 Gesamtpunkte** – Wenn Sie einen größeren Überblick über diese Themen bekommen möchten, springen Sie zur »Grundlagen-Zusammenfassung« und dann zum »Q&A«-Abschnitt. Andernfalls gehen Sie sofort zum nächsten Kapitel.

4.2 Grundlagen

Dieses Kapital beginnt mit einem kurzen Überblick über IP-Adressierung und Subnetting. Danach werfen wir einen intensiven Blick auf verschiedenste Fragen zur IP-Adressierung und den passenden Lösungsverfahren.

4.2.1 Überblick über die IP-Adressierung

Bevor wir uns mit dem mathematischen Hintergrund der IP-Adressierung befassen, wird ein kurzer Überblick sicherlich hilfreich sein.

Es gibt viele unterschiedliche A-Klasse-, B- und C-Netzwerke. Tabelle 4.2 stellt mögliche Netzwerknummern, die Gesamtzahl jedes Typs und die Anzahl von Hosts in jedem A-Klasse-, B- und C-Netzwerk dar.

> **ANMERKUNG**
>
> In der Tabelle stehen in der Zeile mit den gültigen Netzwerknummern tatsächliche Netzwerknummern. Es gibt aber einige Reservierungen. So sind Netzwerk 0.0.0.0 (ürspringlich die Broadcast-Adresse) und Netzwerk 127.0.0.0 (verfügbar als Loopback-Adresse) vergeben. Weiterhin sind die Netzwerke 128.0.0.0, 191.255.0.0, 192.0.0.0 und 223.255.255.0 reserviert.

Tabelle 4.2: Liste aller möglichen gültigen Netzwerknummern

	Klasse A	Klasse B	Klasse C
Bereich im ersten Oktett	1 bis 126	128 bis 191	192 bis 223
Gültige Netzwerknummern	1.0.0.0 bis 126.0.0.0	128.1.0.0 bis 191.254.0.0	192.0.1.0 bis 223.255.254.0
Anzahl der Netzwerke in dieser Klasse	$2^7 - 2$	$2^{14} - 2$	$2^{21} - 2$
Anzahl von Hosts pro Netzwerk	$2^{24} - 2$	$2^{16} - 2$	$2^8 - 2$
Größe der Netzwerkteils der Adresse	1	2	3
Größe des Hostteils der Adresse	3	2	1

Ohne den Einsatz von Subnetzen, dem Subnetting, muss man für jedes physikalische Netzwerk ein eigenes IP-Netzwerk verwenden, genau genommen: verschwenden. Bild 4.1 zeigt zur Eräuterung drei IP-Adressen, jede aus einem anderen Netzwerk. Eine Adresse ist in einem A-KlasseNetzwerk, eine in einem aus Klasse B, eine in einem C-KlasseNetzwerk.

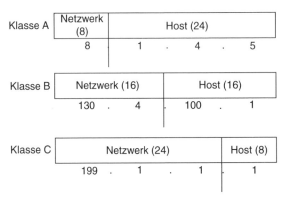

Bild 4.1: *IP-Adressen in Netzwerken der Klassen A, B und C und ihre Formate*

Eine IP-Adresse mit einer 8 im ersten Oktett liegt definitionsgemäß in einem A-Klasse-Netzwerk. Der Netzwerkteil einer Adresse liegt im ersten Byte, im ersten Oktett. Eine Adresse, die mit 130 anfängt, liegt in einem B-Klasse-Netzwerk. B-Klasse-Netzwerke haben definitionsgemäß einen 2 Byte langen Netzwerkteil. Eine Adresse mit einer 199 am Anfang liegt in einem C-Klasse-Netzwerk, welches einen 3 Byte langen Netzwerkteil hat. Genauso ist durch Definition festgelegt, dass ein A-Klasse-Netzwerk einen 3-Byte-Hostteil hat, B-Klasse-Netzwerke einen 2-Byte-Hostteil, C-Klasse-Netzwerke einen 1 Byte langen Hostteil.

Als Mensch können wir uns die Zahlen in Tabelle 4.2 und die Regeln aus Bild 4.1 ziemlich einfach merken und den Netzwerk- und den Hostteil einer IP-Adresse erkennen. Der Computer braucht zur Berechnung der Größe des Netzwerk- und des Hostteils der Adressen eine so genannte Maske. Dahinter steckt eigentlich dieselbe Logik, wie wir sie aus den Definitionen für die Klassen A, B und C bereits kennen, nur dass ein Computer mathematische Probleme letztlich immer binär löst. Die Maske ist eine Binärzahl mit 32 Bits, die man normalerweise in dem bekannten Dezimalformat mit den drei Trennungspunkten ausschreibt. Die Maske bestimmt die Struktur einer IP-Adresse. Die Größe des Hostteils wird dabei dadurch bestimmt, dass in der Maske binäre Nullen genau diesen Hostteil der IP-Adresse ausmachen. Eine A-Klasse-Maske hat im hinteren Teil 24 Bits als binäre Nullen. Das bedeutet, dass die letzten drei Oktette der Maske den Wert Null haben. Tabelle 4.3

wiederholt die Standardmasken und die Größen der beiden Teile von IP-Adressen.

Tabelle 4.3: Netzwerke des Klassen A, B und C: Standardmasken, Netzwerkteil, Hostteil

Adress-Klasse	Größe des Netzwerkteils der Adresse in Bits	Größe des Hostteils der Adresse in Bits	Standardmaske für jede Netzwerk-Klasse
A	8	24	255.0.0.0
B	16	16	255.255.0.0
C	24	8	255.255.255.0

Das IP-Subnetting

Beim IP-Subnetting bekommt man es mit weit mehr kleineren Gruppen von IP-Adressen zu tun als bei der bloßen Verwendung der Klassen A, B und C. Zwar existieren die genannten Regeln für die Klassen A, B und C weiter, die Netzwerke können aber in weit kleinere Unter-Adressgruppen aufgeteilt werden. Beim Subnetting behandelt man ein einzelnes A-Klasse-, B- oder C-Netzwerk noch einmal so, als ob es selbst ein eigenständiges Netzwerk wäre. So kann ein einzelnes A-, B- oder C-Klasse-Netzwerk in viele Subnetze unterteilt werden, die sich gegenseitig nicht überlappen.

Die Bilder 4.2 und 4.3 stellen die Hauptunterschiede zwischen einem Netzwerk mit und ohne Subnetting dar. Sehen Sie sich zunächst Bild 4.2 an, in dem sechs unterschiedliche IP-Netzwerke verwendet werden.

Das Design in Bild 4.2 erfordert sechs Gruppen, alles B-Klasse-Netzwerke. Die vier LANs benötigen jeweils ein B-Klasse-Netzwerk. Oder anders formuliert: Die LANs, die an die Router A, B, C und D angeschlossen sind, sind jeweils ein eigenes Netzwerk. Weiterhin benutzen die beiden seriellen Interfaces, die die serielle Punkt-zu-Punkt-Verbindung zwischen den Routern C und D bilden, ein gemeinsames Netzwerk, da die beiden Interfaces nicht durch einen Router getrennt sind. Schließlich bilden die drei Router-Interfaces ein Netzwerk, nämlich das Frame-Relay-Netzwerk zwischen den Routern A, B und C, die nicht durch einen IP-Router voneinander getrennt sind.

> **ANMERKUNG**
>
> Weitere Möglichkeiten für die IP-Adressierung mit Frame-Relay würden für dieses physikalische Netzwerk ein oder zwei weitere IP-Netzwerknummern erfordern.

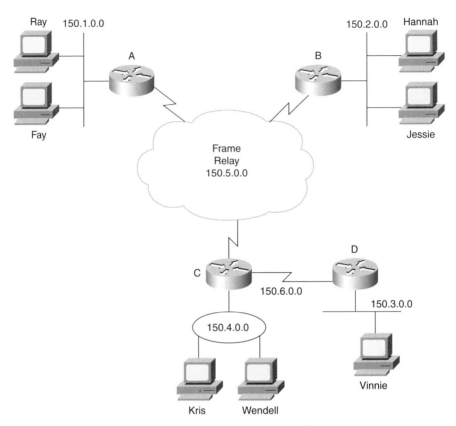

Bild 4.2: Netzwerk-Topologie mit sechs IP-Netzwerken

Wie das Design in Bild 4.2 erfordert auch das in Bild 4.3 sechs Gruppen. Anders als in Bild 4.2 werden in Bild 4.3 sechs Subnetze verwendet, die alle ein eigenes B-Klasse-Netzwerk darstellen.

Dieses Design ist eine Untervernetzung des B-Klasse-Netzwerks 150.150.0.0. Der IP-Netzwerk-Designer hat die Maske 255.255.255.0 gewählt. Wichtig ist das letzte Oktett mit den 8 Host-Bits. Da es sich um ein B-Klasse-Netzwerk handelt, gibt es 16 Netzwerk-Bits. Daraus ergeben sich 8 Subnet-Bits zwischen den Bits 17 und 24 – im dritten Oktett also.

Beachten Sie, dass die Netzwerk-Teile (in diesem Beispiel die ersten beiden Oktette) alle mit 150.150 anfangen. Jedes der sechs Subnetze ist also ein Subnetz des B-Klasse-Netzwerks 150.150.0.0.

Kapitel 4 • IP-Adressierung und Subnetz-Konfiguration 135

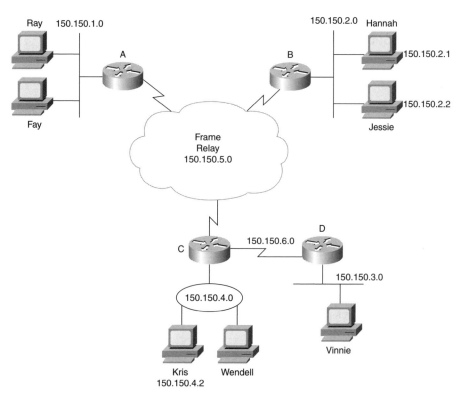

Bild 4.3: *Dieselbe Netzwerk-Topologie mit einem IP-Netzwerk und sechs Subnetzen*

Beim Subnetting erscheint der dritte Teil der IP-Adresse, eben das Subnetz, in der Mitte der Adresse. Das ist möglich, indem beim Hostteil der Adresse ein paar Bits »geklaut« oder »geliehen« werden. Die Größe des Netzwerkteils der Adresse schrumpft aber niemals. Anders formuliert gelten die A-, B- und C-Klasse-Regeln auch, wenn Sie die Größe des Netzwerkteils der Adresse festlegen. Der Hostteil der Adresse schrumpft jedoch zusammen, um dem Subnetz-Teil Platz zu machen. Bild 4.4 zeigt das Format der Adressen beim Subnetting.

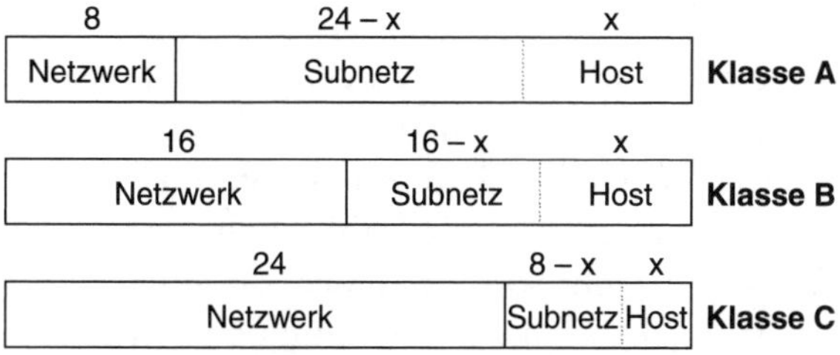

Bild 4.4: *Adressformate beim Subnetting*

4.2.2 Analyse und Interpretation von IP-Adressen und Subnetting

Es sollte Sie nicht überraschen, dass IP-Adressierung eines der wichtigsten Themen in beiden Examen ist. Eine souveräne und sichere Beherrschung der IP-Adressierung und des Subnetting brauchen Sie schlicht für jedes Cisco-Zertifikat. Folgende Aufgaben sollten Sie nicht vor Probleme stellen:

– Interpretation einer Adresse

– Ihre Netzwerknummer

– Ihre Subnetznummer

– Die anderen IP-Adressen im selben Subnetz

– Die Broadcast-Adresse

– Andere Subnetze, die man mit derselben Maske auch noch benutzen kann

Seien Sie bitte vorbereitet auf IP-Adressierung und Subnetting!

Neben der Tatsache, dass Sie als Netzwerktechniker Examensfragen zu IP-Adressierung und Subnetting beantworten können müssen, brauchen Sie diese Kenntnisse auch für Ihren Job. Techniker, die mit mehreren Netzwerken arbeiten, müssen IP-Adressen schnell entziffern können, ohne erst zum Auto gehen zu müssen, um ein Subnetz-Tool zu holen und zu installieren. Oder jemand ruft an, schildert ein Problem und nennt seine IP-Adresse. Nachdem Sie die verwendete Maske ermittelt haben, geben Sie auf dem Router **show ip route** ein. Dieser Befehl führt die Subnetze auf, und Sie müssen nun schnell erkennen können, zu welchem Subnetz die genannte IP-Adresse wohl gehört - und nicht alle Netzwerke arbeiten mit schönen, einfachen Subnetzmasken.

Wie hilfreich dieses Buch Ihnen auch für Ihre tägliche Praxis sein wird, eigentlich dient es der Examensvorbereitung. Daher geht es im restlichen Teil dieses Kapitels um die Analyse und die Interpretation von IP-Adressen.

Lösungswege für Subnetting-Aufgaben

Computer, besonders Router, sehen IP-Adressen nicht in der Form, wie sie in Tabelle 4.2 dargestellt ist. Sie denken in 32-Bit Binärzahlen. Das ist auch in Ordnung so, denn technisch betrachtet sind IP-Adressen 32-Bit Binärzahlen. Außerdem verwenden Computer Masken, um die Struktur dieser binären IP-Adressen zu bestimmen. Es ist gar nicht so schwer, den Zusammenhang wirklich zu begreifen. Und selbst, wenn Sie die Binärrechnung nicht täglich brauchen, stellt sie eine ganz interessante Denkaufgabe dar.

In diesem Abschnitt erlernen Sie die mathematischen Lösungswege für die CCNA-Fragen zu Adressierung und Subnetting. Das eine Verfahren wandelt IP-Adressen vom Dezimalsystem ins binäre System um und umgekehrt. Das andere Verfahren betrifft das so genannte Boolesche UND.

Umwandlung von IP-Adressen von dezimal in binär und umgekehrt

Wenn Sie den Umgang mit dem Binärsystem bereits gewohnt sind, wenn Sie Dezimalzahlen in binäre Zahlen umwandeln können und umgekehrt, und wenn Sie das auch mit IP-Adressen können, gehen Sie einfach zum nächsten Abschnitt über: »Das Boolesche UND«.

IP-Adressen sind 32-Bit Binärzahlen, die als Dezimalzahlen hintereinander geschrieben und durch Punkte getrennt werden. Um eine Adresse in ihrer wirklichen Form untersuchen zu können, muss man sie von der Dezimalschreibweise in die binäre Schreibweise umwandeln. Um eine 32-Bit Binärzahl in die Dezimalform umzuwandeln, die für die Konfiguration eines Routers gebraucht wird, müssen Sie gleichzeitig die 32-Bit-Zahlen aus dem Binärsystem in 8-Bit Dezimalzahlen umwandeln können.

Eine gute Hilfe für die Konvertierung der IP-Adressen sind die folgenden Regeln:

– Wenn Sie von einem Format in das andere umwandeln, steht jede Dezimalzahl für 8 Bits.

– Bei der Umwandlung von dezimal in binär wird jede Dezimalzahl zu einer 8-Bit-Zahl.

– Bei der Umwandlung von binär in dezimal wird jede 8-Bit-Folge in eine Dezimalzahl umgewandelt.

Nehmen wir an, Sie müssten die IP-Adresse 150.150.2.1 binär darstellen. Die Zahl 150 lautet in binärer Schreibweise 10010110. Wie bekommt man das heraus? Sehen Sie fürs Erste einfach in der Konvertierungs-Tabelle in Anhang B nach, »Umwandlungstabelle binär - dezimal«. Das nächste Byte, wieder die 150, wird auch in die 10010110 verwandelt. Das dritte Byte, eine dezimale 2, ist binär eine 00000010. Das vierte Byte, 1, lautet binär 00000001. Stellt man die 8-Bit Zahlen hinter einander ergibt sich die 32-Bit IP-Adresse – in diesem Fall 10010110 10010110 00000010 00000001.

Beginnen wir mit der Binärversion der IP-Adresse. Teilen Sie die Zahlenkolonne in vier Bereiche mit 8 Ziffern auf. Wandeln Sie jeden Bereich einzeln ins Dezimalsystem um. Die folgende Schreibweise ist für eine IP-Adresse zwar richtig, aber unpraktisch:

10010110100101100000001000000001

Um die IP-Adresse umzuwandeln sollten Sie sie also zuerst so schreiben:

10010110 10010110 00000010 00000001

Jetzt wird jeder Bereich mit der Umwandlungstabelle in Anhang B konvertiert. Man sieht sofort, dass die ersten zwei 8-Bit-Zahlen beide 150 ergeben. Der dritte Bereich wird zu 2, der vierte zu 1, was 150.150.2.1 ergibt.

Mit der Tabelle aus Anhang B ist das Verfahren also recht einfach, nur haben Sie im Examen Anhang B nicht! Jetzt können Sie verschiedene Dinge tun. Zunächst einmal können Sie die Konvertierung wirklich lernen. Das Buch enthält sie zwar nicht, aber die empfohlenen Websites am Ende dieses Abschnitts helfen Ihnen weiter. Oder Sie benutzen zum Üben die Tabelle und studieren genau die Beispiele, an denen Sie sehen, wie man IP-Adressen geschickt behandelt, um die richtigen Antworten ohne die höheren Weihen der Mathematik zu bekommen. Wenn Sie das hinbekommen, können Sie sich die Hochgeschwindigkeits-Umwandlung für Fortgeschrittene sparen.

Noch ein wichtiger Hinweis: Beim Subnetting nehmen die Subnetz- und Hostteile der IP-Adressen höchstens ein Byte ein. Beim Konvertieren von dezimal zu binär, und umgekehrt, kann man also das 8-Bit-Verfahren ruhig einsetzen. Wenn man jedoch das Subnetting allgemein betrachtet, muss man die Grenzen zwischen den Bytes völlig ignorieren und die IP-Adressen als 32-Bit-Zahlen ohne bestimmte Bereiche oder Trennungen ansehen. Den Grund dafür finden Sie unter »Finden der Subnetz-Nummer«.

Mehr erfahren Sie auch auf den folgenden Websites:

- Grundwissen zum Zehner- und zum Binär-System und der Umwandlung von einem ins andere finden Sie unter www.ibilce.unesp.br/courseware/datas/numbers.htm#mark2.

- Eine Beschreibung des Umwandlungsverfahrens gibt es auf doit.ort.org/course/inforep/135.htm.

- Eine weitere Beschreibung des Umwandlungsverfahrens gibt es auf www.goshen.edu/compsci/mis200/decbinary.htm.

- Kostenlose Video-Lektionen zu Binärsystem, Konvertierung und Subnetting gibt es unter www.learntosubnet.com.

Das Boolesche UND

George Boole, ein Mathematiker des 19. Jahrhunderts, entwickelte einen Zweig der Mathematik, der nach ihm Boolesche Algebra benannt ist. Boole´sche Algebra ist mit der Rechenmethode von Computern nah verwandt. Auf jeden Fall kann man Subnetznummern über das Boole´sche UND herausfinden, wenn eine IP-Adresse und die Subnetzmaske vorliegen.

Das Boolesche UND ist ein mathematisches Verfahren, dass auf ein Paar von einstelligen binären Zahlen angewendet wird. Das Ergebnis ist wieder eine einstellige binäre Zahl. Das Verfahren selbst ist weit unkomplizierter, als die ersten beiden Sätze gerade! Die folgende Liste gibt die vier möglichen Aufgaben und ihre Lösung bei Anwendung des Booleschen UND wieder:

- 0 UND 0 macht 0
- 0 UND 1 macht 0
- 1 UND 0 macht 0
- 1 UND 1 macht 1

Mit anderen Worten besteht die eine Seite der Gleichung aus zwei einstelligen Binärzahlen, das Ergebnis aus einer einstelligen Binärzahl. Das Ergebnis wird nur eine binäre 1, wenn beide Zahlen auf der linken Seite auch den Wert 1 haben. In den anderen Fällen ist das Ergebnis eines Booleschen UND 0.

Man kann das Boolesche UND auch auf zwei lange Binärzahlen anwenden, muss aber immer Zahlenpaar für Zahlenpaar vorgehen. Führen wir die Operation einmal für die beiden vierstelligen Zahlen 0110 und 0011 durch. Hier fängt man mit den ersten beiden Ziffern jeder Zahl an und notiert das Ergebnis, danach für alle weiteren Paare. Tabelle 4.4 zeigt das Verfahren.

Tabelle 4.4: Das Boolesche UND bei zwei vierstelligen Zahlen

	Vierstellige Binärzahl	Erste Stelle	Zweite Stelle	Dritte Stelle	Vierte Stelle
Zahl 1	0110	0	1	1	0
Zahl 2	0011	0	0	1	1
Boolesches UND	0010	0	0	1	0

Die Tabelle trennt die einzelnen Stellen voneinander, um das Verfahren klar zu machen. Sehen wir uns die Spalte mit der »ersten Stelle« an. Der Wert der ersten Stelle von Zahl 1 ist 0, von Zahl 2 auch 0. 0 UND 0 macht binär 0. Das Ergebnis steht in der letzten Zeile. Das gleiche macht man in Spalte 2. 1 UND 0 ergibt binär auch 0. Bei der dritten Stelle sind die Werte 1 UND 1, das Ergebnis ist also 1, bei der vierten Stelle ergibt sich aus 0 UND 1 der Wert 0.

Wenn man ein Boolesches UND mit längeren Binärzahlen durchführt, muss man Bit für Bit vorgehen. Bitweise vorgehen heißt also, zunächst die beiden ersten Stellen zu berechnen, dann die beiden zweiten und so weiter, bis alle Zahlenpaare mit dem Booleschen UND berechnet worden sind.

Die Mathematik des IP-Subnetting greift oft auf ein Boole´sches UND zwischen zwei 32-Bit Binärzahlen zurück. Das Verfahren funktioniert genau wie in Tabelle 4.4, nur die Zahl ist länger.

Um die Subnetznummer herauszufinden, zu der eine bestimmte IP-Adresse gehört, berechnet man bitweise das UND zwische IP-Adresse und Subnetzmaske. Obwohl wir mit unserem menschlichen Auffassungsvermögen manchmal die Subnetznummer auch ableiten können, wenn wir die IP-Adresse und die Maske dezimal geschrieben sehen, müssen Router und Computer immer ein Boolesches UND zwischen IP-Adresse und Subnetzmaske durchführen, um auf die Subnetznummer zu kommen. Deshalb müssen Sie das Verfahren kennen. In diesem Kapitel lernen Sie auch ein Verfahren kennen, mit dem man Subnetznummern ohne Binärumwandlung oder Boole´sches UND ermittelt.

Tabelle 4.5 zeigt ein Beispiel für die Ableitung einer Subnetznummer.

Tabelle 4.5: Beispiel für bitweises Boolesches UND

	Dezimal	Binär
Adresse	150.150.2.1	1001 0110 1001 0110 0000 0010 0000 0001
Maske	255.255.255.0	1111 1111 1111 1111 1111 1111 0000 0000
UND	150.150.2.0	1001 0110 1001 0110 0000 0010 0000 0000

Sehen Sie sich bitte zunächst die dritte Spalte an. Zuerst ist die Binärversion der IP-Adressse 150.150.2.1 aufgeführt. In der nächsten Zeile sieht man die 32-Bit Binärversion der Subnetzmaske (255.255.255.0). In der letzten Zeile steht das Ergebnis eines bitweisen UND der beiden Zahlen. Mit anderen Worten, es werden zuerst die ersten beiden Bits jeder der beiden Zahlen berechnet, dann die zweiten und so weiter, bis alle 32 Bits der ersten Zahl und die entsprechenden der zweiten Zahl bearbeitet worden sind.

Das 32-Bit-Ergebnis ist die Subnetznummer, in der 150.150.2.1 angesiedelt ist. Man braucht nur noch die 32-Bit-Zahl in eine 8-Bit Dezimalzahl zurück zu verwandeln, und erhält in diesem Fall Subnetznummer 150.150.2.0.

Wenn Sie das Prinzip verstanden haben, aber noch ein paar Beispiele gebrauchen können, lesen Sie weiter! Im nächsten Abschnitt beantworten wir Grundfragen des Subnettings mit dem Booleschen UND.

Die Präfix-Schreibweise

Ein Kapitel über IP-Adressierung in einem Cisco-Buch ist nur vollständig, wenn die Präfix-Schreibweise behandelt wird.

In diesem Kapitel gewöhnen Sie sich mehr und mehr an den Gebrauch von Subnetzmasken. Diese werden dezimal oder binär dargestellt, aber es gibt noch eine dritte Möglichkeit, die Präfix-Schreibweise. Mit ihr können Router die Maske wesentlich kürzer darstellen.

Um die Präfix-Schreibweise zu verstehen, braucht man nur zu wissen, dass alle Subnetzmasken aus direkt aufeinander folgenden Einsen bestehen, auf die dann nur noch binäre Nullen folgen. Eine Subnetzmaske kann also nicht abwechselnd Einsen und Nullen enthalten. Eine Maske besteht aus einer Anzahl von Einsen, die von einer Anzahl an Nullen gefolgt wird.

Die Präfix-Schreibweise gibt einfach nach einem Schrägstrich die Anzahl der binären Einsen in der Maske an. Die Subnetzmaske 255.255.255.0, binär 11111111 11111111 11111111 00000000, wird also durch /24 wiedergegeben, da es binär 24 auf einander folgende Einsen in der Maske gibt. Wenn man von Subnetzen spricht, kann man daher Ausdrücke wie »Das Subnetz hat ein Slash-24-Präfix« oder »24-Bit-Präfix« verwenden, anstatt zu sagen: »Das Subnetz hat die Maske 255.255.255.0.«

Die Präfix-Schreibweise macht die Verständigung über Subnetze etwas einfacher, ihre Monitoranzeige durch den Router etwas kürzer. Um sich den Vorteil zu veranschaulichen, braucht man nur ein paar Mal nacheinander »255.255.255.0« zu sagen und sich vorzustellen, das Netzwerk sei die ganze Zeit über ausgefallen.

Die mathematischen Voraussetzungen für die Beantwortung von Subnetting-Fragen sind damit klar. Wie sie eingesetzt werden, folgt im nächsten Abschnitt.

Wie viele Hosts, wie viele Subnetze?

Man sollte auch wissen, wie man die Anzahl an Netzwerk-, Subnetz- und Host-Bits ermitteln kann, die in einem Subnetting-Beispiel verwendet werden. Wenn man das weiß, kann man leicht bestimmen, wieviele Hosts es in einem Subnetz gibt, und wieviele Subnetze man in einem Netzwerk mit einer bestimmten Maske einrichten kann.

Was Sie schon wissen ist, dass A-, B- und C-Klasse-Netzwerke jeweils 8, 16 oder 24 Bits in ihrem Netzwerkfeld haben. An diesen Regeln ändert sich nichts. Sie wissen auch, dass A-, B- und C-Klasse-Adressen beim Subnetting jeweils 24, 16 oder 8 Bits in ihrem Hostfeld haben. Beim Subnetting verändert oder verkleinert sich der Netzwerkteil der Adresse ja nicht, aber das Hostfeld schrumpft, um dem Subnetzfeld Platz zu machen. Die Schlüsselfrage ist also, wieviele Host-Bits nach dem Subnetting überbleiben. Danach können Sie die Größe des Subnetzfeldes beurteilen. Der Rest der Antworten ergibt sich aus diesen beiden Tatsachen.

Die folgenden Sätze beinhalten die Methode zur Ermittlung der Größe von Netzwerk-, Subnetz- und Hostteil einer IP-Adresse:

- Der Netzwerkteil der Adresse wird durch die Klasse bestimmt.
- Der Hostteil der Adresse wird durch die Maske bestimmt. Binäre Nullen in einer Maske bedeuten, dass die entsprechenden Stellen Teil des Hostfeldes sind.
- Der Subnetzteil der Adresse ist das, was von der 32-Bit-Adresse jetzt noch übrig ist.

Tabelle 4.6 erklärt die Grundregeln am ersten Beispiel. Wenn Sie die Bereiche für die Werte im ersten Oktett bei A-, B- und C- Klasse-Netzwerken vergessen haben, können Sie in Tabelle 4.2 nachsehen.

Tabelle 4.6: Das erste Beispiel mit den Regeln für die Größe von Netzwerk-, Subnetz- und Hostteil

Schritt	Beispiel	Grundregeln
Adresse	8.1.4.5	–
Maske	255.255.0.0	–
Anzahl der Netzwerk-Bits	8	Definiert durch Klasse A, B oder C
Anzahl der Host-Bits	16	Definiert durch die Anzahl der binären Nullen in der Maske
Anzahl der Subnetz-Bits	8	32 - (Netzwerkgröße + Hostgröße)

In diesem Beispiel gibt es 8 Netzwerk-Bits, weil die Adresse in einem A-Klasse-Netzwerk liegt, 8.0.0.0. Es gibt 16 Host-Bits, denn wenn man 255.255.0.0 in eine Binärzahl umwandelt, erhält man 16 binäre Nullen – die letzten 16 Bits in der Maske. (Wenn Sie mir nicht glauben, können Sie in der Tabelle zur Umwandlung von binär in dezimal in Anhang B nachsehen. 255 (dezimal) sind 8 binäre Einsen, 0 (dezimal) sind 8 binäre Nullen.) Die Größe des Subnetzteils der Adresse bleibt übrig, also 8 Bits.

Die anderen Beispiele sind ebenfalls zum besseren Verständnis gedacht. Nehmen wir Adresse 130.4.102.1 und Maske 255.255.255.0. 130.4.102.1 ist in einem B-Klasse-Netzwerk, und es gibt 16 Netzwerk-Bits. Die Subnetzmaske 255.255.255.0 hat nur 8 binäre Nullen, was für 8 Host-Bits steht, weshalb in diesem Fall 8 Subnetz-Bits übrig bleiben.

Nehmen wir nun noch das Beispiel 199.1.1.100 mit der Maske 255.255.255.0. Hier gibt es kein Subnetting! 199.1.1.100 ist einen C-Klasse-Netzwerk, es gibt also 24 Netzwerk-Bits. Die Maske hat schon 8 binäre Nullen, macht 8 Host-Bits, so dass keine Bits für den Subnetzteil der

Adresse mehr über bleiben. Wenn Sie sofort daran gedacht haben, dass die Stadardmaske für ein C-Klasse-Netzwerk 255.255.255.0 lautet, haben Sie vielleicht auch sofort erkannt, dass es hier kein Subnetting gibt.

Wahrscheinlich können Sie die Anzahl der Host-Bits jetzt ganz gut berechnen, wenn in der Maske nur die Dezimalzahlen 255 oder Null stehen. Dann steht die 255 für 8 binäre Einsen, die 0 für 8 binäre Nullen. Also gibt es für jede dezimale 0 in der Maske 8 Host-Bits. Wenn die Dezimalwerte jedoch zwischen 255 und 0 liegen, ist die Anzahl der Host-Bits wesentlich schwieriger zu beziffern. Diese Herausforderung besteht man, wenn man sich die Subnetzmasken in binärer Schreibweise ansieht. Nehmen wir als Beispiele die Adressen und Masken aus Tabelle 4.7.

Tabelle 4.7: Zwei Beispiele für etwas kompliziertere Masken

Maske, dezimal	Maske, binär
130.4.102.1, Maske 255.255.252.0	1111 1111 1111 1111 1111 1100 0000 0000
199.1.1.100, Maske 255.255.255.224	1111 1111 1111 1111 1111 1111 1110 0000

In der Binärschreibweise kann man die Anzahl der Host-Bits sofort viel besser erkennen. Die erste Maske, 255.255.252.0, hat 10 binäre Nullen, also ein 10-Bit Hostfeld. Weil diese Maske mit einer B-Klasse-Adresse mit 16 Netzwerk-Bits zusammen verwendet wird (130.4.102.1), erhält man 6 Subnetz-Bits. Im zweiten Beispiel hat die Maske nur 5 binäre Nullen, also 5 Host-Bits. Weil die Maske mit einer C-Klasse-Adresse eingesetzt wird, bleiben bei 24 Netzwerk-Bits nur 3 Subnetz-Bits. Das Verfahren verläuft ziemlich gradlinig:

– Die Regeln für die Klasse bestimmen den Netzwerkteil.

– Die binären Nullen in der Maske bestimmen den Hostteil.

– Das, was übrig bleibt, bestimmt die Größe des Subnetzteils.

Probleme gibt es eigentlich nur, wenn die Maske so kompliziert ist wie in den letzten beiden Beispielen. Bei einer komplizierten Maske hat man zwei Möglichkeiten, die Zahl der Host-Bits zu bestimmen:

Wandeln Sie die Maske mit einer beliebigen Methode in eine Binärzahl um und zählen Sie die Nullen.

Wandeln Sie die Maske in eine Binärzahl um, nachdem Sie sich die neun für Masken gültigen dezimalen und binären Werte in Tabelle 4.8 gemerkt haben. Die Umwandlung ohne aufwendige Methode geht wesentlich schneller.

Tabelle 4.8 zeigt die gültigen Dezimalwerte einer Maske und ihre Binärdarstellung. Wenn Sie sich die Zahlen merken, sparen Sie im Examen viel Zeit.

Tabelle 4.8: Dezimal- und Binärwerte für ein einzelnes Oktett einer gültigen Subnetzmaske

Dezimal	Binär
0	0000 0000
128	1000 0000
192	1100 0000
224	1110 0000
240	1111 0000
248	1111 1000
252	1111 1100
254	1111 1110
255	1111 1111

Wenn Sie diese Tabelle auswendig können, schaffen Sie die Umwandlung schneller, als mit Taschenrechner, PC oder Umwandlungstabelle. Die binären Werte für 255 und Null sind klar. Sie müssen sich nur 7 Zahlen merken! Das ist aber nicht so schwer, da von Wert zu Wert eine binäre 1 dazukommt und eine binäre 0 wegfällt. So, wie die Masken aufeinanderfolgen, wird die Anzahl der Host-Bits von Mal zu Mal kleiner, die Größe des Subnetzfeldes wird Eins größer. Wenn Sie die entsprechenden Dezimalwerte auswendig können, geht die Konvertierung wie im Flug.

Nun müssen wir noch Antworten auf Fragen von folgendem Kaliber beantworten können:

Sie haben Adresse und Maske. Wieviele Subnetze gibt es? Wieviele Hosts liegen in einem einzelnen Subnetz?

Das berechnet man mit zwei ganz einfachen Formeln. Sie bauen auf unsere bisherigen Überlegungen auf:

Anzahl der Subnetze = $2^{Anzahl\text{-}der\text{-}Subnetz\text{-}Bits} - 2$

Anzahl der Hosts pro Subnetz = $2^{Anzahl\text{-}der\text{-}Host\text{-}Bits} - 2$

Die Formeln ergeben, wie oft man etwas mit den binären Zahlen nummerieren kann, wobei zwei Spezialfälle abgezogen werden müssen. Die Konventionen für IP-Adressierung besagen, dass in jedem Netzwerk zwei Subnetze, in jedem Subnetz zwei Hosts nicht benutzt werden.

Eines der beiden reservierten Subnetze, das nur aus binären Nullen besteht, nennt man Null-Subnetz. Das andere, das nur aus binären Einsen besteht, ist das Broadcast-Subnetz. (Genau genommen kann man auf einem Cisco-Router trozdem beide verwenden. Es ist aber nicht zu empfehlen. Im Examen lautet auf jeden Fall die »richtige« Anwort, dass Sie die reservierten Subnetze nicht benutzen – daher der Teil »minus 2« in der Formel $2^{\text{Anzahl-der-Subnetz-Bits}} - 2$.) Die aktuelle Wortwahl in den CCNA-Kursen lautet daher »nicht empfohlen« (discouraged) statt »reserviert« (reserved). Dadurch soll zum Ausdruck kommen, dass die beiden Subnetze theoretisch verwendet werden könnten. Es ist aber nicht zu empfehlen.

Die IP-Adressierung reserviert auch zwei IP-Adressen pro Subnetz: die erste (nur binäre Nullen im Hostfeld) und die letzte (nur binäre Einsen im Hostfeld) Adresse. Es gibt keinen Trick, mit dem man diese Adressen brauchbar machen kann – sie sind wirklich immer reserviert.

Tabelle 4.9 fasst die bisherigen Beispiele dieses Kapitels zusammen.

Tabelle 4.9: Fünf Beispiele für Adressen/Masken mit den Nummern von Netzwerk, Subnetz und Host-Bits

Adresse	8.1.4.5/16	130.4.102.1/24	199.1.1.100/24	130.4.102.1/22	199.1.1.100/27
Mask	255.255.0.0	255.255.255.0	255.255.255.0	255.255.252.0	255.255.255.224
Anzahl an Netzwerk-Bits	8	16	24	16	24
Anzahl an Host-Bits	16	8	8	10	5
Anzahl an Subnetz-Bits	8	8	0	6	3
Anzahl an Hosts pro Subnetz	$2^{16} - 2$, oder 65.534	$2^8 - 2$, oder 254	$2^8 - 2$, oder 254	$2^{10} - 2$, oder 1022	$2^5 - 2$, oder 30
Anzahl der Subnetze	$2^8 - 2$, oder 254	$2^8 - 2$, oder 254	0	$2^6 - 2$, oder 62	$2^3 - 2$, oder 6

Die Einzelheiten des Verfahrens, mit dem man die Subnetting-Fragen zu Host-Anzahl und Subnetz-Anzahl beantwortet, finden sich in der folgenden Liste:

1. Analysieren Sie die Struktur der IP-Adresse.
2. Bestimmen Sie die Größe des Netzwerk-Teils der Adresse anhand der Bestimmungen für die Klassen A, B und C.
3. Bestimmen Sie die Größe des Host-Teils der Adresse anhand der Anzahl der binären Nullen in der Maske. Wenn die Maske etwas komplizierter ist, benutzen Sie die Tabelle mit den typischen Maskenzahlen, um die Maske schneller zu konvertieren.

4. Die Größe des Subnetz-Teils ist das, was jetzt »übrig« bleibt. Mit einer Formel ausgedrückt, ist der Wert gleich
32 - (Anzahl der Netzwerk- + Host-Bits).

5. Errechnen Sie die Anzahl der Subnetze mit der Formel
$2^{Anzahl\text{-}der\text{-}Subnetz\text{-}Bits} - 2$.

6. Errechnen Sie die Anzahl der Hosts pro Subnetz mit der Formel
$2^{Anzahl\text{-}der\text{-}Host\text{-}Bits} - 2$.

Wie lauten die Subnetz-Nummer und die IP-Adressen im Subnetz?

Oft wird Ihnen die Situation begegnen, dass Sie IP-Adresse und Subnetz-Maske haben und nun Fragen beantworten müssen. Die Fragen können ganz offen gestellt werden, etwa »Wie lautet die Subnetz-Nummer?«, oder subtiler sein, etwa »Welche der folgenden IP-Adressen sind im selben Netzwerk wie die bekannte Adresse?«. In beiden Fällen können Sie jede Variation der Frage beantworten, wenn Sie eine IP-Adresse so analysieren können, wie es in diesem Kapitel beschrieben wurde.

In den nächsten Abschnitten lernen Sie, wie die Subnetznummer und die Broadcast-Adresse hergeleitet werden. Wenn Sie diesen beiden Werte haben, können Sie den Bereich gültiger IP-Adressen im Subnetz leicht berechnen.

Wie findet man die Subnetznummer?

Sie haben schon gelernt, dass Computer das Boolesche UND bezogen auf Adresse und Maske durchführen, um an die Subnetznummer zu kommen. Die Tabellen 4.10 bis 4.14 stellen für die fünf Beispiele aus dem vorangegangenen Abschnitt das Boole´sche UND-Verfahren dar.

Tabelle 4.10: Boolesches UND für das Subnetz mit Adresse 8.1.4.5 und Maske 255.255.0.0

Adresse	8.1.4.5	0000 1000 0000 0001 0000 0100 0000 0101
Maske	255.255.0.0	1111 1111 1111 1111 **0000 0000 0000 0000**
UND	8.1.0.0	0000 1000 0000 0001 0000 0000 0000 0000

Tabelle 4.11: Boolesches UND für das Subnetz mit Adresse 130.4.102.1 und Maske 255.255.255.0

Adresse	130.4.102.1	1000 0010 0000 0100 0110 0110 0000 0001
Maske	255.255.255.0	1111 1111 1111 1111 1111 1111 **0000 0000**
UND	130.4.102.0	1000 0010 0000 0100 0110 0110 0000 0000

Tabelle 4.12: Boolesches UND für das Subnetz mit Adresse 199.1.1.100 und Maske 255.255.255.0

Adresse	199.1.1.100	1100 0111 0000 0001 0000 0001 0110 0100
Maske	255.255.255.0	1111 1111 1111 1111 1111 1111 **0000 0000**
UND	199.1.1.0	1100 0111 0000 0001 0000 0001 0000 0000

Tabelle 4.13: Boolesches UND für das Subnetz mit Adresse 130.4.102.1 und Maske 255.255.252.0

Adresse	130.4.102.1	1000 0010 0000 0100 0110 0110 0000 0001
Maske	255.255.252.0	1111 1111 1111 1111 1111 11**00 0000 0000**
UND	130.4.100.0	1000 0010 0000 0100 0110 0100 0000 0000

Tabelle 4.14: Boolesches UND für das Subnetz mit Adresse 199.1.1.100 und Maske 255.255.255.224

Adresse	199.1.1.100	1100 0111 0000 0001 0000 0001 0110 0100
Maske	255.255.255.224	1111 1111 1111 1111 1111 1111 111**0 0000**
UND	199.1.1.96	1100 0111 0000 0001 0000 0001 0110 0000

Die Tabellen zeigen die Ergebnisse, aber nicht den Weg. Die ergänzenden Schritte sind in der folgenden Aufzählung aufgeführt:

1. Sie beginnen mit der dezimalen Adresse und Maske aus der Frage.
2. Sie konvertieren beide Zahlen ins Binärsystem, wie in allen fünf Beispielen.
3. Jedes Bit wird bitweise mit dem Booleschen UND konvertiert, so dass sich das Ergebnis für die gesamte Zahl ergibt.
4. Nun konvertieren Sie das Boolesche UND zurück ins Dezimalsystem.

Der letzte Schritt in dieser Rechnung bereitet einem Subnetting-Anfänger die meisten Probleme. Manchmal ist die Umwandlung einfach. Im ersten Beispiel lautet die Subnetzmaske zum Beispiel 255.255.0.0. Da die Maske nur aus den Werten 255 und 0 besteht, liegt die Grenze zwischen Subnetz- und Hostfeld auch auf einer Byte-Grenze – in diesem Fall zwischen dem zweiten und dritten Byte. Die Umwandlung des Ergebnisses (0000 1000 0000 0001 0000 0000 0000 0000) vom Binär- ins Dezimalsystem ist trivial.

Die Probleme fangen an, wenn der Übergang vom Subnetz- in den Hostteil der Adresse mitten in einem der Bytes liegt. Und das ist bei allen Subnetzmasken der Fall, die Zahlen zwischen 0 und 255 enthalten. Bei der Adresse

130.4.102.1, Maske 255.255.252.0, enthalten die ersten 6 Bits des dritten Oktetts das Subnetzfeld, die hinteren 2 Bits des dritten Oktetts und das komplette vierte Oktett das Hostfeld. Manche Leute bekommen nun Probleme, da sie zuerst den 6 Bit langen Subnetzteil konvertieren, danach den 10 Bit langen Hostteil. Wenn man vom Binärsystem ins Dezimalsystem umwandelt, muss man aber immer das vollständige Oktett konvertieren – auch wenn ein Teil des Oktetts zum Subnetz, der andere zum Hostteil der Adresse gehört.

In diesem Beispiel lautet die Subnetznummer (130.4.100.0) binär ausgedrückt 1000 0010 0000 0100 **0110 0100** 0000 0000. Das gesamte dritte Oktett ist fett gedruckt. Wenn Sie diese Zahl konvertieren wollen, müssen Sie immer 8 Bits gemeinsam umwandeln. Dann bekommen Sie 130.4.100.0 heraus.

Wie findet man die Broadcast-Adresse?

Die Subnetz-Broadcastadresse, manchmal auch als »*directed broadcast*« bezeichnet, kann man benutzen, um ein Paket an alle Geräte in einem Subnetz zu senden. Die Subnetz-Broadcastadresse wird jedoch nur noch von wenigen Protokollen und Tools verwendet. Man kann mit ihr aber sehr leicht die höchste gültige IP-Adresse des Subnetzes berechnen, wenn man sie hat. Eine wichtige Voraussetzung für die Beantwortung von Fragen zum Subnetting.

Es gibt ein mathematisches Verfahren, mit dem man die Subnetz-Broadcastadresse errechnen kann. Wenn Sie die Subnetznummer aber schon binär vorliegen haben, machen Sie einfach folgendes:

> Machen Sie alle Host-Bit-Werte in der Subnetznummer zu binären Einsen.

Die einfache Mathematik hinter der Berechnung der Subnetz-Broadcastadresse können Sie den Tabellen 4.15 bis 4.19 entnehmen. Die Hostteile der Adressen, Masken, Subnetznummern und Broadcastadressen sind fett gedruckt.

Tabelle 4.15: Berechnen der Broadcastadresse: Adresse 8.1.4.5, Maske 255.255.0.0

Adresse	8.1.4.5	0000 1000 0000 0001 **0000 0100 0000 0101**
Maske	255.255.0.0	1111 1111 1111 1111 0000 0000 0000 0000
UND	8.1.0.0	0000 1000 0000 0001 **0000 0000 0000 0000**
Broadcast	8.1.255.255	0000 1000 0000 0001 **1111 1111 1111 1111**

Tabelle 4.16: Berechnen der Broadcastadresse: Adresse 130.4.102.1, Maske 255.255.255.0

Adresse	130.4.102.1	1000 0010 0000 0100 0110 0110 **0000 0001**
Maske	255.255.255.0	1111 1111 1111 1111 1111 1111 **0000 0000**
UND	130.4.102.0	1000 0010 0000 0100 0110 0110 **0000 0000**
Broadcast	130.4.102.255	1000 0010 0000 0100 0110 0110 **1111 1111**

Tabelle 4.17: Berechnen der Broadcastadresse: Adresse 199.1.1.100, Maske 255.255.255.0

Adresse	199.1.1.100	1100 0111 0000 0001 0000 0001 **0110 0100**
Maske	255.255.255.0	1111 1111 1111 1111 1111 1111 **0000 0000**
UND	199.1.1.0	1100 0111 0000 0001 0000 0001 **0000 0000**
Broadcast	199.1.1.255	1100 0111 0000 0001 0000 0001 **1111 1111**

Tabelle 4.18: Berechnen der Broadcastadresse: Adresse 130.4.102.1, Maske 255.255.252.0

Adresse	130.4.102.1	1000 0010 0000 0100 0110 01**10 0000 0001**
Maske	255.255.252.0	1111 1111 1111 1111 1111 1100 0000 0000
UND	130.4.100.0	1000 0010 0000 0100 0110 01**00 0000 0000**
Broadcast	130.4.103.255	1000 0010 0000 0100 0110 01**11 1111 1111**

Tabelle 4.19: Berechnen der Broadcastadresse: Adresse 199.1.1.100, Maske 255.255.255.224

Adresse	199.1.1.100	1100 0111 0000 0001 0000 0001 0110 **0100**
Maske	255.255.255.224	1111 1111 1111 1111 1111 1111 1110 0000
UND	199.1.1.96	1100 0111 0000 0001 0000 0001 0110 **0000**
Broadcast	199.1.1.127	1100 0111 0000 0001 0000 0001 0111 **1111**

Wenn Sie sich die Subnetz-Broadcast-Adressen in der binären Schreibweise ansehen, stellen Sie fest, dass sie mit den Subnetznummern identisch sind, bis auf die Einsen statt der Nullen im Hostfeld (im Beispiel fett gedruckt).

> **ANMERKUNG**
>
> Wenn Sie die Ableitung der Broadcast-Adresse mit Boole´scher Algebra nachvollziehen wollen, nehmen Sie sich Adresse und Maske in der binären Schreibweise vor. Invertieren Sie die Maske (alle Einsen werden zu Null und umgekehrt). Führen Sie bitweise ein Boolesches ODER der beiden 32-bit-Zahlen durch (ODER ergibt 0 wenn beide Bits 0 waren, 1 in allen anderen Fällen). Das Ergebnis ist die Subnetz-Broadcastadresse.

Der Bereich gültiger IP-Adressen in einem Subnetz

Sie müssen auch errechnen können, welche IP-Adressen in einem bestimmten Subnetz liegen und welche nicht. Den schwereren Teil der Lösung kennen Sie schon! Sie wissen ja, dass in jedem Subnetz zwei Adressen reserviert sind. Die beiden Nummern sind die Subnetznummer selbst und die Broadcastadresse. Die Subnetznummer ist die nummerisch kleinste Zahl im Subnetz, die Broadcastadresse die Größte. Der Bereich der gültigen IP-Adressen beginnt einen Wert über der Subnetznummer und endet einen Wert unter der Broadcastadresse. Das ist einfach!

Trotzdem formulieren wir die Definition dieses »Verfahrens« zur Bestimmung der ersten und letzten IP-Adresse, wenn Sie Subnetznummer und Broadcastadresse bereits wissen:

– Kopieren Sie für die Bildung der ersten gültigen IP-Adresse die Subnetznummer und addieren Sie zum vierten Oktett 1 hinzu.

– Kopieren Sie für die Bildung der letzten gültigen IP-Adresse die Subnetz-Broadcastadresse und subtrahieren Sie 1 vom vierten Oktett.

– Der Bereich gültiger IP-Adressen beginnt mit dem Ergebnis der ersten und endet mit dem der zweiten Rechnung.

Die Tabellen 4.20 bis 4.24 stellen die Antworten zu unseren fünf Beispielen zusammen.

Tabelle 4.20: Subnetz-Tabelle: 8.1.4.5/255.255.0.0

Oktett	1	2	3	4
Adresse	8	1	4	5
Maske	255	255	0	0
Subnetznummer	8	1	0	0
Erste Adresse	8	1	0	1
Broadcast	8	1	255	255
Letzte Adresse	8	1	255	254

Tabelle 4.21: Subnetz-Tabelle: 130.4.102.1/255.255.255.0

Oktett	1	2	3	4
Adresse	130	4	102	1
Maske	255	255	255	0
Subnetznummer	130	4	102	0
Erste Adresse	130	4	102	1
Broadcast	130	4	102	255
Letzte Adresse	130	4	102	254

Tabelle 4.22: Subnetz-Tabelle: 199.1.1.100/255.255.255.0

Oktett	1	2	3	4
Adresse	199	1	1	100
Maske	255	255	255	0
Subnetznummer	199	1	1	0
Erste Adresse	199	1	1	1
Broadcast	199	1	1	255
Letzte Adresse	199	1	1	254

Tabelle 4.23: Subnetz-Tabelle: 130.4.102.1/255.255.252.0

Oktett	1	2	3	4
Adresse	130	4	102	1
Maske	255	255	252	0
Subnetznummer	130	4	100	0
Erste Adresse	130	4	100	1
Broadcast	130	4	103	255
Letzte Adresse	130	4	103	254

Tabelle 4.24: Subnetz-Tabelle: 199.1.1.100/255.255.255.224

Oktett	1	2	3	4
Adresse	199	1	1	100
Maske	255	255	255	224
Subnetznummer	199	1	1	96
Erste Adresse	199	1	1	97
Broadcast	199	1	1	127
Letzte Adresse	199	1	1	126

Aufgabenlösung ohne binäre Umrechnungen

Man kann die Subnetznummer und die Broadcast-Adressen auch ohne Konvertierung und Boolesche Algebra ermitteln. Man bekommt zwar durch die binären Rechenwege ein anderes Verständnis für das Subnetting, möchte aber im Examen vermutlich einfach nur schnell die richtigen Antworten ermitteln und das Binärverfahren vermeiden.

Wenn Sie Subnetznummer und Broadcastadresse herausfinden können, ist der Bereich gültiger Adressen im Subnetz fast sofort zu erkennen. Der leichte Rechenweg, den wir im folgenden Abschnitt vorstellen, führt zu Subnetznummer und Broadcast-Adresse.

Einfacher Rechenweg bei einfachen Masken

Unter allen Subnetzmasken sind drei Masken, die nur aus den Zahlen Null und 255 bestehen: 255.0.0.0, 255.255.0.0, and 255.255.255.0. Ich nenne sie »einfache« Masken, weil man Subnetznummer und Broadcastadresse so einfach herleiten kann. Wenn Sie schon wissen, wie man die Lösungen bei einfachen Masken findet, können Sie sofort zum Abschnitt »Einfacher Rechenweg bei schwierigen Masken« gehen.

Von den drei einfachen Masken gibt es eine, die kein Subnetting ermöglicht, 255.0.0.0. Daher beschäftigt sich dieser Abschnitt nur mit der 255.255.0.0 und der 255.255.255.0, mit denen Subnetting möglich ist.

Der Lösungsweg ist einfach. Wenn Sie die Subnetznummer bei gegebener IP-Adresse und einer Maske mit dem Wert 255.255.0.0 oder 255.255.255.0 finden wollen, machen Sie Folgendes:

1. Kopieren Sie die ersten beiden Oktette (Maske 255.255.0.0) oder die ersten drei (Maske 255.255.255.0) Oktette der ursprünglichen IP-Adresse.
2. Schreiben Sie in die letzten beiden Oktette(Maske 255.255.0.0) oder in das letzte (Maske 255.255.255.0) Oktett Nullen.

Fertig! Genauso einfach bekommen Sie die Broadcast-Adresse heraus:

Machen Sie alles genau wie beim Subnetz, jedoch schreiben Sie dieses Mal statt der 0 die 255 in die entsprechenden Oktette.

Sobald Sie Subnetznummer und Broadcastadresse haben, sind die erste und die letzte IP-Adresse geschenkt:

- Kopieren Sie die Subnetznummer und addieren Sie zu der Zahl im vierten Oktett eine 1, und Sie erhalten die erste gültige IP-Adresse.
- Kopieren Sie die Broadcastadresse und subtrahieren Sie von der Zahl im vierten Oktett 1, und Sie erhalten die letzte gültige IP-Adresse.

Einfacher Rechenweg bei schwierigen Masken

Wenn die Subnetzmaske nicht 255.255.0.0 oder 255.255.255.0 lautet, möchte ich sie einmal als schwierig bezeichnen. Was ist das Problem? Die Schwierigkeit besteht nur darin, dass die meisten Leute eine Subnetznummer und eine Broadcast-Adresse nicht so einfach ohne binäres Verfahren herleiten können. Man kann, beziehungsweise man muss dasselbe binäre Verfahren bei schwierigen Masken anwenden wie bei einfachen. Das binäre Verfahren ist aber zeitaufwendig, besonders, wenn man keinen Rechner verwenden darf. Daher sehen wir uns auch hier an, ob es nicht schneller geht.

Mit dem folgenden Verfahren finden Sie Subnetznummer und Broadcast-Adresse ohne binäre Algebra, auch wenn die Maske schwierig ist. Das Verfahren läuft über eine Art »Subnetz-Tabelle«, wie Sie sie in Tabelle 4.25 sehen.

Tabelle 4.25: Formular für eine Subnetz-Tabelle

Oktett	1	2	3	4
Adresse				
Maske				
Subnetznummer				
Erste Adresse				
Broadcast				
Letzte Adresse				

Diesen Fragentyp können Sie über die folgende Methode beantworten. Die Frage gibt Adresse und Subnetzmaske vor. Übertragen Sie IP-Adresse und Maske in die Tabelle, wobei Sie für jedes Oktett eine eigene Spalte benutzen.

Der ungewöhnliche Anfang unseres Schnellverfahrens liegt schon im ersten Schritt: umrahmen Sie bitte das interessante Oktett in der Tabelle. Ein »interessantes« Oktett ist jedes Masken-Oktett, in dem weder eine 0 noch eine 255 steht, und bei dem man als Anfänger sofort ein leichtes Ziehen in der Magengegend bekommt. Der Rahmen weist besonders auf den besonderen Teil unserer Rechenoperation hin.

Nehmen wir 130.4.102.1 mit der Maske 255.255.252.0. Da im dritten Oktett weder 0 noch 255 steht, muss es sich um den interessanten Teil der Rechenoperation handeln. Erstellen Sie eine Subnetz-Tabelle, tragen Sie die Adresse und die Maske ein, und malen Sie einen Rahmen um das dritte Oktett, wie es in Tabelle 4.26 zu sehen ist.

Tabelle 4.26: Subnetz-Tabelle: 130.4.102.1/255.255.252.0 nach der Umrahmung des interessanten Oktetts, in diesem Falle das dritte

Oktett	1	2	3	4
Address	130	4	102	1
Mask	255	255	252	0
Subnetznummer				
Erste Adresse				
Broadcast				
Letzte Adresse				

Um die Tabelle zu vervollständigen, nehmen Sie die Oktette der ursprünglichen IP-Adresse links der Box, und füllen sie in die Felder für Subnetznummer, Erste Adresse, Broadcast und Letzte Adresse. Beachten Sie dabei, dass nur Oktette kopiert werden dürfen, die vollständig links der Box liegen. Das interessante Oktett innnerhalb der Box müssen Sie noch in Ruhe lassen. Tabelle 4.27 zeigt dasselbe Beispiel nach diesem Schritt.

Tabelle 4.27: Subnetz-Tabelle: 130.4.102.1/255.255.252.0 nach dem Kopieren der Oktette linksvon der Box

Oktett	1	2	3	4
Adresse	130	4	102	1
Maske	255	255	252	0
Subnetznummer	130	4		
Erste Adresse	130	4		
Broadcast	130	4		
Letzte Adresse	130	4		

Die Subnetznummer muss man nun mit einigen Schritten herleiten. Der erste ist einfach. Schreiben Sie in die Felder der Subnetznummer, die vollständig rechts von der Box liegen, eine Null. Es sollte danach noch ein Oktett der Subnetznummer fehlen – das interessante Oktett.

Jetzt kommt der knifflige Teil des Verfahrens, bei dem der Wert des interessanten Oktetts in der Subnetznummer ermittelt wird. Berechnen Sie bitte zuerst die »magische Zahl« – so nenne ich diesen Faktor zumindest gerne. 256 minus das interessante Oktett der Maske. In diesem Fall bedeutet das 256 - 252, magische Zahl 4. Bilden Sie nun das größte Vielfache der magischen Zahl, das kleiner/gleich dem Wert im interessanten Oktett ist. In unserem Beispiel ist 100 ein hohes Vielfaches der magischen Zahl (4 * 25), aber noch kleiner/gleich 102. Der nächsthöhere Wert 104 ist schon größer als 102 und daher falsch. Es geht um das Vielfache der magischen Zahl, das dem Wert im interessanten Oktett am nächsten liegt, aber nicht höher ist. Man kann diesen Schritt so zusammenfassen:

1. Ermitteln Sie die magische Zahl, indem Sie den Wert im interessanten Oktett der Maske von 256 abziehen.

2. Ermitteln Sie das Vielfache der magischen Zahl, das dem Wert im interessanten Oktett am nächsten liegt, aber noch kleiner oder gleich bleibt.

3. Notieren Sie dieses Vielfache der magischen Zahl als interessantes Oktett der Subnetznummer.

In diesem Beispiel setzen Sie einfach 100 in das dritte Oktett der Subnetznummer in Tabelle 4.27 ein.

Sobald Sie die Subnetznummer haben, liegt die erste gültige IP-Adresse auf der Hand:

> Um die erste gültige IP-Adresse in einem Subnetz herauszufinden, kopiert man die Subnetznummer und addiert im vierten Oktett 1 hinzu.

Das ist alles! Tabelle 4.28 stellt das gleiche Beispiel dar, nur mit der Subnetznummer und der ersten gültigen IP-Adresse.

Tabelle 4.28: Subnetz-Tabelle: 130.4.102.1/255.255.252.0 mit Subnetz und erster IP-Adresse

Oktett	1	2	3	4	Kommentar
Adresse	130	4	102	1	
Maske	255	255	252	0	
Subnetznummer	130	4	100	0	Magische Zahl = 256 - 252 = 4. 4 * 25 = 100, das höchste Vielfache <= 102.
Erste Adresse	130	4	100	1	Addiere 1 zum letzten Oktett des Subnetzes hinzu.
Broadcast	130	4			
Letzte Adresse	130	4			

Um es kurz zu wiederholen, in Tabelle 4.28 waren die ersten beiden Oktette der Subnetznummer und der ersten gültigen Adresse bereits ausgefüllt, weil sie auf der linken Seite des interessanten Oktetts standen. In der Subnetznummer ist das letzte Oktett 0, da es auf der rechten Seite der Box liegt. Um den Wert im interessanten Oktett herauszufinden, vergleichen Sie ihn mit dem Wert des interessanten Oktetts der IP-Adresse. Ziel ist, das höchste Vielfache der magischen Zahl zu finden, das nicht größer als der Wert des interessanten Oktetts ist, 100 in diesem Fall. Um an die erste gültige Adresse zu kommen, zählt man zum letzten Oktett der Subnetznummer 1 hinzu, was 130.4.100.1 ergibt.

Mit der letzten Zeile berechnen wir die Broadcast-Adresse. Von ihr ausgehend, kann man die letzte gültige Adresse im Subnet herleiten. Schreiben Sie bei der Broadcast-Adresse zuerst in alle Oktette rechts der Box eine 255 hinein. Schreiben Sie aber bitte keine 255 in die Box. Die Oktette links der Box sollten dagegen schon ausgefüllt sein. Es bleibt nur ein Oktett ohne Wert, nämlich das interessante. Um dieses interessante Oktett der Broadcast-Adresse zu finden, verwenden Sie wieder die magische Zahl. Die magische

Zahl ergibt sich, wenn Sie das interessante Oktett der Maske von 256 abziehen, in diesem Fall 256 - 252, die magische Zahl 4. Addieren Sie nun die magische Zahl mit dem interessanten Oktett der Subnetznummer und ziehen Sie 1 ab. Das Ergebnis ist der Wert für die Broadcast-Adresse im interessanten Oktett. In diesem Fall ist der Wert

100 + 4 (magische Zahl) - 1 = 103.

Wenn Sie die Broadcast-Adresse haben, finden Sie die letzte gültige IP-Adresse schnell heraus:

Um die letzte gültige IP-Adresse im Subnetz zu finden, kopieren Sie die Broadcast-Adresse und subtrahieren 1 vom vierten Oktett.

Um den schwierigen Teil des Verfahrens kurz zusammen zu fassen:

Um das interessante Oktett der Broadcast-Adresse zu berechnen, nehmen Sie das interessante Oktett der Subnetznummer, addieren die magische Zahl und ziehen 1 ab.

Tabelle 4.29 zeigt die Lösungen mit einigen Anmerkungen.

Tabelle 4.29: Subnetz-Tabelle: 130.4.102.1/255.255.252.0, vollständig

Oktett	1	2	3	4	Kommentar
Addresse	130	4	102	1	
Maske	255	255	252	0	
Subnetznummer	130	4	100	0	Magische Zahl = 256 - 252 = 100. 4 * 25 = 100, höchstes Vielfaches <= 102.
Erste Adresse	130	4	100	1	Addiere 1 zum letzten Oktett des Subnetzes.
Broadcast	130	4	103	255	**Interessantes Subnetz-Oktett plus magische Zahl minus 1 (100 + 4 - 1).**
Letzte Adresse	130	4	103	254	**Subtrahiere 1 vom vierten Oktett.**

Damit ist die Berechnung für IP-Adressen mit komplizierten Masken vollständig. Die folgende Aufzählung geht die einzelnen Schritte noch einmal durch:

1. Erstellen und Ausfüllen der einfachen Tabellenfelder:

    a) Bereiten Sie ein Tabellenformular vor.

    b) Tragen Sie IP-Adresse und Subnetzmaske in die ersten beiden Zeilen der Tabelle ein.

c) Zeichnen Sie einen Rahmen um die Spalte mit dem interessanten Oktett.

   d) Kopieren Sie die Adress-Oktette links der Box in die letzten vier Spalten der Tabelle.

2. Herleiten von Subnetznummer und erster gültiger IP-Adresse:

   a) Notieren Sie Nullen in den Feldern der Subnetznummer, die rechts der Box liegen.

   b) Errechnen Sie die magische Zahl: 256 minus interessanter Wert.

   c) Finden Sie das Vielfache der magischen Zahl, das knapp unter dem interessanten Oktett in der Adresse liegt oder mit ihm identisch ist.

   d) Notieren Sie dieses Vielfache der magischen Zahl als Wert für das interessante Oktett der Subnetznummer.

   e) Um die erste gültige IP-Adresse im Subnetz zu finden, kopieren Sie die Subnetznummer und addieren 1 im vierten Oktett.

3. Herleiten der Broadcast-Adresse und der letzten gültigen IP-Adresse:

   a) Notieren Sie die Zahl 255 in den Oktetten der Broadcast-Adresse rechts der Box.

   b) Um den Wert für das interessante Oktett der Broadcast-Adresse zu finden, nimmt man das interessante Oktett der Subnetznummer, addiert die magische Zahl und subtrahiert 1.

   c) Um die letzte gültige Adresse des Subnetzes zu finden, kopiert man die Broadcastadresse und zieht vom vierten Oktett 1 ab.

Um das Verfahren perfekt zu beherrschen, müssen Sie schon etwas üben.

Die richtigen Subnetzmasken für Ihre Netzwerkanforderungen?

In diesem Kapitel haben Sie gelernt, wie man Fragen beantwortet, in denen die Subnetznummer gegeben ist. Es gibt aber auch Fragen, in denen die Subnetznummer nicht gegeben ist. Statt dessen müssen Sie die richtige Subnetzmaske wählen, um bestimmte Anforderungen zu erfüllen. Eine solche Frage könnte häufig so aussehen:

> »Sie verwenden ein B-Klasse-Netzwerk und benötigen 200 Subnetze mit bis zu 200 Hosts pro Subnetz. Welche der folgenden Subnetzmasken sind in diesem Fall geeignet?« Es folgen einige Subnetzmasken, aus denen Sie die richtigen auswählen können.

Um die richtige Antwort auf so eine Frage zu finden, muss man zunächst einmal ermitteln, wie viele Subnetz- und Host-Bits notwendig sind, um den

Anforderungen gerecht zu werden. Grundsätzlich ist der Anzahl der Hosts pro Subnetz 2x - 2, wobei *x* die Anzahl der Host-Bits in der Adresse darstellt. Die Anzahl der Subnetze ist auch 2x - 2, solange im gesamte Netzwerk dieselbe Subnetzmaske verwendet wird. Das x meint nun aber die Anzahl der Subnetz-Bits. Sobald Sie wissen, wie viele Subnetz-Bits und Host-Bits erforderlich sind, können Sie ermitteln, welche Maske oder welche Masken den in der Frage angegebenen Anforderungen gerecht werden.

Gehen Sie die Beispiele durch. Die erste Beispielfrage liest sich so:

> »Ihr Netzwerk ist das B-Klasse-Netzwerk 130.1.0.0. Mit welcher Subnetzmaske können Sie bis zu 200 Subnetze mit bis zu 200 Hosts verwirklichen?"

Zunächst müssen Sie klären, wie viele Subnetz-Bits Sie für 200 Subnetze brauchen. Setzen Sie einfach Zahlen für x in die Formel 2x - 2 ein, bis 200 herauskommt. In diesem Fall ist *x* gleich 8. Man braucht also 8 Subnetz-Bits für 200 Subnetze.

Wenn dieses Einsetzverfahren nichts für Sie ist, lernen Sie einfach Tabelle 4.30 auswendig. Oder besser, Sie lernen die Zweierpotenzen bis 2x auswendig. Das Subtrahieren der Zahl Zwei dürfte dann nicht schwer fallen.

Tabelle 4.30: Höchstzahl an Subnetzen/Hosts

Anzahl von Bits im Host- oder Subnetzfeld	Höchstzahl an Hosts oder Subnetzen ($2^x - 2$)
1	0
2	2
3	6
4	14
5	30
6	62
7	126
8	254
9	510
10	1022
11	2046
12	4094
13	8190
14	16382

Wie Sie sehen, brauchen Sie die Tabelle gar nicht mehr großartig zu lernen – Sie können ja die Zweierpotenzen ... Behalten Sie also einfach nur die Formel.

Wie bei der ersten Beispielfrage sind sieben Subnetz-Bits einfach nicht genug, da sie nur für 126 Subnetze reichen. Man braucht acht Subnetz-Bits. Und genauso benötigen Sie für bis zu 200 Hosts pro Subnetz auch acht Host-Bits.

Zuletzt müssen Sie sich vor dem Hintergrund für eine oder mehrere Masken entscheiden, dass es sich um ein B-Klasse-Netzwerk handelt und Sie acht Subnetz-Bits und acht Host-Bits benötigen. Die folgende Schreibweise veranschaulicht die Felder der Adresse. N steht für Netzwerk-, S für Subnetz- und H für Host-Bits:

NNNNNNNN NNNNNNNN SSSSSSSS HHHHHHHH

Das Einzige, was noch zu tun ist, ist die Herleitung der Subnetzmaske. Weil Sie jeweils 8 Bits für das Subnetzfeld und das Hostfeld benötigen und das Netzwerkfeld auch schon 16 Bits lang ist, sind bereits alle 32 Bits der Adress-Struktur belegt. Hier funktioniert nur eine einzige Subnetzmaske. Schreiben Sie die 32-Bit Subnetz-Maske auf und berücksichtigen Sie die folgenden Tatsachen:

Netzwerk- und Subnetz-Bits in einer Subnetzmaske bestehen ihrer Definition nach ausschließlich aus binären Einsen. Die Host-Bits einer Subnetzmaske sind hingegen ausschließlich binäre Nullen.

Daher sieht die einzige gültige Subnetzmaske binär so aus:

11111111 11111111 11111111 00000000

Dezimal heißt diese Zahl 255.255.255.0.

An einem zweiten Beispiel erkennt man, wie mit den Bedingungen aus der Frage mehrere Subnetzmasken möglich werden:

»Ihr Netzwerk hat das Klasse-B-Netzwerk 130.1.0.0 zur Verfügung. Mit welcher Subnetzmaske können Sie bis zu 50 Subnetze mit bis zu 200 Hosts (pro Subnetz) einrichten?«

Für dieses Design braucht man auch 8 Host-Bits, aber nur 6 Subnetz-Bits. Bei 6 Subnetz-Bits kommen Sie auf 2^6 - 2 beziehungsweise 62 Subnetze. Wir verwenden dasselbe Verfahren wie eben. Nur steht jetzt ein X an den Stellen, die sowohl Subnetzstellen als auch Hoststellen sein können:

NNNNNNNN NNNNNNNN SSSSSSXX HHHHHHHH

Die möglichen Adressen haben also 16 Netzwerk-Bits, maximal 6 Subnetz-Bitz, und maximal 8 Host-Bits. Es sind also drei Subnetzmasken möglich:

NNNNNNNN NNNNNNNN SSSSSSSS HHHHHHHH
- 8 Subnetze, 8 Hosts

NNNNNNNN NNNNNNNN SSSSSSSH HHHHHHHH
- 7 Subnetze, 9 Hosts

NNNNNNNN NNNNNNNN SSSSSSHH HHHHHHHH
- 6 Subnetze, 10 Hosts

Die drei Subnetzmasken, die die Anforderungen erfüllen, sehen also so aus:

11111111 11111111 11111111 00000000 255.255.255.0

11111111 11111111 11111110 00000000 255.255.254.0

11111111 11111111 11111100 00000000 255.255.252.0

Die beiden Stellen, an denen Subnetz-Bits oder Host-Bits stehen können, sind fett gedruckt.

Wie lauten die anderen Subnetz-Nummern?

Der letzte Typus der Fragen zu IP-Adressierung und Subnetting in diesem Kapitel fordert Sie auf, alle Subnetze eines bestimmten Netzwerks aufzulisten. Man kann natürlich den langen Lösungsweg mit vielen Binär-Dezimal-Umwandlungen wählen. Da die meisten Techniker sich aber entschließen, das Schnellverfahren zu lernen oder einen Subnetz-Rechner nehmen, führe ich hier das Schnellverfahren vor.

Zunächst muss die Frage aber etwas genauer formuliert werden:

»Wie lauten die möglichen Subnetze, wenn für alle Subnetze dieses A-, B- oder C-Klasse-Netzwerks dieselbe Subnetzmaske verwendet wird?«

Sie müssen bei Ihren IP-Lösungen nicht grundsätzlich die selbe Maske für jedes Subnetz wählen. Die Frage »Wie lauten alle Subnetznummern?« setzt aber stillschweigend voraus, dass in allen Subnetzen dieselbe Maske zur Anwendung kommt, es sei denn, dass in der Frage ausdrücklich gesagt wird, dass unterschiedliche Subnetzmasken auf den verschiedenen Subnetzen verwendet werden dürfen.

Das folgende leichte Dezimalverfahren führt alle gültigen auf, wenn Netzwerknummer und die einzige Maske für das Netzwerk gegeben sind. Das Verfahren hat drei Schritte und setzt voraus, dass der Subnetzteil der Adresse höchstens 8 Stellen hat. Prinzipiell kann man das Verfahren auch für Subnetzteile mit mehr als 8 Bits verwenden, allerdings wird das dafür notwendige, erweiterte Verfahren hier nicht beschreiben.

Die drei Schritte trägt man in eine Tabelle ein, die wir in diesem Buch einfach Subnetz-Liste nennen. Tabelle 4.31 zeigt ein Formular für eine solche Subnetz-Liste.

Tabelle 4.31: Die drei Schritte zur Subnetz-Liste

Oktett	1	2	3	4
Netzwerk-Nummer				
Maske				
Subnetz 0				
Erstes Subnetz				
Nächstes Subnetz				
Letztes Subnetz				
Broadcast-Subnetz				

Als Erstes tragen Sie bitte Netzwerknummer und Subnetzmaske ein. Wenn in der Frage eine IP-Adresse statt der Netzwerknummer gegeben ist, schreiben Sie die Netzwerknummer in die Felder, zu der die IP-Adresse gehört. (Denken Sie daran, dass dieses Verfahren mit den drei Schritten nur funktioniert, wenn der Subnetzteil der Adresse 8 Stellen oder weniger hat.)

In einem zweiten Schritt kopieren Sie die Netzwerknummer in die Zeile für Subnetz 0. Subnetz 0, das »Zero-Subnetz«, ist numerisch das erste Subnetz und eine der beiden reservierten Subnetznummern in einem Netzwerk. (Auf einem Cisco-Router kann man das Nullsubnetz trotzdem verwenden, wenn man den globalen Konfigurations-Befehl **ip zero-subnet** eingibt.) Bei der Beantwortung von Examensfragen gilt das Nullsubnetz grundsätzlich als unverwendbar. In der Wirklichkeit sollte man das Nullsubnetz auch nicht verwenden, es sei denn, dass es sich nicht umgehen lässt.

Der dritte Schritt wird im Anschluss an die Tabellen 4.32 und 4.33 behandelt, in denen die ersten beiden Schritte für zwei bekannte Beispiele fertig eingetragen sind.

Kapitel 4 • IP-Adressierung und Subnetz-Konfiguration **163**

Tabelle 4.32: Subnetz-Liste: 130.4.0.0/24

Oktett	1	2	3	4
Netzwerk-Nummer	130	4	0	0
Maske	255	255	255	0
Subnetz 0	130	4	0	0

Tabelle 4.33: Subnetz-Liste: 130.4.0.0/22

Oktett	1	2	3	4
Netzwerk-Nummer	130	4	0	0
Maske	255	255	252	0
Subnetz 0	130	4	0	0

Den dritten und letzten Schritt des Verfahrens wiederholt man etliche Male. Er beruht wieder auf der magischen Zahl, 256 minus den Wert im interessanten Masken-Oktett. In diesem Verfahren zur Bestimmung aller Subnetznummern ist das interessante Oktett das Oktett, das den *gesamten* Subnetzteil der Adressen enthält. (Denken Sie daran, dass das Verfahren nur bei 8 oder weniger Subnetzstellen funktioniert!) In den beiden Tabellen 4.32 und 4.33 ist das dritte Oktett das interessante Oktett.

Für den dritten und letzten Schritt zur Bestimmung aller Subnetznummern führen Sie ab der letzten vervollständigten Zeile aus das folgende Verfahren durch:

a. Da dieses Verfahren davon ausgeht, dass 1 Byte oder weniger im Subnetzteil der Adressen stehen, kopieren Sie bitte die drei Oktette in die nächste Zeile, die nicht Teil des Subnetzfeldes sind. Das »Subnetz-Oktett« oder das »interessante Oktett« wird nicht kopiert.

b. Addieren Sie die magische Zahl zum vorherigen Subnetz-Oktett und tragen Sie das Ergebnis als Wert für das Subnetz-Oktett ein.

c. Wiederholen Sie die beiden zuletzt genannten Schritte, bis im Subnetz-Oktett 256 steht. (Aber notieren Sie den letzten Wert nicht mehr – er ist ungültig.)

Die Idee, die hinter der Suche nach allen Subnetzen steht, wird anhand der vergangenen beiden Beispiele wieder deutlich. Tabelle 4.34 zeigt das Beispiel mit der einfachen Maske. Die magische Zahl ist in diesem Fall 256 - 255 = 1, das dritte Oktett ist das interessante Subnetz-Oktett.

Tabelle 4.34: Subnetz-Liste: 130.4.0.0/255.255.255.0 (vollständig)

Oktett	1	2	3	4
Netzwerk-Nummer	130	4	0	0
Maske	255	255	255	0
Subnetz 0	130	4	0	0
Erstes Subnetz	130	4	1	0
Nächstes Subnetz	130	4	2	0
Nächstes Subnetz	130	4	3	0
Nächstes Subnetz	130	4	4	0
(Etliche weitere Subnetze)	130	4	X	0
Letztes Subnetz	130	4	254	0
Broadcast-Subnetz	130	4	255	0

Sehen Sie sich einfach die ersten und die letzten Einträge genau an, um das Verfahren zu verstehen. Das Null-Subnetz ist leicht zu finden, da es sich um die gleiche Zahl wie bei der Netzwerknummer handelt. Die magische Zahl ist hier 256 - 255 = 1. Im Grunde erhöht man das dritte Oktett (in diesem Fall) bei jeder weiteren Subnetznummer durch die magische Zahl.

Eine Zeile der Tabelle heißt »Etliche weitere Subnetze«. Um dieses Buch nicht unnötig dick werden zu lassen, habe ich diese Zeilen in eine zusammengefasst ... Man kann das Prinzip aber erkennen. Bei jeder folgenden Subnetznummer ist im dritten Oktett (in diesem Fall) 1 addiert.

Der letzte Eintrag im dritten Oktett am Ende der Tabelle ist die 255. 256 ist kein gültiger Dezimalwert für IP-Adressen, weshalb es nur verwirren würde, ein Subnetz mit einer 256 in der letzten Zeile abzudrucken. Die letzte Zeile lautet 130.4.255.0. Das letzte Subnetz ist das Broadcast-Subnetz, das ist die andere reservierte Subnetznummer. Das Subnetz vor dem Broadcast-Subnetz ist die höchste und letzte gültige Subnetznummer.

Mit einer einfachen Subnetzmaske ist das gesamte Verfahren sehr einfach. Man kann sich sogar durch Nennung des Wertes im dritten Oktett über einzelne Subnetze unterhalten. Wenn alle Subnetze einer Firma in Netzwerk 130.4.0.0 liegen und die Maske 255.255.255.0 lautet, kann man einfach von »Subnetz 5« sprechen, wenn man 130.4.5.0 meint. Das Verfahren selbst ändert sich bei komplizierteren Subnetzmasken nicht, die Antworten sind aber weniger vorhersehbar. In Tabelle 4.35 finden Sie die Antworten für das zweite Beispiel mit der Maske 255.255.252.0. Wieder ist das interessante Subnetz-Oktett das dritte. Die magische Zahl ist aber 256 - 252 = 4.

Tabelle 4.35: Subnetz-Liste: 130.4.0.0/255.255.252.0

Oktett	1	2	3	4
Netwerk-Nummer	130	4	0	0
Maske	255	255	252	0
Subnetz 0	130	4	0	0
Erstes Subnetz	130	4	4	0
Nächstes (gültiges) Subnetz	130	4	8	0
(Etliche weitere Subnetze)	130	4	X	0
Letztes Subnetz	130	4	248	0
Broadcast-Subnetz	130	4	252	0

Die numerisch erste Subnetznummer, das Null-Subnetz, steht am Anfang der Liste. Wenn Sie im interessanten Oktett die magische Zahl hinzuaddieren, ergeben sich die restlichen Subnetznummern. Wie im vergangenen Beispiel haben wir wieder etliche Subnetznummern übersprungen, um kein Papier zu verschwenden.

Sie hätten wahrscheinlich nicht erwartet, das gerade die 130.4.252.0 das Broadcast-Subnetz in diesem letzten Beispiel ist. Wenn man aber zu 252 noch 4 addiert, ist man schon bei 256. Das wäre aber keine gültige Subnetznummer, weshalb 130.4.252.0 das Broadcast-Subnetz ist.

Die drei Schritte zum Ermitteln der Subnetznummern eines Netzwerks lauten also wie folgt:

1. Schreiben Sie Netzwerk-Nummer und Subnetzmaske in die ersten beiden Zeilen der Subnetzliste.

2. Schreiben Sie die Netzwerk-Nummer noch einmal in die dritte Zeile. Jetzt haben Sie das Null-Subnetz, eines der beiden reservierten Subnetze.

3. Gehen Sie vor wie folgt und stoppen Sie, wenn der Wert in der interessanten Spalte 256 oder mehr annimmt. (Diesen Wert nicht mehr notieren – er ist schon ungültig.)

    a) Kopieren Sie alle interessanten Oktette aus der vorhergehenden Zeile.

    b) Addieren Sie die magische Zahl zum vorherigen interessanten Oktett, und tragen Sie das Ergebnis als Wert des nächsten interessanten Oktetts ein.

4.3 Grundlagen-Zusammenfassung

Die »Grundlagen-Zusammenfassung« enthält die wichtigsten Inhalte dieses Kapitels. Es kommt zwar nicht alles vor, was im Examen gefragt werden könnte, ein guter Examens-Kandidat hat aber mindestens die Inhalte der Grundlagen-Zusammenfassungen in allen Feinheiten parat.

Der Lösungsweg für Aufgaben, in denen nach der Anzahl der Hosts und der Subnetze in einem Netzwerk gefragt wird, wenn man eine Netzwerk-Nummer und eine Subnetzmaske hat, ist folgender:

1. Analysieren Sie die Struktur der IP-Adresse.
2. Bestimmen Sie die Größe des Netzwerk-Teils der Adresse anhand der Bestimmungen für die Klassen A, B und C.
3. Bestimmen Sie die Größe des Host-Teils der Adresse anhand der Anzahl der binären Nullen in der Maske. Wenn die Maske etwas komplizierter ist, benutzen Sie die Tabelle mit den typischen Maskenzahlen, um die Maske schneller zu konvertieren.
4. Die Größe des Subnetz-Teils ist das, was jetzt »übrig« bleibt. Mit einer Formel ausgedrückt, ist der Wert gleich

    32 - (Anzahl der Netzwerk- + Host-Bits).

5. Errechnen Sie die Anzahl der Subnetze mit der Formel

    $2^{\text{Anzahl-der-Subnetz-Bits}} - 2$.

6. Errechnen Sie die Anzahl der Hosts pro Subnetz mit der Formel

    $2^{\text{Anzahl-der-Host-Bits}} - 2$.

Als Nächstes formulieren wir die Definition dieses »Verfahrens« zur Bestimmung der ersten und letzten IP-Adresse, wenn Sie Subnetznummer und Broadcast-Adresse bereits wissen:

- Kopieren Sie für die Bildung der ersten gültigen IP-Adresse die Subnetznummer und addieren Sie zum vierten Oktett 1 hinzu.
- Kopieren Sie für die Bildung der letzten gültigen IP-Adresse die Subnetz-Broadcast-Adresse und subtrahieren Sie 1 vom vierten Oktett.
- Der Bereich gültiger IP-Adressen beginnt mit dem Ergebnis der ersten und endet mit der der zweiten Rechnung.

Um die Subnetznummer zu finden, führen Sie ein Boolesches UND zwischen Adresse und Subnetzmaske durch, wie es in Tabelle 4.36 zu sehen ist.

Tabelle 4.36: Beispiel für bitweises Boolesches UND

	Dezimal	Binär
Adresse	150.150.2.1	1001 0110 1001 0110 0000 0010 0000 0001
Maske	255.255.255.0	1111 1111 1111 1111 1111 1111 0000 0000
UND	150.150.2.0	1001 0110 1001 0110 0000 0010 0000 0000

Um die Broadcast-Adresse des Subnetzes zu finden, nimmt man die binäre Subnetznummer und wandelt alle Host-Bits in binäre Einsen um.

Die folgenden drei Schritte führt man durch, um alle Subnetznummern in einem Netzwerk zu finden. Für dieses Vorgehen kann man gut Tabelle 4.37 verwenden.

1. Schreiben Sie Netzwerk-Nummer und Subnetzmaske in die ersten beiden Zeilen der Subnetzliste.

2. Schreiben Sie die Netzwerk-Nummer noch einmal in die dritte Zeile. Jetzt haben Sie das Null-Subnetz, eines der beiden reservierten Subnetze.

3. Gehen Sie vor wie folgt und stoppen Sie wenn, der Wert in der interessanten Spalte 256 oder mehr annimmt. (Diesen Wert nicht mehr notieren – er ist schon ungültig.)

    a) Kopieren Sie alle interessanten Oktette aus der vorhergeneden Zeile.

    b) Addieren Sie die magische Zahl zum vorherigen interessanten Oktett, und tragen Sie das Ergebnis als Wert des nächsten interessanten Oktetts ein.

Tabelle 4.37: Subnetz-Liste: 130.4.0.0/255.255.252.0

Oktett	1	2	3	4
Netzwerk-Nummer				
Maske				
Subnetz 0				
Erstes Subnetz				
Nächstes Subnetz				
Letztes Subnetz				
Broadcast-Subnetz				

4.4 Q&A

Wie in der Einleitung erwähnt, haben Sie zwei Möglichkeiten, die folgenden Fragen zu beantworten. Diese Fragen stellen eine größere Herausforderung für Sie dar, als das Examen selbst. Die Lösung ist nicht so eindeutig festgelegt, wie bei den Examensfragen. Durch diese offeneren, schwierigeren Fragen, werden Sie mit der Thematik des Kapitels noch besser vertraut. Die Antworten zu den Fragen finden Sie in Anhang A.

Wenn Sie die zweibändige Ausgabe gekauft haben und CCNA Intro besitzen, können Sie sich dort die Fragen aus Kapitel 4 ansehen. Das vierte Kapitel der anderen Ausgabe wiederholt das, was wir in unserem vierten Kapitel erarbeitet haben. Zusätzlich sind über die Hälfte der Fragen nicht identisch mit denen in diesem Buch. Es lohnt sich also, die anderen Fragen ebenfalls zu üben.

1. Nennen Sie die Teile einer IP-Adresse.
2. Definieren Sie den Begriff *Subnetzmaske*. Was sagen die Stellen in der Maske, deren Wert binär Null ist, über die entsprechende(n) IP-Adresse(n) aus?
3. Gegeben sind die IP-Adresse 10.5.118.3 und die Maske 255.255.0.0. Wie lautet die Subnetznummer?
4. Gegeben sind die IP-Adresse 190.1.42.3 und die Maske 255.255.255.0. Wie lautet die Subnetznummer?
5. Gegeben sind die IP-Adresse 140.1.1.1 und die Maske 255.255.255.248. Wie lautet die Subnetznummer?
6. Gegeben sind die IP-Adresse 167.88.99.66 und die Maske 255.255.255.192. Wie lautet die Subnetznummer?
7. Gegeben sind die IP-Adresse 10.5.118.3 und die Maske 255.255.0.0. Wie lautet die Broadcast-Adresse?
8. Gegeben sind die IP-Adresse 190.1.42.3 und die Maske 255.255.255.0. Wie lautet die Broadcast-Adresse?
9. Gegeben sind die IP-Adresse 140.1.1.1 und die Maske 255.255.255.248. Wie lautet die Broadcast-Adresse?
10. Gegeben sind die IP-Adresse 167.88.99.66 und die Maske 255.255.255.192. Wie lautet die Broadcast-Adresse?

11. Gegeben sind die IP-Adresse 10.5.118.3 und die Maske 255.255.0.0. Wie lauten die zuweisbaren IP-Adressen in diesem Subnetz?

12. Gegeben sind die IP-Adresse 190.1.42.3 und die Maske 255.255.255.0. Wie lauten die zuweisbaren IP-Adressen in diesem Subnetz?

13. Gegeben sind die IP-Adresse 140.1.1.1 und die Maske 255.255.255.248. Wie lauten die zuweisbaren IP-Adressen in diesem Subnetz?

14. Gegeben sind die IP-Adresse 167.88.99.66 und die Maske 255.255.255.192. Wie lauten die zuweisbaren IP-Adressen in diesem Subnetz?

15. Gegeben sind die IP-Adresse 10.5.118.3 und die Maske 255.255.255.0. Bestimmen Sie alle Subnetznummern, wenn für alle Subnetze dieses Netzwerks dieselbe (statische) Maske verwendet wird?

16. Wie viele IP-Adressen kann man in jedem Subnetz von 10.0.0.0 zuweisen, wenn die Maske 255.255.255.0 verwendet wird? Wie viele Subnetze gibt es, wenn für alle Subnetze die (statische) Maske verwendet wird?

17. Wie viele IP-Adressen kann man in jedem Subnetz von 140.1.0.0, zuweisen, wenn die Maske 255.255.255.248 verwendet wird? Wie viele Subnetze gibt es, wenn für alle Subnetze die (statische) Maske verwendet wird?

18. Sie müssen das Netzwerkdesign für einen Kunden erstellen, der auf jedem Subnetz dieselbe Subnetzmaske verwenden möchte. Der Kunde verwendet Netzwerk 10.0.0.0 und braucht 200 Subnetze mit jeweils bis zu 200 Hosts. Welche Subnetzmaske würden Sie einsetzen, um möglichst viele Subnetze einrichten zu können? Welche Maske erfüllt die Anforderungen und erlaubt möglichst viele Hosts pro Subnetz?

19. Sehen Sie sich Bild 4.5 an. Fred ist mit der IP-Adresse 10.1.1.1 konfiguriert. Das Ethernet-Interface von Router A ist mit 10.1.1.100 konfiguriert. Das serielle Interface von Router A heißt 10.1.1.101. Die serielle Schnittstelle von Router B heißt 10.1.1.102. Das Ethernet von Router B heißt 10.1.1.200. Der Webserver verwendet 10.1.1.201. In allen Fällen wird die Maske 255.255.255.192 benutzt. Was stimmt mit diesem Netzwerk nicht? Wie kann der Fehler am einfachsten behoben werden? Sie können jedes funktionierende interne Routingprotokoll zugrunde legen.

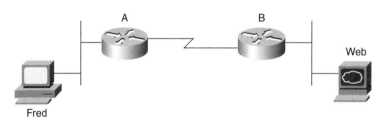

Bild 4.5: Netzwerk für die Subnetting-Fragen

20. Sehen Sie sich Bild 4.5 an. Fred hat die IP-Adresse 10.1.1.1 und die Maske 255.255.255.0. Das Ethernet von Router A heißt 10.1.1.100, Maske 255.255.255.224. Das serielle Interface von Router A heißt 10.1.1.129, Maske 255.255.255.252. Das serielle Interface von Router B lautet 10.1.1.130, Maske 255.255.255.252. Das Ethernet von Router B heißt 10.1.1.200, Maske 255.255.255.224. Der Webserver verwendet 10.1.1.201, Maske 255.255.255.224. Was stimmt mit diesem Netzwerk nicht? Wie kann der Fehler am einfachsten behoben werden? Sie können jedes funktionierende interne Routingprotokoll zugrunde legen.

21. Sehen Sie sich Bild 4.5 an. Fred hat IP-Adresse 10.1.1.1, Maske 255.255.255.0. Router A hat Ethernet 10.1.1.100, Maske 255.255.255.224 konfiguriert. Die serielle Schnittstelle von Router A benutzt 10.1.1.129, Maske 255.255.255.252. Die serielle Schnittstelle von Router B benutzt 10.1.1.130, Maske 255.255.255.252. Router B hat Ethernet 10.1.1.200, Maske 255.255.255.224. Der Webserver verwendet 10.1.1.201, Maske 255.255.255.224. Was stimmt mit diesem Netzwerk nicht? Wie kann der Fehler am einfachsten behoben werden? Sie können jedes funktionierende interne Routingprotokoll zugrunde legen.

22. Sehen Sie sich Bild 4.5 an. Fred hat IP-Adresse 10.1.1.1, Maske 255.255.255.240. Das Ethernet von Router A ist mit 10.1.1.2 konfiguriert, Maske 255.255.255.240. Das serielle Interface von Router A verwendet 10.1.1.129, Maske 255.255.255.252. Das serielle Interface von Router B benutzt 10.1.1.130, Maske 255.255.255.252. Router Bs Ethernet verwendet 10.1.1.200, Maske 255.255.255.128. Der Webserver verwendet 10.1.1.201, Maske 255.255.255.128. Was stimmt mit diesem Netzwerk nicht? Wie kann der Fehler am einfachsten behoben werden? Sie können jedes funktionierende interne Routingprotokoll zugrunde legen.

Dieses Kapitel deckt folgende Punkte ab:
- Statische Routen konfigurieren und testen
- Distanzvektorkonzepte
- Konfiguration von RIP und IGRP

Kapitel 5

RIP, IGRP und statische Routen

Router leiten IP-Pakete aufgrund der IP-Zieladresse im IP-Header weiter. Sie vergleichen die Zieladresse mit ihrer Routingtabelle und hoffen, dass es einen passenden Eintrag gibt – einen Eintrag, an dem der Router erkennt, wohin das Paket als Nächstes geleitet werden soll. Wenn der Router keinen passenden Eintrag in der Routingtabelle findet und es keine Standardroute gibt, wird das Paket gelöscht. Daher ist eine gut gefüllte und sorgfältig geführte Routingtabelle so wichtig.

In den Kapiteln 5, 6 und 7 sind die Konzepte und Konfigurationen enthalten, die für eine gut gefüllte Routingtabelle notwendig sind. Cisco erwartet von CCNAs ein souveränes Verständnis von Paket-Routing und Routingprotokollen – den Protokollen, die für das Ermitteln der richtigen Route zuständig sind. Um die Feinheiten der Routingprotokolle verstehen zu können, muss man genau wissen, was Routing ist – das Verfahren, mit dem Pakete weitergeleitet werden. Wenn Sie beide CCNA-Bücher haben, können Sie sich in der Ausgabe CCNA Intro das Kapitel 5 ansehen.

Bevor wir uns die Routingprotokolle in allen Feinheiten ansehen, beginnen wir mit der Frage, wie man statische Routen konfiguriert. Es ist ein guter Einstieg, sich zuerst mit der Konfiguration statischer Routen zu beschäftigen, wenn man etwas über Routing und Routingprotokolle lernen möchte. Danach beinhaltet dieses Kapitel bereits die wichtigsten Themenschwerpunkte – Distanzvektorkonzepte, RIP (Routing-Informations-Protokoll) und IGRP (Internes-Gateway-Routing-Protokoll).

In Kapitel 6 findet man die Grundlagen von OSPF (Open Shortest Path First) und EIGRP (Erweitertes IGRP). Kapitel 7 enthält weiterführendes Wissen zu den Routingprotokollen.

5.1 »Weiß ich's schon?«-Quiz

Ziel des Quiz ist es, Ihnen bei der Entscheidung zu helfen, welche Abschnitte eines Kapitels Sie lesen müssen. Wenn Sie ohnehin das ganze Kapitel lesen wollen, brauchen Sie die Fragen an dieser Stelle nicht zu beantworten.

Mit dem 9-Fragen-Quiz können Sie, bezogen auf den Grundlagen-Abschnitt, Ihre begrenzte Studienzeit sinnvoll einteilen.

Tabelle 5.1 stellt die Hauptthemen des Kapitels und die dazu passenden Fragen aus dem Quiz dar.

Tabelle 5.1: »Weiß ich's schon?«-Übersicht zum Grundlagen-Abschnitt

Grundlagen-Abschnitt	Fragen zu diesem Abschnitt
Statische Routen konfigurieren und testen	1, 2
Distanzvektorkonzepte	3, 4, 6
Konfiguration von RIP und IGRP	5, 7, 8, 9

> **ACHTUNG**
>
> Das Ziel dieser Selbsteinschätzung soll sein, dass Sie Ihren Wissenstand zu den Themen richtig bewerten. Wenn Sie eine Frage nicht beantworten können oder sich auch nur unsicher fühlen, sollten Sie sie als falsch einstufen und markieren. Jeder Sympathiepunkt, den Sie sich selbst geben, verfälscht Ihr Ergebnis und wiegt Sie in trügerischer Sicherheit.

1. Welche der folgenden Bedingungen müssen erfüllt sein, damit das IOS eine Route nach einem **show ip route**-Befehl als »S« bezeichnet?
   a) Die IP-Adresse muss auf einem Interface konfiguriert sein.
   b) Der Router muss ein Routingupdate von einem Nachbar-Router empfangen.
   c) Der Befehl **ip route** muss der Konfiguration hinzugefügt werden.
   d) Der Befehl **ip address** muss das Schlüsselwort **special** verwenden.
   e) Das Interface muss **up and up** sein.
2. Welcher der folgenden Befehle richtet eine statische Route korrekt ein?
   a) **ip route 10.1.3.0 255.255.255.0 10.1.130.253**
   b) **ip route 10.1.3.0 serial 0**

c) **ip route 10.1.3.0 /24 10.1.130.253**

d) **ip route 10.1.3.0 /24 serial 0**

3. Welche der folgenden Distanzvektor-Eigenschaften verhindert Routingloops, weil das Routingprotokoll nur eine bestimmte Anzahl bekannter Routen anbietet, statt der gesamten Routingtabelle?

   a) Distanzvektor

   b) Link-Status

   c) Holddown

   d) Split Horizon

   e) Route Poisoning (Routen-Vergiftung)

4. Welche der folgenden Eigenschaften verhindert Routingloops durch das Anbieten einer unendlichen metrischen Route, wenn eine Route versagt?

   a) Distanzvektor

   b) Link-Status

   c) Holddown

   d) Split Horizon

   e) Route Poisoning

5. Router1 hat Interfaces mit den Adressen 9.1.1.1 und 10.1.1.1. Router2, ist mit Router1 seriell verbunden. Er hat die Adressen 10.1.1.2 und 11.1.1.2. Welche der folgenden Befehle wären Teil einer vollständigen RIP-Konfiguration auf Router2, durch die Router2 über alle Interfaces und über alle Routen Verbindungen anbietet?

   a) **router rip**

   b) **router rip 3**

   c) **network 9.0.0.0**

   d) **network 9.1.1.1**

   e) **network 10.0.0.0**

   f) **network 10.1.1.1**

   g) **network 10.1.1.2**

   h) **network 11.0.0.0**

   i) **network 11.1.1.2**

6. Welche der folgenden Situationen bewirkt, dass RIP oder IGRP alle Routen löschen, die von einem bestimmten Nachbar-Router übernommen wurden?

   a) Keepalive-Fehler

   b) Es werden keine Updates von diesem Nachbarn mehr empfangen.

   c) Es werden Updates erst 5 oder mehr Sekunden später empfangen, als das letzte Update an diesen Nachbarn gesendet wurde.

   d) Updates von diesem Nachbarn haben das globale »route bad«-Flag.

7. Welcher der folgenden **network**-Befehle bewirkt nach einem **router rip**-Befehl, dass RIP aus den Interfaces mit den IP-Adressen 10.1.2.1 und 10.1.1.1, Maske 255.255.255.0 Updates sendet?

   a) **network 10.0.0.0**

   b) **network 10.1.1.0 10.1.2.0**

   c) **network 10.1.1.1. 10.1.2.1**

   d) **network 10.1.0.0 255.255.0.0**

   e) **network 10**

   f) Ist mit einem einzigen **network** Befehl nicht herbeizuführen.

8. Welche(r) Befehl(e) zeigt/en die Informationen an, an denen man erkennt, welche Nachbar-Router Routinginformationen an einen bestimmten Router senden?

   a) **show ip**

   b) **show ip protocol**

   c) **show ip routing-protocols**

   d) **show ip route**

   e) **show ip route neighbor**

   f) **show ip route received**

9. An welchem Teil der Anzeige eines **show ip route**-Befehls erkennt man die Metrik einer Route?

   a) Die erste Zahl in der Zeile, die die Route beschreibt

   b) Die letzte Zahl in der Zeile, die die Route beschreibt

   c) Die Zahl nach dem Wort »metric« in der Zeile, die die Route beschreibt

   d) Die erste eingeklammerte Zahl in der Zeile, die die Route beschreibt

   e) Die letzte eingeklammerte Zahl in der Zeile, die die Route beschreibt

Die Antworten zum »Weiß ich's schon?«-Quiz stehen in Anhang A. Unser Vorschlag für Ihr weiteres Vorgehen sieht so aus:

- **7 oder weniger Gesamtpunkte** – Lesen Sie das komplette Kapitel. Es enthält die »Grundlagen«, die »Grundlagen-Zusammenfassung« und »Q&A«-Abschnitte.

- **8 oder 9 Gesamtpunkte** – Wenn Sie einen größeren Überblick über diese Themen bekommen möchten, springen Sie zur »Grundlagen-Zusammenfassung« und dann zum »Q&A«-Abschnitt. Andernfalls gehen Sie sofort zum nächsten Kapitel.

5.2 Grundlagen

5.2.1 Statische Routen konfigurieren und testen

Man konfiguriert statische Routen, genau wie RIP und IGRP, um auf einem Router der Routingtabelle Routen hinzuzufügen. RIP und IGRP machen das automatisch. Wenn Sie sich mit den ganzen Konzepten in diesem Kapitel auseinandergesetzt haben, besteht die Gefahr, dass die RIP- und IGRP-Konfiguration in der Realität etwas wenig aufregend sein könnte. In den meisten Netzwerken brauchen Sie gerade einmal zwei Befehle, um RIP oder IGRP zu konfigurieren. Sie brauchen die Protokolle nicht zu verstehen – sie funktionieren einfach. Was Sie verstehen müssen, sind das statische Routing und die Distanzvektorkonzepte, die hinter RIP und IGRP stehen.

Statisches Routing besteht aus individuellen Konfigurations-Befehlen, die die Route zu einem Router festlegen. Ein Router kann nur Pakete an Subnetze weiterleiten, die in seiner Routingtabelle enthalten sind. Router kennen immer die direkt mit ihnen verbundenen Routen – Routen zu Subnetzen aus Interfaces heraus, die sich im »up and up«-Status befinden.

Es ist relativ einfach, einem Router statische Routen beizubringen. Sehen Sie sich in Beispiel 5.1 an, warum diese Konfiguration notwendig ist. Man sieht zwei **ping**-Befehle, die die Konnektivität zwischen Albuquerque und Yosemite prüfen (Bild 5.1).

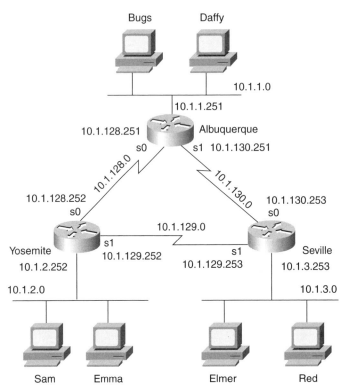

Bild 5.1: Beispielnetzwerk zum Thema »Konfiguration statischer Routen«

Beispiel 5.1: EXEC-Befehle auf dem Router Albuquerque bei verbundenen Routern

```
Albuquerque#show ip route
Codes: C - connected, S - static, I - IGRP, R - RIP, M - mobile, B - BGP
       D - EIGRP, EX - EIGRP external, O - OSPF, IA - OSPF inter area
       N1 - OSPF NSSA external type 1, N2 - OSPF NSSA external type 2
       E1 - OSPF external type 1, E2 - OSPF external type 2, E - EGP
       i - IS-IS, L1 - IS-IS level-1, L2 - IS-IS level-2, ia - IS-IS inter area
       * - candidate default, U - per-user static route, o - ODR
       P - periodic downloaded static route

Gateway of last resort is not set

     10.0.0.0/24 is subnetted, 3 subnets
C       10.1.1.0 is directly connected, Ethernet0
C       10.1.130.0 is directly connected, Serial1
C       10.1.128.0 is directly connected, Serial0
Albuquerque#ping 10.1.128.252
Type escape sequence to abort.
Sending 5, 100-byte ICMP Echos to 10.1.128.252, timeout is 2 seconds:
```

Beispiel 5.1: EXEC-Befehle auf dem Router Albuquerque bei verbundenen Routern (Forts.)

```
!!!!!
Success rate is 100 percent (5/5), round-trip min/avg/max = 4/4/8 ms

Albuquerque#ping 10.1.2.252
Type escape sequence to abort.
Sending 5, 100-byte ICMP Echos to 10.1.2.252, timeout is 2 seconds:
.....
Success rate is 0 percent (0/5)
```

Durch den **ping**-Befehl wird ein Paket mit einer ICMP-Echo-Anfrage an die festgelegte Zieladresse gesendet. Die TCP/IP-Software auf dem Zielgerät antwortet auf das Paket mit der Ping-Echo-Anfrage mit einem fast identischen Paket, der ICMP-Echo-Antwort. Der **ping**-Befehl sendet das erste Paket und erwartet dann eine Antwort. Wenn die Antwort kommt, wird ein »!« im Eingabefenster angezeigt. Wenn innerhalb des Standard-Zeitintervalls »default timeout« von 2 Sekunden keine Antwort kommt, reagiert der Befehl **ping** mit einem ».« in der Anzeige. Der IOS-Befehl **ping** sendet standardmäßig fünf dieser Pakete.

In Beispiel 5.1 funktioniert der Befehl **ping 10.1.128.2,** nicht aber der Befehl **ping 10.1.2.252.** Der erste **ping** funktioniert, weil Albuquerque eine Route zu dem Subnetz kennt, in dem 10.1.128.2 angesiedelt ist (Subnetz 10.1.128.0). Der **ping** in Richtung 10.1.2.252 funktioniert dagegen nicht, weil das Subnetz, in dem 10.1.2.252 ist, nämlich Subnetz 10.1.2.0, nicht mit Albuquerque verbunden ist. Albuquerque hat keine Route zu diesem Subnetz zur Verfügung. Daher kommt auf keines der fünf Pingpakete eine Antwort. Es erscheint fünf Mal ein ».« in der Anzeige.

Statische Routen konfigurieren

Die einfachste Lösung, um den Fehler beim **ping**-Befehl zu beheben, ist die Aktivierung eines IP-Routingprotokolls auf allen drei Routern. So wird man tatsächlich häufig in der Realität vorgehen. Alternativ dazu kann man statische Routen konfigurieren. Viele Netzwerke haben aber einige wenige statische Routen. Deshalb müssen Sie diese konfigurieren können. Beispiel 5.2 zeigt den **ip route**-Befehl auf Albuquerque, welcher statische Routen einrichtet und den Fehler aus Beispiel 5.1 behebt.

Beispiel 5.2: Hinzufügen von statischen Routen auf Albuquerque

```
ip route 10.1.2.0 255.255.255.0 10.1.128.252
ip route 10.1.3.0 255.255.255.0 10.1.130.253
```

Der Befehl **ip route** liefert die Subnetznummer und die IP-Adresse des nächsten »Hopp«, also die des nächsten Gerätes, das einen Sprung weit entfernt ist. Der eine **ip route**-Befehl legt die Route zu 10.1.2.0 fest (Maske 255.255.255.0). Sie läuft aus dem Interface in Richtung Yosemite, die IP-Adresse des nächsten Hopp ist, wie auf Albuquerque konfiguriert, 10.1.128.252. Dies ist die Serial0 IP-Adresse von Yosemite. Eine andere Route geht zu einem Subnetz hinter Seville, 10.1.3.0. Diese Route ist auf die IP-Adresse von Sevilles serieller Schnittstelle Serial0 gerichtet, auf 10.1.130.253. Die IP-Adresse »einen Sprung weiter« liegt in einem direkt verbundenen Subnetz – das Ziel liegt darin, den nächsten Router zu bestimmen, an den die Pakete gesendet werden sollen, die an diese beiden Subnetze adressiert sind. Albuquerque kann jetzt Pakete an diese beiden Subnetze weiterleiten.

Statische Routen kann man auf verschiedene Weise konfigurieren. So lässt sich etwa mit einer seriellen Punkt-zu-Punkt-Verbindung auch das Ausgangs-Interface konfigurieren, statt der IP-Adresse des nächsten Hopp. Zum Beispiel können Sie für die erste Route in Beispiel 5.2 **ip route 10.1.2.0 255.255.255.0 serial0** eingeben.

Unglücklicherweise werden durch die Konfiguration dieser beiden statischen Routen auf Albuquerque nicht alle Routingprobleme für das Netzwerk gelöst. Albuquerque kann mit Hilfe dieser beiden statischen Routen Pakete an diese beiden Subnetze senden. Die anderen beiden Router haben aber nicht genug Informationen, um Pakete zurück zu Albuquerque zu schicken. Der PC Bugs kann den PC Sam in diesem Netzwerk nicht mit einem Ping erreichen. Albuquerque hat zwar eine Route zu Subnetz 10.1.2.0, in dem Sam angesiedelt ist, Yosemite hat aber keine Route zu 10.1.1.0, in dem Bugs liegt. Die Ping-Anfrage geht zwar von Bugs zu Sam, aber Sams Ping-Antwort kann von Router Yosemite nicht über Albuquerque an Bugs geleitet werden. Der Ping ist nicht erfolgreich.

Erweiterter ping-Befehl

In der Realität haben Sie meistens keinen Anwender wie Bugs zur Verfügung, um das Netzwerk mit einem Ping zu testen. Daher verwendet man den erweiterten **ping**-Befehl auf einem Router, um das Routing auf die gleiche Weise zu prüfen, wie es ein Ping von Bugs an Sam tut. Beispiel 5.3 zeigt Albuquerque. **ping 10.1.2.252** funktioniert in diesem Fall als erweiterter **ping**-Befehl genauso, wie ein Ping von Bugs an Sam – und ist wiederum zuletzt erfolglos (bisher sind nur die beiden statischen Routen aus Beispiel 5.2 hinzugefügt worden).

Beispiel 5.3: Albuquerque: Funktionierender Ping nach dem Hinzufügen von zwei Standardrouten und der versagende erweiterte ping-Befehl

```
Albuquerque#show ip route
Codes: C - connected, S - static, I - IGRP, R - RIP, M - mobile, B - BGP
       D - EIGRP, EX - EIGRP external, O - OSPF, IA - OSPF inter area
       N1 - OSPF NSSA external type 1, N2 - OSPF NSSA external type 2
       E1 - OSPF external type 1, E2 - OSPF external type 2, E - EGP
       i - IS-IS, L1 - IS-IS level-1, L2 - IS-IS level-2, ia - IS-IS inter area
       * - candidate default, U - per-user static route, o - ODR
       P - periodic downloaded static route

Gateway of last resort is not set

     10.0.0.0/24 is subnetted, 5 subnets
S       10.1.3.0 [1/0] via 10.1.130.253
S       10.1.2.0 [1/0] via 10.1.128.252
C       10.1.1.0 is directly connected, Ethernet0
C       10.1.130.0 is directly connected, Serial1
C       10.1.128.0 is directly connected, Serial0
Albuquerque#ping 10.1.2.252

Type escape sequence to abort.
Sending 5, 100-byte ICMP Echos to 10.1.2.252, timeout is 2 seconds:
!!!!!
Success rate is 100 percent (5/5), round-trip min/avg/max = 4/4/8 ms

Albuquerque#ping
Protocol [ip]:
Target IP address: 10.1.2.252
Repeat count [5]:
Datagram size [100]:
Timeout in seconds [2]:
Extended commands [n]: y
Source address or interface: 10.1.1.251
Type of service [0]:
Set DF bit in IP header? [no]:
Validate reply data? [no]:
Data pattern [0xABCD]:
Loose, Strict, Record, Timestamp, Verbose[none]:
Sweep range of sizes [n]:
Type escape sequence to abort.
Sending 5, 100-byte ICMP Echos to 10.1.2.252, timeout is 2 seconds:
.....
Success rate is 0 percent (0/5)
```

Der einfache Befehl **ping 10.1.2.252** funktioniert aus einem leicht verständlichen und aus einem weniger leicht verständlichen Grund. Albuquerque kann wegen der statischen Route zunächt einmal ein Paket an Subnetz 10.1.2.0 weiterleiten. Das Antwortpaket von Yosemite geht an die Adresse 10.1.128.251 – IP-Adresse Serial0 von Albuquerque. Warum? Weil auf Cisco-Routern für einen **ping**-Befehl die folgenden Regeln gelten:

- Der **ping**-Befehl verwendet bei Cisco standardmäßig die IP-Adresse des Ausgangsinterface als Source-Adresse des Paketes, es sei denn, der erweiterte Ping enthält eine andere Information. Der erste Ping in Beispiel 5.3 hat die Quelladresse (Source) 10.1.128.251, da die für die Versendung des Pakets an 10.1.2.252 verwendete Route aus dem seriellen Interface Serial0 heraus geht. Und dessen IP-Adresse ist 10.1.128.251.

- Ping-Antwortpakete vertauschen im Grunde die IP-Adressen aus dem Paket, das sie empfangen haben, um zu antworten. In diesem Beispiel verwendet Yosemite 10.1.128.251 als Zieladresse, 10.1.2.252 als IP-Quelladresse.

Da der **ping**-Befehl auf Albuquerque 10.1.128.251 als Quelladresse des Pakets verwendet, kann Yosemite eine Antwort an 10.1.128.251 zurücksenden. Auf dem Router Yosemite liegt eine Route zu 10.1.128.0 vor.

Wenn Sie für dieses Netzwerk ein Troubleshooting machen möchten, können Sie den erweiterten **ping**-Befehl benutzen, als ob Sie ein **ping** auf einem Computer in diesem Subnetz eingeben. Sie müssen dann nicht bei einem Anwender anrufen, um ihn zu bitten, auf seinem PC den **ping**-Befehl für Sie einzugeben. Mit der erweiterten Fassung des **ping**-Befehls können Sie das zugrunde liegende Problem gut analysieren, da sich in der **ping**-Anfrage ein paar Feinheiten ändern. Wenn ein Ping von einem Router aus funktioniert, der Ping von einem Host aber nicht, leistet ein erweiterter Ping sehr gute Dienste, da Sie das vorhandene Problem oft ohne einen Anruf beim Endanwender beseitigen können.

In Beispiel 5.3 sendet der erweiterte **ping**-Befehl auf Albuquerque zum Beispiel ein Paket von 10.1.1.251 (Albuquerques Ethernet) an 10.1.2.252 (Yosemites Ethernet). Wie man an der Anzeige im Befehlsfenster sieht, erhält Albuquerque keine Antwort. Normalerweise ist die Quelladresse des Ping die IP-Adresse des Ausgangsinterfaces. Durch die Quelladressen-Option des erweiterten Ping wird als IP-Quelladresse des Echopaketes aber Albuquerques Ethernet-IP-Adresse verwendet, die 10.1.1.251. Da das ICMP-Echo, das der erweiterte Ping hervorruft, von einer Adresse in 10.1.1.0 kommt, sieht das Paket aus, als ob es von einem Endanwender in diesem Subnetz kommt. Yosemite verfasst eine Antwort mit dem Ziel 10.1.1.251, hat aber keine Route zu diesem Subnetz. Daher kann Yosemite keine Pingantwort zurück an Albuquerque senden.

Das Problem kann man umgehen, wenn alle Router so konfiguriert werden, dass sie ein Routingprotokoll verwenden. Oder Sie richten auf allen Routern in diesem Netzwerk statische Routen ein.

5.2.2 Distanzvektorkonzepte

Der Einsatz von Distanzvektorkonzepten ist, oberflächlich betrachtet, ziemlich einfach. Die Distanzvektor-Eigenschaften, mit denen man Routingloops verhindert, können dagegen auf Anhieb schwer zu verstehen sein.

Distanzvektorprotokolle funktionieren so, dass alle Router alle Routen, die sie kennen, aus allen Interfaces weitergeben. Dadurch können andere Router in demselben physikalischen Netzwerk dieses Wissen teilen. Sie bekommen die Routingupdates und erlernen dadurch die funktionierenden Routen. Die Router in einem gemeinsamen physikalischen Netzwerk bezeichnet man im Allgemeinen als Nachbarn. So sind etwa alle Router im selben Ethernet Nachbarn. Die beiden Router auf den beiden Seiten einer seriellen Punkt-zu-Punkt-Verbindung sind ebenso Nachbarn. Wenn nun alle Router alle ihre Routen über alle ihre Interfaces verbreiten und alle Nachbarn die Routingupdates erhalten, ist zum Schluss im besten Falle jeder Router im Netzwerk über die Routen zu jedem Subnetz informiert. Das wäre doch nicht schlecht!

In der folgenden Auflistung wird die grundlegende Logik hinter dem Distanzvektorverfahren formuliert und zusätzlich einige wichtige Konzepte vorgestellt, die auf den nächsten Seiten erklärt werden:

- Router fügen *direkt verbundene* Subnetze ihren Routingtabellen hinzu, mit oder ohne Routingprotokoll.

- Router senden *Routingupdates* aus ihren Interfaces, um die Routen bekannt zu machen, die sie schon kennen. Diese Updates enthalten direkt verbundene Routen, aber auch solche, die von anderen Routern erlernt wurden.

- Router hören auf *Routingupdates* ihrer Nachbarn, um neue Routen zu erlernen.

- Die Routinginformation enthält die Subnetznummer und eine Maßzahl (Metrik). Die Metrik gibt an, wie gut die Verbindung ist. Eine niedrige Metrik verspricht eine kürzere, bessere Route.

- Router verwenden zum Senden der Routingupdates möglichst Broadcasts oder Multicasts. Wenn man ein Broadcast- oder Multicast-Paket verwendet, kann man alle Nachbarn auf einem LAN mit einem einzigen Update mit den gleichen Routinginformationen versorgen.

- Wenn ein Router mehrere Routen zu demselben Subnetz kennen lernt, sucht er anhand der Metrik die beste unter ihnen aus.
- Router senden *periodische Updates* und erwarten von ihren Nachbarn das Gleiche.
- Wenn von einem Nachbarn eine bestimmte Zeit lang keine periodischen Updates empfangen wurden, werden alle Routen, die von diesem Nachbarn erlernt wurden, aus der eigenen Routingtabelle gelöscht.
- Wenn ein Router eine bestimmte Route von einem Router X erlernt hat, geht er davon aus, dass der *nächste Hopp* auf dieser Route der Router X ist.

Die folgenden Beispiele erklären die Konzepte in der Aufzählung etwas eingehender. Bild 5.2 demonstriert, dass die direkt mit Router A verbundenen Subnetze an Router B gegeben werden. In diesem Fall macht Router A zwei direkt angeschlossene Routen bekannt.

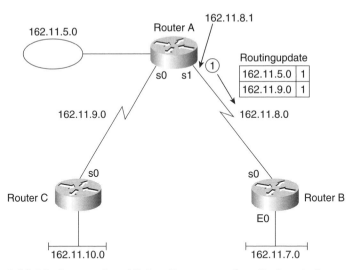

Bild 5.2: Router A publiziert Routen zu den direkt mit ihm verbundenen Netzwerken

Tabelle 5.2 stellt die Routingtabelle dar, die sich auf Router B ergibt.

Tabelle 5.2: Router B

Gruppe (Maske 255.255.255.0)	Ausgangs-Interface	Nächster Router (Next-Hop)	Kommentar
162.11.5.0	S0	162.11.8.1	Dies ist eine der beiden Routen, die durch das Update im Bild erlernt wurden.
162.11.7.0	E0	–	Dies ist eine direkt verbundene Route.
162.11.8.0	S0	–	Dies ist eine direkt verbundene Route.
162.11.9.0	S0	162.11.8.1	Dies ist eine der beiden Routen, die durch das Update im Bild erlernt wurden.

In diesem Beispiel wird an zwei Stellen etwas darüber deutlich, was ein Cisco-Router mit IOS-Software in seine Routingtabelle hineinsetzt. Erstens haben die direkt verbundenen Routen keinen Eintrag in der Routingtabelle im Feld für den nächsten Hopp. Das gilt für alle direkt verbundenen Routen, da die Pakete an solche Subnetze direkt zu den Hosts in den Subnetzen gesendet werden. Anders gesagt: Router B muss natürlich keine Pakete für solche Subnetze an einen anderen Router weiterleiten, weil er selbst direkten Kontakt zu ihnen hat. Das Zweite ist, dass bei den Eintragungen für den »Nächsten-Hopp-Router« bei den von Router A erlernten Routen die IP-Adresse von Router A als nächster Router aufgeführt ist. Eine Route, die von einem bestimmten Nachbar-Router erlernt wurde, führt also über diesen Router. Router B erlernt die IP-Adresse von Router A für diese Routen, weil sie als IP-Quelladresse im Routingupdate aufgeführt ist.

Wenn Router A aus irgendeinem Grund aufhört, Updates an Router B zu senden, löscht Router B die von A erlernten Routen aus seiner Routingtabelle.

Das nächste Beispiel zeigt, wie sich die Metriken zueinander addieren. Es wird ein Subnetz angeboten, das von einem Nachbarn erlernt wurde und eine höhere Metrik hat. Genauso könnte in Decatur, Ga. ein Hinweisschild stehen, das sagt: »Nach Snellville rechts abbiegen, Entfernung 14 Meilen.« Auf einem Schild in Atlanta steht wiederum: »Nach Snellville rechts abbiegen, Entfernung 22 Meilen.« Wenn man jetzt in Atlanta rechts abbiegt, kommt man nach 8 Meilen in Decatur an, um das das Hinweisschild zu finden, dass man rechts abbiegen muss, um nach 14 Meilen in Snellville anzukommen. So funktioniert die RIP-Metrik, die die Hopps zählt. Bild 5.3 und Tabelle 5.3 erläutern das Konzept.

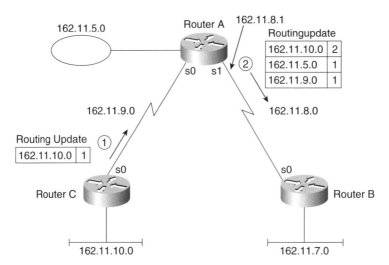

Bild 5.3: Router A bietet eine Route an, die er von Router C gelernt hat.

Tabelle 5.3: Die Routingtabelle von Router B nach Erhalt des Updates aus Bild 5.3

Gruppe	Ausgangs-Interface	Nächster Router (Next-Hop)	Metrik	Kommentar
162.11.5.0	S0	162.11.8.1	1	Dieselbe Route, wie sie schon erlernt wurde.
162.11.7.0	E0	–	0	Dies ist eine direkt angeschlossene Route.
162.11.8.0	S0	–	0	Dies ist eine direkt angeschlossene Route.
162.11.9.0	S0	162.11.8.1	1	Diese Route wurde auch schon zuvor erlernt.
162.11.10.0	S0	162.11.8.1	2	Erlernt von Router A, der sie von Router C hat.

Router B denkt, dass einige Subnetze näher liegen, als andere. Das liegt an der Metrikangabe. Der EXEC-Befehl **show ip route** zeigt angeschlossene Routen mit der Metrik 0 an (Tabelle 5.3). Es gibt ja keinen Router zwischen Router B und solchen Subnetzen. Router B verwendet den Metrikwert 1 für Routen, die direkt an Router A angeschlossen sind. Das hat zwei Gründe. Erstens bietet Router A die beiden Routen (162.11.5.0 und 162.11.9.0) mit Metrik 1 an, so dass Router B die Metriken für richtig hält. (Router A addiert 1 zu den Metriken seiner eigenen Routen zu diesen Subnetzen, bevor er sie anbietet.) Strukturell trennt ein Router (A) Router B von diesen Subnetzen. Da die Metrik des RIPs der »*hop count*« ist, bedeutet der Metrikwert

1, dass Router B nur durch einen Router von den fraglichen Subnetzen getrennt ist. Die Metrik auf Router B für Subnetz 162.11.10.0 ist aus den gleichen Gründen 2. Das Routingupdate von Router A bietet die Route mit der Metrik 2 an. Router B glaubt daher, dass zwei Router ihn von 162.11.10.0 trennen.

Im folgenden Beispiel wird klarer, woher der Begriff Distanzvektor eigentlich stammt. Die Route zu 162.11.10.0, die Router B seiner Routingtabelle hinzufügt, enthält Router A als nächsten Router, da B die Route von A erlernt. Router B weiß nichts über die Topologie »jenseits« von Router A. Man kann also sagen, dass Router B für die Route zu Subnetz 10 einen Vektor hat (sende die Pakete in Richtung Router A), und eine Distanz (2). Genauere Informationen hat er nicht! Router B hat keine weiteren Informationen über Router C.

Ein weiteres wichtiges Konzept des Distanzvektor-Routingprotokolls greift, wenn es Zweifel an der Richtigkeit von Routinginformation gibt. Jeder Router sendet periodisch Routingupdates. Ein Routingupdate-Timer, auf allen Routern identisch, bestimmt, wie oft die Updates gesendet werden. Wenn die Routingupdates über mehrere Timer-Intervalle hinweg ausbleiben, werden die Routen gelöscht, die zuvor von dem jetzt verstummten Router erlernt wurden.

Die grundlegenden Konzepte der Distanzvektorprotokolle haben Sie jetzt kennen gelernt. Der nächste Abschnitt gewährt Ihnen tiefere Einblicke in die Thematik, wenn im Netzwerk Redundanz vorhanden ist.

Distanzvektor-Eigenschaften zum Verhindern von Loops

Routingprotokolle zeigen ihre ganze Stärke, wenn im Netzwerk Redundanz vorhanden ist. Besonders wichtig ist dabei, dass immer die gerade aktuell beste Route in den Routingtabellen ist, und auch auf Änderungen in der Netzwerktopologie reagiert wird. Routingprotokolle verhindern auch Loops.

Distanzvektorprotokolle verwenden verschiedene Mechanismen, um Loops zu verhindern. Tabelle 5.4 fasst die Probleme, die im folgenden erklärt werden, und ihre Lösungen zusammen.

Tabelle 5.4: Distanzvektor-Routingprotokolle und Probleme in Netzwerken mit mehreren Pfaden

Problem	Lösung
Mehrere Routen zum selben Subnetz haben die gleiche Metrik	Die Implementierungsoptionen entscheiden danach, welche Route zuerst erlernt wurde, oder schreiben mehrere Routen in die Routingtabelle.

Tabelle 5.4: Distanzvektor-Routingprotokolle und Probleme in Netzwerken mit mehreren Pfaden (Forts.)

Problem	Lösung
Routingloops entstehen, wenn Updates je über eine andere Verbindung gehen	**Split-Horizon** – Das Routingprotokoll sendet Routing-Updates nur über die Interfaces, über die die Routingeinträge nicht erlernt wurden. **Split Horizon mit Poison-Reverse** – Das Routingprotokoll verwendet Split-Horizon, bis eine Route fehlschlägt. Versagt die Route, wird sie aus allen Interfaces heraus, auch aus dem, über das sie erlernt wurde, angeboten, aber mit unendlicher Metrik.
Routingloops entstehen, weil Routinginformation über verschiedenen Pfade kreist	**Route-Poisoning** – Fällt die Route zu einem Subnetz aus, wird das Subnetz mit unendlicher Metrik angeboten. Dieser Fall betrifft Routen, die auch angeboten werden, wenn sie gültig sind. Poison-Reverse gilt mehr für Routen, die normalerweise wegen Split-Horizon nicht angeboten werden, aber im Falle eines Ausfalls trotzdem mit unendlicher Metrik verbreitet werden.
Counting to infinity	**Holddown Timer** – Wenn ein Router merkt, dass die Route zu einem Subnetz ausgefallen ist, wartet er eine Weile, bevor er wieder neue Routinginformationen über dieses Subnetz ernst nimmt. **Getriggerte Updates** – Wenn eine Route ausfällt, wird sofort ein Update gesendet, egal, ob der Update-Timer bereits abgelaufen ist. In Verbindung mit Route-Poisoning stellt die Funktion sicher, dass alle Router Bescheid wissen, bevor die Holddown Timer ablaufen.

Route-Poisoning (»Routenvergiftung«)

Routingloops können unter Verwendung von Distanzvektor-Routingprotokollen entstehen, wenn ein Router verbreitet, dass eine Route gerade vom gültigen in den ungültigen Zustand wechselt. Ein einfacher Vorgang wie der Ausfall einer seriellen Verbindung kann zum Beispiel zum Ausfall etlicher Routen führen und Routingloops hervorrufen.

Ein Feature der Distanzvektorprotokolle zur Vermeidung solcher Loops heißt Route-Poisoning. Route-Poisoning setzt ein, wenn ein Router merkt, das eine verbundene Route nicht mehr gilt. Vielleicht stellt er fest, dass eine serielle Verbindung ausgefallen ist. Ihr Status hat von »up and up« in einen anderen Status gewechselt, zum Beispiel »down and down.« Anstatt die Route gar nicht mehr anzubieten, bietet ein Routingprotokoll die Route bei der Verwendung von Route-Poisoning immer noch an, aber mit einer extrem hohen Metrik – so hoch, dass andere Router die Metrik als unendlich und die Route als ungültig ansehen. Bild 5.4 erklärt die Arbeitsweise von Route-Poisoning mit RIP, wenn Subnetz 162.11.7.0 ausfällt.

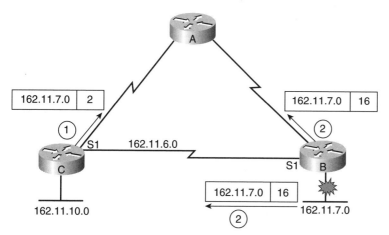

Bild 5.4: Route-Poisoning für Subnetz 162.11.7.0

In Bild 5.4 verwendet Router B Route-Poisoning, es gibt aber trotzdem eine Falle. Das Ethernet von Router B fällt aus und er teilt nun eine Route mit der Metrik 16 mit. Unter RIP gilt die Metrik 16 schon als *unendlich* – die Route wird für ungültig gehalten. Stellen Sie sich vor, dass Router C das nächste RIP-Update (Schritt 1) an Router A sendet, bevor er die vergiftete Route mitgeteilt bekommen hat (Schritt 2). Würde Router B kein Route-Poisoning einsetzen, würde Router C denken, dass die Route zu Subnetz 162.11.7.0 über Router C funktioniert. Weil Router B die unendliche weite Route aber bekannt gemacht hat, stellt er sicher, dass die Router A und C erst einmal nicht glauben, dass Router B Subnetz 162.11.7.0 doch erreichen könnte, selbst wenn zwischendurch noch eine andere Routinginformation eintrifft. Das Ergebnis ist, dass Router C seine Route zu 162.11.7.0 löscht.

Split Horizon

Route-Poisoning ist nicht etwa die Lösung aller Probleme. Selbst in dem einfachen Netzwerk aus Bild 5.3 können Feedbacks entstehen, wenn kein Split Horizon eingesetzt wird. Um Split Horizon zu begreifen, sehen wir uns zunächst an, was ohne Split Horizon passiert (siehe Bild 5.5).

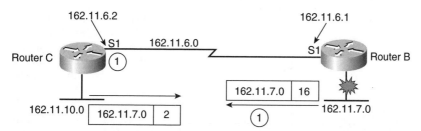

Bild 5.5: Beispiel für das Problem, dem man mit Split Horizon begegnet

Wenn die RIP Updates von den Routern B und C zufällig genau gleichzeitig gesendet werden, kann ohne Split Horizon das Problem aus Bild 5.5 auftreten. Nun ja, wie oft senden Router ihre Updates schon genau gleichzeitig? Statistisch gesehen passiert das öfter, als man meinen könnte. Das Problem tritt das erste Mal auf, wenn Router B eine unendliche Entfernung für die Metrik der Route zu 162.11.7.0 verbreitet, direkt, nachdem das Subnetz ausgefallen ist. Wenn Router C sein nächstes Update ungefähr zum gleichen Zeitpunkt sendet, hat Router C noch nicht erfahren, dass die Route zu Subnetz 162.11.7.0 ausgefallen ist. Also bietet Router C eine Route mit der Metrik 2 zu Subnetz 162.11.7.0 über die serielle Verbindung zu Router B an.

Nachdem die Updates in Bild 5.5 bei ihren Empfängern angekommen sind, weiß Router C, dass die Route eine unendliche Metrik hat. Gleichzeitig erfährt Router B, dass Router C eine funktionierende Route (Metrik 2) zum selben Subnetz anbietet. Die Tabellen 5.5 und 5.6 zeigen die daraus resultierenden Einträge in die Routingtabellen an. Die Metrikwerte sind auch angegeben.

Tabelle 5.5: Routingtabelle von Router B, nachdem Subnetz 162.11.7.0 ausgefallen ist und ein Update von Router C empfangen wurde

Gruppe	Ausgangs-Interface	Nächster Router (Next-Hop)	Metrik	Kommentar
162.11.6.0	S1	–	0	
162.11.7.0	S1	162.11.6.2	2	Die alte Route ist ausgefallen, aber diese wird von Router C empfangen.
162.11.10.0	S1	162.11.6.2	1	

Tabelle 5.6: Routingtabelle von Router C, nachdem Subnetz 162.11.7.0 ausgefallen ist und ein Update von Router B empfangen wurde

Gruppe	Ausgangs-Interface	Nächster Router (Next-Hop)	Metrik	Kommentar
162.11.6.0	S1	–	0	
162.11.7.0	S1	–	16	Die alte Route hatte Metrik 1 über Router B. Jetzt behauptet Router B, dass die Metrik unendlich ist. Die Route muss ausgefallen sein.
162.11.10.0	E0	–	1	

Anmerkung

In diesem Kapitel steht der Wert 16 für eine unendliche Metrik. Das ist der übliche Wert beim RIP. IGRP verwendet dagegen einen Delaywert von über 4 Milliarden für die unendliche Route.

Router C hat jetzt eine unendlich weite Route (Metrik 16 für RIP) zu 162.11.7.0, aber Router B hat eine Route zum selben Subnetz mit Metrik 2 über Router C. Router B denkt, dass 162.11.7.0 über Router C erreicht werden kann. Router C denkt aber, dass 162.11.7.0 unerreichbar ist.

Weil die Router B und C dasselbe Zeitintervall zwischen den Updates haben, wiederholt sich der Vorgang beim nächsten Routingupdate. Diesmal bietet Router B Metrik 3 an, Router C eine unendliche Metrik für Subnetz 162.11.7.0. Das wiederholt sich, bis beide Zahlen »unendlich« erreicht haben. Deshalb nennt man das Phänomen »Counting to infinity«. Glücklicherweise gibt es in jeder Distanzvektor-Implementierung einen finiten Metrikwert, der als unendlicher Wert gilt. Sonst würde sich der Prozess wirklich unendlich fortsetzen.

Split Horizon löst das Problem zwischen zwei Routern. Man kann Split Horizon kurz so zusammenfassen:

> Alle Routen mit Ausgangsinterface *x* sind nicht in Updates enthalten, die aus demselben Interface *x* gesendet werden.

In Bild 5.6 geht Router C Pfad zu Subnetz 162.11.7.0 aus Serial1 heraus. Router C Updates aus Serial1 bieten Subnetz 162.11.7.0 daher nicht an. Wenn die Updates der Router B und C aufeinander treffen, hat das eine Update eine infinite Metrik, und das andere sagt nichts über die Route. Das Counting-to-infinity-Problem hat sich in Luft aufgelöst.

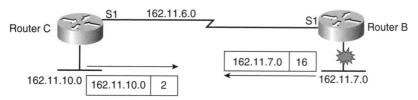

Bild 5.6: Vollständiges Routingupdate mit aktiviertem Split Horizon

Wegen der Split Horizon-Regeln bietet Router B in den Updates an Router C keine Routen für die Subnetze 162.11.6.0 oder 162.11.10.0 an. Gleichermaßen bietet Router C in den Updates an B keine Routen zu den Subnetzen 162.11.6.0 und 162.11.7.0 an. Weil Router C keine Route zu 162.11.7.0

aus dem Interface Serial1 anbietet, tritt das Counting-to-infinity-Problem auf der seriellen Verbindung nicht länger auf.

Split Horizon mit Poisonreverse

Bisher haben wir uns mit der Funktionsweise von Split Horizon und Route-Poisoning beschäftigt. Die Distanzvektor-Routingprotokolle von Cisco arbeiten jedoch heute mit einer Variante von Split Horizon, nämlich *Split Horizon mit Poisonreverse* (oder ganz einfach: *Poisonreverse*). Solange das Netzwerk stabil ist, arbeitet es vollständig nach den bekannten Split Horizon-Regeln. Wen eine Route ausfällt, bietet der Router eine unendliche weite Route zu diesem Subnetz aus *allen* Interfaces an – auch solche Interfaces, die vorher durch Split Horizon geschützt waren. Bild 5.7 zeigt den Inhalt des Routingupdates von Router C mit Split Horizon und Poisonreverse.

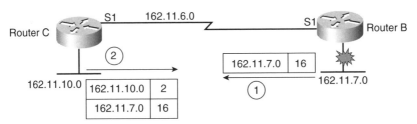

Bild 5.7: Split Horizon mit aktiviertem Poisonreverse

Wie man in Bild 5.7 sieht, ignoriert Router C die Split Horizon-Regeln, nachdem er von der infiniten Metrik (Metrik 16 für RIP) zu 162.11.7.0 gehört hat. Er bietet das Subnetz Router B mit infiniter Metrik an. Das schützt vor Counting-to-infinity. Auf einem Cisco-Router ist Split Horizon mit Poisonreverse sowohl für RIP als auch für IGRP Standard geeignet.

Holddown Timer

Split Horizon löst das Counting-to-infinity-Problem, wenn man einzelne Verbindungen betrachtet. In redundanten Netzwerken (Netzwerke mit mehreren möglichen Pfaden) kann Counting-to-infinity aber dennoch auftreten. Bei mehreren Pfaden zu vielen Subnetzen muss zusätzlich ein *Holddown Timer* eingesetzt werden.

Bild 5.8 zeigt ein Counting-to-infinity-Problem, wie es von Split Horizon alleine nicht gelöst wird, wohl aber durch Holddown. Subnetz 162.11.7.0 fällt schon wieder aus (Langsam sollte mal jemand die Verkabelung dieses Ethernets überprüfen!). Router B bietet A und C eine unendlich weite Route für Subnetz 162.11.7.0 an. Der Update-Timer von Router A läuft zufälligerweise gleichzeitig mit dem von Router B ab (im Bild durch eine eingekreiste

1 erkennbar), so dass die Updates von den Routern A und B zur selben Zeit losgeschickt werden. Router C wird also gleichzeitig von Router B über eine infinite Metrik zu diesem Subnetz informiert, von Router A über eine Route mit Metrik 2. Router C wählt natürlich die Route mit der Metrik 2 über Router A. Tabelle 5.7 zeigt die Information im Eintrag der Routingtabelle von Router C für Subnetz 162.11.7.0 nach den Updates aus Bild 5.8.

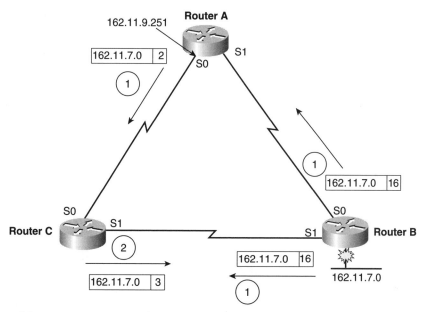

Bild 5.8: Counting-to-infinity mit Bedarf für den Einsatz von Holddown

Tabelle 5.7: Routingtabelle von Router C nach den ersten Updates (Schritt 1 in Bild 5.8)

Gruppe	Ausgangs-Interface	Next-Hop	Metrik	Kommentar
162.11.7.0	S0	162.11.9.251	2	Zunächst zeigte die Route direkt auf Router B. Jetzt geht sie über Router A, Metrik 2.

Nachdem die Updates gesendet wurden, die in Bild 5.8 mit einer »1« gekennzeichnet sind, denkt Router C, er hätte eine Route zu 162.11.7.0 über Router A. Also bietet Router C im nächsten Update (die eingekreiste 2 in Bild 5.8) Subnetz 162.11.7.0 aus S0 wegen der Split Horizon-Regeln nicht an. Router C bietet 162.11.7.0 aus Serial1 jedoch mit Metrik 3 an. Router B glaubt deswegen, er hätte eine funktionierende Route zu Subnetz 162.11.7.0 mit Metrik 3. Router B sagt Router A im nächsten Update (im Bild nicht dargestellt), er habe eine Route zu 162.11.7.0 mit Metrik 4. Hier tritt Counting-to-infinity trotz Split Horizon auf.

Distanzvektorprotokolle verwenden einen Holddown Timer, um dieses Problem zu bekämpfen. Das Verfahren ist einfach – wenn man das Problem erkannt hat. Holddown wird folgendermaßen definiert:

> Wenn du erfährst, dass ein Pfad ausgefallen ist, ignoriere erst einmal jede Information über eine alternative Route zu diesem Subnetz, bis das Zeitintervall des Holddown Timers abgelaufen ist.

Wenn Holddown aktiviert ist, zweifelt Router C die Route mit Metrik 2, die er von Router A in Schritt 1 von Bild 5.8 erfährt, erst einmal eine Zeit lang an. Während dieser Zeit bietet Router B den Routern A und C infinite Routen zu 162.11.7.0 an. Router A beginnt, einen unendlich weiten Weg zu Router C anzubieten. Die Konsequenz ist, dass alle Router eine Zeit lang neue, richtige Informationen über das betroffene Subnetz ignorieren, damit erst alle die alten, schlechten Informationen auch bekommen haben. Der Holddown Timer bewirkt, dass die Router geduldig abwarten, bis alle wissen, dass ein Pfad ausgefallen ist, um Loops zu vermeiden. Es ist besser, mit der neuen Abstimmung etwas zu warten, als Loops zu riskieren.

Getriggerte (Flash) Updates

Distanzvektorprotokolle senden ihre Updates normalerweise einfach regelmäßig. Die meisten Loopingprobleme entstehen aber, wenn eine Verbindung ausfällt, und einige Router noch nicht darüber Bescheid wissen! Daher senden einige Distanzvektorprotokolle *getriggerte Updates*. Diese so genannten *Flash-Updates* werden gesendet, sobald eine Route ausfällt. Dadurch wird die Information über die Veränderung schneller weitergegeben und der Holddown Timer auf den Nachbar-Routern eher gestartet.

RIP und IGRP

RIP und IGRP haben viele Gemeinsamkeiten, werden aber etwas anders implementiert. Tabelle 5.8 stellt die Hauptunterschiede von RIP und IGRP dar.

Tabelle 5.8: RIP und IGRP im Vergleich

Feature	RIP (Standards)	IGRP (Standards)
Update Timer	30 Sekunden	90 Sekunden
Metrik	Hop Count	Funktion von Bandbreite und Delay (Standard). Kann Reliabilität, Load und MTU beinhalten.

Tabelle 5.8: RIP und IGRP im Vergleich (Forts.)

Feature	RIP (Standards)	IGRP (Standards)
Holddown Timer	180	280
Flash (getriggerte) Updates	Ja	Ja
Maske im Update gesendet	Nein	Nein
Infiniter Metrikwert	16	4.294.967.295

Die IGRP-Metrik sagt mehr darüber aus, wie gut eine Route wirklich ist, als die RIP-Metrik. Die IGRP-Metrik wird aus der Bandbreite und den Delay-Einstellungen auf dem Interface berechnet, auf dem das Update empfangen wurde. Wenn die Bandbreite und das Delay in die Berechnung eingehen, ist die Metrik wesentlich aussagekräftiger, als beim Hop Count. Das IGRP bewertet eine Route mit mehreren Hops, die aber über eine schnellere Verbindung geht, zu Recht besser.

RIP verwendet als Metrik den Hop Count. Wird ein Update empfangen, gibt die Metrik für jedes Subnetz die Anzahl der Router zwischen jedem Subnetz und dem Router, der das Update empfängt, an. Bevor ein Update gesendet wird, erhöht ein Router die Metrik jeder Route zu einem Subnetz um 1.

Zum Schluss noch eine Bemerkung. Ob die Maske gesendet wird oder nicht, hängt davon ab, ob Subnetzmasken mit unterschiedlicher Länge (VLSM) in einem Netzwerk gewünscht sind..

5.2.3 Konfiguration von RIP und IGRP

Der Schlüssel zur RIP- und IGRP-Konfiguration ist die Beherrschung des **network**-Befehls. Davon abgesehen ist die Konfiguration nicht so schwierig. Die gebräuchlicheren Befehle **show** und **debug** sollten Sie allerdings kennen. Mit ihnen analysiert man Routingprotokolle und behebt Fehler.

Die Tabellen 5.9 und 5.10 stellen die gebräuchlichen Befehle für die Konfiguration und Verifikation von RIP und IGRP zusammen. Danach folgen zwei Konfigurationsbeispiele.

Tabelle 5.9: IP-Konfigurationsbefehle für RIP und IGRP

Befehl	Konfigurationsmodus
router rip	Global
router igrp *as-number*	Global
network *net-number*	Router Unterbefehl

Tabelle 5.9: IP-Konfigurationsbefehle für RIP und IGRP (Forts.)

Befehl	Konfigurationsmodus
passive-interface [default] {interface-type interface-number}	Router Unterbefehl
maximum-paths number-paths	Router Unterbefehl
variance multiplier	Router Unterbefehl
traffic-share {balanced | min}	Router Unterbefehl

Tabelle 5.10: EXEC-Befehle für RIP und IGRP

Befehl	Beschreibung
show ip route [ip-address [mask] [longer-prefixes]] | [protocol [process-id]]	Zeigt die gesamte Routingtabelle oder einen Teil davon, je nach eingegebenem Parameter.
show ip protocols	Zeigt die Routingprotokoll-Parameter und die aktuellen Timerwerte.
debug ip rip	Gibt die Log-Nachrichten für jeden RIP Update an.
debug ip igrp transactions [ip-address]	Gibt die Log-Nachrichten mit den Details der IGRP Updates ein.
debug ip igrp events [ip-address]	Gibt die Log-Nachrichten für jedes IGRP Paket ein.
ping [protocol | tag] {host-name | system-address}	Sendet und empfängt ICMP Echo-Nachrichten zur Prüfung der Verbindung.
trace [protocol] [destination]	Sendet eine Serie von ICMP Echos mit steigenden TTL Werten zur Prüfung der aktuellen Route zu einem Host.

Grundlegende RIP- und IGRP-Konfiguration

Jeder **network** Befehl aktiviert RIP oder IGRP auf einer Anzahl von Interfaces. Den **network** Befehl und seine Ableitungen müssen Sie genau verstanden haben. Er wird in diesem Abschnitt erklärt. Was auch »aktivieren« in diesem Fall wirklich bedeutet, geht nicht so klar aus den Veröffentlichungen über die Cisco IOS-Software hervor. Außerdem sind die Parameter des **network** Befehls nicht so intuitiv zu erschließen, wenn man keine Erfahrung mit der Konfiguration der IOS-Software hat. Deshalb ist die Wahrscheinlichkeit hoch, dass Sie es im Examen mit relativ schwierigen Fragen zur Konfiguration von Routingprotokollen und dem **network** Befehl zu tun bekommen.

Der **network** Befehl betrifft ein oder mehrere Interfaces auf einem Router. Er bewirkt auf jedem Interface drei Dinge:

- Der Router broadcastet oder multicastet Routingupdates aus dem Interface.

- Der Router hört sich hereinkommende Updates auf diesem Interface an.

- Der Router bietet das direkt an das Interface angeschlossene Subnetz im Routingupdate mit an.

Was Sie wissen müssen ist, wie viele Interfaces den Befehl **network** verwenden. Der Router verbindet mit dem **network** Befehl über eine einzige Frage mehrere Interfaces:

Welche meiner Interfaces haben IP-Adressen mit derselben Netzwerknummer, wie sie im **network** Unterbefehl angegeben ist?

Für alle diese Interfaces, die der **network** Befehl betrifft, führt der Router die aufgezählten drei Dinge durch.

Sehen Sie sich zum besseren Verständnis des Befehls **network** Bild 5.9 und Beispiel 5.4 an.

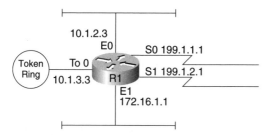

Bild 5.9: Musterrouter mit fünf Schnittstellen

Beispiel 5.4: Einfache Konfiguration mit RIP teilweise enabled

```
interface ethernet 0
ip address 10.1.2.3 255.255.255.0
interface ethernet 1
ip address 172.16.1.1 255.255.255.0
interface tokenring 0
ip address 10.1.3.3 255.255.255.0
interface serial 0
ip address 199.1.1.1 255.255.255.0
interface serial 1
ip address 199.1.2.1 255.255.255.0
!
router rip
network 10.0.0.0
network 199.1.1.0
```

Diese RIP-Konfiguration enthält drei Befehle. Der Globalbefehl **router rip** versetzt den Anwender vom globalen Konfigurationsmodus in den RIP Konfigurationsmodus. Dann folgen zwei **network** Befehle – und, wie bei jedem RIP **network** Befehl, konfiguriert jeder eine andere Klasse A, B oder C Netzwerknummer. Welche Schnittstellen betrifft das, und was ist erreicht worden? Wenn das Ziel war, RIP auf allen Schnittstellen zu aktivieren, ist die Konfiguration unvollständig. Tabelle 5.11 zeigt, was wir durch die Konfiguration erreicht haben, und was nicht.

Tabelle 5.11: Was passiert bei der RIP-Konfiguration aus Beispiel 5.4?

Network Befehl	Betroffene Interfaces	Konsequenzen
network 10.0.0.0	Token0, Ethernet0	Updates werden aus Token0 und Ethernet0 gesendet. Abhören von Updates, die auf Token0 und Ethernet0 ankommen. Anbieten der Subnetze 10.1.3.0 (Subnetz von Token0) und 10.1.2.0 (Subnetz von Ethernet0).
network 199.1.1.0	Serial0	Updates werden aus Serial0 gesendet. Abhören von Updates, die auf Serial0 ankommen. Anbieten von Subnetz 199.1.1.0 (von Serial0).

Für alle Interfaces, die eine IP-Adresse mit derselben Netzwerknummer haben, die im **network** Unterbefehl steht, werden Routingupdates versendet und abgehört. Und das direkt angeschlossene Subnetz wird angeboten. Der **network** Befehl benötigt eine Netzwerknummer und keine Subnetznummer als Parameter. Gut zu wissen ist, dass die IOS-Software eine als Parameter eingegebene Subnetznummer in die Netzwerknummer umwandelt, in der das Subnetz angesiedelt ist.

Wenn das Ziel war, RIP für alle Interfaces zu konfigurieren, liegt ein häufig vorkommender Fehler vor. Es gibt keinen **network** Befehl, der die Interfaces Serial1 und Ethernet1 betrifft. Beispiel 5.5 zeigt das Konfigurationsverfahren für die zusätzlich notwendigen Netzwerkbefehle.

Beispiel 5.5: Vervollständigung der RIP-Konfiguration aus Beispiel 5.4

```
R1#configure terminal
R1(config)#router rip
R1(config-router)#network 199.1.2.0
R1(config-router)#network 172.16.0.0
R1(config-router)#CTL-Z
R1#show running-config
! Lines removed for brevity
```

Beispiel 5.5: Vervollständigung der RIP-Konfiguration aus Beispiel 5.4 (Forts.)

```
router rip
 network 10.0.0.0
 network 172.16.0.0
 network 199.1.1.0
 network 199.1.2.0
```

Um weiter **network** Befehle unter **router rip** einzugeben, muss man zuerst **router rip** eingeben, um in den RIP-Konfigurationsmodus zu kommen. Die Anzeige von **show running-config** zeigt die gesamte RIP-Konfiguration als Ergebnis der Befehle in den Beispielen 5.4 und 5.5.

IGRP-Konfiguration

IGRP konfiguriert man wie RIP. Allerdings hat der Befehl **router igrp** einen zusätzlichen Parameter – die »autonomous system number« (AS). Der Begriff *autonomes System* bezieht sich auf ein Netzwerk, dass sich unter der Regie einer einzelnen Firma oder Organisation befindet. Der Begriff *AS Nummer* bezieht sich auf die Nummer, die dieser Firma oder Organisation zugewiesen wird, wenn sie sich für das Internet registriert. Man benötigt aber nicht unbedingt eine registrierte AS-Nummer, um IGRP zu konfigurieren. Allerdings müssen bei der Verwendung von IGRP alle Router dieselbe AS-Nummer verwenden.

In Beispiel 5.6 sieht man eine vollständige IGRP-Konfiguration. Der Router bietet alle verbundenen Subnetze an, hört auf allen Interfaces auf IGRP-Updates und bietet sie über alle Interfaces an.

Beispiel 5.6: IGRP-Konfigurationsbeispiel und Anzeige des Befehls show ip route

```
interface ethernet 0
 ip address 10.1.2.3 255.255.255.0
interface ethernet 1
 ip address 172.16.1.1 255.255.255.0
interface tokenring 0
 ip address 10.1.3.3 255.255.255.0
interface serial 0
 ip address 199.1.1.1 255.255.255.0
interface serial 1
 ip address 199.1.2.1 255.255.255.0
!
router igrp 1
 network 10.0.0.0
 network 199.1.1.0
 network 199.1.2.0
 network 172.16.0.0
```

Beispiel 5.6: IGRP-Konfigurationsbeispiel und Anzeige des Befehls show ip route (Forts.)

```
Router1#show ip route
Codes: C - connected, S - static, I - IGRP, R - RIP, M - mobile, B - BGP
       D - EIGRP, EX - EIGRP external, O - OSPF, IA - OSPF inter area
       N1 - OSPF NSSA external type 1, N2 - OSPF NSSA external type 2
       E1 - OSPF external type 1, E2 - OSPF external type 2, E - EGP
       i - IS-IS, L1 - IS-IS level-1, L2 - IS-IS level-2, ia - IS-IS inter area
       * - candidate default, U - per-user static route, o - ODR
       P - periodic downloaded static route

Gateway of last resort is not set

     10.0.0.0/24 is subnetted, 3 subnets
C       10.1.3.0 is directly connected, TokenRing0
C       10.1.2.0 is directly connected, Ethernet0
I       10.1.4.0 [100/8539] via 10.1.2.14, 00:00:50, Ethernet0
     172.16.0.0/24 is subnetted, 2 subnets
C       172.16.1.0 is directly connected, Ethernet1
I       172.16.2.0 [100/6244] via 172.16.1.44, 00:00:20, Ethernet1
C    199.1.1.0/24 is directly connected, Serial0
C    199.1.2.0/24 is directly connected, Serial1
```

Eine IGRP-Konfiguration beginnt mit dem globalen Konfigurationsbefehl **router igrp 1**. Die vier aufeinander folgenden **network** Befehle betreffen alle Schnittstellen des Routers. IGRP ist vollständig aktiviert. Diese **network** Befehle sind tatsächlich mit denen in der vollständigen RIP-Konfiguration identisch.

Die Anzeige des Befehls **show ip route** in Beispiel 5.6 gibt viele der Konzepte wieder, die wir schon besprochen haben, sowie auch einige neue. Der Router hat der Routingtabelle einige direkt angeschlossene Routen hinzugefügt. Zwei weitere Routen wurden über IGRP dazugelernt. Die Befehlsanzeige beginnt mit einer Legende. Die beschriebenen Codes lassen auf die Quelle einer Route zurückschließen. C steht für eine direkt verbundene Route, I für eine Route, die über IGRP erlernt wurde. Wie Sie sehen, beginnt jede Zeile, in der eine Route aufgeführt ist, mit einem C oder einem I. In diesem Fall wurden zwei Routen über IGRP erlernt. Sie sind im Beispiel hervorgehoben.

Jede Route wird mit Subnetznummer, Ausgangs-Interface und der IP-Adresse des Next-Hop Routers aufgeführt. Der IP-Adresse des Next-Hop Routers geht in der Anzeige das Wort »via« voraus. Direkt angeschlossene Routen haben kein Feld für den nächsten Hop, weil das Paket nicht zu einem anderen Router geht, sondern zum Zielhost.

Die Zahlen in Klammern liefern ein paar nützliche Informationen. Die erste Zahl steht für die administrative Distanz, die wir später noch besprechen. Die zweite Zahl steht für die Metrik der Route. Bei der Route zu Subnetz 10.1.4.0 ist die administrative Distanz zum Beispiel 100, die Metrik 8539. IGRP berechnet die Metrik aus Bandbreite und Delay. Daher ist der Metrikwert viel höher, als beim Hop Count, den wir bisher kennen gelernt haben.

IGRP-Metrik

IGRP benutzt eine zusammengesetzte Metrik. Sie wird aus Bandbreite, Delay, Load und Reliabilität berechnet. Eigentlich werden aber nur die Bandbreite und das Delay berücksichtigt. Die anderen Parameter gehen nur in die Metrik ein, wenn sie konfiguriert werden. Delay und Bandbreite werden nicht gemessen, sondern mit den Interface-Unterbefehlen **delay** und **bandwidth** konfiguriert. (Die gleiche Formel wird auch unter EIGRP zur Berechnung der Metrik verwendet, allerdings mit einem zusätzlichen Faktor. Dadurch werden die Werte größer und es sind feinere Zwischenwerte möglich.)

Der Befehl **show ip route** in Beispiel 5.6 zeigt die IGRP Metrikwerte in Klammern. Die Route zu 10.1.4.0 hat zum Beispiel den Wert [100/8539] neben der Subnetznummer. Die administrative Distanz werden wir kurz am Ende des Kapitels behandeln. Die Metrik 8539 gibt in einer Zahl einen Wert an, der sich aus der Bandbreite und dem Delay berechnet. Die Metrik berechnet sich (automatisch) als Summe der Umkehrung des Minimums der Bandbreite plus dem kumulierten Wert des Delays aller Links in der Route. Mit anderen Worten, je höher die Bandbreite, desto niedriger die Metrik; je niedriger das kumulierte Delay, desto niedriger die Metrik.

IGRP verwendet zur Berechnung einen Wert für die Bandbreite, der mit dem Befehl **bandwidth** auf jedem Interface eingegeben wird, um die Bandbreite dieser Schnittstelle festzulegen. Bei LAN-Interfaces geben die Standardwerte des Befehls **bandwidth** automatisch die richtige Bandbreite wieder. Bei seriellen Schnittstellen beträgt der Standardwert, der sich durch den Befehl **bandwidth** selbst einstellt, 1544 – also die T1-Geschwindigkeit. (Der Befehl **bandwidth** arbeitet mit der Einheit kbit/s. Der Befehl **bandwidth 1544** stellt die Bandbreite auf 1544 kbit/s ein, also 1,544 Mbit/s.)

Der Router kann nicht selbstständig die aktuelle Taktrate herausfinden und den Wert im Befehl **bandwidth** für ein serielles Interface ändern. Damit das IGRP immer die beste Route herausfinden kann, muss man den richtigen Bandbreitewert für jede Schnittstelle eingeben. Bild 5.10 stellt drei Beispiele für das gleiche Netzwerk dar. Die Ergebnisse für die Routen sind verschieden, je nach Routingprotokoll und der Einstellung für die Bandbreite.

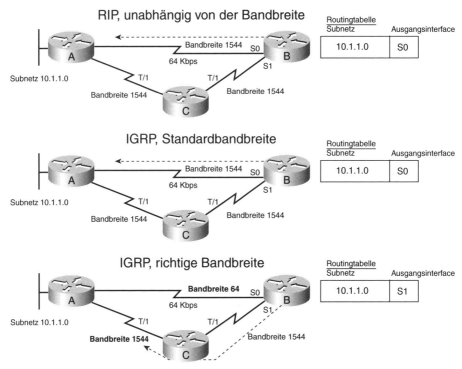

Bild 5.10: *Der Effekt der Bandbreite auf die Wahl der Route*

Die Verbindung der Router A und B hat nur eine Bandbreite von 64 kbit/s, die anderen beiden Links sind T1-Verbindungen. Daher kann man durchaus argumentieren, dass die bessere Route von Router B zu Subnetz 10.1.1.0 über Router C läuft. Die Route hat zwar einen Hop mehr, geht aber über zwei T1-Links, statt über die relativ langsame 64-kbit/s Verbindung.

RIP setzt den Hop Count zur Ermittlung der Metrik ein. Die Einstellungen des Befehls **bandwidth** werden nicht berücksichtigt. Das RIP auf Router B entscheidet sich für die langsame, direkte Route zu Router A. IGRP dagegen verwendet die Standardeinstellungen des **bandwidth** Befehls und wählt, wie in der Mitte zu sehen, auch die direkte Verbindung. Unten im Bild greifen jedoch die richtig konfigurierten Werte für die Bandbreite. Der **bandwidth** Befehl und IGRP entscheiden sich für die bessere Route zu Subnetz 10.1.1.0 über Router C.

Analyse der debug- und show-Befehle für RIP und IGRP

Wir schließen unseren Abschnitt mit der Basiskonfiguration von RIP und IGRP mit einem weiteren Musternetzwerk ab, das zuerst mit RIP, dann mit IGRP konfiguriert wird. Weiterführende Konzepte für Distanzvektorprotokolle wie Split Horizon und Route-Poisoning werden Ihnen klarer, wenn Sie sich einmal die folgenden Beispiele ansehen. RIP und IGRP implementieren Split Horizon und Route-Poisoning. Sie können die Konzepte besser verstehen, wenn wir noch die **debug** Nachrichten untersuchen.

Bild 5.11 und Beispiel 5.7 zeigen ein stabiles RIP Netzwerk mit Split Horizon-Regeln, die die RIP Updates steuern. Die nummerierten Pfeile, die man im Bild sieht, stellen die Routingupdates dar. Die Kommentare in Beispiel 5.7 beziehen sich auf die gleiche Nummerierung. In Beispiel 5.7 ist Ethernet 0 auf Yosemite außer Betrieb, und Yosemite bietet eine unendliche Route zu 10.1.2.0 an. Die Route ist vergiftet. Das zeigt der **debug ip rip** am Ende des Beispiels an. In Beispiel 5.8 sieht man die entsprechende RIP-Konfiguration in Yosemite.

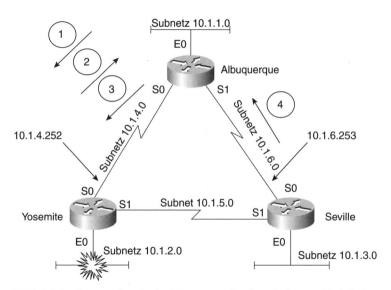

Bild 5.11: Netzwerk mit drei Routern, in dem Subnetz 10.1.2.0 ausgefallen ist

Beispiel 5.7: RIP-Konfiguration und Debug auf Albuquerque

```
interface ethernet 0
ip addr 10.1.1.251 255.255.255.0
interface serial 0
ip addr 10.1.4.251 255.255.255.0
interface serial 1
ip addr 10.1.6.251 255.255.255.0
!
router rip
network 10.0.0.0

Albuquerque#debug ip rip
```

Beispiel 5.7: RIP-Konfiguration und Debug auf Albuquerque (Forts.)

```
RIP: received v1 update from 10.1.6.253 on Serial1
     10.1.3.0 in 1 hops
     10.1.2.0 in 2 hops
     10.1.5.0 in 1 hops
RIP: sending v1 update to 255.255.255.255 via Serial0 (10.1.4.251)
!           (POINT NUMBER 1)
     subnet 10.1.3.0, metric 2
     subnet 10.1.1.0, metric 1
     subnet 10.1.6.0, metric 1
RIP: sending v1 update to 255.255.255.255 via Serial1 (10.1.6.251)
     subnet 10.1.2.0, metric 2
     subnet 10.1.1.0, metric 1
     subnet 10.1.4.0, metric 1
RIP: sending v1 update to 255.255.255.255 via Ethernet0 (10.1.1.251)
     subnet 10.1.3.0, metric 2
     subnet 10.1.2.0, metric 2
     subnet 10.1.6.0, metric 1
     subnet 10.1.5.0, metric 2
     subnet 10.1.4.0, metric 1
RIP: received v1 update from 10.1.4.252 on Serial0
     10.1.3.0 in 2 hops
     10.1.2.0 in 1 hops
     10.1.5.0 in 1 hops
Albuquerque#
(Yosemite E0 shutdown at this time...)

RIP: received v1 update from 10.1.4.252 on Serial0
!           (POINT NUMBER 2)
     10.1.3.0 in 2 hops
     10.1.2.0 in 16 hops (inaccessible)
     10.1.5.0 in 1 hops
RIP: sending v1 update to 255.255.255.255 via Serial0 (10.1.4.251)
!           (POINT NUMBER 3)
     subnet 10.1.3.0, metric 2
     subnet 10.1.2.0, metric 16
     subnet 10.1.1.0, metric 1
     subnet 10.1.6.0, metric 1
RIP: sending v1 update to 255.255.255.255 via Serial1 (10.1.6.251)
     subnet 10.1.2.0, metric 16
     subnet 10.1.1.0, metric 1
     subnet 10.1.4.0, metric 1
RIP: sending v1 update to 255.255.255.255 via Ethernet0 (10.1.1.251)
     subnet 10.1.3.0, metric 2
     subnet 10.1.2.0, metric 16
     subnet 10.1.6.0, metric 1
     subnet 10.1.5.0, metric 2
     subnet 10.1.4.0, metric 1
```

Beispiel 5.7: RIP-Konfiguration und Debug auf Albuquerque (Forts.)

```
RIP: received v1 update from 10.1.6.253 on Serial1
!          (POINT NUMBER 4)
   10.1.3.0 in 1 hops
   10.1.2.0 in 16 hops (inaccessible)
   10.1.5.0 in 1 hops
```

Beispiel 5.8: RIP-Konfiguration auf Yosemite

```
interface ethernet 0
ip addr 10.1.2.252 255.255.255.0
interface serial 0
ip addr 10.1.4.252 255.255.255.0
interface serial 1
ip addr 10.1.5.252 255.255.255.0

router rip
network 10.0.0.0
```

Untersuchen Sie zuerst die Konfiguration auf Albuquerque (Beispiel 5.7) und Yosemite (Beispiel 5.8). Alle Schnittstellen auf allen Routern gehören zu Netzwerk 10.0.0.0. RIP verlangt nur einen **network** Befehl auf jedem Router. Die Konfiguration ist ziemlich einfach.

Den Rest der Erklärung verstehen Sie anhand des Ausdrücke »POINT NUMBER X« in Beispiel 5.7. Die folgende Aufzählung beschreibt, was in dem jeweiligen Schritt passiert:

- **POINT NUMBER 1** – Albuquerque sendet unter Beachtung der Split Horizon-Regeln ein Update aus Serial0. Beachten Sie, dass 10.1.2.0, Yosemites Ethernetsubnetz, nicht in dem Update vertreten ist, das aus Albuquerques S0-Interface hinaus geht.

- **POINT NUMBER 2** – Dieser Punkt beginnt mit der Abschaltung von Yosemites E0, das einen Fehler simuliert. Albuquerque erhält ein Update von Yosemite, auf Albuquerques S0 Interface. Die Route zu 10.1.2.0 hat eine infinite Metrik, in diesem Fall 16.

- **POINT NUMBER 3** – Albuquerque hatte vorher Subnetz 10.1.2.0 wegen der Split Horizon-Regeln nie erwähnt (Punkt 1). Das Update unter Punkt 3 enthält eine vergiftete Route zu 0.1.2.0 mit Metrik 16. Dies ist ein Beispiel für Split Horizon mit Poisonreverse.

- **POINT NUMBER 4** – Albuquerque empfängt ein Update auf S1 von Seville. Es enthält eine Route mit Metrik 16 (infinite) zu 10.1.2.0. Seville hat für das Senden dieser Route keine Split Horizon-Regeln außer Kraft gesetzt, weil Seville das Angebot der Route schon vorher kannte. Es handelt sich um einen einfachen Fall von Route-Poisoning.

Beispiel 5.9 zeigt die Schritte, mit denen man zu IGRP übergehen kann. Außerdem werden einige **debug** und **show** Befehle gezeigt. Dargestellt ist die Konfiguration, die auf allen drei Routern auf Bild 5.11 eingegeben werden muss, um zu IGRP überzugehen. Der Befehl **network** arbeitet hier genau so wie beim RIP. Die Anzeigeen von **show** und **debug** geben etwas Einblick in die Unterschiede von RIP und IGRP.

> **ANMERKUNG**
>
> Die folgenden drei Konfigurationsbefehle werden auf allen drei Routern eingesetzt.

Beispiel 5.9: Übergang zu IGRP mit Beispielen für die Befehle show und debug

```
no router rip
router igrp 5
 network 10.0.0.0

Albuquerque#show ip route
Codes: C - connected, S - static, I - IGRP, R - RIP, M - mobile, B - BGP
       D - EIGRP, EX - EIGRP external, O - OSPF, IA - OSPF inter area
       N1 - OSPF NSSA external type 1, N2 - OSPF NSSA external type 2
       E1 - OSPF external type 1, E2 - OSPF external type 2, E - EGP
       i - IS-IS, L1 - IS-IS level-1, L2 - IS-IS level-2, ia - IS-IS inter area
       * - candidate default, U - per-user static route, o - ODR
       P - periodic downloaded static route

Gateway of last resort is not set

     10.0.0.0/24 is subnetted, 6 subnets
I       10.1.3.0 [100/8539] via 10.1.6.253, 00:00:28, Serial1
I       10.1.2.0 [100/8539] via 10.1.4.252, 00:00:18, Serial0
C       10.1.1.0 is directly connected, Ethernet0
C       10.1.6.0 is directly connected, Serial1
I       10.1.5.0 [100/10476] via 10.1.4.252, 00:00:18, Serial0
                 [100/10476] via 10.1.6.253, 00:00:29, Serial1
C       10.1.4.0 is directly connected, Serial0
Albuquerque#debug ip igrp transactions
IGRP protocol debugging is on
Albuquerque#
07:43:40: IGRP: sending update to 255.255.255.255 via Serial0 (10.1.4.251)
07:43:40:      subnet 10.1.3.0, metric=8539
07:43:40:      subnet 10.1.1.0, metric=688
07:43:40:      subnet 10.1.6.0, metric=8476
07:43:40: IGRP: sending update to 255.255.255.255 via Serial1 (10.1.6.251)
07:43:40:      subnet 10.1.2.0, metric=8539
07:43:40:      subnet 10.1.1.0, metric=688
```

Beispiel 5.9: Übergang zu IGRP mit Beispielen für die Befehle show und debug (Forts.)

```
07:43:40:          subnet 10.1.4.0, metric=8476
07:43:40: IGRP: sending update to 255.255.255.255 via Ethernet0 (10.1.1.251)
07:43:40:          subnet 10.1.3.0, metric=8539
07:43:40:          subnet 10.1.2.0, metric=8539
07:43:40:          subnet 10.1.6.0, metric=8476
07:43:40:          subnet 10.1.5.0, metric=10476
07:43:40:          subnet 10.1.4.0, metric=8476
07:43:59: IGRP: received update from 10.1.6.253 on Serial1
07:43:59:          subnet 10.1.3.0, metric 8539 (neighbor 688)
07:43:59:          subnet 10.1.5.0, metric 10476 (neighbor 8476)
07:44:18: IGRP: received update from 10.1.4.252 on Serial0
07:44:18:          subnet 10.1.2.0, metric 8539 (neighbor 688)
07:44:18:          subnet 10.1.5.0, metric 10476 (neighbor 8476)
Albuquerque#no debug all
All possible debugging has been turned off
Albuquerque#
Albuquerque#debug ip igrp events
IGRP event debugging is on
Albuquerque#
07:45:00: IGRP: sending update to 255.255.255.255 via Serial0 (10.1.4.251)
07:45:00: IGRP: Update contains 3 interior, 0 system, and 0 exterior routes.
07:45:00: IGRP: Total routes in update: 3
07:45:00: IGRP: sending update to 255.255.255.255 via Serial1 (10.1.6.251)
07:45:00: IGRP: Update contains 3 interior, 0 system, and 0 exterior routes.
07:45:00: IGRP: Total routes in update: 3
07:45:00: IGRP: sending update to 255.255.255.255 via Ethernet0 (10.1.1.251)
07:45:01: IGRP: Update contains 5 interior, 0 system, and 0 exterior routes.
07:45:01: IGRP: Total routes in update: 5
07:45:21: IGRP: received update from 10.1.6.253 on Serial1
07:45:21: IGRP: Update contains 2 interior, 0 system, and 0 exterior routes.
07:45:21: IGRP: Total routes in update: 2
07:45:35: IGRP: received update from 10.1.4.252 on Serial0
07:45:35: IGRP: Update contains 2 interior, 0 system, and 0 exterior routes.
07:45:35: IGRP: Total routes in update: 2
Albuquerque#no debug all
All possible debugging has been turned off
Albuquerque#show ip protocol
Routing Protocol is »igrp 5"
  Sending updates every 90 seconds, next due in 34 seconds
  Invalid after 270 seconds, hold down 280, flushed after 630
  Outgoing update filter list for all interfaces is
  Incoming update filter list for all interfaces is
  Default networks flagged in outgoing updates
  Default networks accepted from incoming updates
  IGRP metric weight K1=1, K2=0, K3=1, K4=0, K5=0
  IGRP maximum hopcount 100
  IGRP maximum metric variance 1
```

Beispiel 5.9: Übergang zu IGRP mit Beispielen für die Befehle show und debug (Forts.)

```
Redistributing: igrp 5
Maximum path: 4
Routing for Networks:
  10.0.0.0
Routing Information Sources:
  Gateway          Distance      Last Update
  10.1.6.253            100      00:00:23
  10.1.4.252            100      00:00:08
Distance: (default is 100)
```

Man kann in diesem Fall mit nur drei Befehlen auf jedem Router von RIP zu IGRP übergehen. Wie in Beispiel 5.9 hervorgehoben, löscht der Befehl **no router rip** die komplette RIP-Konfiguration vom Router, inklusive aller **network** Unterbefehle. Die drei Router müssen alle dieselbe IGRP AS Nummer (hier: 5) verwenden. Da alle Schnittstellen jedes Routers in Netzwerk 10.0.0.0 liegen, wird nur ein **network 10.0.0.0** Unterbefehl eingegeben.

Der Befehl **show ip route** zeigt am deutlichsten an, wie ein Routingprotokoll arbeitet. Die Legende zu Beginn der **show ip route** Anzeige in Beispiel 5.9 nennt die »Postleitzahlen«, an denen man die Quelle der Routinginformation erkennt – zum Beispiel C für angeschlossene Routen, **R** für RIP, **I** für IGRP. Jedes der A-, B- und C-Klasse Netzwerke ist mit seinen jeweiligen Subnetzen aufgeführt. Wird eine statische Maske in dem Netzwerk verwendet, wird sie nur in der entsprechenden Zeile angezeigt. Alle Routing-Einträge beinhalten Subnetznummer und Ausgangsinterface. In den meisten Fällen ist die IP-Adresse des Next-Hop Routers auch verzeichnet.

IGRP erlernt genau die gleichen Routen, wie RIP. Die Metriken sind allerdings unterschiedlich. Die Anzeige von **show ip route** führt sechs Subnetze auf. Achten Sie auch auf die beiden Routen zu 10.1.5.0/24 – eine über Yosemite, eine über Seville. Es sind beide Routen in die Routingtabelle aufgenommen worden, da 4 die Standardeinstellung für **ip maximum-paths** ist und beide Routen die gleiche Metrik haben. Wenn Sie in der Anzeige weiter zum Befehl **debug ip igrp transactions** gehen, sehen Sie, dass die beiden equal-cost Routen angeboten werden. Eine Route findet man im Update, das auf Serial1 empfangen wird. Die andere ist im Update zu erkennen, das auf Serial0 empfangen wird.

Die Anzeige von **debug ip igrp transactions** zeigt die Einzelheiten der Routingupdates an, während **debug ip igrp events** nur berichtet, dass Routingupdates angekommen sind.

Zum Schluss führt **show ip protocol** viele wichtige Details des Routingprotokolls auf. Der Update Timer wird mit dem Zeitintervall bis zum nächsten Routingupdate angegeben. Danach wird noch die Zeit angegeben, die seit dem Empfang eines Updates von jedem Nachbar-Router vergangen ist. Der Befehl gibt auch die Nachbarn an, von denen überhaupt Routinginformationen empfangen wurden. Wenn Sie prüfen müssen, ob und von welchen Routern vor kurzem Updates empfangen wurden, ist **show ip protocol** die richtige Wahl.

Mehrere Routen zum selben Subnetz

Wenn es in einem Netzwerk redundante Verbindungen gibt, erfahren die Router von mehreren Routen zum selben Subnetz. So kann ein Router von einer Route mit einer bestimmten Metrik erfahren, kurz danach eine bessere Route kennen lernen, und die alte Route durch die neue ersetzen. Oder die alte Route hat eine bessere Metrik. In einigen Fällen sind die Metriken gleich. Die Router müssen nun anders entscheiden, was zu tun ist.

Bild 5.12 führt ein Beispiel an, in dem neue Routen erlernt werden. In unserem Bild hatte Router B zuerst nur eine Verbindung zu Router A. Dann wurde eine Verbindung zu Router C hinzugefügt. Tabelle 5.12 zeigt die Routingtabelle von Router B, bevor die serielle Verbindung zwischen Router B und C aktiv wird. Tabelle 5.13 zeigt die Routingtabelle von Router B, nachdem die Verbindung zwischen B und C da ist.

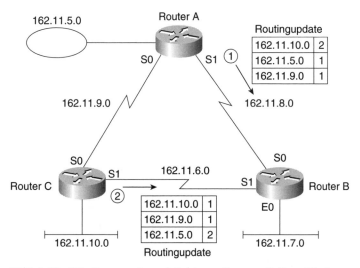

Bild 5.12: Die Router A und C bieten Router B ihre Pfade an.

> **ANMERKUNG**
>
> Die Routingupdates aus Bild 5.12 beinhalten nur die Informationen, die zum Verständnis unseres Themas notwendig sind. Andere Routen, die normalerweise auch zu sehen wären, sind nicht berücksichtigt.

Tabelle 5.12: Routingtabelle von Router B, während Serial1 nicht funktioniert

Gruppe	Ausgangs-Interface	Next-Hop Router	Metrik	Kommentar
162.11.5.0	S0	162.11.8.1	1	
162.11.7.0	E0	–	0	
162.11.8.0	S0	–	0	
162.11.9.0	S0	162.11.8.1	1	Diese Route mit Metrik 1 wurde von Router A erlernt.
162.11.10.0	S0	162.11.8.1	2	Aktuell die beste Route über Router A, weil das Link zu Router C ausgefallen ist.

Tabelle 5.13: Routingtabelle von Router B, nachdem er erfährt, dass es eine weitere Route zu Subnetz 162.11.10.0 gibt

Gruppe	Ausgangs-Interface	Next-Hop Router	Metrik	Kommentar
162.11.5.0	S0	162.11.8.1	1	
162.11.6.0	S1	–	0	Diese Route wurde hinzugefügt, weil sie direkt mit S1 verbunden ist, das jetzt funktioniert.
162.11.7.0	E0	–	0	
162.11.8.0	S0	–	0	
162.11.9.0	S0	162.11.8.1	1	Diese Route mit Metrik 1 wurde von Router A erlernt, aber Router C bietet auch eine Metrik 1 Route an! Es wird nur eine Route ausgewählt – die, die zuerst erlernt wurde.
162.11.10.0	S1	162.11.6.2	1	Hier wird eine ältere Route durch eine bessere ersetzt. Die neue Route hat eine kleinere Metrik Und führt aus S1 direkt zu Router C.

Als Reaktion auf die neuen Routingupdates von Router C ändert Router B in diesem Fall nur eine einzige Route. Router B ändert seine Route zu 162.11.10.0, da die Metrik der Route über Router C (Metrik 1) niedriger ist, als die von Router A (Metrik 2).

Router B fügt in unserem Beispiel nur eine einzige Route hinzu – das direkt verbundene Subnetz 162.11.6.0. Diese Route wird nicht wegen des Distanzvektor-Routingprotokolls hinzugefügt, sondern weil es sich um ein direkt angeschlossenes Subnetz handelt und das Interface jetzt aktiv ist.

In unserem Beispiel ändert Router B seine Route zu Subnetz 162.11.9.0 nicht, obwohl Router B eine Route mit der Metrik 1 zu Subnetz 162.11.9.0 über die Router C und Router A kennen lernt. In diesem Fall bleibt diejenige Route in der Tabelle, die vorher auch darin war. Das hat seine Gründe. Router B reagiert hier genauso, als wenn man den Globalbefehl **ip maximum-paths 1** konfigurieren würde. Dadurch hat Router B immer nur eine Route zum selben Subnetz in seiner Routing-Tabelle. Wenn **maximum-paths** auf 1 steht, bleibt die zuerst erlernte Route zu einem Subnetz in der Tabelle, und neue Routen mit derselben Metrik werden nicht hinzugefügt.

In der Cisco-IOS-Software ist als Standard vorgesehen, dass es bis zu vier equal-cost Routen zum selben Subnetz in einer Routingtabelle gibt – so, als wenn man **ip maximum-paths 4** konfiguriert hätte. Im letzten Beispiel hätte Router B in der Standardeinstellung eine zweite Route zu 162.11.9.0 aufgenommen, die aus Serial1 heraus zu Router C geht. Für **maximum-paths** kann man als niedrigsten Wert 1, als höchsten 6 eingeben.

Wenn RIP mehr als eine Route zum selben Subnetz in derselben Routingtabelle unterbringen konnte, teilt der Router den Datenverkehr auf die verschiedenen Routen auf. (Die Feinheiten dieser Aufteilung der Pakete durch die Cisco-IOS-Software werden in dem Buch »Inside Cisco IOS Software Architectures« erklärt.)

Die Metrikformel für IGRP (und EIGRP) stellt uns bei Routen gleicher Metrik aber vor ein interessantes Problem. IGRP kann mehr als eine Route zum selben Subnetz mit unterschiedlicher Metrik erlernen; es ist aber ziemlich unwahrscheinlich, dass es überhaupt einmal eine gleiche Metrik gibt, da die Metrik über eine mathematische Formel errechnet wird. Daher kann man dem Routingprotokoll unter IGRP (und EIGRP) erzählen, dass es Metriken gibt, die immerhin »so gut wie gleich sind«. Das macht man in der IOS-Software mit dem Router Unterbefehl **variance**. Er bestimmt, wie unterschiedlich Metriken sein dürfen, um noch als gleich eingestuft zu werden.

Der Befehl **variance** definiert einen Multiplikator. Jede Metrik, die geringer ist als das Produkt aus der kleinsten Metrik und dem Varianzfaktor, gilt als gleich. Wenn also etwa die Metrik der besseren von zwei Routen 100 ist und die Varianz 2, gilt eine zweite Metrik mit dem Wert 200 noch als gleich lang. Sie wird dann in die Routingtabelle aufgenommen (abhängig von der Konfiguration von maximum-paths allerdings, Sie verstehen?). Wenn die **variance** in unserem Beispiel auf 4 eingestellt wäre, könnten Routen zum selben Subnetz mit einer Metrik bis 400 der Routingtabelle hinzugefügt werden.

Wenn IGRP mehr als eine Route zu demselben Subnetz in die Routingtabelle hineingeschrieben hat, teilt der Router den Datenverkehr auf die Routen auf, und zwar proportional zu den Metrikwerten. Sie können dem Router jedoch auch sagen, dass er nur die lowest-cost Route nehmen soll. Dazu geben Sie den IGRP Unterbefehl **traffic-share min** ein. Dieser Befehl bewirkt, dass der Router den einen Pfad mit der niedrigsten Metrik verwenden soll, obwohl mehrere Routen zum selben Subnetz in der Routingtabelle sind. Warum fügt man dann nicht allein die Route mit der besten Metrik oben in die Tabelle ein? Weil das Risiko eines Verbindungsausfalls dann zu hoch ist. Fällt die beste Route einmal aus, und es sind noch andere Routen in der Tabelle, braucht IGRP nicht erst eine neue Route auszuhandeln und der Routingtabelle hinzuzufügen. Die Konvergenzzeit ist so praktisch gleich Null! Daher man kann das Erlernen mehrerer ähnlich-langer Routen und den Befehl **variance** zur Sicherheit strategisch verwenden, insbesondere, wenn man die Zahl der aktuell verwendeten Routen mit **traffic-share min** auf die beste Route beschränkt.

Administrative Distanz

Viele Firmen und Organisationen verwenden ein einziges Routingprotokoll. In einigen Fällen benötigt man allerdings mehrere Routingprotokolle. Nehmen wir an, zwei Unternehmen möchten ihre Netzwerke verbinden, damit sie Informationen austauschen zu können. Dazu müssen sie allerdings auch einige Routinginformationen weitergeben. Falls die eine Firma RIP, die andere IGRP verwendet, muss auf mindestens einem der Router RIP und IGRP gleichzeitig laufen. Das soll nur ein Beispiel sein. Es ist aber tatsächlich nicht so unüblich, dass auf einem Router mehrere Routingprotokolle verwendet werden.

Je nach Netzwerktopologie müssen nun zwei Routingprotokolle Routen zu denselben Subnetzen erlernen. Wenn ein einziges Routingprotokoll mehrere Routen zum selben Subnetz vorliegen hat, bestimmt die Metrik, welche Route die beste ist. Weil aber unterschiedliche Routingprotokolle unterschiedliche Metriken einsetzen, kann das IOS die Metriken nicht vergleichen. RIP erlernt vielleicht eine Route zu Subnetz 10.1.1.0 mit Metrik 1, IGRP auch eine zu 10.1.1.0 mit Metrik 8729. Es gibt keine gemeinsame Basis zum Vergleich der beiden Metriken.

Um jetzt zu entscheiden, welche Route verwendet werden soll, gibt es die administrative Distanz. Die Administrative Distanz ist der Wert, der die Glaubwürdigkeit eines kompletten Routingprotokolls auf einem bestimmten Router einstuft. Je kleiner die Zahl, desto glaubwürdiger oder besser ist das Routingprotokoll. Wenn RIP beispielsweise eine administrative Standarddistanz von 120 hat und der Standard von IGRP bei 100 liegt, ist IGRP glaubwürdiger als RIP. Erlernen beide Routingprotokolle Routen zum selben Subnetz, fügt der Router nur die IGRP-Route der Routingtabelle hinzu.

Die Werte für die administrative Distanz werden nur für einen Router konfiguriert und nicht mit anderen Routern ausgetauscht. Tabelle 5.14 zeigt die verschiedenen Quellen der Routinginformation und den Standard für die administrative Distanz.

Tabelle 5.14: Standardwerte für die administrative Distanz

Route-Typ	Administrative Distanz
Verbunden	0
Statisch	1
EIGRP zusammengefasst	5
EBGP	20
EIGRP (intern)	90
IGRP	100
OSPF	110
IS-IS	115
RIP	120
EIGRP (extern)	170
iBGP (extern)	200

5.3 Grundlagen-Zusammenfassung

Die »Grundlagen-Zusammenfassung« enthält die wichtigsten Inhalte eines Kapitels. Es kommt zwar nicht alles vor, was im Examen gefragt werden könnte. Ein guter Examens-Kandidat hat aber mindestens die Inhalte der Grundlagen-Zusammenfassungen in allen Feinheiten parat.

Alle Routingprotokolle haben die folgenden gemeinsamen Ziele:

- Dynamisches Erlernen einer Route zu allen Subnetzen im Netzwerk für die Routingtabelle.

- Wenn mehr als eine Route zu einem Subnetz verfügbar ist, Auswahl der besten Route für die Routingtabelle.

- Erkennen von mittlerweile ungültigen Routen und ihre Löschung aus der Routingtabelle.

- Wenn eine Route aus der Routingtabelle gelöscht, eine andere über einen anderen Nachbar-Router aber verfügbar ist, Aufnahme der anderen Route in die Routingtabelle. (Manche Leute finden diesen Punkt identisch mit dem vorhergehenden.)

- Hinzufügen neuer Routen und Ersetzen ungültiger Routen durch die aktuell beste Ersatzlösung so schnell wie möglich. Die Zeit zwischen dem Verlust einer Route und ihrer Ersetzung bezeichnet man als *Konvergenzzeit*.

- Vermeiden von Routingloops.

Tabelle 5.15 fasst die Hauptbegriffe der Thematik um die Routingprotokolle für das CCNA-Examen zusammen.

Tabelle 5.15: Routingprotokoll Terminologie

Begriff	Definition
Routingprotokoll	Protokoll, das die besten verfügbaren Pfade zwischen Routern herausfindet, in der Routingtabelle vermerkt und ungültig gewordene Routen wieder aus der Tabelle herausnimmt.
Externes Routing protokoll	Routingprotokoll für die Verständigung zwischen verschiedenen Firmen, oft zwischen Internet-Serviceprovidern oder einem ISP und einer Firma. Eine Firma könnte etwa BGP als externes Routingprotokoll zwischen dem eigenen und einem ISP-Router laufen lassen.
Internes Routingprotokoll	Routingprotokoll für den internen Gebrauch einer Organisation oder Firma. Eine komplette Firma könnte sich zum Beispiel für IGRP entscheiden, ein internes Routingprotokoll.
Distanzvektor	Verhaltensmuster einiger interner Routingprotokolle wie RIP und IGRP.
Link State	Verhaltensmuster einiger interner Routingprotokolle wie OSPF.
Balanced Hybrid	Verhaltensmuster von EIGRP. EIGRP ist mehr mit Distanzvektor als mit Link State vergleichbar, aber von beiden zu unterscheiden.

Tabelle 5.15: Routingprotokoll Terminologie (Forts.)

Begriff	Definition
SPF (Dijkstra Shortest Path First)	Magische Berechnung unter Link-State-Protokollen wie OSPF für die Berechnung der Routingtabelle.
DUAL (Diffusing Update Algorithm)	Verfahren, mit dem EIGRP-Router gemeinsam Routen für ihre Routingtabellen berechnen.
Konvergenz	Zeit, die ein Router braucht, um auf Änderungen im Netzwerk zu reagieren, also schlechte Routen durch neue zu ersetzen, so dass die Routingtabelle immer die besten Routen enthält.
Metrik	Zahlenwert für die Einschätzung der Güte einer Route. Niedrige Werte stehen für bessere Routen.

Distanzvektorprotokolle verhindern mit mehreren Verfahren die Entstehung von Loops. Tabelle 5.16 fasst Probleme und Lösungen zusammen.

Tabelle 5.16: Probleme des Distanzvektor-Routingprotokolls in Netzwerken mit mehreren Pfaden

Problem	Lösung
Mehrere Routen zum selben Subnetz haben die gleiche Metrik	Die Implementationsmöglichkeiten beziehen entweder die erste erlernte oder mehrere Routen zum selben Subnetz in die Routingtabelle ein.
Routingloops treten auf, weil Updates auf derselben Verbindung unbemerkt aneinander vorbeigehen	**Split Horizon** – Das Routingprotokoll bietet Routen aus einem Interface nur dann an, wenn sie nicht über dasselbe Interface erlernt wurden. **Split Horizon mit Poisonreverse** – Das Routingprotokoll verwendet die Split Horizon-Regeln, bis eine Route ausfällt. In diesem Fall wird die Route aus allen Interfaces heraus angeboten, auch über das, auf dem Sie erlernt wurde, nur mit unendlich hoher Metrik.
Routingloops treten auf, weil Routinginformation über alternative Pfade geht	**Routepoisoning** – Wenn eine Route zu einem Subnetz ausfällt, wird das Subnetz mit einer unendlichen Metrik angeboten. Dieser Begriff bezieht sich auf Routen, die angeboten werden, wenn die Route gültig ist. Poisonreverse bezieht sich auf Routen, die wegen Split Horizon normalerweise nicht angeboten werden, wohl aber mit unendlicher Metrik, wenn die Route ausgefallen ist.

Tabelle 5.16: Probleme des Distanzvektor-Routingprotokolls in Netzwerken mit mehreren Pfaden (Forts.)

Problem	Lösung
Counting to infinity	**Holddown Timer** – Bemerkt ein Router, dass die Route zu einem Subnetz ausgefallen ist, wartet er noch eine bestimmte Zeit lang, bevor er den Routinginformationen über das betroffene Subnetz wieder Glauben schenkt. **Getriggerte Updates** – Wenn eine Route ausfällt, wird sofort ein Update gesendet, obwohl der Update Timer unter Umständen noch gar nicht ausgelaufen ist. In Verbindung mit Route-Poisoning sorgt die Funktion dafür, dass alle Router über die ausgefallenen Routen Bescheid wissen, bevor ein Holddown Timer auslaufen kann.

Tabelle 5.17 vergleicht RIP und IGRP.

Tabelle 5.17: Vergleich von RIP und IGRP

Feature	RIP (Standard)	IGRP (Standard)
Update Timer	30 Sekunden	90 Sekunden
Metrik	Hop Count	Funktion von Bandbreite und Delay (als Standard). Kann Reliabilität, Load und MTU enthalten.
Holddown Timer	180	280
Flash (getriggerte) Updates	Ja	Ja
Maske wird im Update mitgesendet	Nein	Nein
Wert für die unendlich weite Metrik	16	4.294.967.295

5.4 Q&A

Wie in der Einleitung erwähnt, haben Sie zwei Möglichkeiten, die folgenden Fragen zu beantworten. Diese Fragen stellen eine größere Herausforderung für Sie dar, als das Examen selbst. Die Lösung ist nicht so eindeutig festgelegt, wie bei den Examensfragen. Durch diese offeneren, schwierigeren Fragen, werden Sie mit der Thematik des Kapitels noch besser vertraut. Die Antworten zu den Fragen finden Sie in Anhang A.

Wenn Sie Fragen bearbeiten möchten, wie sie im Examen auf Sie zukommen, können Sie sich auf der Prüfungs-CD mit den Multiple-Choice-Fragen und dem Router-Simulator beschäftigen.

Kapitel 5 • RIP, IGRP und statische Routen

1. Welches Routingprotokoll-Verfahren verwendet ein Holddown Timer? Welchen Zweck hat er?

2. Definieren Sie, was Split Horizon für den Inhalt der Routingupdates bedeutet. Gilt dies sowohl für Distanzvektor als auch für Link-State Algorithmen?

3. Welche Schritte würden Sie für einen Übergang von RIP zu IGRP vorschlagen, wenn die aktuelle RIP-Konfiguration des Routers als Befehle nur **router rip** und danach **network 10.0.0.0** enthält?

4. Wie kennzeichnet die Cisco IOS Software ein Subnetz in der Routingtabelle als direkt verbunden? Wie sieht es mit Routen aus, die von IGRP oder RIP erlernt wurden?

5. Erstellen Sie eine IGRP-Konfiguration auf einem Router mit den folgenden Schnittstellen und Adressen: e0 verwendet 10.1.1.1, e1 verwendet 224.1.2.3, s0 verwendet 10.1.2.1, s1 verwendet 199.1.1.1. Nehmen Sie ID 5.

6. Erstellen Sie eine IGRP-Konfiguration auf einem Router mit den folgenden Schnittstellen und Adressen: to0 verwendet 200.1.1.1, e0 verwendet 128.1.3.2, s0 verwendet 192.0.1.1, s1 verwendet 223.254.254.1.

7. Wie können Sie aus dem User Modus eines Routers feststellen, welche Router Updates senden, ohne in den privilegierten Modus zu gehen oder Debug-Befehle zu verwenden?

8. Stellen Sie sich einen Router mit Interface E0, IP-Adresse 168.10.1.1 und E1 mit IP-Adresse 10.1.1.1 vor. Wenn man ihn nur mit **router rip** und **network 10.0.0.0** konfiguriert und keine anderen network Befehle eingegeben werden, sendet RIP dann Updates aus Ethernet0?

9. Stellen Sie sich einen Router mit Interface E0, IP-Adresse 168.10.1.1 und E1 mit IP-Adresse 10.1.1.1 vor. Wenn man den Router mit den Befehlen **router igrp 1** und **network 10.0.0.0** konfiguriert, bietet IGRP dann 168.10.0.0 an?

10. Wenn die Befehle **router igrp 1** und **network 10.0.0.0** auf einem Router mit Ethernet0 Interface, IP-Adresse 168.10.1.1, Maske 255.255.255.0 konfiguriert werden, hat der Router dann einen Pfad zu 168.10.1.0?

11. Müssen die IGRP-Metriken mehrerer Routen zum selben Subnetz gleich sein, damit die Routen gleichzeitig in der Routingtabelle stehen können? Wenn nein, wie nah müssen die Metrikwerte beieinander liegen?

12. Welcher Konfigurationsbefehl beschränkt unter RIP die Anzahl der equal-cost Routen die gleichzeitig in der Routingtabelle stehen können?

Wie viele equal-cost Routen mit demselben Ziel können gleichzeitig in einer IP-Routingtabelle stehen?

13. Welcher Konfigurationsbefehl beschränkt unter IGRP die Anzahl der equal-cost Routen die gleichzeitig in der Routingtabelle stehen können? Wie viele equal-cost Routen mit demselben Ziel können gleichzeitig in einer IP-Routingtabelle stehen?

14. Welcher Befehl führt alle IP-Routen auf, die über RIP erlernt wurden?

15. Welcher Befehl oder welche Befehle führen alle IP-Routen in Netzwerk 172.16.0.0 auf?

16. Wahr oder falsch: Distanzvektor-Routingprotokolle lernen Routen durch die Übertragung von Routingupdates.

17. Nehmen wir an, dass ein Router nur eine Route zu jedem Zielnetzwerk in seine Routingtabelle aufnehmen darf. Welche Route landet in der Routingtabelle, wenn mehr als eine Route zu einem bestimmten Netzwerk führt, jede Route dieselbe Metrik aufweist und das Distanzvektorverfahren angewendet wird?

18. Geben Sie Ziel und Bedeutung des Begriffs Route-Poisoning wieder.

19. Geben Sie Ziel und Bedeutung des Begriffs getriggerte Updates wieder.

20. Welcher Begriff beschreibt das Verfahren, das hinter dem Routingprotokoll OSPF steht?

21. Router1 hat eine serielles Interface S0, das ihn über ein Punkt-zu-Punkt-Link mit Router2 verbindet. Router2 hat die Ethernet-Interfaceadresse 20.1.21.1 mit Maske 255.255.252.0. Nennen Sie eine Abwandlung des Befehls **ip route**, die Sie mit Ihrem jetzigen Wissen vollständig und syntaktisch richtig konfigurieren könnten.

Dieses Kapitel deckt folgende Punkte ab:
- Link-State und OSPF
- Balanced Hybrid und EIGRP
- OSPF-Konfiguration
- EIGRP-Konfiguration

Kapitel 6

OSPF und EIGRP

Routingprotokolle lernen Routen – die aktuell besten Routen – und stellen diese Subnetze in die IP-Routingtabelle. Im vergangenen Kapitel haben wir besprochen, wie man dieses Ziel mit Distanzvektorprotokollen erreicht. Jetzt geht es darum, wie das gleiche Ziel mit zwei anderen Routingprotokollen, Link-State und Balanced-Hybrid, erreicht.

Als die Distanzvektorprotokolle entwickelt wurden, hatten die Router noch langsame Prozessoren und die Links waren, im Vergleich zu heute langsam. Nur um einmal die Verhältnisse klar zu machen: Im Juni 1988 wurde RFC 1058 als Internetstandard herausgegeben und die erste Version des RIP für IP definiert. Damals handelte es sich um einen riesigen Fortschritt in Bezug auf die Distanzvektortechnik und im Vergleich zum RIP-Standard der frühen 80er. Um Bandbreite zu sparen, übermittelte man nur die wichtigsten Routinginformationen über das Netzwerk. Die Protokolle waren so angelegt, dass sie wenig Prozessorleistung und wenig Speicherplatz verbrauchten, da die Routinggeräte einfach noch nicht so weit waren.

Link-State und Balanced-Hybrid wurden in der Mitte der 90er Jahre als Protokolle entwickelt und sie waren schon für wesentlich bessere Prozessoren und wesentlich schnellere Verbindungen ausgelegt. Da mehr Informationen gesendet werden konnten und die Routerleistung höher war, brachten die neueren Routingprotokolle einige unschätzbare Vorteile gegenüber den älteren Distanzvektorprotokollen mit sich – insbesondere eine wesentlich schnellere Konvergenz. Das Ziel bleibt das gleiche. Es müssen die aktuell besten Routen in der Routingtabelle stehen. Die neueren Protokolle finden und ergänzen solche Routen allerdings mit einer etwas anderen Methode. Dieses Kapitel stellt heraus, wie Link-State und Balanced-Hybrid-Protokolle funktionieren, und wie man die üblichen Protokolltypen der beiden Konzepte konfiguriert – OSPF (Open Shortest Path First) und EIGRP (Enhanced IGRP).

6.1 »Weiß ich's schon?«-Quiz

Ziel des Quiz ist es, Ihnen bei der Entscheidung zu helfen, welche Abschnitte eines Kapitels Sie lesen müssen. Wenn Sie ohnehin das ganze Kapitel lesen wollen, brauchen Sie die Fragen an dieser Stelle nicht zu beantworten.

Mit dem 10-Fragen-Quiz können Sie, bezogen auf den Grundlagen-Abschnitt, Ihre begrenzte Studienzeit sinnvoll einteilen.

Tabelle 6.1 stellt die Hauptthemen des Kapitels und die dazu passenden Fragen aus dem Quiz dar.

Tabelle 6.1: »Weiß ich's schon?«-Übersicht zum Grundlagen-Abschnitt

Grundlagen-Abschnitt	Fragen zu diesem Abschnitt
Link-State Routingprotokoll und OSPF	3, 5
Balanced Hybrid und EIGRP	2, 4, 5
OSPF-Konfiguration	1, 6, 7, 8
EIGRP-Konfiguration	9, 10

ACHTUNG

Das Ziel dieser Selbsteinschätzung soll sein, dass Sie Ihren Wissensstand zu den Themen richtig bewerten. Wenn Sie eine Frage nicht beantworten können oder sich auch nur unsicher fühlen, sollten Sie sie als falsch einstufen und markieren. Jeder Sympathiepunkt, den Sie sich selbst geben, verfälscht Ihr Ergebnis und wiegt Sie in trügerischer Sicherheit.

1. Welche der folgenden Kategorien beeinflusst die Berechnung von OSPF-Routen, wenn überall Standardwerte eingestellt sind?
   a) Bandbreite
   b) Delay
   c) Load
   d) Reliabilität
   e) MTU
   f) Hop Count

2. Welche der folgenden Kategorien beeinflusst die Berechnung von EIGRP-Metriken, wenn überall Standardwerte eingestellt sind?
   a) Bandbreite
   b) Delay

c) Load

   d) Reliabilität

   e) MTU

   f) Hop Count

3. OSPF kennt ein Verfahren zur Ermittlung der besten aktuellen Route. Welcher der folgenden Begriffe beschreibt diese Methode?

   a) SPF

   b) DUAL

   c) Feasible Successor (möglicher Nachfolger)

   d) Dijkstra

   e) Gesunder Menschenverstand

4. EIGRP hat ein Verfahren zur Ermittlung von Routen, wenn es keine Backuproute gibt. Welcher der folgenden Begriffe beschreibt diese Methode?

   a) SPF

   b) DUAL

   c) Feasible Successor (möglicher Nachfolger)

   d) Dijkstra

   e) Gesunder Menschenverstand

5. Wie erkennen OSPF und EIGRP, dass ein Nachbar-Router ausgefallen ist?

   a) Der ausfallende Router sendet eine Mitteilung, kurz bevor er ausfällt.

   b) Der ausfallende Router sendet eine »dying gasp« Nachricht.

   c) Der Router bemerkt das Fehlen von regelmäßigen Routingupdates.

   d) Der Router bemerkt das Fehlen von regelmäßigen Hello-Mitteilungen.

6. Welcher der folgenden network Befehle sagen einem Router, dass er auf Schnittstellen mit den IP-Adressen 10.1.1.1, 10.1.100.1 und 10.1.120.1 OSPF starten soll, wenn der Befehl **router ospf 1** eingegeben wurde?

   a) **network 10.0.0.0 255.0.0.0 area 0**

   b) **network 10.0.0.0 0.255.255.255 area 0**

   c) **network 10.0.0.1 255.0.0.255 area 0**

   d) **network 10.0.0.1 0.255.255.0 area 0**

   e) **network 10.0.0.0 255.0.0.0**

   f) **network 10.0.0.0 0.255.255.255**

g) network 10.0.0.1 255.0.0.255

h) network 10.0.0.1 0.255.255.0

7. Welcher der folgenden **network** Befehle sagt einem Router, dass er auf Schnittstellen mit den IP-Adressen 10.1.1.1, 10.1.100.1 und 10.1.120.1 OSPF starten soll, wenn der Befehl **router ospf 1** eingegeben wurde?

   a) network 0.0.0.0 255.255.255.255 area 0

   b) network 10.0.0.0 0.255.255.0 area 0

   c) network 10.1.1.0 0.x.1x.0 area 0

   d) network 10.1.1.0 255.0.0.0 area 0

   e) network 10.0.0.0 255.0.0.0 area 0

8. Welcher der folgenden Befehle führt die OSPF-Nachbarn hinter Interface serial 0/0 auf?

   a) **show ip ospf neighbor**

   b) **show ip ospf interface**

   c) **show ip neighbor**

   d) **show ip interface**

   e) **show ip ospf neighbor interface serial 0/0**

9. Welche Bezeichnung steht im Befehl **show ip route** dafür, dass eine Route über EIGRP erlernt wurde?

   a) E

   b) I

   c) G

   d) R

   e) P

   f) A

   g) B

   h) C

   i) D

10. Welcher der folgenden **network** Befehle, gefolgt von **router eigrp 1**, befehlen dem Router EIGRP auf Interfaces mit den Adressen 10.1.1.1, 10.1.100.1 und 10.1.120.1 zu starten?

    a) network 10.0.0.0

    b) network 10.1.1x.0

    c) network 10.0.0.0 0.255.255.255

    d) network 10.0.0.0 255.0.0.0

Die Antworten zum »Weiß ich's schon?«-Quiz stehen in Anhang A. Unser Vorschlag für Ihr weiteres Vorgehen sieht so aus:

- **8 oder weniger Gesamtpunkte** – Lesen Sie das komplette Kapitel. Es enthält die »Grundlagen«, die »Grundlagen-Zusammenfassung« und »Q&A«-Abschnitte.

- **9 oder 10 Gesamtpunkte** – Wenn Sie einen größeren Überblick über diese Themen bekommen möchten, springen Sie zur »Grundlagen-Zusammenfassung« und dann zum »Q&A«-Abschnitt. Andernfalls gehen Sie sofort zum nächsten Kapitel.

6.2 Grundlagen

6.2.1 Link-State und OSPF

Das ICND-Examen enthält die Grundlagen der Link-State Protokolle und ein Link-State Protokoll wird auch eingehend besprochen – OSPF. In diesem Kapitel kommen also nur Grundlagen. Wenn Ihnen das prinzipiell sehr wenig erscheint, besonders in Bezug auf die Behandlung von OSPF, liegen Sie ganz richtig! Für das CCNP-Zertifikat müssen Sie auch viel besser über die Einzelheiten von OSPF und Link-State Protokollen Bescheid wissen. Im Moment interessieren für die Prüfung nur die Grundlagen.

Die Konzepte Link-State und Distanzvektor haben ein gemeinsames Ziel – es sollen immer die aktuell besten Routen in der Routingtabelle stehen. Allerdings unterscheiden sie sich ziemlich stark in ihren Methoden, dieses Ziel zu erreichen. Der größte Unterschied besteht darin, dass Distanzvektorprotokolle kaum Informationen weitergeben. Sie wissen im Grunde nur von der Existenz anderer Router, wenn diese ihnen mit einer Broadcast ein Routingupdate zukommen lassen. Wenn ein Distanzvektorprotokoll auf einem Router ein Update erhält, sagt dieses schon nichts mehr über die Nachbar-Router des Absenders aus. Link-State Protokolle bieten dagegen sehr viele Informationen über die Netzwerktopologie mit an. Die müssen von den Routern allerdings dann auch CPU-intensiv verarbeitet werden. Schon vor dem Austausch von Routinginformationen wissen die Router von ihren Nachbarn.

Bild 6.1 zeigt, was ein Router beim Link-State Protokoll alles anbieten könnte. Der wirkliche Inhalt der Routingupdates ist nicht im Bild.

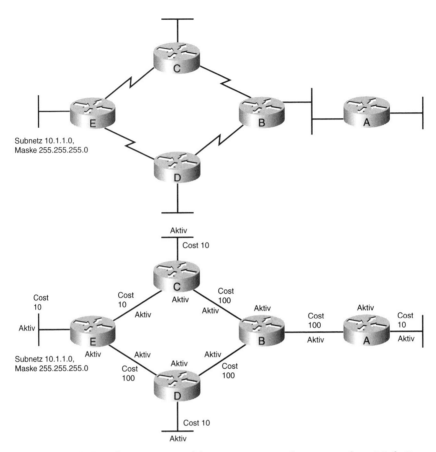

Bild 6.1: *Inhalte, die einem Nachbar-Router angeboten werden: Link-State*

Die Netzwerktopologie sieht man im oberen Teil der Darstellung. Beim Einsatz von Link-State wird die gesamte Netzwerktopologie im Routingupdate wiedergegeben, was im unteren Teil des Bildes zu sehen ist. Statt Router A zu informieren, welche Metrik die Route wohl haben könnte, berichtet Router B dem anderen Router über die gesamten Metriken aller Netzwerkverbindungen, die in diesem Netz existieren. Dazu kommen Angaben über alle Router im Netzwerk und welche Subnetze mit welchem Status an sie angeschlossen sind. Im Grunde gibt Router A eine Karte des Netzwerks weiter, in der alle Entfernungsangaben verzeichnet sind. Es handelt sich natürlich nicht um eine geografische Karte, sondern um ein mathematisches Modell des Netzwerks anhand der Topologieinformationen.

Das Link-State Protokoll auf Router A berechnet die beste Route zu allen Subnetzen aufgrund dieser Topologieinformationen, auch die zu Subnetz 10.1.1.0 Maske 255.255.255.0. Wenn es mehr als eine Route zu einem Subnetz gibt, wählt Link-State die kürzeste aus. Pakete an 10.1.1.0 von Router A laufen über Router C, weil dies die Route mit dem geringeren Aufwand (lower-cost) ist.

Anders als bei Distanzvektorprotokollen berechnet Link-State die Metrik jedes Mal, anstatt sie einfach im Routingupdate mitgeteilt zu bekommen. Beim Distanzvektorprotokoll teilt Router B zum Beispiel Router A so etwas mit, wie »subnet 10.1.1.0, metric 3«. Unter Link-State enthält die Topologie-Information einen Kostenwert zu jeder Verbindung. Der Router summiert selbst die Kosten jeder Verbindung, um die Metrik einer Route herauszufinden. Router A erkennt zum Beispiel zwei Routen zu Subnetz 10.1.1.10 mit der Metrik 220 für die Route zu 10.1.1.0 über Router C, der Metrik 310 für die Route zu 10.1.1.0 über Router D. In beiden Fällen nimmt Router A den Router B als Next-Hop. Daher nimmt Router A eine Route zu 10.1.1.0 in die Routingtabelle auf, wobei die IP-Adresse der Schnittstelle von Router B als Next-Hop verzeichnet wird. Router B, seinerseits, berechnet Routen zu 10.1.1.0 über Router C und Router D und nimmt die bessere Route (über C) in seine Routingtabelle auf.

Dieses Verfahren, mit dem Link-State Protokolle Routen berechnen, heißt SPF, Shortest Path First. Manche Leute sagen auch Dijkstra SPF Verfahren oder einfach »Dijkstra«, benannt nach dem Erfinder. Sie können sich Bild 6.1 ansehen, die beiden Routen auswählen und die beste Route errechnen. Router können sich natürlich keine solchen Bilder ansehen. Sie kennen wirklich nur die Liste mit den Routern und Subnetzen, an der man sieht, welche Router mit welchen Subnetzen verbunden sind. Das SPF-Verfahren verarbeitet die gesamte Topologie-Information, um zu jedem Subnetz die beste Route zu ermitteln.

Link-State Protokolle beginnen nicht bei jedem Neustart des Routers sofort mit dem Broadcasten der Topologie aus jedem Interface. Stattdessen wenden Sie ein Verfahren an, mit dem sie ihre Nachbarn erkennen. (Die Nachbarn können allerdings auch statisch konfiguriert werden. Dann entfällt dieser Schritt.) Nachbarn sind andere Router im selben Subnetz, die auch Link-State verwenden. Sobald Router wissen, dass sie Nachbarn sind, können sie ihre jeweiligen Topologie-Informationen austauschen – die Topologie-Datenbank – und mit SPF die neuen Routen berechnen.

Die Nachbarn zu erkennen, kann relativ schwierig sein. Es muss aber geschehen, bevor Topologie-Informationen ausgetauscht werden. Die Regeln, mit denen Nachbarn erkannt werden, und was das für den Austausch der Topologie-Informationen bedeutet, ändern sich je nach der Konfiguration des Routers und dem Typ des Datenverbindungs-Protokolls, das für ein Interface verwendet wird. Sehen Sie sich dazu das CCNP Routingexamen an. Auch andere Bücher, die OSPF und das CCNP Routingexamen eingehender behandeln, sind empfehlenswert, um die Beziehungen zwischen Nachbar-Routern zu beleuchten.

Wenn ein Router einen Nachbarn identifiziert, tauscht er seine Topologie-Datenbank mit ihm aus. Die Routingupdates von einem OSPF-Router nennt man Link-State Updates (LSUs), und die darin gesendeten Items enthalten individuell abgestimmte Link-State Angebote (LSAs). Ein LSA-Verbindungsangebot kann zum Beispiel eine Subnetznummer mit Maske, einen Kostenwert (die Metrik) und andere Informationen über das Subnetz enthalten. Außerdem verwendet OSPF ein zuverlässiges Protokoll, um Routinginformationen auszutauschen. Dadurch werden verloren gegangene LSU-Pakete zurück übertragen. Daher können OSPF-Router mit Sicherheit sagen, ob ein Nachbar alle LSAs bekommen hat, wenn die Routinginformationen ausgetauscht werden.

Obwohl wir viele Einzelheiten von OSPF und Link-State nicht behandelt haben, sind die Grundprinzipien klar geworden. Der Prozess des ersten Erlernens der Routen läuft unter OSPF so ab:

1. Jeder Router entdeckt auf jeder Schnittstelle seine Nachbarn. Die Liste der Nachbarn wird in eine spezielle Tabelle geschrieben.

2. Jeder Router verwendet ein zuverlässiges Protokoll für den Austausch von Topologie-Informationen (LSAs) mit den Nachbarn.

3. Jeder Router legt die erlernten Topologie-Informationen in seiner Topologie-Datenbank ab.

4. Jeder Router verarbeitet die eigene Topologie-Datenbank mit SPF, um die beste Route zu jedem enthaltenen Subnetz herauszufinden.

5. Jeder einzelne Router setzt die beste Route zu jedem Subnetz in seine IP-Routingtabelle.

Link-State Protokolle verlangen mehr Arbeit von den Routern, aber der Aufwand lohnt sich. Ein Router, auf dem ein Link-State Protokoll läuft, benötigt mehr Speicher und CPU für die Datenverarbeitung, als bei Distanzvektorprotokollen. Die Topologie-Updates beinhalten wesentlich mehr Bytes als die Distanzvektor-Routingupdates. Allerdings können sie sogar, insgesamt betrachtet, auch wesentlich weniger Bytes umfassen, da OSPF gar nicht jede Route zu jedem Update-Intervall anbieten muss. Das Link-State Protokoll verwendet zusätzlich die Nachbar-Tabelle und die Topologie-Datenbank, und fügt nicht einfach unter bestimmten Regeln der Routing-Tabelle Routen hinzu. SPF muss die Routen auch neu berechnen, wenn Links ausfallen oder wieder aktiv werden. Diesen Ressourcenverbrauch an Speicher und Prozessorleistung kann man jedoch etwas reduzieren, wenn man sich ein bisschen an die Vorschläge für das Netzwerkdesign hält, die im Folgenden behandelt werden. OSPF ist außerdem etwas schneller als die Link-State Protokolle – und kurze Konvergenzzeiten sind das A und O jedes Routingprotokolls.

Die Steady-State Operation

Anders als Distanzvektorprotokolle bleibt Link-State immer durch die gelegentliche Versendung kleiner Pakete mit den Nachbarn in Verbindung (statt der kompletten Routingupdates). Beim OSPF, dem verbreitetsten Link-State Routingprotokoll, nennen diese sich *Hello* Pakete. Hello Pakete übertragen das Subnetz und den Absender. Solange ein Router Hellos von existierenden Nachbarn bekommt, muss der entsprechende Link funktionstüchtig sein, und der entsprechende Nachbar korrekt arbeiten. Bild 6.2 stellt Hello-Pakete dar.

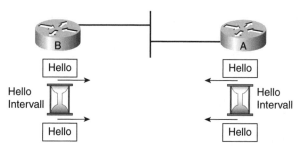

Bild 6.2: Link-State Hello Pakete

Hello Pakete erfüllen den gleichen Zweck, wie komplette Routingupdates beim Distanzvektor-Protokoll. Beim Distanzvektor-Protokoll denkt ein Router, sein Nachbar sei ausgefallen, wenn er eine bestimmte Anzahl von Update-Timer-Intervallen nichts von diesem hört. Der Router kennzeichnet dann alle Routen, die er von diesem Nachbarn kennt, als *unendlich*.

Bei OSPF gibt es für den Fall, dass keine Hellos mehr vom Nachbarn kommen, das »dead interval«, Nach Ablauf dieses Zeitraums denkt ein Router, der still gewordene Router sei ausgefallen. Das »dead«-Intervall ist normalerweise einfach ein Vielfaches des Hello-Intervalls. So erklären sich die folgenden Standardwerte auf Cisco-Routern: Das Hello-Intervall ist 10 Sekunden, das Dead-Intervall 40 Sekunden lang. OSPF arbeitet weiter, bis das Dead-Intervall abgelaufen ist. Danach wird der inaktive Router in der Topologie-Datenbank auch als solcher, als »down«, gespeichert. Der Router, der bestimmte Hellos nicht mehr bekommen hat, beginnt erst danach mit dem Dijkstra-Verfahren zur Berechnung neuer Routen und berücksichtigt dabei, dass ein Router vollständig ausgefallen ist.

Loop Avoidance

SPF vermeidet Loops auf völlig natürliche Weise bei der normalen Verarbeitung der Topologie-Datenbank. Anders als das Distanzvektor-Verfahren benötigen Link-State Protokolle keine Loop-Vermeidungsmechanismen wie Split Horizon, Poisonreverse oder Holddown Timer.

Link-State lebt von der schnellen Verbreitung neuer Informationen, besonders wenn ein Router oder ein Subnetz ausfällt. Wenn ein Link oder ein Router ausfällt, wird das von einem anderen Router bemerkt, der seine Nachbarn sofort informiert. Da diese den neuen Verbindungs-Status auch weitergeben, ist im besten Fall innerhalb kürzester Zeit das gesamte Netzwerk wieder im Bilde. (Im Grunde ist diese Eigenschaft mit den getriggerten Updates beim Distanzvektor-Protokoll vergleichbar. Link-State hat aber keinen eigenen Namen für den Vorgang, da er essentiell zum normalen Vorgehen gehört.)

Interessanterweise besteht die Konvergenzzeit bei Distanzvektorprotokollen hauptsächlich aus den Loop-Vermeidungsmechanismen. Der Holddown Timer erhöht die Konvergenzzeit allein um mehrere Minuten. Link-State kommt ohne solche Loop-Vermeidungsmechanismen aus und hat daher eine viel kürzere Konvergenzzeit. Bei einem guten Netzwerkdesign braucht OSPF meistens unter 5 Sekunden zur Umstellung.

OSPF-Skalierung und hierarchisches Design

OSPF kann man in manchen Netzwerken sehr einfach dazu verwenden, Designprobleme zu lösen. Sie aktivieren auf allen Routern OSPF und alle Veränderungen werden berücksichtigt! In großen Netzwerkwerken muss man jedoch früh genug an den Einsatz unterschiedlicher OSPF-Features denken, damit das Netzwerk einfach skalierbar bleibt. Um die Schwierigkeiten der Skalierbarkeit eines OSPF-Netzwerkes und ihre Lösungen kennen zu lernen, beginnen wir mit Bild 6.3.

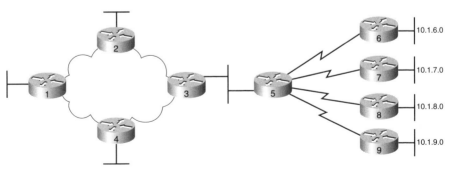

Bild 6.3: OSPF für ein Area

In dem Netzwerk, das in Bild 6.3 dargestellt ist, verfügen alle neun Router über dieselbe, vollständige Topologie-Datenbank, wie sie im Bild zu sehen ist. Bei einem Netzwerk dieser Größe kann man einfach OSPF aktivieren und das Netzwerk läuft. Stellen Sie sich aber spaßeshalber einmal ein Netzwerk mit 900 Routern und Tausenden von Subnetzen vor. Bei Netzwerken einer solchen Größenordnung würden die OSPF-Konvergenzzeiten extrem leiden und die Router bekämen es mit Speicherengpässen und Überlastung ihrer Prozessoren zu tun. Die Problemstellung kann man so zusammenfassen:

- Größere Topologie-Datenbänke erfordern mehr Speicherplatz auf den Routern.

- SPF braucht exponentiell mehr Prozessorleistung, wenn die Größe der Topologie-Datenbank ansteigt.

- Eine einzige Veränderung einer einzigen Schnittstelle bewirkt eine komplette SPF-Berechnung auf jedem einzelnen Router!

Es gibt keine eindeutige Definition dafür, was nun in diesem Zusammenhang ein »großes« Netzwerk ist und was nicht. Wenn Sie aber Netzwerken mit über 50 Routern und mehreren Hundert Subnetzen begegnen, sollten Sie langsam über den Einsatz von »OSPF Scalability Features« nachdenken. Aber, wie gesagt, diese Zahlen sind nur grobe Richtwerte. Eigentlich kommt es auf das Netzwerkdesign, die verwendeten Routermodelle und ähnliche Faktoren an.

OSPF-Areas

OSPF-Areas lösen viele, wenn auch nicht alle Schwierigkeiten, die man in größeren Netzwerken mit OSPF bekommen kann. OSPF-Areas teilen das Netzwerk auf, so dass ein Router in einer Umgebung weniger Topologie-Information über die Subnetze in einem anderen Areal hat. Mit einer kleineren Topologie-Datenbank benötigen die Router weniger Speicher und weniger Rechenzeit für die SPF-Verarbeitung.

In Bild 6.4 sehen Sie das gleiche Netzwerk wie in Bild 6.3, nur mit OSPF-Areas, hier Area 1 und Area 0.

Im oberen Teil des Bildes ist die gleiche Topologie zu sehen, aber der untere Teil zeigt die Topologie-Datenbanken auf den Routern 1, 2 und 4. Wenn sich ein Teil des Netzwerks in einer anderen Area befindet, sind die Router in Area 1 von einigen Details abgeschirmt. Router 3 bietet den Routern 1, 2 und 4 gar nicht die vollen Informationen über Area 0 an. Er gibt zusammengefasste Informationen über die Subnetze in Area 0, weshalb die Router 1, 2 und 4 denken, die Topologie sähe so aus, wie in Bild 6.4 unten. Für die Router 1, 2 und 4 sieht die Welt so aus, als ob sie kaum Router hätte. Daher vollzieht sich der SPF-Prozess wesentlich schneller und die Datenbank verbraucht wesentlich weniger Speicherplatz.

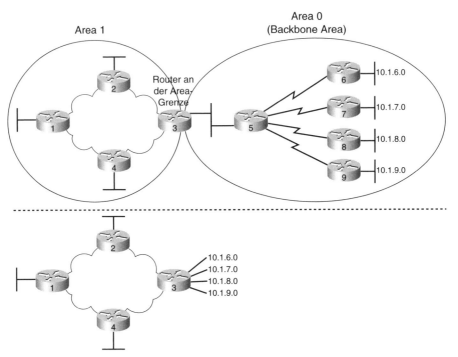

Bild 6.4: Zwei-Area OSPF-Umgebung

Dabei ist allerdings sehr wichtig, dass sich in der zusammengefassten Information in Bild 6.4 die Anzahl der Subnetze in Area 1 oder Area 0 nicht ändert. Zusammengefasste Information soll nur heißen, dass der Router innerhalb einer Area kleinere Routingupdates erhält. Dadurch wird Speicherplatz gespart. Was wir auch noch besprechen müssen, ist das Feature »Routenzusammenfassung«, bei dem tatsächlich die Anzahl der Subnetze, die einer anderen Area angeboten werden, reduziert ist. Beides hört sich ähnlich an und passiert in den Routern an den Area-Grenzen, ist aber etwas ganz anderes.

ANMERKUNG

Obwohl in Bild 6.4 speziell die Perspektive der Router in Area 1 dargestellt ist, gilt das gleiche auch umgekehrt – die Router in Area 0 wissen nichts über die Details in Area 1.

Der Umgang mit Areas verbessert alle drei Skalierungsprobleme, die wir angesprochen haben. Die Topologie-Datenbank wird kleiner und braucht weniger Speicherplatz. Die kleinere Datenbank verkürzt das SPF-Verfahren und die Konvergenzzeit. Was nicht so klar ersichtlich ist, ist die Verbesserung für Router, die ganz in Area 1 sind, wenn in Area 0 etwas passiert, und umgekehrt. Auch in diesen Fällen funktioniert der SPF-Prozess schneller. Es sind insgesamt einfach viel weniger SPF-Rechnungen notwendig.

Beachten Sie, dass die Trennlinie zwischen beiden Areas kein Link, sondern ein Router ist. In Bild 6.4 befindet sich Router 3 in Area 1 und Area 0. Unter OSPF gibt es dafür den Begriff »Area Border Router« (ABR). Gemeint ist ein Router, der sich in zwei Areas befindet. Ein ABR verfügt über eine Topologie-Datenbank für beide Areas und führt SPF aus, wenn Verbindungen in einem der beiden Areas ihren Status ändern. Für ABRs wie Router 3 bedeutet die Verwendung von Areas nun allerdings keine Erleichterung bei den Anforderungen an den Speicher, die SPF-Verarbeitungszeit oder die Anzahl der Rechenschritte. ABRs brauchen einfach mehr Speicher und mehr Verarbeitungszeit.

Stub-Areas

OSPF kennt noch weitere Features, um seine Performance in großen Netzwerken zu verbessern. Für den CCNP-Routingtest müssen Sie den Inhalt des Kurses »Building Scalable Cisco Internetworks« (BSCI) beherrschen. Man kann schon am Titel erkennen, dass hier die Skalierungs-Eigenschaften von OSPF eingehend behandelt werden. Bei Cisco Press ist zu dem Thema »*OSPF Network Design Solutions*« von Tom Thomas erschienen. Auf der Homepage www.cisco.com finden Sie eine umfangreiche Dokumentation. Suchen Sie nach »OSPF Design Guide«.

Wenn Sie das CCNP-Zertifikat erlangen möchten, sollten Sie sich besonders mit den Stub-Areas (Rumpf- bzw. Teil-Bereiche) beschäftigen. Unter OSPF lässt sich eine Area als Stub Area definieren. Dadurch wird die Topologie-Datenbank für die Router in dem Area noch einmal kleiner. OSPF kennt noch weitere Varianten dieser Areas – Totally Stubby und Not-So-Stubby – die die Größe der Topologie-Datenbank und der Geschwindigkeit der SPF-Berechnung beeinflussen. Ein ganz neuer Typ nennt sich Totally Not-So-Stubby Area (TNSSA). Wenn Sie in der Praxis mit OSPF arbeiten, sollten Sie sich auf die verschiedenen Typen einstellen.

Zusammenfassung: Link-State und OSPF im Vergleich zu Distanzvektorprotokollen

Link-State Protokolle haben ihren großen Vorteil in der kurzen Konvergenzzeit und ihrer Methode zum Vermeiden von Loops. Bei den heutigen Netzwerken werden drei Minuten Wartezeit, eine typische Konvergenzzeit bei Distanzvektorprotokollen, einfach wie ein kompletter Netzwerkausfall wahrgenommen. 10 Sekunden dagegen, die Konvergenzzeit unter OSPF, bemerkt man nur als kurzzeitige Irritation. Link-State vermeidet Loops auf eine natürliche Weise. OSPF ist allgemeingültig als RFC 2328 definiert. Daher können Sie auch schon einmal Router verschiedener Anbieter kombinieren, ohne dass es dadurch gleich zu größeren Katastrophen kommt.

Link-State Protokolle haben aber auch Nachteile. So ist der Aufwand für die Planung größerer Netzwerke recht hoch. Je nach der physikalischen Topologie des Netzwerks bietet sich der Einsatz von OSPF mehr oder weniger an. Ein Beispiel dafür ist der Einsatz von Area 0 als »Backbone«-Area. Alle nicht-Backbone Areas dürfen nur über die Backbone-Area miteinander verbunden sein. Das macht OSPF-Designs hierarchisch. Einige Netzwerke funktionieren mit einem hierarchischen OSPF-Design blendend, andere nicht. Die anderen Nachteile sind offensichtlicher. Link-State-Protokolle können wahre Speicher- und CPU-Fresser sein und damit die Router- und die Netzwerkperformance, je nach Design, merklich beeinflussen.

Tabelle 6.2 fasst die Hauptpunkte unseres Vergleichs noch einmal zusammen.

Tabelle 6.2: Link-State und Distanzvektor im Vergleich

Feature	Link State	Distanzvektor
Konvergenzzeit	lein	Groß, hauptsächlich wegen der Loop-Vermeidungsmechanismen
Loop-Vermeidung	Integriert ins Protokoll	Erfordert zusätzliche Features wie Split Horizon
Speicher- und CPU-Anforderungen	Können hoch sein, mit gutem Netzwerkdesign aber verkleinert werden	Niedrig
Hoher Design-Aufwand bei großen Netzwerken	Ja	Nein
Öffentlicher Standard oder Markenprodukt	OSPF ist öffentlich	RIP ist öffentlich definiert; IGRP nicht

6.2.2 Balanced Hybrid und EIGRP

Cisco verwendet den Namen *Balanced Hybrid* für Routingprotokolle, in denen EIGRP arbeitet. Cisco unterstützt zwei Distanzvektor-IP-Routingprotokolle – RIP und IGRP. Außerdem werden zwei Link-State-IP-Routingprotokolle unterstützt – OSPF und IS-IS (Intermediate-System-to-Intermediate-

System). Darüber hinaus wird ein einziges Balanced-Hybrid-IP-Routingprotokoll unterstützt – EIGRP.

Cisco verwendet den Begriff Balanced Hybrid, da in das EIGRP einige Features aufgenommen sind, die der Distanzvektortechnik ähneln und einige, die an Link-State-Techniken angelehnt sind.

Bild 6.5 zeigt eine typische Abfolge von Ereignissen auf zwei Routern, die an dasselbe Subnetz angeschlossen sind. Sie erkennen den jeweils anderen als Nachbarn und tauschen die vollständige Routinginformation aus. Das Verfahren sieht etwas anders aus, aber in Bezug auf die Reliabilität der Weitergabe von Routinginformationen an alle Nachbarn wird das gleiche Ziel erreicht. EIGRP sendet und empfängt EIGRP Hallopakete, um sicherzustellen, dass das Gegenüber angeschaltet ist und funktioniert – genau wie OSPF, aber das Hallopaket sieht anders aus. Wenn der Verbindungsstatus sich ändert oder neue Subnetze entdeckt werden, werden reliable Routingupdates gesendet, die nur die neuen Informationen enthalten – wie bei OSPF.

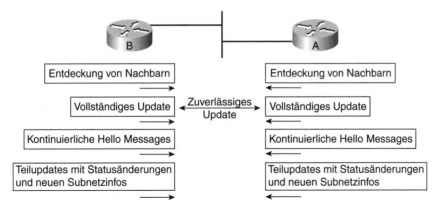

Bild 6.5: Ereignisabfolge beim Austausch von Routinginformation unter EIGRP

EIGRP berechnet die Metrik einer Route mit einer Formel, in die Bandbreite und Delay eingehen. Kommt Ihnen das bekannt vor? Es handelt sich um die gleiche Formel wie beim IGRP, nur wird der Wert mit 1024 multipliziert, um die Berechnung bei hohen Bandbreiten leichter zu machen. Davon abgesehen funktioniert die Berechnung der Metrik wirklich genau wie beim IGRP.

EIGRP Loop-Vermeidung

Loop-Vermeidung stellt dynamische Routingprotokolle vor nur schwer lösbare Aufgaben. Distanzvektor-Protokolle beheben das Problem mit einer Reihe von Tools, von denen einige für die minutenlange Konvergenzzeit zuständig sind, die ein Verbindungsfehler jedes Mal hervorruft. Link-State-

Protokolle lösen das Problem, indem jeder Router die komplette Netzwerk-Topologie gespeichert hat. Durch eine interessante mathematische Berechnung können die Router jedes Loop ausschließen.

EIGRP verhindert Loops durch die Einbehaltung grundlegender Topologie-Informationen, die jedoch nicht vollständig sind. Lernt ein Router mehrere Routen zum selben Subnetz, nimmt er die beste in die Routingtabelle. (EIGRP folgt denselben Regeln über das Hinzufügen gleich langer Routen, wie IGRP. Dabei ist klar, dass von mehreren Routen mit demselben Ziel eine die niedrigste Metrik hat und nur diese wird in der Routingtabelle gespeichert.) Andere, nicht ganz so gute Routen werden sofort herangezogen, wenn die beste Route ausfällt, ohne dass man Loops befürchten müsste. EIGRP hat ein einfaches Verfahren zur Verfügung, um auszusuchen, welche Route nach einem Ausfall sofort ohne Loop-Risiko zum Einsatz kommen kann. EIGRP behält diese gefahrlosen Backup-Routen in der Topologie-Tabelle. Sie kommen nur zum Einsatz, wenn die aktuelle Route ausgefallen ist.

Bild 6.6 illustriert, wie EIGRP herausfindet, welche Routen nach einem Ausfall infrage kommen, ohne dass Loops zu befürchten sind.

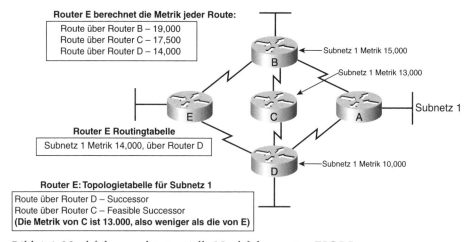

Bild 6.6: Nachfolger und potentielle Nachfolger unter EIGRP

In diesem Bild erlernt Router E drei Routen zu Subnet 1 von den Routern B, C und D. Nach der Berechnung der Metrik jeder Route auf Grund von Bandbreite und Delay, wie sie im Routingupdate empfangen worden sind, findet Router E, dass die Route über Router D die niedrigste Metrik hat und fügt seiner Routingtabelle diesen Pfad hinzu.

EIGRP erstellt eine Topologietabelle mit der aktuell besten Route und ihren Alternativen, die auch keine Loops erzeugen würden, falls sie bei einem Ausfall der besten Route zum Einsatz kämen. EIGRP bezeichnet die beste Route (mit der niedrigsten Metrik) als Nachfolger, was soviel bedeutet wie »Erfolgsroute«. Die Backup-Routen, die beim Versagen der Hauptroute ohne Risiko verwendet werden können, werden als potentielle oder mögliche Nachfolger bezeichnet, was soviel bedeutet wie »auch noch denkbare Erfolgsroute«. In Bild 6.6 erzeugt der Pfad über Router C keine Loops, so dass Router E ihn als potentiellen Nachfolger führt.

Ob eine Route ein denkbarer Nachfolger sein kann, prüft EIGRP, wenn die für eine Route errechnete Metrik zu dem Nachbarn geringer ist als die berechnete eigene Metrik. Nehmen wir an, Router E berechnet eine Metrik mit dem Wert 14.000 für seine beste Route (über Router D). Die berechnete Metrik von Router C liegt aber unter 14.000 (bei 13.000). Daher glaubt Router E, dass seine eigene Route zu Subnet 1, die über Router C, frei von Loops ist. Das Ergebnis ist, dass Router E seiner Topologie-Tabelle einen Weg über Router C als denkbare Erfolgsroute hinzufügt. Umgekehrt ist die von Router B errechnete Metrik, 15.000, höher als die von Router E (14.000). Daher nimmt Router E erst einmal nicht an, dass über Router B eine denkbare Erfolgsroute geht.

Wenn die Route zu Subnet 1 über Router D ausfällt, kann Router E den Weg über C unverzüglich in die Routingtabelle aufnehmen, ohne das Risiko von Loops befürchten zu müssen. In diesem Fall geht die Konvergenzzeit fast gegen Null.

Wenn eine Route ausfällt, und der Router keinen potentiellen Nachfolger führt, verwendet EIGRP ein Verfahren namens DUAL (Diffusing Update Algorithm). DUAL sendet Anfragen los, um eine loopfreie Route zum jeweiligen Subnetz auszumachen. Wenn die neue Route gefunden ist, schreibt DUAL sie in die Routingtabelle.

EIGRP-Zusammenfassung

EIGRP hat kurz Konvergenzzeiten und vermeidet die Entstehung von Loops. Es gibt keine Skalierungsprobleme wie bei Link State, daher hat man beim Design keinen Mehraufwand. EIGRP braucht weniger Speicherplatz und weniger Prozessorleistung als Link State.

EIGRP konvergiert wesentlich schneller als Distanzvektor-Protokolle. Das liegt hauptsächlich daran, dass keine Loop-Vermeidungsmechanismen benötigt werden. Sie verlangsamen die Konvergenz des Distanzvektor-Verfahrens. Weil unter EIGRP nur partielle Routingupdates ausgetauscht werden, wenn die kompletten Informationen einmal überall vorliegen, reduziert EIGPR die Auslastung des Netzwerks.

Der einzige Wermutstropfen beim EIGRP ist, dass es sich um ein Cisco-proprietäres Protokoll handelt. Falls Sie Router unterschiedlicher Hersteller in einem Netzwerk einsetzen möchten, sollten Sie vielleicht ein anderes Protokoll wählen. Allerdings können Sie auch EIGRP auf den Cisco-Routern und OSPF auf den anderen Routern laufen lassen. Dafür ist eine Funktion namens Routen-Redistribution vorgesehen, mit der ein Router selbst Routen zwischen zwei Routingprotokollen austauschen kann.

Tabelle 6.3 fasst den Vergleich zwischen EIGRP, IGRP und OSPF in den Grundzügen zusammen.

Tabelle 6.3: EIGRP-Features im Vergleich mit OSPF und IGRP

Feature	EIGRP	IGRP	OSPF
Erkennt Nachbarn vor dem Austauschen von Routinginformation	Ja	Nein	Ja
Erstellt eine Art Topologie-Tabelle zusätzlich zur Routingtabelle	Ja	Nein	Ja
Wenig Konvergenzzeit	Ja	Nein	Ja
Metrik errechnet sich aus Bandbreite und Delay (Standard)	Ja*	Ja	Nein
Sendet bei jedem Durchgang die volle Routing Information	Nein	Ja	Nein
Erfordert Distanzvektor Loop-Vermeidungsmechanismen	Nein	Ja	Nein

* EIGRP verwendet die gleiche Metrik wie IGRP, nur dass der Multiplikator für die Skalierung beim EIGRP 256 ist.

6.2.3 OSPF-Konfiguration

OSPF ist recht komplex und bietet viele Konfigurationsmöglichkeiten. Die Tabellen 6.4 und 6.5 fassen Konfigurations- und Troubleshooting-Befehle zusammen.

Tabelle 6.4: IP-OSPF-Konfigurationsbefehle

Befehl	Konfigurations-Modus
router ospf *process-id*	Globalbefehl
network *ip-address wildcard-mask* **area** *area-id*	Router-Subbefehl

Tabelle 6.4: IP-OSPF-Konfigurationsbefehle (Forts.)

Befehl	Konfigurations-Modus
ip ospf cost *interface-cost*	Stellt die OSPF-Kosten zusammen, die sich auf Interfaces beziehen.
bandwidth *bandwidth*	Stellt die Bandbreite einer Schnittstelle ein, nach der sich OSPF bei der Herleitung der Kosten mit der Formel 10^8 / Bandbreite richtet.

Tabelle 6.5: IP-OSPF-EXEC-Befehle

Befehl	Beschreibung
show ip route [*ip-address* [*mask*] [**longer-prefixes**]]	[*protocol* [*process-id*]]	Zeigt die gesamte Routingtabelle oder den durch die Parameter definierten Anteil.
show ip protocols	Zeigt die Routingprotokoll-Parameter und die aktuellen Timerwerte.
show ip ospf interface	Zeigt die Area an, zu dem das Interface gehört, und die daran angeschlossenen Nachbarn.
show ip ospf neighbor	Zeigt die Nachbarn an und deren aktuellen Status pro Interface.
show ip route ospf	Zeigt die Routen in der Routingtabelle an, die über OSPF erlernt wurden.
debug ip ospf events	Veranlasst Log-Nachrichten für jedes OSPF-Paket.
debug ip ospf packet	Veranlasst Log-Nachrichten, die den Inhalt aller OSPF Pakete beschreiben.

Dieser Abschnitt enthält zwei Konfigurationsbeispiele zum selben Netzwerkdiagramm. Das erste Beispiel erklärt eine Konfiguration für ein Single-OSPF-Area, das zweite eine für mehrere Areas und einige **show** Befehle.

Konfiguration eines Single-OSPF-Areas

Wird nur ein Area verwendet, unterscheidet sich eine OSPF-Konfiguration nur wenig von einer mit RIP oder IGRP. Am leichtesten lassen sich die Gemeinsamkeiten und Unterschiede wieder an einem Beispiel verdeutlichen. Bild 6.7 zeigt ein Netzwerkbeispiel, Beispiel 6.1 die Konfiguration für Albuquerque.

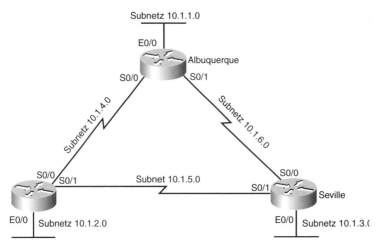

Bild 6.7: Netzwerkbeispiel für die Konfiguration einer Single-OSPF-Area

Beispiel 6.1: Single-OSPF-Area: Konfiguration für Albuquerque

```
interface ethernet 0/0
ip address 10.1.1.1 255.255.255.0
interface serial 0/0
ip address 10.1.4.1 255.255.255.0
interface serial 0/1
ip address 10.1.6.1 255.255.255.0
!
router ospf 1
network 10.0.0.0 0.255.255.255 area 0
```

Die Konfiguration aktiviert OSPF richtig auf allen drei Interfaces, die Albuquerque hat. Zuerst geht man mit dem Globalbefehl **router ospf 1** in den OSPF Konfigurationsmodus. Der Befehl **router ospf** hat einen Parameter namens OSPF *process-id*. In einigen Fällen möchten Sie auf einem Router unterschiedliche OSPF-Verfahren anwenden. Mit der *process-id* kann der **router** Befehl die Vorgänge unterscheiden. Der Wert der *process-id* ist zwar auf allen Routern der gleiche, das ist aber unwichtig und muss nicht so sein.

Der Befehl **network** aktiviert OSPF auf allen Interfaces von Albuquerque, die der **network** Befehl erreicht, und legt genau diese in Area 0. Der OSPF **network** Befehl erreicht eine andere Auswahl von Interfaces als der **network** Befehl für RIP und IGRP. Der OSPF **network** Befehl enthält einen Parameter namens Wildcard-Maske. Diese Platzhalter-Maske funktioniert genauso wie bei Cisco Access Control List (ACL), die in Kapitel 12 behandelt wird.

Die Platzhalter-Maske steht für eine 32-Bit-Zahl. Wo eine binäre 1 in der Maske steht, handelt es sich um das Platzhalter-Bit. Der Router soll den entsprechenden Wert in den korrespondierenden Binärzahlen ignorieren. Diese Bits sind daher unwichtig. (im Englischen spricht man daher auch von den »Don't-care-Bits«). Wo der Platzhalter auf Null steht, müssen die korrespondierenden Stellen der Binärzahl identisch sein. Es handelt sich um die wichtigen Bits. Der Router muss die beiden Zahlen vergleichen und sicherstellen, dass die wichtigen Bits in den Zahlen übereinstimmen.

Die Platzhalter-Maske in Beispiel 6.1 lautet 0.255.255.255. Binär gedacht heißt diese Zahl 0000 0000 1111 1111 1111 1111 1111 1111 – 8 Nullen und 24 Einsen. Der **network** Befehl bittet die Cisco IOS Software, die Zahl 10.0.0.0 aus dem **network** Befehl mit den IP-Adressen aller Interfaces auf dem Router zu vergleichen. Die Platzhalter-Maske befiehlt der Software, nur das erste Oktett zu vergleichen. Die letzten drei sind Platzhalter, und jeder korrespondierende Wert ist zugelassen. Es passen in diesem Fall alle 3 IP-Adressen.

Beispiel 6.2 ist eine alternative Konfiguration für Albuquerque, bei der auch OSPF auf jedem Interface aktiviert wird. Hier gilt für die IP-Adresse jeder Schnittstelle ein anderer **network** Befehl. Die Platzhalter-Maske 0.0.0.0 bedeutet, dass alle 32 Bits verglichen werden müssen – und sie müssen übereinstimmen. Die **network** Befehle enthalten jeweils die spezielle IP-Adresse von jedem Interface. Viele Leute bevorzugen diese Konfigurations-Methode, da auf den OSPF-Interfaces alle Widersprüche vorweggenommen werden.

Beispiel 6.2: Single-OSPF-Area: Konfiguration für Albuquerque mit drei network Befehlen

```
interface ethernet 0/0
ip address 10.1.1.1 255.255.255.0
interface serial 0/0
ip address 10.1.4.1 255.255.255.0
interface serial 0/1
ip address 10.1.6.1 255.255.255.0
!
router ospf 1
network 10.1.1.1 0.0.0.0 area 0
network 10.1.4.1 0.0.0.0 area 0
network 10.1.6.1 0.0.0.0 area 0
```

OSPF-Konfiguration für mehrere Areas

Die OSPF-Konfiguration für mehrere Areas ist recht einfach, wenn Sie diejenige für eine Area richtig verstanden haben. Das Netzwerk-Design und die Auswahl der Subnetze für die einzelnen Areas sind hier die Herausforderung! Ist das Design der Areas fertig, geht alles einfach. Sehen Sie sich zum Beispiel Bild 6.8 an. Einige Subnetze liegen in Area 0, andere in Area 1.

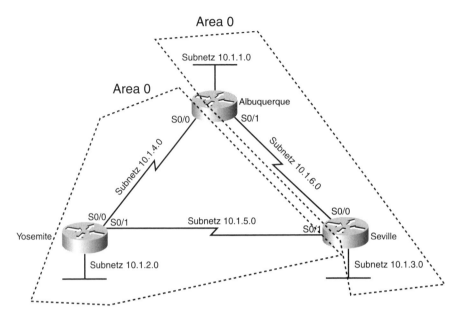

Bild 6.8: OSPF-Netzwerk mit mehreren Areas

In einem derartig kleinen Netzwerk braucht man eigentlich nicht mehrere Areas. Die zwei Areas dienen nur zur Veranschaulichung der Konfiguration. Albuquerque und Seville sind ABRs, Yosemite liegt vollständig in Area 1 und ist kein ABR.

Die Beispiele 6.3 und 6.4 zeigen die Konfiguration auf Albuquerque und Yosemite mit einigen **show** Befehlen.

Beispiel 6.3: OSPF-Multiarea-Konfiguration und show Befehle auf Albuquerque

```
!
! Only the OSPF configuration is shown to conserve space
!
router ospf 1
network 10.1.1.1 0.0.0.0 area 0
network 10.1.4.1 0.0.0.0 area 1
network 10.1.6.1 0.0.0.0 area 0
Albuquerque#show ip route
Codes: C - connected, S - static, I - IGRP, R - RIP, M - mobile, B - BGP
       D - EIGRP, EX - EIGRP external, O - OSPF, IA - OSPF inter area
       N1 - OSPF NSSA external type 1, N2 - OSPF NSSA external type 2
       E1 - OSPF external type 1, E2 - OSPF external type 2, E - EGP
       i - IS-IS, L1 - IS-IS level-1, L2 - IS-IS level-2, ia - IS-IS inter area
       * - candidate default, U - per-user static route, o - ODR
       P - periodic downloaded static route
```

Beispiel 6.3: OSPF-Multiarea-Konfiguration und show Befehle auf Albuquerque (Forts.)

```
Gateway of last resort is not set

     10.0.0.0/24 is subnetted, 6 subnets
O       10.1.3.0 [110/65] via 10.1.6.3, 00:01:04, Serial0/1
O       10.1.2.0 [110/65] via 10.1.4.2, 00:00:39, Serial0/0
C       10.1.1.0 is directly connected, Ethernet0/0
C       10.1.6.0 is directly connected, Serial0/1
O       10.1.5.0 [110/128] via 10.1.4.2, 00:00:39, Serial0/0
C       10.1.4.0 is directly connected, Serial0/0

Albuquerque#show ip route ospf
     10.0.0.0/24 is subnetted, 6 subnets
O       10.1.3.0 [110/65] via 10.1.6.3, 00:01:08, Serial0/1
O       10.1.2.0 [110/65] via 10.1.4.2, 00:00:43, Serial0/0
O       10.1.5.0 [110/128] via 10.1.4.2, 00:00:43, Serial0/0
Albuquerque#show ip ospf neighbor

Neighbor ID     Pri   State         Dead Time   Address      Interface
10.1.6.3          1   FULL/  -      00:00:35    10.1.6.3     Serial0/1
10.1.5.2          1   FULL/  -      00:00:37    10.1.4.2     Serial0/0
Albuquerque#show ip ospf interface
Serial0/1 is up, line protocol is up
  Internet Address 10.1.6.1/24, Area 0
  Process ID 1, Router ID 10.1.6.1, Network Type POINT_TO_POINT, Cost: 64
  Transmit Delay is 1 sec, State POINT_TO_POINT,
  Timer intervals configured, Hello 10, Dead 40, Wait 40, Retransmit 5
    Hello due in 00:00:07
  Index 2/3, flood queue length 0
  Next 0x0(0)/0x0(0)
  Last flood scan length is 2, maximum is 2
  Last flood scan time is 0 msec, maximum is 0 msec
  Neighbor Count is 1, Adjacent neighbor count is 1
    Adjacent with neighbor 10.1.6.3
  Suppress hello for 0 neighbor(s)
Ethernet0/0 is up, line protocol is up
  Internet Address 10.1.1.1/24, Area 0
  Process ID 1, Router ID 10.1.6.1, Network Type BROADCAST, Cost: 10
  Transmit Delay is 1 sec, State DR, Priority 1
  Designated Router (ID) 10.1.6.1, Interface address 10.1.1.1
  No backup designated router on this network
  Timer intervals configured, Hello 10, Dead 40, Wait 40, Retransmit 5
    Hello due in 00:00:08
  Index 1/1, flood queue length 0
  Next 0x0(0)/0x0(0)
  Last flood scan length is 0, maximum is 0
```

Beispiel 6.3: OSPF-Multiarea-Konfiguration und show Befehle auf Albuquerque (Forts.)

```
  Last flood scan time is 0 msec, maximum is 0 msec
  Neighbor Count is 0, Adjacent neighbor count is 0
  Suppress hello for 0 neighbor(s)
Serial0/0 is up, line protocol is up
  Internet Address 10.1.4.1/24, Area 1
  Process ID 1, Router ID 10.1.6.1, Network Type POINT_TO_POINT, Cost: 64
  Transmit Delay is 1 sec, State POINT_TO_POINT,
  Timer intervals configured, Hello 10, Dead 40, Wait 40, Retransmit 5
    Hello due in 00:00:01
  Index 1/2, flood queue length 0
  Next 0x0(0)/0x0(0)
  Last flood scan length is 1, maximum is 1
  Last flood scan time is 0 msec, maximum is 0 msec
  Neighbor Count is 1, Adjacent neighbor count is 1
    Adjacent with neighbor 10.1.5.2
  Suppress hello for 0 neighbor(s)
```

Beispiel 6.4: OSPF-Multiarea-Konfiguration und show Befehle auf Yosemite

```
!
! Only the OSPF configuration is shown to conserve space
!
router ospf 1
 network 10.0.0.0 area 1
Yosemite#show ip route
Codes: C - connected, S - static, I - IGRP, R - RIP, M - mobile, B - BGP
       D - EIGRP, EX - EIGRP external, O - OSPF, IA - OSPF inter area
       N1 - OSPF NSSA external type 1, N2 - OSPF NSSA external type 2
       E1 - OSPF external type 1, E2 - OSPF external type 2, E - EGP
       i - IS-IS, L1 - IS-IS level-1, L2 - IS-IS level-2, ia - IS-IS inter area
       * - candidate default, U - per-user static route, o - ODR
       P - periodic downloaded static route

Gateway of last resort is not set

     10.0.0.0/24 is subnetted, 6 subnets
IA      10.1.3.0 [110/65] via 10.1.5.1, 00:00:54, Serial0/1
IA      10.1.1.0 [110/65] via 10.1.4.1, 00:00:49, Serial0/0
C       10.1.2.0 is directly connected, Ethernet0/0
C       10.1.5.0 is directly connected, Serial0/1
IA      10.1.6.0 [110/128] via 10.1.4.1, 00:00:38, Serial0/0
C       10.1.4.0 is directly connected, Serial0/0
```

Die Konfiguration muss im **network** Befehl nur die richtige Area-Nummer angeben und betrifft dann die vorgesehenen Interfaces. **network 10.1.4.1**

0.0.0.0 area 1 betrifft zum Beispiel die IP-Adresse von Albuquerques Interface Serial 0/0 und legt es in Area 1. **network 10.1.6.1 0.0.0.0 area 0** und **network 10.1.1.1 0.0.0.0 area 0** legen Serial 0/1 und Ethernet 0/0 jeweils in Area 0. Anders als in Beispiel 6.1 kann man Albuquerque nicht mit einem **network** Befehl konfigurieren, der alle 3 Interfaces einrichtet. Serial 0/0 liegt in einer anderen Area als die anderen beiden Interfaces.

show ip route ospf zählt die Routen auf, die über OSPF erlernt wurden, nicht die gesamte Routingtabelle. **show ip route** zeigt alle drei angeschlossenen Routen und die drei über OSPF erlernten an. Albuquerques Route zu 10.1.2.0 ist mit einem **O** gekennzeichnet. Das bedeutet »intra-area«. Dieses Subnetz ist innerhalb von Area 1 angesiedelt, und Albuquerque ist Teil von Area 1 und Area 0.

In Beispiel 6.4 erfordert die OSPF-Konfiguration in Yosemite nur einen **network** Befehl. Alle Interfaces in Yosemite sind in Area 1, und alle drei sind in Netzwerk 10.0.0.0. Der Befehl betrifft alle IP-Adressen in Netzwerk 10.0.0.0 und legt sie in Area 1. Die Routen, die Yosemite von den anderen Routern erlernt hat, sind Inter-Area-Routen (IA). Sie übergreifen die Areas, da die Subnetze in Area 0 angesiedelt sind, Yosemite aber in Area 1.

Die OSPF Topologie-Datenbank enthält Informationen zu Routern und Subnetzen oder Verbindungen, an die diese angeschlossen sind. Um die Router in der Topologie-Datenbank des Nachbarn zu erkennen, verwendet OSPF eine Router-ID (RID) für jeden Router. Die OSPF-RID eines Routers ist seine höchste IP-Adresse auf einer seiner physikalischen Schnittstellen, wenn OSPF gestartet wird. Wenn ein Loopback-Interface eingerichtet wurde, nimmt OSPF allerdings die höchste IP-Adresse auf einem Loopback-Interface als RID, auch wenn es auf irgendeinem physikalischen Interface noch eine höhere IP-Adresse gibt. Die RID lässt sich auch mit dem Befehl **router-id** im Konfigurationsmodus einstellen.

ANMERKUNG

> Ein Loopback-Interface ist ein spezielles virtuelles Interface auf einem Cisco-Router. Wenn Sie ein Loopback-Interface mit **interface loopback** x einrichten, ist x eine Zahl, und das Loopback-Interface ist immer aktiv. Dem Loopback-Interface kann man eine IP-Adresse zuweisen, im einen Ping schicken und es zu verschiedenen Zwecken einsetzen – zum Beispiel auch dafür, die IP-Adresse des Loopback-Interfaces als OSPF-RID (Router-ID) zu wählen.

Es beziehen sich viele Befehle auf die OSPF RID, zum Beispiel der Befehl **show ip ospf neighbor**. Er zählt alle Nachbarn auf und erkennt sie anhand der RIDs. Nehmen wir Beispiel 6.3. Der erste Nachbar in der Anzeige des Befehls **show ip ospf neighbor** hat **Router ID 10.1.5.2**, Yosemites RID.

Der Befehl **show ip ospf interface** gibt etwas genauer über die OSPF-Operationen auf jedem Interface Auskunft. Er führt zum Beispiel die Area-Nummer, die OSPF-Kosten und alle für ein Interface bekannten Nachbarn auf. Die Timer für das Interface, zum Beispiel Hallo- und Dead-Timer, werden auch genannt.

OSPF verwendet die »Kosten«, um die Metrik einer Route zu berechnen. Mit dem Interface-Unterbefehl **ip ospf cost** x kann man die Kosten manuell einstellen. Das geht aber auch mit dem Interface-Unterbefehl **bandwidth**. Wenn Sie die Kosten nicht konfigurieren, gilt der IOS-Standard. Die Formel dafür lautet 10^8 / Bandbreite (Bandbreite ist hier die der Schnittstelle). Cisco-IOS verwendet die Standard-Bandbreite 10.000 (Im Befehl **bandwidth** wird die Einheit kbit/s verwendet. Die Zahl 10.000 steht für 10 Mbit/s) auf Ethernet-Interfaces, der Standardwert für die Kosten liegt also bei 10^8 / 10^7, also 10. Schnelle serielle Schnittstellen haben für die Bandbreite den Standardwert 1544. Die Standardkosten errechnen sich dann aus 10^8 / 1.544.000, rund 64 (siehe Beispiel). Wenn Sie die Bandbreite einer Schnittstelle ändern, verändern sich auch die OSPF-Kosten.

Wie Sie vielleicht bemerkt haben, liegen die Kosten für ein Fast Ethernet Interface (100 Mbit/s) bei 1. Für Gigabit-Interfaces (1000 Mbit/s) ergibt die Berechnung 0,1. Es sind aber nur ganze Zahlen erlaubt. Cisco gibt Ihnen die Möglichkeit, die Bandbreite zu ändern, den Wert, der bei der Berechnung im letzten Paragraphen im Zähler stand. Der Router-Unterbefehl **auto-cost reference-bandwidth 1000** ändert den Zähler in 1000 Mbit/s, 10^9. Die berechneten Kosten für ein Gigabit-Interface sind dann 1, bei Fast Ethernet 10.

6.2.4 EIGRP-Konfiguration

Erinnern Sie sich an die Konfiguration von IGRP? Dann können Sie auch EIGRP konfigurieren. Es ist alles genau gleich, nur dass Sie **eigrp** schreiben, wo vorher **igrp** im Befehl **router** stand.

Die Tabellen 6.6 und 6.7 fassen die Konfigurations- und Troubleshooting-Befehle für EIGRP zusammen. Nach den Tabellen kommt eine kurze EIGRP-Konfiguration mit der Anzeige nach einem **show** Befehl.

Tabelle 6.6: IP EIGRP Konfigurationsbefehle

Befehl	Konfigurationsmodus
router eigrp *autonomous-system*	Global
network *network-number*	Router-Unterbefehl
maximum-paths *number-paths*	Router-Unterbefehl
variance *multiplier*	Router-Unterbefehl
traffic-share {*balanced*	*min*}	Router-Unterbefehl

Tabelle 6.7: IP EIGRP EXEC-Befehle

Befehl	Beschreibung
show ip route [*ip-address* [*mask*] [**longer-prefixes**]]	[*protocol* [*process-id*]]	Zeigt die gesamte Routingtabelle oder den durch die Parameter definierten Anteil.
show ip protocols	Zeigt die Routingprotokoll-Parameter und die aktuellen Timerwerte.
show ip eigrp neighbors	Zeigt die Nachbarn an und deren aktuellen Status.
show ip eigrp topology	Zeigt die EIGRP-Topologie-Tabelle mit Successors und Feasible Successors.
show ip route eigrp	Zeigt die über EIGRP erlernten Routen aus der Routingtabelle.
show ip eigrp traffic	Zeigt Datenverkehrs-Statistiken zu EIGRP an.

Beispiel 6.5 zeigt eine EIGRP-Konfiguration mit **show** Befehlen auf Albuquerque. Das Netzwerk ist dasselbe, wie das für OSPF in Bild 6.7. Die EIGRP-Konfiguration für Yosemite und Seville stimmt mit den beiden Zeilen der EIGRP-Konfiguration auf Albuquerque überein.

Beispiel 6.5: Router-Konfiguration mit teilweise aktiviertem RIP

```
router eigrp 1
network 10.0.0.0
Albuquerque#show ip route
Codes: C - connected, S - static, I - IGRP, R - RIP, M - mobile, B - BGP
       D - EIGRP, EX - EIGRP external, O - OSPF, IA - OSPF inter area
       N1 - OSPF NSSA external type 1, N2 - OSPF NSSA external type 2
       E1 - OSPF external type 1, E2 - OSPF external type 2, E - EGP
       i - IS-IS, L1 - IS-IS level-1, L2 - IS-IS level-2, ia - IS-IS inter area
       * - candidate default, U - per-user static route, o - ODR
       P - periodic downloaded static route
```

Beispiel 6.5: Router-Konfiguration mit teilweise aktiviertem RIP (Forts.)

```
Gateway of last resort is not set

     10.0.0.0/24 is subnetted, 6 subnets
D       10.1.3.0 [90/2172416] via 10.1.6.3, 00:00:43, Serial0/1
D       10.1.2.0 [90/2172416] via 10.1.4.2, 00:00:43, Serial0/0
C       10.1.1.0 is directly connected, Ethernet0/0
C       10.1.6.0 is directly connected, Serial0/1
D       10.1.5.0 [90/2681856] via 10.1.6.3, 00:00:45, Serial0/1
                 [90/2681856] via 10.1.4.2, 00:00:45, Serial0/0
C       10.1.4.0 is directly connected, Serial0/0

Albuquerque#show ip route eigrp
     10.0.0.0/24 is subnetted, 6 subnets
D       10.1.3.0 [90/2172416] via 10.1.6.3, 00:00:47, Serial0/1
D       10.1.2.0 [90/2172416] via 10.1.4.2, 00:00:47, Serial0/0
D       10.1.5.0 [90/2681856] via 10.1.6.3, 00:00:49, Serial0/1
                 [90/2681856] via 10.1.4.2, 00:00:49, Serial0/0

Albuquerque#show ip eigrp neighbors
IP-EIGRP neighbors for process 1
H   Address              Interface   Hold Uptime    SRTT  RTO  Q    Seq Type
                                     (sec)          (ms)       Cnt  Num
0   10.1.4.2             Se0/0       11  00:00:54   32    200  0    4
1   10.1.6.3             Se0/1       12  00:10:36   20    200  0    24

Albuquerque#show ip eigrp interfaces
IP-EIGRP interfaces for process 1

                Xmit Queue    Mean  Pacing Time   Multicast    Pending
Interface  Peers Un/Reliable  SRTT  Un/Reliable   Flow Timer   Routes
Et0/0       0    0/0           0    0/10           0            0
Se0/0       1    0/0          32    0/15          50            0
Se0/1       1    0/0          20    0/15          95            0
```

Bei einer EIGRP-Konfiguration müssen alle drei Router dieselbe AS-Nummer im **router eigrp** Befehl haben. In unserem Beispiel wird **router eigrp 1** verwendet. Wie die Nummer lautet, ist letztlich nicht so wichtig, nur müssen alle drei Zahlen gleich sein. **network 10.0.0.0** aktiviert EIGRP auf allen Interfaces, deren IP-Adresse in Netzwerk 10.0.0.0 liegen, also auch alle 3 Interfaces von Albuquerque. Wenn die Konfiguration auf den anderen beiden Routern identisch ist, wird EIGRP auf den drei Interfaces dieser Router auch aktiviert, denn sie sind auch in Netzwerk 10.0.0.0.

show ip route und **show ip route eigrp** zeigen die Routen an, die über EIGRP erlernt worden sind. Daneben steht ein **D**. D bedeutet EIGRP. Der Buchstabe E ist bereits für Exterior Gateway Protocol (EGP) belegt. Daher entschied sich Cisco für den naheliegendsten Buchstaben, um Routen zu kennzeichnen, die über EIGRP erlernt wurden.

6.3 Grundlagen-Zusammenfassung

Die »Grundlagen-Zusammenfassung« enthält die wichtigsten Inhalte eines Kapitels. Es kommt zwar nicht alles vor, was im Examen gefragt werden könnte. Ein guter Examens-Kandidat hat aber mindestens die Inhalte der Grundlagen-Zusammenfassungen in allen Feinheiten parat.

Das Verfahren, mit dem OSPF-Routen erstmals erlernt werden, sieht in etwa so aus:

1. Jeder Router erkennt auf jedem seiner Interfaces Nachbar-Router. Diese werden in der Nachbartabelle aufgelistet.
2. Jeder Router verwendet in sicheres Protokoll zum Austausch von Topologie-Informationen mit den Nachbarn.
3. Jeder Router speichert die erlernte Topologie-Information in der Topologie-Datenbank.
4. Jeder Router verarbeitet seine eigene Topologie-Datenbank mit SPF, um die besten Routen zu jedem Subnetz in der Datenbank herauszufinden.
5. Jeder Router schreibt die beste Route zu jedem Subnetz in eine IP-Routingtabelle.

Bild 6.9 zeigt ein Netzwerk mit mehreren Areas mit der Perspektive der Topologie, die Router in Area 1 haben.

Tabelle 6.8 fasste die Hauptunterschiede der beiden Routingprotokolle zusammen.

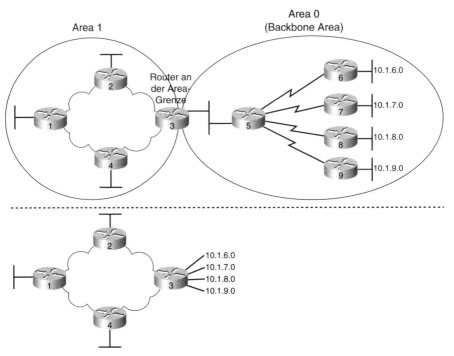

Bild 6.9: *OSPF mit zwei Areas*

Tabelle 6.8: *Link State und Distanzvektor im Vergleich*

Feature	Link State	Distanzvektor
Konvergenzzeit	Klein	Groß, hauptsächlich wegen der Loop-Vermeidungsmechanismen
Loop-Vermeidungsmechanismen	Integriert ins Protokoll	Erfordert zusätzliche Features wie Split Horizon
Speicher- und CPU-Anforderungen	Können hoch sein, mit gutem Netzwerkdesign aber verkleinert werden	Niedrig
Hoher Design-Aufwand bei großen Netzwerken	Ja	Nein
Öffentlicher Standard oder Markenprodukt	OSPF ist öffentlich	RIP ist öffentlich definiert; IGRP nicht

Tabelle 6.9 vergleicht EIGRP, IGRP und OSPF.

Tabelle 6.9: EIGRP-Features im Vergleich mit OSPF und IGRP

Feature	EIGRP	IGRP	OSPF
Erkennt Nachbarn vor dem Austauschen von Routinginformation	Ja	Nein	Ja
Erstellt eine Art Topologie-Tabelle zusätzlich zur Routingtabelle	Ja	Nein	Ja
Wenig Konvergenzzeit	Ja	Nein	Ja
Metrik errechnet sich aus Bandbreite und Delay (Standard)	Ja*	Ja	Nein
Sendet bei jedem Durchgang die volle Routing Information	Nein	Ja	Nein
Erfordert Distanzvektor Loop-Vermeidungsmechanismen	Nein	Ja	Nein

* EIGRP verwendet die gleiche Metrik wie IGRP, nur dass der Multiplikator für die Skalierung beim EIGRP 256 ist.

Beispiel 6.6 zeigt zwei alternative OSPF-Konfigurationen für einen Router. Alle Schnittstellen liegen in Area 0.

Beispiel 6.6: Alternativen bei der Konfiguration ein einzelnen OSPF-Areas

```
interface ethernet 0/0
ip address 10.1.1.1 255.255.255.0
interface serial 0/0
ip address 10.1.4.1 255.255.255.0
interface serial 0/1
ip address 10.1.6.1 255.255.255.0
!
router ospf 1
network 10.0.0.0 0.255.255.255 area 0
!
! Alternately:
!
router ospf 1
network 10.1.1.1 0.0.0.0 area 0
network 10.1.4.1 0.0.0.0 area 0
network 10.1.6.1 0.0.0.0 area 0
```

Die Platzhalter-Maske ist eine 32-Bit Zahl. Eine binäre 1 auf einer der Stellen steht für ein Platzhalter-Bit. Der Router stört sich nicht daran, welcher Wert dieser Zahl entspricht. Daher nennen sich binäre Einsen in der Platzhalter-Maske im englischen »Don't-care-Bits«. Überall wo Nullen in der Maske stehen, befinden sich die wichtigen Bits, die mit der korrespondierenden Zahl verglichen werden und übereinstimmen müssen. Der Router vergleicht die beiden Zahlen Bit für Bit und achtet darauf, dass die Werte der wichtigen Bits übereinstimmen.

Die Platzhalter-Maske in Beispiel 6.5 lautet 0.255.255.255. Ins Binärsystem übertragen ist das eine 0000 0000 1111 1111 1111 1111 1111 1111 – 8 Nullen und 24 Einsen. Der Befehl **network** weist das IOS an, 10.0.0.0, die Zahl im **network** Befehl, mit den IP-Adressen aller Schnittstellen des Routers zu vergleichen. Die Platzhalter-Maske schränkt diesen Befehl auf das erste Oktett ein. Die hinteren drei Oktette bestehen nur aus Platzhaltern. Hier passen daher alle drei Interface-IP-Adressen.

Bei der Platzhalter-Maske 0.0.0.0 müssen komplette Zahlen verglichen werden – gemäß den speziellen **network** Befehlen für spezielle IP-Adressen der Schnittstellen. Das ist in der Alternativ-Konfiguration der Fall.

6.4 Q&A

Wie in der Einleitung erwähnt, haben Sie zwei Möglichkeiten, die folgenden Fragen zu beantworten. Diese Fragen stellen eine größere Herausforderung für Sie dar als das Examen selbst. Die Lösung ist nicht so eindeutig festgelegt wie bei den Examensfragen. Durch diese offeneren, schwierigeren Fragen werden Sie mit der Thematik des Kapitels noch besser vertraut. Die Antworten zu den Fragen finden Sie in Anhang A.

1. Erstellen Sie eine Minimalkonfiguration, bei der auf jedem Interface eines 2600er Routers IP aktiviert wird (2 x seriell, ein Ethernet). Das NIC (Network Information Center) weist Ihnen Netzwerk 192.168.1.0 zu. Ihr Chef teilt Ihnen mit, dass Sie bis zu 60 Hosts pro LAN-Subnetz benötigen. An die seriellen Schnittstellen sind Punkt-zu-Punkt-Verbindungen angeschlossen. Bei der Wahl der IP-Adressen und Subnetznummern beginnen Sie bei den niedrigsten Werten. Berücksichtigen Sie die Punkt-zu-Punkt-Verbindungen und die Tatsache, dass EIGRP als Routingprotokoll verwendet wird.

2. Mit welchen Schritten würden Sie von RIP zu OSPF übergehen, wenn die aktuelle RIP-Konfiguration eines Routers nur die Befehle **router rip** und **network 10.0.0.0** umfasst. Sie befinden sich in einer einzelnen OSPF-Area, und wollen so wenige **network** Befehle wie möglich verwenden.

3. Erstellen Sie eine Konfiguration für EIGRP auf einem Router mit den folgenden Schnittstellen und Adressen: e0 mit 10.1.1.1, e1 mit 224.1.2.3, s0 mit 10.1.2.1 und s1 mit 199.1.1.1. Verwenden Sie Process ID 5.

4. Erstellen Sie eine Konfiguration für EIGRP auf einem Router mit den folgenden Schnittstellen und Adressen: e0 mit 200.1.1.1, e1 mit 128.1.3.2, s0 mit 192.0.1.1 und s1 mit 223.254.254.1.

5. Wie kann man aus dem User-Modus eines Routers heraus, ohne Debug-Befehle oder privilegierten Modus, bestimmen, welche Router Ihnen EIGRP Routingupdates senden?

6. Der Befehl **router eigrp 1** ist, gefolgt von **network 10.0.0.0**, ohne weitere Netzwerkbefehle auf einem Router mit dem Interface Ethernet0 mit IP-Adresse 168.10.1.1 konfiguriert. Sendet das EIGRP Updates aus Ethernet0?

7. Der Befehl **router ospf 1** ist, gefolgt von **network 10.0.0.0 0.255.255.255 area 0**, ohne weitere Netzwerkbefehle auf einem Router mit dem Interface Ethernet0 mit IP-Adresse 10.10.1.1 konfiguriert. Sendet OSPF Updates aus Ethernet0?

8. Die Befehle **router eigrp 1** und **network 10.0.0.0** sind auf einem Router mit Interface Ethernet0 mit IP-Adresse 168.10.1.1, Maske 255.255.255.0 konfiguriert. Hat dieser Router eine Route zu 168.10.1.0?

9. Welcher Befehl führt alle IP-Routen auf, die via OSPF erlernt wurden?

10. Stellen Sie gegenüber: Welche Art von Informationen werden in Routingupdates von Distanzvektor- und Link-State-Routingprotokolle ausgetauscht.

11. Definieren Sie Balanced Hybrid und geben Sie ein Beispiel für ein Balanced Hybrid-Protokoll.

12. Beschreiben Sie den Unterschied zwischen einem Balanced Hybrid- und einem Distanzvektor-Protokoll in Bezug auf die Frage, wie ein Router den Ausfall eines Nachbar-Routers bemerkt.

13. Listen Sie die Distanzvektor-Loop-Vermeidungs-Eigenschaften auf, die von OSPF verwendet werden, wie etwa Split Horizon.

14. Nennen Sie zwei OSPF-Features, mit denen die Größe der OSPF-Topologiedatenbank reduziert wird.

15. Sie erstellen ein neues Netzwerk und müssen sich beim Routingprotokoll zwischen OSPF und EIGRP entscheiden. Nennen und erklären Sie die entscheidenden Gründe für die Wahl von OSPF bzw. für die Wahl von EIGRP.

Dieses Kapitel deckt folgende Punkte ab:
- Route Summarization und VLSM
- Klassenlose Routingprotokolle, klassenloses Routing

Kapitel 7

Weiterführende Themen zu Routingprotokollen

In den Kapiteln 5 und 6 ging es um die Konzepte und die Konfigurationen der vier Routingprotokolle, die im ICND-Examen die Hauptrolle spielen – RIP, IGRP, EIGRP und OSPF. Die genannten Kapitel haben sich auf die Details jedes dieser Routingprotokolle konzentriert.

In diesem Kapitel geht um das Subnetting-Schema eines Netzwerks und seine Auswirkungen auf die Leistungsfähigkeit der Routingprotokolle. Zum Beispiel müssen Sie erwägen, ob das Routingprotokoll VLSM (Subnetzmasken mit unterschiedlicher Länge) unterstützt werden soll. Wenn nicht, müssen Sie eine Subnetzmaske für das gesamte Netzwerk verwenden und verschwenden unter Umständen recht viele IP-Adressen in jedem Subnetz.

Dieses Kapitel stellt diverse Konzepte vor, die etwas mit dem IP-Subnet-Design zu tun haben. VLSM wird sofort im ersten Abschnitt behandelt, genau wie Route Summarization. Route Summarization (Routenzusammenfassung) erfordert die Unterstützung von VLSM durch das Routingprotokoll, daher befinden sich die Themen im selben Abschnitt. Im zweiten Abschnitt geht es dann um die Bedeutung »classful« und »classless« bei Routingprotokollen, also um klassenabhängiges und klassenloses Routing. Diese Begriffe werden sehr unterschiedlich benutzt und der entsprechende Abschnitt soll etwas Licht in das Dunkel bringen.

7.1 »Weiß ich's schon?«-Quiz

Ziel des Quiz ist es, Ihnen bei der Entscheidung zu helfen, welche Abschnitte eines Kapitels Sie lesen müssen. Wenn Sie ohnehin das ganze Kapitel lesen wollen, brauchen Sie die Fragen an dieser Stelle nicht zu beantworten.

Mit dem 8-Fragen-Quiz können Sie, bezogen auf den Grundlagen-Abschnitt, Ihre begrenzte Studienzeit sinnvoll einteilen.

Tabelle 7.1 stellt die Hauptthemen des Kapitels und die dazu passenden Fragen aus dem Quiz dar.

Tabelle 7.1: »Weiß ich's schon?«-Übersicht zum Grundlagen-Abschnitt

Grundlagen-Abschnitt	Fragen zu diesem Abschnitt
Route Summarization und VLSM	1 bis 4, 8
Klassenlose Routingprotokolle und klassenloses Routing	5 bis 7

ACHTUNG

Das Ziel dieser Selbsteinschätzung soll sein, dass Sie Ihren Wissensstand zu den Themen richtig bewerten. Wenn Sie eine Frage nicht beantworten können oder sich auch nur unsicher fühlen, sollten Sie sie als falsch einstufen und markieren. Jeder Sympathiepunkt, den Sie sich selbst geben, verfälscht Ihr Ergebnis und wiegt Sie in trügerischer Sicherheit.

1. Welche der folgenden zusammengefassten Subnetze ist die kleinste zusammengefasste Route, die aber die Subnetze 10.1.55.0, 10.1.56.0 und 10.1.57.0, Maske 255.255.255.0 enthält?
    a) 10.0.0.0 255.255.255.0
    b) 10.1.0.0 255.255.0.0
    c) 10.1.55.0 255.255.255.0
    d) 10.1.48.0 255.255.240.0
    e) 10.1.32.0 255.255.224.0

2. Welche der folgenden zusammengefassten Subnetze ist keine gültige Zusammenfassung der Subnetze 10.1.55.0, 10.1.56.0 und 10.1.57.0, Maske 255.255.255.0?
    a) 10.0.0.0 255.255.255.0
    b) 10.1.0.0 255.255.0.0
    c) 10.1.55.0 255.255.255.0
    d) 10.1.48.0 255.255.240.0
    e) 10.1.32.0 255.255.224.0

3. Wofür steht VLSM?
    a) Variable-length subnet mask
    b) Very long subnet mask
    c) Vociferous longitudinal subnet mask

d) Vector-length subnet mask

e) Vector loop subnet mask

4. Ein Router hat drei Routen zu Subnetzen in Netzwerk 10.0.0.0. Es wird VLSM verwendet. Wie oft führt der Befehl **show ip route** mask/prefix-Informationen über Routen in Netzwerk 10.0.0.0 auf?

   a) 1

   b) 2

   c) 3

   d) 4

   e) 5

5. Welches Routingprotokoll führt automatisch Autosummarization durch (Mehrfachnennung möglich!)?

   a) RIP-1

   b) IGRP

   c) EIGRP

   d) OSPF

6. Welche der folgenden Routingprotokolle sind klassenlos?

   a) RIP-1

   b) IGRP

   c) EIGRP

   d) OSPF

7. Welche der folgenden Entscheidungen ist davon abhängig, ob ein Router klassenlos oder klassenabhängig routet?

   a) Wenn eine Standardroute zu verwenden ist

   b) Wenn Masken in den Routingupdates zu verwenden sind

   c) Wenn die IP-Zieladresse eines Pakets in eine Netzwerknummer umgewandelt wird

   d) Wenn Queuing anhand der Klassifizierung eines Pakets in eine spezielle Queue angewendet wird

8. Welche der folgenden Routingprotokolle unterstützen Route Summarization?

   a) RIP-1

   b) IGRP

   c) EIGRP

   d) OSPF

Die Antworten zum »Weiß ich's schon?«-Quiz stehen in Anhang A. Unser Vorschlag für Ihr weiteres Vorgehen sieht so aus:

- **6 oder weniger Gesamtpunkte** – Lesen Sie das komplette Kapitel. Es enthält die »Grundlagen«, die »Grundlagen-Zusammenfassung« und »Q&A«-Abschnitte.

- **7 oder 8 Gesamtpunkte** – Wenn Sie einen größeren Überblick über diese Themen bekommen möchten, springen Sie zur »Grundlagen-Zusammenfassung« und dann zum »Q&A«-Abschnitt. Andernfalls gehen Sie sofort zum nächsten Kapitel.

7.2 Grundlagen

7.2.1 Route Summarization und VLSM

Kleine Netzwerke haben möglicherweise oft nur ein paar Dutzend Routen in den Routingtabellen ihrer Router. Je größer aber das Netzwerk wird, desto größer ist auch die Anzahl der Routen. Internet-Router haben daher schon mal weit über 100.000 Routen im Kopf.

Wenn man große IP-Subnetze plant, können die Routingtabellen leicht ziemlich voll werden. Größere Routingtabellen erfordern aber auch viel oder zu viel Speicherplatz. Außerdem werden die Router langsamer, da sie einfach mehr Zeit benötigen, um ihre Routingtabelle nach der passenden Route zu durchsuchen. Selbst das Troubleshooting dauert länger, da die Netzwerktechniker viel mehr Informationen durchgehen müssen.

Es hat also Vorteile, die IP-Routingtabelle klein zu halten. Mit Route Summarization kann man die Größe der Routingtabelle gering halten und trotzdem Routen für alle Ziele bereithalten. Summarization verbessert sogar die Konvergenzzeit, da der Router, der die Routen zusammenfasst, nicht jede Änderung in den einzelnen Subnetzen bekannt geben muss. Es wird nur die Information angeboten, ob die gesamte zusammengefasste Route »up« oder »down« ist. Die Router, die die summierte Route vorliegen haben, brauchen keinen neuen Konvergenzprozess, nur weil irgendeine Komponente in einem der Subnetze gerade an oder aus ist.

Das Routingprotokoll muss allerdings VLSM unterstützen, wenn man Route Summarization in einem Netz einsetzen will.

VLSM heißt, dass in einem A-, B-, oder C-Klasse-Netzwerk mehr als ein Wert für die Subnetzmaske verwendet wird. Wenn dieselbe Maske für das ganze Netzwerk verwendet wird, haben viele Subnetze mehr IP-Adressen, als jemals gebraucht werden. Wenn man VLSM einsetzt, können die Subnetze unterschiedlich groß sein, was den Verbrauch von IP-Adressen verringert. Das Netzwerk lässt sich auch leichter vergrößern, ohne dass man eine weitere registrierte Netzwerknummer beim NIC (Network Information Center) beantragen muss.

VLSM kann eine signifikante Anzahl von IP-Adressen einsparen, schon wenn nur zwei unterschiedliche Masken eingesetzt werden. Viele Netzwerke sehen für serielle Punkt-zu-Punkt-Verbindungen die Maske 255.255.255.252 vor, weil sie nur zwei gültige IP-Adressen ermöglicht (für serielle Punkt-zu-Punkt-Verbindungen braucht man nur 2 IP-Adressen). Auf LAN-Subnetzen verwendet das Netzwerk aber Masken für größere Subnetze zum Beispiel 255.255.255.0. Daher setzt das Netzwerk VLSM ein, damit in einem A-, B-, oder C-Klasse-Netzwerk unterschiedliche Masken möglich sind.

Dieser Abschnitt beginnt mit den Konzepten zur Zusammenfassung von Routen, behandelt dann VLSM und endet mit ein paar Tipps zur Lösung von Summarization-Fragen im ICND-Examen.

Konzepte für die Zusammenfassung von Routen

Netzwerk-Ingenieure setzen Routenzusammenfassung ein, um die Größe der Routingtabellen im Griff zu behalten. Route Summarization bewirkt, dass einige speziellere Routen durch eine einzige ersetzt werden, die alle IP-Adressen bedienen kann, die in den ursprünglichen Subnetzwerken liegen.

Summary Routen, die mehrere Routen ersetzen, müssen von Netzwerk-Ingenieuren konfiguriert werden. Obwohl der Befehl für diese Konfiguration nicht genau so aussieht, wie ein **static route** Befehl, gibt man im Grunde die gleichen Grundinformationen ein – das Routingprotokoll bietet nun aber die zusammengefasste Summary-Route statt der Original-Routen an.

Route Summarization funktioniert wesentlich besser, wenn das Netzwerk schon dafür ausgelegt wurde. Bild 7.1 zeigt ein Netzwerk, das sofort für Route Summarization ausgelegt wurde.

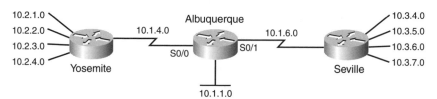

Bild 7.1: Netzwerk, ausgelegt für Route Summarization

Bei diesem Netzwerk plante der Techniker von vorneherein Route Summarization bei der Wahl der Subnetznummern ein. Alle Subnetze vom Hauptstandort (Albuquerque), auch die WAN-Verbindungen, beginnen mit 10.1. Alle LAN-Subnetze von Yosemite beginnen mit 10.2, die von Seville mit 10.3.

Die Routingtabelle von Albuquerque, bisher ohne Zusammenfassung, zeigt vier Routen zu Subnetzen, die mit 10.2 beginnen. Sie führen alle von serial 0/0 zu Yosemite. Desgleichen hat Albuquerque vier Routen zu Subnetzen, die mit 10.3 beginnen und von serial 0/1 zu Seville gehen. Daher kann Albuquerque die vier Routen zu den 10.2-Subnetzen zu einer Route zusammenfassen, genau wie die vier zu den 10.3-Subnetzen. Sehen Sie sich zunächst die Routingtabelle auf Albuquerque in Beispiel 7.1 an. Routingprotokoll ist EIGRP.

Beispiel 7.1: Routingtabelle auf Albuquerque vor der Route Summarization

```
Albuquerque#show ip route
Codes: C - connected, S - static, I - IGRP, R - RIP, M - mobile, B - BGP
       D - EIGRP, EX - EIGRP external, O - OSPF, IA - OSPF inter area
       N1 - OSPF NSSA external type 1, N2 - OSPF NSSA external type 2
       E1 - OSPF external type 1, E2 - OSPF external type 2, E - EGP
       i - IS-IS, L1 - IS-IS level-1, L2 - IS-IS level-2, ia - IS-IS inter area
       * - candidate default, U - per-user static route, o - ODR
       P - periodic downloaded static route

Gateway of last resort is not set

     10.0.0.0/24 is subnetted, 11 subnets
D       10.2.1.0 [90/2172416] via 10.1.4.2, 00:02:18, Serial0/0
D       10.2.2.0 [90/2297856] via 10.1.4.2, 00:02:07, Serial0/0
C       10.1.1.0 is directly connected, Ethernet0/0
D       10.2.3.0 [90/2297856] via 10.1.4.2, 00:02:02, Serial0/0
D       10.3.5.0 [90/2297856] via 10.1.6.3, 00:00:39, Serial0/1
D       10.2.4.0 [90/2297856] via 10.1.4.2, 00:01:57, Serial0/0
D       10.3.4.0 [90/2172416] via 10.1.6.3, 00:00:46, Serial0/1
C       10.1.6.0 is directly connected, Serial0/1
D       10.3.7.0 [90/2297856] via 10.1.6.3, 00:00:28, Serial0/1
D       10.3.6.0 [90/2297856] via 10.1.6.3, 00:00:33, Serial0/1
C       10.1.4.0 is directly connected, Serial0/0
```

Die Routingtabelle von Albuquerque beinhaltet elf Subnetze, alle mit der Maske 255.255.255.0 (Bild 7.1). Der Netzwerktechniker weiß, dass alle Subnetze, die hinter Yosemite liegen, mit 10.2 beginnen, alle neuen Subnetze hinter Seville mit 10.3. Er wird niemals Subnetzen, die mit 10.2 beginnen, einen anderen Pfad als Richtung Yosemite geben. Gleiches gilt für die 10.3-Subnetze in Bezug auf Seville. Daher können die Routen, die hinter Yosemite

Kapitel 7 • Weiterführende Themen zu Routingprotokollen

und Seville weiterlaufen, jeweils zusammengefasst werden. Die Beispiele 7.2, 7.3 und 7.4 zeigen die Routingtabellen auf Albuquerque, Yosemite und Seville mit der Konfiguration für die Route Summarization auf Yosemite und Seville.

Beispiel 7.2: Routingtabelle von Albuquerque nach der Route Summarization

```
Albuquerque#show ip route
Codes: C - connected, S - static, I - IGRP, R - RIP, M - mobile, B - BGP
       D - EIGRP, EX - EIGRP external, O - OSPF, IA - OSPF inter area
       N1 - OSPF NSSA external type 1, N2 - OSPF NSSA external type 2
       E1 - OSPF external type 1, E2 - OSPF external type 2, E - EGP
       i - IS-IS, L1 - IS-IS level-1, L2 - IS-IS level-2, ia - IS-IS inter area
       * - candidate default, U - per-user static route, o - ODR
       P - periodic downloaded static route

Gateway of last resort is not set

     10.0.0.0/8 is variably subnetted, 5 subnets, 2 masks
D       10.2.0.0/16 [90/2172416] via 10.1.4.2, 00:05:59, Serial0/0
D       10.3.0.0/16 [90/2172416] via 10.1.6.3, 00:05:40, Serial0/1
C       10.1.1.0/24 is directly connected, Ethernet0/0
C       10.1.6.0/24 is directly connected, Serial0/1
C       10.1.4.0/24 is directly connected, Serial0/0
```

Beispiel 7.3: Konfiguration auf Yosemite und Routingtabelle nach Route Summarization

```
Yosemite#configure terminal
Enter configuration commands, one per line. End with CNTL/Z.
Yosemite(config)#interface serial 0/0
Yosemite(config-if)#ip summary-address eigrp 1 10.2.0.0 255.255.0.0
Yosemite(config-if)#^Z

Yosemite#show ip route
Codes: C - connected, S - static, I - IGRP, R - RIP, M - mobile, B - BGP
       D - EIGRP, EX - EIGRP external, O - OSPF, IA - OSPF inter area
       N1 - OSPF NSSA external type 1, N2 - OSPF NSSA external type 2
       E1 - OSPF external type 1, E2 - OSPF external type 2, E - EGP
       i - IS-IS, L1 - IS-IS level-1, L2 - IS-IS level-2, ia - IS-IS inter area
       * - candidate default, U - per-user static route, o - ODR
       P - periodic downloaded static route

Gateway of last resort is not set

     10.0.0.0/8 is variably subnetted, 9 subnets, 2 masks
D       10.2.0.0/16 is a summary, 00:04:57, Null0
D       10.3.0.0/16 [90/2684416] via 10.1.4.1, 00:04:30, Serial0/0
C       10.2.1.0/24 is directly connected, FastEthernet0/0
D       10.1.1.0/24 [90/2195456] via 10.1.4.1, 00:04:52, Serial0/0
```

Beispiel 7.3: Konfiguration auf Yosemite und Routingtabelle nach Route Summarization (Forts.)

```
C       10.2.2.0/24 is directly connected, Loopback2
C       10.2.3.0/24 is directly connected, Loopback3
C       10.2.4.0/24 is directly connected, Loopback4
D       10.1.6.0/24 [90/2681856] via 10.1.4.1, 00:04:53, Serial0/0
C       10.1.4.0/24 is directly connected, Serial0/0
```

Beispiel 7.4: Konfiguration für Seville und Routingtabelle nach Route Summarization

```
Seville#configure terminal
Enter configuration commands, one per line.  End with CNTL/Z.
Seville(config)#interface serial 0/0
Seville(config-if)#ip summary-address eigrp 1 10.3.0.0 255.255.0.0
Seville(config-if)#^Z
Seville#show ip route
Codes: C - connected, S - static, I - IGRP, R - RIP, M - mobile, B - BGP
       D - EIGRP, EX - EIGRP external, O - OSPF, IA - OSPF inter area
       N1 - OSPF NSSA external type 1, N2 - OSPF NSSA external type 2
       E1 - OSPF external type 1, E2 - OSPF external type 2, E - EGP
       i - IS-IS, L1 - IS-IS level-1, L2 - IS-IS level-2, ia - IS-IS inter area
       * - candidate default, U - per-user static route, o - ODR
       P - periodic downloaded static route

Gateway of last resort is not set

     10.0.0.0/8 is variably subnetted, 9 subnets, 2 masks
D       10.2.0.0/16 [90/2684416] via 10.1.6.1, 00:00:36, Serial0/0
D       10.3.0.0/16 is a summary, 00:00:38, Null0
D       10.1.1.0/24 [90/2195456] via 10.1.6.1, 00:00:36, Serial0/0
C       10.3.5.0/24 is directly connected, Loopback5
C       10.3.4.0/24 is directly connected, FastEthernet0/0
C       10.1.6.0/24 is directly connected, Serial0/0
C       10.3.7.0/24 is directly connected, Loopback7
D       10.1.4.0/24 [90/2681856] via 10.1.6.1, 00:00:36, Serial0/0
C       10.3.6.0/24 is directly connected, Loopback6
```

Die Konfiguration von Route Summarization unterscheidet sich von Routingprotokoll zu Routingprotokoll. Hier ist EIGRP im Einsatz. Die Summenrouten werden unter EIGRP mit dem Interface Unterbefehl **ip summary-address** erstellt, hier auf Yosemite und Seville. Jeder Befehl definiert eine neue zusammengefasste Route und sagt EIGRP, dass nur die zusammengefasste Route angeboten werden soll, nicht aber einzelne Routen, die in der Summe enthalten sind. Yosemite legt zum Beispiel eine zusammengefasste Route zu 10.2.0.0, Maske 255.255.0.0 fest. Es ist die Route zu allen Hosts, deren IP-Adresse mit 10.2 anfängt. Was herauskommt ist, dass Yosemite und Seville Routen zu 10.2.0.0 255.255.0.0 und 10.3.0.0 255.255.0.0 anbieten, nicht aber zu ihren jeweiligen LAN-Subnetzen, da diese über die zusammengefasste Route erreicht werden.

Sehen Sie sich nun die neue Routingtabelle von Albuquerque an. Sie enthält eine Route zu 10.2.0.0 255.255.0.0 (Die Maske erscheint in Präfix-Schreibweise: /16). Keines der ursprünglichen vier Subnetze, die mit 10.2 anfangen, sind selbst zu sehen. Das Gleiche gilt für die Route 10.3.0.0/16.

Auch der hervorgehobene Abschnitt mit dem Ausdruck **variably subnetted** in Beispiel 7.2 (Albuquerque) ist interessant. Gemeint ist, dass in dem Netzwerk mehr als eine Subnetzmaske verwendet wird. Durch die Routenzusammenfassung kennt Albuquerque einige /24 und einige /16 Routen in Netzwerk 10.0.0.0. Daher muss er ein Routingprotokoll einsetzen, das VLSM unterstützt. Das ist bei EIGRP allerdings auch der Fall.

Die Routingtabellen von Yosemite und Seville sehen etwas anders aus als die von Albuquerque. Wenn wir Yosemite betrachten, sehen wir, dass nur vier 10.2 Routen vorliegen, da sie zu direkt verbundenen Subnetzen führen. Yosemite sieht aber die vier 10.3 Routen nicht, sondern eine zusammengefasste Route. Albuquerque bietet nur 10.3.0.0/16 an.

Am interessantesten ist an der Routingtabelle, dass Yosemites Route zu 10.2.0.0/16 aus einem Interface geht, das auf **null0** eingestellt ist. Pakete auf Routen, die aus null0 Interfaces herausgehen, werden gelöscht. EIGRP hat diese Route mit Interface null0 ergänzt, da der Befehl **ip summary-address** eingegeben wurde. Der Hintergrund ist folgender:

> Yosemite benötigt diese Route, da der Router Pakete an andere 10.2-Adressen bekommen könnte, als die vier existierenden. Yosemite könnte ein Paket an einen realen IP-Host mit der Adresse 10.2.100.1 nicht weiterleiten, da das entsprechende Subnetz noch nicht existiert. Daher hat Yosemite eine null0-Route für die zusammengefasste Route. Yosemite verfügt über die Routen zum Löschen von unzustellbaren Paketen und kann trotzdem die Pakete zu den ursprünglichen vier 10.2-Subnetzen weiterleiten.

In Bezug auf die Einträge der Routingtabellen und auf die Entscheidung über ihre Aufnahme unterscheidet sich Seville nicht von Yosemite.

VLSM

VLSM tritt auf, wenn mehr als eine Maske in einem A-, B-, oder C-Klasse-Netzwerk verwendet wird. Route Summarization veranlasst die Verwendung mehrerer Masken und benötigt VLSM-Support. Daneben kann man auch ein Netzwerk einfach für den Einsatz mehrerer Subnetzmasken konfi-

264 CCNA ICND Prüfungshandbuch

gurieren. Mit VLSM kann man die Anzahl der IP-Adressen reduzieren, die in jedem Subnetz verschwendet werden. Dadurch sind mehr Subnetze möglich und man muss weniger Netzwerknummern beim NIC beantragen.

Bild 7.2 zeigt das bekannte Netzwerk ohne Routenzusammenfassung mit zwei verschiedenen Subnetzmasken in Netzwerk 10.0.0.0.

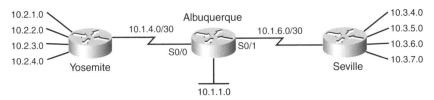

Bild 7.2: VLSM in Netzwerk 10.0.0.0: Maske 255.255.255.0 und 255.255.255.252

Das Bild zeigt eine übliche Lösung: Für die serielle Punkt-zu-Punkt-Verbindung wird ein /30-Präfix (Maske 255.255.255.252) verwendet, für die LAN-Subnetze eine andere Maske (hier 255.255.255.0). Die einzig wichtige Bedingung für den Einsatz von VLSM ist, dass sich die Subnetze nicht überschneiden und dass das Routingprotokoll VLSM unterstützt. Subnetze überschneiden sich, wenn der Bereich der IP-Adressen in dem einen Subnetz Adressen aus dem Bereich des anderen Subnetzes enthält. Mit einer einzigen Maske in einem einzigen Klasse A-, B-, oder C-Klasse-Netzwerk verhindert man im Allgemeinen eine Überschneidung. Mit VLSM kann man auf jeden Fall Netzwerke leichter überblicken, in denen man überlappende Subnetze angelegt hat.

Beispiel 7.5 zeigt wieder die Routingtabelle von Albuquerque, dieses Mal mit der Maske aus Bild 7.2 und mit Routenzusammenfassung auf Yosemite und Seville.

Beispiel 7.5: Routingtabelle von Albuquerque mit zwei, separat auf Interfaces konfigurierten Masken und Route Summarization

```
Albuquerque#show ip route
Codes: C - connected, S - static, I - IGRP, R - RIP, M - mobile, B - BGP
       D - EIGRP, EX - EIGRP external, O - OSPF, IA - OSPF inter area
       N1 - OSPF NSSA external type 1, N2 - OSPF NSSA external type 2
       E1 - OSPF external type 1, E2 - OSPF external type 2, E - EGP
       i - IS-IS, L1 - IS-IS level-1, L2 - IS-IS level-2, ia - IS-IS inter area
       * - candidate default, U - per-user static route, o - ODR
       P - periodic downloaded static route

Gateway of last resort is not set
```

Beispiel 7.5: Routingtabelle von Albuquerque mit zwei, separat auf Interfaces konfigurierten Masken und Route Summarization (Forts.)

```
      10.0.0.0/8 is variably subnetted, 5 subnets, 3 masks
D     10.2.0.0/16 [90/2172416] via 10.1.4.2, 00:00:34, Serial0/0
D     10.3.0.0/16 [90/2172416] via 10.1.6.2, 00:00:56, Serial0/1
C     10.1.1.0/24 is directly connected, Ethernet0/0
C     10.1.6.0/30 is directly connected, Serial0/1
C     10.1.4.0/30 is directly connected, Serial0/0
```

Albuquerque verwendet VLSM nun mit drei Masken. Albuquerque kennt die /24 und /30 Präfixe (Maske 255.255.255.0 und 255.255.255.252) von der Konfiguration der verbundenen Interfaces her. Von der Maske 255.255.0.0 erfährt Albuquerque über die zusammengefassten Routen, die von Yosemite und Seville angeboten werden.

Wie Albuquerque auch immer von diesen Routen erfährt, es muss ein Routingprotokoll verwendet werden, das VLSM unterstützt, damit die Routen mit anderen Routern gemeinsam verwendet werden können. Um VLSM zu unterstützen, muss ein Routingprotokoll nicht nur die Subnetznummer anbieten, sondern auch die Subnetzmaske. Weil VLSM unterstützt werden muss, damit Route Summarization möglich ist, werden VLSM und Summarization von den gleichen Protokollen unterstützt. Tabelle 7.2 zeigt, welche Routingprotokolle VLSM unterstützen.

Tabelle 7.2: Unterstützung von VLSM bei internen IP-Routingprotokollen

Routing-protokoll	VLSM Unterstützung	Sendet Maske/Präfix im Routingupdate mit	Route Summarization Unterstützung
RIP-1	Nein	Nein	Nein
IGRP	Nein	Nein	Nein
RIP-2	Ja	Ja	Ja
EIGRP	Ja	Ja	Ja
OSPF	Ja	Ja	Ja

Strategien für die Zusammenfassung von Routen

Wie schon erwähnt, funktioniert Route Summarization am besten, wenn man als Netzwerkingenieur bei der Auswahl der Subnetznummern berücksichtigt, dass man Routen zusammenfassen möchte. Unsere früheren Beispiele setzten durchaus einen durchdachten Plan voraus. Subnetze mit der 10.2 am Anfang wurden nur Yosemite hinzugefügt. Diese Regelung ermöglichte das Erstellen einer zusammengefassten Route für alle Adressen mit

10.2 am Anfang. Yosemite brauchte nur eine Route für Subnetz 10.2.0.0, Maske 255.255.0.0.

Es gibt oft mehrere mögliche Summenrouten, die viele Routen kombinieren und zu einer zusammenfassen. Das muss aber nicht die »beste« Summarization sein. Die »beste« Zusammenfassung kann nur diejenige sein, bei der alle in Frage kommenden Subnetze (oder die in der Prüfungsfrage genannten) zusammengefasst werden, und nur einige wenige zusätzliche IP-Adressen, die nicht existieren, dazukommen. In unserem frühen Summarization-Beispiel sind vier Subnetze (10.2.1.0, 10.2.2.0, 10.2.3.0 und 10.2.4.0, alle mit Maske 255.255.255.0) zu 10.2.0.0 zusammengefasst worden, alle mit der Maske 255.255.0.0. Diese Zusammenfassung enthielt viele IP-Adressen, die gar nicht in den vier Subnetzen waren! Erfüllt die Lösung dann überhaupt die Anforderungen dieses speziellen Designs? Aber natürlich! Aber, statt einfach die Routen irgendwie zusammenzufassen, möchte man meistens zu Recht die »passendste«, »mathematisch exakteste« oder einfach »beste« Summary finden – nämlich die Summe (die zusammengefasste Route), die alle Subnetze zusammenfasst und so wenig überzählige Subnetze (solche, die bisher gar nicht zugewiesen wurden) mit einbeziehen wie möglich. In diesem Abschnitt wird die Strategie beschrieben, mit der man die beste Zusammenfassung herausfindet.

Die folgende Aufzählung stellt das Verfahren dar, mit dem man eine Gruppe von Subnetzen in eine Summenroute zusammenfasst:

1. Suchen Sie die identischen Anteile der Subnetznummern heraus, und gehen Sie dabei von links nach rechts. (Für unsere Zwecke nennen wir diesen ersten Teil »gemeinsam«.)

2. Die Subnetznummer der Summenroute hat im »gemeinsamen« Anteil denselben Wert, wie die zusammengefassten Routen, und hinten binäre Nullen.

3. Die Subnetzmaske der Summe hat binäre Einsen im »gemeinsamen« Anteil und hinten binäre Nullen.

4. Prüfen Sie Ihre Lösung. Berechnen Sie den Bereich gültiger IP-Adressen der neuen Summenroute und vergleichen Sie ihn mit dem Bereich der zusammengefassten Routen. Die neue Summe muss alle IP-Adressen der zusammengefassten Subnetze enthalten.

Unser früheres Beispiel verwendete die 10.2 für alle Subnetze hinter Yosemite. Der »gemeinsame« Anteil liegt in den ersten beiden Oktetten. Bei der Durchsicht des Netzwerkdiagramms wird klar, dass es nirgendwo im Netzwerk noch ein Subnetz mit 10.2 am Anfang gibt, wie es ja auch der gewählten Regelung entspricht. In Schritt 2 liegt der »gemeinsame« Anteil in den ersten beiden Oktetten, die Subnetznummer ist 10.2.0.0. In Schritt 3 liegt der »gemeinsame« Anteil auch in den ersten beiden Oktetten, die Maske lautet 255.255.0.0 – zwei Oktette mit binären Einsen, zwei mit binären Nullen.

Ein interessantes Beispiel, es gibt aber zwei Probleme:

- Bei den meisten Summen überschreitet der »gemeinsame« Anteil die Grenze zwischen den Oktetten, so dass man sich die Binärzahlen ansehen muss.
- Um die beste Summenroute zu verwirklichen, muss man oft recht komplizierte Masken einsetzen.

Sehen wir uns die Subnetznummern einmal in der Binärdarstellung an. Es fällt sofort auf, dass der »gemeinsame« Anteil bei den Subnetznummern ziemlich einfach zu erkennen ist. Verwenden Sie einfach den längsten »gemeinsamen« Anteil, um die beste Summenroute für Ihr Design zu finden.

Die »beste« Summenroute auf Seville

Seville hat die Subnetze 10.3.4.0, 10.3.5.0, 10.3.6.0 und 10.3.7.0, alle mit der Maske 255.255.255.0. Schreiben Sie zuerst alle Subnetznummern binär auf:

0000 1010 0000 0011 0000 01	00 0000 0000 - 10.3.4.0
0000 1010 0000 0011 0000 01	01 0000 0000 - 10.3.5.0
0000 1010 0000 0011 0000 01	10 0000 0000 - 10.3.6.0
0000 1010 0000 0011 0000 01	11 0000 0000 - 10.3.7.0

Schon bevor Sie sich die Binärzahlen richtig angesehen haben, können Sie sich bereits denken, dass die ersten beiden Oktette in allen vier Subnetzen identisch sind. Anders gesagt, sind von links nach rechts die ersten 16 Stellen in allen vier Subnetzen identisch. Der »gemeinsame« Anteil hat also schon einmal 16 Stellen. Zusätzlich stellt sich heraus, dass auch noch die ersten sechs Bits des dritten Oktetts gleich sind. Der Wert im siebten Bit des dritten Oktetts schwankt aber zwischen 0 und 1. Daher umfasst der »gemeinsame« Anteil dieser vier Subnetze die ersten 22 Stellen.

Schritt 2 besteht darin, eine Subnetznummer für die Summenroute aus dem Wert im »gemeinsamen« Anteil und den binären Nullen auf den restlichen Stellen zu bilden. Hier:

0000 1010 0000 0011 0000 01	00 0000 0000 - 10.3.4.0

Schritt 3 bestimmt die Maske. Im »gemeinsamen« Anteil stehen binäre Einsen, auf den restlichen Stellen binäre Nullen. Der »gemeinsame« Anteil umfasst in diesem Fall die ersten 22 Bits:

1111 1111 1111 1111 1111 11	00 0000 0000 - 255.255.252.0

Die Summenroute hat die Subnetzadresse 10.3.4.0, Maske 255.255.252.0.

Schritt 4 dient der Prüfung Ihrer Arbeit. Die Summenroute muss alle IP-Adressen der zusammengefassten Routen enthalten. In diesem Fall beginnt der Adress-Bereich mit 10.3.4.0. Die erste gültige IP-Adresse liegt bei 10.3.4.1, die letzte bei 10.3.7.254. Die Broadcast-Adresse lautet 10.3.7.255. Die Summenroute umfasst jetzt alle IP-Adressen der vier zusammengefassten Routen und keine weitere!

Die »beste« Summenroute für Yosemite

Die vier Subnetze von Yosemite lassen sich nicht annähernd so effektiv zusammenfassen, wie die von Seville. Dort belegt die Summenroute genau dieselben IP-Adressen wie die vier Subnetze selbst. Wie wir sehen werden, umfasst die Summe auf Yosemite doppelt so viele Adressen, wie für die ursprünglichen vier Subnetze nötig wären.

Yosemite hat die Subnetze 10.2.1.0, 10.2.2.0, 10.2.3.0 und 10.2.4.0, alle mit der Maske 255.255.255.0. Notieren Sie wieder als Erstes alle Subnetznummern in der binären Schreibweise:

0000 1010 0000 0010 0000 0	001 0000 0000 - 10.2.1.0
0000 1010 0000 0010 0000 0	010 0000 0000 - 10.2.2.0
0000 1010 0000 0010 0000 0	011 0000 0000 - 10.2.3.0
0000 1010 0000 0010 0000 0	100 0000 0000 - 10.2.4.0

In diesem Beispiel sind die Stellen nur noch bis zu den ersten fünf Bits des dritten Oktetts identisch. Die ersten 21 Stellen der vier Subnetznummern sind ihnen also »gemeinsam«.

Schritt 2 besteht darin, eine Subnetznummer für die Summenroute aus dem Wert im »gemeinsamen« Anteil und den binären Nullen auf den restlichen Stellen zu bilden. Hier:

0000 1010 0000 0011 0000 0	000 0000 0000 - 10.2.0.0

Schritt 3 bestimmt die Maske. Im »gemeinsamen« Anteil stehen binäre Einsen, auf den restlichen Stellen binäre Nullen. Der »gemeinsame« Anteil umfasst in diesem Fall die ersten 21 Bits:

1111 1111 1111 1111 1111 1   000 0000 0000 - 255.255.248.0

Die beste Summe heißt 10.2.0.0, Maske 255.255.248.0.

Im vierten Schritt prüfen Sie wieder Ihre Lösung. Die IP-Adressen der zusammengefassten Routen sollten eine Teilmenge der IP-Adressen bilden, die von der Summenroute umfasst werden. In diesem Fall beginnt der Adress-Bereich bei 10.2.0.0. Die erste gültige IP-Adresse ist die 10.2.0.1, die letzte die 10.2.7.254, die Broadcast-Adresse lautet 10.2.7.255. Die Summenroute umfasst einen größeren Bereich als die vielen Subnetze selbst einnehmen.

7.2.2 Klassenlose Routingprotokolle, klassenloses Routing

In den Veröffentlichungen von Cisco kommen gelegentlich die Begriffe klassenlos und klassenabhängig vor, wenn es um Routing und Adressierung geht. Der Wortstamm, *Klasse*, bezieht sich auf die Unterscheidung von A-, B-, oder C-Klasse-Netzwerken bei der IP-Adressierung. Die Begriffe *klassenlos* und *klassifiziert* oder *klassenabhängig* wendet man beim Routing und bei der Adressierung aus verschiedenen Anlässen an. In diesem Abschnitt behandeln wir die Hauptbedeutungen und die Hauptanwendungen dieser Ausdrücke.

Klassenlose und klassifizierte Routingprotokolle

Es gibt Routingprotokolle, die zur Erfüllung einiger ihrer Aufgaben die Netzwerknummer ausdrücklich als Nummer aus Klasse A, B oder C berücksichtigen müssen. Andere Routingprotokolle können die Klasse vollständig ignorieren. Routingprotokolle, die die Klasse berücksichtigen müssen, nennen sich klassifizierte Routingprotokolle; die anderen heißen dagegen klassenlose Routingprotokolle.

Sie können sich die Unterscheidung leicht an einem einzigen Merkmal merken:

> Klassifizierte Routingprotokolle übertragen nie die Maske gleichzeitig mit der Subnetznummer, während klassenlose die Maskeninformation immer mit übertragen.

Wie Sie sich erinnern, übertragen Routingprotokolle, die VLSM unterstützen, die Maskeninformation mit der Routinginformation. Tabelle 7.3 führt die Routingprotokolle auf und gibt an, ob sie VLSM unterstützen, klassenlos oder klassenabhängig sind.

Tabelle 7.3: Internes IP-Routingprotokoll: Klassenlos oder klassifiziert?

Routing-protokoll	Klassenlos	Sendet Maske/Präfix in Routingupdates	Unterstützung von VLSM	Unterstützung von Route Summarization
RIP-1	Nein	Nein	Nein	Nein
IGRP	Nein	Nein	Nein	Nein
RIP-2	Ja	Ja	Ja	Ja
EIGRP	Ja	Ja	Ja	Ja
OSPF	Ja	Ja	Ja	Ja

Klassenlose Routingprotokolle sind gegenüber den klassifizierten im Vorteil, da sie moderne Features wie VLSM und Summarization unterstützen. Außerdem werden einige klassische Designprobleme überwunden, die es nur bei klassenabhängigem Routing gibt. Sehen Sie sich dazu den nächsten Abschnitt an.

Autosummarization

Wie wir bereits gesehen haben, können Router Ihren Aufgaben schneller nachkommen, wenn die Routingtabelle kürzer ist. Mittels Route Summarization kann man das erreichen, ohne dass Informationen oder Routen dadurch verloren gehen.

Weil die klassifizierten Routingprotokolle die Subnetznummern nicht mit anbieten, enthalten die Routingupdates nur Zahlenwerte für die Subnetznummern, nicht für die entsprechenden Masken. Erhält ein Router ein Routingupdate über ein klassifiziertes Routingprotokoll, sieht er sich die Subnetznummer im Update an und »denkt« sich die korrekte Maske dazu. Wenn die Cisco-Router R1 und R2 Netze desselben angeschlossenen A-, B-, oder C-Klasse-Netzwerkes bedienen, nimmt R2 einfach an, dass im Update von R1 dieselbe Maske gemeint ist, die er selbst auch verwendet. Klassifizierte Routingprotokolle erwarten dieselbe SLMS (Subnetzmaske mit statischer Länge) über ein gesamtes Netzwerk hinweg.

Hat ein Router in mehr als einem A-, B-, oder C-Klasse-Netzwerk Schnittstellen, bietet er eine einzige Route zu einem gesamten A-, B- oder C-Klasse Netzwerk an. Dieses Feature nennt man Autosummarization. Man kann es folgendermaßen beschreiben:

> Wenn Routen zu Subnetzen in Netzwerk X einer Schnittstelle mit IP-Adresse außerhalb von Netzwerk X angeboten werden, werden sie automatisch zusammengefasst und als eine Route angeboten. Sie gilt für das gesamte A-, B-, oder C-Klasse-Netzwerk X.

Wenn R3 Interfaces in den Netzwerken 10.0.0.0 und 11.0.0.0 hat und Routingupdates aus Schnittstellen heraus anbietet, die mit 11 anfangen, enthalten die Updates eine einzige Route zu Netzwerk 10.0.0.0. Genauso bietet R3 nur eine einzige Route für 11.0.0.0 aus seinem Interface an, das mit 10 beginnt.

RIP und IGRP führen Autosummarization automatisch durch. Das lässt sich nicht abschalten – es ist eine Eigenschaft klassifizierter Routingprotokolle. (Bei RIP-2 und EIGRP kann die Eigenschaft aktiviert und deaktiviert werden.)

Wie üblich wird das Konzept durch ein Beispiel deutlicher. Sehen Sie sich Bild 7.3 an, auf dem zwei Netzwerke zu sehen sind: 10.0.0.0 und 172.16.0.0. Seville hat vier (angeschlossene) Routen zu Subnetzen von Netzwerk 10.0.0.0. Beispiel 7.6 listet den Output eines **show ip route** Befehls auf Albuquerque auf, ferner auch den RIP-1 **debug ip rip** Output.

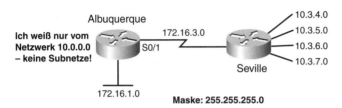

Bild 7.3: Auto Summarization

Beispiel 7.6: Konfiguration von Seville

```
Albuquerque#show ip route
Codes: C - connected, S - static, I - IGRP, R - RIP, M - mobile, B - BGP
       D - EIGRP, EX - EIGRP external, O - OSPF, IA - OSPF inter area
       N1 - OSPF NSSA external type 1, N2 - OSPF NSSA external type 2
       E1 - OSPF external type 1, E2 - OSPF external type 2, E - EGP
       i - IS-IS, L1 - IS-IS level-1, L2 - IS-IS level-2, ia - IS-IS inter area
       * - candidate default, U - per-user static route, o - ODR
       P - periodic downloaded static route

Gateway of last resort is not set

     172.16.0.0/24 is subnetted, 2 subnets
C       172.16.1.0 is directly connected, Ethernet0/0
C       172.16.3.0 is directly connected, Serial0/1
R    10.0.0.0/8 [120/1] via 172.16.3.3, 00:00:28, Serial0/1

Albuquerque#debug ip rip
RIP protocol debugging is on

00:05:36: RIP: received v1 update from 172.16.3.3 on Serial0/1
00:05:36:       10.0.0.0 in 1 hops
```

Beachten Sie, wie in Beispiel 7.6 hervorgehoben, dass das von Albuquerque auf Serial0/1 von Seville erhaltene Update das gesamte KlasseA-Netzwerk 10.0.0.0 anbietet, weil die Auto Summary auf Seville (standardmäßig) deaktiviert ist. Die IP-Routingtabelle von Albuquerque zeigt genau eine Route zu Netzwerk 10.0.0.0.

Aber an diesem Beispiel wird noch eine andere Voraussetzung deutlich, die klassenabhängig arbeitende Routingprotokolle stillschweigend machen. Albuquerque hat keine Interfaces in Netzwerk 10.0.0.0. Wenn Albuquerque das Routingupdate empfängt, wird vorausgesetzt, dass die mit 10.0.0.0 verwendete Maske die 255.0.0.0 ist – die Standardmaske für Klasse-A-Netzwerke. Klassifizierte Routingprotokolle erwarten also durchaus, dass Summarization auftreten kann.

Auto Summary funktioniert so lange problemlos, wie Netzwerk 10.0.0.0 zusammenhängend ist. In Bild 7.4 hat Yosemite aber auch Subnetze von Netzwerk 10.0.0.0, die an Seville aber nur über Albuquerque angeschlossen sind.

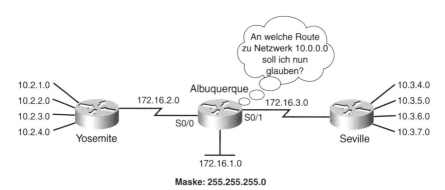

Bild 7.4: Fallstricke bei Auto Summarization

IP Subnetzdesign hat traditionell keine *nicht zusammenhängenden Netzwerke* erlaubt. Ein *zusammenhängendes Netzwerk* ist ein einzelnes A-, B-, oder C-Klasse-Netzwerk, für das alle Routen nur über Subnetze verlaufen, die auch zu diesem Netzwerk gehören. *Nicht zusammenhängende Netzwerke* liefern das Konzept für den Fall, dass in einem einzelnen A-, B-, oder C-Klasse-Netzwerk die einzige Route über ein Subnetz eines anderen Netzwerks verläuft. Bürger der Vereinigten Staaten kennen den Begriff *Contiguous 48* für die 48 Staaten außer Alaska und Hawaii. Um von den Contiguous 48 nach Alaska zu kommen, muss man durch ein anderes Land fahren (Kanada, für alle, die schwach in Geographie sind!), also ist Alaska nicht zusammenhängend mit den 48 Staaten – mit anderen Worten ist es, im Jargon, discontiguous.

Bild 7.4 stellt das nicht zusammenhängende Netzwerk 10.0.0.0 dar. Einfach gesagt, unterstützen klassifizierte Routingprotokolle kein Design mit nicht zusammenhängenden Netzwerken, klassenlose aber schon. Beispiel 7.7 zeigt, wie klassifiziertes RIP im Netzwerk aus Bild 7.4 auf Albuquerque unsinniges Routing verursacht.

Beispiel 7.7: Routingtabelle von Albuquerque: Klassifiziertes Routingprotokoll kollidiert mit nicht zusammenhängendem Netzwerk

```
Albuquerque#show ip route
Codes: C - connected, S - static, I - IGRP, R - RIP, M - mobile, B - BGP
       D - EIGRP, EX - EIGRP external, O - OSPF, IA - OSPF inter area
       N1 - OSPF NSSA external type 1, N2 - OSPF NSSA external type 2
       E1 - OSPF external type 1, E2 - OSPF external type 2, E - EGP
       i - IS-IS, L1 - IS-IS level-1, L2 - IS-IS level-2, ia - IS-IS inter area
       * - candidate default, U - per-user static route, o - ODR
       P - periodic downloaded static route

Gateway of last resort is not set

     172.16.0.0/24 is subnetted, 3 subnets
C       172.16.1.0 is directly connected, Ethernet0/0
C       172.16.2.0 is directly connected, Serial0/0
C       172.16.3.0 is directly connected, Serial0/1
R    10.0.0.0/8 [120/1] via 172.16.3.3, 00:00:13, Serial0/1
                [120/1] via 172.16.2.2, 00:00:04, Serial0/0
```

In Beispiel 7.7 sieht man, dass Albuquerque zwei Routen zu 10.0.0.0 kennt. Anstatt Pakete an die Subnetze von Yosemite aus serial 0/0 zu senden, schickt Albuquerque einige Pakete aus S0/1 an Seville! Albuquerque teilt die Pakete einfach auf die beiden Routen auf, da er denkt, es würde sich um equal-cost Routen handeln, die zum selben Ziel führen – Netzwerk 10.0.0.0 im Ganzen.

Hier kann der Übergang zu einem klassenlosen Routingprotokoll mit abgeschalteter Auto Summary Abhilfe schaffen. Beispiel 7.8 zeigt dasselbe Netzwerk unter EIGRP ohne Auto Summary.

Beispiel 7.8: Routingtabelle von Albuquerque: Klassenloses Protokoll in einem nicht zusammenhängenden Netzwerk

```
Albuquerque#show ip route
Codes: C - connected, S - static, I - IGRP, R - RIP, M - mobile, B - BGP
       D - EIGRP, EX - EIGRP external, O - OSPF, IA - OSPF inter area
       N1 - OSPF NSSA external type 1, N2 - OSPF NSSA external type 2
       E1 - OSPF external type 1, E2 - OSPF external type 2, E - EGP
       i - IS-IS, L1 - IS-IS level-1, L2 - IS-IS level-2, ia - IS-IS inter area
       * - candidate default, U - per-user static route, o - ODR
       P - periodic downloaded static route
```

Beispiel 7.8: Routingtabelle von Albuquerque: Klassenloses Protokoll in einem nicht zusammenhängenden Netzwerk (Forts.)

```
Gateway of last resort is not set

     172.16.0.0/24 is subnetted, 3 subnets
C       172.16.1.0 is directly connected, Ethernet0/0
C       172.16.2.0 is directly connected, Serial0/0
C       172.16.3.0 is directly connected, Serial0/1
     10.0.0.0/24 is subnetted, 8 subnets
D       10.2.1.0/24 [90/2172416] via 172.16.2.2, 00:00:01, Serial0/0
D       10.2.2.0/24 [90/2297856] via 172.16.2.2, 00:00:01, Serial0/0
D       10.2.3.0/24 [90/2297856] via 172.16.2.2, 00:00:01, Serial0/0
D       10.2.4.0/24 [90/2297856] via 172.16.2.2, 00:00:01, Serial0/0
D       10.3.5.0/24 [90/2297856] via 172.16.3.3, 00:00:29, Serial0/1
D       10.3.4.0/24 [90/2172416] via 172.16.3.3, 00:00:29, Serial0/1
D       10.3.7.0/24 [90/2297856] via 172.16.3.3, 00:00:29, Serial0/1
D       10.3.6.0/24 [90/2297856] via 172.16.3.3, 00:00:29, Serial0/1
```

Albuquerque erkennt jetzt die vier LAN-Subnetzwerke hinter Yosemite, genau wie die vier LAN-Subnetze hinter Seville. Da EIGRP klassenlos arbeitet, werden die Masken mit den Routen zusammen übertragen. EIGRP führt Autosummarization normalerweise standardmäßig durch, was hier aber deaktiviert ist. Wäre die Auto Summary noch aktiv, gäbe es die gleichen Probleme in diesem Netzwerk wie mit dem zusammenhängenden Netzwerk 10.0.0.0 in Beispiel 7.7.

Klassenloses und klassenabhängiges Routing

IP-Routing – der Vorgang, durch den IP-Pakete weitergeleitet werden – kann man sich klassenlos und klassenabhängig vorstellen. Wie im vorigen Abschnitt beschrieben, arbeiten Routingprotokolle klassenlos oder klassenabhängig. Klassenlose Routingprotokolle ignorieren die Regeln für die Klassen A, B und C, da sie über eine weit bessere Information verfügen – die richtige Subnetzmaske wird in den Routingupdates mitgeliefert.

Genau so ist auch IP-Routing klassenlos, wenn bei der Weiterleitung von Paketen die Klassenregelungen nicht beachtet werden; klassenabhängig ist es aber, wenn die Klassenregelungen beachtet werden müssen. Aber stellen Sie sich vor: Eigentlich sind die Konzepte hinter dem klassenlosen und dem klassenabhängigen Routing völlig unabhängig vom konfigurierten Routingprotokoll und seinem Einsatz. Ein Router, der ausschließlich mit statischen Routen arbeitet, hätte es trotzdem mit dem Unterschied von klassenlosem und klassenabhängigem Routing zu tun.

Die Entscheidung zwischen klassenlosem und klassenabhängigen Routing ist eher davon abhängig, wie ein Router seine Standardroute verwendet. Was klassenloses und klassenabhängiges Routing wirklich heißt, kann man erst richtig verstehen, wenn man den Begriff der Standardroute erklären kann. Wenn ein Router ein Paket weiterleiten muss und keine Route findet, die zur Zieladresse des Pakets passt, wird das Paket gelöscht. Router mit einer Standardroute nehmen dagegen an, dass ein Paket, mit dem sie nichts anfangen können, vielleicht doch über diese Standardroute beim Empfänger ankommt. Sie leiten es über die Standardroute weiter, anstatt es zu löschen. Um die Bedeutung von klassenlosem und klassifiziertem Routing zu verstehen, sehen wir uns diese Standardrouten etwas genauer an.

Standardrouten

Standardrouten funktionieren am besten, wenn es nur einen Pfad in den fraglichen Teil eines Netzwerks gibt. In Bild 7.5 sind R1, R2 und R3 mit dem Rest des Netzwerks nur über das Token Ring Interface von R1 verbunden. Alle drei Router können Pakete an das restliche Netzwerk schicken, solange die Pakete R1 erreichen, der sie an Dist1 weiterleitet.

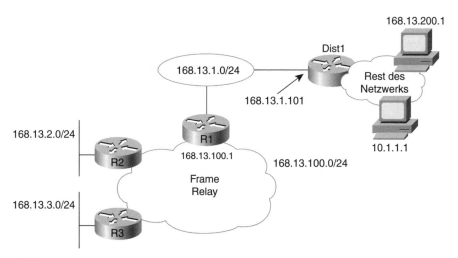

Bild 7.5: Netzwerk mit Standardroute

Durch den Einsatz einer Standardroute auf R1, die auf Dist1 zeigt (Bild 7.5), und dadurch, dass R1 diese auch R2 und R3 anbietet, kann Standardrouting verwendet werden. (Kapitel 5 behandelt die Grundlagen zur Konfiguration statischer Routen.). R1, R2 und R3 sollten keine spezifischen Routen zu den

Subnetzen rechts von Router Dist1 verwenden. Die Beispiele 7.9 und 7.10 führen anhand von Bild 7.5 eine mögliche Standardroute auf R1 vor.

Beispiel 7.9: Konfiguration einer statischen Standardroute auf R1 mit Routingtabelle

```
R1(config)#ip route 0.0.0.0 0.0.0.0 168.13.1.101
R1#show ip route
Codes: C - connected, S - static, I - IGRP, R - RIP, M - mobile, B - BGP
       D - EIGRP, EX - EIGRP external, O - OSPF, IA - OSPF inter area
       N1 - OSPF NSSA external type 1, N2 - OSPF NSSA external type 2
       E1 - OSPF external type 1, E2 - OSPF external type 2, E - EGP
       i - IS-IS, L1 - IS-IS level-1, L2 - IS-IS level-2, ia - IS-IS inter area
       * - candidate default, U - per-user static route, o - ODR
       P - periodic downloaded static route

Gateway of last resort is 168.13.1.101 to network 0.0.0.0

     168.13.0.0/24 is subnetted, 4 subnets
C       168.13.1.0 is directly connected, TokenRing0
R       168.13.3.0 [120/1] via 168.13.100.3, 00:00:05, Serial0.1
R.......168.13.2.0 [120/1] via 168.13.100.2, 00:00:21, Serial0.1
C       168.13.100.0 is directly connected, Serial10.1
S*   0.0.0./0 [1/0] via 168.13.1.101
R1#
```

Beispiel 7.10: R3, Details zu der funktionstüchtigen Standardroute auf R1

```
R3#show ip route
Codes: C - connected, S - static, I - IGRP, R - RIP, M - mobile, B - BGP
       D - EIGRP, EX - EIGRP external, O - OSPF, IA - OSPF inter area
       N1 - OSPF NSSA external type 1, N2 - OSPF NSSA external type 2
       E1 - OSPF external type 1, E2 - OSPF external type 2, E - EGP
       i - IS-IS, L1 - IS-IS level-1, L2 - IS-IS level-2, ia - IS-IS inter area
       * - candidate default, U - per-user static route, o - ODR
       P - periodic downloaded static route

Gateway of last resort is 168.13.100.1 to network 0.0.0.0

     168.13.0.0/24 is subnetted, 4 subnets
R       168.13.1.0 [120/1] via 168.13.100.1, 00:00:13, Serial0.1
C       168.13.3.0 is directly connected, Ethernet0
R       168.13.2.0 [120/1] via 168.13.100.2, 00:00:06, Serial0.1
C       168.13.100.0 is directly connected, Serial0.1
```

R1 bestimmt die Standardroute über einen statischen **ip route** Befehl mit Ziel 0.0.0.0 und Maske 0.0.0.0. Diese Route gilt vereinbarungsgemäß für alle Zieladressen. R1 bietet diese Standardroute R2 und R3 an, wie man am Output von **show ip route** auf R3 in Beispiel 7.10 sieht.

Die verschiedenen Rotuingprotokolle bieten Standardrouten auf unterschiedliche Art und Weise an. Wir behandeln in diesem Kapitel paradigmatisch RIP. R1 hat eine statische Route zu 0.0.0.0, Maske 0.0.0.0, Next-Hop 168.13.1.101 – wie im globalen Konfigurationsbefehl **ip route 0.0.0.0 0.0.0.0 168.13.1.101** festgelgt. RIP bietet diese Standardroute R2 und R3 an, welche die Information mit dem Ausdruck **Gateway of last resort** wiedergeben, anstatt 0.0.0.0 als normales Netzwerk in die Routingtabelle aufzunehmen. Wenn keine andere Route passt, muss das Gateway of last resort herhalten. Es ist die Standardroute.

Man kann bei der Konfiguration der Standardroute auch einen anderen Stil wählen: mit **ip default-network**. Dieser Befehl ist üblich, wenn Sie andere A-, B-, oder C-Klasse-Netzwerke über die Standardroute erreichen wollen aber alle Subnetze ihres eigenen Netzwerks in ihren eigenen Routingtabellen stehen müssten. Die Wolke hinter Dist1 in Bild 7.5 enthält Subnetze von Netzwerk 10.0.0.0, aber auch andere Netzwerke. (Dist1 sei ein ISP-Router.) Das Netzwerk in Bild 7.5 funktioniert, aber R1 arbeitet mit dem Befehl **ip route 0.0.0.0 0.0.0.0 168.13.1.101**, statt mit **ip default-network 10.0.0.0**. R1 verwendet seine Route zu 10.0.0.0 als seine Standardroute und bietet sie anderen Routern auch an. Die Beispiele 7.11 und 7.12 zeigen einige Details über R1 und R3.

Beispiel 7.11: ***ip default-network** auf R1*

```
R1#configure terminal
R1(config)#ip default-network 10.0.0.0
R1(config)#exit
R1#show ip route
Codes: C - connected, S - static, I - IGRP, R - RIP, M - mobile, B - BGP
       D - EIGRP, EX - EIGRP external, O - OSPF, IA - OSPF inter area
       N1 - OSPF NSSA external type 1, N2 - OSPF NSSA external type 2
       E1 - OSPF external type 1, E2 - OSPF external type 2, E - EGP
       i - IS-IS, L1 - IS-IS level-1, L2 - IS-IS level-2, ia - IS-IS inter area
       * - candidate default, U - per-user static route, o - ODR
       P - periodic downloaded static route

Gateway of last resort is 168.13.1.101 to network 10.0.0.0

     168.13.0.0/24 is subnetted, 5 subnets
R       168.13.200.0 [120/1] via 168.13.1.101, 00:00:12, TokenRing0
C       168.13.1.0 is directly connected, TokenRing0
R       168.13.3.0 [120/1] via 168.13.100.3, 00:00:00, Serial0.1
R       168.13.2.0 [120/1] via 168.13.100.2, 00:00:00, Serial0.1
C       168.13.100.0 is directly connected, Serial0.1
R*   10.0.0.0/8 [120/1] via 168.13.1.101, 00:00:12, TokenRing0
R1#
```

*Beispiel 7.12: Routingtabelle auf R3 und **trace** Befehl*

```
R3#show ip route
Codes: C - connected, S - static, I - IGRP, R - RIP, M - mobile, B - BGP
       D - EIGRP, EX - EIGRP external, O - OSPF, IA - OSPF inter area
       N1 - OSPF NSSA external type 1, N2 - OSPF NSSA external type 2
       E1 - OSPF external type 1, E2 - OSPF external type 2, E - EGP
       i - IS-IS, L1 - IS-IS level-1, L2 - IS-IS level-2, ia - IS-IS inter area
       * - candidate default, U - per-user static route, o - ODR
       P - periodic downloaded static route

Gateway of last resort is 168.13.100.1 to network 0.0.0.0

     168.13.0.0/24 is subnetted, 5 subnets
R       168.13.200.0 [120/2] via 168.13.100.1, 00:00:26, Serial0.1
R       168.13.1.0 [120/1] via 168.13.100.1, 00:00:26, Serial0.1
C       168.13.3.0 is directly connected, Ethernet0
R       168.13.2.0 [120/1] via 168.13.100.2, 00:00:18, Serial0.1
C       168.13.100.0 is directly connected, Serial0.1
R    10.0.0.0/8 [120/2] via 168.13.100.1, 00:00:26, Serial0.1
R*   0.0.0.0/0 [120/2] via 168.13.100.1, 00:00:26, Serial0.1
R3#trace 168.13.222.2

Type escape sequence to abort.
Tracing the route to 168.13.222.2

  1 168.13.100.1 68 msec 56 msec 52 msec
  2 168.13.1.101 52 msec 56 msec 52 msec
R3#trace 10.1.1.1

Type escape sequence to abort.
Tracing the route to 10.1.1.1

  1 168.13.100.1 68 msec 56 msec 52 msec
  2 168.13.1.101 48 msec 56 msec 52 msec
R3#
```

R1 und R3 haben Standardrouten, die in ihren Routingtabellen aber sehr unterschiedlich verzeichnet sind. R1 zeigt eine Route zu Netzwerk 10.0.0.0 an, die mit einem * gekennzeichnet ist. Das bedeutet, dass es sich um einen Standardrouten-Kandidaten handelt. In R3 erscheint 0.0.0.0 als Kandidat für die Standardroute. R3 zeigt die Information anders an, da RIP Standardrouten mit der Netzwerknummer 0.0.0.0 anbietet. Unter IGRP oder EIGRP gäbe es auf R3 keine Route zu 0.0.0.0, sondern Netzwerk 10.0.0.0 wäre Kandidat für die Standardroute. IGRP und EIGRP würden 10.0.0.0 als einen Standardrouten-Kandidaten kennzeichnen, anstatt sich mit dem Spezialfall 0.0.0.0 zu beschäftigen.

Wie die Standardroute auch immer angezeigt wird – ob sie ein Gateway of last resort, eine Route zu 0.0.0.0 oder eine Route zu einem anderen Netzwerk mit einem * in der Routingtabelle ist – sie wird gemäß der Regeln für klassenloses oder klassenabhängiges Routing behandelt, je nach dem, was auf einem Router aktiviert ist.

Klassenloses Routing

Selbst wenn sich eine Standardroute in der Routingtabelle befindet, könnte es sein, dass sie nicht verwendet wird. Nehmen wir noch einmal das Netzwerk aus Bild 7.5 mit derselben Standardroute. Wie man in Beispiel 7.13 an R3 sieht, wird ein Ping von 10.1.1.1 aus benutzt, wenn die Standardroute verwendet wird. Ein Ping von 168.13.200.1 aus, der die Standardroute auch nehmen müsste, versagt aber.

Beispiel 7.13: Klassenabhängiges Routing und versagender Ping

```
R3#show ip route
Codes: C - connected, S - static, I - IGRP, R - RIP, M - mobile, B - BGP
       D - EIGRP, EX - EIGRP external, O - OSPF, IA - OSPF inter area
       N1 - OSPF NSSA external type 1, N2 - OSPF NSSA external type 2
       E1 - OSPF external type 1, E2 - OSPF external type 2, E - EGP
       i - IS-IS, L1 - IS-IS level-1, L2 - IS-IS level-2, ia - IS-IS inter area
       * - candidate default, U - per-user static route, o - ODR
       P - periodic downloaded static route

Gateway of last resort is 168.13.100.1 to network 0.0.0.0

     168.13.0.0/24 is subnetted, 4 subnets
R       168.13.1.0 [120/1] via 168.13.100.1, 00:00:13, Serial0.1
C       168.13.3.0 is directly connected, Ethernet0
R       168.13.2.0 [120/1] via 168.13.100.2, 00:00:06, Serial0.1
C       168.13.100.0 is directly connected, Serial0.1
R3#ping 10.1.1.1

Type escape sequence to abort.
Sending 5, 100-byte ICMP Echos to 10.1.1.1, timeout is 2 seconds:
!!!!!
Success rate is 100 percent (5/5), round-trip min/avg/max = 84/89/114 ms
R3#
R3#ping 168.13.200.1

Type escape sequence to abort.
Sending 5, 100-byte ICMP Echos to 168.13.200.1, timeout is 2 seconds:
...
Success rate is 0 percent (0/5)
```

Der Befehl **ping 10.1.1.1** funktioniert auf R3, der Befehl **ping 168.13.200.1** nicht. Woher kommt das?

Cisco IOS Software geht entweder nach den Regeln für klassenabhängiges oder nach denen für klassenloses Routing vor, wenn nach den Übereinstimmungen (»Matching«) zwischen IP-Zieladressen und Einträgen (»Entries«) in der Routingtabelle gesucht wird. Der Schlüssel zum Erfolg eines Pings liegt darin, was für das IOS ein sogenannter »Match«, eine Übereinstimmung in der Routingtabelle genau ist. Beim klassenabhängigen Routing sucht der Router zuerst nach der A-, B-, oder C-Klasse-Netzwerknummer, unter der die Zieladresse angesiedelt sein muss. Wenn das A-, B-, oder C-Klasse-Netzwerk gefunden ist, sucht die IOS nach der einzelnen Subnetznummer. Wenn die nicht gefunden werden kann, wird das entsprechende Paket gelöscht, was auch mit den ICMP-Echos passiert ist, die durch den **ping 168.13.200.1** ausgelöst wurden. Wenn beim klassenabhängigen Routing für das Paket jedoch schon kein A-, B-, oder C-Klasse-Netzwerk gefunden wird und eine Standardroute da ist, wird diese verwendet. Daher funktioniert **ping 10.1.1.1** in unserem Fall.

Kurz gesagt: Beim klasenabhängigen Routing kommt eine Standardroute nur dann zum Einsatz, wenn die Zielnetzwerknummer (Klasse A, B oder C) eines Paketes nicht in der Routingtabelle ist. Beim klassenlosen Routing wird die Standardroute dagegen immer genommen, wenn für ein Paket keine spezielle Route in der Tabelle zu finden ist.

Mit den Befehlen **ip classless** und **no ip classless** kann man zwischen klassenabhängigem und klassenlosem Routing hin und her schalten. Beim klassenlosen Routing sucht die Software nach dem besten Treffer und ignoriert die Klassen-Regelungen. Wenn eine Standardroute existiert, nimmt das Paket beim klassenlosen Routing zu guter Letzt immer die Standardroute. Wenn eine spezielle Route mit dem Ziel des Pakets übereinstimmt, wird diese genommen. Andernfalls gilt die Standardroute völlig unabhängig davon, ob das Ziel in einem A-, B-, oder C-Klasse-Netzwerk liegt und ob dieses überhaupt in der Routingtabelle zu finden ist.

Beispiel 7.14 zeigt R3 nach dem Wechsel in das klassenlose Routing und den erfolgreichen Ping.

Beispiel 7.14: Durch klassenloses Routing ist Ping 168.13.200.1 jetzt erfolgreich

```
R3#conf t
Enter configuration commands, one per line.  End with CNTL/Z.
R3(config)#ip classless
R3(config)#^Z
R3#ping 168.13.200.1
```

Beispiel 7.14: Durch klassenloses Routing ist Ping 168.13.200.1 jetzt erfolgreich (Forts.)

```
Type escape sequence to abort.
Sending 5, 100-byte ICMP Echos to 168.13.200.1, timeout is 2 seconds:
!!!!!
Success rate is 100 percent (5/5), round-trip min/avg/max = 80/88/112 ms
R3#
```

Die folgende Auflistung soll zum Abschluss des Abschnitts etwas genauer erklären, warum der Ping in Beispiel 7.13 mit klassenabhängigem Routing versagt, und der in Beispiel 7.14 mit klassenlosem Routing erfolgreich ist.

Das klassenabhängige Verfahren aus Beispiel 7.13 funktionierte so:

1. Ich muss ein Paket an 168.13.200.1 senden.
2. Ich finde Klasse B Netzwerk 168.13.0.0, weil ich klassenabhängiges Routing betreibe; da liegt ein Treffer!
3. Ich finde aber kein spezielles Subnetz von Netzwerk 168.13.0.0, das das Ziel 168.13.200.1 enthält.
4. Weil ich Netzwerk 168.13.0.0 nun schon gefunden habe, kann ich nicht mehr die Standardroute nehmen. Ich lösche das Paket.

Das klassenlose Verfahren aus Beispiel 7.14 funktionierte so:

1. Ich muss ein Paket an 168.13.200.1 senden.
2. Ich finde keine spezielle Route, die 168.13.200.1 enthält.
3. Ich nehme die Standardroute nur, wenn ich keine Übereinstimmung finde. Da es keinen Treffer gibt, nehme ich also die Standardroute.

7.3 Grundlagen-Zusammenfassung

Die »Grundlagen-Zusammenfassung« enthält die wichtigsten Inhalte eines Kapitels. Es kommt zwar nicht alles vor, was im Examen gefragt werden könnte. Ein guter Examens-Kandidat hat aber mindestens die Inhalte der Grundlagen-Zusammenfassungen in allen Feinheiten parat.

- **Route Summarization** – Route Summarization reduziert die Größe der Routingtabellen für ein Netzwerk, da etliche spezielle Routen durch eine einzelne ersetzt werden, die alle erforderlichen IP-Adressen der ursprünglichen Subnetze prinzipiell umfasst.

— **VLSM (Variable-length subnet masking)** – VLSM tritt auf, wenn es in einem A-, B-, oder C-Klasse-Netzwerk mehr als eine Maske gibt. Obwohl Route Summarization mehr als eine Maske einsetzt und damit auf VLSM angewiesen ist, kann man ein Netzwerk auch einfach manuell für mehrere Subnetzmasken einrichten.

Tabelle 7.4 zeigt, welche Routingprotokolle VLSM unterstützen.

Tabelle 7.4: VLSM Unterstützung von internen IP-Routingprotokollen

Routing-protokoll	Unterstützung von VLSM	Sendet Maske/Präfix im Routingupdate mit	Unterstützung von Route Summarization
RIP-1	Nein	Nein	Nein
IGRP	Nein	Nein	Nein
RIP-2	Ja	Ja	Ja
EIGRP	Ja	Ja	Ja
OSPF	Ja	Ja	Ja

Mit der folgenden Anleitung kann man grundsätzlich eine Gruppe von Subnetzen in eine Summenroute zusammenfassen. Ziel des Verfahrens ist es, die »beste« Summenroute zu finden, statt irgendeine der möglichen Lösungen zu verwirklichen:

1. Suchen Sie die identischen Anteile der Subnetznummern heraus und gehen Sie dabei von links nach rechts. (Für unsere Zwecke nennen wir diesen ersten Teil »gemeinsam«.)

2. Die Subnetznummer der Summenroute hat im »gemeinsamen« Anteil denselben Wert wie die zusammengefassten Routen und am Ende stehen binäre Nullen.

3. Die Subnetzmaske der Summe hat binäre Einsen im »gemeinsamen« Anteil und am Ende stehen binäre Nullen.

4. Prüfen Sie Ihre Lösung. Berechnen Sie den Bereich gültiger IP-Adressen der neuen Summenroute und vergleichen Sie ihn mit dem Bereich der zusammengefassten Routen. Die neue Summe muss alle IP-Adressen der zusammengefassten Subnetze enthalten.

Tabelle 7.5 führt die Routingprotokolle unter dem Gesichtspunkt auf, ob sie Maskeninformationen übertragen, VLSM unterstützen und klassenabhängig oder klassenlos routen.

Tabelle 7.5: Interne IP-Routingprotokolle: Klassenlos oder klassenabhängig?

Routing-protokoll	Klassenlos	Sendet Maske/ Präfix in Routingupdates	Unterstützung von VLSM	Unterstützung von Route Summarization
RIP-1	Nein	Nein	Nein	Nein
IGRP	Nein	Nein	Nein	Nein
RIP-2	Ja	Ja	Ja	Ja
EIGRP	Ja	Ja	Ja	Ja
OSPF	Ja	Ja	Ja	Ja

- **Klassenlose und klassifizierte Routingprotokolle** – Beim klassenabhängigen (klassifizierten) Routingprotokoll werden die Klassen(Regelungen) berücksichtigt, beim klassenlosen nicht. Klassenabhängige Routingprotokolle berücksichtigen die Klassenregelungen, da sie keine Maskeninformationen mit übertragen. Daher muss das Routingprotokoll bezüglich der verwendeten Masken die eine oder andere Annahme einfach voraussetzen. Klassenlose Routingprotokolle übertragen die Maskeninformation zu jeder Route, müssen keine Annahmen machen und nicht die Netzwerkklasse berücksichtigen.

- **Klassenloses und klassifiziertes Routing** – Beim klassenabhängigen Routing wird die Standardroute nur eingesetzt, wenn das A-, B-, oder C-Klasse-Zielnetzwerk für ein Paket nicht in der Routingtabelle steht. Beim klassenlosen Routing wird die Standardroute immer benutzt, wenn es für ein Paket keine spezielle Route in der Routingtabelle gibt.

7.4 Q&A

Wie in der Einleitung erwähnt, haben Sie zwei Möglichkeiten, die folgenden Fragen zu beantworten. Diese Fragen stellen eine größere Herausforderung für Sie dar, als das Examen selbst. Die Lösung ist nicht so eindeutig festgelegt wie bei den Examensfragen. Durch diese offeneren, schwierigeren Fragen, werden Sie mit der Thematik des Kapitels noch besser vertraut. Die Antworten zu den Fragen finden Sie in Anhang A.

1. Mit welchen beiden Befehlen richtet man gewöhnlich das Standard-Gateway auf einem Router ein.

2. Nehmen wir an, die Subnetze von Netzwerk 10.0.0.0 sind in der IP-Routingtabelle eines Routers. Andere Netzwerke oder Subnetze sind dagegen nicht bekannt. Es gibt aber eine Standardroute (0.0.0.0) in der Tabelle. Nun erreicht den Router ein Paket mit der Zieladresse 192.1.1.1. Wel-

cher Konfigurationsbefehl bestimmt, ob in diesem Fall die Standardroute verwendet wird?

3. Nehmen wir an, die Subnetze von Netzwerk 10.0.0.0 sind in der IP-Routingtabelle eines Routers. Andere Netzwerke oder Subnetze sind dagegen nicht bekannt. Es gibt aber eine Standardroute (0.0.0.0) in der Tabelle. Nun erreicht den Router ein Paket mit der Zieladresse 10.1.1.1. Kein bekanntes Subnetz von Netzwerk 10 stimmt mit dieser Zieladresse überein. Welcher Konfigurationsbefehl bestimmt, ob in diesem Fall die Standardroute verwendet wird?

4. Welche von EIGRP unterstützte Eigenschaft erlaubt EIGRP, VLSM zu unterstützen?

5. Nennen Sie die internen Routingprotokolle, bei denen Auto Summary als Standard verwendet wird. Bei welchem dieser Protokolle kann man die Auto Summary mit einem Konfigurationsbefehl abschalten?

6. Welche internen IP-Routingprotokolle unterstützen Route Summarization?

7. Nehmen wir an, dass in der Routingtabelle eines Routers diverse Subnetze von Netzwerk 172.16.0.0 stehen. Unter welcher Voraussetzung wird bei der Eingabe von **show ip route** die Masken-Information nur in der Zeile mit Netzwerk 172.16.0.0, nicht aber neben jeder Route zu jedem Subnetzwerk?

8. Die Router A und B sind über eine serielle Punkt-zu-Punkt-Verbindung verbunden. Die Interfaces von Router A haben IP-Adresse 172.16.1.1, Maske 255.255.255.0 und 172.16.2.1, Maske 255.255.255.0. Die Interfaces von Router B nutzen 172.16.2.2, Maske 255.255.255.0 und 10.1.1.1 255.255.254.0. Ist hier VLSM im Einsatz? Begründen Sie Ihre Antwort.

9. Welche kleinste Summenroute fast die Subnetzwerke 10.1.63.0, 10.1.64.0, 10.1.70.0 und 10.1.71.0, alle mit Maske 255.255.255.0, am besten zusammen?

10. Welche kleinste Summenroute fast die Subnetzwerke 10.5.111.0, 10.5.112.0, 10.5.113.0 und 10.5.114.0, alle mit Maske 255.255.255.0, am besten zusammen?

11. Welche kleinste Summenroute fast die Subnetzwerke 10.5.110.32, 10.5.110.48 und 10.5.110.64, alle mit Maske 255.255.255.248, am besten zusammen?

12. Welches der Routingprotokolle RIP-1, IGRP, EIGRP und OSPF ist klassenlos?

13. Welches der Routingprotokolle RIP-1, IGRP, EIGRP und OSPF unterstützt VLSM?

14. Welches der Routingprotokolle RIP-1, IGRP, EIGRP und OSPF bietet die Maskeninformation mit der Subnetznummer an?

15. Welcher der Begriffe – klassifiziertes Routing, klassifiziertes Routingprotokoll, klassenloses Routing und klassenloses Routingprotokoll – beschreibt eine Eigenschaft, die beeinflusst, wann sich ein Router für die Standardroute entscheidet?

16. Was ermöglicht den erfolgreichen Einsatz eines nicht zusammenhängenden A-, B-, oder C-Klasse-Netzwerks – klassifiziertes Routing, klassifiziertes Routingprotokoll, klassenloses Routing oder klassenloses Routingprotokoll?

17. Stellen Sie Route Summarization und Auto Summary vergleichend gegenüber.

18. Welches der Routingprotokolle RIP-1, IGRP, EIGRP und OSPF verwendet Autosummarization als Standard, ohne dass sich die Funktion abschalten lässt?

19. Mit welchem Befehl schaltet man einen Router vom klassenlosen ins klassifizierte Routing?

Dieses Kapitel deckt folgende Punkte ab:

- Skalierung des IP-Adressbereichs für das Internet
- Weitere TCP/IP-Protokolle

Kapitel 8

Weiterführendes zu TCP/IP

TCP/IP ist zweifellos das wichtigste Netzwerkprotokoll überhaupt. Im folgenden Kapitel konzentrieren wir uns bei der Behandlung von TCP/IP auf die Themenbereiche, die sich mit der Thematik der Routingprotokolle berühren. Es gibt auch andere TCP/IP-Themen, die für das ICND-Examen wichtig sind. Dieses Kapitel enthält auf jeden Fall eine Reihe wichtiger Kenntnisse zu TCP/IP. Die einen sind für das Examen wichtiger, die anderen etwas weniger wichtig – von Bedeutung sind aber alle!

Wir beginnen mit der Verbesserung der Skalierbarkeit der IP-Adressierung. CIDR (Classless Interdomain Routing) reduziert die Größe von Internet-Routingtabellen. CIDR ähnelt Route Summarization, ist aber speziell für Internetrouten gedacht. Durch Private Adressierung in Verbindung mit Network Address Translation (NAT) muss nicht jedes Unternehmen ein eigenes A-, B-, oder C-Klasse-Netzwerk registrieren lassen, wenn es sich mit dem Internet verbinden will. Dadurch wird auch der Tag etwas nach hinten verschoben, an dem uns weltweit die registrierbaren IP-Adressen einfach ausgehen.

Der zweite Abschnitt behandelt in lockerer Reihenfolge ICMP, sekundäre IP-Adressen, FTP und TFTP, Fragmentierung und Routing zwischen VLANs.

Wenn Sie für das CCNA-Examen lernen, ist die einzige Möglichkeit, ein CCNA-Zertifikat zu bekommen: Benutzen Sie eventuell die beiden Bücher, so wie es in den Einleitungen empfohlen wird. Wenn dem so ist, sehen Sie sich Ihren Lern- und Leseplan vielleicht noch einmal an. Nach diesem Kapitel sollten Sie wieder mit dem CCNA INTRO ab Kapitel 15, »Remote Access Technologien« weitermachen.

8.1 »Weiß ich's schon?«-Quiz

Ziel des Quiz ist es, Ihnen bei der Entscheidung zu helfen, welche Abschnitte eines Kapitels Sie lesen müssen. Wenn Sie ohnehin das ganze Kapitel lesen wollen, brauchen Sie die Fragen an dieser Stelle nicht zu beantworten.

Mit dem 14-Fragen-Quiz können Sie, bezogen auf den Grundlagen-Abschnitt, Ihre begrenzte Studienzeit sinnvoll einteilen.

Tabelle 8.1 stellt die Hauptthemen des Kapitels und die dazu passenden Fragen aus dem Quiz dar.

Tabelle 8.1: »Weiß ich's schon?«-Übersicht zum Grundlagen-Abschnitt

Grundlagen-Abschnitt	Fragen zu diesem Abschnitt
Skalierung des IP-Adressbereichs für das Internet	1 bis 8
Verschiedene Fragen zu TCP/IP	9 bis 14

ACHTUNG

Das Ziel dieser Selbsteinschätzung soll sein, dass Sie Ihren Wissensstand zu den Themen richtig bewerten. Wenn Sie eine Frage nicht beantworten können oder sich auch nur unsicher fühlen, sollten Sie sie als falsch einstufen und markieren. Jeder Sympathiepunkt, den Sie sich selbst geben, verfälscht Ihr Ergebnis und wiegt Sie in trügerischer Sicherheit.

1. Wofür steht CIDR?
    a) Classful IP Default Routing
    b) Classful IP D-class Routing
    c) Classful Interdomain Routing
    d) Classless IP Default Routing
    e) Classless IP D-class Routing
    f) Classless Interdomain Routing

2. Welche der folgenden zusammengefassten Subnetzwerke sind gemäß der Intention von CIDR gültige Routen?
    a) 10.0.0.0 255.255.255.0
    b) 10.1.0.0 255.255.0.0
    c) 200.1.1.0 255.255.255.0
    d) 200.1.0.0 255.255.0.0

3. Welche der folgenden Adressen sind gemäß RFC 1918 keine privaten Adressen?
    a) 172.31.1.1
    b) 172.33.1.1
    c) 10.255.1.1

d) 10.1.255.1

   e) 191.168.1.1

4. Stellen Sie sich vor, dass statisches NAT nur intern Adressen übersetzt. Was veranlasst die Erstellung von NAT-Tabelleneinträgen?

   a) Das erste Paket, das vom internen zum externen Netzwerk geht

   b) Das erste Paket, das vom externen zum internen Netzwerk geht

   c) Die Konfiguration durch den Befehl **ip nat inside source**

   d) Die Konfiguration durch den Befehl **ip nat outside source**

5. Stellen sie sich vor, dass dynamisches NAT nur intern Adressen übersetzt. Was veranlasst die Erstellung von NAT-Tabelleneinträgen?

   a) Das erste Paket, das vom internen zum externen Netzwerk geht

   b) Das erste Paket, das vom externen zum internen Netzwerk geht

   c) Die Konfiguration durch den Befehl **ip nat inside source**

   d) Die Konfiguration durch den Befehl **ip nat outside source**

6. Welcher der folgenden Befehle erkennt die interne lokale IP-Adresse, wenn dynamisches NAT nur die Quelladressen von Paketen einer privaten Netzwerknummer übersetzt?

   a) **ip nat inside source list 1 pool barney**

   b) **ip nat pool barney 200.1.1.1 200.1.1.254 netmask 255.255.255.0**

   c) **ip nat inside**

   d) **ip nat inside 200.1.1.1 200.1.1.2**

   e) Keine der genannten Lösungen

7. Welcher der folgenden Befehle erkennt die externe lokale IP-Adresse, wenn dynamisches NAT nur die Quelladressen von Paketen einer privaten Netzwerknummer übersetzt?

   a) **ip nat inside source list 1 pool barney**

   b) **ip nat pool barney 200.1.1.1 200.1.1.254 netmask 255.255.255.0**

   c) **ip nat inside**

   d) **ip nat inside 200.1.1.1 200.1.1.2**

   e) Keine der genannten Lösungen

8. Stellen Sie sich vor, dass ein Ethernet-Interface auf einem Router schon mit IP-Adresse 10.1.1.1 und Maske 255.255.255.0 konfiguriert wurde. Welcher der folgenden Befehle fügt dem Interface eine zweite IP-Adresse hinzu?

   a) **ip address 10.1.1.2 255.255.255.0**

   b) **ip address 10.1.1.254 255.255.255.0**

c) ip address 10.1.2.1 255.255.255.0

d) secondary ip address 10.1.2.1 255.255.255.0

e) ip secondary address 10.1.2.1 255.255.255.0

f) ip secondary 10.1.2.1 255.255.255.0

g) ip address 10.1.2.1 255.255.255.0 secondary

9. Welches der folgenden Datei-Übertragungsprotokolle (die in mehreren Internet RFCs definiert sind) bietet die meisten Features?

a) FTP

b) TFTP

c) FTPO

d) BFTP

10. Stellen Sie sich vor, der PC Fred ist an ein Ethernet angeschlossen, das auch mit seinem Standardrouter R1 verbunden ist. R1 hat eine serielle Punkt-zu-Punkt-Verbindung zu R2. R2 hat eine Ethernet-Verbindung zu PC Barney. Die MTU der Ethernets hat jeweils den Standardwert. In welchem Fall sendet R1 Pakete fragmentiert von Fred zu Barney?

a) Die MTU der seriellen Verbindung muss unter 1500 liegen.

b) Die MTU der seriellen Verbindung muss unter 1518 liegen.

c) Die MTU der seriellen Verbindung muss unter 1526 liegen.

d) R1 muss Fragmentierung auf Befehl hin für das serielle Interface konfiguriert haben.

11. Router1 hat ein FastEthernet-Interface 0/0 mit der IP-Adresse 10.1.1.1. Das Interface ist an einen Switch angeschlossen. Diese Verbindung wird nun auf ISL umgestellt. Welcher der folgenden Befehle ist für den Betrieb von ISL auf R1 wohl sehr nützlich?

a) **interface fastethernet 0/0.4**

b) **isl enable**

c) **isl enable 4**

d) **trunking enable**

e) **trunking enable 4**

f) **encapsulation isl**

g) **encapsulation isl 4**

12. Was bedeutet ein ».« im Output eines **ping** Befehls?

a) Der Ping war erfolgreich.

b) Der Ping war nicht erfolgreich, weil keine Echo-Anfrage gesendet werden konnte.

c) Der Ping war nicht erfolgreich, weil keine Echo-Antwort empfangen werden konnte.

d) Der Ping war nicht erfolgreich, weil eine ICMP Message zurückgekommen ist und mitteilte: »Lebenszeit überschritten«.

e) Der Ping war nicht erfolgreich, weil eine ICMP Message zurückgekommen ist und mitteilte, dass keine Route zu dem Subnetzwerk da war.

13. Was bedeutet ein »U« in der Anzeige eines **ping** Befehls?

    a) Der Ping war erfolgreich.

    b) Der Ping war nicht erfolgreich, weil keine Echo-Anfrage gesendet werden konnte.

    c) Der Ping war nicht erfolgreich, weil keine Echo-Antwort empfangen werden konnte.

    d) Der Ping war nicht erfolgreich, weil eine ICMP Message zurückgekommen ist und mitteilte: »Lebenszeit überschritten«.

    e) Der Ping war nicht erfolgreich, weil eine ICMP Message zurückgekommen ist und mitteilte, dass keine Route zu dem Subnetzwerk da war.

14. Auf welcher Kodierung einer ICMP Message beruht der Befehl **trace**? (Mehrfachnennung möglich)

    a) Host Unreachable

    b) Subnet Unreachable

    c) Time to Live Exceeded

    d) Can't Fragment

Die Antworten zum »Weiß ich's schon?«-Quiz stehen in Anhang A. Unser Vorschlag für Ihr weiteres Vorgehen sieht so aus:

- **11 oder weniger Gesamtpunkte** – Lesen Sie das komplette Kapitel. Es enthält die »Grundlagen«, die »Grundlagen-Zusammenfassung« und »Q&A«-Abschnitte.

- **12, 13 oder 14 Gesamtpunkte** – Wenn Sie einen größeren Überblick über diese Themen bekommen möchten, springen Sie zur »Grundlagen-Zusammenfassung« und dann zum »Q&A«-Abschnitt. Andernfalls gehen Sie sofort zum nächsten Kapitel.

8.2 Grundlagen

8.2.1 Skalierung des IP-Adressbereichs für das Internet

Ursprünglich war das Internet so angelegt, dass jede Firma oder Organisation eine oder mehrere IP-Adressen beantragen musste und sie dann zugewiesen bekam. Die zuständigen Administratoren konnten die Adressen ausgeben und registrieren, so dass kein IP-Netzwerk zweimal vorkommen konnte. Solange jeder Netzbetreiber nur IP-Adressen innerhalb der eigenen beantragten und registrierten Netzwerknummer verwendete, gab es keine Probleme mit doppelten IP-Adressen, und das IP-Routing lief reibungslos.

So konnte man sich eine ganze Weile problemlos mit einer oder zwei registrierten Netzwerknummern an das Internet anschließen. Zu Beginn der 90er vergrößerte sich das Internet jedoch plötzlich so schnell, dass die Zahl an verfügbaren IP-Netzwerknummern Mitte der 90er verschwindend gering wurde! Man befürchtete eine kleine Katastrophe:Dass die Netzwerknummern bald alle zugewiesen sein würden und sich keine weiteren oder neuen Körperschaften mehr ans Internet anschließen könnten.

Ein Lösungsvorschlag für das Problem der Skalierbarkeit des IP-Internetzwerks war eine Verlängerung der IP-Adressen. Genau das war der Grund für die Idee zu IPv6 (IP Version 6). (Wir beschäftigen uns hier mit Version 4 [IPv4]. Version 5 entstand im Labor für den experimentellen Einsatz, ohne je eingesetzt zu werden.) IPv6 benötigt eine wesentlich längere Adresse, um auch mit den bisher existierenden Adressen, Netzwerken, Gruppierungen und Konventionen nicht in Widerspruch zu geraten. Die Anzahl der theoretischen Netzwerkadressen ist bei Einsatz von IPv6 nahezu unermesslich hoch ($2^{128} > 3,4 \times 10^{38}$, d.h. eine Zahl mit 38 Dezimalziffern - bei IPv4 beträgt die Anzahl $2^{32} < 4,3$ Milliarden bzw. $4,3 \times 10^{9}$). Diese Lösung ist technisch nach wie vor möglich und auch im Gespräch, so dass sie eventuell eines Tages tatsächlich umgesetzt wird. (Man kennt die selbe Problematik ja auch von den Telefonnummern. In Nordamerika hat die U.S. Federal Communications Commission (FCC) in den letzten Jahren die Telefonnummern von 10 auf 12 Stellen erweitert.)

Man hat die Anzahl der notwendigen registrierten IPv4-Netzwerknummern aber zunächst einmal erfolgreich mit drei anderen IP-Funktionen reduziert. NAT (Network Address Translation), und Private Adressierung ermöglichen Netzbetreibern die interne Verwendung unregistrierter Netzwerknummern, während sie mit dem Internet verbunden bleiben. CIDR (Classless Interdomain Routing) ermöglicht Providern (ISPs) die Verschwendung von IP-Adressen zu reduzieren, indem sie ihren Kunden nur noch ein Subset einer

Netzwerknummer zuweisen und kein gesamtes Netzwerk. CIDR ermöglicht den ISPs übrigens weiterhin, Routen zusammenzufassen. Wenn mehrere A-, B-, oder C-Klasse-Netzwerke nur eine Route benötigen, verkleinert das insgesamt signifikant die Routingtabellen auf Internetroutern.

CIDR

CIDR ist in RFC 1817 (www.ietf.org/rfc/rfc1817.txt) als Konvention für das Internet beschrieben. Seitdem müssen möglichst mehrere Netzwerknummern für das Routing zu einer Größe zusammengelegt werden. CIDR entstand, um die Skalierbarkeit von Internetroutern zu erleichtern. Stellen Sie sich einmal einen Internetrouter vor, der nur allein zu jedem A-, B-, oder C-Klasse-Netzwerk auf unserem gesamten Planeten eine Route hätte! Das wären allein für die C-Klasse-Netzwerke schon über 2 Millionen! Wenn man diese zusammenfasst, wird die Routingtabelle selbstverständlich etwas übersichtlicher.

Bild 8.1 zeigt einen typischen Fall, wie CIDR die Routen zu mehreren C-Klasse-Netzwerken in einer Route zusammenfasst.

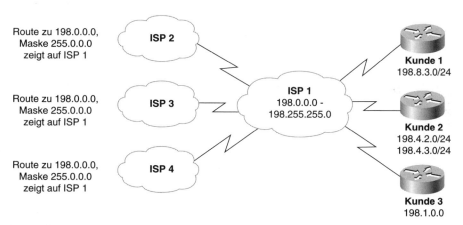

Bild 8.1: Typische Verwendung von CIDR

Stellen Sie sich vor, dass ISP 1 das C-Klasse-Netzwerk 198.0.0.0 bis 198.255.255.0 gehört (Sie lachen vielleicht, es handelt sich aber um gültige C-Klasse-Netzwerknummern). Ohne den Einsatz von CIDR hätten die Routingtabellen aller anderen ISPs eine separate Route zu jedem einzelnen der 2^{16} C-Klasse-Netzwerke, die mit 198 anfangen. Wenn man CIDR so wie in Bild 8.1 einsetzt, haben die anderen ISP-Router nur eine Route zu 198.0.0.0/8 – eine Route zu allen Hosts, deren IP-Adresse mit 198 beginnt. Es gibt nun einmal mehr als zwei Millionen C-Klasse-Netzwerke. Aber durch CIDR konnten wir die Routingtabellen der Internetrouter auf eine etwas besser zu verarbeitende Größe herunterfahren – ungefähr auf 120.000 Routen Mitte des Jahres 2003.

Wenn man ein Routingprotokoll einsetzt, das nicht nur die Subnetz- oder Netzwerknummer übermittelt, kann man die Nummer aus der klassenlosen Perspektive betrachten. Die Gruppierung der Adressen ist ein rein mathematisches Problem, für das die Klassenkonventionen für die Klassen A, B oder C keine Rolle spielen. Die Nummer 198.0.0.0/8 (198.0.0.0, Maske 255.0.0.0) bestimmt ein Set von Adressen, dessen erste 8 Stellen dezimal 198 ergeben. ISP 1 bietet sie den anderen ISPs an, die nur eine Route zu 198.0.0.0/8 benötigen. Auf den eigenen Routern weiß ISP 1, welche C-Klasse-Netzwerke zu welchen Kundenstandorten gehören. Auf diese Weise ermöglicht CIDR Internetroutern eine erstaunlich gute Skalierbarkeit der Routingtabelle – es müssen von vornherein viel weniger Einträge aufgenommen werden.

Damit CIDR so funktioniert, wie man es in Bild 8.1 sieht, müssen ISPs über aufeinander folgende Netzwerknummern verfügen. Heutzutage werden IP-Netzwerke von den Zuteilungsstellen den verschiedenen Regionen der Erde zugewiesen. Die regionalen Verwaltungen weisen bestimmten ISPs der Region jeweils aufeinanderfolgende Netzwerknummern zu. Daher kann man mehrere Netzwerke mit einer Route zusammenfassen, wie es in Bild 8.1 zu sehen ist.

CIDR verringert auch das Risiko, dass uns die IP-Adressen wirklich einmal ausgehen, und neue Gesellschaften keine IP-Adressen mehr beantragen können. Mit CIDR kann ein ISP einem Einzelkunden ein Subset von A-, B-, oder C-Klasse-Netzwerkeen zuweisen. Stellen Sie sich vor, Kunde 1 von ISP 1 braucht nur 10 IP-Adressen, Kunde 3 aber 25. ISP 1 wird so agieren: Er weist Kunde 1 das IP-Subnetzwerk 198.8.3.16/28 mit den zuteilbaren Adressen von 198.8.17 bis 198.8.30 zu. Für Kunde 3 bliebe dann 198.8.3.32/27 mit 30 zuteilbaren Adressen (198.8.3.33 bis 198.8.3.62). (Sie können die Zahlen gern mit den Rechenverfahren aus Kapitel 4 überprüfen.)

Mit CIDR verschwendet man weniger IP-Adressen und senkt den Bedarf an registrierten IP-Netzwerknummern. Anstatt, dass zwei Kunden zwei komplette C-Klasse-Netzwerke benötigen, verbrauchen beide sonst nur noch einen kleinen Bereich eines einzigen C--Klasse-Netzwerks. Gleichzeitig wird durch CIDR in Verbindung mit geschickter Zuweisung aufeinanderfolgender Netzwerknummern die Routingtabelle der Internetrouter kleiner gehalten, als es sonst möglich wäre.

Private Adressierung

Einige Computer werden schlicht niemals mit dem Internet verbunden. Die IP-Adressen solcher Rechner könnten theoretisch mit registrierten IP-Adressen für das Internet identisch sein. Beim IP-Addressing für solch ein Netzwerk könnte der Netzbetreiber im Grunde alle beliebigen Netzwerknummern wählen, ohne dass es zu Problemen kommt. Kaufen Sie sich ein paar Router, schließen Sie sie in Ihrem Großraumbüro an, konfigurieren Sie Netzwerk 1.0.0.0 und alles ist gut. Die verwendeten IP-Adressen können gut und gerne Duplikate von registrierten Internetadressen sein. Solange Sie schön in Ihrem kleinen Reich bleiben und dort Ihre Studien betreiben, kann nichts passieren.

Wenn Sie ein privates Netzwerk planen, das keine Konnektivität mit dem Internet hat, können Sie IP-Netzwerknummern verwenden, die man private Internets nennt. Zuständig für diesen Fall ist RFC 1918, »Address Allocation for Private Internets« (www.ietf.org/rfc/rfc1918.txt). Dieses RFC definiert eine Reihe von Netzwerken, die nie als registrierte Netzwerknummern zugewiesen werden. Anstatt von irgend jemandem registrierte Netzwerknummern zu nehmen, können Sie Nummern aus einem Bereich verwenden, der von Niemandem im öffentlichem Internet benutzt wird. Tabelle 8.2 zeigt den Bereich privater Adressen nach RFC 1918.

Tabelle 8.2: Bereich privater Adressen nach RFC 1918

Bereich der IP-Adressen	Klasse der Netzwerke	Anzahl der Netzwerke
10.0.0.0 bis 10.255.255.255	A	1
172.16.0.0 bis 172.31.255.255	B	16
192.168.0.0 bis 192.168.255.255	C	256

Diese Netzwerknummern kann jeder benutzen. Aber niemand darf sie mit einem Routingprotokoll dem Internet anbieten.

Jetzt stellen Sie sich vielleicht die Frage: Was soll das?. Warum sorgt sich irgendwer darum, spezielle private Netzwerknummern zu reservieren, wenn es ohnehin egal ist, ob sie doppelt vorkommen. Es ist jedoch tatsächlich möglich, private Adressierung für ein Netzwerk zu verwenden und trotzdem eine Verbindung zum Internet herzustellen. Dann muss man allerdings NAT zwischenschalten - Network Address Translation.

NAT (Network Address Translation)

NAT (RFC 1631) erlaubt einem Host ohne gültige und registrierte IP-Adresse, mit anderen Hosts über das Internet zu kommunizieren. Die Hosts können ruhig private Adressen verwenden oder solche, die einer anderen Organisation gehören. In beiden Fällen darf man mit NAT diese Adressen weiterverwenden und trotzdem über das Internet Kontakt mit anderen Hosts aufnehmen.

NAT benutzt einfach eine registrierte IP-Adresse zur Repräsentation der privaten Adressen gegenüber dem Internet. NAT übersetzt die private Adresse in jedem einzelnen Paket in die öffentlich registrierte IP-Adresse (Bild 8.2).

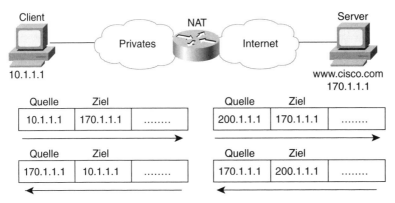

Bild 8.2: NAT-IP-Adressaustausch: Private Adressierung

Der Router ändert die IP-Quelladresse jedes Paketes, das das private Netzwerk verlässt und die IP-Zieladresse jedes Paketes, das zurück in das private Netz weitergeleitet wird. (In Bild 8.2 ist 200.1.1.0 ein registriertes Netzwerk.) NAT, konfiguriert auf dem mit NAT gekennzeichneten Router, führt den Adressaustausch durch.

Cisco-IOS-Software unterstützt verschiedene Versionen von NAT. Auf den nächsten Seiten untersuchen wir die verschiedenen Verfahren. Der Abschnitt danach enthält die Konfiguration der einzelnen Optionen.

Statisches NAT

Statisches NAT arbeitet genau nach dem Schema in Bild 8.2. Die IP-Adressen sind aber statisch miteinander verknüpft. Damit die Besonderheiten von statischem NAT klarer herauskommen, bringt Bild 8.3 dasselbe Beispiel noch einmal, aber mit genaueren Informationen und Schlüsselbegriffen.

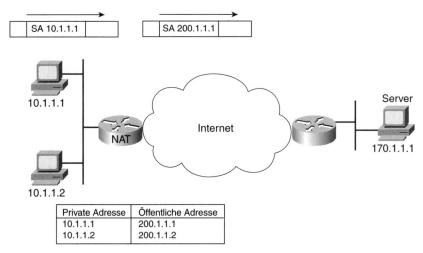

Bild 8.3: Statisches NAT mit den internen lokalen und globalen Adressen

Kommen wir zum Konzept. Der Provider der Firma hat dieser Netzwerk 200.1.1.0 zugewiesen. Der NAT-Router muss die privaten Adressen also so verändern, dass sie so aussehen, als kämen sie aus Netzwerk 200.1.1.0. Dazu ändert der NAT-Router die IP-Quelladressen der Pakete, die im Bild von links nach rechts wandern.

In diesem Beispiel ändert der NAT-Router die Quelladresse (»QA«) von 10.1.1.1 in 200.1.1.1. Beim statischen NAT ist auf dem NAT-Router eine 1:1-Verknüpfung von privater und öffentlicher Adresse konfiguriert. Der NAT-Router hat die Übereinstimmung der privaten Adresse 10.1.1.1 und der öffentlichen, registrierten Adresse 200.1.1.1 eingegeben bekommen.

Wenn man nun einen zweiten Host internetfähig machen möchte, muss man eine zweite, statische 1:1-Übereinstimmung konfigurieren und braucht dafür eine zweite IP-Adresse im öffentlichen Adressbereich. Für die Unterstützung von 10.1.1.2 verknüpft der Router 10.1.1.2 statisch mit 200.1.1.2. Da dem Konsortium ein gesamtes C-Klasse-Netzwerk gehört, können auf diese Weise mit NAT bis zu 254 private IP-Adressen internetfähig gemacht werden.

Die Terminologie, die man bei der Konfiguration von NAT verwendet, kann ein wenig verwirrend sein. In Bild 8.3 führt die NAT-Tabelle die privaten Adressen unter »private«, die öffentlich registrierten Adressen von 200.1.1.0 unter »public«. Cisco verwendet die Begriffe intern lokal für die privaten IP-Adressen, intern global für die öffentlichen.

In der Terminologie von Cisco handelt es sich bei dem Unternehmensnetzwerk, das private Adressen verwendet und deshalb NAT benötigt, um den internen Teil des Netzwerks. Die Internetseite der NAT-Funktion ist der »externe« Teil des Netzwerks. Wenn ein Host NAT benötigt (im Beispiel etwa 10.1.1.1), hat er eine IP-Adresse für den internen Gebrauch, aber auch eine, mit der er nach außen repräsentiert wird. Da der Host definitiv zwei unterschiedliche Adressen hat, die ihn repräsentieren, brauchen wir dafür zwei Begriffe. Cisco nennt die private IP-Adresse, die »inside« verwendet wird, die interne lokale Adresse. Die Adresse, mit der der Host nach außen dargestellt wird, heißt interne globale Adresse. (Behalten Sie für Ihr Examen sicherheitshalber alle Begriffe im Hinterkopf, da durchaus manchmal »lokal« statt »privat« oder »global« statt »public«/»öffentlich« verwendet wird.)

Bild 8.4 wiederholt dasselbe Beispiel mit den neuen Begriffen.

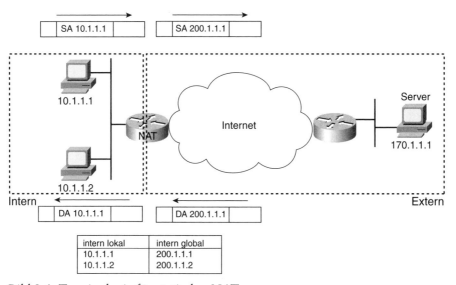

Bild 8.4: Terminologie für statisches NAT

Die meisten NAT-Features ändern nur die IP-Adresse von »internen« Hosts. Daher sieht man in der NAT-Tabelle in Bild 8.4 die internen lokalen und die internen globalen, registrierten Adressen. Die IP-Adressen der externen Host können jedoch auch verändert werden. Wenn das zutrifft, werden die Begriffe *extern lokal* and *extern global* für die IP-Adressen verwendet, die den jeweiligen Host im internen und externen Netzwerk repräsentieren. Das nächste Beispiel in diesem Abschnitt wird die Übersetzung externer Adressen genauer erläutern. Tabelle 8.3 fasst die Begriffe und ihre Bedeutung zusammen.

Tabelle 8.3: Wichtige Begriffe zur NAT-Adressierung

Begriff	Bedeutung
Intern lokal	In NAT-Umgebungen steht der Bergiff »intern« für eine Adresse, die zu einem Host innerhalb des Unternehmens gehört. Intern lokal ist eine IP-Adresse, die einem Host im privaten Unternehmensnetzwerk zugewiesen ist. Sehr sprechend ist auch der Begriff »intern privat«. Wenn eine Firma RFC 1918-Adressen benutzt, repräsentiert intern lokal den Host innerhalb der Firma. Und es ist dann eine private RFC 1918-Adresse.
Intern global	In NAT-Umgebungen steht der Bergiff »intern« für eine Adresse, die zu einem Host innerhalb des Unternehmens gehört. NAT verwendet eine interne Globaladresse, um den internen Host in einem Paket darzustellen, das über das externe Netzwerk geht, meistens das Internet. Ein NAT-Router tauscht die IP-Quelladresse in einem Paket aus, wenn es die Grenze vom internen zum externen Netzwerk übertritt. Aus der internen lokalen Adresse wird dann die interne globale Adresse. Sehr sprechend ist auch der Begriff »intern öffentlich«. Wenn eine Firma RFC 1918-Adressen benutzt, repräsentiert intern global den internen Host durch eine öffentliche IP-Adresse, die für das Internetrouting verwendet werden darf.
Extern global	In NAT-Umgebungen steht der Bergiff »extern« für eine Adresse, die zu einem Host außerhalb des Unternehmens gehört – mit anderen Worten: im Internet. Extern global ist die IP-Adresse, die einem Host zugewiesen ist, der sich jenseits der Netzwerkgrenzen befindet, meistens eben im Internet. Sehr sprechend ist auch der Begriff »extern öffentlich«. Extern global steht für einen externen Host mit einer öffentlichen IP-Adresse, die für das Internetrouting verwendet werden darf.
Extern lokal	In NAT-Umgebungen steht der Bergiff »extern« für eine Adresse, die zu einem Host außerhalb des Unternehmens gehört – mit anderen Worten: im Internet. NAT verwendet eine externe lokale Adresse, um den externen Host in einem Paket darzustellen, das durch das private Firmennetzwerk geht (das interne Netzwerk). Ein NAT-Router tauscht die IP-Zieladresse eines Paketes aus, das von einem internen Host zu einer externen globalen Adresse geht, wenn das Paket die Grenze des Netzwerks von innen nach außen überschreitet. Sehr sprechend ist auch der Begriff »extern privat«. Wenn eine Firma RFC 1918-Adressen verwendet, steht extern lokal für den externen Host, der aber eine private IP-Adresse nach RFC 1918 trägt.

Dynamisches NAT

Dynamisches NAT weist im Vergleich zu statischem NAT Ähnlichkeiten und Unterschiede auf. Wie beim statischen NAT kommt eine 1:1-Verknüpfung zwischen einer internen lokalen und einer externen lokalen Adresse zustande. Die IP-Adressen in den Paketen werden beim Überschreiten der Netzwerkgrenze von innen nach außen, und umgekehrt, ausgetauscht. Diese 1:1-Verknüpfung kommt nun allerdings dynamisch zustande.

Beim dynamischen NAT steht ein Pool möglicher interner globaler Adressen zur Verfügung. Zugleich gibt es Kriterien für den Pool interner lokaler IP-Adressen, von denen Datenverkehr mit NAT-Adressaustausch fließen soll. In Bild 8.5 haben wir zum Beispiel einen Pool von fünf internen globalen IP-Adressen – 200.1.1.1 bis 200.1.1.5. NAT ist so konfiguriert worden, dass alle internen lokalen Adressen übersetzt werden, die mit 10.1.1 beginnen.

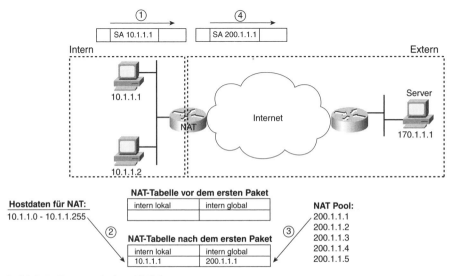

Bild 8.5: Dynamisches NAT

Die Zahlen 1 bis 4 beziehen sich auf die Abfolge der Ereignisse:

1. Host 10.1.1.1 sendet sein erstes Paket zum Server 170.1.1.1.

2. Das Paket kommt zum NAT-Router. Der Router entscheidet, ob NAT angewendet werden muss. Weil NAT so konfiguriert wurde, dass Adressen beginnend mit 10.1.1 übersetzt werden, fügt der Router der NAT-Tabelle den Entry 10.1.1.1 als interne lokale Adresse hinzu.

3. Jetzt muss der NAT-Router dem Paket eine IP-Adresse aus dem Pool gültiger interner globaler Adressen zuweisen. Er nimmt die erstbeste (hier 200.1.1.1) und schreibt sie zur Vervollständigung des Eintrags in die NAT-Tabelle.

4. Der NAT-Router verändert die IP-Quelladresse und leitet das Paket weiter.

Dieser dynamische Eintrag bleibt solange in der NAT-Tabelle, wie auch noch gelegentlich Datenverkehr fließt. Man kann einen Timeout-Wert dafür konfigurieren, was in diesem Fall gelegentlich heißt, dass der dynamische Eintrag wieder gelöscht wird, wenn kein entsprechender Datenverkehr weitergeleitet werden muss. Außerdem kann man die dynamischen Einträge manuell mit dem Befehl **clear ip nat translation** * löschen.

NAT kann man durchaus mit mehr Adressen im internen lokalen Adresspool, als im internen globalen Adresspool konfigurieren! Im nächsten Abschnitt wird es um PAT (Port Address Translation) gehen, ein Feature, das alle Verkehrsflüsse von internen Host aus möglich macht, die von NAT unterstützt werden - auch, wenn der interne globale Pool kleiner ist, als die Anzahl interner lokaler Adressen. Ohne PAT kann NAT erst einmal nur die Anzahl an Hosts unterstützen, die im NAT-Pool festgelegt sind.

Wenn die Anzahl registrierter öffentlicher Adressen im internen globalen Adresspool wie in Bild 8.4 festgelegt ist, weist der Router die Adressen aus dem Pool solange zu, bis alle vergeben sind. Taucht dann ein weiteres Paket auf, das einen weiteren NAT-Entry benötigt, wird es einfach gelöscht, wenn gerade alle Adressen benutzt werden. Der betroffene Anwender muss einfach weitere Versuche starten, bis ein NAT-Entry ausläuft und wieder freigegeben wird, so dass die NAT-Funktion auf einen anderen Host übergehen kann. Die Anzahl der Hosts, die gleichzeitig mit dem Internet verbunden werden können, ist immer kleiner oder gleich der Anzahl der internen globalen Adressen im Adresspool – es sei denn, man verwendet PAT.

Overload NAT mit PAT (Port Address Translation)

In einigen Netzwerken muss man von allen, oder zumindest von fast allen Hosts, ins Internet gehen können. Wenn hier private IP-Adressen im Einsatz sind, braucht der NAT-Router eine riesige Anzahl von registrierten IP-Adressen. Beim statischen NAT braucht man für jeden privaten IP-Host, der Internetzugang hat, eine öffentlich registrierte IP-Adresse – dadurch wird der Vorteil von NAT komplett aufgehoben. Dynamische Adressierung verkleinert das Problem etwas. Aber wenn Sie sich vorstellen, wie viele Hosts in einem Firmennetzwerk täglich gleichzeitig Internetzugang haben müssen, ist klar, dass Sie trotzdem sehr viele registrierte IP-Adressen brauchen würden – gäbe es nicht PAT.

NAT-Overload ermöglicht vielen Clients den Internetzugang über ein paar wenige öffentliche IP-Adressen. Das kann man nur verstehen, wenn man sich noch einmal vor Augen führt, wie unter TCP/IP Ports verwendet werden. Bild 8.6 zeigt, wie NAT Overload möglich wird.

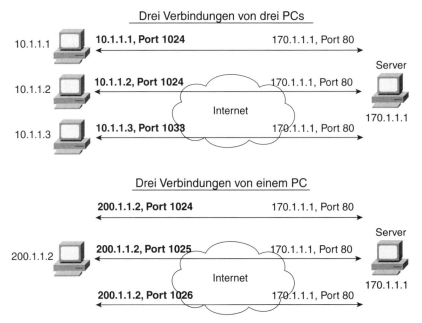

Bild 8.6: *Drei TCP-Verbindungen: Von drei unterschiedlichen Hosts, und von einem Host*

Der obere Bildteil zeigt ein Netzwerk mit drei unterschiedlichen Hosts, die über TCP an einen Webserver angeschlossen sind. Etwas tiefer sieht man das selbe Netzwerk ein paar Stunden später. Jetzt gibt es drei TCP-Verbindungen vom selben Client aus. Alle sechs Verbindungen richten sich an die Server-IP-Adresse (170.1.1.1) und den Webport (80, der übliche Port für Webdienste). In jedem Fall kann der Server zwischen den Verbindungen unterscheiden, da ihre kombinierten IP-Adressen und Portnummern unverwechselbar sind.

NAT zieht hier Gewinn aus der Tatsache, dass es dem Server egal ist, ob er jeweils eine Verbindung zu drei Hosts oder drei Verbindungen zu einer einzigen Host-IP-Adresse hat. Um viele interne lokale IP-Adressen mit wenigen internen globalen, öffentlich registrierten IP-Adressen zu unterstützen, nimmt Overload-NAT zusätzlich eine Port-Adress-Übersetzung (PAT) vor. Es wird nicht bloß die IP-Adresse übersetzt, sondern auch noch die Port-Nummer. Bild 8.7 stellt das Verfahren dar.

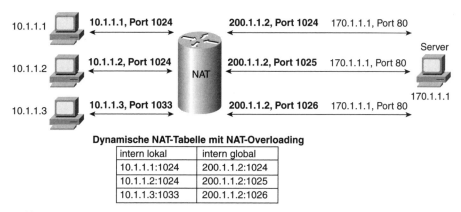

Bild 8.7: NAT-Overload mittels PAT

Wenn NAT die dynamische Verknüpfung vornimmt, wird nicht nur eine interne globale IP-Adresse ausgewählt, sondern auch noch eine eindeutige Portnummer für diese Adresse. Der NAT-Router hat einen Eintrag in der NAT-Tabelle für eine einmalige Kombination aus interner lokaler IP-Adresse und Port, mit der Übersetzung in die interne globale Adresse und eine einmalige Portnummer, die dieser internen globalen Adresse zugewiesen ist. Das hört sich zunächst unspektakulär an, aber da die Portnummer aus 16 Bits besteht, kann NAT Overload locker mit 65.000 verschiedenen Portnummern agieren. Da lässt sich ein Netzwerk doch recht stressfrei vergrößern. Man benötigt nur wenige registrierte IP-Adressen– und in vielen Fällen: gerade mal eine.

Übersetzung von Adressen, die sich überlappen

NAT kann man auch verwenden, wenn eine private Organisation keine private Adressierung verwendet, sondern eine Netzwerknummer, die jemand anderes registriert hat.

ANMERKUNG

> Einer meiner Kunden hat das tatsächlich einmal getan. Das Unternehmen verwendete eine Netzwerknummer, die für Cabletron registriert war. Das Unternehmen hatte die Nummer aus einer Präsentation, die ein ehemaliger Cabletron-Mitarbeiter durchführte, der zu 3COM gewechselt war. Der 3COM-Mitarbeiter erklärte IP-Adressierung anhand des registrierten Cabletron-Netzwerks, weil er sich mit diesem empfehlenswertem Spezialfall einfach sehr gut auskannte. Meinem Kunden gefiel das Design so gut, dass er den Kollegen beim Wort nahm - aber 1 zu 1!

Wenn eine Firma unrechtmäßig eine Netzwerknummer verwendet, die auf ein anderes Unternehmen registriert ist, und beide Internetanschluss haben, kann man das Problem mit NAT lösen. NAT tauscht dann sowohl die Quell-, als auch die Ziel-IP-Adresse aus.

Nehmen wir Bild 8.8. Unternehmen A verwendet ein Netzwerk, das von Cisco registriert ist (170.1.0.0).

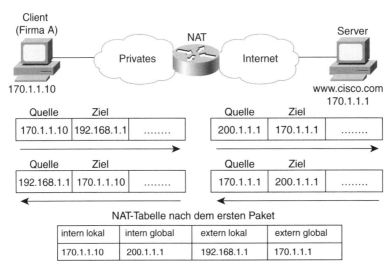

Bild 8.8: NAT IP-Addressaustausch: Unregistrierte Netzwerke

Bei einem überlappenden Adressbereich würde ein Client in Unternehmen A kein Paket zum wirklichen IP-Host 170.1.1.1 senden können – beziehungsweise, wenn er es täte, würde das Paket niemals bei der wirklichen IP-Adresse 170.1.1.1 ankommen. Wieso? Die Routingtabellen im Unternehmen (links) haben wahrscheinlich eine passende Route zu 170.1.1.1 vorliegen. Host 170.1.1.10 ist in diesem Fall in dem Subnetz, in dem die »private« 170.1.1.1 angesiedelt ist. Host 170.1.1.10 würde ein Paket an 170.1.1.1 nicht gerade unbedingt an einen Router weiterleiten. Stattdessen würde das Paket direkt an Host 170.1.1.1 gesendet. Der befindet sich im selben LAN!

NAT kann hier Abhilfe schaffen, muss aber in diesem Fall sowohl die Source als auch die Destination ändern, wenn das Paket den NAT-Router passiert. In Bild 8.8 hat das ursprüngliche Paket, das der Client sendet, die Zieladresse 192.168.1.1. Diese Adresse, die externe lokale Adresse, repräsentiert die registrierte IP-Adresse 170.1.1.1 auf der linken Seite des Netzwerks. »Extern« bedeutet, dass die Adresse einen Host repräsentiert, der sich physikalisch »außerhalb« des Netzwerks befindet. »Lokal« bedeutet, dass diese Adresse den Host auf der privaten Seite der Netzwerkgrenze repräsentiert.

Sowie das Paket den NAT-Router (von links nach rechts) passiert, wird die Quelladresse geändert, genau wie im vorhergehenden Beispiel. Aber die Zieladresse wird gleichfalls verändert – hier in 170.1.1.1. Die Zieladresse kann man hier auch als externe globale Adresse bezeichnen, da sie einen Host reräsentiert, der physikalisch immer im externen Netzwerk ist. Die Adresse ist eine globale, öffentlich registrierte IP-Adresse, die sich zum Routing im Internet eignet.

Die NAT-Konfiguration enthält eine statische Verknüpfung der realen IP-Adresse (extern global), 170.1.1.1, und der privaten IP-Adresse (extern lokal), die diese im privaten Netzwerk intern repräsentiert – 192.168.1.1.

Da der Client eine Verbindung zum Server links aufbaut, muss der NAT-Router nicht nur die Adressen austauschen, sondern auch die DNS-Antworten umändern. Wenn der Client zum Beispiel mit einer DNS-Anfrage www.cisco.com aufruft, kommt eine DNS-Antwort zurück. Wenn diese (von rechts nach links) den NAT-Router überquert, ändert NAT die DNS-Antwort, so dass der Client denkt, die IP-Adresse von www.cisco.com sei 192.168.1.1.

Heute tendiert man, wenn möglich, zu privater Adressierung, um nicht immer beide IP-Adressen jedes Paketes übersetzen zu müssen. Außerdem benötigt der NAT-Router für jeden Server in der sich überschneidenden Netzwerknummer einen statisch konfigurierten Eintrag – ein Aufgabe, die man unter Umständen seinem ärgsten Feind nicht wünschen möchte. Durch die Verwendung privater Adressen können Sie Ihr Netzwerk an das Internet anschließen, die Anzahl der registrierten IP-Adressen, die Sie benötigen, gering halten und brauchen dabei die NAT-Funktion nur auf die privaten Adressen in den Paketen anwenden.

Tabelle 8.4 fasst den Gebrauch der NAT-Begriffe in Bild 8.8 zusammen.

Tabelle 8.4: NAT-Begriffe bezogen auf die Adressierung in Bild 8.8

Begriff	Wert in Bild 8.8
Intern lokal	170.1.1.10
Intern global	200.1.1.1
Extern global	170.1.1.1
Extern lokal	192.168.1.1

Die Konfiguration von NAT

In diesem Abschnitt lernen Sie die Konfiguration diverser Varianten von NAT kennen. Auch die Befehle **show** und **debug**, wichtig für das NAT-Troubleshooting, werden behandelt. Tabelle 8.5 zeigt die NAT Konfigurationsbefehle. Tabelle 8.6 zeigt die für NAT wichtigen EXEC-Befehle.

Tabelle 8.5: NAT-Konfigurationsbefehle

Befehl	Konfigurationsmodus
ip nat {inside | outside}	Interface Unterbefehl
ip nat inside source {list {*access-list-number* | *access-list-name*} | route-map *name*} {interface *type number* | pool *pool-name*} [overload]	Globalbefehl
ip nat inside destination list {*access-list-number* | *name*} pool *name*	Globalbefehl
ip nat outside source {list {*access-list-number* | *access-list-name*} | route-map *name*} pool *pool-name* [add-route]	Globalbefehl
ip nat pool *name start-ip end-ip* {netmask *netmask* | prefix-length *prefix-length*} [type rotary]	Globalbefehl

Tabelle 8.6: NAT EXEC-Befehle

Befehl	Beschreibung
show ip nat statistics	Listet Zahlenwerte über Pakete und NAT-Tabelleneinträge auf, mit grundsätzlichen Informationen über die Konfiguration.
show ip nat translations [verbose]	Zeigt die NAT-Tabelle an.
clear ip nat translation {* | [inside *global-ip local-ip*] [outside *local-ip global-ip*]}	Löscht alle oder einige dynamische Einträge in der NAT-Tabelle, je nach Parameter.
clear ip nat translation *protocol* inside *global-ip global-port local-ip local-port* [outside *local-ip* global-ip]	Löscht einige dynamische Einträge in der NAT-Tabelle, je nach Parameter.
debug ip nat	Gibt eine log message heraus, in der jedes Paket beschrieben wird, das von NAT bearbeitet wurde.

Die Konfiguration von statischem NAT

Statische NAT-Konfiguration erfordert im Vergleich mit den anderen NAT-Varianten den geringsten Konfigurationsaufwand. Jede statische Übereinstimmung zwischen lokaler (privater) Adresse und globaler (öffentlicher) Adresse muss eingegeben werden. Daraufhin muss jedes Interface als internes oder externes Interface gekennzeichnet werden.

Bild 8.9 zeigt das bekannte Netzwerk, das eben auch für die Beschreibung von statischem NAT verwendet wurde.

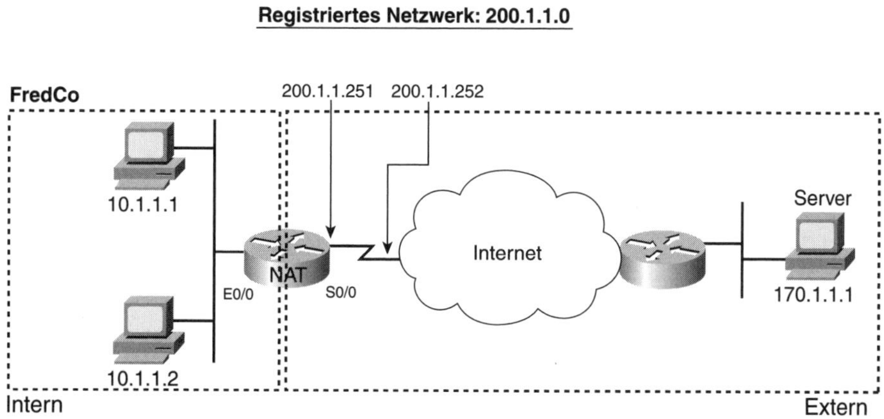

intern lokal	intern global
10.1.1.1 10.1.1.2	200.1.1.1 200.1.1.2

Bild 8.9: NAT IP-Adressaustausch: Unregistrierte Netzwerke

In Bild 8.9 sieht man, dass FredCo das C-Klasse-Netzwerk 200.1.1.0 als registrierte Netzwerknummer besitzt. Das gesamte Netzwerk, Maske 255.255.255.0, ist auf der seriellen Verbindung zwischen FredCo und Internet konfiguriert. Für die serielle Punkt-zu-Punkt-Verbindung sind nur zwei der 254 gültigen IP-Adressen nötig. Es bleiben 252 für statisches NAT. Beispiel 8.1 zeigt die NAT-Konfiguration mit 200.1.1.1 und 200.1.1.2 als statische NAT-Verknüpfung.

Beispiel 8.1: Statische NAT-Konfiguration

```
NAT# show running-config
!
! Lines omitted for brevity
!
interface Ethernet0/0
 ip address 10.1.1.3 255.255.255.0
 ip nat inside
!
```

Beispiel 8.1: Statische NAT-Konfiguration (Forts.)

```
interface Serial0/0
 ip address 200.1.1.251 255.255.255.0
 ip nat outside
!
ip nat inside source static 10.1.1.2 200.1.1.2
ip nat inside source static 10.1.1.1 200.1.1.1

NAT#
NAT# show ip nat translations
Pro Inside global      Inside local      Outside local      Outside global
--- 200.1.1.1          10.1.1.1          ---                ---
--- 200.1.1.2          10.1.1.2          ---                ---

NAT# show ip nat statistics
Total active translations: 2 (2 static, 0 dynamic; 0 extended)
Outside interfaces:
  Serial0/0
Inside interfaces:
  Ethernet0/0
Hits: 100  Misses: 0
Expired translations: 0
Dynamic mappings:
```

Die statischen Verknüpfungen werden mit dem Befehl **ip nat inside source static** eingegeben. **inside** bedeutet, dass NAT Adressen von Hosts innerhalb des Netzwerks übersetzt. **source** bedeutet, dass NAT die IP-Quelladressen der IP-Pakete übersetzt, die auf den internen Interfaces hereinkommen. **static** bedeutet, dass die Parameter einen statischen Eintrag definieren, der niemals durch ein Timeout einfach gelöscht werden darf. Da man bei diesem Design zwei Hosts mit Internetzugang braucht, 10.1.1.1 und 10.1.1.2, braucht man auch zwei **ip nat inside** Befehle.

Nach der Erstellung der statischen Einträge muss der Router erfahren, welche Interfaces »intern«, und welche »extern« sind. Das legt man mit den Interface Unterbefehlen **ip nat inside** und **ip nat outside** fest.

Es gibt einige **show** Befehle, die die wichtigsten Informationen über NAT anzeigen. **show ip nat translations** zeigt die zwei statischen Einträge aus der Konfiguration an. **show ip nat statistics** gibt über statistische Werte Auskunft, wie etwa die Anzahl der NAT-Tabelleneinträge, die gerade aktiv sind. Die Statistiken enthalten auch die Häufigkeit, mit der NAT die Übersetzung für die jeweiligen Pakete durchführt.

Dynamische NAT-Konfiguration

Wie Sie sich schon gedacht haben, unterscheidet sich die Konfiguration von dynamischem NAT von der von statischem, hat aber auch ein paar Ähnlichkeiten. Dynamisches NAT erfordert, dass jedes Interface als intern oder extern gekennzeichnet wird. Dafür müssen keine statischen Verknüpfungen mehr eingegeben werden. Beim dynamischen NAT gibt man mit **ip nat inside** ein, welche internen lokalen (privaten) IP-Adressen bei der Übertragung übersetzt werden. Mit dem Befehl **ip nat pool** gibt man unter dynamischem NAT das Set interner globaler (öffentlicher) IP-Adressen an.

Das nächste Beispiel spielt in derselben Topologie wie das vorige (siehe Bild 8.9). In diesem Fall müssen die beiden internen lokalen Adressen, 10.1.1.1 und 10.1.1.2, übersetzt werden. Die gleichen beiden internen Globaladressen, wie beim statischen vorhergehenden Verfahren, 200.1.1.1 und 200.1.1.2, werden nun in den Pool dynamisch zuweisbarer interner Globaladressen aufgenommen. Beispiel 8.2 zeigt die Konfiguration und einige **show** Befehle.

Beispiel 8.2: Dynamische NAT-Konfiguration

```
NAT# show running-config
!
! Lines omitted for brevity
!
interface Ethernet0/0
 ip address 10.1.1.3 255.255.255.0
 ip nat inside
!
interface Serial0/0
 ip address 200.1.1.251 255.255.255.0
 ip nat outside
!
ip nat pool fred 200.1.1.1 200.1.1.2 netmask 255.255.255.252
ip nat inside source list 1 pool fred
!
access-list 1 permit 10.1.1.2
access-list 1 permit 10.1.1.1
!
NAT# show ip nat translations

NAT# show ip nat statistics
Total active translations: 0 (0 static, 0 dynamic; 0 extended)
Outside interfaces:
  Serial0/0
Inside interfaces:
  Ethernet0/0
Hits: 0 Misses: 0
Expired translations: 0
```

Beispiel 8.2: Dynamische NAT-Konfiguration (Forts.)

```
Dynamic mappings:
-- Inside Source
access-list 1 pool fred refcount 0
 pool fred: netmask 255.255.255.252
    start 200.1.1.1 end 200.1.1.2
    type generic, total addresses 2, allocated 0 (0%), misses 0
!
! Telnet from 10.1.1.1 to 170.1.1.1 happened next; not shown
!
NAT# show ip nat statistics
Total active translations: 1 (0 static, 1 dynamic; 0 extended)
Outside interfaces:
  Serial0/0
Inside interfaces:
  Ethernet0/0
Hits: 69  Misses: 1
Expired translations: 0
Dynamic mappings:
-- Inside Source
access-list 1 pool fred refcount 1
 pool fred: netmask 255.255.255.252
    start 200.1.1.1 end 200.1.1.2
    type generic, total addresses 2, allocated 1 (50%), misses 0
NAT# show ip nat translations
Pro Inside global      Inside local      Outside local      Outside global
--- 200.1.1.1          10.1.1.1          ---                ---
NAT# clear ip nat translation *


!
! telnet from 10.1.1.2 to 170.1.1.1 happened next; not shown
!
NAT# show ip nat translations
Pro Inside global      Inside local      Outside local      Outside global
--- 200.1.1.1          10.1.1.2          ---                ---
!
! Telnet from 10.1.1.1 to 170.1.1.1 happened next; not shown
!

NAT# debug ip nat
IP NAT debugging is on

01:25:44: NAT: s=10.1.1.1->200.1.1.2, d=170.1.1.1 [45119]
01:25:44: NAT: s=170.1.1.1, d=200.1.1.2->10.1.1.1 [8228]
01:25:56: NAT: s=10.1.1.1->200.1.1.2, d=170.1.1.1 [45120]
01:25:56: NAT: s=170.1.1.1, d=200.1.1.2->10.1.1.1 [0]
```

Die Konfiguration für dynamisches NAT enthält einen Pool interner globaler Adressen und eine IP-Zugangsliste, mit der die internen lokalen Adressen bestimmt werden, auf die NAT angewendet wird. **ip nat pool** zeigt die erste und die letzte Zahl dieses Adressbereichs an. Wenn man in dem Pool zum Beispiel zehn Adressen braucht, sollte der Befehl etwas wie 200.1.1.1 und 200.1.1.10 anzeigen. Der Befehl zeigt auch die Subnetzmaske an, aber ohne irgendeine Auswirkung, da die erste und die letzte Adresse sowieso angezeigt werden.

Wie beim statischen, gibt es auch beim dynamischen NAT den **ip nat inside source** Befehl. Anders als beim statischen, bezieht sich der Befehl beim dynamischen NAT auf den Namen des NAT-Pools, der für interne globale Adressen verwendet werden soll – hier Fred. Außerdem bezieht er sich auf eine IP-Zugangskontrollliste (ACL), die das Verfahren für interne lokale IP-Adressen festlegt. Der Befehl **ip nat inside source list 1 pool fred** stellt die Verknüpfung her zwischen Hosts, die in ACL 1 sind, und dem Pool Fred, der mit **ip nat pool fred** erstellt wurde.

> **ANMERKUNG**
>
> Kapitel 12 enthält Details über IP-ACLs. Im Moment reicht es zu wissen, dass ACL 1 in unserem Beispiel Pakete betrifft, deren Quelladresse 10.1.1.1 oder 10.1.1.2 lautet, und keine anderen Pakete.

Beispiel 8.2 enthält mehrere **show** Befehle. Die unterschiedlichen **show** Anzeigen ändern sich aufgrund der Veränderungen auf den beiden Clients. Die Kommentare erklären, was auf den Clients passiert ist, und was die Veränderungen in der **show** Befehlsanzeige bedeuten.

show ip nat translations und **show ip nat statistics** liefern keine oder nur marginale Informationen zur Konfiguration. Da weder Host 10.1.1.1 noch 10.1.1.2 ein Paket gesendet hat, konnte NAT keine dynamischen Einträge in die NAT-Tabelle schreiben oder Adressen austauschen, wenn Pakete vorbeikommen.

Nach der Einwahl von 10.1.1.1 auf 170.1.1.1 gibt die Statistik einen dynamischen NAT-Entry wieder. In der NAT-Tabelle sieht man einen einzigen Eintrag, der 10.1.1.1 mit 200.1.1.1 verknüpft. Der NAT-Entry verschwindet wieder, wenn er eine Zeitlang nicht gebraucht wird. Man kann ihn aber auch durch die Eingabe von **clear ip nat translation** löschen. Wie man in Tabelle 8.6 sieht, hat der Befehl einige Varianten. In Beispiel 8.2 wird die gewaltsame Version verwendet – **clear ip nat translation ***. Der Befehl löscht alle dynamischen NAT-Entries.

Nach dem Löschen des NAT-Eintrags wählt sich Host 10.1.1.2 bei 170.1.1.1 ein. **show ip nat translations** zeigt jetzt eine Verknüpfung zwischen 10.1.1.2 und 200.1.1.1 an. Da 200.1.1.1 in der NAT-Tabelle nicht länger vergeben ist, kann der NAT-Router die Adresse bei der nächsten NAT-Anfrage wieder vergeben.

Am Ende von Beispiel 8.2 steht der Output des Befehls **debug ip nat**. Der Befehl veranlasst, dass der Router jedes Mal eine Nachricht gibt, wenn eine Adresse durch NAT verändert wurde. Die angezeigten Ergebnisse erzeugt man durch die Eingabe einiger Zeilen aus der Telnetverbindung zwischen 10.1.1.2 und 170.1.1.1. Beachten Sie, dass die Anzeige die Übersetzung von 10.1.1.2 in 200.1.1.1 wiedergibt, nicht aber die Übersetzung von externen Adressen.

Die Konfiguration von NAT-Overload (PAT-Konfiguration)

NAT-Overload, eben auch als Überlast-NAT bezeichnet, erlaubt NAT die Unterstützung etlicher interner lokaler IP-Adressen mit einer einzigen IP-Adresse. Im Grunde wird nur die private IP-Adresse mit Portnummer in eine einzige interne globale Adresse übersetzt, die aber jeweils eine einmalige Portnummer hat. Damit kann NAT viele private Hosts mit nur einer öffentlichen, globalen Adresse versorgen.

Bild 8.10 zeigt das bekannte Netzwerk mit einigen wenigen Veränderungen. Diesmal hat der ISP FredCo ein Subset von Netzwerk 200.1.1.0 zugeteilt – das CIDR-Subnetzwerk 200.1.1.248/30. Mit anderen Worten, FredCo hat zwei brauchbare Adressen – 200.1.1.49 und 200.1.1.50. Diese Adressen werden auf den beiden Seiten der seriellen Verbindung zwischen FredCo und dem ISP verwendet. Das NAT-Feature übersetzt auf dem Router von FredCo alle NAT-Adressen in seine serielle IP-Adresse 200.1.1.249.

In Beispiel 8.3, einer NAT-Overload Konfiguration, übersetzt NAT nur unter Verwendung der internen globalen Adresse 200.1.1.249. Daher ist gar kein NAT-Pool erforderlich. Im Beispiel, sichtbar in Bild 8.10, baut Host 10.1.1.1 zwei Telnetverbindungen auf, Host 10.1.1.2 eine Telnetverbindung. Das verursacht drei dynamische NAT-Einträge, von denen jeder die interne Globaladresse 200.1.1.249 verwendet, aber eine einmalige Portnummer.

Kapitel 8 • Weiterführendes zu TCP/IP 313

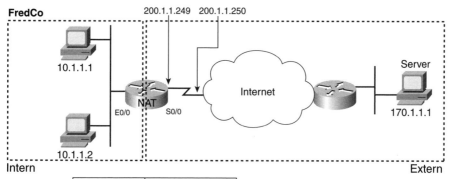

intern lokal	intern global
10.1.1.1:3212	200.1.1.249:3212
10.1.1.1:3213	200.1.1.249:3213
10.1.1.2:38913	200.1.1.249:38913

Bild 8.10: Überlast-NAT und PAT

Beispiel 8.3: Konfiguration von NAT-Overload

```
NAT# show running-config
!
! Lines Omitted for Brevity
!
interface Ethernet0/0
 ip address 10.1.1.3 255.255.255.0
 ip nat inside
!
interface Serial0/0
 ip address 200.1.1.249 255.255.255.252
 ip nat outside
!
ip nat inside source list 1 interface Serial0/0 overload
!
access-list 1 permit 10.1.1.2
access-list 1 permit 10.1.1.1
!

NAT# show ip nat translations
Pro Inside global      Inside local       Outside local     Outside global
tcp 200.1.1.249:3212   10.1.1.1:3212      170.1.1.1:23      170.1.1.1:23
tcp 200.1.1.249:3213   10.1.1.1:3213      170.1.1.1:23      170.1.1.1:23
tcp 200.1.1.249:38913  10.1.1.2:38913     170.1.1.1:23      170.1.1.1:23
NAT# show ip nat statistics
Total active translations: 3 (0 static, 3 dynamic; 3 extended)
Outside interfaces:
  Serial0/0
```

Beispiel 8.3: Konfiguration von NAT-Overload (Forts.)

```
Inside interfaces:
  Ethernet0/0
Hits: 103  Misses: 3
Expired translations: 0
Dynamic mappings:
-- Inside Source
access-list 1 interface Serial0/0 refcount 3
```

Der Befehl **ip nat inside source list 1 interface serial 0/0 overload** hat etliche Parameter. Wenn Sie jedoch verstanden haben, wie dynamisches NAT funktioniert, macht Ihnen das keine Schwierigkeiten. Der Parameter **list 1** hat dieselbe Bedeutung wie beim dynamischen NAT: Interne lokale IP-Adressen, die eine Übereinstimmung mit ACL 1 aufweisen, bekommen ihre Adressen übersetzt. **interface serial 0/0** bedeutet, dass die einzig verfügbare interne globale IP-Adresse die von Interace serial 0/0 auf dem NAT-Router ist. **overload** bedeutet, das NAT-Overload aktiviert ist. Ohne diesen Parameter führt der Router lediglich dynamisches NAT durch.

Wie Sie an der Anzeige von **show ip nat translations** sehen, gibt es drei Übersetzungen in der NAT-Tabelle. Bevor dieser Befehl angezeigt wurde, hat Host 10.1.1.1 zwei, Host 10.1.1.2 eine Telnetverbindung hergestellt. Es sind drei Einträge da – jeweils einer für jede einmalige Kombination aus interner lokaler IP-Adresse und Port.

8.2.2 Weitere TCP/IP-Protokoll Themen

TCP/IP hat sehr viele Aspekte und Komponenten wie IP, ARP, TCP und UDP. Dieses Kapitel ist schon das fünfte in diesem Buch (und das zehnte bei der CCNA-Bücher), das sich vollständig oder teilweise TCP/IP-Themen zuwendet. Wenn Sie Ihre Lektüre einmal überdenken, gibt es noch eine kleine Anzahl wichtiger, aber nicht so zusammenhängender TCP/IP-Themen, die wir noch behandeln müssen. Das tun wir in diesem letzten Abschnitt.

ICMP (Internet Control Message Protocol)

TCP/IP beinhaltet das ICMP, ein Protokoll für die Verwaltung und Kontrolle eines TCP/IP-Netzwerks. ICMP liefert umfangreiche Informationen über die Funktionsfähigkeit und den Status eines Netzwerks. Der Ausdruck *Kontrollmitteilung* ist der Teil des Namens, der wohl am sprechendsten ist. ICMP hilft bei der Kontrolle und Verwaltung der Arbeit von IP und gehört daher am ehesten zur Netzwerkschicht von TCP/IP. Da ICMP IP kontrolliert, kann es nützliche Informationen bei einem Troubleshooting liefern.

ICMP ist in RFC 792 definiert. Der folgende Auszug aus RFC 792 beschreibt das Protokoll recht gut:

> Gelegentlich müssen ein Gateway (Router) oder ein Zielhost mit einem Quellhost kommunizieren, etwa um einen Fehler in der Datenverarbeitung zu melden. Für solche Fälle gibt es das ICMP (Internet Control Message Protocol). ICMP nutzt grundsätzlich die Unterstützung von IP und könnte daher auch einer höheren Schicht angehören. Es handelt sich bei ICMP aber um einen integralen IP-Bestandteil, der in jeder IP-Implementation enthalten ist.

ICMP erfüllt seine Aufgaben mit Mitteilungn. Viele dieser Nachrichten kommen selbst in den kleinsten IP-Netzwerken zum Tragen. Tabelle 8.7 führt diverse ICMP Mitteilungen auf. Im Anschluss an Tabelle 8.7 werden sie auch noch etwas genauer erklärt.

Tabelle 8.7: ICMP-Mitteilungen

Message	Beschreibung
Destination Unreachable	Information an den Quellhost, dass es ein Problem bei der Auslieferung eines Paketes gab.
Time Exceeded	Die Zeit, die bis zur Auslieferung eines Paketes eingeplant war, ist abgelaufen, und das Paket wurde gelöscht.
Redirect	Der Router, der diese Nachricht sendet, hat ein Paket erhalten, für das ein anderer Router eine bessere Route parat hat. Die Mitteilung bittet den Absender, doch die besserer Route zu verwenden.
Echo	Wird vom **ping** benutzt, um die Konnektivität zu prüfen.

ICMP Echo-Anfrage und Echo-Antwort

ICMP Echo Request und Echo Reply Mitteilungen werden durch den Befehl **ping** veranlasst und empfangen. Wenn jemand behauptet, dass er ein Ping-Paket sendet, handelt es sich in Wahrheit um eine ICMP Echo-Anfrage. Die beiden Mitteilungen erklären sich selbst. Echo-Anfrage bedeutet, dass der Host, an den ein solches Paket gesendet wird, um eine Antwort gebeten wird. Diese Antwort sollte bitte eine ICMP Echo-Antwort sein. Welche Daten die Echo-Anfrage genau enthält, kann man mit dem Befehl **ping** festlegen. Und welche Daten diese Anfrage auch immer enthält, sie werden wie ein Echo zurückgesendet.

Der **ping** Befehl bietet einige intelligente Möglichkeiten für die Anwendung von Echo-Anfragen und deren Beantwortung. So kann man beim **ping** die Länge, die Quell- und Zieladressen und weitere Felder im IP-Header konfigurieren. In Kapitel 5, »Konzepte und Konfiguration von RIP, IGRP und statischen Routen«, hatten wir ein Beispiel für einen erweiterten **ping**, der die verschiedenen Möglichkeiten genutzt hat.

Die ICMP-Mitteilung »Ziel unerreichbar«

Die ICMP-Mitteilung »Ziel unerreichbar« wird ausgelöst, wenn eine Nachricht der Anwendung auf dem Zielhost zugestellt werden kann. Da ein Fehler beim Zustellen von Paketen unterschiedlichste Gründe haben kann, gibt es fünf unterschiedliche Funktionen (Codes) einer ICMP unreachable message. Alle fünf Codes beziehen sich konkret auf ein IP, TCP oder UDP Feature. Anhand des Netzwerks in Bild 8.11 kann man das leichter verstehen.

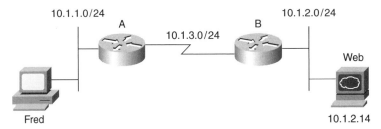

Bild 8.11: ICMP Unreachable Codes

Nehmen wir an, Fred möchte den Webserver Web erreichen. (Web benutzt TCP als Transportlayer-Protokoll.) Von den Routern A und B können nun drei ICMP unreachable codes verwendet werden. Die anderen beiden Codes verwendet der Webserver. Die ICMP-Codes werden an Fred gesendet, der ursprünglich selbst ein Paket gesendet hatte.

Tabelle 8.8 fasst die üblicheren ICMP unreachable codes zusammen.

Tabelle 8.8: ICMP Unreachable Codes

Unreachable-Code	Verwendungsgrund	Üblicher Absender
Netzwerk nicht erreichbar	Es gibt in einer Routingtabelle keinen Treffer für das Ziel eines Paketes.	Router
Host nicht erreichbar	Das Paket kann an einen Router weitergeleitet werden, der mit dem Zielsubnetz in Verbindung steht, aber der Host antwortet nicht.	Router
Can't fragment	Das Paket hat ein Don't-Fragment-Bit, aber einer der Router müsste es zur Weiterleitung noch fragmentieren.	Router

Tabelle 8.8: ICMP Unreachable Codes (Forts.)

Unreachable-Code	Verwendungsgrund	Üblicher Absender
Protokoll nicht erreichbar	Das Paket kommt bis zum Zielhost, aber auf diesem ist das verwendete Transprotlayer-Protokoll nicht verfügbar.	Zielhost
Port nicht erreichbar	Das Paket ist bis zum Zielhost gekommen, aber dieser ist nicht durch eine Software-Anwendung geöffnet.	Zielhost

Die folgende Aufzählung erklärt jeden Code in Tabelle 8.8 genauer:

- **Network unreachable (Netzwerk nicht erreichbar)** – Router A verwendet diesen Code, wenn er keine Route für die Weiterleitung des Pakets kennt. In unserem Fall bräuchte Router A eine Route zu Subnetz 10.1.2.0. Router A sendet Fred die ICMP Destination Unreachable mit Code »network unreachable« als Antwort auf Freds Paket an 10.1.2.14.

- **Host unreachable (Host nicht erreichbar)** – Dieser Code sagt aus, dass ein spezieller Zielhost nicht verfübar ist. Router A hat eine Route zu 10.1.2.0. Das Paket wird an Router B weitergeleitet. Der Webserver ist aber abgestürzt. Router B bekommt keine ARP-Antwort aus dem Internet. Router B sendet Fred eine ICMP Destination Unreachable mit dem Code »host unreachable« als Antwort auf Freds Paket an 10.1.2.14.

- **Can't fragment (Paket darf leider nicht fragmentiert werden!)** – Dies ist der letzte der drei ICMP Unreachable Codes, die Router senden. Ein Router muss Pakete fragmentieren, wenn er sie aus Interfaces über Leitungen schicken will, auf denen die erlaubte Größe der Pakete kleiner ist, als die wartenden Pakete. Der Router kann die Pakete tatsächlich in kleine Einzelstücke zerlegen und dann senden - aber nur, wenn kein Do Not Fragment Bit im IP-Header steht. Denn dann wird das Paket einfach gelöscht. Router A oder B würden Fred eine ICMP Destination Unreachable mit dem Code »can't fragment« senden, wenn Fred ein solches Paket an 10.1.2.14 schickt.

- **Protocol unreachable (Protokoll nicht verfügbar)** – Wenn das Paket erfolgreich beim Webserver angekommen ist, kann es immer noch zwei Unreachable-Meldungen geben. Die eine muss mitteilen, dass das Protokoll auf der Ebene über IP, häufig TCP oder UDP, auf diesem Host nicht läuft. Das ist zwar ziemlich unwahrscheinlich, da die meisten Betriebssysteme mit einem TCP/IP-Softwarepaket arbeiten, in dem IP, TCP und UDP zusammen angeboten werden. Aber, wenn der Host das IP-Paket nun einmal empfängt, und TCP oder UDP nicht verfügbar sind, muss der Webserver-Host Fred die ICMP Destination Unreachable mit genau diesem Code, »protocol unreachable«, als Antwort auf Freds Paket an 10.1.2.14 senden.

- **Port unreachable (Port nicht erreichbar)** – Der letzte Fall ist da schon weitaus wahrscheinlicher. Der Webserver ist an, aber die Software läuft nicht (richtig). Das Paket kommt zum Server, wird aber nicht von der Software in Empfang genommen. Der Webserver-Host muss Fred die ICMP Destination Unreachable mit dem Code »port unreachable« als Antwort auf Freds Paket an 10.1.2.14 senden.

Beim Troubleshooting mit dem Befehl **ping** hat man nur eine Chance, wenn man die Zeichen für die Antworten versteht, die man so erhalten kann. Tabelle 8.9 führt die verschiedenen Abkürzungen auf, die die IOS-Software bei einem **ping** verwendet.

Tabelle 8.9: Abkürzungen für die Antworten auf ein ICMP-Echo nach dem Befehl ping

ping Code	Beschreibung
!	ICMP Echo Reply empfangen
.	Es ist nichts empfangen worden, bevor der **ping** seine Lebenszeit überschritten hat
U	ICMP unreachable (destination) empfangen
N	ICMP unreachable (network) empfangen
P	ICMP unreachable (port) empfangen
Q	ICMP source quench empfangen
M	ICMP Can't Fragment message empfangen
?	Unbekanntes Paket empfangen

Die ICMP-Mitteilung »Lebenszeit überschritten«

Die ICMP Time Exceeded message benachrichtigt einen Host, wenn ein Paket, das er gesendet hat, gelöscht werden musste, weil seine »Lebenszeit erschöpft« ist. Es gibt eigentlich kein richtiges Timing oder eine »Altersbegrenzung« für die Beförderung von Paketen. Man muss aber verhindern, dass Pakete quasi unendlich lange weitergeleitet werden, wenn es einmal zu Routingloops kommt. Dafür gibt es im IP-Header ein »Time to Live«-Feld (TTL). Jeder Router zieht vom TTL-Feld den Wert 1 ab, wenn er ein Paket weiterleitet. Wenn dabei plötzlich einmal 0 herauskommt, wird das Paket einfach gelöscht. Dadurch kann ein solches Paket nicht ewig durch ein Netzwerk rotieren. Bild 8.12 macht das Verfahren deutlich.

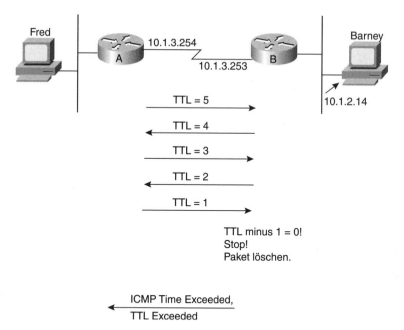

Bild 8.12: *TTL-Feld hat den Wert 0 erreicht*

Wie man sieht, sendet der Router, der das Paket löscht, eine ICMP Time Exceeded message mit dem Codefeld »time exceeded«. Daher ist der Absender darüber informiert, dass das Paket nicht angekommen ist. Die Time Exceeded message kann auch für das Troubleshooting sehr nützlich sein. Hoffentlich bekommen Sie dabei nicht zu viele solche Rückmeldungen – sonst haben Sie ein Routingproblem!

Der IOS-Befehl **trace** verwendet die Time Exceeded message und das IP-TTL-Feld zu seinem Vorteil. Hier werden vorsätzlich IP-Pakete (mit UDP Transportlayer) mit einer 1 im TTL-Feld gesendet. Natürlich kommt sofort vom ersten Router eine ICMP Time Exceeded Message zurück. Der Router zieht vom Wert im TTL-Feld 1 ab, landet sofort bei 0, löscht das Paket und sendet die Nachricht Time Exceeded. Nun weiß der **trace** aber die IP-Adresse des nächsten Routers! Er hat sie über die Time Exceeded Message erfahren. (Mit **trace** sendet man eigentlich genau genommen drei Pakete nacheinander mit TTL = 1.) Dann sendet der **trace** Befehl drei Pakete mit TTL = 2. Die Pakete schaffen den ersten Router noch, werden aber beim zweiten Router gelöscht, da der TTL-Wert bei 0 angekommen ist. Die Pakete, die vom Host **trace** geschickt wurden, haben einen sehr unwahrscheinlichen Wert als Zielport, so dass der Zielhost auch eine Port Unreachable Message zurückschickt. Die ICMP Port Unreachable Message sagt aus, dass die Pakete den richtigen Zielhost erreicht haben, bevor ihre Zeit abgelaufen ist. Der **trace** hat daher in Erfahrung gebracht, dass die Pakete ihr richtiges Ziel erreicht haben. Bild 8.13 zeigt das Verfahren. Router A nutzt den Befehl **trace,** um die Route zu Barney in Erfahrung zu bringen. Beispiel 8.4 zeigt diesen **trace** auf Router A und **debug** messages von Router B, die die sich ergebenden Time Exceeded messages erkennen lassen.

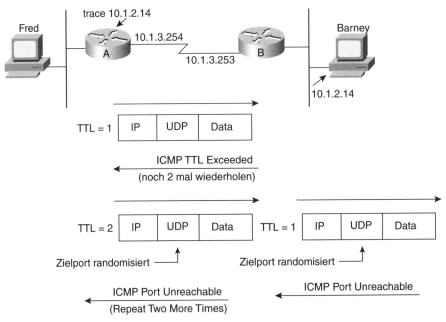

Bild 8.13: trace Befehl unter Cisco IOS Software: Erzeugte Messages

Beispiel 8.4: ICMP debug auf Router B bei trace Befehl auf Router A

```
RouterA#trace 10.1.2.14

Type escape sequence to abort.
Tracing the route to 10.1.2.14

  1 10.1.3.253 8 msec 4 msec 4 msec
  2 10.1.2.14 12 msec 8 msec 4 msec
RouterA#
!
! Moving to Router B now
!
RouterB#debug ip icmp
RouterB#
ICMP: time exceeded (time to live) sent to 10.1.3.251 (dest was 10.1.2.14)
ICMP: time exceeded (time to live) sent to 10.1.3.251 (dest was 10.1.2.14)
ICMP: time exceeded (time to live) sent to 10.1.3.251 (dest was 10.1.2.14)
```

Redirect ICMP Message

ICMP Redirect Messages sind ein wichtiges Element in gerouteten IP-Netzwerken. Viele Hosts sind mit einer Standardrouter-IP-Adresse vorkonfiguriert. Pakete an Subnetze außer dem direkt angeschlossenen werden von diesen Hosts an ihren Standardrouter gesendet. Wenn es aber einen besseren lokalen Router gibt, an den ein Host die Pakete senden sollte, kann ihm das über eine ICMP Redirect mitgeteilt werden.

In Bild 8.14 ist Router B der Standardrouter eines PCs. Router A hat aber die bessere Route zu Subnetz 10.1.4.0. (Wir setzen voraus, das in jedem Subnetz in Bild 8.14 Maske 255.255.255.0 verwendet wird.) Der PC sendet ein Paket an Router B (Schritt 1 in Bild 8.14). Router B leitet das Paket anhand der eigenen Routingtabelle weiter (Schritt 2). Diese Route geht über Router A, der eine bessere Route hat. Router B sendet eine ICMP redirect Message an den PC (Schritt 3), um ihm mitzuteilen, dass er in Zukunft Pakete an 10.1.4.0 besser an Router A sendet. Ironischerweise kann der Host das ignorieren und die Pakete einfach weiter an Router B senden. In unserem Beispiel befolgt der PC die Empfehlung, und sendet das nächste Paket direkt an Router A (Schritt 4).

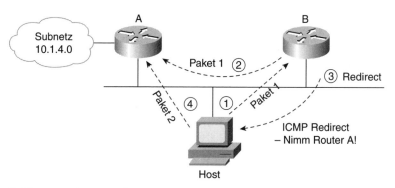

Bild 8.14: ICMP Redirect

Zusammenfassend kann man sagen, dass ICMP verschiedene Mitteilungsarten und Unterarten kennt, die man *Codes* nennt. Im Jargon der Netzwerktechnik wird meistens jeder einzelne Code wie eine eigene Mitteilungsart behandelt. Übrigens ist RFC 792 ein kurz und bündiges RFC, dem Sie schnell weitere Informationen entnehmen können.

Sekundäre IP-Adressen

Stellen Sie sich vor, dass Sie ein Adress-Schema für ein IP-Netzwerk umgesetzt haben. Nach einiger Zeit muss ein bestimmtes Subnetz vergrößert werden und Sie haben schon alle gültigen IP-Adressen dieses Subnetzes verbraucht. Was tun? Sie können natürlich die Maske für das Subnetz ändern und es dadurch vergrößern. Das kann jedoch einige fatale Folgen haben. Nehmen wir an, dass 10.1.4.0/24 die Adressen ausgehen und Sie die Maske in 255.255.254.0 umbennen (9 Host-Bits, 23 Netzwerk/Subnetzwerk-Bits). Das neue Subnetzwerk umfasst jetzt den Adressbereich 10.1.4.0 bis 10.1.5.255. Wenn Sie vorher aber auch schon 10.1.5.0/24 mit den zuweisbaren Adressen 10.1.5.1 bis 10.1.5.254 im Einsatz hatten, entsteht eine Überschneidung, und das ist natürlich nicht erlaubt.

Nun könnte man natürlich alle IP-Adressen über das gesamte Netzwerk hinweg ändern und die ursprünglichen IP-Adressen durch Adressen eines neuen und größeren Subnetzwerkes ersetzen. Das wäre aber mit einem großen administrativen Aufwand verbunden.

Beide Lösungen gehen den Weg unterschiedlicher Subnetzmasken in den verschiedenen Teilen des Netzwerks. Diese Strategie nennt man VLSM (variable-length subnet masking). Sie beinhaltet eigene komplexe Anforderungen an das Routingprotokoll.

Die andere Alternative heißt Sekundäre Adressierung. Auch sie hilft, wenn in einem Subnetz die Adressen ausgehen. Sekundäre Adressierung funktioniert über mehrere Netzwerke oder Subnetze auf demselben Datenlink. Das Prinzip ist einfach: Wenn man auf demselben Medium mehr als ein Subnetz verwendet, braucht der Router auch mehr als eine IP-Adresse auf dem damit verbundenen Interface.

Bild 8.15 zeigt zum Beispiel Subnetzwerk 10.1.2.0/24. Stellen Sie sich vor, dass alle seine IP-Adressen bereits zugewiesen sind. Wenn man sich jetzt für sekundäre Adressierung entscheidet, kann sich Subnetz 10.1.7.0/24 auf demselben Ethernet befindet. Beispiel 8.5 zeigt die Konfiguration für sekundäre IP-Adressierung auf Yosemite.

Beispiel 8.5: Konfiguration einer sekundären IP-Adressierung und show ip route auf Yosemite

```
! Excerpt from show running-config follows...
Hostname Yosemite
ip domain-lookup
ip name-server 10.1.1.100 10.1.2.100
interface ethernet 0
ip address 10.1.7.252  255.255.255.0 secondary
ip address 10.1.2.252  255.255.255.0
interface serial 0
ip address 10.1.128.252  255.255.255.0
interface serial 1
ip address 10.1.129.252  255.255.255.0
```

Beispiel 8.5: Konfiguration einer sekundären IP-Adressierung und show ip route auf Yosemite (Forts.)

```
Yosemite# show ip route
Codes: C - connected, S - static, I - IGRP, R - RIP, M - mobile, B - BGP
       D - EIGRP, EX - EIGRP external, O - OSPF, IA - OSPF inter area
       N1 - OSPF NSSA external type 1, N2 - OSPF NSSA external type 2
       E1 - OSPF external type 1, E2 - OSPF external type 2, E - EGP
       i - IS-IS, L1 - IS-IS level-1, L2 - IS-IS level-2, ia - IS-IS inter area
       * - candidate default, U - per-user static route, o - ODR
       P - periodic downloaded static route

Gateway of last resort is not set

     10.0.0.0/24 is subnetted, 4 subnets
C       10.1.2.0 is directly connected, Ethernet0
C       10.1.7.0 is directly connected, Ethernet0
C       10.1.129.0 is directly connected, Serial1
C       10.1.128.0 is directly connected, Serial0
Yosemite#
```

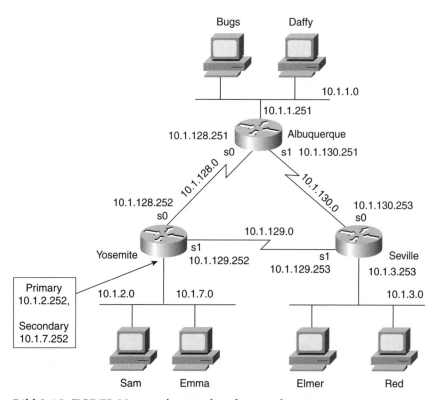

Bild 8.15: TCP/IP-Netzwerk mit sekundären Adressen

324 CCNA ICND Prüfungshandbuch

Der Router verfügt über Routen zu den Subnetzen 10.1.2.0/24 und 10.1.7.0/24, so dass er Pakete zu jedem Subnetz weiterleiten kann. Außerdem kann er über dasselbe Interface Pakete von Hosts in dem einen Subnetz empfangen und sie in das andere Subnetz weiterleiten.

FTP und TFTP

FTP (File Transfer Protocol) und TFTP (Trivial File Transfer Protocol) sind in IP-Netzwerken typische Dateiübertragungsprotokolle. Die meisten Endanwender verwenden FTP. Cisco-Administratoren, die mit Switchen und Routern arbeiten, verwenden häufig TFTP. Was »besser« ist, hängt davon ab, was man machen möchte. Die wichtigere Frage könnte auch sein: »Was wird auf den Geräten unterstützt, die die Datei übertragen müssen?« Wenn man heute jemanden fragt, entscheiden sich die meisten Endanwender für FTP - es ist etwas robuster gebaut. Für sehr simple Dateiübertragung ist jedoch in vielen Geräten (insbesonder Cisco-IOS-Devices) TFTP implementiert.

FTP

FTP ist eine TCP-basierte Anwendung mit vielen Möglichkeiten und Eigenschaften. Man kann die Verzeichnisse ändern, Dateien durch Eingabe von Platzhalter-Stellen auflisten, mehrere Dateien durch einen Befehl übertragen und unterschiedliche Zeichensätze und Dateiformate verwenden. Für unseren Zusammenhang ist aber wichtig, wie FTP grundsätzlich funktioniert. Die Bilder 8.16 und 8.17 zeigen eine typische FTP-Verbindung – besser gesagt: Verbindungen.

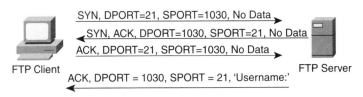

Bild 8.16: FTP-Kontrollverbindung

Die Verbindung in Bild 8.16 nennt man *FTP-Kontrollverbindung*. Wenn ein Benutzer (FTP-Client) eine Verbindung zu einem FTP-Server anfragt, wird eine TCP-Verbindung mit dem für FTP üblichen Port des Servers aufgebaut. Der für FTP-Verbindungen übliche, so genannte »well-known Port«, ist Port 21. Die Verbindung kommt zustande, wie jede andere TCP-Verbindung auch. Wie Sie bestimmt wissen, wird man i.d.R. zu Beginn um die Eingabe von Benutzername und Kennwort gebeten. Dadurch erkennt der Server, welche Dateien für diesen Benutzer zugänglich sind. Diese benötigt eine Erlaubnis, um Dateien auf den Server zu schreiben oder nur zu lesen. Diese Sicherheitsfunktion läuft über die »File Security« auf der Serverplattform. Alle Befehle, die für die Kontrolle der Dateiübertragung zuständig sind, werden ihrem Namen nach über diese Verbindung gesendet.

An diesem Punkt hat der Benutzer etliche Befehle zur Verfügung, um Voreinstellungen für das Ändern der Verzeichnisse, die Anzeige der Dateien und so weiter, festzulegen. Jedesmal, wenn **get** oder **put** (beziehungsweise **mget** oder **mput** – m steht für »multiple«) eingegeben wird oder der Benutzer den entsprechenden Button anklickt, wird eine Datei übertragen. Die Daten werden aber über eine eigene Verbindung gesendet, die FTP-Datenverbindung. Bild 8.17 stellt den Vorgang dar.

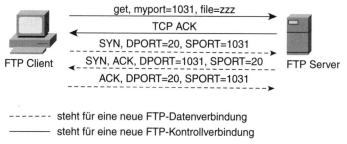

Bild 8.17: FTP-Datenverbindung

Wie man in Bild 8.17 sieht, wird für den wirklichen Datentransfer eine weitere TCP-Verbindung hergestellt. Sie läuft in diesem Fall über well-known Port 20. So kann die Datei übertragen werden, ohne mit der Kontrollverbindung zu kollidieren. Wenn mehrere Dateien übertragen werden, wird nicht für jede Datei eine eigene Kontroll- und Datenverbindung erstellt, sondern alles über eine gesendet. Die Umgebung arbeitet mit der Kontrollverbindung, deren Einstellungen die Datenverbindung bestimmten. Man kann zum Beispiel das Standardverzeichnis für zukünftige Übertragungen einrichten, oder auch den Datentyp (binär oder ASCII). Sie können zum Beipsiel binär wählen, wenn Sie Textdateien zwischen zwei Computern übertragen müssen, die bei ASCII leicht verschiedene Zeichensätze verwenden, oder aber binäre kodierte Dateien.. Die Kontrollverbindung bleibt bestehen, bis der Benutzer sie beendet oder sie unterbrochen wird, weil sie zum Beispiel zu lange inaktiv war. Während die Kontrollverbindung bestehen bleibt, wird für jeden Datentransfer eine eigene Verbindung hergestellt.

Es gibt einen weiteren Zwischenschritt, der Hacker davon abhalten soll, in die bestehende Verbindung einzudringen und Dateien zu übertragen (Bild 8.17). Der Client erstellt nicht eine neue Verbindung, sondern teilt dem Server mit einer Mitteilung auf der Anwendungsebene mit, auf welchem Port die neue Datenverbindung hergestellt werden soll. Der Server überträgt die Datei (hier zzz) dann nur über eine Verbindung zum richtigen Socket – mit der IP-Adresse des Clients, über TCP, und mit der vorher vereinbarten Portnummer (hier 1031).

TFTP

TFTP, das Triviale Datei-Übertragungsprotokoll, hat, wie der Name schon sagt, weniger Funktionen zu bieten. Warum benutzt man es dann, wenn FTP auch verfügbar ist? TFTP benötigt sehr wenig Speicherplatz und ist schnell zu programmieren. Heute scheinen das keine ernstzunehmenden Argumente mehr zu sein, da Speicherplatz und Prozessorleistung vergleichsweise günstig geworden sind. Wenn Sie häufig Dateien von Ihrem PC aus übertragen wollen, werden Sie vermutlich FTP verwenden und auch gut damit fahren. Cisco-Geräte unterstützen jedoch seit Jahren TFTP und daher benutzen einige Leute heute noch das Protokoll.

TFTP arbeitet mit UDP (User Datagram Protocol). Daher gibt es keinen Verbindungsaufbau und auch keine Fehlerentdeckung auf dem Transportlayer. TFTP verwendet eine Fehlerentdeckung auf dem Anwendungslayer. Dafür gibt es einen kleinen Header zwischen dem UDP-Header und den Daten. Dieser Header enthält Codes wie read, write und acknowledgment – neben einer Nummerierung, die die Daten nach 512-Byte-Blöcken nummeriert. TFTP verwendet diese Blocknummerierung für Empfangsbestätigungen und die Anforderung einer erneuten Sendung bestimmter Pakete. TFTP schickt einen Datenblock los und wartet dann auf die Empfangsbestätigung, bevor der nächste Block gesendet wird.

Tabelle 8.10 vergleicht die Eigenschaften von TFTP und FTP.

Tabelle 8.10: Vergleich von FTP mit TFTP

FTP	TFTP
Verwendet TCP	Verwendet UDP
Verwendet robuste Kontrollbefehle	Verwendet einfache Kontrollbefehle
Sendet die Daten über eine andere TCP-Verbindung als die Kontrollbefehle	Keine zusätzlichen Verbindungen wegen UDP
Benötigt mehr Speicher und Programmierung	Benötigt weniger Speicher und Programmierung

MTU und Fragmentierung

Bei TCP/IP gibt es eine festgelegte maximale Größe eines IP-Pakets. Der Ausdruck dafür ist *MTU (maximum transmission unit)*.

Die größte Übertragungseinheit MTU richtet sich nach der Konfiguration und den Eigenschaften der Schnittstellen. Als Standard berechnet ein Computer die MTU für ein Interface anhand des Datenanteils im Datenverbindungs-Frame (denn da muss das Paket passen). Der Standardwert für Ethernet-Interfaces ist zum Beispiel 1500.

Router können, wie jeder andere IP-Host auch, keine Pakete aus einem Interface herausleiten, wenn das Paket größer ist als die MTU. Wenn die MTU für ein Routerinterface kleiner ist als das Paket, das weitergeleitet werden soll, muss das Paket in kleinere Pakete aufgeteilt, fragmentiert werden. Fragmentierung ist die Zerteilung eines Paketes in mehrere kleinere Pakete, von denen jedes kleiner (oder gleich) ist, als der MTU-Wert vorgibt.

Bild 8.18 zeigt ein Fragmentierungs-Beispiel in einem Netzwerk, in dem die MTU auf der seriellen Schnittstelle auf 1000 Bytes herabgesetzt worden ist.

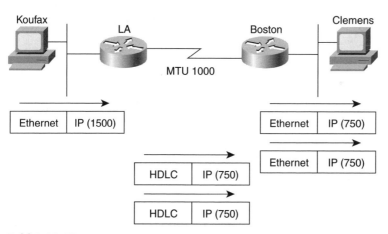

Bild 8.18: IP-Fragmentierung

Auf Bild 8.18 sieht man, wie Koufax ein 1500-Byte-Paket an Router LA sendet. LA entfernt den Ethernet-Header, aber kann das Paket so nicht weiterleiten. Die HDLC-Verbindung unterstützt nur Pakete bis zu 1000 Bytes (MTU), das Paket hat aber 1500. Also teilt LA das Paket in zwei kleinere Pakete mit einer Größe von 750 Bytes auf. (Der Router errechnet die kleinstmögliche Anzahl der Fragmente [hier 2] und teilt das ursprüngliche Paket in gleich lange Teile. Dadurch ist weniger wahrscheinlich, dass andere Router, die von dem Paket auch noch passiert werden, noch einmal eine Fragmentierung durchführen müssen.) Nachdem die beiden Pakete weitergeleitet wurden, werden sie von Boston empfangen und weitergeleitet, ohne vorher wieder zusammengesetzt zu werden. Zusammengesetzt werden die Pakete erst wieder am Zielhost, in diesem Falle Clemens.

Der IP-Header enthält Felder, anhand derer man die Fragmente leicht wieder zum Originalpaket zusammensetzen kann. Der IP-Header enthält eine ID, die in jedem Fragment gleich ist. Außerdem gibt es den Offset-Wert, an dem man erkennt, welcher Teil des Originalpaketes sich in dem Fragment befindet. So können die Fragmente als Teil desselben Paketes identifiziert und anhand des Offset-Wertes auch wieder richtig zusammengesetzt werden.

Die IP-MTU-Größe für ein Interface kann man mit zwei Konfigurationsbefehlen ändern: Interface-Unterbefehl **mtu** und Interface-Unterbefehl **ip mtu**. Der Befehl **mtu** legt die MTU für alle Layer 3 Protokolle fest. Solange es keinen Grund gibt, die Einstellungen zwischen den Layer 3 Protokollen zu unterscheiden, ist dieser Befehl vorzuziehen. Wenn sich der Wert für IP unterscheiden soll, kann man mit **ip mtu** den Wert speziell für IP festlegen. Wenn beide auf einem Interface konfiguriert sind, hat die IP-MTU-Einstellung Vorrang. Wenn man **mtu** aber nach **ip mtu** konfiguriert, wird der Wert im **ip mtu** Befehl wieder auf den Wert im **mtu** Befehl zurückgesetzt. Daher muss man mit der Veränderung dieser Werte etwas vorsichtig sein.

ISL und 802.1Q Konfiguration auf Routern

Wie in Kapitel 3 besprochen, kann man VLAN-Trunking zwischen zwei Switches und zwischen Switch und Router einsetzen. Trunking zwischen Switch und Router vermindert die Anzahl der Routerinterfaces, die man für das Routing über die verschiedenen VLANs braucht. Statt eines physikalischen Routerinterfaces für jedes VLAN auf dem Switch reicht ein physikalisches Interface. Der Router kann trotzdem Pakete über die verschiedenen VLANs leiten.

Bild 8.19 zeigt einen Router mit einem einzigen Fast Ethernet Interface und einer einzigen Verbindung zu einem Switch. Man kann ISL oder 802.1Q Trunking verwenden. Beide unterscheiden sich in der Konfiguration nur minimal. Wenn Frames von dem Router von einem VLAN zum anderen geleitet werden, markiert der Switch hereinkommende Frames mit der einen VLAN ID, der Router den herausgehenden Frame mit der anderen VLAN ID. Beispiel 8.6 zeigt die Routerkonfiguration für ISL-Einkapselung und Weiterleitung dieser VLANs.

Kapitel 8 • Weiterführendes zu TCP/IP 329

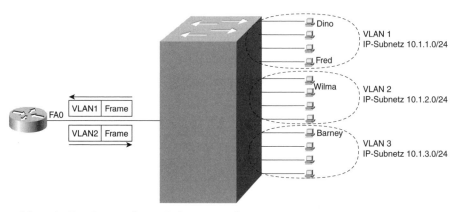

Bild 8.19: Ein Router leitet Pakete zwischen VLANs weiter

Beispiel 8.6: Routerkonfiguration die ISL-Einkapselung in Bild 8.19

```
interface fastethernet 0.1
ip address 10.1.1.1 255.255.255.0
encapsulation isl 1
!
interface fastethernet 0.2
ip address 10.1.2.1 255.255.255.0
encapsulation isl 2
!
interface fastethernet 0.3
ip address 10.1.3.1 255.255.255.0
encapsulation isl 3
```

Beispiel 8.6 zeigt die Konfiguration für drei Subinterfaces des FastEthernet Interface auf dem Router. Jedem ist eine IP-Adresse zugewiesen, da das Interface Teil der drei VLANs ist, also Teil von drei IP-Subnetzwerken. Statt dreier physikalischer Interfaces, die alle zu einem anderen Subnetz und einer anderen Broadcast-Domain gehören, gibt es ein physikalisches Routerinterface mit drei logischen Subinterfaces, von denen jedes an eine andere Subnetz- und Broadcast-Domain angeschlossen ist. Der Befehl **encapsulation** nummeriert die VLANs. Die Nummerierung muss mit der Konfiguration der VLAN IDs auf dem Switch übereinstimmen.

Das Beispiel verwendet Subinterface-Nummern, die mit den VLAN IDs auf jedem Subinterface übereinstimmen. Es ist gar nicht erforderlich, dass die Zahlen gleich sind, aber die meisten Leute machen das so, weil die Konfiguration viel übersichtlicher wird.

Beispiel 8.7 stellt dasselbe Netzwerk dar, allerdings mit 802.1Q anstatt von ISL. IEEE 802.1Q kennt das Konzept »native VLAN«, ein spezielles VLAN auf jedem Trunk, bei dem den Frames keine 802.1Q-Header hinzugefügt werden. VLAN 1 ist standardmäßig dieses native VLAN. Beispiel 8.7 stellt die Unterschiede in der Konfiguration dar.

Beispiel 8.7: Routerkonfiguration für die 802.1Q-Einkapselung in Bild 8.19

```
interface fastethernet 0
ip address 10.1.1.1 255.255.255.0
!
interface fastethernet 0.2
ip address 10.1.2.1 255.255.255.0
encapsulation dot1q 2
!
interface fastethernet 0.3
ip address 10.1.3.1 255.255.255.0
encapsulation dot1q 3
```

Die IP-Adresse des Routers im Subnetz des 802.1Q-Native-VLAN ist auf dem physikalischen Interface konfiguriert, nicht auf dem Subinterface. Beachten Sie, dass das Schlüsselwort für den Befehl **encapsulation** hier **dot1q** ist. Außerdem sollte man **encapsulation** nicht für das Native VLAN, in diesem Fall wie üblich VLAN 1, benutzen. Der Router kapselt sonst die Frames in einen 802.1Q-Header ein. Der Rest der Konfiguration gleicht ISL. Auch hier müssen die Subinterface-Nummern nicht mit den VLAN-Nummern übereinstimmen. Es handelt sich aber um eine gute Gewohnheit, um den Überblick zu behalten.

8.3 Grundlagen-Zusammenfassung

Die »Grundlagen-Zusammenfassung« enthält die wichtigsten Inhalte eines Kapitels. Es kommt zwar nicht alles vor, was im Examen gefragt werden könnte, ein guter Examens-Kandidat hat aber mindestens die Inhalte aller Grundlagen-Zusammenfassungen in allen Feinheiten parat.

Tabelle 8.11 zeigt die privaten IP-Adressbereiche, die in RFC 1918 definiert sind.

Tabelle 8.11: RFC 1918: Privater Adressbereich

Bereich der IP-Adressen	Netzwerkklasse	Netzwerknummer
10.0.0.0 bis 10.255.255.255	A	1
172.16.0.0 bis 172.31.255.255	B	16
192.168.0.0 bis 192.168.255.255	C	256

Bild 8.20 und Tabelle 8.12 geben über die NAT-Terminologie Auskunft.

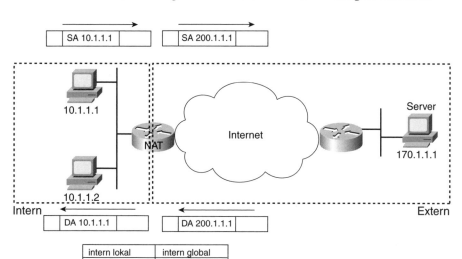

Bild 8.20: Terminologie für statisches NAT

Tabelle 8.12: Begriffe zum Thema NAT-Adressierung

Begriff	Bedeutung
Intern lokal	In NAT-Umgebungen steht der Bergiff »intern« für eine Adresse, die zu einem Host innerhalb des Unternehmens gehört. Intern lokal ist eine IP-Adresse, die einem Host im privaten Unternehmensnetzwerk zugewiesen ist. Sehr sprechend ist auch der Begriff »intern privat«. Wenn eine Firma RFC 1918-Adressen benutzt, repräsentiert intern lokal den Host innerhalb der Firma. Und es ist dann eine private RFC 1918-Adresse.
Intern global	In NAT-Umgebungen steht der Bergiff »intern« für eine Adresse, die zu einem Host innerhalb des Unternehmens gehört. NAT verwendet eine interne Globaladresse, um den internen Host in einem Paket darzustellen, das über das externe Netzwerk geht, meistens das Internet. Ein NAT-Router tauscht die IP-Quelladresse in einem Paket aus, wenn es die Grenze vom internen zum externen Netzwerk übertritt. Aus der internen lokalen Adresse wird dann die interne globale Adresse. Sehr sprechend ist auch der Begriff »intern öffentlich«. Wenn eine Firma RFC 1918-Adressen benutzt, repräsentiert intern global den internen Host durch eine öffentliche IP-Adresse, die für das Internetrouting verwendet werden darf.

Tabelle 8.12: Begriffe zum Thema NAT-Adressierung (Forts.)

Begriff	Bedeutung
Extern global	In NAT-Umgebungen steht der Bergiff »extern« für eine Adresse, die zu einem Host außerhalb des Unternehmens gehört – mit anderen Worten: im Internet. Extern global ist die IP-Adresse, die einem Host zugewiesen ist, der sich jenseits der Netzwerkgrenzen befindet, meistens eben im Internet. Sehr sprechend ist auch der Begriff »extern öffentlich«. Extern global steht für einen externen Host mit einer öffentlichen IP-Adresse, die für das Internetrouting verwendet werden darf.
Extern lokal	In NAT-Umgebungen steht der Bergiff »extern« für eine Adresse, die zu einem Host außerhalb des Unternehmens gehört – mit anderen Worten: im Internet. NAT verwendet eine externe lokale Adresse, um den externen Host in einem Paket darzustellen, das durch das private Firmennetzwerk geht (das interne Netzwerk). Ein NAT-Router tauscht die IP-Zieladresse eines Paketes aus, das von einem internen Host zu einer externen globalen Adresse geht, wenn das Paket die Grenze des Netzwerks von innen nach außen überschreitet. Sehr sprechend ist auch der Begriff »extern privat«. Wenn eine Firma RFC 1918-Adressen verwendet, steht extern lokal für den externen Host, der aber eine private IP-Adresse nach RFC 1918 trägt.

Beispiel 8.8 zeigt eine typische NAT-Konfiguration und einige **show** Befehle.

Beispiel 8.8: Konfiguration von dynamischem NAT

```
NAT# show running-config
!
! Lines omitted for Brevity
!
interface Ethernet0/0
 ip address 10.1.1.3 255.255.255.0
 ip nat inside
!
interface Serial0/0
 ip address 200.1.1.251 255.255.255.0
 ip nat outside
!
ip nat pool fred 200.1.1.1 200.1.1.2 netmask 255.255.255.252
ip nat inside source list 1 pool fred
!
access-list 1 permit 10.1.1.2
access-list 1 permit 10.1.1.1
!
NAT# show ip nat translations

NAT# show ip nat statistics
Total active translations: 0 (0 static, 0 dynamic; 0 extended)
```

Beispiel 8.8: Konfiguration von dynamischem NAT (Forts.)

```
Outside interfaces:
  Serial0/0
Inside interfaces:
  Ethernet0/0
Hits: 0  Misses: 0
Expired translations: 0
Dynamic mappings:
-- Inside Source
access-list 1 pool fred refcount 0
 pool fred: netmask 255.255.255.252
    start 200.1.1.1 end 200.1.1.2
    type generic, total addresses 2, allocated 0 (0%), misses 0
!
! Telnet from 10.1.1.1 to 170.1.1.1 happened next; not shown
!
NAT# show ip nat statistics
Total active translations: 1 (0 static, 1 dynamic; 0 extended)
Outside interfaces:
  Serial0/0
Inside interfaces:
  Ethernet0/0
Hits: 69  Misses: 1
Expired translations: 0
Dynamic mappings:
-- Inside Source
access-list 1 pool fred refcount 1
 pool fred: netmask 255.255.255.252
    start 200.1.1.1 end 200.1.1.2
    type generic, total addresses 2, allocated 1 (50%), misses 0
NAT# show ip nat translations
Pro Inside global     Inside local     Outside local      Outside global
--- 200.1.1.1         10.1.1.1         ---                ---
```

Destination Unreachable, Time Exceeded, Redirect und Echo Messages werden in Tabelle 8.13 beschrieben.

Tabelle 8.13: ICMP-Mitteilungsarten

Message	Beschreibung
Destination Unreachable	Information an den Quellhost, dass es ein Problem bei der Auslieferung eines Paketes gegeben hat.
Time Exceeded	Die Zeit, die bis zur Auslieferung eines Paketes eingeplant war, ist abgelaufen, und das Paket wurde gelöscht.
Redirect	Der Router, der diese Nachricht sendet, hat ein Paket erhalten, für das ein anderer Router eine bessere Route parat hat. Die Mitteilung bittet den Absender, doch die besserer Route zu verwenden.
Echo	Wird vom **ping** benutzt, um die Konnektivität zu prüfen.

Tabelle 8.14 fasst TFTP- und FTP-Features zusammen.

Tabelle 8.14: Vergleich von FTP und TFTP

FTP	TFTP
Verwendet TCP	Verwendet UDP
Verwendet robuste Kontrollbefehle	Verwendet einfache Kontrollbefehle
Sendet die Daten über eine andere TCP-Verbindung als die Kontrollbefehle	Keine zusätzlichen Verbindungen wegen UDP
Benötigt mehr Speicher und Programmierung	Benötigt weniger Speicher und Programmierung

Beispiel 8.9 zeigt die erforderliche Routerkonfiguration, mit der ISL-Einkapselung und die Weiterleitung bei drei VLANs unterstützt wird.

Beispiel 8.9: Routerkonfiguration für ISL-Einkapselung

```
interface fastethernet 0.1
ip address 10.1.1.1 255.255.255.0
encapsulation isl 1
!
interface fastethernet 0.2
ip address 10.1.2.1 255.255.255.0
encapsulation isl 2
!
interface fastethernet 0.3
ip address 10.1.3.1 255.255.255.0
encapsulation isl 3
```

8.4 Q&A

Wie in der Einleitung erwähnt, haben Sie zwei Möglichkeiten, die folgenden Fragen zu beantworten. Diese Fragen stellen eine größere Herausforderung für Sie dar als das Examen selbst. Die Lösung ist nicht so eindeutig festgelegt wie bei den Examensfragen. Durch diese offeneren, schwierigeren Fragen werden Sie mit der Thematik des Kapitels noch besser vertraut. Die Antworten zu den Fragen finden Sie in Anhang A.

1. Definieren Sie private Adressierung gemäß RFC 1918.

2. Geben Sie den Bereich privater Netzwerke nach RFC 1918 an.

3. Hat CIDR Auswirkungen auf die Größe der Internet-Routingtabellen? Wenn ja, was passiert mit diesen Routingtabellen?

4. Definieren Sie NAT und erklären Sie das Grundprinzip.

5. Definieren Sie den Begriff der internen lokalen Adresse in Bezug auf NAT. Erklären Sie Ihre Antwort anhand von Bild 8.21.

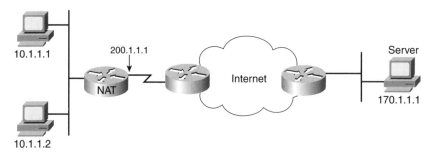

Bild 8.21: Netzwerk zur Beantwortung der NAT-Fragen

6. Definieren Sie den Begriff der internen globalen Adresse in Bezug auf NAT. Erklären Sie Ihre Antwort anhand von Bild 8.21.

7. Schreiben Sie eine Konfiguration für Overload-NAT für eine einzelne IP-Adresse des Routers in Bild 8.21.

8. Schreiben Sie eine Konfiguration für statisches NAT, durch die Host 10.1.1.1 mit 200.1.1.11 verknüpft wird, für den Router in Bild 8.21.

9. Was erfordert mehr Zeilen im Quellcode, FTP oder TFTP? Erklären Sie Ihre Antwort.

10. Führen FTP oder TFTP eine Fehlerentdeckung durch? Wenn ja, stellen Sie bitte deren Grundfunktionen dar.

11. Beschreiben Sie die Methode, mit der IP-Router Pakete fragmentieren und wieder zusammensetzen.

12. Wie viele B-Klasse-Netzwerke sind nach RFC 1918 für private Adressierung reserviert?

13. Beschreiben Sie, warum ARP-Anfragen eine Ethernet-Broadcastadresse statt einer Ethernet-Unicastadresse verwenden.

14. Stellen Sie sich vor, dass Host 10.1.1.1 in Bild 8.21 ein Paket an den Server mit Adresse 170.1.1.1 sendet. Der NAT-Router muss das Paket fragmentieren. Beschreiben Sie, wann und wo in diesem Fall die Pakete wieder zusammengesetzt werden.

15. Stellen Sie sich vor, dass R1 ein Interface hat, FastEthernet 0/0, das über ISL-Trunking mit einem Switch verbunden ist. R1 muss zwischen VLAN 1 und VLAN 2 routen. Erstellen Sie eine funktionierende Konfiguration.

16. Beschreiben Sie, wie NAT-Overload mit einer einzigen internen globalen Adresse mehr als eine interne lokale IP-Adresse unterstützt.

Teil III

Wide-Area Netzwerke

Kapitel 9:   Punkt-zu-Punkt Standleitungen
Kapitel 10: ISDN und DDR (Dial-on-Demand Routing)
Kapitel 11: Frame Relay

Dieses Kapitel deckt folgende Punkte ab:

- Überblick über die WAN-Grundlagen
- Datenverbindungsprotokolle für Punkt-zu-Punkt-Standleitungen
- Authentifizierung auf WAN-Links

Kapitel 9

Punkt-zu-Punkt Standleitungen

Dieses Kapitel behandelt Punkt-zu-Punkt WAN-Links. Es beginnt mit einem Überblick über die Grundlagen und liefert Ihnen die Grundlage zum Verständnis der Kapitel 10 und 11. In diesem Kapitel werden zusätzlich HDLC und PPP sowie die Konfiguration von CHAP unter die Lupe genommen.

Vielleicht arbeiten Sie sowohl mit der CCNA-Intro Ausgabe als auch mit diesem Buch, um das Examen vorzubereiten – die einzig wahre Methode, um das CCNA-Zertifikat wirklich zu erlangen. Wenn Sie sich den Lern- und Leseplan in der Einleitung der beiden Bücher ansehen, sollten Sie beachten, dass dies das erste WAN-Kapitel in beiden Büchern ist. Danach sollten Sie die Kapitel 10 und 11 lesen und dann erst die Sicherheitskapitel beider Bücher. Wenn Sie Fragen zu dieser Reihenfolge haben, lesen Sie bitte die Einleitung zu dieser Ausgabe.

9.1 »Weiß ich's schon?«-Quiz

Ziel des Quiz ist es, Ihnen bei der Entscheidung zu helfen, welche Abschnitte eines Kapitels Sie lesen müssen. Wenn Sie ohnehin das ganze Kapitel lesen wollen, brauchen Sie die Fragen an dieser Stelle nicht zu beantworten.

Mit dem 8-Fragen-Quiz können Sie, bezogen auf den Grundlagen-Abschnitt, Ihre begrenzte Studienzeit sinnvoll einteilen.

Tabelle 9.1 stellt die Hauptthemen des Kapitels und die dazu passenden Fragen aus dem Quiz dar.

Tabelle 9.1: »Weiß ich's schon?«-Übersicht zum Grundlagen-Abschnitt

Grundlagen-Abschnitt	Fragen zu diesem Abschnitt
Übersicht über die WAN-Grundlagen	1, 2
Datenverbindungs-Protokolle für geleaste Punkt-zu-Punkt-Verbindungen	3, 7, 8
Authentifizierung auf WAN-Verbindungen	4, 5, 6

> **ACHTUNG**
>
> Das Ziel dieser Selbsteinschätzung soll sein, dass Sie Ihren Wissensstand zu den Themen richtig bewerten. Wenn Sie eine Frage nicht beantworten können oder sich auch nur unsicher fühlen, sollten Sie sie als falsch einstufen und markieren. Jeder Sympathiepunkt, den Sie sich selbst geben, verfälscht Ihr Ergebnis und wiegt Sie in trügerischer Sicherheit.

1. Welche der folgenden Arten von WAN-Verbindungen ermöglichen den sofortigen Einsatz von PPP als Einkapselung auf dem Interface?
   a) Circuit Switching
   b) Paket Switching
   c) Geleaste Leitungen
   d) LAN Switching

2. Ein Router ist an ein DTE-Kabel angeschlossen. Die serielle Verbindung zwischen zwei Routern, die in einem Labor mit DTE- und DCE-Kabeln (statt CSU/DSUs) verbunden sind, soll aktiviert werden. Welcher der folgenden Befehle muss auf dem Router mit angeschlossenem DTE-Kabel eingegeben werden, damit das serielle Link funktioniert?
   a) **clock rate 56000**
   b) **clockrate 56000**
   c) **bandwidth 56000**
   d) **band width 56000**
   e) Keine der genannten Lösungen

3. Welcher der folgenden Befehle lässt ein serielles Interface zum Standardprotokoll für die Datenverbindung zurückkehren, wenn gerade PPP läuft?
   a) **wan default**
   b) **default**
   c) **encapsulation ppp**
   d) **encapsulation frame-relay**
   e) **encapsulation hdlc**
   f) **no encapsulation**
   g) **no encapsulation ppp**
   h) **no encapsulation hdlc**
   i) **no encapsulation frame-relay**

4. Welches der folgenden Authentifizierungs-Protokolle authentifiziert ein Gerät am anderen Ende einer Leitung, ohne das Passwort-Informationen als lesbarer Text übertragen werden?

   a) MD5

   b) PAP

   c) CHAP

   d) DES

   e) Triple DES

5. Stellen Sie sich vor, dass zwei Router, R1 und R2, mit einer Standleitung verbunden sind. Jeder Router hat seine Konfiguration durch einen Neustart gelöscht. R1 ist danach folgendermaßen konfiguriert worden:
   ```
   interface s0/0
   encapsulation ppp
   ppp authentication chap
   ```
   Mit welchem der folgenden Konfigurationsbefehle kann man die Konfiguration auf R1 so vervollständigen, dass CHAP richtig läuft? Nehmen wir dabei an, dass R2 richtig konfiguriert wurde, und das Passwort fred lautet.

   a) Es ist keine weitere Konfigurierung notwendig.

   b) **ppp chap (global command)**

   c) **user R1 password fred**

   d) **user R2 password fred**

   e) **ppp chap password fred**

6. Aus welchem der folgenden Gründe sollte man auf Link-Komprimierung verzichten?

   a) Verminderung der Gesamtzahl an Bytes auf einer Verbindung

   b) Verminderung von Queuing-Verzögerungen

   c) Verminderung verfügbarer Router-CPU für andere Aufgaben

   d) Verminderung von Serialization-Delay

7. Welche der folgenden Eigenschaften ist Teil der Methode, mit der PPP bemerkt, dass auf einer Verbindung ein Loop entstanden ist, durch die die gesendeten Pakete beim selben Router wieder ankommen?

   a) LQM

   b) Magic number

   c) Type field

   d) MD5 hash

8. Welche der folgenden Protokolle sind Teil von PPP?

   a) HDLC

   b) LCP

   c) LAPD

   d) IPCP

Die Antworten zum »Weiß ich's schon?«-Quiz stehen in Anhang A. Unser Vorschlag für Ihr weiteres Vorgehen sieht so aus:

- **6 oder weniger Gesamtpunkte** – Lesen Sie das komplette Kapitel. Es enthält die »Grundlagen«, die »Grundlagen-Zusammenfassung« und »Q&A«-Abschnitte.

- **7 oder 8 Gesamtpunkte** – Wenn Sie einen größeren Überblick über diese Themen bekommen möchten, springen Sie zur »Grundlagen-Zusammenfassung« und dann zum »Q&A«-Abschnitt. Andernfalls gehen Sie sofort zum nächsten Kapitel.

9.2 Grundlagen

9.2.1 Überblick über die WAN-Grundlagen

Netzwerktechniker müssen sich mit den WAN-Optionen gut auskennen, wenn Sie ein solches Netzwerk gestalten. In diesem Teil des Buches geht es um die drei wichtigsten Oberkategorien dieser WAN-Optionen:

- Punkt-zu-Punkt-Standleitungen

- Einwahl-Leitungen (auch *Circuit-Switched Verbindungen*)

- Packet-switched Netzwerke

Dieses Kapitel bespricht die Einzelheiten von Standleitungen. Bevor wir dazu kommen, sollten Sie jedoch ein wenig über alle drei Möglichkeiten für WAN-Konnektivität Bescheid wissen.

In Tabelle 9.2 finden Sie die Grunddefinitionen der drei Arten von WAN-Diensten, wie sie auch in Kapitel 4 im CCNA-INTRO-Buch behandelt werden.

Dieses Kapitel enthält einige Punkte, wie Router mit Standleitungen und »Dial«- oder »Circuit-Switching«-Leitungen umgehen. HDLC und PPP können auf beiden Leitungsarten eingesetzt werden, da diese Datenverbindungsprotokolle für Punkt-zu-Punkt-Verbindungen gedacht sind. Kapitel 10 enthält viele Feinheiten zu Circuit Switching und ISDN. Kapitel 11 enthält Frame Relay, im Grunde ein Paket-Switching, manchmal ein Frame-Switching-Dienst, da sich die innere Logik auf den OSI-Layer 2 bezieht.

*Tabelle 9.2: Definitionen: Standleitung, **Circuit-Switching** und Paket-Switching*

Begriff	Beschreibung
Standleitung	Dedizierte (reservierte) Leitung zwischen zwei Endpunkten, die immer aufrecht erhalten wird. Der Provider gewährleistet einen konstanten Bitstream mit einer bestimmten Rate; er kümmert sich überhaupt nicht darum, wieviele und welche Bits wirklich über die Schaltung gehen. Ist heute meistens teurer, als Paket-Switching.
Circuit Switching / Dial	Stellt für die Dauer einer Einwahlverbindung eine bestimmte Bandbreite zwischen zwei Punkten zur Verfügung. Wird gern als günstige Alternative zur Standleitung gewählt, besonders, wenn oft keine Konnektivität gebraucht wird. Außerdem sehr gut als Backup-Verbindung, wenn die Standleitung oder das Paket-Switching ausfallen.
Paket-Switching	Stellt eine virtuelle Schaltung zwischen zwei Standorten her. Die Datenmenge ist für jede VC (virtual circuit) vertraglich vereinbart. Die physikalische Konnektivität wird durch eine Standleitung vom Standort zu einem Gerät im Netzwerk des Providers hergestellt. Im Allgemeinen billiger als eine Standleitung.

Die physikalischen Komponenten von Punkt-zu-Punkt Standleitungen

Es gibt viele Möglichkeiten der WAN-Konnektivität. Eine davon sind synchrone, serielle Punkt-zu-Punkt-Verbindungen. Synchrone Punkt-zu-Punkt-Verbindungen bestehen aus einem Kabel eines Providers, verbunden mit der Dienstleistung, dass man mit einer vorher festgelegten Geschwindigkeit Daten senden und empfangen kann. Zur physikalischen Verbindung gehört auch eine CSU/DSU an jedem Ende der Leitung (Bild 9.1).

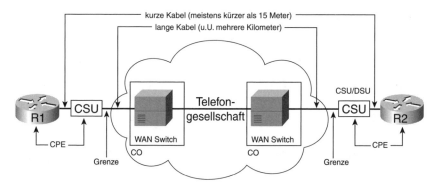

Bild 9.1: Physikalische Komponenten einer seriellen Punkt-zu-Punkt-Verbindung

Die physikalischen Details von WAN-Links werden in Kapitel 4 der Buches CCNA INTRO behandelt. Wenn die CSU/DSUs konfiguriert und die Leitungen installiert sind, brauchen die Router noch eine kurze Konfiguration. Damit die beiden Router anfangen zu arbeiten und sich gegenseitig einen Ping zuschicken können, braucht man nur IP-Adressen auf jedem Router einzurichten und für jedes Interface den Befehl **no shutdown** einzugeben.

In einigen Fällen sind zwei Router räumlich betrachtet nah beieinander, brauchen aber trotzdem eine Punkt-zu-Punkt WAN-Verbindung. Denken Sie an den Fall, dass Sie für Ihre Examensprüfung üben möchten, und dafür ein paar WAN-Verbindungen brauchen. Jetzt müssen Sie natürlich nicht zuerst eine Standleitung bei der Telekom bestellen. Sie wenden einfach einen »Verkabelungstrick« an, und verbinden ein DCE-Kabel mit einem DTE-Kabel. Damit simulieren Sie ein Punkt-zu-Punkt-WAN-Link, wie es in Kapitel 4 von CCNA INTRO vorkommt. Bild 9.2 zeigt die Grundidee der Verkabelung mit SCE- und DTE-Kabeln, durch die Router Bits empfangen und senden können, ohne dass ein paar CSU/DSUs und eine Standleitung dazwischen liegen.

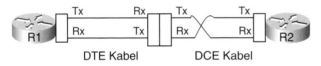

Bild 9.2: Serielle »Back-to-Back« Verkabelung

Man kann den seriellen Link aus Bild 9.1 und 9.2 mit einer einfachen Konfiguration zum Laufen bringen. Beispiel 9.1 zeigt die Konfiguration auf R1 und R2.

Beispiel 9.1: Minimalkonfiguration für IP auf einem Punkt-zu-Punkt-Link

R1	R2
interface serial 1 ip address 10.1.1.1 255.255.255.0 no shutdown	interface serial 1 ip address 10.1.1.2 255.255.255.0 no shutdown clock rate 56000

Beachten Sie, dass die IP-Adressen im selben Subnetzwerk liegen müssen, da die beiden Routerinterfaces nicht durch einen weiteren IP-Router getrennt werden. In vielen Fällen bräuchte man den **no shutdown** Befehl gar nicht. Wenn jedoch ein Cisco-Router hochgefahren wird und das WAN-Link wegen eines physikalischen Fehlers nicht funktioniert, belegt der Router die Interface-Konfiguration unter Umständen mit einem **shutdown** Befehl.

Dann braucht man den Interface-Unterbefehl **no shutdown,** um das Interface wieder in Betrieb zu nehmen.

clock rate legt auf Interfaces mit angeschlossenem DCE-Kabel die Datenrate fest (siehe Bild 9.2). In Beispiel 9.1 veranlasst **clock rate 56000** eine Rate von 56.000 Bit/s. Wenn externe CSU/DSUs verwendet werden, typisch für Standleitungen wie in Bild 9.1, ist der Befehl unnötig. Tatsächlich würde der Router den Befehl der Konfiguration einfach gar nicht hinzufügen!

9.2.2 Datenverbindungsprotokolle für Punkt-zu-Punkt-Standleitungen

Der interessante Teil besteht bei Punkt-zu-Punkt WANs in der Auswahl an verschiedenen Datenverbindungsprotokollen und deren Verhalten. WAN-Datalink-Protokolle sind bei seriellen Punkt-zu-Punkt-Verbindungen für den Transport der Daten zuständig. Die üblichsten WAN-Datalink-Protokolle sind HDLC (High-Level Data Link Control) und PPP. Diese WAN-Protokolle haben die folgenden Funktionen gemeinsam:

- HDLC und PPP sind für die Lieferung von Daten über einzelne serielle Punkt-zu-Punkt-Verbindungen zuständig.

- HDLC und PPP liefern Daten über synchrone serielle Verbindungen. PPP unterstützt aber auch asynchrone serielle Verbindungen.

Jedes synchrone serielle Datenverbindungsprotokoll arbeitet mit dem Konzept *Framing*. Es bestimmt, wo der Frame anfängt und aufhört, den Inhalt und das Format von Header und Trailer und die Position des Pakets zwischen Header und Trailer. Deshalb kann man synchrone WAN-Datenverbindungsprotokolle Frame-orientiert nennen, genau wie LAN-Datenverbindungsprotokolle.

Synchrone WAN-Links brauchen CSU/DSUs an jedem Ende, die mit genau der gleichen Geschwindigkeit arbeiten. Im Grunde stimmen die CSU/DSUs auf jeder Seite der WAN-Verbindung einer bestimmten Clock Rate oder Geschwindigkeit für den Empfang und das Senden der Daten zu. Es ist unheimlich teuer, CSU/DSUs zu bauen, die wirklich ganz genau mit der gleichen Geschwindigkeit arbeiten. Deshalb versuchen beide Geräte in der Realität, möglichst mit der vereinbarten Geschwindigkeit anzufangen. Danach misst eines der CSU/DSU-Geräte kleine Abweichungen zwischen beiden Geräten und justiert mit seinem Taktgeber die Geschwindigkeit etwas nach. (Die CSU/DSU, die den Taktgeber nicht nachjustiert, nennt man Clock Source oder ganz einfach Taktgeber.) Das Ganze funktioniert so wie in Agententhrillern, in denen die Agenten ihre Uhren ständig vergleichen; in unserem Fall werden die Uhren automatisch mehrere Male pro Minute synchronisiert.

Synchrone CSU/DSUs stellen ihre Taktgeber (ihre »Uhren«) nach den Änderungen von elektrischen Signalen auf der physikalischen Leitung ein. Wenn ein Router Datenframes über eine Leitung schickt, ändert sich das Signal sehr, sehr häufig, da die Veränderung in einem Datenstrom die zwischen 0 und 1 ist. Wenn aber keine Daten gesendet werden müssen, gäbe es keine Wechsel in dem elektrischen Signal, an denen man den Takt erkennen könnte. Die Synchronisation ginge verloren. Deshalb senden synchrone Datenverbindungsprotokolle ständig Frames, selbst wenn sie deshalb leere Frames ohne Informationen für irgendeinen Enduser senden müssen. Die Router halten aber so die ständigen, getakteten Spannungswechsel auf der Leitung aufrecht, so dass die Taktgeber sich durchgehend abstimmen können. Dafür gibt es unter HDLC und PPP Leerframes, »Receiver Ready«, die zwar aussagen, dass der Absender gerade nichts zu verschicken hat, aber immerhin die Uhren gerne synchronisieren möchte.

Anders als asynchrone Leitungen, auf denen in Leerlaufzeiten keine Bits gesendet werden, kennen synchrone Datenverbindungen Leerframes. Diese Frames haben keine andere Aufgabe, als auf der Leitung für einen ständigen getakteten Spannungswechsel zu sorgen, nach dem auf der Empfängerseite die Uhr nachjustiert werden kann.

HDLC und PPP im Vergleich

Auf den nächsten Seiten stellen wir Hauptfunktionen von HDLC und PPP gegenüber. Die Funktionen, auch diejenigen, die von jedem Protokoll unterstützt werden, werden am Ende des Abschnitts in Tabelle 9.3 zusammengefasst. Wir werden die Protokolle anhand der folgenden drei Features vergleichen:

- Unterstützt das Protokoll synchrone, asynchrone oder beide Verbindungsarten?
- Führt das Protokoll eine Fehlererkennung durch?
- Gibt es ein eingebautes Protokolltypfeld? Gibt es, mit anderen Worten, eine Protokollfunktion, die ein Feld im Header festlegt in dem mitgeteilt wird, was für ein Paket sich im Datenanteil des Frames befindet.

Zunächst sind bestimmt ein paar Worte zu den Kriterien hilfreich, mit denen wir die WAN-Protokolle vergleichen. Synchrone Protokolle schaffen auf einer seriellen Verbindung mehr Datendurchsatz als auf einer asynchronen. Dafür erfordern asynchrone Protokolle nicht so teure Hardware, weil sie nicht die Takte in den Datenübertragungen messen müssen, um die Taktgeber zu justieren. Als Verbindung zwischen Routern nimmt man am Besten synchrone Links. Wenn Sie sich von einem PC aus über das Modem bei einem Internetprovider einwählen, benutzen Sie eine asynchrone Verbindung. Alle Protokolle, die wir in diesem Abschnitt behandeln, unterstützen synchrone Verbindungen, weil diese Verbindungsart von Routern gegenseitig benutzt wird.

Eine weitere Vergleichskategorie ist die Fehlerbeseitigung. Verwechseln Sie nicht eine Fehlerbeseitigung mit einer Fehlererkennung. Fast alle Datenverbindungsprotokolle, auch HDLC und PPP, führen eine Fehlerentdeckung durch. Und alle hier beschriebenen Datenverbindungsprotokolle haben im Trailer ein Feld, das Auskunft darüber gibt, ob ein Fehler entstanden ist: die Frame-Check-Sequenz (FCS). Wenn ein Fehler auftaucht, wird der Frame gelöscht. Bei der Fehlerbeseitigung wird dagegen ein verloren gegangener oder fehlerhafter Frame sofort erneut losgeschickt. Fehlerbeseitigung kann von Protokollen auf der Datenverbindungsebene und höher durchgeführt werden oder gar nicht. Unabhängig davon führen alle WAN-Datenverbindungsprotokolle Fehlerentdeckung durch, das heißt, sie bemerken Fehler und löschen die betroffenen Frames.

Zu guter Letzt haben die Programmierer dieser Protokolle ein Protokolltypfeld eingebaut – oder auch nicht. Wie Sie aus dem CCNA INTRO, Kapitel 4 vielleicht wissen, muss ein Datenverbindungsprotokoll, das mehrere Netzwerkschicht-Protokolle unterstützt, irgendwie den Pakettyp bestimmen können, der vom Datenverbindungsframe eingekapselt ist. Wenn so ein Feld in den Protokollspezifikationen aufgeführt ist, sollte man annehmen, dass es auch real vorgesehen ist und eingebaut wird. Wenn die Protokollspezifikation kein Protokollfeld enthält, kann Cisco eine Headerinformation hinzufügen, so dass ein Protokollfeld erstellt wird.

Bild 9.3 zeigt die Framing-Details bei HDLC und PPP mit dem HDLC-properitären und dem standardisierten PPP-Protokollfeld.

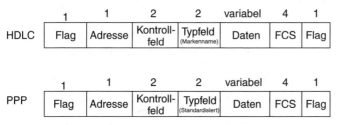

Bild 9.3: PPP- und HDLC-Framing

Tabelle 9.3 führt die grundsätzlichen Unterschiede zwischen HDLC und PPP noch einmal auf.

Tabelle 9.3: Attribute von Punkt-zu-Punkt Datenverbindungsprotokollen

Protokoll	Fehlerkorrektur	Eingebautes Typfeld	Weitere Attribute
HDLC	Nein	Nein	HDLC ist der Standard von Cisco auf seriellen Links. Cisco ist ein Markentypenfeld, das die Datenübertragung mit mehreren Protokollen unterstützt.
PPP	Unterstützt, aber nicht automatisch eingeschaltet	Ja	PPP war von vorneherein für die Unterstützung mehrerer Protokolle vorgesehen, anders als HDLC. PPP unterstützt auch asynchrone Kommunikation.

Konfiguration von HDLC- und PPP

Die Konfiguration von HDLC und PPP ist nicht so schwierig. Sie müssen allerdings auf beiden Seiten der seriellen Verbindung dasselbe WAN-Datenverbindungsprotokoll konfigurieren. Sonst missverstehen die Router die hereinkommenden Frames, da sich deren Formate von Protokoll zu Protokoll unterscheiden. Anders als bei der Konfiguration bestimmter optionaler Funktionen ist das alles!

In den Tabellen 9.4 und 9.5 werden die Konfiguration- und EXEC-Befehle für HDLC und PPP zusammengefasst. Die meisten der Befehle beziehen sich auf die Zusatzfunktionen.

Tabelle 9.4: Konfigurationsbefehle für PPP und HDLC

Befehl	Konfigurationsmodus
**encapsulation {hdlc	ppp}**	Interface Unterbefehl
**compress [predictor	stac	mppc [ignore-pfc]]**	Interface Unterbefehl

Tabelle 9.5: show und debug Befehle für Punkt-zu-Punkt-Verbindungen

Befehl	Beschreibung
show interfaces [*type number*]	Führt Statistiken und Details der Interfacekonfiguration auf, unter anderem den Typ der Einkapselung.
show compress	Führt die Komprimierungsraten auf.
show processes [cpu]	Zeigt die Auslastung des Prozessors mit Aufgaben an. So lässt sich unter anderem die Belastung durch die Komprimierung beobachten.

Beispiel 9.2 zeigt die Konfiguration von PPP. Darauf folgt die veränderte Konfiguration für den Übergang zu HDLC. Nehmen wir an, dass die Router A und B durch eine serielle Leitung mit ihren serial 1 Ports verbunden sind.

Beispiel 9.2: Konfiguration für PPP und HDLC

Router A-Mars	Router B-Seville
interface serial 1	interface serial 1
encapsulation ppp	encapsulation ppp
.	.
. later, changed to...	. later, changed to...
.	.
interface serial 1	interface serial 1
encapsulation hdlc	encapsulation hdlc

Die serielle Einkapselung im Konfigurationsmodus zu verändern, ist im Vergleich zu anderen Konfigurationsbefehlen auf einem Ciscorouter etwas komplizert. In Beispiel 9.2 wird der umgekehrte Übergang zum HDLC-Standard gezeigt. Dafür wird der Befehl **encapsulation hdlc** verwendet, aber **no encapsulation ppp** wäre auch möglich. Dabei werden einige Interface Unterbefehle mit gelöscht, die wohl für PPP, nicht aber für HDLC gelten, wenn **encapsulation hdlc** gewählt wird.

Spezielle PPP-Eigenschaften

PPP ist wesentlich später herausgekommen als die ersten HDLC-Spezifikationen. Die Konsequenz ist, dass die PPP-Programmierer etliche Funktionen einbauten, die man vorher von WAN-Datenverbindungsprotokollen nicht kannte. Dadurch wurde PPP das beliebteste und funktionsreichste WAN-Protokoll auf der Datenverbindungsebene.

PPP-typische Funktionen kann man in zwei Kategorien einteilen:

– Solche, die von dem verwendeten Layer 3 Protokoll unabhängig sind

– Solche, die von dem verwendeten Layer 3 Protokoll abhängig sind

PPP verwendet ein Protokoll, das sich auf die Funktionen konzentriert, die vom eingesetzten Layer 3 Protokoll unabhängig sind. Das so genannte LCP, das PPP Link Control Protocol, bietet die für PPP notwendigen Hauptfunktionen.

Für die Funktionen, die auf ein ganz bestimmtes Layer 3 Protokoll bezogen sind, gibt es eine Anzahl von PPP-Kontrollprotokollen, wie das IPCP (IP Control Protocol). IPCP ist zum Beispiel auf die Zuweisung von IP-Adressen zugeschnitten, eine Funktion die heute häufig bei Internet-Einwahlverbindungen genutzt wird.

PPP benötigt ein LCP pro Verbindung und ein Kontrollprotokoll für jedes Layer 3 Protokoll, das auf dem Link läuft. Wenn ein Router auf einer seriellen Leitung für IPX, AppleTalk und IP konfiguriert ist, versucht der für PPP-Einkapselung konfigurierte Router die passenden Kontrollprotokolle für jedes verwendete Layer 3 Protokoll zu aktivieren (etwa IPCP).

LCP bietet eine große Auswahl von Zusatzfunktionen für PPP. Man sollte sich ein wenig damit auskennen, was hinter diesen Funktionen steckt. Sie sind in Tabelle 9.6 aufgeführt.

Tabelle 9.6: PPP LCP Funktionen

Funktion	LCP-Feature	Beschreibung
Fehlererkennung	LQM (Link Quality Monitoring)	PPP kann einen Link deaktivieren, wenn die prozentuale Anzahl an Fehlern auf der Verbindung zu hoch wird. LQM kommuniziert dazu Statistiken über das Verhältnis von verlorenen und erfolgreichen Paketen in jeder Richtung. Wenn man das mit den gesendeten Paketen und Bytes vergleicht, kommt ein Prozentsatz von fehlerhaftem Datenverkehr heraus. Die Prozentzahl selbst, bei der das Link deaktiviert wird, wird über die Konfiguration bestimmt und aktiviert.
Erkennung geloopter Links	Magische Zahl	Router senden einander Mitteilungen mit verschiedenen magischen Zahlen. Wenn sie plötzlich eine magische Zahl empfangen, die sie selbst losgeschickt haben, liegt das an einem Loop. Ob der Link dann deaktiviert wird, entscheidet die Konfiguration.
Multilink-Unterstützung	Multilink PPP	Fragmente von Paketen werden auf mehrere Verbindungen verteilt. Die Funktion wird mehr bei Einwahlverfahren eingesetzt.

Die nächsten Seiten behandeln zwei dieser Funtkionen. Kapitel 10 enthält die Multilink PPP (MLP) Unterstützung.

Erkennung geloopter Links (Looped Link Detection)

Fehlererkennung und Erkennung geloopter Links sind zwei Hauptstärken von PPP. Die Erkennung geloopter Links beschleunigt die Konvergenz, wenn eine Verbindung wegen Loops ausgefallen ist. Was heißt hier »wegen Loops«? Nun, zum Beispiel könnte die Telefongesellschaft bewusst Loops erzeugt haben, um die Leitung zu testen. Vielleicht sitzt gerade ein Techniker an seinem Laptop und gibt Befehle ein, durch die der Switch der Telekom eine Feedbackschaltung erzeugt. Letztlich verwendet der Anbieter dafür Bits, die Sie selbst gesendet haben, und sendet sie zu Ihnen zurück.

Während die Leitung geloopt ist, können die Router sich natürlich gegenseitig keine Bits zusenden. Sie versuchen es aber vielleicht trotzdem, da sie die Loops noch gar nicht bemerkt haben, weil sie irgendetwas empfangen! PPP hilft dem Router dabei, Loops frühzeitig zu erkennen, das Interface abzuschalten und bestenfalls eine Ersatzroute zu nehmen.

Manchmal kann die Konvergenz der Routingprotokolle beschleunigt werden, weil LCP die Loops entdeckt. Wenn der Router sofort erkennt, dass eine Leitung geloopt ist, kann er das Interface sofort in den Status »down and down« versetzen. Die Routingprotokolle berücksichtigen dann sofort in ihren Updates, dass die Verbindung nicht funktioniert. Wenn der Router die Loops nicht erkennt, reagiert das Routingprotokoll in der Timeout-Zeit – weil eine bestimmte Zeit nichts mehr von dem Router auf der anderen Seite der Verbindung ankommt.

LCP kann Loops so schnell durch so genannte Magic Numbers, magische Zahlen erkennen. Unter PPP sendet der Router PPP LCP messages statt der Cisco-properitären keepalives über die Verbindung; diese Mitteilungen enthalten eine magische Zahl, die auf jedem Router anders ist. Ist die Leitung geloopt, bekommt der Router eine LCP message mit seiner eigenen magischen Zahl, statt einer mit der magischen Zahl eines anderen Routers. Ein Router, der seine eigene magische Zahl empfängt, weiß, dass der Frame zu ihm zurückgekommen sein muss. Ist er dafür konfiguriert, nimmt er die Schnittstelle heraus und beschleunigt so die Konvergenz.

Erweiterte Fehlererkennung

Wie viele andere Data-Link Protokolle auch, hat PPP ein FCS-Feld im PPP-Trailer. Daher kommt heraus, wenn ein einzelner Frame ein Problem hatte. Wird ein Frame fehlerhaft empfangen, wird er gelöscht. PPP kontrolliert allerdings, wie oft das bei welchen Frames passiert, und kann so eingerichtet werden, dass besonders anfällige Interfaces abgeschaltet werden.

PPP LCP analysiert die Fehlerquoten auf Leitungen, auf denen LQM eingeschaltet ist (Link Quality Monitoring). LCP sendet von jedem Ende der Verbindung aus Mitteilungen, die die Anzahl der vollständig erhaltenen Pakete und Bytes enthalten. Der Router, der die Pakete gesendet hat, vergleicht die Zahl mit der Anzahl an Paketen und Bytes, die er gesendet hat und berechnet den Verlust in Prozent. Wenn eine bestimmte Prozentzahl überschritten ist, kann der Router die Leitung abschalten, wenn er entsprechend konfiguriert wurde.

Diese Funktion ist aber nur sinnvoll, wenn Sie ein Netzwerk mit redundanten Routen haben. Denn nur dann kann man die Pakete veranlassen, einen anderen Pfad zu nehmen, wenn der aktuelle eine zu hohe Fehlerwahrscheinlichkeit hat.

9.2.3 Authentifizierung auf WAN-Links

Die Sicherheitsanforderungen in einem WAN unterscheiden sich unter Umständen stark von denen in einem LAN. Im LAN stehen die meisten Komponenten unter der Kontrolle der Gesellschaft, der sie gehören. Der Datenverkehr zwischen Geräten im selben Bürogebäude verlässt unter Umständen niemals die vier Wände der Bürofläche, die die Gesellschaft angemietet hat. Bei WANs sieht die Sache anders aus. Schon von ihrer Definition her verlassen die Daten den Standort, überqueren ein paar andere Netzwerke von Service Providern und erreichen dann einen anderen Standort.

Das Wort Authentifizierung steht für eine Reihe von Sicherheitsmaßnahmen, die dafür sorgen sollen, dass ein Gerät sicher sein kann, wirklich mit der richtigen und erwünschten Komponente am anderen Ende der Leitung zu kommunizieren. Nehmen wir an, R1 und R2 kommunizieren über eine serielle Leitung. Nun möchte R1 von R2 wissen, dass er auch wirklich R2 ist. Authentifizierung ist ein Weg, die Identität zu beweisen.

WAN-Authentifizierung wird meistens für Einwahlverbindungen verwendet. Die Konfiguration der Funktionen ist allerdings für Standleitungen und Einwahlverbindungen gleich. In diesem Abschnitt behandeln wir die zwei grundlegenden Authentifizierungsmethoden. In Kapitel 10 werden innerhalb der ISDN- und Einwahlkonzepte kurz Fälle besprochen, in denen Authentifizierung notwendig ist.

PAP- und CHAP-Authentifizierung

PAP (Password Authentication Protocol) und CHAP (Challenge Handshake Authentication Protocol) authentifizieren die beiden Endpunkte auf jeder Seite einer seriellen Punkt-zu-Punkt-Verbindung. CHAP wird heute lieber verwendet, da die Zeichenkombinationen, die über die Leitung geschickt werden, mit einem Einweg-MD5-Zerhacker (Message Digest 5) unkenntlich gemacht werden. Das ist natürlich sicherer als der PAP-Klartext.

Sowohl PAP als auch CHAP müssen Mitteilungen zwischen den Geräten austauschen. Wird eine Einwahlverbindung genutzt, erwartet der angewählte Router bei beiden Protokollen Benutzernamen und Kennwort. Bei einer Standleitung eröffnet einer der Router das Verfahren, der andere antwortet. Bei PAP werden Benutzername und Kennwort auf jeden Fall mit der ersten Mitteilung sofort mitgesendet. CHAP sendet zuerst eine Anfrage an den anderen Router, mit der Bitte, Benutzername und Kennwort zu schicken. Auf Bild 9.4 sieht man die unterschiedlichen Verfahren auf einer Einwahlverbindung. Genauso funktioniert das Verfahren aber bei einer Standleitung.

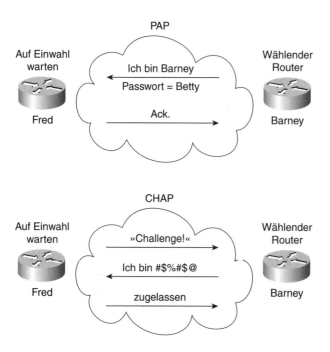

Bild 9.4: *PAP und CHAP Messages*

PAP-Übertragungen sind nicht so sicher wie CHAP-Übertragungen, da PAP Hostnamen und Passwort in klarem Text sendet. Daher können sie leicht mit einem Hacker-Tool, das in der Schaltung platziert wird, herausgelesen werden. CHAP verwendet für die Verschlüsselung des Passworts ein Einmalverfahren, in das eine Zufallszahl und das Passwort eingehen. CHAP legt die Zufallszahl fest. Beide Router kennen das Passwort, weil sie damit konfiguriert wurden. Der in Frage gestellte Router lässt den Zerhacker über die Kombination aus Zufallszahl und Passwort laufen und schickt das Ergebnis zurück an den Herausforderer. Der Router, der die Authentifizierungsanfrage gestartet hat, wendet nun dasselbe Verfahren auf die beiden Zahlen an: auf Zufallszahl (überquerte die Leitung) und Passwort (überquerte nie die Leitung). Wenn die Ergebnisse übereinstimmen, ist das befragte Gerät im Besitz des Passworts.

Gut ist dabei, dass das Passwort nie über die Leitung geschickt wird. Durch die Zufallszahl kommt jedesmal ein anderer, zerhackter Wert heraus. Wenn also jemand den errechneten Wert abhören kann, nützt ihm dieser allein noch sehr wenig. CHAP-Authentifizierung ist doch recht schwer zu überlisten, auch wenn man ein Tracing-Tool verwendet.

Beispiel 9.3 zeigt die CHAP-Konfiguration für Bild 9.4.

Beispiel 9.3: Beispiel einer CHAP-Konfiguration

Router Fred	Router Barney
username Barney password Bedrock ! interface serial 0 encapsulation ppp ppp authentication chap .	username Fred password Bedrock ! interface serial 0 encapsulation ppp ppp authentication chap .

Jeder Router bezieht sich auf den Hostnamen des anderen Routers. Jeder Router verwendet beim CHAP-Verkehr seinen eigenen Hostnamen solange, bis er durch eine neue Konfiguration überschrieben wird. Auf jeder Seite ist dasselbe Passwort konfiguriert. Wenn Router Barney von Router Fred »herausgefordert« wird, sendet Router Barney den errechneten zerhackten Wert aus Passwort und Zufallszahl. Fred berechnet denselben Hash-Wert aus denselben Ausgangszahlen und vergleicht das Ergebnis damit, was Barney zurückschickt, um sich auszuweisen. Die CHAP-Authentifizierung ist abgeschlossen, wenn die beiden Werte gleich sind.

9.3 Grundlagen-Zusammenfassung

Die »Grundlagen-Zusammenfassung« enthält die wichtigsten Inhalte eines Kapitels. Es kommt zwar nicht alles vor, was im Examen gefragt werden könnte. Ein guter Examens-Kandidat hat aber mindestens die Inhalte der Grundlagen-Zusammenfassungen in allen Feinheiten parat.

Tabelle 9.7 definiert die drei verschiedenen WAN-Dienste.

Tabelle 9.7: Definitionen von geleasten Leitungen, Circuit-Switching und Packet Switching

Begriff	Beschreibung
Standleitung	Dedizierte (reservierte) Leitung zwischen zwei Endpunkten, die immer aufrecht erhalten wird. Der Provider gewährleistet einen konstanten Bitstream mit einer bestimmten Rate; er kümmert sich überhaupt nicht darum, wieviele und welche Bits wirklich über die Schaltung gehen. Ist heute meistens teurer als Paket-Switching.
Circuit Switched/ Dial	Stellt für die Dauer einer Einwahlverbindung eine bestimmte Bandbreite zwischen zwei Punkten zur Verfügung. Wird gern als günstige Alternative zur Standleitung gewählt, besonders, wenn oft keine Konnektivität gebraucht wird. Außerdem sehr gut als Backup-Verbindung, wenn die Standleitung oder das Paket-Switching ausfallen.
Paket-Switching	Stellt eine virtuelle Schaltung zwischen zwei Standorten her. Die Datenmenge ist für jede VC (virtual circuits) vertraglich vereinbart. Die physikalische Konnektivität wird durch eine Standleitung vom Standort zu einem Gerät im Netzwerk des Providers hergestellt. Im Allgemeinen billiger als eine Standleitung.

Die physikalische Verbindung enthält bei Standleitungen auf jeder Seite eine CSU/DSU (Bild 9.5).

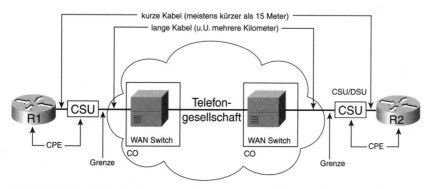

Bild 9.5: Physikalische Komponenten von seriellen Punkt-zu-Punkt-Verbindungen

Tabelle 9.8 führt die Unterschiede von HDLC und PPP auf.

Tabelle 9.8: Attribute von Punkt-zu-Punkt Datenverbindungsprotokollen

Protokoll	Fehlerkorrektur	Eingebautes Typfeld	Weitere Attribute
HDLC	Nein	Nein	HDLC ist standardgemäß auf seriellen Links aktiviert. Cisco verwendet ein properitäres Typ-Feld, um Multiprotokoll-Verkehr zu ermöglichen. Wird nur bei synchronen Verbindungen unterstützt.
PPP	Unterstützt, aber nicht automatisch eingeschaltet	Ja	PPP war von vorneherein für die Unterstützung mehrerer Protokolle vorgesehen, anders als HDLC. PPP unterstützt auch asynchrone Kommunikation.

Bild 9.6 zeigt die verschiedenen Abläufe bei PAP und CHAP.

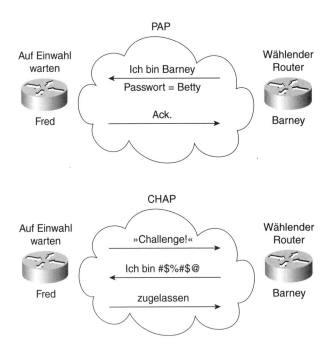

Bild 9.6: PAP und CHAP Messages

9.4 Q&A

Wie in der Einleitung erwähnt, haben Sie zwei Möglichkeiten, die folgenden Fragen zu beantworten. Diese Fragen stellen eine größere Herausforderung für Sie dar als das Examen selbst. Die Lösung ist nicht so eindeutig festgelegt wie bei den Examensfragen. Durch diese offeneren, schwierigeren Fragen werden Sie mit der Thematik des Kapitels noch besser vertraut. Die Antworten zu den Fragen finden Sie in Anhang A.

1. Definieren Sie DCE und DTE für den Zusammenhang der physikalischen Schicht einer Punkt-zu-Punkt-Verbindung.

2. Mit welchem Befehl legt man die Taktrate auf einem Interface fest, an das ein DCE-Kabel angeschlossen ist. Stellen Sie die beiden Versionen des Befehls gegenüber, wie er im Konfigurationsmodus eingegeben wird, und wie er in der Konfiguration erscheint.

3. Nennen Sie ein WAN-Datenverbindungsprotokoll für Punkt-zu-Punkt-Verbindungen, das über eine Methode zur Bekanntgabe der IP-Adresse eines Interface an andere Geräte über ein WAN verfügt.

4. Kann PPP IP-Adressen dynamisch zuweisen? Wenn ja, ist die Funktion immer aktiv?

5. Erstellen Sie eine Konfiguration, mit der PPP auf serial 0 für IP aktiviert wird. Erstellen Sie Layer 3 IP-Adressen, wie nötig.

6. Definieren Sie PAP und CHAP. Welches von beiden sendet Passworte im Klartext?

7. CHAP-Konfiguration verwendet Benutzernamen und Kennworte. Welche Namen und Passworte müssen auf den jeweiligen CHAP-Konfigurationen auf Router A und B übereinstimmen, um zugelassen zu werden.

8. Welches Feld hat Cisco dem HDLC-Header hinzugefügt, welches ihn properitär macht?

9. Welche Arten von Paket-Switching sind in diesem Kapitel vorgekommen. Bei welcher Art wird der Datenverkehr in kleinere Teile zerlegt?

10. Es gibt heute kaum noch Standleitungen, die aus zwei Kabelverbindungen bestehen, besonders nicht zwischen Routern. Welches Problem kam mit den vier-drahtigen Standleitungen auf (im Vergleich zu den zwei-drahtigen)?

11. Was bedeutet »synchron« bei Standleitungen.

12. Erstellen Sie zwischen zwei Routern eine CHAP-Konfiguration. Berücksichtigen Sie besondere Feinheiten, die notwendig werden.

Dieses Kapitel deckt folgende Punkte ab:
- ISDN-Protokolle und Design
- Konfiguration von ISDN und DDR (Dial-on-Demand Routing)

Kapitel 10

ISDN und DDR (Dial-on-Demand Routing)

Meistens brauchen Standorte, die schon Router benutzen, auch eine ständige WAN-Konnektivität mit anderen Netzwerk-Standorten. Nur, die Standleitung kann eben auch einmal zusammenbrechen. Für diesen Fall muss es dann eine Einwahltechnologie mit geschaltetem Switching (circuit-switched) als Backup geben, so dass auch Pakete empfangen und gesendet werden können, während die Leitung repariert wird. Außerdem gibt es Standorte, die gar keine ständige WAN-Konnektivität benötigen. Die Provider verlangen für eine Einwahlschaltung ja nur kleine Gebühren pro Anruf und Minute, so dass diese Lösung oft billiger ist als eine Standleitung oder Paket-Switching. Mit anderen Worten, Einwahlverbindungen sind nicht gerade die WAN-Konnektivität erster Wahl, aber nach wie vor ziemlich populär.

Von allen Einwahl-Technologien hat sich für die Konnektivität unter Routern eigentlich am ehesten ISDN durchgesetzt. ISDN arbeitet mit digitalen Signalen und ist damit doch schneller als eine analoge Leitung. Weil ISDN inzwischen in so vielen Ländern und Städten verfügbar ist, handelt es sich für viele Gesellschaften weltweit um die richtige Alternative.

Dieses Kapitel enthält die Basics der ISDN-Technologie und die dazu passenden Routerkonfigurationen. Insbesondere geht es um eine spezielle Funktion der Cisco IOS Software: DDR (Dial-on-Demand Routing). Damit kann man sehr genau festlegen, wann die Einwahlverbindung aufgebaut und wieder beendet werden soll – was wir in allen Feinheiten besprechen werden.

10.1 »Weiß ich's schon?«-Quiz

Ziel des Quiz ist es, Ihnen bei der Entscheidung zu helfen, welche Abschnitte eines Kapitels Sie lesen müssen. Wenn Sie ohnehin das ganze Kapitel lesen wollen, brauchen Sie die Fragen an dieser Stelle nicht zu beantworten.

360 CCNA ICND Prüfungshandbuch

Mit dem 10-Fragen-Quiz können Sie, bezogen auf den Grundlagen-Abschnitt, Ihre begrenzte Studienzeit sinnvoll einteilen.

Tabelle 10.1 stellt die Hauptthemen des Kapitels und die dazu passenden Fragen aus dem Quiz dar.

Tabelle 10.1: »Weiß ich's schon?«-Übersicht zum Grundlagen-Abschnitt

Grundlagen-Abschnitt	Fragen zu diesem Abschnitt
ISDN-Protokolle und Design	1 bis 5
ISDN-Konfiguration und DDR (Dial-on-Demand Routing)	6 bis 10

ACHTUNG

Das Ziel dieser Selbsteinschätzung soll sein, dass Sie Ihren Wissensstand zu den Themen richtig bewerten. Wenn Sie eine Frage nicht beantworten können oder sich auch nur unsicher fühlen, sollten Sie sie als falsch einstufen und markieren. Jeder Sympathiepunkt, den Sie sich selbst geben, verfälscht Ihr Ergebnis und wiegt Sie in trügerischer Sicherheit.

1. Wie schnell ist der D-Kanal auf einem BRI und auf einem PRI?
    a) 8 KBit/s und 8 KBit/s
    b) 8 KBit/s und 16 KBit/s
    c) 8 KBit/s und 64 KBit/s
    d) 16 KBit/s und 16 KBit/s
    e) 16 KBit/s und 64 KBit/s
    f) 64 KBit/s und 64 KBit/s
    g) Keine der genannten Lösungen

2. Welche der folgenden Protokolle definieren Einwahl-Signalisierung für ISDN?
    a) I.411
    b) I.319
    c) Q.911
    d) Q.921
    e) Q.931
    f) Q.941
    g) Keine der genannten Lösungen

3. Welche der folgenden Referenzpunkte werden von ISDN BRI Interfaces in einem Cisco-Router verwendet?

   a) R

   b) R/S

   c) S/T

   d) U

   e) V

4. Welche der folgenden PRI-Funktionsgruppen ist für die Verwendung mit einem PC und einem einfachen seriellen Interface bestimmt?

   a) TA

   b) NT1

   c) NT2

   d) SBus

   e) Keine der genannten Lösungen

5. Welche der folgenden Verschlüsselungen kann man in Nordamerika auf einem PRI laufen lassen?

   a) AMI

   b) B8ZS

   c) SF

   d) ESF

   e) 10B8N

   f) Keine der genannten Lösungen

6. Nehmen wir an, ein Router hat eine IP-ACL mit der Nummer 109, die den Verkehr zur IP-Adresse 10.1.1.1 regelt. Welche der folgenden Befehle richtet sich mit der korrekten Schreibweise an die ACL und erklärt den Verkehr an 10.1.1.1 für »interessant«?

   a) **dialer acl 109**

   b) **dialer list 109**

   c) **dialer-list 1 protocol ip 10.1.1.1**

   d) **dialer list 1 protocol ip 10.1.1.1**

   e) **dialer-list 1 protocol ip list 109**

   f) **dialer list 1 protocol ip list 109**

   g) **dialer-list 1 list 109**

   h) **dialer list 1 list 109**

   i) Keine der genannten Lösungen

7. Welcher der folgenden Begriffe könnte in einer Konfiguration mit DDR- und ISDN BRI Interfaces notwendig werden?

   a) Switchtyp

   b) Verschlüsselung

   c) Framing

   d) SPIDs

   e) Erkennung der verwendeten DS0 Kanäle

   f) Polarität

   g) Keine der genannten Lösungen

8. Welcher der folgenden Begriffe könnte in einer Konfiguration mit DDR- und ISDN PRI Interfaces in Nordamerika notwendig werden?

   a) Switchtyp

   b) Verschlüsselung

   c) Framing

   d) SPIDs

   e) Erkennung der verwendeten DS0 Kanäle

   f) Polarität

   g) Keine der genannten Lösungen

9. Sie konfigurieren DDR mit Dialerprofilen. Welcher der folgenden Befehle ist auf dem Einwahlinterface sehr nützlich?

   a) **dialer-group**

   b) **dialer-list**

   c) **encapsulation ppp**

   d) Jede der genannten Lösungen

   e) Keine der genannten Lösungen

10. Welcher der folgenden Interface Unterbefehle aktiviert Multilink PPP? (Multilink PPP)

    a) **ppp multilink**

    b) **encapsulation ppp multilink**

    c) **enable mlp**

    d) **mlp on**

    e) Keine der genannten Lösungen

Die Antworten zum »Weiß ich's schon?«-Quiz stehen in Anhang A. Unser Vorschlag für Ihr weiteres Vorgehen sieht so aus:

- **8 oder weniger Gesamtpunkte** – Lesen Sie das komplette Kapitel. Es enthält die »Grundlagen«, die »Grundlagen-Zusammenfassung« und »Q&A«-Abschnitte.

- **9 oder 10 Gesamtpunkte** – Wenn Sie einen größeren Überblick über diese Themen bekommen möchten, springen Sie zur »Grundlagen-Zusammenfassung« und dann zum »Q&A«-Abschnitt. Andernfalls gehen Sie sofort zum nächsten Kapitel.

10.2 Grundlagen

10.2.1 ISDN-Protokolle und Design

ISDN (Integrated Services Digital Network) bietet geswitchte digitale WAN-Dienste mit mehr als 64 KBit/s. Bevor es ISDN gab, nutzten die meisten Einwahldienste die gleichen Leitungen, an die auch die Telefone angeschlossen waren. Die Datenübertragung konnte mit Modems und analogen Telefonleitungen kaum 9600 Bit/s überschreiten. Die internationalen Telefongesellschaften planten ISDN als tragende Säule der digitalen Dienste der Zukunft ein. Sie wollten nicht nur die Datenübertragung beschleunigen, sondern einen digitalen Dienst, der gleichzeitig als einfache analoge Telefonleitung für die Übertragung der Stimme dienen konnte. Heute ist klar, dass die Telefongesellschaften dieses Ziel sehr erfolgreich umgesetzt haben, allerdings: nicht vollständig. ISDN ist sehr weit verbreitet, aber nicht überall verfügbar.

ISDN ist vor mehr als 20 Jahren erfunden worden und wurde weitgehend in den frühen 1990ern in den USA entwickelt. Es könnte durchaus sein, dass ISDN eines Tages von einer konkurrierenden Technologie überflüssig gemacht wird. Für das INTRO-Examen findet man in Kapitel 15 in der Ausgabe CCNA INTRO über den Internetzugang, dass ISDN eigentlich durch DSL, Kabelmodems und andere schnellere Modems überholt ist. ISDN bleibt allerdings eine beliebte Möglichkeit für die zeitweilige Verbindung zweier Router!

Das Kapitel beginnt mit einigen Bemerkungen, wann ISDN angewendet werden sollte, gefolgt von technischen Details der ISDN-Spezifikation. Danach behandeln wir, wie ISDN konfiguriert wird.

Typische Anwendungen von ISDN

Der Hauptgrund für die Verwendung einer Einwahlverbindung, ob nun ISDN oder analog, ist meistens, dass man nur für kürzere Zeiten Daten senden und empfangen muss. Eine »gelegentliche« Verbindung ist an Standorten sinnvoll, wo nicht ständig sofort auf Daten zugegriffen werden muss, sondern nur einige Male am Tag. Ein Ladengeschäft kann zum Beispiel am Tag gelegentlich Aufträge durchgeben und die Antwort oder die Lieferung dann über Nacht bekommen.

Router benutzen ISDN oft für Backup-Verbindungen, wenn die Hauptverbindung, eine Mietleitung oder eine Frame Relay Verbindung zusammenbricht. Obwohl Standleitungen oder Frame Relay Verbindungen selten zusammenbrechen, braucht man für diesen Fall einen Ersatz, da sonst Remote-Standorte stundenlang vom Rest des Netzwerks abgeschnitten sind. Je nach der geschäftlichen Bedeutung des Netzwerks kann ein totaler Ausfall katastrophale Folgen haben, weshalb man lieber noch eine ISDN-Verbindung zum Hauptstandort bereithält.

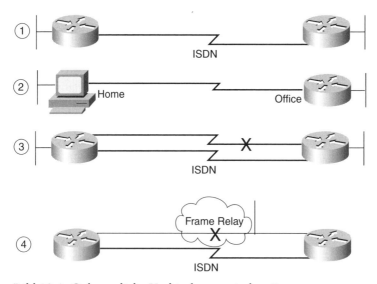

Bild 10.1: Gelegentliche Verbindung zwischen Routern

Bild 10.1 zeigt eine typische Topologie beim Einsatz von ISDN. Ein solches Szenario kann man folgendermaßen beschreiben:

- Fall 1 zeigt Dial-on-Demand Routing. Die Router sind so konfiguriert, dass der Anruf ausgelöst wird, wenn der Benutzer Datenverkehr sendet, der zu einem anderen Standort geleitet werden muss.

- Fall 2 zeigt eine typische Telearbeitsumgebung.

- Fall 3 zeigt eine Topologie mit Einwahl-Backup. Die Standleitung fällt aus, so dass eine ISDN-Verbindung zwischen beiden Routern aufgebaut wird.
- Fall 4 zeigt, wie über ISDN BRI ein anderer Router direkt angerufen wird, wodurch ein ausgefallenes Frame Relay Link oder ein VC (Virtual Circuit) ersetzt wird.

Die ISDN-Kanäle

ISDN kennt zwei Interface-Typen: BRI (Basic Rate Interface) und PRI (Primary Rate Interface). Beide stellen mehrere digitale Trägerkanäle (B-Kanäle) zur Verfügung, auf denen über zeitlich begrenzte Verbindungen Daten gesendet und empfangen werden können. Wegen der vielen B-Kanäle können sowohl BRI und erst recht PRI auf einer Leitung mehrere digitale Einwahlverbindungen zu unterschiedlichen Standorten oder mehrere Verbindungen zum gleichen Remoterouter gleichzeitig bewältigen, zum Beispiel um die Bandbreite zu verbessern.

B-Kanäle transportieren Daten. Man nennt sie deshalb Trägerkanäle. B-Kanäle arbeiten schneller als 64 KBit/s, obwohl die Geschwindigkeit auch immer vom Provider abhängt.

Einen neuen Datenanruf signalisiert ISDN auf dem D-Kanal. Wenn ein Router einen B-Kanal mit einem BRI oder PRI als Verbindung zu einem anderen Gerät benutzen will, sendet er zuerst die Telefonnummer, mit der er verbunden werden will, in einer Mitteilung über D-Kanal. Der Switch der Telekom oder einer anderen Telefongesellschaft empfängt die Nachricht und stellt die Verbindung her.

Die verschiedenen ISDN-Leitungen bezeichnet man gelegentlich auch gemäß der Anzahl der Kanaltypen. BRIs kann man auch 2B+D nennen, also zwei B-Kanäle und ein D-Kanal. PRIs mit T1-Framing, wie in den USA, nennt man auch 23B+D, PRIs mit E1-Framing entsprechend 30B+D. Tabelle 10.2 zeigt die Anzahl der Kanäle bei jedem Typ und die gängigen Bezeichnungen.

Tabelle 10.2: BRI und PRI: B- und D-Kanäle

Interfacetyp	Anzahl der Trägerkanäle (B)	Anzahl der Signalkanäle (D)	Bezeichnung
BRI	2	1 (16 KBit/s)	2B+D
PRI (T1)	23	1 (64 KBit/s)	23B+D
PRI (E1)	30	1 (64 KBit/s)	30B+D

ISDN-Protokolle

Die Beschreibungen der wichtigsten Protokolle im Cisco ICND-Kurs sind für das Examen entscheidend. Tabelle 10.3 ist direkt dem ICND-Kurs entnommen. Die Unterscheidung in der Anwendungsspalte sollten Sie auf jeden Fall lernen. Zu wissen, worum es in jeder der Spezifikationen geht, ist auch sehr nützlich.

Tabelle 10.3: ISDN-Protokolle

Anwendung	Protokoll	Wichtigste Beispiel
Telefonnetz und ISDN	E-Serie	E.163 – Internationaler Telefonnummernplan E.164 – Internationale ISDN-Adressierung
ISDN-Konzepte, Aspekte, Interfaces	I-Serie	I.100 series – Konzepte, Strukturen und Terminologie I.400 series – UNI (User-Network Interface)
Switching und Signalisierung	Q-Serie	Q.921 – LAPD (Link Access Procedure auf dem D-Kanal) Q.931 – ISDN-Netzwerklayer

Die OSI-Schichten, die den verschiedenen ISDN-Spezifikationen entsprechen, werden im ICND-Kurs ebenfalls behandelt. Merken Sie sich daher auch die Spezifikationen aus Tabelle 10.4 und die entsprechenden OSI-Layer (Bei den Ebenen des OSI-Modells spricht man auch von Layern oder Schichten).

Tabelle 10.4: ISDN I und Q, wie im ICND behandelt: Vergleich mit den OSI-Schichten

Layer verglichen mit OSI	I-Serie	Entsprechende Spezifizierung	Beschreibung
1	ITU-T I.430 ITU-T I.431	–	Definiert Steckerverbindungen, Verschlüsselung, Framing und Referenzpunkte.
2	ITU-T I.440 ITU-T I.441	ITU-T Q.920 ITU-T Q.921	Definiert das LAPD Protokoll, mit dem auf dem D-Kanal Signalisierungsanfragen eingekapselt werden.
3	ITU-T I.450 ITU-T I.451	ITU-T Q.930 ITU-T Q.931	Definiert Signalisierungs-Mitteilungen wie Einwählen und Auflegen.

Kapitel 10 • ISDN und DDR (Dial-on-Demand Routing)

ANMERKUNG

Es gibt eine Eselsbrücke, mit der man sich die passenden Serien und OSI-Schichten besser merken kann. Die zweite Stelle in der Zahl der Q-Serie ist die gleiche Zahl wie der OSI-Layer. ITU-T Q.920 hat an der zweiten Stelle eine 2 und entspricht OSI Layer 2. Bei der I-Serie liegt die Zahl an der zweiten Stelle 2 über dem entsprechenden OSI-Layer. Zu I.430, mit einer 3 an der zweiten Stelle, passt OSI-Schicht 1.

Sie haben jetzt die eine oder andere Bezeichnung und Zahl hinter einigen ISDN-Protokollen kennen gelernt. Jetzt konzentrieren wir uns auf die wichtigeren Protokolle. Das erste unter ihnen ist LAPD, definiert in Q.921. Es wird als Datenverbindungprotokoll auf einem D-Kanal verwendet. Es ist wesentlich, dass ein Router mit einem ISDN-Interface Signalisierungsmitteilungen zum und vom verbundenen, lokalen ISDN-Switch senden und empfangen kann. LAPD bietet ein Datenverbindungsprotokoll, das mit solchen Mitteilungen über den D-Kanal mit dem lokalen Switch kommuniziert. LAPD definiert diese Signalisierungsmitteilungen übrigens nicht, sondern stellt nur das Datenverbindungsprotokoll, das die Signalisierungmitteilungen sendet.

Die Anrufaufbau- und Beenden-Mitteilungen selbst sind im Q.931-Protokoll definiert. Ein Router empfängt also eine Q.931 Callsetup-Anfrage von einem anderen Router auf dem LAPD-kontrollierten D-Kanal. Er reagiert auf diese Bitte gemäß Q.931 mit einem Anruf mit über das öffentliche Telefonnetz (Bild 10.2).

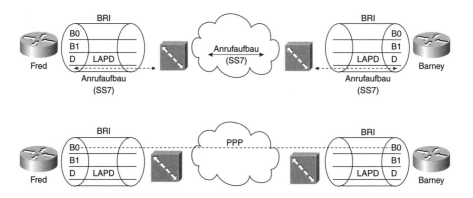

Bild 10.2: LAPD und PPP auf D- und B-Kanälen

Ein Service Provider kann Anrufe in seinem eigenen Netzwerk aufbauen lassen, wie er will. Zwischen jedem lokalen Switch und den Routern hat er für die Signalisierung ISDN Q.931 messages zu verwenden. Zwischen zwei Switches wird üblicherweise SS7 (Signaling System 7) verwendet – dasselbe Protokoll, das die Telekom auch im Telefonnetz für den Anrufaufbau verwendet.

Sobald die Verbindung hergestellt ist, existiert eine 64-KBit/s Leitung auf jedem B-Kanal, der die beiden Router in Bild 10.2 verbindet. Die Router können zwar HDLC verwenden, meistens wird aber PPP als Datenverbindungsprotokoll auf B-Kanälen zwischen zwei Endpunkten verwendet. Wie auch bei Standleitungen, analysieren oder interpretieren die Switches der Telekom nicht die Daten, die über die Leitung gehen.

Der D-Kanal bleibt die ganze Zeit offen, so dass auch während der Datenübertragung neue Anrufsignalisierungen gesendet und empfangen werden können. Da diese Signale außerhalb der Trägerkanäle gesendet werden, spricht man auch von einer out-of-band Signalisierung.

Ein ISDN-Switch muss irgendeine Authentifizierung mit dem Gerät durchführen, das mit ihm Kontakt aufnimmt. Switches arbeiten bei der Authentifizierung mit einem Dezimalwert, dessen Form nicht weiter festgelegt ist. Er nennt sich SPID (Service Profile Identifier). Bevor eine Q.931 Anrufaufbaumitteilung akzeptiert wird, fragt der Switch nach den konfigurierten SPID-Werten. Wenn die Zahlen mit den Werten übereinstimmen, die eingerichtet worden waren, wird die Kommunikation für den Anrufaufbau zugelassen. Wenn Sie neue ISDN-Leitungen bestellen, bekommen Sie ein paar briefliche Mitteilungen zugesendet. Denen können Sie im Falle des Falles die SPIDs entnehmen und in die Konfiguration der jeweiligen Leitung einfach eingeben.

ISDN-BRI: Funktionsgruppen und Referenzpunkte

Als die ITU damit anfing, an ISDN-Protokollen zu arbeiten, ging man von einer äußerst realistischen Annahme aus: Jede Technologie, die stark mit Geräten auf der Anwenderseite zu tun hat – und das ist bei ISDN wirklich der Fall – wird in einigen Regionen oder von einigen Leuten sehr schnell angenommen, an anderen Orten weniger schnell. Daher hat man sich verschiedene Möglichkeiten überlegt, welches Equipment wohl noch auf der Anwenderseite stehen könnte, wenn die Verbindung längst die volle ISDN-Leistung zur Verfügung stellt. Dadurch konnte sich ISDN in Ruhe verbreiten und gewährte den Kunden viele Übergangsmöglichkeiten.

Die ISDN-Spezifikation legt verschiedene Funktionen fest, durch die ein CPE (Costumer Premises Equipment) unterstützt wird. ISDN kennt den

Begriff der Funktionsgruppe für eine Reihe zusammengehöriger Funktionen, die von der Hardware oder der Software ausgeführt werden müssen. Da die ITU dem Kunden viele Möglichkeiten lassen wollte, definierte sie mehrere Funktionsgruppen. Da die Funktionsgruppen unter Umständen von verschiedenen Geräten, vielleicht sogar verschiedenen Herstellern übernommen werden können, definierte die ITU ganz genau die Schnittstellen der Geräte, die die eine oder andere Funktion ausüben. Für ein solches Interface zwischen zwei Funktionsgruppen verwendet man beim ISDN den Begriff des Referenz- oder Bezugspunktes.

Viele Leute finden die Bezeichnungen Funktionsgruppe und Referenzpunkt etwas verwirrend. Das liegt zum Teil wohl daran, dass in einer einzelnen Topologie im Grunde nur ganz wenige Funktionsgruppen – und damit auch Referenzpunkte – existieren. Außerdem beschäftigt man sich mit den Funktionsgruppen und Referenzpunkten gar nicht, wenn man auf einem Router mit ISDN arbeitet. Und die meisten Leute, die jeden Tag mit ISDN zu tun haben, sprechen nicht einmal von Funktionsgruppen und Referenzpunkten. Versuchen wir dennoch kurz, die beiden Begriffe mit einer etwas ungenauen, aber verständlichen Definition zu treffen:

- **Funktionsgruppe** – Eine Reihe von Funktionen, die durch ein Gerät und eine Software implementiert werden.

- **Referenzpunkt** – Die Schnittstelle zwischen zwei Funktionsgruppen mit der gesamten Verkabelung

Die meisten Leute verstehen Konzepte besser, wenn sie ein Netzwerk vor Augen haben oder sogar einrichten. Anhand eines Kabeldiagramms kann man die Referenzpunkte und Funktionsgruppen leicht durchschauen. Bild 10.3 zeigt das Kabeldiagramm für mehrere Beispiele.

Die Router A und B zeigen die typische ISDN-Verkabelung von Cisco-Routern in Nordamerika. Router A hat ein ISDN BRI U Interface, U für U Referenzpunkt (In Nordamerika liegt zwischen dem CPE und der Telefongesellschaft als Schnittstelle ein I.430 Referenzpunkt). Es muss kein weiteres Gerät installiert werden. Die Leitung, die von der Telefongesellschaft kommt, wird einfach in das BRI Interface des Routers gesteckt.

Router B hat eine BRI-Karte mit S/T Interface. Er muss mit einem Gerät der Funktionsgruppe NT1 verbunden werden. Ein NT1-Gerät muss in Nordamerika über einen U-Referenzpunkt mit der Leitung der Telefongesellschaft verbunden werden. Wenn man einen Router mit BRI-Karte und S/T-Referenzpunkt hat, verkabelt man ihn mit einem externen NT1, und geht von da aus in die Leitung des Telefonanbieters (mit einem U-Interface).

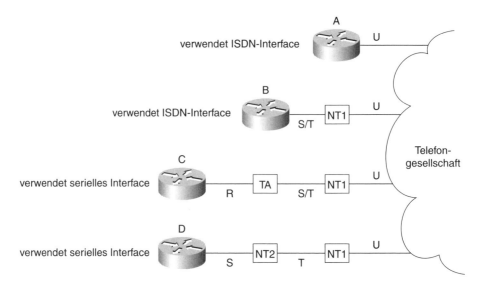

Bild 10.3: *ISDN-Funktionsgruppen und Referenzpunkte*

Die Router A und B haben beide eine ISDN BRI Karte, aber verschiedene Referenzpunkte. Der Listenpreis einer BRI-U Karte liegt ein paar hundert Euro über dem der BRI-S/T Karte, weil die BRI-U die NT1 Funktionsgruppe auf der Karte beinhaltet. Dafür ist ein externes NT1 unnötig.

Ein Router kann auch über ein einfaches serielles Interface mit ISDN verbunden werden, so wie Router C in Bild 10.3. Router C implementiert die ISDN Funktionsgruppe TE2 (Terminal Equipment 2) und ist über einen R-Referenzpunkt direkt mit einem Terminaladapter verbunden.

Offensichtlich gibt es viele Möglichkeiten. Das Ziel von ISDN war ja auch, verschiedene Zugangsmöglichkeiten anzubieten. Stellen Sie sich vor, dass Sie am Remotestandort schon einen Router haben, der keine ISDN-Interfaces unterstützt. Dann brauchen Sie nur ein externes ISDN TA und NT1 zu kaufen, um ISDN zu nutzen, statt eines neuen Routers mit ISDN BRI-U Karte. An einem anderen Standort brauchen Sie sowieso einen neuen Router. Hier nehmen Sie einen mit BRI-U Karte und brauchen sich nicht mehr um irgendwelche externen Geräte zu kümmern. Die ITU hat für beide Fälle Lösungsmöglichkeiten angeboten, die die Provider auch anbieten – mit dem etwas unschönen Nebeneffekt für CCNA-Kursteilnehmer, dass sie sich ganz schön viele Details merken müssen!

Tabelle 10.5 fasst die Typen aus Bild 10.3 zusammen. Die Tabellen 10.6 und 10.7 enthalten die formalen Definitionen.

Tabelle 10.5: Zusammenfassung von Funktionsgruppen und Referenzpunkten

Router	Funktionsgruppe(n)	Angeschlossen an die Referenzpunkt(e) ...	Typ des Interface im Router
A	TE1, NT1	U	ISDN Karte, U Interface
B	TE1	S/T (S und T kombiniert)	ISDN Karte, S/T Interface
C	TE2	R	Serielles Interface auf ISDN-Hardware/Software im Router
D	TE1	S	Serielles Interface auf ISDN-Hardware/Software im Router

Tabelle 10.6: Definitionen der Funktionsgruppen in Bild 10.3

Funktionsgruppe	Erklärung der Abkürzung	Beschreibung
TE1	Terminal Equipment 1	ISDN-fähiges vierdrahtiges Kabel. Versteht Signalisierung und 2B+D. Verwendet einen S-Referenzpunkt.
TE2	Terminal Equipment 2	Dieses Equipment versteht keine ISDN Protokolle und Spezifikationen. Verwendet einen R-Referenzpunkt, meistens ein RS-232 oder V.35 Kabel, um sich mit einem TA zu verbinden.
TA	Terminal Adapter	Dieses Equipment verwendet R und S Referenzpunkte. Es handelt sich um eine TE1 Funktionsgruppe anstelle eines TE2.
NT1	Netzwerk Termination Typ 1	CPE Ausstattung in Nordamerika. Ist über einen U- Referenzpunkt (zwei-drahtig) mit der Telefongesellschaft verbunden. Wird mit T oder S Referenzpunkten mit anderen CPE verbunden.
NT2	Netzwerk Termination Typ 2	Verwendet einen T-Referenzpunkt zur Telefongesellschaft außerhalb Nordamerikas, zu einem NT1 innerhalb von Nordamerika. Verwendet einen S-Referenzpunkt zu anderen CPEs.
NT1/NT2	–	NT1 und NT2 in einem Gerät. In Nordamerika recht verbreitet.

Tabelle 10.7: Definitionen der Referenzpunkte in Bild 10.3

Referenzpunkt	Was verbunden wird
R	TE2 und TA
S	TE1 oder TA und NT2
T	NT2 und NT1
U	NT1 und die Telefongesellschaft
S/T	TE1 oder TA, verbunden mit einem NT1, kein NT2 benutzt wird. Alternativ: Verbindung von einem TE1 oder TA zu einem NT1/NT2.

Für den privaten PC-Anwender kann der Marketing-Jargon dem Erlernen der richtigen ISDN-Terminologie im Weg stehen. Bild 10.4 zeigt, warum.

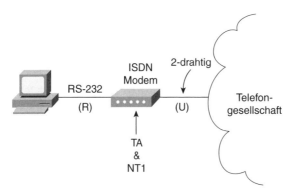

Bild 10.4: Privater ISDN-Benutzer und Referenzpunkte

Die gebräuchliche ISDN-Terminologie für private Nutzer weicht von der ISDN-Spezifikationen unglücklicherweise etwas ab. Der Privatkunde bestellt ISDN und die Telefongesellschaft bietet ihm verschiedene »ISDN-Modems« an. Was er bekommt, ist ein einzelnes Gerät, das einen TA und ein NT1 enthält. Ein PC wird mit einem seriellen Port mit dem TA verbunden, welcher über Referenzpunkt R mit dem PC, mit Referenzpunkt U mit der BRI-Leitung selbst verbunden ist. Die Begriffe *Referenzpunkt, TA* und *NT1* werden von den Providern jedoch meistens nicht verwendet – hier gibt es einige Verwirrung mit der offiziellen Terminologie.

ISDN PRI Funktionsgruppen und Referenzpunkte

Die ITU hat etliche Implementierungsmöglichkeiten für BRI vorgesehen, das gängige Interface für Privatkonsumenten. PRI hatte man mehr für die Wirtschaft geplant. Es hat mehr B-Kanäle und birgt höhere Kosten. Daher hat die ITU keine Funktionsgruppen und Referenzpunkte für ISDN PRI definiert!

BRI und PRI Verschlüsselung und Framing

Der physikalische Layer enthält immer auch schon einige Festlegungen zu Verschlüsselung und Framing. Ohne solche Spezifikationen würden die Geräte, die an ein Netzwerk angeschlossen sind, nicht wissen, wie sie Daten über dieses Medium senden und empfangen sollen. In einigen Fällen kann man diese Details ignorieren. Solange Sie keine Hardware für einen Netzwerkanbieter herstellen, werden Sie sich selten mit diesen Feinheiten beschäftigen. Um ISDN PRI richtig zu konfigurieren, müssen Sie jedoch tatsächlich etwas über Verschlüsselung und Framing auf Ebene 1 wissen, da Sie sich bei der Konfiguration von PRI auf einem Cisco-Router zwischen zwei Möglichkeiten entscheiden müssen.

In einigen Teilen des Globus bauen die Telefongesellschaften Netzwerke auf T1-Diensten auf, in anderen auf E1-Diensten. Die Hardware der Cisco-Router für PRIs bietet Chips und Software für T1- und E1-Leitungen. Wenn Sie eine solche Karte konfigurieren, müssen Sie wissen, was Sie bei den Encoding- (Verschlüsselung-) und Framing-Optionen eingeben. Wenn Sie einen Wert eingeben, der nicht mit dem der Telefongesellschaft übereinstimmt, funktioniert die Leitung nicht.

PRI Encoding (Verschlüsselung)

Bei jeder Spezifikation auf dem physikalischen Layer steht der Schlüssel für die Energielevel, die auf dieser Leitung für eine 1 oder für eine 0 stehen. Früher benutzte man zum Beispiel eine Kodierung, bei der ein +5 Volt Signal für eine binäre 1 stand, ein - 5 Volt Signal für eine binäre 0. Heute ist das Encoding-Schema bei jeder Layer 1-Technologie anders. Bei manchen unterscheiden sich 1 und 0 in der Frequenz. Andere messen die Amplitude (die Signalstärke), beobachten die Phasenverschiebungen im Signal oder berücksichtigen mehrere dieser Unterschiede in den elektrischen Signalen.

ISDN PRI ist in Nordamerika auf eine digitale T1-Schaltung aufgebaut. T1-Schaltungen arbeiten mit zwei verschiedenen Encoding-Schemen – AMI (Alternate Mark Inversion) und B8ZS (Binäre 8 mit Zero Substitution). Wenn Sie die eine oder die andere in einer PRI-Konfiguration verwenden wollen, müssen Sie den Router daraufhin abstimmen, was die Telefongesellschaft selbst verwendet. PRI-Leitungen in Europa, Australien und anderen Teilen der Welt benutzen E1. Dann funktioniert nur HDB3 (High-Density Bipolar 3).

PRI-Framing

PRI-Leitungen senden und empfangen serielle Bitstreams. Woher weiß das PRI-Interface dann, welche Bits zu Kanal D, und welche zum ersten, zweiten B-Kanal (und so weiter) gehören? Die Antwort lautet – Framing.

Framing, hier auf der physikalischen ISDN-Ebene, definiert, welche Bits zu welchem Kanal gehören. Wie auch die Verschlüsselung der Werte, richtet sich das PRI-Framing nach den Spezifikationen für T1 oder E1. Die beiden T1 Framingoptionen definieren 24 verschiedene 64-KBit/s DS0 Kanäle und einen 8-KBit/s Verwaltungskanal für die Telefongesellschaft. Das ergibt eine Gesamtgeschwindigkeit von 1,544 MBit/s. Das gilt unabhängig davon, welche T1 Framingmethode verwendet wird. Für E1s definiert ein Framing mit 32 64-KBit/s Kanälen und einer Gesamtgeschwindigkeit von 2,048 MBit/s, unabhängig vom Framingtyp.

Die beiden Möglichkeiten für ein T1 sind ESF (Extended Super Frame) oder das ältere SF – Super Frame. Die neueren T1s verwenden heute ESF. PRIs in Europa und Australien verwenden mit E1 zusammen das neuere CRC-4 Framing oder das ursprünglich für E1-Leitungen definierte Framing. Sie müssen dem Router nur sagen, ob er CRC4 aktivieren soll.

Wenn die Einzelheiten für das Framing feststehen, kann das PRI bestimmte Kanäle als B-Kanäle und einen als D-Kanal einsetzen. Bei PRIs mit T1 sind die ersten 23 DS0 Kanäle die B-Kanäle, der letzte DS0-Kanal der D-Kanal. Das ergibt 23B+D. Bei PRIs mit E1-Leitungen ist der D-Kanal der Kanal 15. Die Kanäle sind von 0 bis 31 durchnummeriert. Kanal 31 kann nicht benutzt werden, da er für Übersteuerungen beim Framing reserviert ist. Daher bleiben die Kanäle 0 bis 14 und 16 bis 30 als B-Kanäle, woraus sich 30B+1D ergibt.

Tabelle 10.8 fasst die Grundkonzepte von Verschlüsselung und Framing mit den jeweiligen Optionen bei T1- und E1-Leitungen zusammen.

Tabelle 10.8: Definitionen für Verschlüsselung und Framing

Begriff	Beschreibung	Beispiele
Encoding (Verschlüsselung)	Elektrische Signale, die über ein Medium gehen, repräsentieren binäre Einsen und Nullen.	B8ZS und AMI (T1), HDB3 (E1)
Framing	Standard für serielle Bitströme, durch den die Zugehörigkeit ihrer Anteile zu den jeweiligen Kanälen erkannt werden kann.	SF und ESF (T1), CRC4 (E1)

BRI Framing und Encoding

ISDN BRI verwendet ein einziges Verschlüsselungs-Schema und eine einzige Framing-Möglichkeit. Daher haben Sie für Encodung und Framing in diesem Fall auf dem Router bei der Konfiguration keine Wahlmöglichkeiten.

10.2.2 Konfiguration von ISDN und DDR (Dial-on-Demand Routing)

Dieser Abschnitt behandelt die Konfiguration von ISDN und die damit zusammenhängende Konfiguration von DDR, durch die die Cisco IOS Software das BRI Interface verwendet. Sie müssen die Konfiguration von DDR verstehen, um die Aufgaben zu begreifen, die mit der Konfiguration von ISDN verbunden sind. Die Konfiguration von ISDN kann sehr kurz ausfallen. Bei dem ganzen Wind, den es um die ISDN-Protokolle und Begriffe gibt, kann man ISDN trotzdem mit wenigen Optionen auf einem Router zum Laufen bringen. Die DDR-Konfiguration aber, die dem Router sagt, wann er wählen und wann er wieder auflegen soll, kann recht kompliziert werden.

Der erste Abschnitt enthält die DDR-Konfiguration für BRI-Interfaces und dann diejenigen für die Benutzung von BRI- und PRI-Interfaces. Dann werden DDR-Dialerprofile besprochen, ein besonderer Stil der DDR-Konfiguration. Das Kapitel endet mit der Funktion Multilink PPP (MLP), bei der mehrere B-Kanäle mit demselben Remote-Standort verbunden sind.

Die Tabellen 10.9 and 10.10 fassen die Befehle aus diesem Abschnitt zusammen.

Tabelle 10.9: ISDN-Konfigurationsbefehle

Befehl	Beschreibung	Konfigurationsmodus
isdn switch-type *switch-type*	Definiert den Switchtyp für den Router, an den die ISDN-Leitung im Hauptbüro angeschlossen ist.	Global oder Interface
isdn spid1 *spid*	Definiert den ersten SPID.	Interface
isdn spid2 *spid*	Definiert den zweiten SPID.	Interface
isdn caller *phone-number* [callback]	Definiert eine gültige Nummer für die eingehenden Anrufe, wenn Anruf-Screening durchgeführt wird.	Interface
dialer-list *dialer-group* **protocol** *protocol-name* {**permit** | **deny** | **list** *access-list-number* | *access-group*}	Definiert den Datenverkehr, der als interessant gelten soll.	Global
dialer-group *n*	Aktiviert eine Anruferliste auf dem Interface.	Interface
dialer string *string*	Telefonnummer, wenn nur ein Standort angewählt wird.	Interface

Tabelle 10.9: ISDN-Konfigurationsbefehle (Forts.)

Befehl	Beschreibung	Konfigurations-modus
dialer map *protocol next-hop-address* [**name** *hostname*] [**spc**] [**speed 56**	**speed 64**] [**broadcast**] [*dial-string*[:*isdn-subaddress*]]	Telefonnummer für den nächsten Hop. Der **map** Befehl wird eingesetzt, wenn mehr als ein anderer Standort angewählt wird. Diese Ziffernfolge wird auch zur Authentifizierung verwendet. Die Option **broadcast** bewirkt, dass Kopien von Broadcasts an diese Next-Hop-Adresse gehen.	Interface
dialer idle-timeout *seconds* [**inbound**	**either**]	Legt fest, wie schnell der Router auflegt, wenn kein interessanter Datenverkehr fließt.	Interface
dialer fast-idle *seconds*	Wenn alle Leitungen belegt sind und neuer interessanter Verkehr ankommt, für den eine neue Leitung gewählt werden müsste, kann ja nicht gewählt werden. **fast-idle** legt fest, wie schnell eine der bestehenden Verbindungen bei fehlendem interessantem Verkehr beendet wird, um eine schnellere neue Einwahl zu ermöglichen.	Interface
controller t1 *int-number*	Wählt das kanalisierte T1 Interface als PRI aus.	Global
pri-group timeslots *range*	Defines which of the DS0 channels will be used in this PRI.	Kontroll-interface Unterbefehl
framing sf	**esf**	Definiert den Framing-Typ auf dem T1-basierten PRI.	Kontroll-interface Unterbefehl
linecode ami	**b8zs**	Definiert den Encodingtyp auf dem T1-basierten PRI.	Kontroll-interface Unterbefehl

Kapitel 10 • ISDN und DDR (Dial-on-Demand Routing)

Tabelle 10.10: ISDN-bezogene EXEC-Befehle

Befehl	Beschreibung
show interfaces bri *number* [*:B channel*]	Enthält einen Verweis zur Zugangsliste für das Interface.
show controllers bri *number*	Zeigt die Layer 1 Statisktik und den Status der B- und D-Kanäle.
**show isdn {active	history	memory	status	timers}**	Zeigt verschiedene ISDN Statusinformationen.
show interfaces bri *number*[[*:bchannel*]]	[*first*] [*last*]] [**accounting**]	Zeigt Interfaceinformationen über den D-Kanal und B-Kanäle an.
show dialer interface bri *number*	Zeigt DDR-Parameter für das BRI-Interface an. Es ist sichtbar, ob eine Nummer angewählt wurde, da der aktuelle Status angezeigt wird. Auch werden vergangene Wählversuche und ihr Erfolg aufgeführt.
debug isdn q921	Zeigt ISDN Layer 2 Messages.
debug isdn q931	Zeigt ISDN Layer 3 messages (call setup/teardown).
**debug dialer {events	packets	map}**	Zeigt Informationen an, wenn ein Paket aus dem Einwahlinterface herausgeht, wodurch klar wird, ob es interessant ist.

Konzepte und Konfiguration von DDR Legacy

DDR kann man auf unterschiedliche Weise konfigurieren. Zwei der Möglichkeiten nennen sich *Legacy DDR* und *DDR Dialerprofile*. Der Hauptunterschied zwischen beiden ist, dass Legacy DDR Einwahldetails mit einem physikalischen Interface verknüpft, während DDR Dialerprofile die Einwahlkonfiguration von einem physikalischen Interface loslöst, was eine große Flexibilität ermöglicht. Die Konzepte hinter Legacy DDR gelten auch für DDR Dialerprofile, aber die Konfiguration von Legacy DDR ist weniger umfangreich. Legacy DDR behandeln wir zuerst. Dialerprofile sind ein späteres Thema in diesem Kapitel. (Wenn Sie DDR benutzen, ist vermutlich ein anderes DDR-Feature, *Dialer Watch,* auch sehr interessant für Sie.)

DDR kann auf asynchronen seriellen, synchronen seriellen, ISDN BRI- und PRI-Interfaces verwendet werden, um Anrufe zu tätigen und entgegenzunehmen. Alle Beispiele in diesem Kapitel verwenden ISDN.

Die folgende Aufzählung stellt die Hauptfunktionen der Legacy DDR Konfiguration dar. Die ersten beiden beziehen sich nicht direkt auf den

Anrufvorgang, sondern ob überhaupt gewählt wird oder nicht. Die anderen beiden Funktionen beziehen sich auf den Wahl- oder Signalisierungsprozess.

Der Begriff der Signalisierung bezieht sich beim ISDN auf das Einwählen und Auflegen. Manche Leute sagen auch »Einwählen« oder »Dialing« statt Signalisierung, meinen aber das Gleiche.

Hier sind nun die vier Konzepte hinter Legacy DDR:

1. Routet Pakete aus dem Interface, das angerufen werden soll.
2. Legt das Paketset fest, das den Anruf auslöst.
3. Wählen (Signalisieren).
4. Festlegen, wann die Verbindung beendet wird.

DDR Schritt 1: Pakete aus dem Interface routen, das angewählt werden soll

Bild 10.5 liefert den Background für die folgenden Diskussionen. In den folgenden Fällen wählt sich der Router SanFrancisco in den Hauptsitz LosAngeles ein.

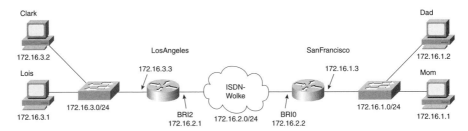

Bild 10.5: Beispiel für ein DDR-Netzwerk

Der Router muss die Entscheidung treffen, wann er sich einwählt. Der erste Schritt des Verfahrens ist von der folgenden Voraussetzung abhängig:

> DDR wählt nicht, bevor Datenverkehr aus dem Dial-Interface geleitet wird.

Der Router muss nun Pakete routen, die zunächst in eine Warteschlange (Queue) vor dem Einwahl-Interface gestellt werden. Cisco hat DDR so konzipiert, dass der Router Datenverkehr erhält, der von einem Benutzer kommt, und dann, wie beim normalen Routing, entscheidet, dass der Verkehr aus dem Einwahl-Interface herausgehen muss. Der Router (SanFrancisco) erhält ein Paket, das aus BRI0 herausgeleitet werden muss. Dass der Router das Paket über das Interface leitet, löst bei der Cisco IOS Software den Einwahlprozess aus.

Routingprotokolle können natürlich über eine BRI-Leitung, die fast nie offen ist, keine Routen erlernen! In Bild 10.5 hat SanFrancisco zum Beispiel keine Route zu 172.16.3.0/24 über ein Routingprotokoll erlernt, da gar kein B-Kanal eingerichtet wurde. Daher muss man auf SanFrancisco statische Routen konfigurieren, die auf die Subnetzwerke in LosAngeles verweisen. Dadurch werden dann Pakete über das Interface geroutet und triggern eine Einwahl für einen B-Kanal Richtung LosAngeles.

Alle routbaren Protokolle können so konfiguriert werden, dass sie eine Einwahl auslösen, wenn Pakete eines bestimmten Typs aus einem bestimmten Interface geleitet werden. Wegen seiner Popularität verwenden wir in den folgenden Beispielen IP.

Wenn man mit einer DDR-Konfiguration beginnt, fügt man der Konfiguration IP-Routen hinzu, so dass Pakete auf SanFrancisco aus herausgeleitet werden können, wie man es in Beispiel 10.1 sieht.

Beispiel 10.1: Definition einer statischen Route, um Pakete aus dem ISDN BRI Interface zu senden

```
! SanFrancisco static routes
ip route 172.16.3.0 255.255.255.0 172.16.2.1
```

DDR Schritt 2: Festlegung der Pakete, die eine Einwahl auslösen

Die Schritte 1 und 2 des Legacy DDR Verfahrens legen fest, wann eine Verbindung hergestellt wird. Diese beiden Schritte nennt man zusammen *Triggern der Einwahl* oder *Auslösen des Anrufs*. In Schritt 1 wird ein Paket aus einem Interface geleitet, bei dem gewählt werden muss. Deshalb beginnt aber der Einwahlprozess noch nicht unbedingt. Die Cisco IOS Software erlaubt, dass in einem zweiten Schritt festgelegt wird, welches Set von Paketen, die aus dem Interface gehen, eine Einwahl auslösen. Die logische Abfolge sieht man in Bild 10.6.

In Schritt 2 gibt es eine einfache Frage: »Müssen wir wegen dieses Paketes, das über dieses Interface weiter geroutet wurde, einen Anruf auslösen?« Cisco nennt diejenigen Pakete, die einen Anruf auslösen, *interessante Pakete*. Cisco hat zwar keinen Namen für Pakete, die keinen Anruf auslösen, aber im Grunde sind sie »uninteressant«. Nur die interessanten Pakete lösen einen Anruf aus. Wenn die Verbindung hergestellt ist, können allerdings sowohl interessante als auch uninteressante Pakete über die Leitung gehen.

Der Netzwerkingenieur kontrolliert, was einen Anruf auslöst. Er oder sie haben damit in der Hand, wann der Router das Geld der Firma ausgibt. Die Provider verlangen für eine ISDN-Leitung im Allgemeinen eine Grundgebühr. Dazu kommen Verbindungsgebühren für die Nutzung der B-Trägerkanäle, die pro Minute abgerechnet werden.

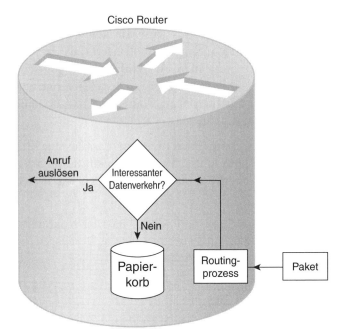

Bild 10.6: DDR-Verfahren für das Auslösen eines Anrufs

Interessante Pakete kann man mit zwei verschiedenen Methoden erkennen. Bei der ersten Methode gilt jedes Paket von ein oder mehreren Layer 3-Protokollen (zum Beispiel alle IP-Pakete) als interessant. In diesem Fall kann in SanFrancisco jeder Benutzer ein Paket an einen Host in 172.16.3.0/24 senden und damit einen Anruf auslösen. Das kann gewünscht sein oder auch nicht. Bei der zweiten Methode werden Pakete als interessant angesehen, wenn sie über eine Zugangsliste zugelassen worden sind. IP-Zugangskontrolllisten (ACLs) werden in Kapitel 12 behandelt, »Sicherheit durch Zugangs-Kontrolllisten«. Sie wenden ein Vergleichsverfahren an, um die passenden Pakete zu erkennen. ACLs kennen nur zugelassene und nicht zugelassene Pakete. Unter DDR sind Pakete, die von der ACL zugelassen werden, interessant.

Beispiel 10.2 zeigt zwei alternative Zusatzkonfigurationen. Bei der einen werden alle IP-Pakete für interessant gehalten, bei der anderen nur alle Pakete zu Webserver Lois (siehe Bild 10.5).

Beispiel 10.2: Bestimmung interessanter Pakete, die die Leitung zwischen SanFrancisco und LosAngeles aktivieren

```
ip route 172.16.3.0 255.255.255.0 172.16.2.1
!
access-list 101 permit tcp any host 172.16.3.1 eq 80
!
dialer-list 1 protocol ip permit
!
dialer-list 2 protocol ip list 101
!
interface bri 0
 encapsulation ppp
 ip address 172.16.2.2 255.255.255.0
!Use this one if all IP is considered interesting ...
 dialer-group 1
!
! OR use next statement to trigger for web to server Lois
! Note: If you typed the next command, it would replace the dialer-group 1
! command; only one dialer-group is allowed per interface!
!
 dialer-group 2
```

Der Interface Unterbefehl **dialer-group** sorgt dafür, dass die Unterscheidung interessanter und uninteressanter Pakete aktiviert wird. Sie bezieht sich auf eine Anruferliste (dialer list), die sich auf eine ganze Protokollreihe (wie in **dialer-list 1**) oder eine Zugriffsliste (wie in **dialer-list 2**) bezieht. **dialer-group 1** auf Interface BRI0 sorgt dafür, dass jeder IP-Verkehr, der aus dem Interface herausgehen möchte, einen Anruf triggert.

Die andere Anruferliste im Beispiel, **dialer-list 2**, bezieht sich auf IP-Zugangsliste Nummer 101. Wenn die Zugangsliste ein Paket findet, das aus Interface BRI0 herausgeroutet wurde, ruft der Router an. Wenn bei dem ACL-Vergleichsverfahren kein Treffer erzielt wird, wählt der Router auch nicht. Dadurch kann man sehr genau festlegen, welcher IP-Datenverkehr einen Anruf auslöst. (Kapitel 12 liefert weit mehr Informationen zu Cisco ACLs.)

DDR Schritt 3: Anruf (Signalisierung)

Bevor der Router anrufen kann, muss er die Telefonnummer des anderen Routers wissen. Bei dem Netzwerk in Bild 10.5 geht die Konfiguration einfach. Der Befehl lautet **dialer string** *string*. *string* ist die Telefonnummer. Beispiel 10.3 vervollständigt die DDR-Konfiguration für Bild 10.5, so dass ein Anruf stattfinden kann.

Beispiel 10.3: Konfiguration von SanFrancisco: Der Router kann sich einwählen

```
ip route 172.16.3.0 255.255.255.0 172.16.2.1
!
access-list 101 permit tcp any host 172.16.3.1 eq 80
!
dialer-list 2 protocol ip list 101
!
interface bri 0
 ip address 172.16.2.2 255.255.255.0
 encapsulation ppp
 dialer string 14045551234
 dialer-group 2
```

Es ist nur die Eingabe **dialer string** hinzu gekommen, so dass die Telefonnummer für die Signalisierung geklärt ist. Die Telefonnummer wird auf dem D-Kanal des BRI mithilfe von Q.931-Signalisierung übertragen.

Wenn nur ein Standort angerufen werden soll, müssen Sie auch nur eine Telefonnummer eingeben. Wenn es jedoch mehrere Remote-Standorte gibt, muss der Router von jedem Standort die Telefonnummer wissen. Außerdem muss er wissen, mit welcher Telefonnummer er welchen Standort erreicht.

In Bild 10.7 wird dem Netzwerk ein dritter Standort hinzugefügt. Beispiel 10.4 fügt San Francisco eine Konfiguration hinzu, durch die eine FTP-Verbindung von Mom oder Dad zum FTP-Server Commissioner (nah bei GothamCity) für interessant gehalten wird, und deshalb Einwahlverbindungen zu GothamCity auslöst.

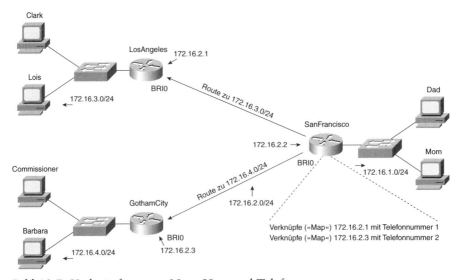

Bild 10.7: Verknüpfung von Next-Hop und Telefonnummer

Kapitel 10 • ISDN und DDR (Dial-on-Demand Routing)

SanFrancisco muss nun zwei Telefonnummern wissen und wann sie gewählt werden. DDR verbindet die Telefonnummer, die gewählt werden muss, mit der Route, die für das interessante Paket aus dem Interface herausging. Weil die statischen Routen den Router veranlassen, die Pakete entweder an 172.16.2.1 (LosAngeles) oder 172.16.2.3 (GothamCity) zu senden, müssen nur diese Next-Hop-Adressen und die jeweiligen Telefonnummern verknüpft werden. Das genau macht der Befehl **dialer map**.

Beispiel 10.4 zeigt die fast vollständige Konfiguration. Eine CHAP-Konfiguration ist in diesem Schritt auch vorgenommen worden.

Beispiel 10.4: SanFrancisco-Konfiguration: Zwei Standorte zum Einwählen mit Dialer Map

```
ip route 172.16.3.0 255.255.255.0 172.16.2.1
ip route 172.16.4.0 255.255.255.0 172.16.2.3
! Added usernames for CHAP support!
username LosAngeles password Clark
username GothamCity password Bruce
!
access-list 101 permit tcp any host 172.16.3.1 eq 80
! Added next statement to make The Client's FTP connection interesting!
access-list 101 permit tcp any host 172.16.4.1 eq 21
!
dialer-list 2 protocol ip list 101
!
interface bri 0
 ip address 172.16.2.2 255.255.255.0
 encapsulation ppp
 ppp authentication chap
 dialer map ip 172.16.2.1 broadcast name LosAngeles 14045551234
 dialer map ip 172.16.2.3 broadcast name GothamCity 19999999999
 dialer-group 2
!
router igrp 6
network 172.16.0.0
```

dialer map Befehle beinhalten, dass ein interessantes Paket, das an 172.16.2.1 geleitet wird, den Anruf bei LosAngeles auslöst. Und wenn ein interessantes Paket in Richtung 172.16.2.3 geroutet wird, wird GothamCity angewählt. Die Festlegung dessen, was *interessant* ist, wurde um Pakete an den FTP-Server in GothamCity erweitert.

In Beispiel 10.4 finden Sie zwei weitere, wichtige Konfigurationsmerkmale. Es wurde CHAP-Authentifizierung eingerichtet. PAP oder CHAP ist notwendig, wenn Sie mit ISDN mehr als einen Standort anwählen wollen – und PAP und CHAP benötigen PPP. Die Benutzernamen und Passworte, die mit den beiden Routern vereinbart sind, stehen fast ganz am Anfang der Konfiguration. Da SanFrancisco CHAP-Anfragen von zwei verschiedenen Standorten bekommt, muss der Router irgendwie unterscheiden können, wer die Anfrage gesendet hat. Der Benutzername, den SanFrancisco von der anderen Seite erwartet, richtet sich nach dem Namensparameter im **dialer map** Befehl.

Denken Sie auch daran, dass das Schlüsselwort **broadcast** in den **dialer map** Befehlen wichtig ist. Wie bei anderen seriellen Punkt-zu-Punkt-Verbindungen, gibt es kein wirkliches Broadcasting auf der Datenverbindungsebene. Wenn eine Broadcast aus dem Interface gesendet werden muss, nachdem die Verbindung hergestellt worden ist, müssen Sie dem Interface mit dem Schlüsselwort **broadcast** mitteilen, dass das Paket über die Leitung gesendet werden soll.

Während die Verbindung besteht, verhält sie sich wie eine Standleitung. Wenn ein bestimmtes Layer 3-Protokoll aktiviert ist, kann es über die Verbindung geroutet werden. Transparentes, eingekapseltes Bridging kann, wie jede andere Punkt-zu-Punkt-Verbindung, auch eingesetzt werden. Wenn das **broadcast** Schlüsselwort kodiert worden ist, können Routingupdates, IPX SAPs, AppleTalk ZIP und andere Broadcasts über die Verbindung geschickt werden.

Auch wenn Sie Kapitel 12 noch nicht gelesen haben, sollten Sie sich merken, dass die ACLs bestimmen, welche Pakete interessant sind, und welche nicht, oder ob gar keine Pakete gefiltert werden. Alle Pakete, die der Router aus dem Interface herausleitet, werden weitergeleitet – interessanter und uninteressanter Verkehr. Wenn die Einwahlverbindung zu LosAngeles zustande gekommen ist, fließen darüber nicht nur Pakete zum Webserver, sondern auch andere Pakete.

DDR Schritt 4: Festlegung des Verbindungsendes

Die Entscheidung, wann die Verbindung beendet wird, ist für eine bestehende Verbindung eigentlich die interessanteste Frage. Es kann zwar jeder Pakettyp über die Verbindung gehen, sie soll aber nur für die Weiterleitung der interessanten Pakete aufrecht erhalten werden. Alles andere kostet nur unnötig Geld. Der Router hat einen Leerlaufzähler (Idle Timer), der die Zeit misst, die seit dem letzten interessanten Paket verstrichen ist. Wenn für die im Leerlaufzähler festgelegte Zeit kein interessanter Verkehr geflossen ist, beendet der Router die Verbindung.

Man kann zwei Idle-Timer einstellen. Mit dem Befehl **dialer idle-timeout** werden die Sekunden des Leerlaufzählers eingestellt. Wenn jedoch alle B-Kanäle besetzt sind und der Router einen weiteren Standort anwählen will, da interessante Daten für diesen Empfänger vorliegen, kann ein kürzer Leerlaufzähler verwendet werden. Der Befehl **dialer fast-idle** *seconds* kann so konfiguriert werden, dass die aktuelle Verbindung schneller beendet wird, damit die neue Verbindung aufgebaut werden kann.

Konfiguration von ISDN BRI

In diesem Konfigurationsabschnitt ist bisher eigentlich kein spezieller ISDN-Konfigurationsbefehl vorgekommen, nur für das BRI-Interface selbst. Jetzt geht es um die beiden Befehle, mit denen man BRI unterstützen kann. Diese Befehle sind in denselben Kontext eingebunden, wie wir ihn im gesamten Kapitel bisher verwendet haben, so dass am Ende eine vollständige und funktionierende ISDN DDR Konfiguration herauskommt.

Die Beispiele 10.5 und 10.6 führen die vollständige ISDN DDR Konfiguration für das Musternetzwerk vor. Auch die besondere ISDN-Konfiguration ist enthalten. Der Text, der auf die Beispiele folgt, erklärt die vorkommenden ISDN-Befehle.

Beispiel 10.5: Vollständige Konfiguration für SanFrancisco

```
ip route 172.16.3.0 255.255.255.0 172.16.2.1
ip route 172.16.4.0 255.255.255.0 172.16.2.3
! Added usernames for CHAP support!
username LosAngeles password Clark
username GothamCity password Bruce
!
isdn switch-type basic-ni1
!
access-list 101 permit tcp any host 172.16.3.1 eq 80
access-list 101 permit tcp any host 172.16.4.1 eq 21
!
dialer-list 2 protocol ip list 101
!
interface bri 0
 ip address 172.16.2.2 255.255.255.0
 encapsulation ppp
 ppp authentication chap
 isdn spid1 555555111101
 isdn spid2 555555222202
 dialer idle-timeout 300
 dialer fast-idle 120
 dialer map ip 172.16.2.1 broadcast name LosAngeles 14045551234
 dialer map ip 172.16.2.3 broadcast speed 56 name GothamCity 19999999999
 dialer-group 2
!
router igrp 6
network 172.16.0.0
```

Beispiel 10.6: Konfiguration für LosAngeles, nur für Empfang

```
username SanFrancisco password Clark
!
interface bri 0
 encapsulation ppp
 ppp authentication chap
 isdn switch-type basic-ni1
!
router igrp 6
network 172.16.0.0
```

Die IOS verlangt von Ihnen, dass Sie den ISDN-Switch bestimmen, mit dem der Router verbunden ist. Das kann man mit dem Befehl **isdn switch-type** machen, als Globalbefehl oder als Interface Unterbefehl. Wenn Sie mit mehreren ISDN-Leitungen arbeiten, nehmen Sie den Globalbefehl für alle Interfaces.

Tabelle 10.11 führt die Switchtypen auf.

Tabelle 10.11: ISDN Switchtypen

Switchtyp	Wo man diesen Typ findet
basic-net3	Australien, Europa, UK
vn3	Frankreich
ntt	Japan
basic-5ess	Nordamerika
basic-dms100	Nordamerika
basic-ni1	Nordamerika

Die SPID-ID (Service Profile Identifier) müssen Sie unter Umständen für einen, oder beide B-Kanäle eingeben – je nachdem, wie es der Switch vorschreibt. Wenn der Switch SPIDs konfiguriert hat, erlaubt er möglicherweise die Verwendung einer BRI-Leitung nicht, bis der Router dem Switch die richtigen SPID-Werte liefern kann. SPIDs dienen der Authentifizierung. Wenn Ihr Provider Ihnen SPIDs mitgeteilt hat, sollten Sie sie konfigurieren, da die Signalisierung sonst fehlschlägt.

Beispiel 10.5 zeigt die Befehle, mit denen man die SPIDs konfiguriert. **isdn spid1** und **isdn spid2** bestimmen die SPIDs jeweils für die ersten und zweiten B-Kanäle.

Um die wichtigen Einzelheiten für ISDN BRI wirklich zu konfigurieren, geben sie ganz einfach den Switchtyp, und wenn notwendig, die SPIDs ein.

Kapitel 10 • ISDN und DDR (Dial-on-Demand Routing)

Der schwierige Teil der Angelegenheit besteht meistens in der Eingabe der DDR-Befehle. Tabelle 10.12 fasst die ISDN BRI Kommandos zusammen, die über die Konfiguration von Legacy DDR hinaus noch notwendig sind.

Tabelle 10.12: Zusammenfassung der neuen Konfiguration für ISDN BRI, die über die Legacy DDR Konfiguration hinausgeht

Befehl	Beschreibung	Konfigurationsmodus
isdn spid1 *spid* **isdn spid2** *spid*	Konfiguriert SPIDs, soweit notwendig.	Physikalisches Interface
isdn switch-type *type*	Konfiguriert den ISDN-Switchtyp.	Globales oder physikalisches Interface

Zusammenfassung der Konfiguration von Legacy DDR

Sie haben jetzt genug Details kennen gelernt, um eine vollständige Konfiguration von Legacy DDR auf ISDN BRI Interfaces durchzuführen. Bevor wir zu den anderen Punkten in diesem Kapitel gehen, sollten wir uns die Zeit für einen kurzen Rückblick nehmen. Tabelle 10.13 fasst die Konfigurationsbefehle für Legacy DDR zusammen und erklärt kurz deren Funktion.

Tabelle 10.13: Zusammenfassung von Legacy DDR Konfigurationsbefehlen

Befehl	Beschreibung
ip route	Global-Befehl, der statische Routen festlegt, über die Daten aus einem ISDN-Interface geleitet werden.
username *name* **password** *secret*	Global-Befehl mit dem man CHAP-Benutzernamen und Kennworte konfiguriert.
access-list	Global-Befehl, der ACLs definiert, wenn Sie einen Teil des Verkehrs für »interessant« erklären müssen.
dialer-list *number* **protocol ip** [**list** *acl-number*]	Global-Befehl, der eine Anruf-Liste erstellt, die den gesamten IP-Verkehr für interessant erklärt, oder das, was sich aus der ACL ergibt.
interface bri *int-number*	Global-Befehl, der ISDN BRIs für DDR einrichtet.
encapsulation ppp **ppp authentication chap**	Interface Unterbefehl, der PPP konfiguriert und CHAP aktiviert.
isdn spid1 *value* **isdn spid2** *value*	Interface Unterbefehle, die, wenn notwendig, ISDN-SPID-Werte festlegen.
dialer idle-timeout *time* **dialer fast-idle** *time*	Interface Unterbefehle, die die Werte für die Leerlaufzähler festlegen.

*Tabelle 10.13: Zusammenfassung von Legacy DDR Konfigurations-
befehlen (Forts.)*

Befehl	Beschreibung
dialer-group *number*	Interface Unterbefehl, der sich auf die Anrufliste bezieht, um festzulegen, was interessant ist.
dialer string *number* **dialer map ip** *next-hop-ip number*	Interface Unterbefehle, die für einen oder mehrere Standorte die Telefonnummern festlegen.

show und debug Befehle für ISDN und DDR

Um den ISDN-Status zu untersuchen, kann man **show** und **debug** Befehle für ISDN verwenden. Beispiel 10.7 enthält ein Muster für eine Befehlsausgabe, die zu dem gesamten Beispiel in diesem Kapitel passt.

Beispiel 10.7: DDR-Befehle für SanFrancisco

```
!
! This next command occurred before the physical interface even came up.
!
SanFrancisco# show interfaces bri 0:1
BRI0:1 is down, line protocol is down
  Hardware is BRI
  MTU 1500 bytes, BW 64 Kbit, DLY 20000 usec, rely 255/255, load 1/255
  Encapsulation PPP, loopback not set, keepalive set (10 sec)
  LCP Open
  Open: IPCP, CDPCP
  Last input 00:00:05, output 00:00:05, output hang never
  Last clearing of »show interface« counters never
  Input queue: 0/75/0 (size/max/drops); Total output drops: 0
  Queuing strategy: weighted fair
  Output queue: 0/1000/64/0 (size/max total/threshold/drops)
     Conversations  0/1/256 (active/max active/max total)
     Reserved Conversations 0/0 (allocated/max allocated)
  5 minute input rate 0 bits/sec, 0 packets/sec
  5 minute output rate 0 bits/sec, 0 packets/sec
     44 packets input, 1986 bytes, 0 no buffer
     Received 0 broadcasts, 0 runts, 0 giants, 0 throttles
     0 input errors, 0 CRC, 0 frame, 0 overrun, 0 ignored, 0 abort
     49 packets output, 2359 bytes, 0 underruns
     0 output errors, 0 collisions, 7 interface resets
     0 output buffer failures, 0 output buffers swapped out
     11 carrier transitions
     DCD=up  DSR=up  DTR=up  RTS=up  CTS=up
!
! This next command was done when the call was up. Look for the »dial reason« in
! the output.
```

Beispiel 10.7: DDR-Befehle für SanFrancisco (Forts.)

```
!
SanFrancisco# show dialer interface bri 0
BRI0 - dialer type = ISDN
Dial String      Successes     Failures     Last called    Last status
0 incoming call(s) have been screened.
BRI0: B channel 1
Idle timer (300 secs), Fast idle timer (120 secs)
Wait for carrier (30 secs), Re-enable (15 secs)
Dialer state is data link layer up
Dial reason: ip (s=172.16.1.1, d=172.16.3.1)
Time until disconnect 18 secs
Current call connected 00:14:00
Connected to 14045551234 (LosAngeles)
BRI0: B channel 2
Idle timer (300 secs), Fast idle timer (120 secs)
Wait for carrier (30 secs), Re-enable (15 secs)
Dialer state is idle
!
! This command was performed when the dial was up, showing an active call.
!
SanFrancisco# show isdn active
--------------------------------------------------------------------------
                              ISDN ACTIVE CALLS
--------------------------------------------------------------------------
History Table MaxLength = 320 entries
History Retain Timer = 15 Minutes
--------------------------------------------------------------------------
Call Calling     Called        Duration   Remote   Time until    Recorded Charges
Type Number      Number        Seconds    Name     Disconnect    Units/Currency
--------------------------------------------------------------------------
Out              14045551234   Active(847) LosAngeles   11         u
--------------------------------------------------------------------------
!
! This next command shows an active »Layer 3« call, meaning that the Q.931
! signaling has created a call.
!
SanFrancisco# show isdn status
The current ISDN Switchtype = ntt
ISDN BRI0 interface
    Layer 1 Status:
        ACTIVE
    Layer 2 Status:
        TEI = 64, State = MULTIPLE_FRAME_ESTABLISHED
    Layer 3 Status:
        1 Active Layer 3 Call(s)
    Activated dsl 0 CCBs = 1
        CCB:callid=8003, callref=0, sapi=0, ces=1, B-chan=1
    Number of active calls = 1
```

Beispiel 10.7: DDR-Befehle für SanFrancisco (Forts.)

```
    Number of available B channels = 1
    Total Allocated ISDN CCBs = 1
!
! The debug was turned on while the call was down, and then the call was made,
! so the debug output would show the Q.931 signaling to set up the call.
!
SanFrancisco# debug isdn q931
ISDN q931 protocol debugging is on
TX -> SETUP pd = 8 callref = 0x04
 Bearer Capability i = 0x8890
 Channel ID i = 0x83
 Called Party Number i = 0x80, '14045551234'
SanFrancisco#no debug all
All possible debugging has been turned off
!
! This next debug command was also done before the call was established so that
! when the call was set up, the output would show some useful information. In
! this case, the »interesting« traffic that causes the call is shown.
!
SanFrancisco# debug dialer events
Dialer event debugging is on
Dialing cause: BRI0: ip (s=172.16.1.1, d=172.16.3.1)
SanFrancisco#no debug all
All possible debugging has been turned off
SanFrancisco# debug dialer packets
Dialer packet debugging is on
BRI0: ip (s=172.16.1.1, d=172.16.3.1) 444 bytes, interesting (ip PERMIT)
```

Beispiel 10.7 enthält viele verschiedene Befehle. Einige davon erscheinen an unterschiedlichen Punkten in dem Einwahlverfahren für einen B-Kanal-Anruf von SanFrancisco nach LosAngeles. Sehen Sie sich bitte die Kommentare in dem Beispiel an, um zu verstehen, was an dem einen oder dem anderen Punkt passiert.

Der zweite Befehl in Beispiel 10.7, **show dialer interface bri 0**, listet die aktuellen Timerwerte und Anrufgründe auf. Die Verbindung besteht bereits seit 14 Minuten, und es sind nur noch 18 Sekunden übrig, bis die 300 Sekunden des Leerlauf-Timers abgelaufen sind. Der Befehl **show isdn active** zeigt an, dass eine aktive Verbindung zu LosAngeles besteht, die in 11 Sekunden unterbrochen wird. (Dieser Befehl wurde ein paar Sekunden nach dem vorherigen **show dialer interface** eingegeben.) Der Befehl **show isdn status** zeigt den Switchtyp an (ntt) und lässt erkennen, dass eine Verbindung aktiv ist, so dass noch ein inaktiver B-Kanal übrig ist. Der Befehl ist auch für ein einfaches ISDN-Troubleshooting gut geeignet, weil der ISDN-Status für die Layer 1, 2 und 3 angezeigt wird.

Erinnern wir uns an die Grundidee der **debug** Anzeige. **debug isdn q921** (nicht im Bild) zeigt Details des LAPD-Protokolls zwischen Router und ISDN-Switch. **debug isdn q931** zeigt Informationen über Anrufaufbau und Anruftrennung. Beispiel 10.7 enthält eine typische Anzeige für die Abläufe auf SanFrancisco, wenn bei LosAngeles angerufen wird.

Die Befehle **debug dialer events** und **debug dialer packets** liefern die gleichen Informationen, wenn ein Paket dabei ist, einen Anruf auszulösen – mit anderen Worten, wenn ein Paket aus dem Einwahlinterface geleitet wird.

Unsere Behandlung von ISDN BRI und Legacy DDR ist damit vollständig. In den nächsten Abschnitte konfigurieren wir PRI, DDR mit Dialerprofilen und Multilink PPP.

Konfiguration von ISDN PRI

Um ISDN BRI zu konfigurieren, müssen Sie in der Regel nur den ISDN Switch-Typ und gegebenenfalls die SPID angeben. Der größte Teil der Konfiguration bezieht sich auf DDR.

Auch für PRI müssen Sie nur wenige Konfigurations-Schritte erledigen. Anders als bei einigen bekannten DDR- und Interface-Konfigurationen, müssen Sie nur die folgenden Konfigurationen eingeben:

– Konfigurieren Sie den ISDN-Switch-Typ, mit dem der Router verbunden ist.

– Konfigurieren Sie die T1- oder E1-Verschlüsselungs- und Framingoptionen (Controller-Konfigurationsmodus).

– Konfigurieren Sie den T1- oder E1-Kanalbereich für DS0-Kanäle auf diesem PRI (Controller-Konfigurationsmodus).

– Konfigurieren Sie Interface-Einstellungen (zum Beispiel PPP-Einkapselung und IP-Adresse) auf dem Interface, das für den D-Kanal zuständig ist.

Die Konfiguration selbst bedarf im Vergleich zu ISDN BRI keiner großen weiteren Anstrengungen. Das eigentlich Neue sind nur der T1- oder E1-Controller und die andere Art, den D-Kanal für das PRI-Interface einzustellen.

Konfiguration eines T1- oder E1-Controllers

Wenn Sie einem Cisco-Router ein physikalisches Interface hinzufügen, erkennt er ein neues serielles Interface mit einer einmaligen Nummer. Bei PRIs nennt die IOS das Interface *seriell*. Ein PRI-Interface heißt zum Beispiel einfach »serial 1/0«.

Zu jedem Interface, jedem kanalisierten T1- oder E1-Interface auf einem Router, auch einem PRI, gibt es einen eigenen Konfigurationsmodus, der sich auf jedes physikalische Interface bezieht. Der Controller-Konfigurationsmodus ermöglicht die Konfiguration physikalischer Layer-Parameter – für Verschlüsselung, Framing und T1- oder E1-Kanäle, die benutzt werden. Indem diese Layer 1-Konfiguration dem seriellen Interface hinzugefügt wird, sieht die Konfiguration für das serielle Interface aus, wie die für jedes andere Einwahlinterface auch. Die spezielle PRI-Konfiguration liegt beim Controller.

Was Sie auf dem Controller konfigurieren, entnehmen Sie am besten den Unterlagen, die beim Bestellen des PRI mitgeliefert werden. Ihr Provider sagt Ihnen, was Sie als Verschlüsselung (Encoding) und Framing auf dem Router konfigurieren müssen. Fast immer benutzen Sie alle 24 DS0-Kanäle des PRI – 23 B-Kanäle und einen D-Kanal.

Um diese Optionen zu konfigurieren, gehen Sie zuerst in den Controller-Konfigurationsmodus. Beispiel 10.8 zeigt die wesentlichen Punkte.

Beispiel 10.8: Beispiel einer PRI Controller-Konfiguration

```
SanFrancisco(config)#controller t1 1/0
SanFrancisco(config-controller)#framing esf
SanFrancisco(config-controller)#linecode b8zs
SanFrancisco(config-controller)#pri-group timeslots 1-24
```

In diesem Beispiel ist das PRI Interface als serielles 1/0 Interface installiert. Um die Details für den Layer 1 des PRIs zu konfigurieren, benutzt man den Befehl **controller t1 1/0,** um in den Controller-Konfigurationsmodus zu kommen. Der Rest der Befehle erklärt sich eigentlich von selbst. Die 24 Kanäle des PRI sind von 1 bis 24 durchnummeriert. Der letzte Kanal ist der D-Kanal.

Vollständige PRI-Konfiguration

Das Einzige, was Sie für die Verwendung von PRI einstellen müssen, ist die Konfiguration des ISDN-Switch-Typss plus alle anderen Dinge, die Sie für DDR benötigen – IP-Adresse, PPP, Dialer Groups etc. Beispiel 10.9 zeigt eine kommplette Konfiguration von SanFrancisco, wobei BRI durch PRI ersetzt wurde.

Beispiel 10.9: Beispiel einer PRI Controller-Konfiguration:
Vollständige Konfiguration auf SanFrancisco

```
Controller t1 1/0
 framing esf
 linecode b8zs
 pri-group timeslots 1-24
!
ip route 172.16.3.0 255.255.255.0 172.16.2.1
ip route 172.16.4.0 255.255.255.0 172.16.2.3
!
username LosAngeles password Clark
username GothamCity password Bruce
!
isdn switch-type basic-ni1
!
access-list 101 permit tcp any host 172.16.3.1 eq 80
access-list 101 permit tcp any host 172.16.4.1 eq 21
!
dialer-list 2 protocol ip list 101
!
interface serial 1/0:23
 ip address 172.16.2.2 255.255.255.0
 encapsulation ppp
 ppp authentication chap
 dialer idle-timeout 300
 dialer fast-idle 120
 dialer map ip 172.16.2.1 broadcast name LosAngeles 14045551234
 dialer map ip 172.16.2.3 broadcast speed 56 name GothamCity 19999999999
 dialer-group 2
!
router igrp 6
network 172.16.0.0
```

Es gibt zu diesem Beispiel einige wichtige Anmerkungen. Die hervorgehobenen Befehle gelten speziell für PRI. Der Rest deckt sich mit denen in der DDR-Konfiguration für BRI in Beispiel 10.4. Außerdem sind die SPIDs unter dem Interface aufgelistet, weil PRIs keine SPIDs verwenden.

Das Ungewöhnlichste an der Konfiguration ist das Verfahren, mit dem der D-Kanal im Befehl **interface** vorkommt. Sehen Sie sich den Befehl **interface serial 1/0:23** an. Die Schreibweise **:x** (x steht für einen der Kanäle im PRI) sagt dem IOS, welchen der 24 Kanäle Sie konfigurieren möchten. Die DDR-Interface-Unterbefehle sollten auf dem D-Kanal eingerichtet werden, dem Befehl gemäß Kanal 23! Der Befehl **interface** nummeriert die Interfaces von 0 bis 23, wobei der D-Kanal der letzte ist. **:23** am Ende sagt dem IOS, dass Sie die Details für den 24sten Kanal eingeben – den D-Kanal. (Für B-Kanäle muss man speziell für PRI nichts eingeben. Aber man sieht trotzdem, dass in den Befehlen **show** und **debug** Informationen über B-Kanäle enthalten sind.)

Um die Details für ISDN PRI zu konfigurieren, gibt man den ISDN-Switchtyp ein, ignoriert die SPIDs vollständig und konfiguriert die Einzelheiten im Controller. Tabelle 10.14 fasst die Befehle für die Konfiguration von ISDN PRI zusammen, die über die Konfiguration von Legacy DDR hinaus notwendig sind.

Tabelle 10.14: Zusammenfassung der neuen Konfiguration für ISDN PRI, die über die Legacy DDR Konfiguration hinaus notwendig ist

Befehl	Beschreibung	Konfigurationsmodus
isdn switch-type *type*	Konfiguriert den ISDN-Switchtyp.	Globales oder physikalisches Interface
linecode ami | b8zs | hdb3	Konfiguriert die Verschlüsselung für eine T1/E1-Leitung.	Controller-Konfiguration
framing sf | esf | crc4	Konfiguriert Framing für die T1/E1-Leitung.	Controller-Konfiguration
pri-group timeslots *starting_channel - ending_channel*	Konfiguriert die DS0-Kanäle für dieses PRI.	Controller-Konfiguration

DDR-Konfiguration mit Dialerprofilen

Die Konfiguration von Legacy DDR erfordert eine Route, mit der Pakete aus einem speziellen physikalischen Interface geleitet werden. Sobald das der Fall ist, kann DDR entscheiden, ob die Pakete interessant sind. Sind sie interessant, fängt DDR an zu wählen.

Unter Legacy DDR gibt es keine Möglichkeit, einen Teil der Remote-Standorte so zu konfigurieren, dass mehrere unterschiedliche BRIs oder PRIs auf einem einzigen Router verwendet werden. Wenn es mehrere BRIs oder PRIs gibt, kann man über Legacy DDR nur ein bestimmtes Set von Standorten über ein Interface laufen lassen, ein anderes Set über das nächste Interface (Bild 10.8).

Bild 10.8 zeigt das Verfahren, mit dem man mehrere Remote-Standorte mit Legacy DDR konfiguriert. Vier Routen gehen zu Standorten aus BRI0/0 heraus, die Routen zu den vier anderen Standorten (E bis H) gehen aus BRI0/1 heraus. DDR verwendet eine andere Anrufergruppe auf den beiden BRI-Interfaces, wie man unter »DDR 1« (dialer group 1) und »DDR 2« (dialer group 2) sieht.

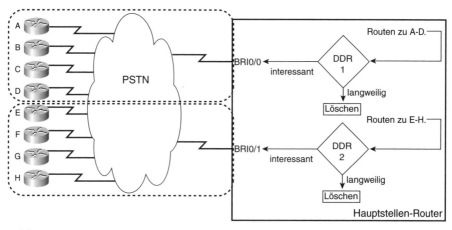

Bild 10.8: Legacy DDR mit zwei BRIs und 8 Remote-Standorten

Das Problem ist, dass man Legacy DDR hier nicht so konfigurieren kann, dass alle acht Standorte über jeden verfügbaren B-Kanal auf jedem beliebigen BRI angewählt werden können. Selbst wenn Sie zwei Routen für jeden der acht Remote-Standorte konfigurieren würden, für eine aus BRI0 und eine aus BRI1 würde Legacy DDR nicht wissen, welches der beiden BRI-Interfaces für die Einwahl beim Remote-Standort benutzt werden soll. Der Grund liegt darin, dass die statischen Routen unter Legacy DDR Pakete nur aus einem einzigen physikalischen BRI-Interface herausgeleitet werden können und dann eine spezielle Remote-Site erreichen.

Dieses Problem überwindet man mit Dialerprofilen, für die die DDR-Konfiguration etwas anders abläuft. Dialerprofile benutzen physikalische Interfaces als einen Pool, so dass ein Router einfach einen verfügbaren B-Kanal auf einem der BRIs oder PRIs im Pool verwendet. Die Konfiguration von Dialerprofilen ermöglicht dem Router am Hauptstandort, alle acht Remote-Standorte über irgend eins der acht BRIs anzuwählen (Bild 10.9).

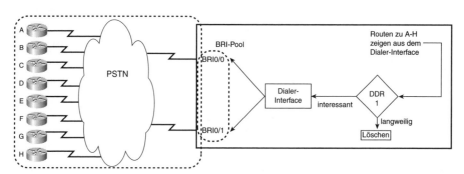

Bild 10.9: Dialerprofile: Mehrere BRIs in einem Pool können die acht Remote-Standorte erreichen.

DDR-Dialerprofile haben eine etwas andere DDR-Konfiguration. Bei diesem Konfigurations-Stil verlegt man die meisten DDR-Interfacekonfigurationen auf ein virtuelles Interface, das Dialer-Interface. Jedes physikalische BRI- oder PRI-Interface kann in einen Pool verfügbarer physikalischer ISDN-Interfaces aufgenommen werden. DDR richtet sich nun darauf, die Pakete aus dem Dialer-Interface zu routen. Wenn ein Paket interessant ist, nimmt DDR sich ein Interface aus dem Pool und wählt sich darüber ein.

Die Konfiguration für Dialerprofile sieht fast genauso aus, wie die für Legacy DDR. Tabelle 10.15 fasst die Unterschiede zusammen.

Tabelle 10.15: Zusammenfassung der neuen Konfiguration für Dialerprofile im Gegensatz zu der für Legacy DDR

Befehl	Beschreibung	Konfigurationsmodus
interface dialer *x*	Erstellt das virtuelle Dialer-Interface.	Global
dialer pool-member *x*	Gruppiert die physikalischen ISDN-Interfaces in einen Dialerpool.	Physikalisches Interface
dialer pool *x*	Sagt dem Dialer-Interface, welcher Dialerpool verwendet werden soll.	Dialer-Interface
encapsulation ppp **ppp authentication chap**	Konfiguriert PPP und die Authentifizierung auf den physikalischen Interfaces.	Physikalisches Interface und Dialer-Interface
isdn spid1 *spid* **isdn spid2** *spid*	Konfiguriert SPIDs, wenn nötig.	Physikalisches Interface
isdn switch-type *type*	Konfiguriert den ISDN-Switchtyp.	Globales oder physikalisches Interface

Wir sehen uns natürlich wieder eine Beispielkonfiguration an. Zuerst aber ein paar Worte zur generischen Konfiguration. Sie können von Legacy DDR zu Dialerprofilen übergehen, wenn Sie alle aktuellen BRI-Interface-Unterbefehle auf das Dialer-Interface kopieren. Das gilt nur nicht für SPIDs und ISDN-Switchtypen. SPIDs und ISDN-Switchtypen gehören immer zu einem bestimmten physikalischen Interface. Auch das IOS verlangt von Ihnen aus bestimmten Gründen, dass die Einkapselung auf dem Dialer-Interface und auf den physikalischen Interfaces eingegeben wird. Das Gleiche gilt, wenn man CHAP über die Eingabe von **ppp authentication chap** aktiviert. Das muss man auf dem Dialer-Interface und auf jedem physikalischen ISDN-Interface machen. Wenn man von diesen Ausnahmen absieht, schieben Sie einfach die Konfiguration vom physikalischen Interface auf das Dialer-Interface. So geht man von Legacy DDR zu Dialerprofilen über.

Ein Beispiel ist auch hier wieder hilfreich. Wir haben für die bekannte Konfiguration auf dem SanFrancisco-Router mit Legacy DDR ein Update gemacht, so dass jetzt Anrufergruppen benutzt werden. Beispiel 10.10 zeigt die vollständige Konfiguration mit hervorgehobenen Veränderungen.

Beispiel 10.10: SanFrancisco-Konfiguration, jetzt für Dialerprofile und zwei BRIs

```
ip route 172.16.3.0 255.255.255.0 172.16.2.1
ip route 172.16.4.0 255.255.255.0 172.16.2.3
! Added usernames for CHAP support!
username LosAngeles password Clark
username GothamCity password Bruce
!
isdn switch-type basic-ni1
!
access-list 101 permit tcp any host 172.16.3.1 eq 80
access-list 101 permit tcp any host 172.16.4.1 eq 21
!
dialer-list 2 protocol ip list 101
!
interface dialer 0
 ip address 172.16.2.2 255.255.255.0
 encapsulation ppp
 ppp authentication chap
 dialer idle-timeout 300
 dialer fast-idle 120
 dialer map ip 172.16.2.1 broadcast name LosAngeles 14045551234
 dialer map ip 172.16.2.3 broadcast speed 56 name GothamCity 1999999999901
 dialer-group 2
 dialer pool 3
!
interface bri0
 encapsulation ppp
 ppp authentication chap
 isdn spid1 555555111101
 isdn spid2 555555222202
 dialer pool-member 3
!
interface bri1
 encapsulation ppp
 ppp authentication chap
 isdn spid1 555555333301
 isdn spid2 555555444402
 dialer pool-member 3
!
router igrp 6
network 172.16.0.0
```

Die folgenden Paragraphen führen Sie von ganz oben bis ganz unten durch die Konfiguration. Die **ip route** Befehle bleiben unverändert: Sie beziehen sich immer noch auf die Next-Hop IP-Adresse in Subnetz 172.16.1.0/24. Jetzt ist jedoch das Dialer-Interface, Adresse und Maske 172.16.1.2/24, das Ausgangs-Interface.

Danach sehen Sie noch einige Punkte, die in beiden Schreibweisen unverändert bleiben, und wie sie eingesetzt werden. Als Nächstes kommen CHAP-Benutzernamen und Passworte, gefolgt vom globalen **isdn switch-type** Befehl. Sie arbeiten wie immer. Genauso bestimmen die **access-list** Befehle die interessanten Fälle – mit denselben Parametern – und **dialer-list 2** bezieht sich auf die ACLs, um festzulegen, was interessant ist, und was nicht.

Danach sehen Sie den **interface dialer 0** Befehl. Er erstellt das virtuelle Dialer-Interface. Wenn Sie dieses Beispiel mit Beispiel 10.4 vergleichen, der Legacy DDR Konfiguration, merken Sie, dass alle Befehle, die vorher auf BRI0 lagen, auf das Dialer-Interface kopiert worden sind, außer den SPIDs und dem Befehl **switch-type**.

Die statischen Routen leiten die Pakete jetzt aus dem Dialer-Interface. Wenn sie interessant sind, versucht der Router anzurufen. Das Dialer-Interface selbst kann sich aber gar nicht einwählen. Der Router sieht jetzt den **dialer pool 3** Befehl unter **interface dialer 0**. Er nimmt dann irgendein ISDN-Interface in Dialerpool 3, um anzurufen.

Die zwei BRI-Interfaces folgen. Jedes hat eigene SPIDs. Jedes liegt im selben Pool mit dem Befehl **dialer pool-member 3**. Beide Interfaces stehen dem Dialer-Interface nun für die Einwahl bei den Remote-Standorten zur Verfügung.

Für DDR-Dialerprofile kann man viele weiterführende Features programmieren. Bild 10.10 zeigt zum Beispiel die Verwendung mehrerer Dialer-Interfaces mit einigen physikalischen Interfaces, die Teile von mehr als einem Pool sind.

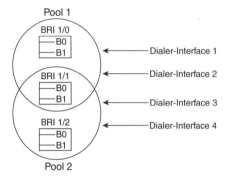

Bild 10.10: Dialerprofile: Pools für mehrere BRIs

Wie man an Bild 10.10 sieht, ist man mit Dialerprofilen sehr flexibel. Sie können dasselbe physikalische Interface in mehrere Pools legen, um die Interfaces und die angeschlossenen Leitungen besser auszunutzen. Man kann auf unterschiedlichen Dialer-Interfaces andere Verfahren einsetzen. Tatsächlich kann man IP-Adressen in unterschiedlichen IP-Subnetzen auf unterschiedlichen Dialer-Interfaces verwenden. Das erlaubt eine bessere Kontrolle des Netzwerkdesigns und der IP-Adressierung. Ob Sie denselben Router dieselben Standorte über mehrere Interfaces anwählen lassen, ob Sie irgendetwas Komplexeres konfigurieren wollen, Dialerprofile geben Ihnen viele Möglichkeiten.

Multilink PPP

Multilink PPP verteilt den Datenverkehr zwischen einem Router und anderen Geräten gleichmäßig auf mehrere Leitungen. Warum man diese Funktion braucht, ist klar, es gibt aber auch einige subtilere Gründe. Bild 10.11 illustriert, warum man ganz offensichtlich Multilink PPP einsetzt.

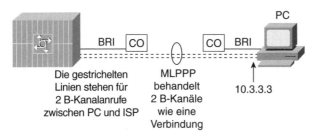

Bild 10.11: Multilink PPP für Einwahlgeräte

Damit die Übertragung schneller geht, wählt sich der PC über zwei B-Kanäle ein, anstatt über einen. Um beide Kanäle gleichzeitig zu nutzen, um die größtmögliche Bandbreite zu nutzen, kann man MLP einsetzen. MLP teilt jedes Paket in Fragmente und sendet einige Fragmente über die eine, andere über die andere Leitung. Am Ende der Verbindung werden die Pakete wieder zusammengesetzt. Sind zwei Verbindungen hergestellt, werden die Pakete in zwei gleich große Pakete unterteilt. Dadurch werden die Leitungen ungefähr gleich stark ausgelastet.

Multilink PPP kann auch zwischen Routern sehr nützlich sein. In Bild 10.12 haben wir zum Beispiel eine Videokonferenz zwischen Atlanta und Nashville. Es werden sechs B-Kanäle zwischen zwei Routern genutzt.

In diesem Beispiel werden die Leitungen unter Multilink PPP fast gleich ausgenutzt. Auf jeden Fall werden die 384 KB, die für die Videokonferenz nötig sind, auch bereitgestellt.

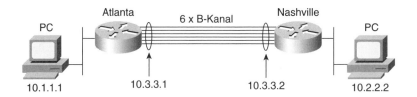

Bild 10.12: Multilink B-Kanäle zwischen Routern

Stellen wir uns die Alternative zu MLP vor – sechs parallele Leitungen ohne Multilink PPP. Es gäbe sechs Routen zu Subnetz 10.2.2.0/24 in der Routingtabelle von Router A, vorausgesetzt, dass es auf Router A einen **ip maximum-paths 6** Befehl gibt. Es ist vorauszusehen, dass der Verkehr zum Teil jede der sechs Routen in der Tabelle nutzen würde.

Wenn man in diesem Fall kein MLP verwendet, besteht das Problem darin, dass es auf einem Cisco-Router einen internen Switching-Standard gibt: das Fast-Switching. Fast-Switching teilt den Verkehr auf equal-cost Routen auf und sendet alle Pakete über dieselbe Leitung an dieselbe IP-Adresse. Das Ergebnis ist, dass der Router Atlanta einige Pakete über die eine Verbindung sendet, andere über die andere. Ob aber die Balance stimmt, ist unvorhersehbar. Aber viel schlimmer ist, dass alle Pakete für diese Videokonferenz in Nashville eine IP-Adresse benutzen und über dieselbe Leitung gehen. Daher ist man plötzlich bei 64 KBit/s. MLP löst dieses Problem.

Unter MLP benutzt der Router mehrere Leitungen als eine Verbindung mit einer Route in der Routingtabelle. Dadurch kann MLP den Verkehr gleichmäßig aufteilen.

Beispiel 10.11 zeigt ein Beispiel für eine Multilink PPP Konfiguration. Die Router Atlanta und Nashville benutzen zwei B-Kanäle desselben BRI.

Beispiel 10.11: Multilink PPP Konfiguration für Atlanta

```
username Nashville password Robert
interface bri 0
ip addr 10.3.3.1 255.255.255.0
encapsulation ppp
dialer idle-timeout 300
dialer load-threshold 25 either
dialer map 10.3.3.2 name Nashville 16155551234
dialer-group 1
ppp authentication chap
ppp multilink
```

MLP erfordert zu der typischen DDR- und ISDN-Konfiguration einige zusätzliche Befehle. Die beiden entscheidenden Befehle sind **ppp multilink** und **dialer load-threshold**. **ppp multilink** aktiviert Multilink PPP. Der Router weiß, wenn es sich bei zwei Verbindungen eigentlich um parallele Links zum selben anderen Gerät handelt, da es einige verborgene PPP-Kommunikationen gibt. Der Befehl muss nicht festlegen, dass die Leitungen über MLP zusammenarbeiten.

Der Befehl **dialer load-threshold** sagt dem Router, einen weiteren B-Kanal aufzumachen, wenn die Auslastung der aktuellen Verbindungen 25 Prozent der inbound oder outbound Auslastung überschreitet. Der Befehl ist für MLP nicht notwendig, aber sehr nützlich, so dass mehr B-Kanäle aufgemacht werden, wenn die Auslastung es erfordert. MLP ist dann dafür zuständig, dass die zusätzliche Bandbreite auch genutzt wird.

Tabelle 10.16 fasst die Befehle zusammen, die in Einwahlumgebungen durch MLP zusätzlich erforderlich sind.

Tabelle 10.16: Zusammenfassung der neuen Konfiguration, die für MLP notwendig ist, im Gegensatz zu Legacy DDR

Befehl	Beschreibung	Konfigurationsmodus
ppp multilink	Aktiviert MLP	Interface
dialer load-threshold *load* [**outbound** | **inbound** | **either**]	Sagt dem Router, wann er sich wegen der Auslastung zusätzlich einwählen soll.	Interface

Zusammenfassung zur ISDN- und DDR-Konfiguration

Die Konfiguration von ISDN und DDR kann etwas überwältigend sein. Es gibt sehr viele verschiedene Befehle und meistens ist man nicht durch Laborversuche geschult. Sie sollten sich auf die Konfigurationen vorbereiten und die Befehle für alle Funktionen bereithalten.

Die Konfiguration von Legacy DDR beinhaltet die meisten Befehle. Man benötigt statische Routen, um Pakete aus dem Einwahl-Interface zu leiten. Dialergruppen regeln zusammen mit ACLs, welcher Verkehr einen Anruf auslöst. Damit legt man fest, welcher Verkehr »interessant« ist. Dann legt man die Telefonnummern mit **dialer string** fest, wenn nur ein Standort angewählt werden soll; mit **dialer map wählen Sie** verschiedene Standorte aus. Zum Schluss kann man die Standardeinstellungen der Leerlaufzähler abändern.

Bei BRIs müssen Sie sich nur um die Konfiguration des ISDN-Switchtyps und in manchen Fällen um die ISDN SPIDs kümmern. Bei PRIs gibt man zwar den Switchtyp ein, aber keine SPIDs. Dafür konfiguriert man

Encoding, Framing und eine Liste der Kanäle, die vom PRI verwendet werden. Diese konfiguriert man im **controller** Konfigurationsmodus.

Durch Dialerprofile fasst man mehrere physikalische Interfaces in einem Pool zusammen und erstellt ein Dialer-Interface. Die DDR-Konfiguration sorgt dafür, dass Pakete aus dem Dialer-Interface geroutet werden. Wenn ein Anruf gewählt werden muss, benutzt das Dialer-Interface ein physikalisches ISDN-Interface, das einen B-Kanal frei hat, um die Verbindung herzustellen.

MLP ermöglicht den effizienten Einsatz paralleler B-Kanäle zwischen zwei Geräten. Um das zu konfigurieren, verwenden Sie den Befehl the **ppp multilink**.

10.3 Grundlagen-Zusammenfassung

Die »Grundlagen-Zusammenfassung« enthält die wichtigsten Inhalte eines Kapitels. Es kommt zwar nicht alles vor, was im Examen gefragt werden könnte. Ein guter Examens-Kandidat hat aber mindestens die Inhalte der Grundlagen-Zusammenfassungen in allen Feinheiten parat.

Tabelle 10.17 führt die Anzahl der Kanäle für BRI und PRI auf.

Tabelle 10.17: BRI und PRI B- und D-Kanäle

Interfacetyp	Anzahl der Trägerkanäle (B)	Anzahl der Signalkanäle (D)
BRI	2	1 (16 KBit/s)
PRI (T1)	23	1 (64 KBit/s)
PRI (E1)	30	1 (64 KBit/s)

Die OSI-Layer, die den verschiedenen ISDN-Spezifikationen entsprechen, werden im ICND-Kurs auch behandelt. Man sollte sich die Spezifikationen aus Tabelle 10.18 merken, sowie die entsprechenden OSI-Layer.

Tabelle 10.18: ISDN I- und Q-Serie für ICND: Vergleich der OSI Layer

Entsprechender OSI-Layer	I-Serie	Entsprechende Q-Serien-Spezifizierung	Beschreibung
1	ITU-T I.430 ITU-T I.431	–	Definiert Steckverbindungen, Encoding, Framing und Referenzpunkte.
2	ITU-T I.440 ITU-T I.441	ITU-T Q.920 ITU-T Q.921	Definiert das LAPD-Protokoll auf dem D-Kanal, mit dem Signalisierungsanfragen eingekapselt werden.

Tabelle 10.18: ISDN I- und Q-Serie für ICND: Vergleich der OSI Layer (Forts.)

Entsprechender OSI-Layer	I-Serie	Entsprechende Q-Serien-Spezifizierung	Beschreibung
3	ITU-T I.450 ITU-T I.451	ITU-T Q.930 ITU-T Q.931	Definiert Signalisierungs-Nachrichten, wie call setup und teardown messages.

Bild 10.13 zeigt die Verkabelung verschiedener Beispiele für ISDN BRI Funktionsgruppen und Referenzpunkte.

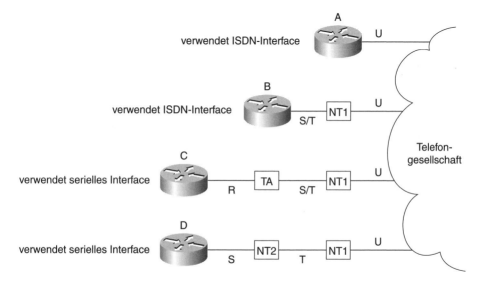

Bild 10.13: ISDN Funktionsgruppen und Referenzpunkte

Die vier Konzepte des Legacy DDR sind die folgenden:

1. Es werden Pakete aus dem Interface geleitet, das wählen kann.
2. Es wird festgelegt, welche Pakete einen Anruf auslösen.
3. Einwahl (Signal).
4. Es wird festgelegt, wann die Verbindung beendet wird.

Tabelle 10.19 fasst die Befehle zusammen, mit denen man Legacy DDR konfiguriert. Daneben sind die Funktionen erklärt.

Tabelle 10.19: Zusammenfassung der Konfigurationsbefehle für Legacy DDR

Befehl	Beschreibung
ip route	Global-Befehl, der statische Routen festlegt, über die Daten aus einem ISDN-Interface geleitet werden.
username *name* password *secret*	Global-Befehl mit dem man CHAP-Benutzernamen und Kennworte konfiguriert.
access-list	Global-Befehl, der ACLs definiert, wenn Sie einen Teil des Verkehrs für »interessant« erklären müssen.
dialer-list *number* protocol ip [list *acl-number*]	Global-Befehl, der eine Anruf-Liste erstellt, die den gesamten IP-Verkehr für interessant erklärt, oder das, was sich aus der ACL ergibt.
interface bri *int-number*	Global-Befehl, der ISDN BRIs für DDR einrichtet.
encapsulation ppp ppp authentication chap	Interface Unterbefehl, der PPP konfiguriert und CHAP aktiviert.
isdn spid1 *value* isdn spid2 *value*	Interface Unterbefehle, die, wenn notwendig, ISDN-SPID-Werte festlegen.
dialer idle-timeout *time* dialer fast-idle *time*	Interface Unterbefehle, die die Werte für die Leerlaufzähler festlegen.
dialer-group *number*	Interface Unterbefehl, der sich auf die Anrufliste bezieht, um festzulegen, was interessant ist.
dialer string *number* dialer map ip *next-hop-ip number*	Interface Unterbefehle, die für einen oder mehrere Standorte die Telefonnummern festlegen.

Tabelle 10.20 fasst die Konfigurationsdetails für ISDN BRI zusammen.

Tabelle 10.20: Zusammenfassung der neuen Konfiguration für ISDN BRI, die über Legacy DDR hinausgeht

Befehl	Beschreibung	Konfigurationsmodus
isdn spid1 *spid* isdn spid2 *spid*	Konfiguriert SPIDs, soweit notwendig.	Physikalisches Interface
isdn switch-type *type*	Konfiguriert den ISDN-Switchtyp.	Globales oder physikalisches Interface

Tabelle 10.21 fasst die Konfigurationsdetails für ISDN PRI zusammen.

Tabelle 10.21: Zusammenfassung der neuen Konfiguration für ISDN PRI, die über Legacy DDR hinausgeht

Befehl	Beschreibung	Konfigurationsmodus
isdn switch-type *type*	Konfiguriert den ISDN-Switchtyp.	Globales oder physikalisches Interface
linecode ami | b8zs | hdb3	Konfiguriert die Verschlüsselung für eine T1/E1-Leitung.	Controller-Konfiguration
framing sf | esf | crc4	Konfiguriert Framing für die T1/E1-Leitung.	Controller-Konfiguration
pri-group timeslots *starting_channel - ending_channel*	Konfiguriert die DS0-Kanäle für dieses PRI.	Controller-Konfiguration

Die Konfiguration von Dialerprofilen gleicht der Legacy DDR Konfiguration. Die Unterschiede sind in Tabelle 10.22 aufgeführt.

Tabelle 10.22: Zusammenfassung der neuen Konfiguration für Dialerprofile im Gegensatz zu Legacy DDR

Befehl	Beschreibung	Konfigurationsmodus
interface dialer *x*	Erstellt das virtuelle Dialer-Interface.	Global
dialer pool-member *x*	Gruppiert die physikalischen ISDN-Interfaces in einen Dialerpool.	Physikalisches Interface
dialer pool *x*	Sagt dem Dialer-Interface, welcher Dialerpool verwendet werden soll.	Dialer-Interface
encapsulation ppp ppp authentication chap	Konfiguriert PPP und die Authentifizierung auf den physikalischen Interfaces.	Physikalisches Interface und Dialer-Interface
isdn spid1 *spid* isdn spid2 *spid*	Konfiguriert SPIDs, wenn nötig.	Physikalisches Interface
isdn switch-type *type*	Konfiguriert den ISDN-Switchtyp.	Global oder physikalisches Interface

Die zusätzlichen Befehle in MLP-Umgebungen sind in Tabelle 10.23 erklärt.

Tabelle 10.23: Zusammenfassung der neuen Konfiguration für MLP im Gegensatz zu Legacy DDR

Befehl	Beschreibung	Konfigurationsmodus
ppp multilink	Aktiviert MLP.	Interface
dialer load-threshold *load* [outbound | inbound | either]	Sagt dem Router, wann er sich wegen der Auslastung zusätzlich einwählen soll.	Interface

10.4 Q&A

Wie in der Einleitung erwähnt, haben Sie zwei Möglichkeiten, die folgenden Fragen zu beantworten. Diese Fragen stellen eine größere Herausforderung für Sie dar als das Examen selbst. Die Lösung ist nicht so eindeutig festgelegt wie bei den Examensfragen. Durch diese offeneren, schwierigeren Fragen werden Sie mit der Thematik des Kapitels noch besser vertraut. Die Antworten zu den Fragen finden Sie in Anhang A.

1. Wofür steht LAPD? Wird es als Layer 2 Protokoll auf eingewählten ISDN-Trägerkanälen verwendet? Wenn nein, was dann?
2. Wofür stehen ISDN, BRI und PRI?
3. Definieren Sie *Funktionsgruppe*. Führen Sie zwei Beispiele für Funktionsgruppen auf.
4. Definieren Sie *reference point*. Geben Sie zwei Beispiele für Referenzpunkte.
5. Wie viele Trägerkanäle gibt es in einem BRI? Wieviele beim PRI in Nordamerika? Wieviele beim PRI in Europa?
6. Wahr oder falsch: ISDN definiert Protokolle, die den OSI-Layern q, 2 und 3 entsprechen. Erklären Sie Ihre Antwort.
7. Welche Referenzpunkte verwenden ISDN BRI Interfaces auf Cisco-Routern?
8. Wird LAPD auf ISDN-Kanälen verwendet? Wenn ja, auf welchen?
9. Welcher Standard definiert ISDN-Protokolle?
10. Welche ISDN-Funktionen werden durch die Standards ITU-T Q.920 und Q.930 definiert? Entspricht einer dieser Standards einem OSI-Layer?

11. Welche ISDN-Funktionen werden durch ITU-T I.430 definiert? Entspricht dieser Standard einem OSI-Layer?

12. Wofür steht SPID? Was bedeutet es?

13. Definieren Sie *TE1, TE2* und *TA*. Welche Lösung impliziert, dass die beiden anderen auch verwendet werden müssen?

14. Wie viele B-Kanäle gibt es auf einem PRI in Ländern, in denen man ein T1 verwendet? Und bei E1?

15. Welchen Referenzpunkt verwendet man in Nordamerika zwischen dem Endkunden und der Telefongesellschaft? Und in Europa?

16. Welches Problem löst Multilink PPP, wenn mehrere B-Kanäle zwischen zwei Routern aktiv sind?

17. Wie lautet die Syntax des Befehls **interface,** mit dem Einkapselung, IP-Adresse und DDR-Parameter auf einem PRI in Nord Amerika eingegeben werden? Was bedeuten ein Punkt und eine Zahl hinter der Interface-Nummer?

18. Welches Datenverbindungsprotokoll (OSI Layer 2) gilt für einen ISDN B-Kanal?

19. Definieren Sie *MLPPP*. Beschreiben Sie, wie MLPPP in einem kleinen Büro verwendet wird.

20. Konfigurieren Sie das ISDN Interface BRI1. Es ist an einen DMS-100 ISDN Switch angeschlossen und hat als SPID nur 404555121201.

21. Beschreiben Sie den Entscheidungsprozess der Cisco IOS Software beim Versuch, sich in eine Legacy DDR Verbindung einzuwählen.

22. Wenn Pakete von 10.1.1.0/24 in Bezug auf die DDR-Konfiguration »interessant« sind, so dass sie eine DDR-Verbindung aus Interface BRI0 hervorrufen, welche Konfigurationsbefehle bewirken, dass die Cisco IOS Software denkt, die Pakete seien auf BRI0 interessant.

23. Router R1 hat zwei BRI Interfaces. Konfigurieren Sie ein Dialerprofil, so dass R1 einen von sechs Remote-Routern über irgendeinen der B-Kanäle auf einem der BRIs anwählen kann. Nehmen Sie an, dass jeder Verkehr interessant ist. Sie können die Befehle für statische Routen ignorieren, die dafür sorgen, dass die Pakete aus dem richtigen Interface gehen. Verwenden Sie keine SPIDs und kein CHAP. Für Parameter, die nicht aufgeführt sind, können Sie sich Werte ausdenken.

Dieses Kapitel deckt folgende Punkte ab:
- Frame-Relay-Protokolle
- Die Konfiguration von Frame Relay

Kapitel 11

Frame Relay

Frame Relay ist heute die am weitesten verbreitete WAN-Technologie – unddaher ein wichtiges Examensthema für ICNDs. Dieses Kapitel gibt einen Überblick, wie Frame Relay seinem Hauptziel gerecht wird: Frames an viele Standorte zu liefern, die an ein WAN angeschlossen sind.

Frame Relay ist eng mit dem zweiten OSI-Layer der Datenverbindungsebene verbunden. Wenn Sie sich erinnern, dass schon das Wort »Frame« für eine PDU-Einheit (Data Link Layer Protocol Data Unit) steht, lässt sich leicht kombinieren, dass Frame Relay sich auf den OSI Layer 2 bezieht. Wie andere Datenverbindungsprotokolle kann auch Frame Relay für den Pakettransport (von Layer 3 PDUs) zwischen Routern verwendet werden. Frame Relay Protokoll-Header und Trailer werden ganz einfach benutzt, um Pakete über ein Frame-Relay-Netzwerk fließen zu lassen, so wie Ethernet-Header und Trailer benutzt werden, um Pakete ein Ethernetsegment überqueren zu lassen.

Dieses Kapitel beschreibt die Einzelheiten von Frame-Relay-Protokollen mit den dazu gehörenden Konfigurationen.

Vielleicht verwenden Sie dieses Buch und zusätzlich den CCNA INTRO Exam Certification Guide zur CCNA-Prüfungsvorbereitung, statt das INTRO-Examen und dann das ICND-Examen zu machen. Wenn Sie sich an den Lese- und Arbeitsplan zu Beginn der beiden Bücher halten, sollten Sie wissen, dass dies das letzte Kapitel zu WANs in diesem Buch ist. Nach diesem Kapitel lesen Sie in beiden Büchern die Sicherheitskapitel, wie es in der Einleitung auch angekündigt wird.

11.1 »Weiß ich's schon?«-Quiz

Ziel des Quiz ist es, Ihnen bei der Entscheidung zu helfen, welche Abschnitte eines Kapitels Sie lesen müssen. Wenn Sie ohnehin das ganze Kapitel lesen wollen, brauchen Sie die Fragen an dieser Stelle nicht zu beantworten.

Mit dem 10-Fragen-Quiz können Sie, bezogen auf den Grundlagen-Abschnitt, Ihre begrenzte Studienzeit sinnvoll einteilen.

Tabelle 11.1 stellt die Hauptthemen des Kapitels und die dazu passenden Fragen aus dem Quiz dar.

Tabelle 11.1: »Weiß ich's schon?«-Übersicht zum Grundlagen-Abschnitt

Grundlagen-Abschnitt	Fragen zu diesem Abschnitt
Frame Relay Konzepte	1 bis 6
Frame Relay Konfiguration	7 bis 10

ACHTUNG

Das Ziel dieser Selbsteinschätzung soll sein, dass Sie Ihren Wissenstand zu den Themen richtig bewerten. Wenn Sie eine Frage nicht beantworten können oder sich auch nur unsicher fühlen, sollten Sie sie als falsch einstufen und markieren. Jeder Sympathiepunkt, den Sie sich selbst geben, verfälscht Ihr Ergebnis und wiegt Sie in trügerischer Sicherheit.

1. Welche der folgenden Bezeichnungen steht für ein Protokoll, das im Netzwerk eines Providers zwischen Frame Relay DTE Frame Relay Switch verwendet wird?

    a) VC

    b) CIR

    c) LMI

    d) Q.921

    e) DLCI

    f) FRF.5

    g) Einkapselung

    h) Keine der genannten Lösungen

2. Welcher der folgenden Begriffe steht für ein Protokoll oder eine Eigenschaft, bei der es darum geht, was der Provider in seinem eigenen Netzwerk macht, was aber gleichzeitig für DTE/ Router, die den Frame-Relay-Dienst nutzen, transparent ist?

    a) VC

    b) CIR

    c) LMI

    d) DLCI

e) Q.921

f) FRF.5

g) Einkapselung

h) Keine der genannten Lösungen

3. Wofür steht DLCI?

   a) Data Link Connection Identifier

   b) Data Link Connection Indicator

   c) Data Link Circuit Identifier

   d) Data Link Circuit Indicator

   e) Keine der genannten Lösungen

4. Die zwei Cisco-Router R1 und R2 verwenden einen Frame Relay Dienst. R1 ist mit einem Switch verbunden, der LMI Typ ANSI T1.617 verwendet, R2 mit einem Switch, der ITU Q.933a verwendet. Womit konfiguriert man R1 und R2, damit die LMIs richtig laufen?

   a) ANSI and ITU

   b) T1617 and q933

   c) ANSI and q933

   d) T1617 and ITU

   e) Kann mit zwei verschiedenen Typen nicht funktionieren.

   f) Es ist keine Konfiguration notwendig.

5. FredCo hat fünf Standorte. Die Router sind an dasselbe Frame-Relay-Netzwerk angeschlossen. Zwischen jedem Routerpaar sind VCs (Virtual Circuits) eingerichtet worden. Welches ist die kleinste Anzahl von Subnetzwerken, mit der FredCo das Frame-Relay-Netzwerk ausstatten kann?

   a) 1

   b) 2

   c) 3

   d) 4

   e) 5

   f) 6

   g) 7

   h) 8

   i) 9

   j) 10

6. BarneyCo hat fünf Standorte. Die Router sind an dasselbe Frame-Relay-Netzwerk angeschlossen. Zwischen jedem Routerpaar sind VCs (Virtual Circuits) eingerichtet worden. Der Präsident der Firma, Barney, feuert jeden, der Frame Relay ohne Punkt-zu-Punkt Subinterfaces konfiguriert. Welches ist die kleinste Anzahl von Subnetzwerken, mit der BarneyCo das Frame-Relay-Netzwerk ausstatten kann?

   a) 1
   b) 4
   c) 8
   d) 10
   e) 12
   f) 15

7. BettyCo hat fünf Standorte. Die Router sind an dasselbe Frame-Relay-Netzwerk angeschlossen. Zwischen jedem Routerpaar sind VCs (Virtual Circuits) eingerichtet worden. Die Präsidentin der Firma, Betty, feuert jeden, der irgend etwas konfiguriert, das genauso gut in der Standardeinstellung hätte bleiben können. Bei welchem der folgenden Befehle für das Frame-Relay-Netzwerk könnte der Ingenieur sofort seine Papiere abholen?

   a) **ip address**
   b) **encapsulation**
   c) **lmi-type**
   d) **frame-relay map**
   e) **inverse-arp**

8. WilmaCo hat einige Router, die an ein Frame-Relay-Netzwerk angeschlossen sind. R1 ist ein Router an einem Remote-Standort mit einem einzelnen VC zurück zum Hauptstandort von WilmaCo. Die R1.Konfiguration sieht so aus:
   ```
   interface serial 0/0
     ip address 10.1.1.1 255.255.255.0
     encapsulation frame-relay
   ```
   Wilma, die Präsidentin, findet Punkt-zu-Punkt Subinterfaces cool. Deshalb bekommen Sie den Auftrag, die Konfiguration so zu verändern, dass Punkt-zu-Punkt Subinterfaces verwendet werden. Mit welchem der folgenden Befehle können Sie die Konfiguration verändern?

   a) **no ip address**
   b) **interface-dlci**
   c) **no encapsulation**

d) **encapsulation frame-relay**

e) **frame-relay interface-dlci**

9. WilmaCo hat ein weiteres Netzwerk mit einem Router am Hauptstandort und zehn VCs zu den Remote-Standorten. Wilma denkt inzwischen, dass Multipoint-Subinterfaces noch viel cooler sind, als Punkt-zu-Punkt. Die aktuelle Konfiguration des Routers am Hauptstandort sieht so aus:
```
interface serial 0/0
   ip address 172.16.1.1 255.255.255.0
   encapsulation frame-relay
```
Wilma möchte jetzt gern zu einem Multipoint-Subinterface übergehen. Welchen der folgenden Befehle benötigt man für den Übergang zur neuen Konfiguration? (Beachten Sie: Für die 10 VCs werden die DLCIs 101 bis 110 verwendet.)

a) **interface-dlci 101 110**

b) **interface dlci 101-110**

c) Zehn verschiedene **interface-dlci** Befehle

d) **frame-relay interface-dlci 101 110**

e) **frame-relay interface dlci 101-110**

f) Zehn verschiedene **frame-relay interface-dlci** Befehle

10. Welcher der folgenden Befehle zeigt die Informationen an, die über Inverse ARP erlernt worden sind?

a) **show ip arp**

b) **show arp**

c) **show inverse arp**

d) **show frame-relay inverse-arp**

e) **show map**

f) **show frame-relay map**

Die Antworten zum »Weiß ich's schon?«-Quiz stehen in Anhang A. Unser Vorschlag für Ihr weiteres Vorgehen sieht so aus:

– **8 oder weniger Gesamtpunkte** – Lesen Sie das komplette Kapitel. Es enthält die »Grundlagen«, die »Grundlagen-Zusammenfassung« und »Q&A«-Abschnitte.

– **9 oder 10 Gesamtpunkte** – Wenn Sie einen größeren Überblick über diese Themen bekommen möchten, springen Sie zur »Grundlagen-Zusammenfassung« und dann zum »Q&A«-Abschnitt. Andernfalls gehen Sie sofort zum nächsten Kapitel.

11.2 Grundlagen

11.2.1 Frame-Relay-Protokolle

Wenn Sie beide Bücher verwenden, finden Sie in Kapitel 4 des CCNA INTRO Exam Certification Guide die Grundlagen für Frame Relay. Dieses Kapitel beginnt mit einem kurzen Überblick über die Grundkonzepte und geht dann in Bezug auf einige Frame-Relay-Protokolle und -Konzepte etwas mehr in die Tiefe. Es endet mit einer Frame-Relay-Konfiguration.

Frame-Relay-Netzwerke bieten mehr Features und Vorteile als einfache Punkt-zu-Punkt WAN-Links. Dafür sind die Frame-Relay-Protokolle aber auch detaillierter. Frame-Relay-Netzwerke sind zum Beispiel Multiaccess-Netzwerke. Das bedeutet: Man kann, wie bei LANs, mehr als zwei Geräte an das Netzwerk anschließen. Anders als LANs kann man aber keine Broadcasts auf der Datenverbindungsebene über Frame Relay senden. Daher nennt man ein Frame-Relay-Netzwerk auch NBMA (Nonbroadcast Multiaccess Network). Weil Frame Relay eine Multiaccess-Lösung ist, braucht man Adressen, bei denen klar ist, an welchen Remote-Router ein Frame adressiert ist.

Bild 11.1 zeigt die physikalische Grundtopologie eines Frame-Relay-Netzwerks mit der entsprechenden Terminologie.

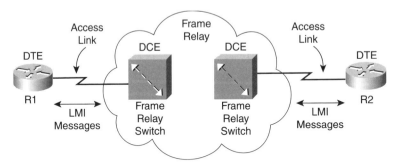

Bild 11.1: Die Frame-Relay-Komponenten

Bild 11.1 zeigt die wichtigsten Komponenten eines Frame-Relay-Netzwerks. Zwischen dem Router und dem nahe liegenden Frame-Relay-Switch ist eine Mietleitung eingerichtet. Diese Verbindung nennt man *Access-Link* oder *Zugangsverbindung*. Das Gerät außerhalb des Frame-Relay-Netzwerks, ein DTE (*Data Terminal Equipment*), tauscht mit dem Frame-Relay-Switch regelmäßig Mitteilungen aus. Dadurch ist sichergestellt, dass die Verbindung weiter besteht. Diese keepalive-Mitteilungen werden, wie einige andere Nachrichten auch, vom LMI-Protokoll für Frame Relay, dem *Local*

Management Interface Protokoll definiert. Die Router sind normalerweise DTEs, die Frame-Relay-Switche DCEs (*Data Communications Equipment*).

Während Bild 11.1 die physikalische Konnektivität jeder Verbindung des Frame-Relay-Netzwerks darstellt, macht Bild 11.2 das Gleiche für die logische oder virtuelle Ende-zu-Ende-Konnektivität, die sich auf die VCs bezieht.

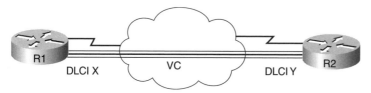

Bild 11.2: Konzepte für Frame-Relay-PVCs

Der logische Kommunikationspfad zwischen den DTEs ist ein VC. Das Dreigespann paralleler Leitungen im Bild ist ein einzelner VC. Wir verwenden in diesem Buch nur einen eigenen Stil, um Leitungen darzustellen, damit man sie besser erkennen kann. Normalerweise konfiguriert der Service-Provider die ganzen Feinheiten für einen VC vor. Vordefinierte VCs nennt man PVCs (Permanent Virtual Circuits).

Router verwenden als Frame-Relay-Adressen so genannte DLCIs (Data-Link Connection Identifier), über die der VC erkannt wird, den ein Frame nehmen soll. In Bild 11.2 kapselt R1 das Layer 3 Paket in einen Frame-Relay-Header und Trailer ein, wenn er ein Paket an R2 senden soll, und schickt den Frame dann los. Da der Frame-Relay-Header die richtige DLCI enthält, können die Frame-Relay-Switches des Providers den Frame erfolgreich zu R2 schicken.

Tabelle 11.2 führt die Komponenten aus Bild 11.1 und damit verbundene Begriffe auf. Nach den Tabellen wird genauer auf wichtige Eigenschaften von Frame Relay eingegangen.

Tabelle 11.2: Frame Relay– Konzepte und Begriffe

Begriff	Beschreibung
Virtual Circuit (VC, Virtuelle Leitung)	Ein virtuelles Konzept für den Pfad, den ein Frame zwischen DTEs nimmt. VCs wirken besonders nützlich, wenn man Frame Relay mit physikalischen Mietleitungen vergleicht.
Permanent Virtual Circuit (PVC, Permanente Virtuelle Leitung)	Ein vordefinierter VC. Ein PVC ist prinzipiell mit einer Mietleitung vergleichbar.

Tabelle 11.2: Frame Relay– Konzepte und Begriffe (Forts.)

Begriff	Beschreibung
Switched Virtual Circuit (SVC, Geswitchte Virtuelle Leitung)	Ein VC, der bei Bedarf dynamisch aufgebaut wird. Ein SVC ist prinzipiell mit einer Einwahlverbindung vergleichbar.
Data Terminal Equipment (DTE)	DTEs sind mit dem Frame-Relay-Dienst einer Telefongesellschaft verbunden und stehen am Standort der Firma, die den Frame-Relay-Dienst bestellt hat.
Data Communications Equipment (DCE)	Frame-Relay-Switches sind DCE-Geräte. DCE bedeutet auch Data Circuit-Terminating Equipment. DCEs befinden sich im Netzwerk des Providers.
Access Link	Die Mietleitung zwischen DTE und DCE.
Access Rate (AR)	Die Geschwindigkeit, mit der das Access-Link getaktet ist. Wirkt sich oft stark auf den Preis der Verbindung aus.
Data-link Connection Identifier (DLCI)	Eine Frame-Relay-Adresse im Frame-Relay-Header, mit der der VC erkannt wird.
Nonbroadcast Multiaccess (NBMA)	Netzwerk mit mehr als zwei Geräten, in dem Broadcasts nicht unterstützt werden.
Local Management Interface (LMI)	Das Protokoll, mit dem die Verbindung zwischen DCE und DTE verwaltet wird. Signal Messages für SVCs, PVC Status Messages und Keepalive sind LMI Messages.

Die Frame-Relay-Standards

Die Frame-Relay-Definitionen sind in den Veröffentlichungen von ITU (International Telecommunications Union) und ANSI (American National Standards Institute) enthalten. Das Frame Relay Forum (*www.frforum.com*), ein Konsortium der Anbieter, enthält auch etliche Frame-Relay-Spezifikationen, die oft den Bestimmungen von ITU und ANSI zeitlich vorausgegangen sind, weil die beiden Organisationen viele der Standards aus dem Forum aufgegriffen haben. Tabelle 11.3 führt die wichtigsten Bestimmungen auf.

Tabelle 11.3: Bestimmungen für Frame Relay Protokolle

Was die Spezifikation bestimmt	ITU Dokument	ANSI Dokument
Datenverbindungsbestimmungen mit LAPF-Header/Trailer	Q.922 Anhang A (Q.922-A)	T1.618
PVC Management, LMI	Q.933 Anhang A (Q.933-A)	T1.617 Anhang D (T1.617-D)

Tabelle 11.3: Bestimmungen für Frame Relay Protokolle (Forts.)

Was die Spezifikation bestimmt	ITU Dokument	ANSI Dokument
SVC Signalisierung	Q.933	T1.617
Multiprotokoll Einkapselung (ursprünglich in RFC 1490/2427)	Q.933 Anhang E (Q.933-E)	T1.617 Anhang F (T1.617-F)

Virtuelle Leitungen

Frame Relay bietet schon auf Punkt-zu-Punkt-Mietleitungen erkennbare Vorteile. Der größte Vorteil entsteht durch die virtuellen Leitungen. Sehen Sie sich Bild 11.3 an, ein typisches Frame-Relay-Netzwerk mit drei Standorten.

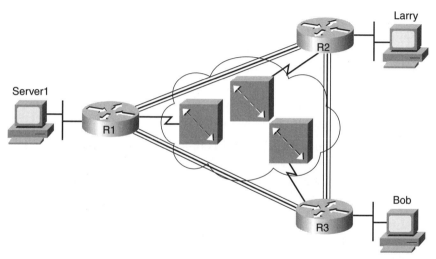

Bild 11.3: Typisches Frame-Relay-Netzwerk mit drei Standorten

Eine virtuelle Leitung ist ein rein logisch vorhandener, virtueller Pfad zwischen zwei Frame Relay DTEs. Der Begriff *Virtuelle Leitung* beschreibt das Prinzip im Grunde sehr gut. Es handelt sich um eine Art Punkt-zu-Punkt-Verbindung, mit der Daten zwischen zwei Endpunkten über ein WAN gehen. Es gibt nur keine direkte physikalische Verbindung zwischen den Endpunkten, diese ist nur gedacht, also virtuell. Bei R1 enden zum Beispiel zwei VCs – einer mit dem anderen Endpunkt R2, einer mit dem anderen Endpunkt R3. R1 kann über den VC direkt Daten an einen der anderen beiden Router senden. R1 hat aber physikalisch nur Zugang zum Frame-Relay-Netzwerk.

VCs teilen sich die Zugangsverbindung (Access-Link) und das Frame-Relay-Netzwerk. So benutzen beide VCs, die auf R1 enden, dieselbe Zugangsverbindung. Tatsächlich verwenden und teilen viele Kunden dasselbe Frame-Relay-Netzwerk. Zunächst wollten Kunden mit Netzwerken an Mietleitungen nicht so gern zu Frame Relay übergehen, da sie sich dann auch die Performance des Netzwerks des Providers in der Cloud (Wolke) teilen müssen. Um diesen Befürchtungen entgegenzutreten, wird CIR (Committed Information Rate) verwendet. Jeder VC hat einen CIR-Wert. Damit garantiert der Provider für einen bestimmten VC eine bestimmte Bandbreite. Man kann also ruhig von einer Standleitung zu Frame Relay übergehen, weil durch CIR letztlich genauso viel Bandbreite zur Verfügung gestellt werden kann, wie vorher durch die Standleitung.

Interessanterweise ist es schon bei drei Standorten in der Regel viel billiger, mit Frame Relay zu arbeiten als mit Punkt-zu-Punkt-Verbindungen. Jetzt stellen Sie sich aber eine Organisation mit hundert Standorten vor, von denen alle miteinander verbunden werden müssen. Wie viele Standleitungen sind dann erforderlich? 4950! Nebenbei bräuchte man auch 99 serielle Schnittstellen pro Router, wenn man Punkt-zu-Punkt-Mietleitungen nimmt. Durch Frame Relay kann die Organisation mit hundert Zugangsleitungen zu lokalen Frame-Relay-Switches arbeiten, einer pro Router, und 4950 VCs darüber laufen lassen. Das erfordert weit weniger physikalische Verbindungen und man benötigt nur ein serielles Interface auf jedem Router!

Service Provider können ihre Frame-Relay-Netzwerke weit effizienter nutzen als Standleitungen. Das macht die Sache für den Frame-Relay-Kunden dann auch billiger. Wenn man viele WAN-Standorte zusammenschalten muss, ist Frame Relay einfach wesentlich günstiger als Standleitungen.

Es sind zwei unterschiedliche Typen von VCs erlaubt – permanente (PVC) und geswitchte (SVC). PVCs werden vom Provider vordefiniert, SVCs dagegen dynamisch erstellt. PVCs sind aber weiter verbreitet.

Es ist nicht selbstverständlich für das Design und den Betrieb eines Frame-Relay-Netzwerks, dass jedes denkbare Standortpaar über einen PVC verbunden ist. Bild 11.3 stellt aber ein Netzwerk mit PVCs zwischen allen Standortpaaren dar. Ein solches Netz nennt man ein vollständig vermaschtes (full-mesh) Frame-Relay-Netzwerk. Wenn nicht alle Standortpaare direkt über einen PVC verbunden sind, bezeichnet man das Netz als teilweise vermaschtes (partial-mesh) Netzwerk. Bild 11.4 zeigt dasselbe Netzwerk wie Bild 11.3, diesmal aber nur teilweise vermascht und mit nur zwei PVCs. Das ist aber durchaus üblich, wenn R1 am Hauptstandort steht und R2 und R3 Remote-Standorte sind, die nicht unbedingt direkt kommunizieren müssen.

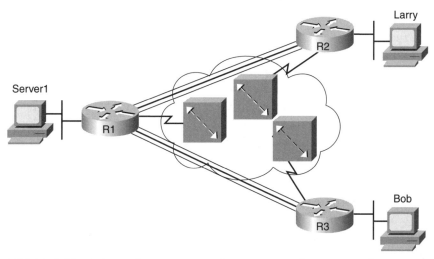

Bild 11.4: Typisches teilweise vermaschtes Frame-Relay-Netzwerk

Das teil-vermaschte Netzwerk bietet im Vergleich mit dem voll-vermaschten einige Vor- und Nachteile. Der Hauptvorteil besteht darin, dass teil-vermaschte Netzwerke billiger sind, denn der Provider berechnet jeden VC. Auf der anderen Seite muss der Verkehr von R2 zu R3 über R1 laufen, wo er weitergeleitet wird. Wenn das wenig Datenverkehr ist, kostet das auch wenig. Bei starker Nutzung könnte das voll-vermaschte Netzwerk sein Geld aber auch schnell wert sein.

Ein prinzipieller Umstand bei PVCs besteht darin, dass es meistens eine einzige Zugangsverbindung gibt, über die mehrere PVCs laufen. Sehen wir uns Bild 11.4 aus der Perspektive von R1 an. Server1 sendet ein Paket an Larry. Es geht über Ethernet. R1 bekommt und prüft Larrys Routingtabelle. Das Paket soll aus Serial0 gesendet werden, den Zugangslink von R1. Er kapselt das Paket in einen Frame-Relay-Header und Trailer ein und sendet es. Welcher PVC wird verwendet? Der Frame-Relay-Switch sollte es an R2 leiten, aber warum tut er das?

Frame Relay verwendet eine Adresse, um einen PVC vom anderen zu unterscheiden. Ihre Bezeichnung lautet DLCI (Data-Link Connection Identifier). Der Name ist bereits bezeichnend: Die Adresse gilt für ein Protokoll auf OSI-Layer 2 (Data Link) und identifiziert einen VC, der manchmal als virtuelle Verbindung bezeichnet wird. In diesem Beispiel verwendet R1 den DLCI, der für den PVC zu R2 gilt. Daher leitet der Provider den Frame ganz richtig über den PVC zu R2. Um einen Frame an R3 zu schicken, nimmt R1 den DLCI, der für den VC zu R3 gilt. DLCIs und ihre Funktion betrachten wir im weiteren Verlauf des Kapitels noch genauer.

LMI und Einkapselungstypen

Wenn man das erste Mal von Frame Relay hört, kann man die LMI-Kennzahl und den Einkapselungstyp leicht verwechseln. Der LMI definiert die Mitteilungen zwischen DTE (ein Router zum Beispiel) und DCE (ein Frame-Relay-Switch vom Service Provider zum Beispiel). Die Einkapselung bestimmt die Header, mit denen ein DTE mit einem anderen DTE am anderen Ende eines VC kommunizieren kann. Der Switch und sein angeschlossener Router benutzen den gleichen LMI. Der Switch kümmert sich aber nicht um die Einkapselung. Und die Router an den Endpunkten (DTEs) haben mit der Einkapselung nichts zu tun.

Für das Examen ist die LMI Status Inquiry Message die wichtigste LMI-Mitteilung. Solche Status-Mitteilungen haben zwei Hauptfunktionen:

– Status-Mitteilungen nehmen eine Keepalive-Funktion zwischen DTE und DCE wahr. Wenn ein Problem mit der Zugangsverbindung auftaucht, wird durch das Ausbleiben der Keepalive Messages schnell klar, dass die Verbindung abgebrochen ist.

– Status-Mitteilungen zeigen an, ob ein PVC aktiv oder inaktiv ist. Obwohl jeder PVC vordefiniert ist, kann sein Status sich ändern. So könnte zum Beispiel der Zugangslink funktionieren, einzelne VCs aber nicht. Der Router muss aber wissen, welcher VC aktiv ist und welcher nicht. Das erfährt er von dem Switch über LMI Status Messages.

Es sind drei LMI-Protokolle möglich, wenn man Cisco-Software verwendet: Cisco, ITU und ANSI. Jede der LMI-Protokolloptionen ist etwas anders und lässt sich nicht mit den anderen beiden zusammen benutzen. Solange das DTE und das DCE an den beiden Enden eines Accesslinks denselben LMI-Standard verwenden, arbeitet LMI problemlos.

Die Unterschiede zwischen den LMI-Typen sind etwas subtil. Cisco LMI verlangt die Verwendung von DLCI 1023; ANSI T1.617-D und ITU Q.933-A legen DLCI 0 fest. Einige Mitteilungen haben andere Felder im Header. Ein DTE muss nur wissen, welches der drei LMIs verwendet werden soll, und benutzt dann dasselbe wie der lokale Switch.

Den LMI-Typ zu konfigurieren, ist leicht. Es ist heute weitgehend üblich, einfach die Standardeinstellung für LMI zu nehmen. Dadurch findet der Router den LMI-Typ auf dem Switch durch LMI-Autosense heraus. Lassen Sie den Router also den LMI-Typ einfach selbst herausfinden und machen Sie sich keine unnötige Mühe damit. Wenn Sie den LMI-Typ konfigurieren, wird LMI-Autosense deaktiviert.

Tabelle 11.4 zeigt die drei LMI-Typen, ihren Ursprung und die Schlüsselworte der Cisco IOS Software für den **frame-relay lmi-type** Interface Unterbefehl.

Tabelle 11.4: Frame Relay: LMI-Typen

Name	Dokument	IOS LMI-Typ Parameter
Cisco	Marke	cisco
ANSI	T1.617 Anhang D	ansi
ITU	Q.933 Anhang A	q933a

Ein Router, der an Frame Relay angeschlossen ist, kapselt jedes Layer 3 Paket in einen Frame-Relay-Header und Trailer ein, bevor er es über einen Zugangslink sendet. Header und Trailer werden durch die LAPF-Bestimmungen (Link Access Procedure Frame Bearer Services Specification), ITU Q.922-A festgelegt. LAPF-Framing kann über ein FCS-Feld im Trailer eine Fehlererkennung durchführen, wie auch mit den DLCI-, DE-, FECN- und BECN-Feldern im Header (die wir später besprechen). Bild 11.5 zeigt einen Frame.

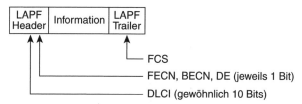

Bild 11.5: LAPF Header

LAPF-Header und Trailer enthalten jedoch nicht alle Felder, die Router benötigen. Insbesondere fehlt in Bild 11.5 ein Feld für den Protokolltyp. Wie wir in den Kapiteln 3 und 4 besprochen haben, muss im Datenverbindungsheader stehen, was für ein Paket auf den Datenverbindungsheader folgt. Wenn Frame Relay nur den LAPF-Header verwendet, können DTEs (auch die Router) keinen Multiprotokoll-Verkehr unterstützen. Es gibt keinen Weg, den Protokolltyp am Informationsfeld zu erkennen.

Um den Nachteil auszugleichen, dass der Protokolltyp im Standard-Frame-Relay-Header nicht angegeben ist, gibt es zwei Lösungen:

– Cisco und drei andere Firmen entwickelten einen Zusatzheader, der zwischen dem LAPF-Header und dem Layer 3 Paket aus Bild 11.5 liegt. Er enthält ein 2-Byte großes Feld für den Protokolltyp. Die Werte sind die gleichen, wie beim HDLC bei Cisco.

- RFC 1490 (später ersetzt durch RFC 2427 – merken Sie sich bitte beide), »Multiprotocol Interconnect over Frame Relay«, bringt die zweite Lösung. RFC 1490 war vorgesehen, um Frame-Relay-DTE-Geräte verschiedener Hersteller kompatibel zu gestalten. Dieser RFC bestimmt einen ähnlichen Header, der auch zwischen LAPF-Header und Layer 3 Paket liegt, und enthält ein Protokolltypfeld und viele weitere Optionen. ITU und ANSI bauen später RFC 1490 Headers in ihre Bestimmungen unter Q.933, Anhang E und T1.617, Anhang F ein.

Bild 11.6 zeigt diese beiden Alternativen.

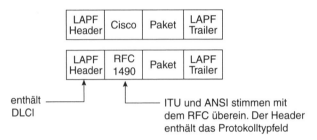

Bild 11.6: Cisco- und RFC 1490/2427 Einkapselung

DTEs verwenden und reagieren auf die Felder, die durch diese Einkapselungsverfahren festgelegt sind. Frame-Relay-Switches ignorieren sie aber. *Weil die Frames von DTE zu DTE gehen, müssen beide DTEs der verwendeten Einkapselung zustimmen. Die Switches sind nicht betroffen.* Jeder VC kann jedoch mit einer eigenen Einkapselung arbeiten. Bei der Konfiguration heißt die Cisco-Einkapselung **cisco**, die andere **ietf**.

Details der DLCI-Adressierung

Ein paar Grundkenntnisse zum Thema Frame Relay haben Sie nun. Zuerst verbinden sich die Router (DTEs) über eine Zugangsverbindung mit den Frame-Relay-Switches (DCEs). Es handelt sich um eine Standleitung, die Router und Switch verbindet. Der logische Pfad zwischen zwei DTEs nennt sich VC, eine virtuelle Verbindung. In den meisten Netzwerken werden permanente virtuelle Verbindungen (PVCs) verwendet, nicht geschaltete (SVCs). Ein DLCI (Data-Link Connection Identifier) macht jeden einzelnen PVC unverwechselbar und erkennbar. Das LMI-Protokoll verwaltet das Access-Link, wobei der LMI-Typ zwischen einem Router und dem lokalen Switch übereinstimmen muss. Schließlich müssen die Router an jedem Ende der Leitung dem Einkapselungstyp zustimmen. Beide Einkapselungstypen enthalten ein Protokolltypfeld, durch das der Header bestimmt werden kann, der dem Frame-Relay-Header folgt.

DLCIs können einfach, aber auch verwirrend sein. Wir haben schon gesagt, dass der DLCI einen VC kennzeichnet. Dadurch kann ein Frame-Relay-Switch Frames zur richtigen Remote-Site leiten, wenn mehrere VCs dasselbe Access-Link verwenden. Vielleicht ist Ihnen das schon geläufig. Wenn Sie sich die Konfigurationsbeispiele ansehen, die später kommen, können Sie wahrscheinlich noch etwas über den Entwurf einer neuen Konfiguration lernen. Wir betrachten jetzt etwas eingehender, wie die DLCIs genau funktionieren. Wenn Sie ein tieferes Verständnis für dieses Thema benötigen, lesen Sie weiter. Wenn Sie nur Grundlagen erfahren möchten, um erst später mehr Details zu lernen, können Sie direkt zum Abschnitt »Die Konfiguration von Frame Relay« gehen.

Frame-Relay-Adressierung und Switching definieren, wie Frames über ein Frame-Relay-Netzwerk geliefert werden. Weil ein Router über eine einzige Zugangsverbindung mit mehreren VCs verbunden ist, muss jeder Remote-Router irgendwie erkannt werden – am besten an einer Adresse. Der DLCI ist die Frame-Relay-Adresse.

DLCIs funktionieren etwas anders als die anderen Datenverbindungsadressen in den CCNA-Examen. Das liegt an der Verwendung der DLCIs selbst und an der Tatsache, dass der Header ein einziges DLCI-Feld hat, und nicht ein Quell- und ein Ziel-DLCI-Feld.

Man muss sich mit ein paar Eigenschaften von DLCIs vertraut machen, bevor man sie verwendet. Frame-Relay-DLCIs sind nur lokal bedeutsam. Sie brauchen nur in der lokalen Umgebung auf dem Access-Link einmalig zu sein. Ein gutes Beispiel zur Erklärung der lokalen Adressierung ist, dass es genau eine Adresse »Klenzestr. 23 in 80469 München« gibt. Die Adresse »Klenzestr. 23« kann es dagegen in jeder deutschen Stadt geben. Genauso muss ein DLCIs für jedes Access-Link einmalig sein. Auf den verschiedenen Access-Links in Ihrem Netzwerk können Sie dagegen dann wieder die gleichen DLCIs verwenden. In Bild 11.7 wird DLCI 40 auf zwei verschiedenen Access-Links zur Kennzeichnung verschiedener PVCs eingesetzt. Es passiert aber nichts, da derselbe DLCI 40 auf zwei verschiedenen Zugangsverbindungen zum Einsatz kommt.

Lokale Adressierung (das ist der Begriff dafür, dass die DLCIs lokal bedeutsam sind) ist eine unverzichtbare Tatsache. Damit funktioniert Frame Relay. Einfach ausgedrückt, kann ein einzelnes Access-Link nicht mit denselben DLCIs mehrere VCs über diese Zugangsverbindung darstellen. Der Frame-Relay-Switch wüsste sonst nicht, wohin die Frames geleitet werden müssen.

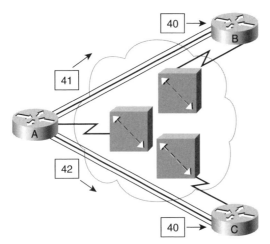

Bild 11.7: Frame Relay Adressierung: Router A sendet an die Router B und C.

Diese lokale Bedeutsamkeit der DLCIs verwirrt zuerst die meisten Leute und auch, dass es nur ein einziges DLCI-Feld im Frame-Relay-Header gibt. Globale Adressierung umgeht dieses Problem, indem die DLCI-Adressierung dann etwas mehr wie eine LAN-Adressierung ausssieht. Globale Adressierung setzt bei der Planung eines Frame-Relay-Netzwerks ein und führt zu einer bewussten Auswahl der DLCI-Werte. Das macht die ganze Sache etwas übersichtlicher. Da aber die lokale Adressierung eine Tatsache ist, werden deren Regeln durch die globale Adressierung nicht aufgehoben. Globale Adressierung macht die Zuweisung der DLCIs offensichtlicher – sobald Sie sich an das System gewöhnt haben.

Und so funktioniert die globale Adressierung: Der Service Provider händigt einen Plan und ein Diagramm aus. Bild 11.8 zeigt ein solches Diagramm, auf dem die globalen DLCIs zu sehen sind.

Globale Adressierung plant man wie in Bild 11.8. Die DLCIs stehen in den Frame-Relay-Frames, wie in Bild 11.9. Router A verwendet zum Beispiel DLCI 41, um einen Frame an Router B zu senden, da der globale DLCI von Router B die 41 ist. Genauso verwendet Router A den DLCI 42, wenn Frames über den VC an Router C gesendet werden. Das Schöne ist, dass die globale Adressierung den meisten Leuten logischer erscheint. Sie wirkt wie die LAN-Adressierung, bei der es eine einmalige MAC-Adresse für jedes Gerät gibt. Auf einem LAN mit den MAC-Adressen MAC-A, MAC-B und MAC-C für die drei Router, verwendet Router A die Zieladresse MAC-B, wenn er Frames an Router B sendet, dagegen MAC-C, wenn Router C das Ziel ist.

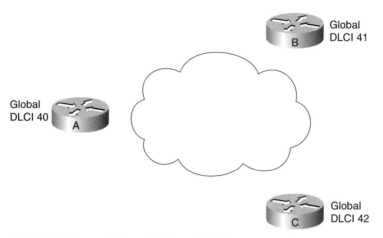

Bild 11.8: Frame Relay: Globale DLCIs

Wenn die Router A, B und C die DLCIs 40, 41 und 42 verwenden, sieht die globale Adressierung dem sehr ähnlich. Weil die DLCIs so etwas wie die Adressen der VCs sind, kann man sich folgenden Dialog vorstellen, wenn Router A einen Frame an Router B sendet: »Hey, lokaler Switch! Wenn du diesen Frame bekommst, dann sende ihn über den VC, den wir beide mit DLCI 41 kennzeichnen.« Bild 11.9 verdeutlicht das Beispiel.

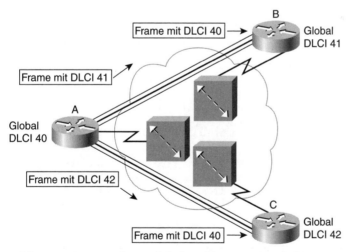

Bild 11.9: Frame Relay: Globale Adressierung aus der Perspektive des Senders

Router A sendet Frames mit DLCI 41, die den lokalen Switch erreichen. Der lokale Switch sieht das DLCI-Feld und leitet den Frame durch das Frame-Relay-Netzwerk, bis er den Switch erreicht, der mit Router B verbunden ist. Dann leitet der lokale Switch von Router B den Frame über die Zugangsverbindung zu Router B. Das Gleiche passiert zwischen Router A und Router C, wenn Router A DLCI 42 verwendet. Das Schöne an der globalen Adressierung ist, dass man denkt, jeder Router hätte eine Adresse, so wie man es aus LANs kennt. Wenn Sie einen Frame an jemanden senden wollen, setzen Sie seinen DLCI in den Header, und schon liefert das Netzwerk den Frame zum richtigen DTE.

Der letzte Schlüssel zur globalen Adressierung besteht darin, dass die Frame-Relay-Switches noch die DLCI-Werte ändern, bevor der Frame ausgeliefert wird. Haben Sie bemerkt, dass der DLCI-Wert in Bild 11.9 anders ist, wenn die Router B und C die Frames empfangen? Nehmen wir an, dass Router A einen Frame an Router B sendet und DLCI 41 in den Frame schreibt. Der letzte Switch ändert das Feld in DLCI 40, bevor das Paket an Router B geleitet wird. Heraus kommt, dass der DLCI-Wert gleich dem DLCI des Senders ist, wenn die Router B und C ihre Frames empfangen. Warum? Wenn Router B den Frame empfängt, weil er DLCI 40 ist, weiß er, dass der Frame über den PVC zwischen ihm und Router A gekommen ist. Grundsätzlich gilt Folgendes:

– Der Sender behandelt das DLCI-Feld wie eine Zieladresse mit dem globalen Ziel-DLCI im Header.

– Der Empfänger behandelt das DLCI-Feld wie eine Quelladresse, da es den globalen DLCI des Absenders enthält.

Bild 11.9 beschreibt, was in einem typischen Frame-Relay-Netzwerk vor sich geht. Die Service Provider statten Sie mit einem Planungspapier und Diagrammen mit globalen DLCIs aus. Tabelle 11.5 zeigt übersichtlich strukturiert, welche DLCIs in Bild 11.9 verwendet werden.

Tabelle 11.5: DLCIs in der Frame Relay Cloud von Bild 11.9

Frame von Router ...	mit DLCI-Feld ...	wird gesendet an Router ...	mit DLCI-Feld ...
A	41	B	40
A	42	C	40
B	40	A	41
C	40	A	42

Globale Adressierung macht die DLCI-Adressierung für die meisten Leute einfacher. Die Konfiguration der Router wird übersichtlicher und neue Standorte können besser integriert werden. Sehen Sie sich zum Beispiel Bild 11.10 an. Hier werden die Router D und E zum Netzwerk aus Bild 11.9 hinzugefügt. Der Service Provider legt einfach fest, dass für diese beiden Router die globalen DLCIs 43 und 44 verwendet werden. Wenn diese beiden Router auch nur einen PVC zu Router A haben, ist die gesamte DLCI-Planung schon wieder vollständig. Sie wissen, dass die Router D und E den DLCI 40 nehmen, um Router A zu erreichen, und dass Router A DLCI 43 für Router D und DLCI 44 für Router E nimmt.

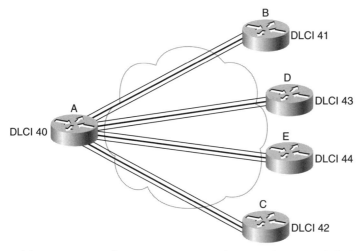

Bild 11.10: Hinzufügen von Frame-Relay-Standorten: Globale Adressierung

Die verbleibenden Beispiele in diesem Kapitel verwenden in allen Planungsdiagrammen die globale Adressierung, es sei denn, es wurde ausdrücklich etwas anderes festgelegt. Eine praktische Möglichkeit, um festzulegen, ob lokale oder globale DLCIs verwendet werden, ist die folgende: Wenn zwei VCs auf demselben DTE enden und nur ein DLCI angezeigt wird, handelt es sich wahrscheinlich um die globale Verwendung des DLCI. Wenn ein DLCI pro VC angezeigt wird, handelt es sich um lokale Adressierung.

Fragen zum Netzwerk-Layer unter Frame Relay

Die meisten wichtigen Frame-Relay-Konzepte haben wir schon behandelt. Zunächst sind die Router (DTEs) über eine Zugangsverbindung an die Frame-Relay-Switches angeschlossen. Das ist eine Standleitung zwischen Router und Switch. Das LMI-Protokoll verwaltet dieses Access-Link. Der LMI-Typ muss zwischen Router und lokalem Switch übereinstimmen. Die Router stimmen dem Einkapselungstyp zu. Das eine DLCI-Feld im Frame-Relay-Header gibt den VC an, der den Frame ausliefern soll. Der DLCI wird wie eine Zieladresse verwendet, wenn der Frame gesendet wird, aber wie eine Quelladresse, wenn er empfangen wird. Die Switches ändern den DLCI-Wert bei der Übertragung.

Frame-Relay-Netzwerke weisen, im Vergleich zu LAN- und Punkt-zu-Punkt WAN-Verbindungen, Parallelen und Unterschiede auf. Die Unterschiede führen uns zu einigen weiteren Überlegungen: Wie werden Layer-3-Pakete über das Frame-Relay-Netzwerk transportiert? Sie müssen sich nun mit einigen Grundfragen in Bezug auf Layer-3-Datenflüsse über Frame-Relay beschäftigen:

- Auswahl von Layer-3-Adressen auf Frame-Relay-Interfaces
- Broadcast-Handhabung

Die folgenden Abschnitte behandeln diese Fragen eingehend.

Layer-3-Adressierung bei Frame Relay

Die Implementierung des Frame Relay von Cisco definiert drei Möglichkeiten für die Zuweisung von Subnetzen und IP-Adressen auf Frame-Relay-Interfaces:

- Ein Subnetz enthält alle Frame-Relay-DTEs
- Ein Subnetz pro VC
- Eine Mischung aus beiden Möglichkeiten

Layer-3-Adressierung bei Frame Relay: Ein Subnetz enthält alle Frame-Relay-DTEs

Bild 11.11 zeigt die erste Alternative. Für das Frame-Relay-Netzwerk wird ein einziges Subnetz verwendet. Das Bild zeigt ein voll vermaschtes Frame-Relay-Netzwerk, da die Version mit einem Subnetz besonders dann verwendet wird, wenn eine vollständige Vermaschung mit VCs zur Verfügung steht. Bei vollständiger Vermaschung (full mesh) ist jeder Router mit jedem anderen Router über einen VC verbunden. Jeder Router kann Frames direkt zu jedem anderen Router senden – was sehr stark einem LAN ähnelt. Man kann für die Frame-Relay-Interfaces aller Router ein einziges Subnetzwerk konfigurieren, wie auch auf den seriellen Interfaces der Router. Tabelle 11.6 fasst die Adressen in Bild 11.11 zusammen.

Tabelle 11.6: IP-Adressen ohne Subinterfaces

Router	IP-Adresse der Frame-Relay-Schnittstelle
Mayberry	199.1.1.1
Mount Pilot	199.1.1.2
Raleigh	199.1.1.3

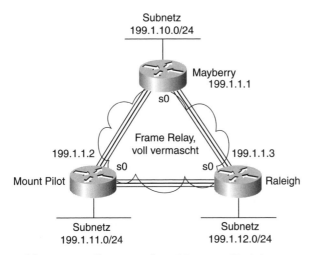

Bild 11.11: Voll vermaschtes Netz mit IP-Adressen

Die Möglichkeit mit einem einzigen Subnetzwerk ist einfach und schont Ihre IP-Adressbereiche. Außerdem ist der Vergleich zu LANs mit ihren übersichtlichen Konzepten gegeben. Dummerweise bauen die meisten Firmen teil-vermaschte Frame-Relay-Netzwerke ein. Und dafür ist die voll vermaschte Lösung mit einem Subnetz nicht so gut geeignet.

Layer-3-Adressierung bei Frame Relay: Ein Subnetz pro VC

Auf teil-vermaschten Frame-Relay-Netzwerken läuft die zweite Alternative, ein Subnetz pro VC, wesentlich besser (Bild 11.12). Boston kann Frames nicht direkt an Charlotte weiterleiten, weil zwischen den beiden kein VC definiert ist. Es handelt sich um ein recht typisches Frame-Relay-Netzwerk, da die meisten Firmen mit vielen Standorten bestimmte Anwendungen auf Servern an einigen wenigen zentralen Standorten laufen lassen und der meiste Datenverkehr dann zwischen den Remote-Standorten und diesen zentralen Servern hin und her geht.

Die Möglichkeit mit einem Subnetz pro VC entspricht der Logik, die hinter einem Set von Punkt-zu-Punkt-Verbindungen liegt. Wenn man mehrere Subnetze statt eines größeren Subnetzwerks verwendet, verschwendet man zwar ein paar IP-Adressen, überwindet aber zugleich ein paar Probleme, die von Distanzvektor-Routingprotokollen hervorgerufen werden.

Tabelle 11.7 enthält die IP-Adressen für das teil-vermaschte Frame-Relay-Netzwerk in Bild 11.12.

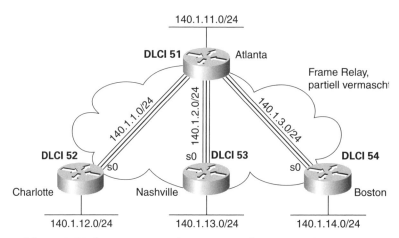

Bild 11.12: Teilweise vermaschtes Netzwerk mit IP-Adressen

Tabelle 11.7: IP-Adresse mit Punkt-zu-Punkt Subinterfaces

Router	Subnetz	IP-Adresse
Atlanta	140.1.1.0	140.1.1.1
Charlotte	140.1.1.0	140.1.1.2
Atlanta	140.1.2.0	140.1.2.1
Nashville	140.1.2.0	140.1.2.3
Atlanta	140.1.3.0	140.1.3.1
Boston	140.1.3.0	140.1.3.4

Die Cisco-IOS-Software hat ein Konfigurationsfeature, das *subinterfaces* heißt und ein physikalisches Interface logisch unterteilen kann. Subinterfaces ermöglichen dem Router Atlanta, dass drei IP-Adressen mit seinem physikalischen Interface Serial0 verbunden sind. Es wurden drei Subinterfaces konfiguriert. Ein Router kann jedes Subinterface und den dazugehörigen VC behandeln, als ob es sich um eine serielle Punkt-zu-Punkt-Verbindung handelt. Jedes der drei Subinterfaces von Serial0 auf Atlanta hätte eine andere IP-Adresse aus Tabelle 11.7. (Ein Konfigurationsbeispiel finden Sie im nächsten Abschnitt.)

ANMERKUNG

Im Beispiel verwenden wir das IP-Adressen-Präfix /24. Das macht das Rechnen leichter. In Produktionsnetzwerken nimmt man für Punkt-zu-Punkt-Subinterfaces normalerweise /30 (Maske 255.255.255.252), da das nur zwei gültige IP-Adressen ergibt – genau die Anzahl, die man für ein Punkt-zu-Punkt-Subinterface braucht.

Layer-3-Adressierung bei Frame Relay: Die Hybrid-Lösung

Bei der dritten Alternative handelt es sich um eine Mischung aus den ersten beiden. Nehmen wir uns Bild 11.13 vor. Es gibt drei Router, die mit VCs verbunden sind, und zwei weitere VCs zu Remote-Standorten.

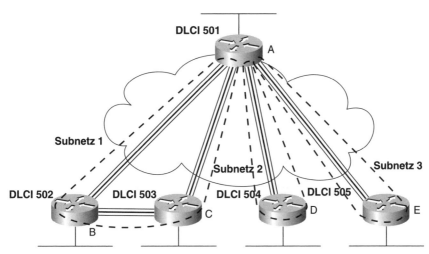

Bild 11.13: Hybride Mischung aus voll- und teilvermaschtem Netz

Es gibt hier zwei Möglichkeiten für die Layer-3-Adressierung. Zunächst einmal kann man jeden VC als eigene Layer-3-Gruppe behandeln. In diesem Fall benötigen wir 5 Subnetze für das Frame-Relay-Netzwerk. Die Router A, B und C können aber auch ein kleineres, vollständig vermaschtes Netzwerk bilden. Daher können sie dann auch ein Subnetz benutzen. Die beiden anderen VCs – einer zwischen den Routern A und D, einer zwischen den Routern A und E – werden als eigene Layer-3-Gruppen betrachtet. Jetzt braucht man nur 3 Subnetzwerke.

Um beide Layer-3-Adressierungen für unseren dritten und letzten Fall zu kombinieren, benötigt man Subinterfaces. Punkt-zu-Punkt Subinterfaces benutzt man, wenn ein einzelner VC alles ist, was man in dieser Gruppe zu erwarten hat – also beispielsweise zwischen den Routern A und D sowie A und E. Multipoint Subinterfaces nimmt man, wenn in der selben Gruppe mehr als zwei Router sein sollen – so wie bei den Routern A,B und C.

Multipoint Subinterfaces stellen den Endpunkt von mehr als einem VC dar. Der Name »Multipoint« kommt aber eigentlich daher, dass über einen VC an einem Multipoint Subinterface mehr als ein Remote-Standort erreicht werden kann.

Tabelle 11.8 fasst die Adressen und Subinterfaces aus Bild 11.13 zusammen.

Tabelle 11.8: IP-Adressen bei Punkt-zu-Punkt und Multipoint Subinterfaces

Router	Subnetz	IP-Adresse	Subinterface-Typ
A	140.1.1.0/24	140.1.1.1	Multipoint
B	140.1.1.0/24	140.1.1.2	Multipoint
C	140.1.1.0/24	140.1.1.3	Multipoint
A	140.1.2.0/24	140.1.2.1	Punkt-zu-Punkt
D	140.1.2.0/24	140.1.2.4	Punkt-zu-Punkt
A	140.1.3.0/24	140.1.3.1	Punkt-zu-Punkt
E	140.1.3.0/24	140.1.3.5	Punkt-zu-Punkt

Und was wird Ihnen in der Realität begegnen? Meistens werden Punkt-zu-Punkt Subinterfaces verwendet, mit einem eigenen Subnetz pro PVC.

Der Abschnitt »Konfiguration von Frame Relay« liefert Ihnen die vollständigen Konfigurationen für alle drei Beispiele in den Bildern 11.11, 11.12 und 11.13.

Broadcast-Handhabung

Nach dem Abschluss der Überlegungen zur Layer-3-Adressierung über Frame Relay müssen wir nun abwägen, wie wir mit den Layer-3-Broadcasts umgehen. Frame Relay kann zwar Kopien von Broadcasts über alle VCs schicken, es gibt aber kein Äquivalent zu LAN-Broadcasts. Mit anderen Worten, können die Frame-Relay-DTEs keine einzelnen Frames in das Frame-Relay-Netzwerk senden, die dann vervielfacht und über verschiedene VCs an unterschiedliche Empfänger gesendet werden. Routers müssen aber Broadcasts senden, da sonst einige Eigenschaften nicht laufen. Immerhin sind Routingprotokoll-Updates auch Broadcasts.

Das Frame-Relay Broadcast-Dilemma löst man in zwei Schritten. Die Cisco-IOS-Software sendet Kopien der Broadcasts über jeden VC. Dabei wird vorausgesetzt, dass Sie die Router so konfiguriert haben, dass sie diese notwendigen Broadcasts auch weiterleiten. Bei wenigen VCs ist das kein großes Problem. Wenn auf einem Router aber Hunderte von VCs enden, müssten ja Hunderte von Kopien abgeschickt werden!

Der zweite Teil der Lösung besteht nun darin, dass der Router das Problem aus dem ersten Lösungsansatz minimiert. Der Router platziert diese Broadcasts in einer anderen Ausgangsqueue (Warteschleife), als die für den Benutzerverkehr. Daher bemerkt der Anwender keine Verzögerungen, wenn gerade ein Broadcast kopiert und über jeden VC gesendet wird. Dazu kann die Cisco-IOS-Software auch so programmiert werden, dass für die Broadcasts nur eine bestimmte Bandbreite zur Verfügung steht.

Obwohl die Skalierbarkeit mehr ein Thema für das CCNP Routing-Examen ist, sehen wir uns die Bedeutung des Broadcast-Overheads an einem kurzen Beispiel an. Ein Router kennt 1000 Routen, verwendet RIP und hat 50 VCs. Es werden nun alle 30 Sekunden 1,072 MB an RIP-Updates verschickt. Das ergibt bis zu 285 KBit/s. (Die Berechnung läuft so: 536-Byte RIP-Pakete mit 25 Routen in jedem Paket, 40 Pakete pro Update, Kopien für 50 VCs. 536 * 40 * 50 = 1,072 MB pro Update. 1.072 * 8 / 30 Sekunden = 285 KBit/s.) Das ist eine ganz schöne Auslastung!

Wie man dem Router anweist, die Broadcasts an jeden VC zu senden, behandeln wir im Abschnitt über »Die Konfiguration von Frame Relay«. Wie man mit den riesigen Datenmengen umgeht, ist dagegen eher ein Thema für das CCNP- und das CCIE-Examen.

Frame Relay in Kombination mit ATM (Service-Interworking)

Innerhalb des Frame-Relay-Netzwerks kann der Provider sein Netzwerk so zusammenstellen, wie er möchte. Ein ziemlich großer Anbieter hat vor einigen Jahren sein komplettes Frame-Relay-Netzwerk über Cisco-Router verbunden! Heute verwendet man in gut aufgebauten Frame-Relay-Netzwerken ATM (Asynchroner Transfer Modus) als Herzstück der Frame-Relay-Netzwerke.

ATM arbeitet so ähnlich wie Frame Relay, hat aber mehr Features und läuft deswegen etwas stabiler. ATM benutzt zum Beispiel auch VCs, die die selben Funktionen bieten wie Frame-Relay-VCs. ATM unterteilt jedoch alle Frames in 53-Byte Zellen, bevor sie über das ATM-Netzwerk gehen, und baut sie auf der anderen Seite des Netzwerks wieder zusammen. ATM hat weiterhin bessere QoS-Features (Quality of Service), mit denen der Provider die Benutzung und Ausnutzung seines Hauptnetzwerks kontrollieren kann.

Service Provider können mit ATM das Herzstück ihres Frame-Relay-Netzwerks füllen. Diese Methode ist Bild 11.14 dargestellt.

Das Frame Relay Forum und andere Körperschaften haben den Begriff *Service Interworking* für die Art der Netzwerkgestaltung geprägt, bei der ATM zwischen den beiden Frame-Relay-Switches zur Anwendung kommt. In Bild 11.14 sehen Sie, dass die beiden Router über Frame Relay mit dem Provider kommunizieren. Die Interna des Frame-Relay-Netzwerks bleiben den Kunden üblicherweise verborgen. Oft wird aber im Provider-Netzwerk ATM zwischen den Frame-Relay-Switches an den Enden des Netzwerks verwendet.

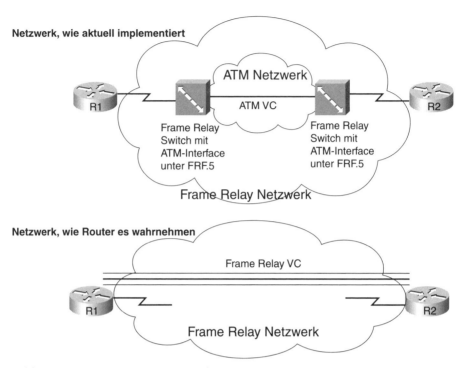

Bild 11.14: FRF.5 Service-Interworking

Das Frame Relay Forum hat eine Regelung dafür erarbeitet, wie die Frame-Relay-Switches über ATM in einem Frame-Relay-Netzwerk kooperieren können. Dieses Dokument nennt sich FRF.5. FRF.5 regelt, wie ein Frame-Relay-Switch die Konvertierung von einem Frame-Relay-VC zu einem ATM-VC und umgekehrt durchführt. Das Endergebnis ist für beide Router voll verständlich.

Eine zweite Variante von Service Interworking hat das Frame Relay Forum in dem Dokument FRF.8 hinterlegt. FRF.8 Service Interworking definiert, wie zwei Router kommunizieren, wenn einer an ein Frame-Relay-Netzwerk, einer aber an ein ATM-Netzwerk angeschlossen ist. ATM-Dienste kann für die WAN-Konnektivität genauso gut benutzen wie Frame Relay. Daher kann ein Provider unter Verwendung von FRF.8 VCs an seine Kunden verkaufen, bei denen ein paar Endpunkte über Frame Relay, andere über ATM verbunden sind. FRF.8 definiert die Konvertierung zwischen den ATM- und den Frame-Relay-Standorten des Netzwerks (Bild 11.15).

Für das Examen sollten Sie sich sowohl die Grundidee hinter Service Interworking als auch die beiden Spielarten merken – FRF.5 und FRF.8.

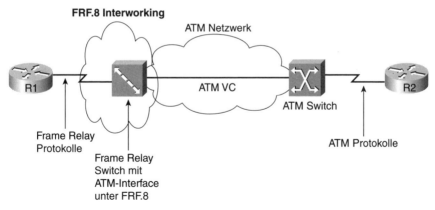

Bild 11.15: FRF.8 Service-Interworking

11.2.2 Die Konfiguration von Frame Relay

Die Grundkonfiguration von Frame Relay ist auf einem Cisco-Router ziemlich einfach. Das liegt zum Teil daran, dass die Cisco-IOS-Software schon sehr gute Standardwerte verwendet. Die optionalen Parameter müssen Sie natürlich trotzdem kennen. Sie werden zusammen mit den Techniken zur Änderung der Standardwerte in diesem Abschnitt beschrieben. Die Konfigurationsbeispiele beginnen mit einer Standardkonfiguration und beinhalten dann mehr und mehr Zusatzeigenschaften.

Eine gute Praxiserfahrung kann durch nichts ersetzt werden! Trotzdem zählen wir in diesem Abschnitt die Befehle auf, liefern Beispiele und stellen besonders nützliche Features vor. Die Tabellen 11.9 und 11.10 fassen die gebräuchlichsten Befehle zusammen, die für die Installation und Prüfung von Frame Relay eingesetzt werden. Es folgen diverse Konfigurationsbeispiele. Wenn Sie noch andere Quellen nutzen möchten, kann ich Ihnen die Dokumentationen zur Cisco-IOS-Software empfehlen. Dort finden Sie viele weitere IP-Befehle.

Tabelle 11.9: Frame Relay: Konfigurationsbefehle

Befehl	Beschreibung
encapsulation frame-relay [ietf	cisco]	Befehl für den Interface-Konfigurationsmodus, der die Frame-Relay-Einkapselung definiert (statt HDLC, PPP usw.).
frame-relay lmi-type {ansi	q933a	cisco}	Befehl für den Interface-Konfigurationsmodus, der den Typ der LMI messages bestimmt, der zum Switch gesendet wird.

Tabelle 11.9: Frame Relay: Konfigurationsbefehle (Forts.)

Befehl	Beschreibung
bandwidth *num*	Befehl für den Interface-Konfigurationsmodus, der die Interface-Geschwindigkeit des Routers einstellt. Bandwidth wird von einigen Routingprotokollen verwendet, um die Metrik zu beeinflussen, und in Berechnungen zur Link-Benutzung, die man unter **show interfaces** angezeigt bekommt.
frame-relay map {*protocol protocol-address dlci*} **payload-compression frf9 stac caim** [*element-number*] [**broadcast**] [**ietf** | **cisco**]	Befehl für den Interface-Konfigurationsmodus, der eine Übereinstimmung von Netzwerklayer-Adresse und einem DLCI statisch festlegt.
keepalive *sec*	Befehl für den Interface-Konfigurationsmodus, der festlegt, ob und wie oft LMI Status Inquiry Messages gesendet und erwartet werden.
interface serial *number.sub* [**point-to-point** | **multipoint**]	Befehl im globalen Konfigurationsmodus, der ein Subinterface erstellt oder sich auf ein vorher festgelegtes bezieht.
frame-relay interface-dlci *dlci* [**ietf** | **cisco**] [**voice-cir** *cir*] [**ppp** *virtual-template-name*]	Befehl für den Subinterface-Konfigurationsmodus, der einen DLCI mit einem Subinterface verbindet.

Tabelle 11.10: EXEC-Befehle für Frame-Relay-Netzwerke

Befehl	Beschreibung
show interfaces [*type number*]	Zeigt den Status eines physikalischen Interface an.
show frame-relay pvc [**interface** *interface*][*dlci*]	Listet Information über den PVC-Status auf.
show frame-relay lmi [*type number*]	Listet Information über den LMI-Status auf.

Ein Netzwerktechniker plant die Konfiguration von Frame Relay anhand unterschiedlicher Faktoren. Wenn man den Dienst bestellt, legt der Provider den LMI-Typ fest, der verwendet wird. Der Techniker wählt die Endpunkte der VCs und ob ein vollständig vermaschtes oder ein teilweise vermaschtes Netzwerk verkabelt wird. Aufgrund der Lage der VCs wird dann entschieden, welche IP-Adressierung verwendet wird: Einzelsubnetz, Einzelsubnetz pro VC oder die hybride Mischung beider. Schließlich wird der Einkapselungstyp ausgesucht – völlig ohne die Einmischung des Providers, da ja nur die Router am Ende der VCs mit dem Einkapselungstyp zurechtkommen müssen. Da Frame-Relay-Switches nichts mit dem Einkapselungstyp zu tun haben, genauso wenig mit der IP-Adressierung, müssen mit dem Carrier nur die VCs und der LMI-Typ zusammen mit CIR und zugelassenem Datenvolumen abgesprochen werden.

Wir hatten uns bereits drei Beispiele für Layer-3-Adressierung anhand der Diagramme in den Bildern 11.11, 11.12 und 11.13 angesehen. Die Konfiguration für diese Netzwerke und Adressen kommt jetzt.

Vollständig vermaschtes Netz mit einem IP-Subnetz

In diesem ersten Beispiel verwenden wir nur Standardeinstellungen und keine Subinterfaces. Die Frame-Relay-Konfiguration ist unter den physikalischen Interfaces aufgeführt. Die Beispiele 11.1, 11.2 und 11.3 zeigen die Konfiguration für das Netzwerk in Bild 11.16.

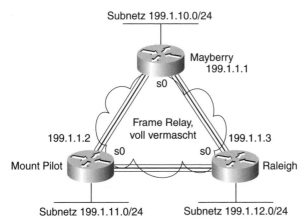

Bild 11.16: Vollständig vermaschtes Netzwerk mit IP-Adressen

Beispiel 11.1: Konfiguration von Mayberry

```
interface serial0
encapsulation frame-relay
ip address  199.1.1.1  255.255.255.0
!
interface ethernet 0
ip address  199.1.10.1  255.255.255.0
!
router igrp 1
network  199.1.1.0
network 199.1.10.0
```

Beispiel 11.2: Konfiguration von Mount Pilot

```
interface serial0
encapsulation frame-relay
ip address  199.1.1.2  255.255.255.0
!
interface ethernet 0
ip address  199.1.11.2   255.255.255.0
!
router igrp 1
network  199.1.1.0
network 199.1.11.0
```

Beispiel 11.3: Konfiguration von Raleigh

```
interface serial0
encapsulation frame-relay
ip address  199.1.1.3   255.255.255.0
!
interface ethernet 0
ip address  199.1.12.3   255.255.255.0
!
router igrp 1
network  199.1.1.0
network 199.1.12.0
```

Im Vergleich zu den Prinzipien der Protokolle ist die Konfiguration einfach. **encapsulation frame-relay** sagt dem Router, dass er Frame-Relay Datenverbindungsprotokolle statt HDLC, dem Standard, verwenden soll. Beachten Sie, dass die IP-Adressen der seriellen Interfaces der drei Router alle im selben Subnetz liegen. Wenn Sie Frame Relay auf physikalischen Interfaces konfigurieren, muss das der Fall sein.

Tatsächlich, die Konfiguration von Frame Relay kann also ganz einfach sein. Das liegt aber auch recht stark an den guten IOS-Standardeinstellungen:

– Der LMI-Typ wird automatisch herausgefunden.

– Als Einkapselung wird Cisco, nicht IETF verwendet.

– PVC DLCIs werden über LMI status messages erlernt.

– Inverse ARP ist aktiviert (Standardeinstellung) und wird ausgelöst, wenn die Statusmitteilung darüber empfangen wird, dass alle VCs aktiv sind. (Inverse ARP wird im nächsten Abschnitt behandelt.)

In einigen Fällen sind die Standardeinstellungen unbrauchbar. Wenn zum Beispiel ein Router kein Cisco-Router ist, muss man IETF-Einkapselung verwenden. Bei der nächsten Konfiguration müssen nun ein paar weitere Voraussetzungen erfüllt werden:

- Der Router Raleigh benötigt IETF-Einkapselung auf beiden VCs.
- Der LMI-Typ auf Mayberry soll ANSI sein. LMI autosense soll abgeschaltet ein.

Die Beispiele 11.4 und 11.5 zeigen die Veränderungen auf Mayberry und Raleigh.

Beispiel 11.4: Konfiguration für Mayberry mit größeren Anforderungen

```
interface serial0
 encapsulation frame-relay
 frame-relay lmi-type ansi
 frame-relay interface-dlci 53 ietf
 ip address 199.1.1.1 255.255.255.0
! rest of configuration unchanged from Beispiel 11.1.
```

Beispiel 11.5: Konfiguration für Raleigh mit größeren Anforderungen

```
interface serial0
 encapsulation frame-relay ietf
 ip address 199.1.1.3 255.255.255.0
!
! rest of configuration unchanged from Beispiel 11.3.
```

Diese Konfigurationen unterscheiden sich von den vorangegangenen in zweierlei Hinsicht: Auf Raleigh ist die Einkapselung auf beiden PVCs über den Schlüssel **ietf** im Befehl **encapsulation** verändert. Dieses Keyword gilt für alle VCs auf dem Interface. Mayberry kann seine Einkapselung jedoch auf diese Weise nicht ändern, da nur einer der beiden VCs, die auf Mayberry enden, IETF-Einkapselung braucht – der andere benötigt Cisco-Einkapselung. Mayberry benötigt den Befehl **frame-relay interface-dlci**, mit dem der DLCI für den VC zu Raleigh mit dem **ietf**-Schlüsselwort verwendet werden kann. Mit diesem Befehl kann man die Einkapselung für VCs einzeln einstellen. Das ging bei der Konfiguration auf Raleigh nicht, bei der die Veränderungen der Einkapselung für alle VCs galten.

Die LMI-Konfiguration auf Mayberry läuft ohne Veränderungen, da ANSI durch Autosense erkannt wird. Wenn man allerdings den Befehl **frame-relay lmi-type ansi** eingibt, muss Mayberry ANSI verwenden, da dieser Befehl nicht nur den LMI-Typ festlegt, sondern auch die automatische Abstimmung des LMI-Typs abschaltet.

Mount Pilot muss den Befehl **frame-relay interface-dlci** mit **ietf**-Keyword für den VC zu Raleigh eingeben, genau wie Mayberry. Diese Änderung ist in den Beispielen dargestellt.

Frame Relay: Adress-Mapping

In Bild 11.16 haben wir nicht einmal die DLCIs für die VCs berücksichtigt! Die Konfiguration lief perfekt, und wenn wir die DLCIs niemals in Erfahrung bringen sollten, das Netzwerk funktioniert! Im Examen und in der Realität müssen Sie jedoch mit einem weiteren Konzept vertraut sein – dem Frame Relay Adress-Mapping. Bild 11.17 stellt dasselbe Netzwerk dar, diesmal mit globalen DLCI-Werten.

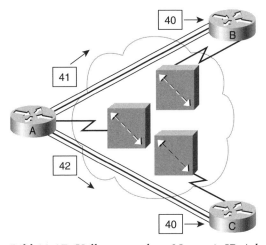

Bild 11.17: Voll vermaschtes Netz mit IP-Adressen

Frame Relay »Mapping« stellt eine Beziehung zwischen einer Layer-3-Adresse und der entsprechenden Layer-2-Adresse her. Der ARP-Cache (IP Address Resolution Protocol) für LANs ist ein Beispiel für eine Layer 3/Layer 2 Adress-Entsprechung. Durch IP-ARP weiß man die IP-Adresse eines anderen Gerätes auf demselben LAN, nicht aber seine MAC-Adresse. Man erfährt also durch ARP die LAN- oder Layer-2-Adresse eines anderen Gerätes. Genauso müssen Router, die Frame Relay benutzen, ein Adress-Mapping zwischen der Layer-3-Adresse eines Routers und dem DLCI herstellen, über den dieser Router erreichbar ist.

Dieser Abschnitt bespricht die Gründe, warum man bei LAN-Verbindungen und unter Frame Relay dieses Mapping nutzt. Der Schwerpunkt liegt dabei allerdings auf Frame Relay. Dieses so genannte Mapping definiert sich in diesem Zusammenhang so:

Die Information, die gleichzeitig der Layer-3-Adresse des Next-Hop-Routers und der Layer-2-Adresse entspricht, mit der man ihn erreicht, heißt Mapping. Mapping benötigt man in Multiaccess Netzwerken.

Wenn man einmal über das Routing nachdenkt, wird klar, wofür Mapping notwendig ist. Stellen wir uns vor, der Host auf dem Ethernet von Mayberry sendet ein IP-Paket zu einem Host auf dem Ethernet von Mount Pilot. Das Paket erreicht den Router Mayberry über das LAN und Mayberry löscht den Ethernet-Header und -Trailer. Mayberry sieht sich die Routingtabelle an. Da gibt es eine Route zu 199.1.11.0, Ausgangsinterface Serial0, Next-Hop Router 199.1.1.2. Das ist die Frame-Relay IP-Adresse von Mount Pilot.

Die nächste Entscheidung, die der Router jetzt treffen muss, erklärt auch, wozu man das Mapping braucht. Welchen DLCI soll Mayberry eigentlich in den Frame-Relay-Header stellen? Wir haben keine DLCIs konfiguriert. Trotzdem läuft alles, als hätten wir dies getan! Die Antwort finden Sie in Beispiel 11.6. Hier werden einige wichtige Befehle gezeigt, mit denen man erkennt, wie Mayberry die richtige DLCI auswählt.

Beispiel 11.6: show Befehle auf Mayberry, die die Notwendigkeit von Mapping erklären

```
Mayberry#show ip route
Codes: C - connected, S - static, I - IGRP, R - RIP, M - mobile, B - BGP
       D - EIGRP, EX - EIGRP external, O - OSPF, IA - OSPF inter area
       N1 - OSPF NSSA external type 1, N2 - OSPF NSSA external type 2
       E1 - OSPF external type 1, E2 - OSPF external type 2, E - EGP
       i - IS-IS, L1 - IS-IS level-1, L2 - IS-IS level-2, ia - IS-IS inter area
       * - candidate default, U - per-user static route, o - ODR
       P - periodic downloaded static route

Gateway of last resort is not set

I    199.1.11.0/24 [100/8576] via 199.1.1.2, 00:00:26, Serial0
C    199.1.10.0/24 is directly connected, Ethernet0
I    199.1.12.0/24 [100/8539] via 199.1.1.3, 00:01:04, Serial0
C    199.1.1.0/24 is directly connected, Serial0
C    192.68.1.0/24 is directly connected, Ethernet0
C    192.168.1.0/24 is directly connected, Ethernet0

Mayberry#show frame-relay pvc
PVC Statistics for interface Serial0 (Frame Relay DTE)

              Active    Inactive    Deleted    Static
    Local       2          0           0         0
    Switched    0          0           0         0
    Unused      0          0           0         0
```

*Beispiel 11.6: **show** Befehle auf Mayberry, die die Notwendigkeit von Mapping erklären (Forts.)*

```
DLCI = 52, DLCI USAGE = LOCAL, PVC STATUS = ACTIVE, INTERFACE = Serial0

  input pkts 46          output pkts 22         in bytes 2946
  out bytes 1794         dropped pkts 0         in FECN pkts 0
  in BECN pkts 0         out FECN pkts 0        out BECN pkts 0
  in DE pkts 0           out DE pkts 0
  out bcast pkts 21      out bcast bytes 1730
  pvc create time 00:23:07, last time pvc status changed 00:21:38

DLCI = 53, DLCI USAGE = LOCAL, PVC STATUS = ACTIVE, INTERFACE = Serial0

  input pkts 39          output pkts 18         in bytes 2564
  out bytes 1584         dropped pkts 0         in FECN pkts 0
  in BECN pkts 0         out FECN pkts 0        out BECN pkts 0
  in DE pkts 0           out DE pkts 0
  out bcast pkts 18      out bcast bytes 1584
  pvc create time 00:23:08, last time pvc status changed 00:21:20

Mayberry#show frame-relay map
Serial0 (up): ip 199.1.1.2 dlci 52(0x34,0xC40), dynamic,
              broadcast,, status defined, active
Serial0 (up): ip 199.1.1.3 dlci 53(0x35,0xC50), dynamic,
              broadcast,, status defined, active
```

Alle Informationen, die Mayberry braucht, um DLCI 52 auszuwählen, befinden sich in der Befehlsanzeige. Die Route zu 199.1.11.0 geht aus Serial0 zu 199.1.1.2, dem nächsten Hop. Der Befehl **show frame-relay pvc** zeigt zwei DLCIs, 52 und 53, die beide aktiv sind. Woher kennt Mayberry die DLCIs? Antwort: Die LMI Status Messages geben Mayberry Informationen über VCs, deren zugehörige DLCIs und ihren Status (active).

Aber welche DLCI soll Mayberry jetzt zur Weiterleitung des Paketes wählen? Der Befehl **show frame-relay map** gibt darüber Auskunft. Beachten Sie die Hervorhebung von **ip 199.1.1.2 dlci 52**. Irgendwie hat Mayberry die 199.1.1.2, die Next-Hop-Adresse auf der Route mit dem richtigen DLCI (52) in Verbindung gebracht. Mayberry weiß, dass man über DLCI 52 die Next-Hop-Adresse 199.1.1.2 erreicht.

Das Mapping aus Bild 11.6 kann Mayberry auf zwei verschiedenen Wegen herstellen. Erstens gibt es statisch konfiguriertes Mapping und zweitens das dynamische Inverse ARP.

Inverse ARP erstellt das Mapping zwischen Layer-3-Adressen (zum Beispiel IP) und Layer-2-Adressen (DLCI) dynamisch. Das Endergebnis von Inverse ARP ist das Gleiche, wie bei IP-ARP auf einem LAN: Der Router stellt die Verbindung zwischen einer benachbarten Layer-3-Adresse und der entsprechenden Layer-2-Adresse her. Die Verfahren von Invers ARP und ARP auf einem LAN unterscheiden sich aber. Wenn der VC aktiviert ist, sendet jeder Router seine Netzwerk-Layer-Adresse in einer Inverse ARP Message über diesen VC. Das sieht man in Bild 11.18.

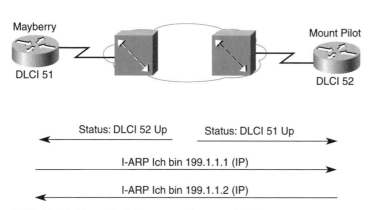

Bild 11.18: Das Verfahren von Inverse ARP

Wie man auf Bild 11.18 erkennt, gibt Inverse ARP seine Layer-3-Adressen bekannt, sobald LMI signalisiert, dass die PVCs aktiv sind. Inverse ARP beginnt mit dem Erlernen von DLCI Datenverbindungslayer-Adressen (aus LMI messages) und gibt seine eigenen Layer-3-Adressen bekannt, die diesen VC benutzen.

Inverse ARP ist als Standard ab der Cisco-IOS-Software 11.2 schon aktiviert.

In Beispiel 11.6 zeigt Mayberry zwei verschiedene Entries in der **show frame-relay map** Anzeige. Mayberry lernt über Inverse ARP, dass der DLCI für die Next-Hop-Adresse 199.1.1.2 52 lautet, für die Next-Hop-Adresse 199.1.1.3 lautet der verknüpfte DLCI 53. Interessanterweise bekommt Mayberry diese Information jeweils über eine Inverse ARP von Mount Pilot und Raleigh – manchmal hilft »Learning by Listening« besser weiter, als »Learning by Doing«: eine nicht zu unterschätzende Lektion für das wirkliche Leben ...

Tabelle 11.11 fasst zusammen, was beim ARP im Netzwerk aus Bild 11.17 passiert.

Tabelle 11.11: Inverse ARP Messages für Bild 11.17

Sendender Router	DLCI beim Senden des Frames	Empfangender Router	DLCI beim Empfangen des Frames	Information in der Inverse ARP Message
Mayberry	52	Mount Pilot	51	Ich heiße 199.1.1.1.
Mayberry	53	Raleigh	51	Ich heiße 199.1.1.1.
Mount Pilot	51	Mayberry	52	Ich heiße 199.1.1.2.
Mount Pilot	53	Raleigh	52	Ich heiße 199.1.1.2.
Raleigh	51	Mayberry	53	Ich heiße 199.1.1.3.
Raleigh	52	Mount Pilot	53	Ich heiße 199.1.1.3.

Wenn Sie Interesse haben, Inverse ARP zu verstehen, müssen Sie sich kurz auf die letzten beiden Spalten von Tabelle 11.11 konzentrieren. Jeder Router empfängt einige Inverse ARP »Bekanntmachungen«. Die Inverse ARP Message enthält die Layer-3-Adresse des Absenders, den Frame-Relay-Header und natürlich einen DLCI. Diese beiden Werte werden im Inverse-ARP-Cache des empfangenden Routers gespeichert. In der dritten Zeile erhält zum Beispiel Mayberry eine ARP. Der DLCI lautet 52, die IP-Adresse 199.1.1.2. Das wird der Frame-Relay Mapping-Tabelle auf Mayberry hinzugefügt, sichtbar durch die Hervorhebung im Befehl **show frame-relay map** in Beispiel 11.6.

Man kann dieselbe Information auch statisch konfigurieren, anstatt Inverse ARP einzusetzen. Bei einem Firmennetzwerk müssen Sie mit großer Wahrscheinlichkeit aber sowieso irgendwann auf Inverse ARP umstellen. Für das Examen müssen Sie aber auch wissen, wie man die statischen Mappings konfiguriert. Beispiel 11.7 zeigt die statischen Frame-Relay-Entsprechungen der drei Router in Bild 11.11. Weiterhin ist die Konfiguration zum Deaktivieren von Inverse ARP zu erkennen.

Beispiel 11.7: frame-relay map Befehle

```
Mayberry
interface serial 0
no frame-relay inverse-arp
frame-relay map ip 199.1.1.2 52 broadcast
frame-relay map ip 199.1.1.3 53 broadcast

Mount Pilot
interface serial 0
no frame-relay inverse-arp
frame-relay map ip 199.1.1.1 51 broadcast
frame-relay map ip 199.1.1.3 53 broadcast
```

Beispiel 11.7: frame-relay map Befehle (Forts.)

```
Raleigh
interface serial 0
no frame-relay inverse-arp
frame-relay map ip 199.1.1.1 51 broadcast
frame-relay map ip 199.1.1.2 52 broadcast
```

Die Zeile mit dem Befehl **frame-relay map** für Mayberry, die sich auf 199.1.1.2 bezieht, gilt für Pakete in Mayberry, die zu Mount Pilot gehen. Wenn Mayberry einen Frame-Relay-Header erstellt, der Mount Pilot erreichen soll, muss Mayberry den DLCI 52 verwenden. Mayberrys **map** Information spricht für eine Übereinstimmung von Mount Pilots IP-Adresse, 199.1.1.2, mit der DLCI für Mount Pilot – DLCI 52. Genauso verwendet Mount Pilot für ein Paket an Mayberry seine **map** Aussage, die sich auf die IP-Adresse von Mayberry, 199.1.1.1, bezieht. Mapping braucht man für jede Next-Hop Layer-3-Adresse und jedes Layer-3-Protokoll, das geroutet wird. Auch bei einem so kleinen Netzwerk kann die Konfiguration ganz schön aufwendig sein.

Teil-vermaschtes Netz mit einem IP-Subnetz pro VC

Das zweite Beispielnetzwerk bezieht sich wieder auf die Umgebung in Bild 11.19. Es werden Punkt-zu-Punkt Subinterfaces verwendet. Die Beispiele 11.8 bis 11.11 zeigen die Konfiguration für dieses Netzwerk. Die Befehlsanzeigen sind im ersten Beispiel enthalten, da sie sich bei der Konfiguration von Subinterfaces ändern.

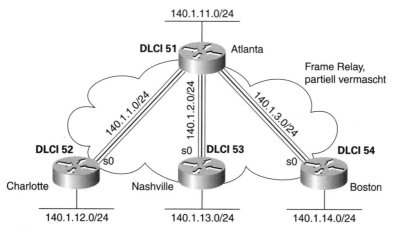

Bild 11.19: Teilweise vermaschtes Netzwerk mit IP-Adressen

Beispiel 11.8: Konfiguration von Atlanta

```
Atlanta(config)#interface serial0
Atlanta(config-if)#encapsulation frame-relay

Atlanta(config-if)#interface serial 0.1 point-to-point
Atlanta(config-subif)#ip address 140.1.1.1   255.255.255.0
Atlanta(config-subif)#frame-relay interface-dlci 52

Atlanta(config-fr-dlci)#interface serial 0.2 point-to-point
Atlanta(config-subif)#ip address 140.1.2.1 255.255.255.0
Atlanta(config-subif)#frame-relay interface-dlci 53

Atlanta(config-fr-dlci)#interface serial 0.3 point-to-point
Atlanta(config-subif)#ip address 140.1.3.1 255.255.255.0
Atlanta(config-subif)#frame-relay interface-dlci 54

Atlanta(config-fr-dlci)#interface ethernet 0
Atlanta(config-if)#ip address 140.1.11.1 255.255.255.0
```

Beispiel 11.9: Konfiguration von Charlotte

```
interface serial0
encapsulation frame-relay
!
interface serial 0.1 point-to-point
ip address 140.1.1.2   255.255.255.0
frame-relay interface-dlci 51
!
interface ethernet 0
ip address 140.1.12.2 255.255.255.0
```

Beispiel 11.10: Konfiguration von Nashville

```
interface serial0
encapsulation frame-relay
!
interface serial 0.2 point-to-point
ip address 140.1.2.3 255.255.255.0
frame-relay interface-dlci 51
!
interface ethernet 0
ip address 140.1.13.3 255.255.255.0
```

Beispiel 11.11: Konfiguration von Boston

```
interface serial0
encapsulation frame-relay
!
interface serial 0.3 point-to-point
ip address 140.1.3.4 255.255.255.0
frame-relay interface-dlci 51
!
interface ethernet 0
ip address 140.1.14.4   255.255.255.0
```

Es gibt hier wieder einige Standardeinstellungen. Es sind aber zum Teil andere als bei der Konfiguration für das Hauptinterface wie im vorhergehenden Beispiel. Der LMI-Typ wird automatisch erkannt, es wird Cisco-Einkapselung verwendet wie im vollständig vermaschten Beispiel. Inverse ARP ist aber bei Punkt-zu-Punkt Subinterfaces automatisch deaktiviert. Wie wir sehen werden, ist Inverse ARP bei Punkt-zu-Punkt Subinterfaces nicht notwendig.

Für die Konfiguration von Punkt-zu-Punkt Subinterfaces werden zwei neue Befehle nötig. Mit **interface serial 0.1 point-to-point** richtet man das logische Subinterface 1 unter dem physikalischen Interface Serial0 ein. Mit dem Subinterface Unterbefehl **frame-relay interface-dlci** teilt man dem Router mit, welcher einzelne DLCI mit diesem Subinterface verknüpft ist.

Sicher veranschaulicht ein Beispiel, wie der Befehl **interface-dlci** funktioniert. Nehmen wir den Router Atlanta in Bild 11.19. Atlanta erhält LMI messages auf Serial0. Er erkennt, dass drei PVCs mit den DLCIs 52, 53 und 54 aktiviert sind. Aber, welcher PVC gehört zu welchem Subinterface? Die Cisco-IOS-Software muss den richtigen PVC mit dem richtigen Subinterface verknüpfen. Das wird mit dem Befehl **frame-relay interface-dlci** gemacht.

Die Subinterface-Nummern müssen gar nicht mit denen auf dem anderen Router am Ende des PVCs übereinstimmen, auch nicht die DLCI-Nummer. Das habe ich in diesem Beispiel nur so gemacht, damit man sie sich leichter merken kann! In der Realität ist es nützlich, irgendwelche Informationen über Ihre Nummerierung in der Subinterfacenummer unterzubringen. Einer meiner Kunden hat zum Beispiel einmal die Nummer der Trägerleitung mit in die Subinterfacenummer genommen, so dass die Techniker die Informationen für eine Einwahl hatten, wenn eine Zugangsleitung zusammengebrochen war. Viele Standorte verwenden den DLCI als Subinterface-Nummer. Natürlich kann man wichtige Informationen für das Troubleshooting, wie DLCI, Name des Routers am anderen Ende des VC und so weiter, auch mit dem Befehl **description** eingeben. Jedenfalls gibt es keinen Grund dafür, dass die Subinterface-Nummern übereinstimmen müssen. Was ich in unserem Fall gemacht habe, war für die Subinterface-Nummer das dritte Oktett der IP-Adresse zu benutzen.

Beispiel 11.12 zeigt die Anzeige nach der Eingabe der beliebtesten Frame-Relay EXEC-Befehle unter Cisco-IOS-Software zur Überwachung von Frame-Relay, hier auf dem Router Atlanta.

Beispiel 11.12: Anzeige nach EXEC-Befehlen auf Atlanta

```
Atlanta#show frame-relay pvc

PVC Statistics for interface Serial0 (Frame Relay DTE)

              Active    Inactive    Deleted    Static
  Local         3          0           0         0
  Switched      0          0           0         0
  Unused        0          0           0         0
DLCI = 52, DLCI USAGE = LOCAL, PVC STATUS = ACTIVE, INTERFACE = Serial0.1

  input pkts 843            output pkts 876         in bytes 122723
  out bytes 134431          dropped pkts 0          in FECN pkts 0
  in BECN pkts 0            out FECN pkts 0         out BECN pkts 0
  in DE pkts 0              out DE pkts 0
  out bcast pkts 876        out bcast bytes 134431
  pvc create time 05:20:10, last time pvc status changed 05:19:31
--More--
DLCI = 53, DLCI USAGE = LOCAL, PVC STATUS = ACTIVE, INTERFACE = Serial0.2

  input pkts 0              output pkts 875         in bytes 0
  out bytes 142417          dropped pkts 0          in FECN pkts 0
  in BECN pkts 0            out FECN pkts 0         out BECN pkts 0
  in DE pkts 0              out DE pkts 0
  out bcast pkts 875        out bcast bytes 142417
  pvc create time 05:19:51, last time pvc status changed 04:55:41
--More--
DLCI = 54, DLCI USAGE = LOCAL, PVC STATUS = ACTIVE, INTERFACE = Serial0.3

  input pkts 10             output pkts 877         in bytes 1274
  out bytes 142069          dropped pkts 0          in FECN pkts 0
  in BECN pkts 0            out FECN pkts 0         out BECN pkts 0
  in DE pkts 0              out DE pkts 0
  out bcast pkts 877        out bcast bytes 142069
  pvc create time 05:19:52, last time pvc status changed 05:17:42

Atlanta#show frame-relay map
Serial0.3 (up): point-to-point dlci, dlci 54(0x36,0xC60), broadcast
          status defined, active
Serial0.2 (up): point-to-point dlci, dlci 53(0x35,0xC50), broadcast
          status defined, active
```

Beispiel 11.12: Anzeige nach EXEC-Befehlen auf Atlanta (Forts.)

```
Serial0.1 (up): point-to-point dlci, dlci 52(0x34,0xC40), broadcast
       status defined, active

Atlanta#debug frame-relay lmi
Frame Relay LMI debugging is on
Displaying all Frame Relay LMI data

Serial0(out): StEnq, myseq 163, yourseen 161, DTE up
datagramstart = 0x45AED8, datagramsize = 13
FR encap = 0xFCF10309
00 75 01 01 01 03 02 A3 A1

Serial0(in): Status, myseq 163
RT IE 1, length 1, type 1
KA IE 3, length 2, yourseen 162, myseq 163
```

show frame-relay pvc führt nützliche Informationen für die Verwaltung auf. Die Paketzahlen für jeden VC und die Zahlen für FECN und BECN können besonders nützlich sein. Auch der Vergleich der Anzahl der gesendeten Pakete und Bytes mit den Empfangszahlen auf dem Router am anderen Ende der Leitung ist wichtig. Daran kann man erkennen, wie viele Pakete in der Frame-Relay-Wolke verschollen sind. Der PVC-Status ist ein guter Ausgangspunkt für ein Troubleshooting. Ein SNMP-Manager kann die Informationen dieses Befehls noch besser anzeigen.

show frame-relay map zeigt die Mapping-Informationen an. In unserem vorigen Beispiel für ein vollständig vermaschtes Netzwerk enthielt die Konfiguration keine Subinterfaces, und zu jedem DLCI war eine Layer-3-Adresse aufgeführt. In diesem Beispiel gibt es eine DLCI in jedem Entry. Von einer entsprechenden Layer-3-Adresse wird aber nichts erwähnt. Beim Mapping geht es eigentlich nur um die Entsprechung von Layer-3-Adressen und Layer-2-Adressen. Es gibt aber in der **show frame-relay map** Befehlsanzeige keine Layer-3-Adressen! Die Information ist aber woanders gespeichert. Subinterfaces erfordern den Einsatz des Konfigurationsbefehls **frame-relay interface-dlci**. Da es sich um Punkt-zu-Punkt Subinterfaces handelt, ist der richtige DLCI in der Konfiguration enthalten. Jede Route weist dabei aus einem einzelnen Subinterface. Mapping mittels Inverse ARP oder statischer **frame-relay map** Aussagen braucht man nur, wenn auf einem Interface oder Subinterface mehr als zwei VCs enden. Sonst kann es zu keiner Verirrung durch die DLCIs kommen.

debug frame-relay lmi listet Informationen für das Senden und Empfangen von LMI-Anfragen auf. Der Switch sendet die Status Message, das DTE (ein Router) sendet die Status Inquiry. Die Standardeinstellung der Cisco-IOS-

Software besteht darin, diese Status-Mitteilungen auch zu erwarten. Mit dem Befehl **no keepalive** der Cisco-IOS-Software kann man die LMI Status Messages abschalten. Anders als bei anderen Interfaces gehen Cisco Keepalive Messages nicht über Frame Relay von Router zu Router. Sie bestätigen nur, dass der Router Konnektivität mit seinem lokalen Frame-Relay-Switch hat – oder auch nicht.

Teilweise vermaschtes Netzwerk mit vollständig vermaschten Anteilen

Multipoint Subinterfaces kann man auch für eine Frame-Relay-Konfiguration nehmen. Dieses letzte Beispiel-Netzwerk, aufgebaut auf das Netzwerk aus Bild 11.20, verwendet Multipoint und Punkt-zu-Punkt Subinterfaces. Die Beispiele 11.13 bis 11.17 zeigen die Konfiguration für dieses Netzwerk. Tabelle 11.12 fasst die benutzten Adressen und Subinterfaces zusammen.

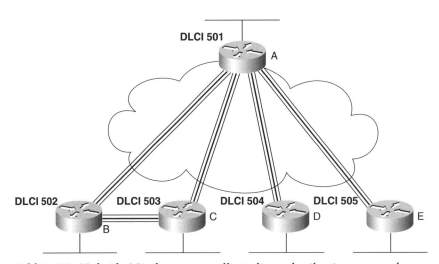

Bild 11.20: Hybride Mischung aus vollständig und teilweise vermaschtem Netzwerk

Beispiel 11.13: Konfiguration von Router A

```
hostname RouterA
!
interface serial0
encapsulation frame-relay
!
interface serial 0.1 multipoint
ip address 140.1.1.1  255.255.255.0
frame-relay interface-dlci 502
frame-relay interface-dlci 503
!
interface serial 0.2 point-to-point
```

Beispiel 11.13: Konfiguration von Router A (Forts.)

```
ip address 140.1.2.1 255.255.255.0
frame-relay interface-dlci 504
!
interface serial 0.3 point-to-point
ip address 140.1.3.1 255.255.255.0
frame-relay interface-dlci 505
!
interface ethernet 0
ip address 140.1.11.1 255.255.255.0
```

Beispiel 11.14: Konfiguration von Router B

```
hostname RouterB
!
interface serial0
encapsulation frame-relay
!
interface serial 0.1 multipoint
ip address 140.1.1.2   255.255.255.0
frame-relay interface-dlci 501
frame-relay interface-dlci 503
!
interface ethernet 0
ip address 140.1.12.2 255.255.255.0
```

Beispiel 11.15: Konfiguration von Router C

```
hostname RouterC
!
interface serial0
encapsulation frame-relay
!
interface serial 0.1 multipoint
ip address 140.1.1.3   255.255.255.0
frame-relay interface-dlci 501
frame-relay interface-dlci 502
!
interface ethernet 0
ip address 140.1.13.3 255.255.255.0
```

Beispiel 11.16: Konfiguration von Router D

```
hostname RouterD
!
interface serial0
encapsulation frame-relay
!
interface serial 0.1 point-to-point
```

Beispiel 11.16: Konfiguration von Router D (Forts.)

```
ip address 140.1.2.4  255.255.255.0
frame-relay interface-dlci 501
!
interface ethernet 0
ip address 140.1.14.4 255.255.255.0
```

Beispiel 11.17: Konfiguration von Router E

```
hostname RouterE
!
interface serial0
encapsulation frame-relay
!
interface serial 0.1 point-to-point
ip address 140.1.3.5 255.255.255.0
frame-relay interface-dlci 501
!
interface ethernet 0
ip address 140.1.15.5 255.255.255.0
```

Tabelle 11.12: IP-Adressen bei Punkt-zu-Punkt und Multipoint Subinterfaces

Router	Subnetz	IP-Adresse	Subinterface-Typ
A	140.1.1.0/24	140.1.1.1	Multipoint
B	140.1.1.0/24	140.1.1.2	Multipoint
C	140.1.1.0/24	140.1.1.3	Multipoint
A	140.1.2.0/24	140.1.2.1	Punkt-zu-Punkt
D	140.1.2.0/24	140.1.2.4	Punkt-zu-Punkt
A	140.1.3.0/24	140.1.3.1	Punkt-zu-Punkt
E	140.1.3.0/24	140.1.3.5	Punkt-zu-Punkt

Multipoint Subinterfaces arbeiten am besten bei voller Vermaschung zwischen einem Set von Routern. Auf den Routern A, B und C wird ein Multipoint Subinterface für die Konfiguration benutzt, um sich mit den anderen Routern in Verbindung zu setzen. Man kann die drei Router als einen kleinen, voll vermaschten Anteil des gesamten Netzwerks betrachten.

Multipoint heißt nur, dass es mehr als einen VC gibt. Man kann also auf dem Subinterface Daten auf mehr als einem VC senden und empfangen. Wie bei Punkt-zu-Punkt Subinterfaces, verwendet man bei Multipoint Subinterfaces **frame-relay interface-dlci**. Beachten Sie, dass es in diesem Fall für jedes Multipoint Subinterface zwei Befehle gibt, da jeder der zwei PVCs, die mit diesem Subinterface verknüpft sind, müssen auch entsprechend gekennzeichnet werden.

Nur Router A verwendet Multipoint und Punkt-zu-Punkt Subinterfaces. Auf dem Multipoint Serial0.1 Interface von Router A sind die DLCIs für die Router B und C aufgelistet. Auf den anderen beiden Subinterfaces von Router A, die Punkt-zu-Punkt Subinterfaces sind, braucht nur ein einziger DLCI aufgeführt zu werden. Es ist tatsächlich auf einem Punkt-zu-Punkt Subinterface auch nur ein einziger **frame-relay interface-dlci** Befehl erlaubt, da es auch nur einen VC geben darf. Sonst ist die Konfiguration der beiden Interface-Typen gleich.

Für die Konfigurationen in den Beispielen 11.13 bis 11.17 sind keine Mapping-Aussagen notwendig, da Inverse ARP auf den Multipoint Subinterfaces automatisch aktiviert ist. Für ein Punkt-zu-Punkt Subinterface benötigt man niemals eine Mapping-Verknüpfung, da der einzige DLCI, der mit dem Interface verknüpft ist, mit **frame-relay interface-dlci** statisch eingegeben wird.

Beispiel 11.18 zeigt einen anderen **show frame-relay map** Befehl, der die durch Inverse ARP für das Multipoint Subinterface erlernten Informationen anzeigt. Beachten Sie, dass der Output jetzt die Layer-3-Adressen enthält! Der Grund ist folgender: Der Router könnte ein Multipoint Interface benutzen müssen. Es ist aber mehr als ein DLCI mit dem Interface verknüpft. Deswegen benötigt der Router Mapping-Information, um den richtigen DLCI zu finden.

Beispiel 11.18: Frame Relay Mapping und Inverse ARP auf Router C

```
RouterC#show frame-relay map
Serial0.1 (up): ip 140.1.1.1 dlci 501(0x1F5,0x7C50), dynamic,
                broadcast,, status defined, active
Serial0.1 (up): ip 140.1.1.2 dlci 502(0x1F6,0x7C60), dynamic,
                broadcast,, status defined, active

RouterC#debug frame-relay events
Frame Relay events debugging is on

RouterC#configure terminal
Enter configuration commands, one per line.  End with Ctrl-Z.
RouterC(config)#interface serial 0.1
RouterC(config-subif)#no shutdown
RouterC(config-subif)#^Z
RouterC#

Serial0.1: FR ARP input
Serial0.1: FR ARP input
Serial0.1: FR ARP input
```

Beispiel 11.18: Frame Relay Mapping und Inverse ARP auf Router C (Forts.)

```
datagramstart = 0xE42E58, datagramsize = 30
FR encap = 0x7C510300
80 00 00 00 08 06 00 0F 08 00 02 04 00 09 00 00
8C 01 01 01 7C 51 8C 01 01 03

datagramstart = 0xE420E8, datagramsize = 30
FR encap = 0x7C610300
80 00 00 00 08 06 00 0F 08 00 02 04 00 09 00 00
8C 01 01 02 7C 61 8C 01 01 03
```

Die Nachrichten zu Inverse ARP im **debug frame-relay events** Output sind gar nicht so offensichtlich. Es ist eine leichte Übung, nach der Hexadezimaldarstellung der IP-Adresse in der Befehlsausgabe zu suchen. Diese Adressen sind in Beispiel 11.18 hervorgehoben. Die ersten 3 Bytes von 140.1.1.0 heißen hexadezimal 8C 01 01. Das Feld beginnt auf der linken Seite der Anzeige, ist also leicht zu erkennen.

11.3 Grundlagen-Zusammenfassung

Die »Grundlagen-Zusammenfassung« enthält die wichtigsten Inhalte eines Kapitels. Es kommt zwar nicht alles vor, was im Examen gefragt werden könnte, ein guter Examens-Kandidat hat aber mindestens die Inhalte aller Grundlagen-Zusammenfassungen in allen Feinheiten parat.

Bild 11.21 liefert die prinzipielle physikalische Topologie in einem Frame-Relay-Netzwerk und die dazu gehörenden Begriffe.

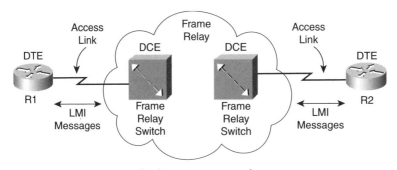

Bild 11.21: Die Bestandteile von Frame Relay

Bild 11.22 zeigt ein typisches, teilweise vermaschtes Frame-Relay-Netzwerk.

Tabelle 11.13 stellt die drei LMI-Typen dar, ihren Ursprung und das Schlüsselwort für den Interface Unterbefehl **frame-relay lmi-type**.

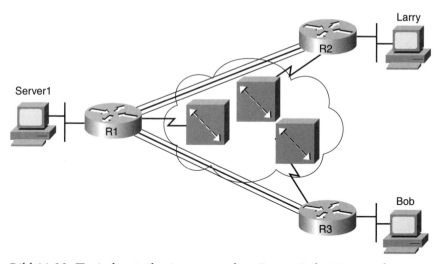

Bild 11.22: *Typisches, teilweise vermaschtes Frame-Relay-Netzwerk*

Tabelle 11.13: *Frame Relay: LMI Types*

Name	Dokument	IOS LMI-Typ Parameter
Cisco	Marke	cisco
ANSI	T1.617 Anhang D	ansi
ITU	Q.933 Anhang A	q933a

Bild 11.23 stellt die zwei Einkapselungsmöglichkeiten auf Cisco-Routern für Frame Relay vor.

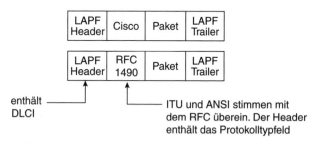

Bild 11.23: *Cisco-Einkapselung und Einkapselung nach RFC 1490/2427*

Auf Frame-Relay-Interfaces gibt die Cisco-Implementierung drei Möglichkeiten für die Zuweisung von Subnetzen und IP-Adressen vor:

– Ein Subnetz enthält alle Frame Relay DTEs

– Ein Subnetz pro VC

– Eine hybride Mischung der beiden Möglichkeiten

Cisco-IOS-Software verwendet hervorragende Standardeinstellungen für Frame Relay:

- Der LMI-Typ wird automatisch erkannt.
- Es wird Cisco-Einkapselung statt IETF-Einkapselung verwendet.
- PVC DLCIs werden mittels LMI Status Messages erlernt.
- Inverse ARP ist aktiviert und wird ausgelöst, wenn eine Status Message mitteilt, dass die VCs aktiv sind.

Bild 11.24 stellt dar, wie Inverse ARP funktioniert.

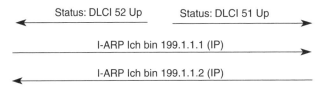

Bild 11.24: Inverse ARP

11.4 Q&A

Wie in der Einleitung erwähnt, haben Sie zwei Möglichkeiten, die folgenden Fragen zu beantworten. Diese stellen eine größere Herausforderung für Sie dar als das Examen selbst. Die Lösung ist nicht so eindeutig festgelegt wie bei den Examensfragen. Durch diese offeneren, schwierigeren Fragen werden Sie mit der Thematik des Kapitels noch besser vertraut. Die Antworten zu den Fragen finden Sie in Anhang A.

Wenn Sie Fragen bearbeiten möchten, wie sie im Examen auf Sie zukommen, können Sie sich auf der Prüfungs-CD mit den Multiple-Choice-Fragen und dem Router-Simulator beschäftigen.

1. Welche zwei WAN-Datenverbindungsprotokolle bestimmen eine Methode, mit der die Layer-3-Adressen eines Interface anderen, an das WAN angeschlossenen Geräten bekannt machen?

2. Erklären Sie den Zweck von Inverse ARP und wie es Frame-Relay-Broadcasts einsetzt.

3. Würde sich ein Frame-Relay-Switch, der mit einem Router verbunden ist, anders verhalten, wenn die IETF-Option mit **encapsulation frame-relay ietf** vom angeschlossenen Router gelöscht würde? Würde sich ein Router am anderen Ende des VC anders verhalten, wenn man dieselben Änderungen vornimmt?

4. Wofür steht NBMA? Bezieht sich der Ausdruck auf X.25- oder auf Frame-Relay-Netzwerke?

5. Welcher oder welche OSI-Layer sind besonders eng mit den Funktionen von Frame Relay verbunden? Warum?

6. Wenn Inverse ARP wegen der Standardeinstellung verwendet wird, mit welcher zusätzlichen Konfiguration bringt man IGRP-Routingupdates dazu, über jeden VC zu fließen?

7. Definieren Sie die Eigenschaften von vollständig und teilweise vermaschten Frame-Relay-Netzwerken.

8. Welches sind die notwendigen Schlüsselinformationen einer **frame-relay map** Aussage?

9. Erstellen Sie eine Konfiguration für Router1, die Frame-Relay-VCs zu Router2 und Router3 (DLCIs 202 und 203) auf dem Serial1 Interface von Router1 enthält. Verwenden Sie jede IP-Adresse, die Sie möchten. Nehmen Sie aber an, dass das Netzwerk nicht voll vermascht ist.

10. Welcher **show** Befehl informiert Sie darüber, dass ein PVC gerade aktiv wurde? Woher weiß der Router, wann ein PVC aktiv wurde?

11. Welcher **show** Befehl zeigt die Frame-Relay-Informationen zum Mapping an? In welchen Fällen enthält die angezeigte Information die Layer-3-Adressen des Routers?

12. Wahr oder falsch: Der Befehl **no keepalive** auf einem seriellen Frame-Relay-Interface bewirkt, dass keine Cisco-proprietären Keepalive-Mitteilungen mehr an den Frame-Relay-Switch gesendet werden.

13. Welche **debug** Option zeigt Inverse ARP Messages an?

14. Wahr oder falsch: Der Konfigurationsbefehl **map** für Frame Relay gestattet mehr als eine Verknüpfung einer Layer-3-Protokolladresse auf demselben Konfigurationsbefehl.

15. Wie lautet der Name des Feldes, das einen Frame-Relay-VC kennzeichnet?

16. Beschreiben Sie den Unterschied der beiden Arten von Service-Interworking, FRF.5 und FRF.8.

Teil IV

Netzwerksicherheit

Kapitel 12: IP Access-Kontrolllisten-Sicherheit

Dieses Kapitel deckt folgende Punkte ab:
- Standard IP-Zugangskontrolllisten
- Erweiterte IP-ACLs
- Weitere ACL

Kapitel 12

IP Access-Kontrolllisten-Sicherheit

Netzwerksicherheit ist heute eines der heißesten Eisen beim Networking. Obwohl Sicherheit natürlich immer groß geschrieben wurde, hat die rasante Entwicklung des Internet zu einer immer höheren Verwundbarkeit geführt. In den vergangenen Jahren waren viele Firmen gar nicht ständig mit einem globalen Internet verbunden – einer Verbindung, über die Angreifer sich illegal Zugang zu ihrem Netzwerk und ihren Daten verschaffen konnten. Heute sind die meisten Firmen mit dem Internet verbunden, mehr noch, sie generieren sogar Internet-gestützt einen Teil ihres Umsatzes – Tatsachen, die die Verwundbarkeit erhöhen und den Schaden vergrößern, wenn die Sicherheit verletzt wird.

Cisco-Router sollte man zum Bestandteil einer guten Sicherheitsstrategie machen. Das wichtigste Tool einer solchen Strategie in der Cisco-IOS-Software sind ACLs, Zugangskontrolllisten (Access Control Lists). ACLs definieren Regeln, durch die bestimmte Pakete davon abgehalten werden, über ein Netzwerk zu gehen. Ob es darum geht, dass niemand Ihren Buchhaltungs-Server einsehen darf, oder ob Sie nicht möchten, dass Internethacker Ihren E-Commerce Webserver in die Knie zwingen, IOS-ACLs können ein solides Sicherheitstool innerhalb einer größeren Sicherheitsstrategie darstellen.

Wenn Sie für das ICND-Examen lernen, ist dies das letzte Kapitel vor den Wiederholungen. Wenn Sie beide Bücher, also dieses und das CCNA INTRO lesen, um das CCNA-Zertifikat zu erwerben (dem CCNA-Examen), sollten Sie jetzt zum CCNA-INTRO-Buch zurückgehen und dort die letzten Kapitel lesen. Wie immer können Sie sich wieder in der Einleitung dieses Buches darüber informieren, was der Lern- und Leseplan für Sie vorsieht, wenn Sie sich mit beiden Büchern auf das kombinierte Examen vorbereiten.

12.1 »Weiß ich's schon?«-Quiz

Ziel des Quiz ist es, Ihnen bei der Entscheidung zu helfen, welche Abschnitte eines Kapitels Sie lesen müssen. Wenn Sie ohnehin das ganze Kapitel lesen wollen, brauchen Sie die Fragen an dieser Stelle nicht zu beantworten.

Mit dem 8-Fragen-Quiz können Sie, bezogen auf den Grundlagen-Abschnitt, Ihre begrenzte Studienzeit sinnvoll einteilen.

Tabelle 12.1 stellt die Hauptthemen des Kapitels und die dazu passenden Fragen aus dem Quiz dar.

Tabelle 12.1: »Weiß ich's schon?«-Übersicht zum Grundlagen-Abschnitt

Grundlagen-Abschnitt	Fragen zu diesem Abschnitt
Standard IP-Zugangskontrolllisten	1, 4, 5
Erweiterte IP-Zugangskontrolllisten	2, 6, 7
Weitere ACL-Themen	3, 8

ACHTUNG

Das Ziel dieser Selbsteinschätzung soll sein, dass Sie Ihren Wissenstand zu den Themen richtig bewerten. Wenn Sie eine Frage nicht beantworten können oder sich auch nur unsicher fühlen, sollten Sie sie als falsch einstufen und markieren. Jeder Sympathiepunkt, den Sie sich selbst geben, verfälscht Ihr Ergebnis und wiegt Sie in trügerischer Sicherheit.

1. Barney ist ein Host mit der IP-Adresse 10.1.1.1 in Subnetz 10.1.1.0/24. Für welche der folgenden Aufgaben kann man eine Standard-IP-ACL konfigurieren?

   a) Die genaue IP-Quelladresse auf Übereinstimmung prüfen

   b) Die IP-Adressen 10.1.1.1 bis 10.1.1.4 mit einem Zugriffslistenbefehl auf Übereinstimmung prüfen, aber keine anderen IP-Adressen

   c) Alle IP-Adressen in Barneys Subnetz mit einem Zugriffslistenbefehl auf Übereinstimmung prüfen, aber keine anderen IP-Adressen

   d) Nur die IP-Zieladresse des Pakets auf Übereinstimmung prüfen

2. Welche der folgenden Felder kann man unter erweiterten IP-ACL nicht vergleichen?

   a) Protokoll

   b) -IP-Quelladresse

   c) IP-Zieladresse

   d) TOS Byte

   e) URL

   f) Dateiname für FTP-Transfer

   g) Alle genannten Lösungen

   h) Keine der genannten Lösungen

3. Welches der folgenden Felder kann man mit Namens-Zugriffslisten vergleichen, nicht aber mit nummerierten, erweiterten ACLs?

   a) Protokoll

   b) IP-Quelladresse

   c) IP-Zieladresse

   d) TOS Byte

   e) URL

   f) Dateiname für FTP-Transfer

   g) Alle genannten Lösungen

   h) Keine der genannten Lösungen

4. Welche der folgenden Platzhaltermasken ist am besten, wenn man alle IP-Pakete in Subnetz 10.1.128.0, Maske 255.255.255.0 auf Übereinstimmung prüfen will?

   a) 0.0.0.0

   b) 0.0.0.31

   c) 0.0.0.240

   d) 0.0.0.255

   e) 0.0.15.0

   f) 0.0.248.255

   g) 0.0.255.255

   h) 0.255.255.255

   i) 255.255.255.255

5. Welche der folgenden Platzhaltermasken ist am besten, wenn man alle IP-Pakete in Subnetz 10.1.128.0, Maske 255.255.240.0 auf Übereinstimmung prüfen will

   a) 0.0.0.0

   b) 0.0.0.31

   c) 0.0.0.240

   d) 0.0.0.255

   e) 0.0.15.255

   f) 0.0.248.255

   g) 0.0.255.255

   h) 0.255.255.255

   i) 255.255.255.255

6. Welche der folgenden **access-list** Befehle erlaubt Datenverkehr von IP-Adresse 10.1.1.1 zu allen Webservern, deren IP-Adresse mit 172.16.5 beginnt?

    a) access-list 101 permit tcp host 10.1.1.1 172.16.5.0 0.0.0.255 eq www

    b) access-list 1951 permit ip host 10.1.1.1 172.16.5.0 0.0.0.255 eq www

    c) access-list 2523 permit ip host 10.1.1.1 eq www 172.16.5.0 0.0.0.255

    d) access-list 2523 permit tcp host 10.1.1.1 eq www 172.16.5.0 0.0.0.255

    e) access-list 2523 permit tcp host 10.1.1.1 172.16.5.0 0.0.0.255 eq www

7. Welcher der folgenden **access-list** Befehle erlaubt Datenverkehr von allen Webservern, deren IP-Adressen mit 172.16.5 beginnen, zu einem Webclient?

    a) access-list 101 permit tcp host 10.1.1.1 172.16.5.0 0.0.0.255 eq www

    b) access-list 1951 permit ip host 10.1.1.1 172.16.5.0 0.0.0.255 eq www

    c) access-list 2523 permit tcp any eq www 172.16.5.0 0.0.0.255

    d) access-list 2523 permit tcp 172.16.5.0 0.0.0.255 eq www 172.16.5.0 0.0.0.255

    e) access-list 2523 permit tcp 172.16.5.0 0.0.0.255 eq www any

8. Welche allgemeine Faustregel sollte man beachten, wenn man IP-ACLs plaziert, und zwar gemäß dem ICND-Kurs, auf dem der CCNA aufgebaut ist?

    a) Die gesamte Filterung auf den Output beziehen, wenn es eben möglich ist.

    b) Allgemeinere Aussagen am Anfang der ACL.

    c) Pakete so nah an der Quelle filtern wie möglich.

    d) Die ACL- werden den IP-Quelladressen angepasst, von der niedrigsten bis zur höchsten, um die Performance zu verbessern.

Die Antworten zum »Weiß ich's schon?«-Quiz stehen in Anhang A. Unser Vorschlag für Ihr weiteres Vorgehen sieht so aus:

- **6 oder weniger Gesamtpunkte** – Lesen Sie das komplette Kapitel. Es enthält die »Grundlagen«, die »Grundlagen-Zusammenfassung« und »Q&A«-Abschnitte.

- **7 oder 8 Gesamtpunkte** – Wenn Sie einen größeren Überblick über diese Themen bekommen möchten, springen Sie zur »Grundlagen-Zusammenfassung« und dann zum »Q&A«-Abschnitt. Andernfalls gehen Sie sofort zum nächsten Kapitel.

12.2 Grundlagen

12.2.1 Standard IP-Zugangskontrolllisten

IP-Zugriffslisten bewirken, dass ein Router bestimmte Pakete verwirft. Die Kriterien dafür werden vorher vom Netzwerktechniker festgelegt. Ziel einer solchen Filterung ist es, unerwünschten Datenverkehr vom Netzwerk fernzuhalten – ob es nun Hacker sind, die in das Netzwerk eindringen wollen, oder ob einfach Mitarbeiter davon abgehalten werden sollen, Teile des Systems zu benutzen, die nicht für sie bestimmt sind. Zugangslisten sollten einfach Teil jeder Sicherheits-Strategie sein.

Übrigens können die IP-Zugangslisten auch dafür benutzt werden, Routingupdates zu filtern, bestimmten Paketen Priorität einzuräumen, Pakete durch einen VPN-Tunnel zu schicken oder QoS-Features für bestimmte Pakete zu implementieren. ACLs werden Ihnen während Ihrer Karriere im Zuge fast aller Cisco-Zertifizierungen wieder begegnen.

Dieses Kapitel enthält zwei Hauptkategorien von IOS-IP-ACLs – Standard und erweitert. Standard ACLs verwenden ein einfacheres Verfahren, erweiterte ACLs haben eine komplexere Arbeitsweise. Der erste Abschnitt dieses Kapitels enthält Standard- ACLs, der zweite erweiterte. Das Kapitel wird mit einigen Abschnitten abgeschlossen, die beide Typen der Zugangslisten betreffen.

Die Konzepte hinter IP-Standard-ACLs

Sobald Sie wissen, was Sie aus dem Datenverkehr herausfiltern möchten, stellt sich die Frage, wo gefiltert werden soll. Bild 12.1 bringt ein Beispiel, in dem Bob nicht auf den Access-Server1 zugreifen darf, Larry aber wohl.

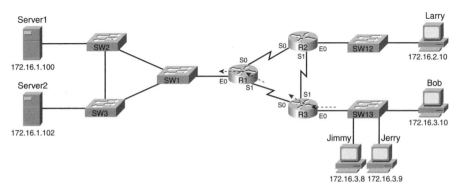

Bild 12.1: Orte, an denen die Zugriffslisten in einem Netzwerk eingreifen können

Die Filterung kann auf jedem der drei Router und für jedes ihrer Interfaces konfiguriert werden. Die gestrichelten Pfeile zeigen an, wo die Filterung mit einer ACL am sinnvollsten ist. Weil nur der Datenverkehr von Bob gefiltert werden soll, der keinen Zugriff auf Server1 haben darf, kann man die ACL auf R1 oder R3 anwenden. Da der Verkehr von Bob, der für Server1 vorgesehen ist, nicht über R2 gehen muss, ist R2 ein denkbar schlechter Platz für die ACL. Die Zugriffsliste sollte, wie Sie hoffentlich auch gesagt hätten, auf R1 angewendet werden.

Cisco-IOS-Software wendet die Filterung mittels der ACL an, wenn ein Paket ein Interface erreicht oder es verlässt. Anders ausgedrückt: IOS wendet eine ACL auf ein Interface an, genauer gesagt auf den Datenverkehr, der dieses Interface erreicht oder verlässt. Wenn Sie sich entschieden haben, auf welchem Router die ACL-Logik laufen soll, müssen Sie das Interface auswählen und entscheiden, ob eingehende oder ausgehende Pakete betroffen sind.

Nehmen wir an, Sie möchten Bobs Pakete an Server1 filtern. Bild 12.2 zeigt die Möglichkeiten, mit denen man das Paket herausfiltern kann.

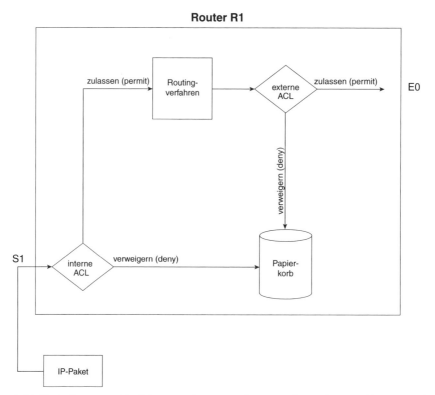

Bild 12.2: Internes Verfahren auf R1: Wo können die Pakete gefiltert werden?

Das Filterverfahren kann auf Pakete angewendet werden, die auf S1 hereinkommen, oder R1 über E0 verlassen. Dann werden die Pakete erwischt, die Bob an Server1 sendet. Im Allgemeinen können Sie Zugriffslisten für eingehende und ausgehende Pakete erstellen und auf jedem Interface aktivieren. Hier haben wir einige Schlüsselfunktionen von Cisco-ACLs:

- Pakete können beim Erreichen eines Interface gefiltert werden, also bevor die Routing-Entscheidung gefällt wird.

- Pakete können beim Verlassen eines Interface gefiltert werden, also nach der Routing-Entscheidung.

- *Deny* bedeutet in der Cisco-IOS-Software, dass das Paket weggefiltert wird.

- *Permit* bedeutet in der Cisco-IOS-Software, dass das Paket nicht gefiltert wird.

- Die Filterung selbst wird in der Zugangsliste konfiguriert.

- Am Ende einer Zugangsliste muss man sich noch die Aussage »deny all traffic« hinzudenken. Daher wird jedes Paket gefiltert, das nicht durch eine andere Zugriffslistenzeile erlaubt wird.

Nehmen wir an, Sie haben auf R1 eine Zugriffsliste erstellt und auf seinem Interface S1 aktiviert. Die Zugriffsliste kontrolliert die Pakete, die von Bob kommen. Dazu ist sie für die Anwendung auf eingehende Pakete aktiviert worden, da Pakete von Bob auf S1 hereinkommen und Pakete an Bob auf S1 herausgehen.

Zugriffslisten gehen in zwei Grundschritten vor: Prüfung auf Übereinstimmung und die daraus folgende Aktion. Das Paket durchläuft die Prüfung, durch die das entsprechende **access-list** statement gefunden werden soll, sofern eines vorhanden ist. So würde zum Beispiel Bobs IP-Adresse dafür verwendet, Pakete von Bob zu finden.

IP-ACLs bitten den Router dann um die Ausführung einer der beiden Alternativen: deny oder permit. Deny bedeutet, dass das Paket einfach gelöscht wird, permit dagegen, dass das Paket weiter seinen Weg verfolgen kann.

Die Access-Liste, die Bobs Verkehr zum Server abblocken soll, wird also etwa so arbeiten:

> Suche nach Paketen mit Bobs IP-Quelladresse und der IP-Zieladresse von Server1. Wenn Du welche findest, lösche sie. Wenn Du andere Pakete entdeckst, lasse sie durch.

Es ist kein Geheimnis, dass IP ACLs in der Realität weitaus komplizierter werden können als in diesem Beispiel. Selbst eine kleine Anzahl von Kriterien für die Suche nach Übereinstimmungen kann eine komplexe Serie von Zugangslisten auf den unterschiedlichen Routern erfordern. Mir sind eine Reihe größerer Netzwerke bekannt, bei denen sich mehrere Vollzeitangestellte mit nichts anderem als der Planung und Implementierung von Zugangslisten beschäftigen!

Cisco nennt seine Paketfilterung »ACL« (Access Control Lists). Das liegt zum Teil daran, dass sich die dafür notwendigen Konfigurationsbefehle auf eine bestimmte ACL beziehen. Wenn eine ACL mehrere Einträge hat, sucht das IOS die Zeilen mit den Statements nacheinander auf einen Treffer hin durch. Wenn ein entsprechender Eintrag gefunden wird, legt die gefundene Aussage auch fest, wie verfahren werden soll. Die beiden Rautensymbole in Bild 12.2 stehen für die Anwendung des ACL-Verfahrens.

Das Verfahren, nach dem das IOS eine ACL mit mehreren Einträgen abarbeitet, sieht etwa so aus:

1. Die Matching-Parameter der **access-list** Aussage (statement) werden mit dem Paket verglichen.

2. Wird eine Übereinstimmung (Treffer, match) gefunden, wird die im **access-list** statement vorgesehene Aktion (permit oder deny) durchgeführt.

3. Wenn in Schritt 2 kein Treffer gefunden wird, werden die Schritte 1 und 2 für das jeweils weitere Statement in der ACL durchgegangen, bis ein Treffer gefunden wird.

4. Wenn gar keine Übereinstimmung gefunden wird, wird die Weiterleitung verweigert.

Platzhaltermasken (Wildcard masks)

IOS-IP-ACLs prüfen die Pakete anhand ihrer IP-, TCP- und UDP-Header. Erweiterte ACLs prüfen IP-Quell- und Zieladressen, Quell- und Ziel-Portnummern und weitere Felder. Standard-ACLs prüfen dagegen nur die IP-Quelladresse.

Unabhängig davon, ob Sie Standard- oder erweiterte IP-ACLs einsetzen, Sie können den Router die vollständige IP-Adresse oder nur einen Teil prüfen lassen. Wenn Sie zum Beispiel möchten, dass Bob keine Pakete an Server1 senden kann, lassen Sie die vollständigen IP-Adressen in Bob und Server1 in der ACL suchen. Nehmen wir aber jetzt einmal an, dass Sie alle Hosts im Subnetz, in dem auch Bob liegt, davon abhalten möchten, Server 1 zu erreichen? Da alle Hosts in Bobs Subnetz dieselben drei Zahlen in ihren ersten drei Oktetten haben, reicht es, wenn die ACL nur die ersten drei Oktette der Adresse prüft, um alle Pakete mit einem einzigen **access-list** Befehl zu identifizieren.

Eine Cisco-Platzhaltermaske bestimmt den Teil der IP-Adresse, der geprüft wird. Wenn man die ACL-Statements festlegt, was wir im nächsten Abschnitt behandeln, kann man neben der IP-Adresse auch eine Platzhaltermaske eingeben. Die Platzhaltermaske ist dafür zuständig, welcher Teil der IP-Adresse im konfigurierten Statement mit dem Paket-Header verglichen wird.

Nehmen wir eine Maske, bei der das ganze Paket geprüft wird, und eine, bei der nur die ersten drei Oktette wichtig sind. (Das könnte etwa der Fall sein, wenn Sie alle IP-Hosts in demselben Subnetz treffen möchten, und die Subnetzmaske 255.255.255.0 lautet.) Um diese Prüfung durchzuführen, gibt es für Cisco-ACLs Platzhaltermasken.

Platzhaltermasken sehen wie Subnetzmasken aus, sind es aber nicht. Sie repräsentieren wie Subnetzmasken eine 32-Bit Zahl. Die Nullstellen in der Platzhaltermaske stehen dafür, dass der Router beim Prüfungsverfahren die entsprechenden Stellen in der Adresse vergleicht. Stellen, an denen eine binäre 1 steht, bleiben außen vor. Wie schon früher erwähnt, heißen sie deshalb »Don't care«-Bits.

Um eine Vorstellung vom Prinzip der Platzhaltermaske zu bekommen, haben wir in Tabelle 12.2 gängige Platzhaltermasken mit ihrer Bedeutung aufgeführt.

Tabelle 12.2: Beispiele für Platzhaltermasken in Access-Listen

Platzhaltermaske	Binärversion der Maske	Beschreibung
0.0.0.0	00000000.00000000.00000000.00000000	Die gesamte IP-Adresse muss übereinstimmen.
0.0.0.255	00000000.00000000.00000000.11111111	Die ersten 24 Bits müssen übereinstimmen.
0.0.255.255	00000000.00000000.11111111.11111111	Die ersten 16 Bits müssen übereinstimmen.
0.255.255.255	00000000.11111111.11111111.11111111	Die ersten 8 Bits müssen übereinstimmen.
255.255.255.255	11111111.11111111.11111111.11111111	Hier wird gar nichts geprüft; es handelt sich automatisch um einen Treffer (alle 32 Bits sind »Don't care«-Bits).
0.0.15.255	00000000.00000000.00001111.11111111	Die ersten 20 Bits müssen übereinstimmen.
0.0.3.255	00000000.00000000.00000011.11111111	Die ersten 20 Bits müssen übereinstimmen.

Die ersten paar Beispiele enthalten ganz typische Verwendungsmöglichkeiten für Platzhaltermasken. Wie Sie sehen, handelt es sich nicht um eine Subnetzmaske. Eine Wildcard von 0.0.0.0 bedeutet, dass die gesamte IP-Adresse geprüft wird. Wenn sie übereinstimmt, handelt es sich um einen Treffer. 0.0.0.255 bedeutet, dass das letzte Oktett immer als Treffer gewertet wird. Die ersten drei Oktette werden aber geprüft, und so weiter. Allgemein gesprochen, haben Platzhaltermasken die folgende Bedeutung:

> Stellen mit binären Nullen bewirken, dass die ACL die entsprechenden Stellen in der IP-Adresse daraufhin prüft, ob sie mit den jeweiligen Stellen im **access-list** Statement übereinstimmen. Stellen mit binären Einsen sind »Don't care«-Bits – diese Positionen gelten immer als Übereinstimmung.

Die nächsten beiden Zeilen in Tabelle 12.2 zeigen gültige, aber nicht so offensichtliche Platzhaltermasken an. 0.0.15.255 setzt sich binär aus 20 Nullen gefolgt von 12 Einsen zusammen. Die ersten 20 Stellen müssen also übereinstimmen. Genauso ist es mit der 0.0.3.255, bei der die ersten 22 Stellen auf eine Übereinstimmung hin kontrolliert werden. Warum sind diese beiden Masken brauchbar? Wenn die Subnetzmaske 255.255.240.0 lautet und Sie alle Hosts in demselben Subnetz berücksichtigen wollen, bedeutet eine Wildcard von 0.0.15.255, dass alle Netzwerk- und Subnetzstellen übereinstimmen müssen, alle Hostbits aber vorn vorneherein als Treffer gewertet werden. Wenn Sie alle Hosts im Subnetz mit der Maske 255.255.252.0 filtern möchten, prüft die Platzhaltermaske 0.0.3.255 die Netzwerk- und Subnetz-Bits.

> **ANMERKUNG**
>
> In der Realität möchten Sie eventuell alle Hosts eines einzigen Subnetzes berücksichtigen. Wenn Sie die Subnetzmaske bereits wissen und mit der Platzhalteradresse genau die gleichen Adressen wählen wollen, können Sie die Platzhaltermaske mit einem kleinen mathematischen Trick herleiten. Ziehen Sie einfach die Subnetzmaske Oktett für Oktett dezimal von 255.255.255.255 ab. Das Ergebnis ist die »richtige« Platzhaltermaske. Eine Subnetzmaske mit den Werten 255.255.255.0 ergibt, wenn man Sie von 255.255.255.255 abzieht, zum Beispiel 0.0.0.255 als Platzhaltermaske. Diese Maske prüft nur die ersten 24 Stellen, in diesem Fall den Netzwerk- und Subnetzteil der Adresse. Eine Subnetzmaske mit den Werten 255.255.240.0 ergibt, wenn man Sie von 255.255.255.255 abzieht, genauso 0.0.15.255. Das ist die Wildcard, die wir aus Tabelle 12.2 kennen.

Die Konfiguration von Standard IP-ACLs

Bevor wir in die Konfiguration eintauchen, sehen wir uns schnell die Funktion von IP-ACLs im Überblick an:

> Wenn Statement 1 schon ein Treffer ist, wird die angegebene Aktion ausgeführt. Wenn nicht, wird die nächste Aussage geprüft. Wenn dies einen Treffer ergibt, wird die hier angegebene Aktion ausgeführt. Die Liste wird durchgegangen, bis eine Aussage eine Übereinstimmung ergibt, oder bis das Paket gelöscht werden muss, weil bis zum Ende der Liste kein Treffer gefunden wurde.

Eine Standard-Zugangsliste nimmt man, um eine Übereinstimmung mit den Informationen im Paketheader aufzufinden, und dann die angegebene Aktion sofort auszuführen. Jede Standard-ACL kann die ganze oder einen Teil der IP-Quelladresse eines Paketes untersuchen. Die einzigen beiden Verfahren, die bei einer Übereinstimmung mit der **access-list** Aussage ausgeführt werden, sind die Löschung (deny, discard) oder Weiterleitung (permit, forward) des Paketes.

Tabelle 12.3 zeigt die Konfigurationsbefehle, die sich auf Standard-IP-ACLs beziehen. Tabelle 12.4 zeigt die dazugehörigen EXEC-Befehle. Den Befehlstabellen folgen dann etliche Beispiele.

Tabelle 12.3: Konfigurationsbefehle für Standard-IP-ACLs

Befehl	Konfigurationsmodus und Beschreibung
access-list *access-list-number* {**deny** | **permit**} *source* [*source-wildcard*] [**log**]	Globalbefehl für nummerierte Standard-ACLs. Verwenden Sie Zahlen von 1 bis 99 oder 1300 bis 1999.
access-list *access-list-number* **remark** *text*	Dient der Eingabe einer Anmerkung, die einen Hinweis auf die Aufgabe der speziellen ACL enthält.
ip access-group {*number* | *name*} [**in** | **out**]}	Interface-Unterbefehl, der die ACL aktiviert.
access-class *number* | *name* [**in** | **out**]	Zeilen-Unterbefehl, mit dem man Standard- oder erweiterte ACLs aktiviert.

Tabelle 12.4: EXEC-Befehle für Standard-IP-ACLs

Befehl	Beschreibung
show ip interface [*type number*]	Enthält einen Bezug auf die ACL, die auf dem Interface aktiviert ist.
show access-lists [*access-list-number* | *access-list-name*]	Zeigt die Details der konfigurierten ACLs für alle Protokolle an.
show ip access-list [*access-list-number* | *access-list-name*]	Zeigt die IP-ACLs an.

Beispiel 12.1 versucht Bob davon abzuhalten, Server1 zu erreichen. Wie man in Bild 12.1 sieht, soll Bob Server1 nicht erreichen können. In Beispiel 12.1 wird durch die Konfiguration eine ACL für alle Pakete aktiviert, die aus dem Ethernet0-Interface von R1 hinausgehen. Die ACL prüft die Quelladresse des Pakets – Bobs IP-Adresse. Beispiel 12.1 zeigt die Konfiguration auf R1.

Beispiel 12.1: Standard-ACL verhindert auf R1, dass Bob Server1 erreicht

```
interface Ethernet0
ip address 172.16.1.1 255.255.255.0
ip access-group 1 out

access-list 1 remark stop all traffic whose source IP is Bob
access-list 1 deny 172.16.3.10 0.0.0.0
access-list 1 permit 0.0.0.0 255.255.255.255
```

Nehmen wir uns zuerst die Syntax der Befehle vor, also ihre genaue Schreibweise. Standard-ACLs bewegen sich in einem Zahlenbereich von 1 bis 99 und von 1300 bis 1999. Ich habe dieses Mal Nummer 1 gewählt, aber es gibt keinen besonderen Grund dafür. (Durch die gewählte Nummerierung entsteht überhaupt kein Unterschied, solange sie dem zulässigen Bereich entnommen ist. Eine Liste mit der Nummer 1 ist nicht besser oder schlechter, als eine mit der Nummer 99.) Die **access-list** Befehle, die das Verfahren bestimmen, was Treffer und was die daraus folgenden Aktionen angeht, sind globale Konfigurationsbefehle. Um eine ACL auf einem Interface zu aktivieren und zu bestimmen, in welcher Richtung sie gilt, nimmt man den **ip access-group** Befehl. In unserem Fall wird das Verfahren für ACL 1 auf Ethernet0 für ausgehende Pakete aktiviert.

ACL 1 hält Pakete, die von Bob gesendet werden, davon ab, aus dem Ethernet-Interface von Bob herauszugehen. Das liegt an dem Prüfungsverfahren, welches der Befehl **access-list 1 deny 172.16.3.10 0.0.0.0** bewirkt. Die Platzhaltermaske 0.0.0.0 hat die Konsequenz, dass alle 32 Stellen geprüft werden. Nur Pakete, deren IP-Adresse genau mit der 172.16.3.10 aus dem Statement übereinstimmt, werden gelöscht. **access-list 1 permit 0.0.0.0 255.255.255.255**, die letzte Aussage in der Liste, betrifft alle Pakete, da die Platzhaltermaske 255.255.255.255 bedeutet: »Kümmere dich um keine der 32 Stellen!« Das Statement stimmt mit allen IP-Quelladressen überein. Diese Pakete werden zugelassen.

Die Liste hält Bob davon ab, Pakete an Server1 auszuliefern. Allerdings kann er auch Server2 nicht mehr erreichen. Für die Topologie aus Bild 12.1 kann man keine Standard-ACL finden, die Bob verbietet, Server 1 zu erreichen, ihm aber zugleich erlaubt, Pakete an Server2 auszuliefern. Hierfür benötigen Sie eine erweiterte ACL, wie wir sie im nächsten Abschnitt besprechen.

Interessanterweise ändert das IOS die Konfiguration in Beispiel 12.1. Die Anzeige von **show running-config** in Beispiel 12.2 zeigt, was das IOS wirklich in die Konfigurationsdatei geschrieben hat.

Beispiel 12.2: Revidierte Standard-ACL, die Bob davon abhält, Server1 zu erreichen

```
interface Ethernet0
ip address 172.16.1.1 255.255.255.0
ip access-group 1 out

access-list 1 remark stop all traffic whose source IP is Bob
access-list 1 deny host 172.16.3.10
access-list 1 permit any
```

Die Befehle aus Beispiel 12.1 sind haben sich aufgrund von drei Faktoren geändert. Das Cisco-IOS gestattet Ihnen in einigen Fällen, für einige Parameter sowohl die frühere als auch die aktuelle Konfigurationsmethode zu verwenden. Beispiel 12.1 zeigt die ältere Methode. Der Router ändert diese in den neueren Stil um, der in Beispiel 12.2 sichtbar ist. Die Verwendung der Platzhaltermaske 0.0.0.0 bedeutet tatsächlich zunächst einmal, dass der Router nach der speziellen Host-IP-Adresse suchen soll. Bei der neueren Konfigurationsmethode steht das Keyword **host** vor der speziellen IP-Adresse. Die andere Veränderung besteht darin, dass die Platzhaltermaske 255.255.255.255 bedeutet, dass »alles übereinstimmt«. Beim neueren Stil ersetzt das Schlüsselwort **any** die Platzhaltermaske 255.255.255.255. **any** bedeutet ganz einfach, dass jede IP-Adresse ein Treffer ist.

Standard-IP-ACL: Beispiel 2

Die zweite Standard-ACL stellt weitere ACL-Eigenschaften vor. Bild 12.3 und die Beispiele 12.3 und 12.4 beinhalten grundsätzliche Aufgaben von Standard-IP-ACLs, bei denen in einer ersten Annäherung zwei typische

Ansichten für eine vollständige Lösung zu sehen sind. Die Kriterien für die Zugangslisten sind folgende:

- Sam hat keinen Zugang zu Bugs oder Daffy.
- Hosts auf dem Seville-Ethernet haben keinen Zugang zu Hosts auf dem Yosemite-Ethernet.
- Alle anderen Kombinationen sind erlaubt.

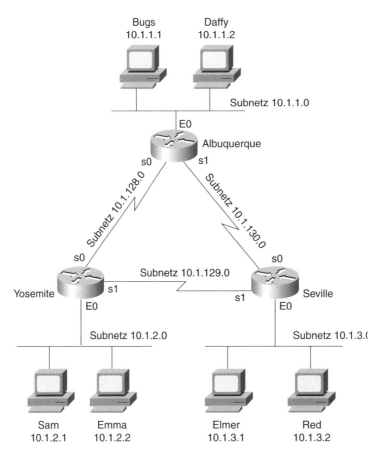

Bild 12.3: Netzwerk-Diagramm für das Beispiel zu ACLs

Beispiel 12.3: Konfiguration auf Yosemite für das Beispiel zu Standard-ACLs

```
interface serial 0
ip access-group 3 out
!
access-list 3 deny host 10.1.2.1
access-list 3 permit any
```

Beispiel 12.4: Konfiguration auf Seville für das Beispiel zu Standard-ACLs

```
interface serial 1
ip access-group 4 out
!
access-list 4 deny 10.1.3.0    0.0.0.255
access-list 4 permit any
```

Auf den ersten Blick scheint das gewünschte Ergebnis von zwei ACLs erreicht zu werden. ACL 3 ist für Pakete aktiviert, die Yosemite auf Interface S0 verlassen. Damit wird das erste Kriterium erfüllt, da ACL 3 Sams IP-Adresse betrifft. ACL 4 ist auf Seville für Pakete aktiviert, die Interface S1 verlassen und greift das zweite Kriterium auf, da ACL 4 alle Pakete von Subnetz 10.1.3.0/24 betrifft. Beide Router erfüllen Kriterium 3: Am Ende jeder ACL steht **permit any,** um die Standardeinstellung zu überschreiben, die sonst alle anderen Pakete löschen würde. Damit haben wir alle Kriterien erfüllt.

Wenn nun aber eine der WAN-Verbindungen ausfällt, kann eine Lücke im System entstehen. Nehmen wir an, das Kabel von Albuquerque zu Yosemite fällt aus, und Yosemite erlernt nun eine Route zu 10.1.1.0/24 über Seville. Bestimmte Pakete werden von Sam zu Yosemite geschickt und dort zum Bestimmungsort in Albuquerque weitergeleitet. Sie verlassen Yosemites Interface serial 1, ohne gefiltert zu werden. Daher wird das erste Kriterium nicht mehr erfüllt. Das Gleiche passiert, wenn die Verbindung von Albuquerque zu Yosemite ausfällt. Seville routet Pakete über Albuquerque und umgeht damit die ACL auf Seville. Daher wird Kriterium 2 nicht mehr erfüllt.

Beispiel 12.5 illustriert eine Alternativlösung – eine, die auch noch funktioniert, wenn eine der Verbindungen zusammenbricht.

Beispiel 12.5: Konfiguration auf Yosemite für das Beispiel zu Standard-ACLs: Alternativlösung für die Beispiele 12.3 und 12.4

```
interface serial 0
ip access-group 3 out
!
interface serial 1
ip access-group 3 out
!
interface ethernet 0
ip access-group 4 out
!
access-list 3 remark meets criteria 1
access-list 3 deny host 10.1.2.1
access-list 3 permit any
```

Beispiel 12.5: Konfiguration auf Yosemite für das Beispiel zu Standard-ACLs: Alternativlösung für die Beispiele 12.3 und 12.4 (Forts.)

```
!
access-list 3 remark meets criteria 2
access-list 4 deny 10.1.3.0 0.0.0.255
access-list 4 permit any
```

Die Konfiguration in Beispiel 12.5 löst das Problem der Beispiele 12.3 und 12.4. ACL 3 prüft Sams IP-Quelladresse und ist auf beiden seriellen Verbindungen für ausgehenden Verkehr aktiviert. Obwohl der Verkehr wegen des Link-Ausfalls umgeleitet wird, werden die Pakete von Sam immer noch gefiltert. Um das zweite Kriterium zu erfüllen, filtert Yosemite Pakete, wenn sie das Ethernet-Interface verlassen. Daher ist unwichtig, über welches WAN-Link die Pakete gehen. Pakete von Sevilles Subnetz werden nicht auf Yosemites Ethernet weitergeleitet.

12.2.2 Erweiterte IP-ACLs

Erweiterte IP-ACLs sind mit den Standard-ACLs teilweise vergleichbar, zum Teil aber auch nicht. Wie bei den Standardlisten aktiviert man erweiterte Listen auf Interfaces für hereinkommende oder ausgehende Pakete. Das IOS durchsucht die Listen der Reihe nach. Wird ein Statement mit einer Übereinstimmung gefunden, bricht die Prüfung ab und die angegebene Aktion wird durchgeführt. Alle diese Eigenschaften finden Sie ebenfalls bei den Standardlisten.

Der einzige Hauptunterschied besteht in der Anzahl der Felder, die von erweiterten ACLs untersucht und verglichen werden können. Ein einziges ACL-Statement kann verschiedene Teile des Paket-Headers analysieren, wobei alle Parameter korrekt erfüllt werden müssen. Das Vergleichsverfahren macht erweiterte ACLs praktischer, aber auch komplexer als Standardlisten.

Dieser Abschnitt beginnt mit den Inhalten, die sich von den Standard-ACLs unterscheiden – das betrifft vor allem das Vergleichsverfahren. Daraufhin werden die Einzelheiten der Konfiguration behandelt.

Erweiterte IP-ACLs

Erweiterte Zugriffslisten bieten ein leitungsfähiges Analyseverfahren an, weil sie viele Teile eines Paketes prüfen können. Bild 12.4 zeigt verschiedene Felder im Paket-Header, auf die sich die Prüfung beziehen kann.

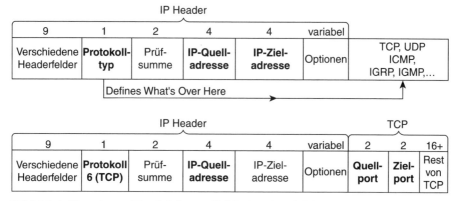

Bild 12.4: *Erweiterte Vergleichsmöglichkeiten bei ACLs*

Am Anfang des Headers steht das IP-Protokoll. Daran erkennt man, was für ein Header dem IP-Header folgt. Sie können alle IP-Pakete spezifizieren oder auch nur die mit TCP- Headern, UDP-Headern, ICMP und so weiter. Dafür wird das Protokollfeld geprüft. Sie können auch die IP-Quell- und IP-Zieladressen kontrollieren wie gezeigt. Der untere Teil des Bildes zeigt ein Beispiel, in dem ein TCP-Header einem Ip-Header folgt, womit der Ort für die TCP-Quell- und Zielportnummern angegeben wird. Diese Portnummern lassen die Anwendung erkennen. Für Web-Anwendungen wird beispielsweise meistens Port 80 genommen. Wenn Sie ein TCP- oder UDP-Protokoll bestimmen, können Sie auch die Portnummern prüfen.

Tabelle 12.5 fasst die verschiedenen Felder zusammen, die man mit einer erweiterten IP-ACL prüft, und zwar im Vergleich mit Standard-IP-ACLs.

Tabelle 12.5: *Standard und erweiterte IP-ACLs: Matching*

Typ der ACL	Was geprüft werden kann
Standard- und erweiterte ACLs	IP-Quelladresse
	Teile einer IP-Quelladresse, je nach Platzhaltermaske
Nur erweiterte ACLs	IP-Zieladresse
	Teile einer IP-Zieladresse, je nach Platzhaltermaske
	Protokolltyp (TCP, UDP, ICMP, IGRP, IGMP und weitere)
	Quellport
	Zielport
	Alle TCP-Vorgänge außer dem ersten
	IP-TOS
	IP-Precedence

Zu wissen, wonach man eigentlich sucht, ist die halbe Miete. Das IOS analysiert die gesamte Matchinginformation, die in einem **access-list** Befehl konfiguriert wurde. Damit eine Übereinstimmung gefunden und die entsprechende Aktion ausgelöst wird, müssen alle festgelegten Eigenschaften übereinstimmen. Die Optionen beginnen mit dem Protokolltyp (IP, TCP, UDP und andere), gefolgt von IP-Quelladresse, Quellport, IP-Zieladresse und Zielportnummer. (Denken Sie daran, dass die Portnummern nur eine Rolle spielen, wenn TCP oder UDP als Protokoll verwendet werden.) Tabelle 12.6 führt mehrere **access-list** Befehle mit einigen Optionen und Erklärungen auf. Die Matchingoptionen sind fettgedruckt.

Tabelle 12.6: Erweiterte access-list Befehle und ihre Erklärung

access-list Statement	Was geprüft wird
access-list 101 deny **ip any host 10.1.1.1**	Jedes IP-Paket, jede IP-Quelladresse mit IP-Zieladresse 10.1.1.1.
access-list 101 deny **tcp any gt 1023 host 10.1.1.1 eq 23**	Pakete mit einem TCP-Header, jeder IP-Quelladresse, mit einem Quellport größer als (**gt**) 1023. Das Paket muss IP-Zieladresse 10.1.1.1 und Zielport 23 haben.
access-list 101 deny **tcp any host 10.1.1.1 eq 23**	Wie im vorigen Beispiel, nur dass diesmal jeder Quellport berücksichtigt ist, da der entsprechende Parameter verändert ist.
access-list 101 deny **tcp any host 10.1.1.1 eq telnet**	Wie im vorigen Beispiel, nur dass hier das Wort **telnet** statt Port 23 verwendet wird.
access-list 101 deny **udp 1.0.0.0 0.255.255.255 lt 1023 any**	Paket mit einer Quelle in Netzwerk 1.0.0.0, das UDP verwendet, Sourceport kleiner als (**lt**) 1023, jede IP-Zieladresse.

Die Reihenfolge der Parameter in der Befehlszeile bestimmt genau, wie das IOS-ACL-Verfahren bei der Suche nach einer Übereinstimmung abläuft. Wenn eine ACL für die Prüfung von Portnummern konfiguriert wird, kontrolliert der Parameter im **access-list** Befehl die *Quell*portnummer, wenn der Parameter direkt nach der IP-Quelladresse platziert wird. Genauso kontrolliert der Parameter im **access-list** Befehl die *Ziel*portnummer, wenn der Parameter direkt nach der IP-Zieladresse platziert wird. Der Befehl **access-list 101 deny tcp any eq telnet any** berücksichtigt zum Beispiel alle Pakete, die TCP verwenden und TCP-Port 23 (Telnet) als Quelle haben. Das ACL-Statement findet Pakete, deren Quellport 23 ist, da der Parameter **eq telnet** der IP-Quelladresse, nicht der IP-Zieladresse folgt. Aus dem gleichen Grund berücksichtigt der Befehl **access-list 101 deny tcp any any eq telnet** alle Pakete, die TCP verwenden und deren TCP-Zielport 23 ist (Telnet). Je nachdem, wo und für welche Richtung Sie eine erweiterte ACL aktivieren, müssen Sie die Quell- oder Zielportnummer prüfen.

Konfiguration erweiterter IP-ACLs

Tabelle 12.7 zeigt die Konfigurationsbefehle für erweiterte IP-Zugangslisten. Tabelle 12.8 führt die dazu gehörigen EXEC-Befehle auf. Darauf folgen mehrere Beispiele.

Tabelle 12.7: Konfigurationsbefehle für IP-ACLs

Befehl	Konfigurationsmodus und Beschreibung
access-list *access-list-number* {**deny**	**permit**} *protocol source source-wildcard destination destination-wildcard* [**log**	**log-input**]	Globalbefehl für erweiterte nummerierte ACLs. Die Nummern gehen von 100 bis 199 und von 2000 bis 2699.
access-list *access-list-number* {**deny**	**permit**} **tcp** *source source-wildcard* [*operator* [*port*]] *destination destination-wildcard* [*operator* [*port*]] [**established**] [**log**	**log-input**]	**access-list** Befehl in einer Version mit speziellen Parametern für TCP.
access-list *access-list-number* **remark** *text*	Eingabe einer Anmerkung, mit der man sich besser an die Aufgabe einer bestimmten ACL erinnert.
ip access-group {*number*	*name* [**in**	**out**]}	Interface Unterbefehl für die Aktivierung einer ACL.
access-class *number*	*name* [**in**	**out**]	Zeilen-Unterbefehl für Standard und erweiterte ACLs.

Tabelle 12.8: EXEC-Befehle für erweiterte IP-ACLs

Befehl	Beschreibung
show ip interface [*type number*]	Enthält einen Verweis auf die ACL, die auf dem Interface aktiviert ist.
show access-lists [*access-list-number*	*access-list-name*]	Zeigt die Einzelheiten der Konfigurierten ACL für alle Protokolle an.
show ip access-list [*access-list-number*	*access-list-name*]	Zeigt IP-ACLs an.

Erweiterte IP-ACLs: Beispiel 1

Dieses Beispiel soll dem Verständnis der Syntax dienen. Bob ist in diesem Fall der Zugang zu allen FTP-Servern auf dem Ethernet von R1 verboten, Larry hat keinen Zugang zum Webserver von Server1. Bild 12.5 erinnert an die Netzwerktopologie. Beispiel 12.6 zeigt die Konfiguration auf R1.

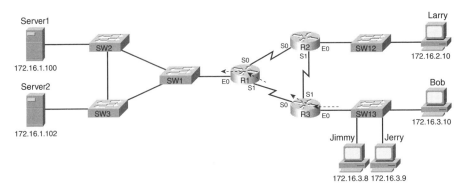

Bild 12.5: Netzwerk-Diagramm für erweiterte ACLs, Beispiel 1

Beispiel 12.6: Erweiterte ACL auf R1: Beispiel 1

```
interface Serial0
ip address 172.16.12.1 255.255.255.0
ip access-group 101 in

interface Serial1
ip address 172.16.13.1 255.255.255.0
ip access-group 101 in

access-list 101 remark Stop Bob to FTP servers, and Larry to Server1 web
access-list 101 deny tcp host 172.16.3.10 172.16.1.0 0.0.0.255 eq ftp
access-list 101 deny tcp host 172.16.2.10 host 172.16.1.100 eq http
access-list 101 permit ip any any
```

Wenn wir uns auf die Syntax konzentrieren, wird sichtbar, dass es einige neue Punkte zu behandeln gibt. Zunächst fällt die Nummerierung der erweiterten ACLs in die Bereiche von 100 bis 199 und von 2000 bis 2699. Nach der Anweisung **permit** oder **deny** bestimmt der Parameter *protocol*, ob alle IP-Pakete geprüft werden oder nur solche mit TCP- oder UDP-Headern. Wenn Sie nach TCP- oder UDP-Portnummern vorgehen wollen, müssen Sie das TCP- oder UDP-Protokoll festlegen.

Man kann nach bestimmten Portnummern oder Portnummer-Bereichen suchen. Der Parameter **eq** sucht nach Gleichen, »equals« wie im Beispiel. Hier ist vorausgesetzt, dass Sie die Portnummern prüfen – in diesem Fall die Zielportnummern. Man kann Zahlenwerte verwenden – oder, was sehr beliebt ist, eine Textversion. (Wenn Sie **eq 80** eingeben, zeigt die Konfiguration dann **eq http**.)

In Beispiel 12.6 verhindert das erste ACL-Statement, dass Bob Zugang zu FTP-Servern in Subnetz 172.16.1.0 hat. Die zweite Aussage verhindert, dass

Larry über Server1 Zugang zu Internetdiensten hat. Die letzte Aussage erlaubt den anderen Verkehr.

In diesem ersten Beispiel für erweiterte ACLs kann die Zugangsliste auf R2 und R3 positioniert werden. Am Ende dieses Kapitels werden Sie erfahren, dass Cisco bestimmte Empfehlungen dafür hat, wo IP-ACLs angesiedelt werden. Bei erweiterten IP-ACLs ist Cisco der Meinung, dass man sie so nah an der Quelle der Pakete platzieren sollte wie möglich. Daher wird in Beispiel 12.7 dasselbe Ziel erreicht wie in Beispiel 12.6. Bob bekommt keinen Zugang zu den FTP-Servern am Hauptstandort. Die ACL dafür arbeitet auf R3.

Beispiel 12.7: Erweiterte ACL auf R3 hindert Bob nahe R1 am Erreichen der FTP-Server

```
interface Ethernet0
ip address 172.16.3.1 255.255.255.0
ip access-group 101 in

access-list 101 remark deny Bob to FTP servers in subnet 172.16.1.0/24
access-list 101 deny tcp host 172.16.3.10 172.16.1.0 0.0.0.255 eq ftp
access-list 101 permit ip any any
```

ACL 101 sieht der ACL 101 aus Beispiel 12.6 sehr ähnlich, nur dass es nicht um Datenverkehr von Larry geht, da der sowieso nicht auf dem Interface Ethernet 0 von R3 hereinkommt. Da die ACL auf R3 arbeitet, nahe Bob, werden Pakete von Bob kontrolliert, die auf Ethernet0 hereinkommen. Wegen der ACL wird Bobs FTP-Verkehr zu 172.16.1.0/24 verweigert, wobei der andere Datenverkehr, der auf E0 von R3 hereinkommt, ins Netzwerk gelassen wird. In Beispiel 12.7 sorgt kein Verfahren dafür, dass der Verkehr von Larry gestoppt wird.

Erweiterte IP-ACLs: Beispiel 2

Beispiel 12.8 baut auf das Netzwerk in Bild 12.6 auf. Es handelt sich um ein weiteres Beispiel für den Einsatz erweiterter IP-ACLs. In diesem Beispiel werden innerhalb der gleichen Netzwerktopologie dieselben Kriterien angelegt, wie beim zweiten Beispiel für Standard-IP-ACLs. Hier die Wiederholung:

- Sam darf keinen Zugang zu Bugs oder Daffy haben.

- Hosts auf dem Seville-Ethernet haben keinen Zugang zu Hosts auf dem Yosemite-Ethernet.

- Alle anderen Kombinationen sind erlaubt.

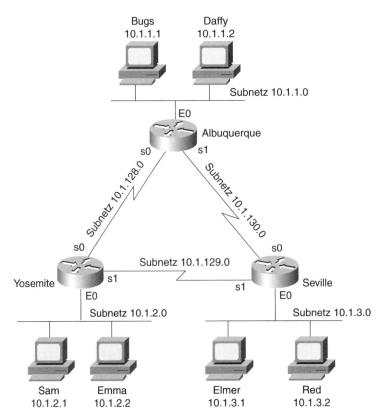

Bild 12.6: Netzwerk-Diagramm für erweiterte ACLs, Beispiel 2

Beispiel 12.8: Konfiguration auf Yosemite für erweiterte ACLs, Beispiel 2

```
interface ethernet 0
ip access-group 110 in

!
access-list 110 deny ip host 10.1.2.1 10.1.1.0 0.0.0.255
access-list 110 deny ip 10.1.2.0 0.0.0.255 10.1.3.0 0.0.0.255
access-list 110 permit ip any any
```

Diese Konfiguration löst die Aufgabe mit wenigen Statements und platziert die ACL nah an der Datenquelle, wie Cisco es empfiehlt. Die ACL filtert Pakete, die auf dem Interface E0 von Yosemite hereinkommen. Das ist das erste Router-Interface, mit dem Pakete von Sam in Berührung kommen. Dass Pakete auf den ACLs serieller Schnittstellen »herumgeroutet« werden, wird verhindert, weil die Position auf dem einzigem Ethernet-Interface von Yosemite gewählt wurde. Die Filterung für die zweite Anforderung (Sevilles LAN-Hosts werden abgehalten, Yosemites zu erreichen) wird vom zweiten access-list Statement veranlasst. Das Verhindern des Datenflusses von dem LAN-Subnetz von Yosemite zu dem LAN-Subnetz von Seville stoppt die Kommunikation zwischen den beiden Subnetzen. Genauso gut hätte man auch die entgegengesetzten Statements auf Seville konfigurieren können.

12.2.3 Weitere ACL Themen

Dieser kurze Abschnitt enthält einige kleinere Bemerkungen zu Namens-ACLs, der Filterung von Telnetverkehr und einigen allgemeinen Richtlinien.

Namens-IP-ACLs

Namens-ACLs kontrollieren Pakete mit den gleichen Parametern wie Standard- und erweiterte IP-ACLs. Namens-IP-ACLs weisen aber auch ein paar Unterschiede auf, von denen einige die Arbeit mit ihnen leichter machen. Der auffälligste Unterschied ist, dass das IOS bei Namens-ACLs mit Namensbezeichnungen arbeitet, die Sie wählen können anstatt mit Zahlenwerten – und Namen kann man sich etwas einfacher merken. Namens-ACLs verfügen über eine sehr nützliche weitere Eigenschaft, die nummerierte ACLs nicht haben: Man kann einzelne Zeilen löschen. Wenn Sie in eine nummerierte ACL **no access-list 101** und dann den Rest des Befehls eingeben, haben Sie nicht nur eine einzige Zeile gelöscht – die ganze Liste ist weg! Bei Namens-ACLs können Sie einen Befehl eingeben, der nur eine einzelne Zeile einer ACL löscht. Darüber hinaus liegen nur noch Unterschiede in der Syntax vor.

Die Konfigurations-Syntax von nummerierten und Namens-ACLs ist sehr ähnlich. Die Kriterien, die von nummerierten ACLs geprüft werden, sind die gleichen wie bei Standard-Namens-ACLs. Auch die Kriterien von erweiterten nummerierten und Namens-ACLs sind die gleichen.

Es gibt aber zwei wichtige Konfigurationsunterschiede zwischen nummerierten und Namens-ACLs. Einer dieser Hauptunterschiede ist, dass der Anwender bei Namens-ACLs mit einem Globalbefehl in einen speziellen Submodus der Namens-ACLs geht, in dem man das Matching-Verfahren konfiguriert. Der andere ist, dass bei Namens-ACLs nur diese eine Aussage gelöscht wird, wenn man eine Zeile löscht. Bei nummerierten Listen bewirkt das Löschen einer einzigen Aussage das Löschen der gesamten Liste. (Diese Eigenschaft kommt im folgenden Beispiel vor.)

Beispiel 12.9 verwendet Namens-ACLs. Es zeigt die Veränderung der Befehlsausgabe im Konfigurationsmodus, wenn der Anwender im ACL-Konfigurationsmodus ist. Auch die Anzeige eines **show running-configuration** Befehls wird gezeigt. Schließlich werden einzelne Zeilen der Namens-ACL gelöscht.

Beispiel 12.9: Konfiguration einer Namens-ACL

```
conf t
Enter configuration commands, one per line. End with Ctrl-Z.
Router(config)#ip access-list extended barney
Router(config-ext-nacl)#permit tcp host 10.1.1.2 eq www any
Router(config-ext-nacl)#deny udp host 10.1.1.1 10.1.2.0 0.0.0.255
Router(config-ext-nacl)#deny ip 10.1.3.0 0.0.0.255 10.1.2.0 0.0.0.255
! The next statement is purposefully wrong so that the process of changing
! the list can be seen.
Router(config-ext-nacl)#deny ip 10.1.2.0 0.0.0.255 10.2.3.0 0.0.0.255

Router(config-ext-nacl)#deny ip host 10.1.1.130 host 10.1.3.2
Router(config-ext-nacl)#deny ip host 10.1.1.28 host 10.1.3.2
Router(config-ext-nacl)#permit ip any any
Router(config-ext-nacl)#interface serial1
Router(config-if)#ip access-group barney out
Router(config-ext-nacl)#^Z
Router#show running-config
Building configuration...

Current configuration:

.
. (unimportant statements omitted)
.
interface serial 1
 ip access-group barney out
!
ip access-list extended barney
 permit tcp host 10.1.1.2 eq www any
 deny   udp host 10.1.1.1 10.1.2.0 0.0.0.255
 deny   ip 10.1.3.0 0.0.0.255 10.1.2.0 0.0.0.255
 deny   ip 10.1.2.0 0.0.0.255 10.2.3.0 0.0.0.255
 deny   ip host 10.1.1.130 host 10.1.3.2
 deny   ip host 10.1.1.28 host 10.1.3.2
 permit ip any any
Router#conf t
Enter configuration commands, one per line. End with Ctrl-Z.
Router(config)#ip access-list extended barney
Router(config-ext-nacl)#no deny ip 10.1.2.0 0.0.0.255 10.2.3.0 0.0.0.255
Router(config-ext-nacl)#^Z
Router#show access-list

Extended IP access list barney
    permit tcp host 10.1.1.2 eq www any
    deny   udp host 10.1.1.1 10.1.2.0 0.0.0.255
    deny   ip 10.1.3.0 0.0.0.255 10.1.2.0 0.0.0.255
    deny   ip host 10.1.1.130 host 10.1.3.2
    deny   ip host 10.1.1.28 host 10.1.3.2
    permit ip any any
```

Beispiel 12.9 fängt mit der Einrichtung einer ACL mit der Bezeichnung Barney an. Der Befehl **ip access-list extended barney** erstellt die ACL, nennt sie Barney und versetzt den Anwender in den ACL-Konfigurationsmodus. Der Befehl sagt dem IOS weiterhin, dass es sich um eine erweiterte ACL handelt. Danach legen sieben **permit** und **deny** Statements das Prüfungsverfahren und die jeweiligen Aktionen fest. Die **permit** und **deny** Befehle haben die gleiche Syntax, wie sie von den nummerierten **access-list** Befehlen bekannt ist. Die beginnen mit **deny** und **permit**. In diesem Beispiel steht ein Kommentar vor den Befehlen, die im Beispiel später noch gelöscht werden.

show running-config führt die Konfiguration der Namens-ACL auf, bevor ein Eintrag gelöscht wurde. Dann wird ein einziger Eintrag mit **no deny ip...** aus der ACL gelöscht. Man sieht, dass mit dem Befehl **show running-config** immer noch eine ACL angezeigt wird, nun aber mit sechs **permit** und **deny** Befehlen, statt sieben.

Die ACL, die man hier sieht, würde kein einziges Paket herausfiltern. Man müsste sie dazu vorher noch auf einem Interface aktivieren. Das könnte man zum Beispiel mit dem Befehl **ip access-group barney out** tun.

Kontrolle des Telnetzugangs mit ACLs

Mit IP-ACLs kann man auch den Zugang in und aus vty-Ports (Virtual Terminal Line) über Cisco-IOS-Software kontrollieren. Das IOS verwendet vty, um einen Anwender darzustellen, der sich auf einem Router eingewählt hat, und für Telnetsessions, die ein Benutzer eines Routers als Verbindung zu anderen Geräten verwendet. Mit einer ACL können Sie die Anzahl der Hosts begrenzen, die sich auf einem Router einwählen können, und die Anzahl der Hosts, die ein Anwender von einem Router aus anwählen kann.

Nehmen wir an, dass nur Hosts in Subnetz 10.1.1.0/24 sich auf irgendeinem Cisco-Router in einem Netzwerk einwählen können sollen. In einem solchen Fall kann man die Konfiguration in Beispiel 12.10 auf jedem Router eingeben. So verweigert man den Zugang für alle IP-Adressen, die nicht in dem Subnetzwerk liegen.

Beispiel 12.10: vty-Zugangskontrolle mit dem access-class Befehl

```
line vty 0 4
 login
 password cisco
 access-class 3 in
!
! Next command is a global command
 access-list 3 permit 10.1.1.0 0.0.0.255
```

Der access-class Befehl bezieht sich auf das Verfahren in access-list 3. Das Schlüsselwort in bezieht sich auf Telnetverbindungen in diesen Router hinein – mit anderen Worten auf Leute, die sich auf diesem Router einwählen. Gemäß der eingegebenen Konfiguration prüft ACL 3 die IP-Quelladresse von Paketen bei eingehenden Telnetverbindungen.

Wäre der Befehl access-class 3 out verwendet worden, wären die ausgehenden Telnetverbindungen und die IP-Zieladresse der Pakete kontrolliert worden. Vom Konzept hätte es nicht den gewünschten Effekt, die IP-Quelladresse zu prüfen, die von sich aus eine der IP-Interface-Adressen auf dem Router sein muss. Um ausgehende Telnetsessions zu filtern, sollte man die IP-Zieladresse zugrunde legen. Bei diesem Befehl, access-class 3 out, besonders durch den Schlüssel out, handelt es sich um einen der seltenen Fälle, in denen eine Standard-ACL die IP-Zieladresse und nicht die Quelle prüft.

Erwägungen zur Implementierung von ACLs

In Geschäftsnetzwerken kann das einrichten, das Troubleshooting und das Update von IP-ACLs sehr viel Zeit und Geld kosten. Ich habe Leute kennen gelernt, die in großen IP-Netzwerken jahrelang nichts Anderes zu tun hatten, als sich um ACLs auf Cisco-Routern zu kümmern! Im ICND-Examen kommen nicht so viele Fragen zu den praktischen Erwägungen bei der Einrichtung von ACLs in echten Netzwerken vor. Ein paar Punkte werden aber doch berücksichtigt und die besprechen wir im letzten Abschnitt dieses Kapitels.

Cisco gibt die folgenden Empfehlungen zu ACLs im ICND-Kurs, auf den der CCNA teilweise aufbaut:

- Erstellen Sie Ihre ACLs in einem Texteditor außerhalb des Routers. Übertragen Sie die Konfiguration dann mit copy and paste (Kopieren und Einfügen) auf den Router.
- Platzieren Sie erweiterte ACLs so nah wie möglich an der Quelle des Pakets, um Pakete so schnell wie möglich löschen zu können.
- Platzieren Sie Standard-ACLs so nah wie möglich am Ziel jedes Pakets, da Standard-ACLs oft Pakete löschen, die gar nicht gelöscht werden sollen, wenn sie nah an der Quelle positioniert sind.
- Platzieren Sie die spezielleren Statements weiter oben in der ACL.
- Deaktivieren Sie die jeweilige ACL auf ihrem Interface (mit no ip access-group), bevor Sie sie verändern.

Der erste Vorschlag besagt, dass man die ACL außerhalb des Routers in einem Editor vorbereiten sollte. Auf diese Weise kann man Tippfehler und

Ähnliches schon im Editor verbessern. Was soll da der große Vorteil sein? Bedenken Sie, dass man bei nummerierten ACLs keine einzelnen Zeilen löschen kann, sondern immer die ganze Zugriffsliste löschen muss, um dann alle Befehle neu einzugeben – in der richtigen Reihenfolge. Selbst wenn Sie die gesamte ACL richtig eingeben, könnte es gut sein, dass Sie später noch eine Zeile hinzufügen müssen – natürlich irgendwo in der Mitte! Auch in diesem Fall müssen Sie die ganze ACL löschen und alle Befehle in der richtigen Reihenfolge neu eingeben. Durch diese Umstände machen Sie sich das Leben leichter, wenn Sie sich Ihre ACLs auch außerhalb des Routers noch einmal abspeichern.

Der zweite und dritte Punkt haben mit der Position der ACL zu tun. Wenn Sie Pakete filtern wollen, macht das Löschen nah an der Quelle des Paketes Sinn, da ein gelöschtes Paket keine Bandbreite mehr im Netzwerk verbraucht. Deswegen schlägt Cisco auch vor, erweiterte ACLs nah an der Quelle zu platzieren.

Eigenartigerweise schlägt Cisco, zuletzt in Kursen um das CCNA-Examen, aber auch vor, Standard-ACLs nah am Ziel aufzustellen. Warum nicht nah an der Quelle? Das hängt damit zusammen, dass Standard-ACLs sich nur die IP-Quelladresse ansehen. Nah an der Quelle neigen sie dazu, mehr wegzufiltern als Sie gerne möchten. Stellen Sie sich vor, Fred und Barney sind durch viele Router getrennt. Wenn Sie Barneys Datenverkehr an Fred jetzt auf dem ersten Router filtern, kann Barney keinen Host in der Nähe der anderen drei Router mehr erreichen. Daher gibt der Cisco ICND-Kurs die Blanko-Empfehlung, Standard-ACLs lieber nah am Ziel zu positionieren, um eine zu starke Filterung zu vermeiden.

Wenn man speziellere Parameter weiter oben in der Liste ansiedelt, macht man in der Logik der ACL weniger Fehler. Stellen Sie sich nur ein Beispiel vor: Ein Statement erlaubt den gesamten Verkehr von 10.1.1.1 zu 10.2.2.2 auf Port 80 (Web), ein anderes Statement verweigert alle Pakete, deren Source (Quelle) in Subnetz 10.1.1.0/24 liegt. Beide Statements berücksichtigen Pakete, die von Host 10.1.1.1 zu einem Webserver mit Adresse 10.2.2.2 gehen. Sie wollten aber wahrscheinlich, dass das speziellere Statement zuerst bearbeitet wird (permit). Im Allgemeinen ist es besser, speziellere Aussagen zuerst zu machen, damit nichts verloren geht.

Schließlich empfiehlt Cisco, dass Sie die ACLs auf dem Interface deaktivieren, bevor Sie sie verändern. Sagen wir, Sie haben glücklich eine IP-ACL mit dem Befehl **ip access-group** auf einem Interface aktiviert. Jetzt löschen Sie die ganze Liste. Die Konsequenz ist, dass das IOS gar keine Pakete mehr filtert. (Das war früher nicht so!) Das Gleiche passiert umgekehrt, sobald Sie auch nur eine Zeile eingeben. Das IOS fängt sofort an, aufgrund dieser Zeile zu filtern. Stellen Sie sich vor, Sie haben auf S0 die ACL 101 für ausgehende Pakete aktiviert. Sie löschen 101, so dass jetzt alle Pakete passieren können. Dann geben Sie einen einzigen **access-list 101** Befehl ein. Sobald Sie Enter drücken, besteht eine neue Liste, und der Router filtert alle Pakete, die aus S0 herausgehen, anhand dieser einen Zeile. Wenn Sie eine lange ACL eingeben möchten, filtern Sie zwischendurch alle möglichen Dinge, nur nicht die Pakete, die Sie filtern wollten! Daher deaktiviert man besser die Liste auf dem Interface, macht sie fertig, und aktiviert sie dann wieder neu.

12.3 Grundlagen-Zusammenfassung

Die »Grundlagen-Zusammenfassung« enthält die wichtigsten Inhalte eines Kapitels. Es kommt zwar nicht alles vor, was im Examen gefragt werden könnte, ein guter Examens-Kandidat hat aber mindestens die Inhalte aller Grundlagen-Zusammenfassungen in allen Feinheiten parat.

Bild 12.7 zeigt die Positionen an denen ACLs auf einem Router angewendet werden können.

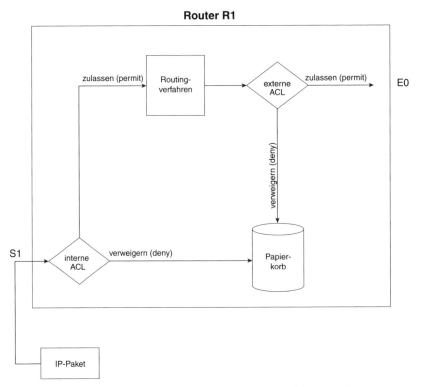

Bild 12.7: Positionen, an denen das ACL-Filterverfahren auf einem Router angewendet werden kann.

Die Arbeitsweise der Cisco-IOS-Software bei einer ACL mit mehreren Einträgen sieht so aus:

1. Die Parameter im **access-list** Statement werden mit dem Paket verglichen.
2. Wird eine Übereinstimmung gefunden, wird die Aktion ausgeführt, die im **access-list** Statement (permit oder deny) festgelegt ist.
3. Wenn in Schritt 2 kein Treffer gefunden wird, werden die Schritte 1 und 2 nacheinander für jede Aussage durchgeführt, bis eine Übereinstimmung gefunden wird.
4. Wird gar kein Treffer gefunden, wird dem Paket die Weiterleitung verweigert.

Tabelle 12.9 fasst die verschiedenen Felder zusammen, die bei erweiterten ACLs im Vergleich zu Standard-ACLs geprüft werden.

Tabelle 12.9: Standard- und erweiterte IP-ACLs: Matching

Typ der ACL	Was geprüft werden kann
Standard- und erweiterte ACLs	IP-Quelladresse
	Teile einer IP-Quelladresse, je nach Platzhaltermaske
Nur erweiterte ACLs	IP-Zieladresse
	Teile einer IP-Zieladresse, je nach Platzhaltermaske
	Protokolltyp (TCP, UDP, ICMP, IGRP, IGMP und weitere)
	Quellport
	Zielport
	Alle TCP-Vorgänge außer dem ersten
	IP-TOS
	IP-Precedence

Tabelle 12.10 führt verschiedene **access-list** Befehle mit Optionen und Erklärungen auf.

Tabelle 12.10: Erweiterte access-list Befehle und ihre Erklärung

access-list Statement	Was geprüft wird
access-list 101 deny **ip any host 10.1.1.1**	Jedes IP-Paket, jede IP-Quelladresse mit IP-Zieladresse 10.1.1.1.
access-list 101 deny **tcp any gt 1023 host 10.1.1.1 eq 23**	Pakete mit einem TCP-Header, jeder IP-Quelladresse, mit einem Quellport größer als (**gt**) 1023. Das Paket muss IP-Zieladresse 10.1.1.1 und Zielport 23 haben.

Tabelle 12.10: Erweiterte access-list Befehle und ihre Erklärung (Forts.)

access-list Statement	Was geprüft wird
access-list 101 deny **tcp any host 10.1.1.1 eq 23**	Wie im vorigen Beispiel, nur dass diesmal jeder Quellport berücksichtigt ist, da der entsprechende Parameter verändert ist.
access-list 101 deny **tcp any host 10.1.1.1 eq telnet**	Wie im vorigen Beispiel, nur dass hier das Wort telnet statt Port 23 verwendet wird.
access-list 101 deny **udp 1.0.0.0 0.255.255.255 lt 1023 any**	Paket mit einer Quelle in Netzwerk 1.0.0.0, das UDP verwendet, Sourceport kleiner als (**lt**) 1023, jede IP-Zieladresse.

Bild 12.8 und Beispiel 12.11 stellen eine Beispielkonfiguration für eine nummerierte erweiterte ACL dar. In diesem Fall soll Bob keinen Zugang zu den FTP-Servern auf dem Ethernet von R1 haben, Larry keinen Zugang zum Webserver von Server1.

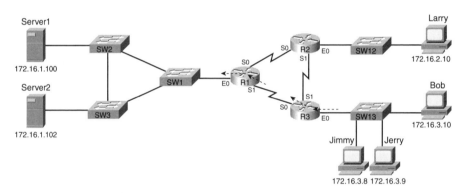

Bild 12.8: Netzwerk-Diagramm für erweiterte ACLs

Beispiel 12.11: Erweiterte ACL auf R1

```
interface Serial0
ip address 172.16.12.1 255.255.255.0
ip access-group 101 in

interface Serial1
ip address 172.16.13.1 255.255.255.0
ip access-group 101 in

access-list 101 remark Stop Bob to FTP servers, and Larry to Server1 web
access-list 101 deny tcp host 172.16.3.10 172.16.1.0 0.0.0.255 eq ftp
access-list 101 deny tcp host 172.16.2.10 host 172.16.1.100 eq http
access-list 101 permit ip any any
```

Cisco gibt die folgenden Empfehlungen zu ACLs im ICND-Kurs, auf den der CCNA teilweise aufbaut:

- Erstellen Sie Ihre ACLs in einem Texteditor außerhalb des Routers. Übertragen Sie die Konfiguration dann mit copy and paste (Kopieren und Einfügen) auf den Router.
- Platzieren Sie erweiterte ACLs so nah wie möglich an der Quelle des Pakets, um Pakete so schnell wie möglich löschen zu können.
- Platzieren Sie Standard-ACLs so nah wie möglich am Ziel jedes Pakets, da Standard-ACLs oft Pakete löschen, die gar nicht gelöscht werden sollen, wenn sie nah an der Quelle positioniert sind.
- Platzieren Sie die spezielleren Statements weiter oben in der ACL.
- Deaktivieren Sie die jeweilige ACL auf ihrem Interface (mit **no ip access-group**), bevor Sie sie verändern.

12.4 Q&A

Wie in der Einleitung erwähnt, haben Sie zwei Möglichkeiten, die folgenden Fragen zu beantworten. Diese stellen eine größere Herausforderung für Sie dar als das Examen selbst. Die Lösung ist nicht so eindeutig festgelegt wie bei den Examensfragen. Durch diese offeneren, schwierigeren Fragen werden Sie mit der Thematik des Kapitels noch besser vertraut. Die Antworten zu den Fragen finden Sie in Anhang A.

Wenn Sie Fragen bearbeiten möchten, wie sie im Examen auf Sie zukommen, können Sie sich auf der Prüfungs-CD mit den Multiple-Choice-Fragen und dem Router-Simulator beschäftigen.

1. Konfigurieren Sie eine nummerierte IP-ACL, so dass keine Pakete mehr aus Subnetz 134.141.7.0 255.255.255.0 aus serial 0 eines Routers gehen. Erlauben Sie alle anderen Pakete.

2. Konfigurieren Sie eine IP-ACL, die Paketen von Subnetz 193.7.6.0 255.255.255.0, erlaubt, zu Hosts in Netzwerk 128.1.0.0 zu gelangen und über einen Webserver in 128.1.0.0 auf das Interface serial 0 eines Router zu gelangen.

3. Wie kann ein Benutzer ohne enable-Passwort herausfinden, welche ACLs konfiguriert worden sind, und wo sie greifen?

4. Konfigurieren und aktivieren Sie eine IP-ACL, so dass keine Pakete mehr aus Subnetz 10.3.4.0/24 über das serielle Interface S0 hinausgehen, und keine Pakete von 134.141.5.4 auf S0 ankommen. Erlauben Sie den anderen Verkehr.

5. Konfigurieren und aktivieren Sie eine IP-ACL so, dass Pakete aus Subnetz 10.3.4.0/24, an jeden Webserver aus dem seriellen Interface S0 hinausgehen können. Erlauben Sie auch Pakete von 134.141.5.4 an TCP-basierte Server auf einem well-known Port, über serial 0 herein zukommen. Verbieten Sie den restlichen Verkehr.

6. Können Standard-IP-ACLs verwendet werden, um die IP-Quelladresse zu kontrollieren, wenn sie über **ip access-group 1 in** aktiviert werden, und IP-Zieladressen, wenn diese **ip access-group 1 out** verwenden?

7. Wahr oder falsch: Wenn alle **access-list** Statements in einer bestimmten Liste die Aktion Löschen nach sich ziehen, sorgt die Standardeinstellung dafür, dass alle anderen Pakete erlaubt werden.

8. Wie viele IP-ACLs desselben Typs können gleichzeitig auf einem Interface aktiv sein?

Für die Fragen 10 bis 12 setzen wir voraus, dass das Netzwerk in Bild 12.9 mit allen seinen Teilen funktioniert.

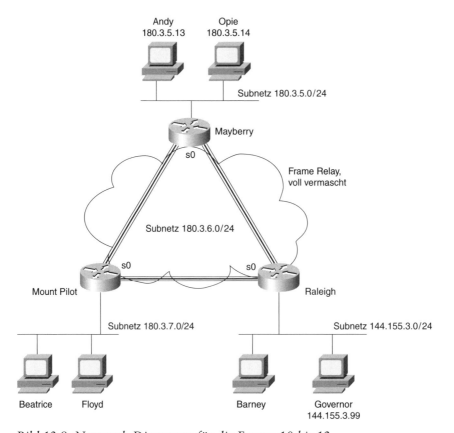

Bild 12.9: Netzwerk-Diagramm für die Fragen 10 bis 12

IGRP ist das verwendete IP-Routingprotokoll. Beantworten Sie die Fragen nach Beispiel 12.12, das eine Zusatzkonfiguration für Mayberry enthält.

Beispiel 12.12: ACL auf Mayberry

```
access-list 44 permit 180.3.5.13 0.0.0.0
!
interface serial 0
ip access-group 44 out
```

9. Beschreiben Sie, welche Pakettypen dieser Filter löscht, und an welcher Stelle.

10. Stoppt die ACL in Beispiel 12.12 Pakete, die in Richtung Webserver Governor unterwegs sind? Warum bzw. warum nicht?

11. Erstellen und aktivieren Sie für Bild 12.9 ACLs so, dass der Zugriff auf den Webserver Governor von Hosts an jedem Standort möglich ist, und dass kein weiterer Zugang zu Hosts in Raleigh möglich ist.

12. Nennen Sie alle Kategorien, die Standard-ACLs auf Übereinstimmung prüfen können.

13. Nennen Sie alle Kategorien, die erweiterte ACLs auf Übereinstimmung prüfen können.

14. Wahr oder falsch: Sie benutzen erweiterte IP-ACLs, um den vty-Zugang zu beschränken. Sucht sich das Matchingverfahren die beste oder die erste Übereinstimmung aus der Liste heraus?

15. In einer nummerierten Standard-IP-ACL mit drei Aussagen wird eine **no**-Version des ersten Statements im Konfigurationsmodus eingegeben. Sofort danach wird ein weiterer ACL-Konfigurationsbefehl der ACL hinzugefügt. Wie viele Statements sind nun in der Liste und an welcher Position kommt das neue Statement?

16. In einer Standard-Namens-ACL mit drei Aussagen wird eine **no**-Version des ersten Statements im Konfigurationsmodus eingegeben. Sofort danach wird ein weiterer ACL-Konfigurationsbefehl der ACL hinzugefügt. Wie viele Statements sind nun in der Liste, und an welcher Position kommt das neue Statement?

17. Nennen Sie alle Kategorien, die Standard-Namens-ACLs auf Übereinstimmung prüfen können.

18. Konfigurieren Sie eine Namens-ACL, die verhindert, dass Pakete aus Subnetz 134.141.7.0 255.255.255.0 serial 0 eines Routers verlassen. Erlauben Sie alle restlichen Pakete.

19. Konfigurieren Sie eine Namens-ACL, die nur Paketen von Subnetz 193.7.6.0 255.255.255.0 erlauben, zu Hosts in Netzwerk 128.1.0.0, die einen Webserver in 128.1.0.0 verwenden, auf serial 0 eines Routers hereinzugehen.

20. Zählen Sie auf, welche IP-ACLs (Standard-nummeriert, erweitert nummeriert, Standard-Namens-, erweiterte Namens-) Einwahlzugang auf einen Router verhindern. Welche Befehle braucht man, um diese Funktion zu aktivieren, wenn **access-list 2** schon so eingerichtet ist, dass die richtigen Pakete gefiltert werden?

21. Welcher Befehl zeigt die erweiterte ACL auf serial 1 an, ohne dass noch andere Interfaces angezeigt werden?

22. Nennen Sie alle Kategorien, die eine erweiterte Namens-ACL prüfen kann.

Teil V

Letzte Vorbereitungen

Kapitel 13: Vor der Prüfung

Dieses Kapitel deckt folgende Punkte ab:
- Vorschläge für die letzte Vorbereitung
- Laborsimulation für die Prüfung
- Szenario 1
- Szenario 2

Kapitel 13

Vor der Prüfung

Sie haben jetzt bereits fast das ganze Buch durchgearbeitet und vielleicht steht Ihr Termin für das INTRO- oder CCNA-Examen bereits fest oder Sie wissen, wann Sie es in etwa ablegen wollen. Ich kann Ihnen jetzt schon einmal gratulieren, dass Sie so weit gekommen sind! Sie sind Ihrem Karriereschritt als Netzwerktechniker ein gutes Stück näher gekommen.

In diesem Kapitel bekommen Sie ein paar gute Tipps für Ihre letzten Examensvorbereitungen. Außerdem gibt es ein Beispielszenario, das Ihnen in nur einem Abschnitt noch einmal viel Praxiswissen vermittelt.

13.1 Vorschläge für die letzte Vorbereitung

Jeder hat seine eigene Art zu lernen, und Sie müssen selbst beurteilen, was gut für Sie ist. Hier finden Sie unsere Vorschläge zur langfristigen Prüfungsvorbereitung, die Sie nicht ein oder zwei Wochen vor dem Examen noch schnell erledigen können:

- Wiederholen Sie die »Grundlagen-Zusammenfassungen« in jedem Kapitel.

- Wenn Sie Tabellen und Definitionen wiederholen, sollten Sie die Inhalte ruhig auch noch einmal aufschreiben, und zwar sehr detailgetreu, anstatt sie nur durchzulesen.

- Beantworten Sie noch einmal alle Fragen, die im Buch vorkommen. Diese Fragen sollten Sie so gut beherrschen, dass Sie sie aus dem FF beantworten können.

- Wenn Sie bei den Subnetting-Fragen etwas langsam sind, üben Sie sie bitte so lange, bis Sie Subnetznummer und Broadcast-Adresse in weniger als einer Minute lösen, und zwar bei den »schwierigen« Masken. Anhang B ist sehr gut zum Üben.

- Bevor Sie mit der CD allgemeinen Fragen nachgehen, sollten Sie das simulierte Examen machen. Das gibt Ihnen vorab Erfahrung für die Prüfung.

- Wiederholen Sie die Fragen auf der CD so lange, bis Sie diese im Schlaf können.
- Wenn Sie ein reale Gruppe von Routern zum Üben benutzen können oder wenn Ihnen ein Simulator zur Verfügung steht (wie zum Beispiel NetSim, der auf der beiliegenden CD enthalten ist), machen Sie bitte die folgenden Übungen:
  - Zugriff auf Switch und Router
  - Konfiguration grundlegender administrativer Einstellungen (Passworte, Hostnamen, IP-Adressen)
  - Üben Sie die Konfiguration von IP, statischen Routen und RIP
  - Wenn Sie nicht wissen, was Sie üben können, sehen Sie sich auf der CD den Anhang mit der Überschrift »Hands-on Lab Exercises« an.
- Besonders wenn Sie keine Gelegenheit zum praktischen Üben haben, sollten Sie die Szenarien aus dem Laboratorium in diesem Kapitel gut durcharbeiten.

13.1.1 Vorbereitung auf die Examenserfahrung

Falls die CCNA-Prüfung Ihre erste Begegnung mit einer computergestützten Zertifizierung bei Cisco ist, brauchen Sie sich trotzdem nicht so viele Gedanken zu machen. Das Ganze unterscheidet sich nicht so stark von der Software für die Examensprüfung, die diesem Buch beiliegt. Trotzdem sollten Sie Folgendes im Hinterkopf haben, wenn Sie in die Prüfung gehen:

- Es werden zwei Ausweise verlangt, von denen mindestens einer mit Lichtbild sein muss, am besten Führerschein, Reisepass oder Personalausweis.
- Die Prüfungsräume befinden sich wahrscheinlich im Gebäude einer Firma, die sich hauptsächlich mit etwas anderem beschäftigt. Firmen, die Trainings anbieten, sind auch oft Prüfungsort. Der Prüfer hat häufig noch andere Aufgaben, als nur Ihre Prüfung zu beaufsichtigen. Er kommt selten in den Prüfungsraum, wenn nicht gerade eine weitere Person zu ihrem Prüfungstermin gekommen ist. Es wird also kaum jemanden geben, der Sie anstarrt und nervös macht! Allerdings sind die meisten Prüfungsräume videoüberwacht. Also: Big Brother is watching you!
- Sie müssen alle elektronischen Geräte, die Sie bei haben, ausschalten – Handy, Terminplaner und alles Vergleichbare! Ich lasse diese Dinge einfach immer im Auto. Unter Umständen werden Sie gebeten, Ihr Handy vorne am Pult abzugeben.

- Sie dürfen keine eigenen Materialien verwenden. Der Prüfer gibt Ihnen Notizblätter – oder eine Notiztafel und einen Marker. Diese Dinge sind nach der Prüfung wieder abzugeben.

- Sie machen die Prüfung an einem PC. Der Prüfer startet Ihnen die Software. Danach folgen Sie nur den Anweisungen. Sie müssen nicht sofort mit dem Examen beginnen. Im Normalfall beginnen Sie mit einem Vortest mit vier oder fünf Fragen, mit dem Sie sich an das Prüfungsinterface und seine Benutzeroberfläche gewöhnen können. Cisco stellt oft noch eine weitere Person ab, die die Examensprüfung begleitet. Das hat meistens lediglich statistische Gründe, da wir wissen möchten, wer die Prüfungen ablegt. Wenn Sie noch nie an einer Cisco-Prüfung teilgenommen haben, nehmen Sie sich doch bitte die Zeit für den Vortest und gewöhnen Sie sich so gut wie möglich an die Umgebung, damit Sie sich bei der Prüfung wohl fühlen.

- Sie können Ihre Notizblätter schon benutzen, wenn die Zeit noch nicht läuft. Einige Leute schreiben sich gern noch alle gültigen Subnetzmasken auf, die entsprechenden Präfixe, oder sogar die Binärzahlen, die den Dezimalwerten in den Subnetzmasken entsprechen. Ich habe auch von Leuten gehört, die sich als erstes Dinge aufgeschrieben haben, die sie sich nur schwer merken konnten, nachdem sie noch in der Vorhalle des Testzentrums in ihren Unterlagen gekramt hatten! Ich muss Ihnen sagen, dass ich dieses Verfahren mit den schwer zu erinnernden Dingen persönlich nicht so besonders hilfreich finde, aber einigen Leuten verleiht dies mehr Sicherheit..

- Die Prüfungsmaschine erlaubt Ihnen nicht, zurückzugehen und eine Frage noch einmal zu beantworten. Lesen Sie sich die Fragen also bitte zuerst genau durch, und beantworten Sie sie gewissenhaft. Sobald Sie bei der nächsten Frage sind, ist alles vorbei!

- Bei einigen Fragen müssen Sie die richtigen Antworten per Drag&Drop geben. Die Entwickler von Prüfungs-Software lieben dieses System besonders bei Tabellen und Listen. Wie bei den anderen Fragen auch, können Sie noch so lange etwas verändern, wie Sie nicht zur nächsten Frage gegangen sind. Bei Drag&Drop-Fragen können Sie hier und da einen Vorteil daraus ziehen, die (wahrscheinlich) richtigen Antworten zuerst zu bearbeiten und dann die Lücken zu füllen. Dadurch kann man die Fragen leichter vollständig beantworten. Aber denken Sie daran: Sobald Sie zur nächsten Frage gegangen sind, können Sie nicht mehr zurück!

– Bei simulierten Laborfragen sollten Sie noch einmal zurückgehen und sicherstellen, dass keine alten Konfigurationen mehr laufen. Wenn Sie zum Beispiel RIP konfigurieren müssen, und dann nach der Eingabe von **show ip route** keine Routen sehen, stimmt irgendetwas nicht. Der Simulator arbeitet beim Examen so, dass die **show** Befehle das wiedergeben, was passieren sollte. Viele der simulierten Laborfragen erfordern, dass Sie etwas konfigurieren. Man sollte aber auch die passenden **show** Befehle kennen, um die Konfiguration zu prüfen. Weiterhin ist es besser, wenn Sie Ihre Konfiguration solange sichern, bis die Frage das nicht mehr verlangt.

Das ist eine lange Liste, aber sie hilft Ihnen hoffentlich etwas dabei, sich vorzubereiten. Der wichtigste Tipp lautet aber: Keine Panik! Die meisten Leute haben mehr davon, in der Nacht vorher zu schlafen, als noch stundenlang in den Unterlagen zu blättern.

Die folgende Aufzählung wiederholt noch einmal, woran Sie in den letzten Minuten vor der Prüfung denken müssen, während Sie durch die Pforten des Testzentrums schreiten:

– Bringen Sie zwei Stifte mit.
– Bringen Sie zwei Ausweise mit, einen mit Lichtbild.
– Schalten Sie alle elektronischen Geräte ab, bevor Sie den Prüfungsraum betreten.
– Keine Panik! (Seien Sie bitte ganz entspannt.)

13.1.2 Laborsimulation für die Prüfung

Die aktuellen CCNA-Examen beinhalten simulierte Laboraufgaben. Darauf kann man sich am besten vorbereiten, wenn man in richtigen Netzwerken auf Cisco-Routern und Switches arbeitet. Wenn Sie diese Möglichkeit nicht haben, können Sie einen Examens-Simulator verwenden, ins Labor oder in ein Online-Labor gehen.

Da diese Vorschläge aber vielleicht Ihren Geldbeutel zu stark strapazieren, soll das folgende Laborszenario Ihnen auf jeden Fall bei der letzten Vorbereitung behilflich sein. Über das gesamte Buch hinweg haben wir die Bedienung eines Switches oder eines Routers immer sehr auf das Thema abgestimmt, das gerade behandelt wurde. Die Szenarien in diesem Kapitel haben viel mit den vorher behandelten Themen zu tun. Sehen Sie die Szenarien als Teil Ihrer Strategie für die letzten Vorbereitungen an.

Wenn Sie genug Zeit haben, sollten Sie alle Teile aller Szenarien durchgehen und alle Aufgaben in den Teilen A, B und C lösen. Wenn Ihre Zeit eher begrenzt ist, sehen Sie sich bitte wenigstens die Problemstellungen und die Antworten für jeden der genannten Teile an. Schließlich erhalten Sie noch einmal einen guten Überblick über alle wichtigen Befehle, die Ihnen in der Prüfung begegnen können.

Besonders wenn Sie dieses Kapitel als letzte Wiederholung vor dem Examen bearbeiten, möchte ich nicht versäumen, Ihnen viel Erfolg zu wünschen. Ich hoffe, dass Sie entspannt und mit einer guten Portion Selbstvertrauen in die Prüfung gehen – und, dass dieses Buch ein gutes Stück dazu beigetragen hat, dass Sie das auch mit Fug und Recht tun können.

13.1.3 Szenario 1

Szenario 1 findet in einem Frame-Relay-Netzwerk mit drei Routern und voll vermaschten Verbindungen statt. Es beginnt mit Übungen zur Planung (Teil A), dann kommt die Konfiguration (Teil B). Den Schluss bilden eine Reihe von Fragen, von denen sich einige auf die Anzeige von **show** und **debug** beziehen (Teil C).

Szenario 1, Teil A: Planung

Sie betreuen ein Netzwerk mit drei Standorten, wie Sie es in Bild 13.1 sehen. Die Entscheidung für Frame Relay ist schon gefallen, und die Geräte sind ausgewählt. Lösen Sie in Teil A des Szenarios bitte die folgenden Aufgaben:

– Die Subnetz-Planung ist abgeschlossen. Vor der Implementierung müssen Sie noch eine Liste für die LAN-Administratoren vor Ort erstellen, die die IP-Adressen enthält, die sie den Hosts zuweisen können. Leiten Sie die Subnetznummern und die Broadcast-Adressen anhand Tabelle 13.1 her und definieren Sie den Bereich gültiger IP-Adressen. In allen Subnetzwerken kommt die statische Maske 255.255.255.192 zur Anwendung.

Tabelle 13.1: Szenario 1, Teil A - Tabelle für die IP-Subnetz-Planung, Maske 255.255.255.192

Router-Interface	IP-Adresse	Subnetz-nummer	Subnetz-Broadcast-Adresse	Bereich gültiger Adressen
R1 E0	168.11.11.101			
R2 E0	168.11.12.102			
R3 E0	168.11.13.103			
R1 S0	168.11.123.201			
R2 S0	168.11.123.202			
R3 S0	168.11.123.203			

504 CCNA ICND Prüfungshandbuch

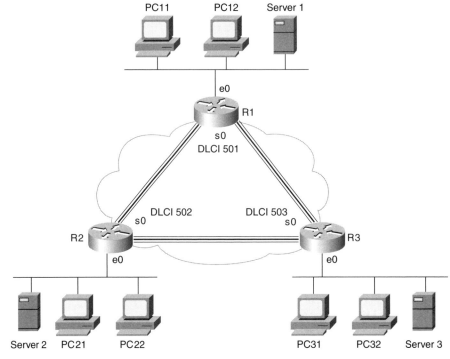

Bild 13.1: Szenario 1 – Netzwerk-Diagramm

Lösungen zu Szenario 1, Teil A: Planung

In Teil A müssen Sie die Subnetznummern und Broadcast-Adressen herleiten, so dass sich die zuweisbaren Adressen für jedes Subnetz ergeben. Wichtig ist, dass die drei Frame-Relay-Interfaces im selben Subnetz liegen. Subinterfaces werden nicht verwendet und die Frame-Relay-Interfaces werden wie ein einziges Netzwerk behandelt. Die Antworten finden Sie in Tabelle 13.2.

Tabelle 13.2: Szenario 1, Teil A – Netzwerk-Planungstabelle für IP Subnetze

Router-Interface	IP Address	Subnetznummer	Subnetz-Broadcastadresse	Bereich gültiger Adressen
R1 E0	168.11.11.101	168.11.11.64	168.11.11.127	65 bis 126 im letzten Oktett
R2 E0	168.11.12.102	168.11.12.64	168.11.12.127	65 bis 126 im letzten Oktett
R3 E0	168.11.13.103	168.11.13.64	168.11.13.127	65 bis 126 im letzten Oktett

Tabelle 13.2: Szenario 1, Teil A – Netzwerk-Planungstabelle für IP Subnetze (Forts.)

Router-Interface	IP Address	Subnetznummer	Subnetz-Broadcastadresse	Bereich gültiger Adressen
R1 S0	168.11.123.201	168.11.123.192	168.11.123.255	193 bis 254 im letzten Oktett
R2 S0	168.11.123.202	168.11.123.192	168.11.123.255	193 bis 254 im letzten Oktett
R3 S0	168.11.123.203	168.11.123.192	168.11.123.255	193 bis 254 im letzten Oktett

Szenario 1, Teil B: Konfiguration

Ihre nächste Aufgabe ist die weitere Betreuung des Netzwerks aus Szenario 1, Teil A. Verwenden Sie die Lösungen zu Szenario 1, Teil A, um die richtigen IP-Adressen herauszufinden. Erledigen Sie die folgenden Aufgaben:

1. Konfigurieren Sie IP für das Routing. Nehmen Sie IP-IGRP als Routingprotokoll. Benutzen Sie IGRP process-id 1.

2. Konfigurieren Sie Frame Relay ohne Subinterfaces. Der Switch bei R1 benutzt LMI-Typ ANSI. Auf allen Routern soll Cisco-Einkapselung verwendet werden.

3. Nehmen Sie an, dass Sie nach der Installation des Netzwerks IP-IGRP auf R2 deaktivieren müssen. Definieren Sie die erforderlichen statischen IP-Routen, so dass alle Hosts auf allen drei Ethernets kommunizieren dürfen. (Das gibt es im normalen Leben eigentlich nicht, ist aber eine gute Wiederholung zum Thema statische IP-Routen!)

4. Nehmen Sie an, dass Sie nach der Installation des Netzwerks Inverse ARP auf R2 deaktivieren müssen. Definieren Sie so viele statische Mappings, wie für die Kommunikation aller Hosts notwendig sind.

Lösungen zu Szenario 1, Teil B: Konfiguration

Die Beispiele 13.1, 13.2 und 13.3 zeigen die Konfigurationen für die Aufgaben 1 und 2.

Beispiel 13.1: R1 Konfiguration

```
interface serial0
encapsulation frame-relay
ip address  168.11.123.201  255.255.255.192
frame-relay interface-dlci 502
frame-relay interface-dlci 503
!
```

Beispiel 13.1: R1 Konfiguration (Forts.)

```
interface ethernet 0
ip address 168.11.11.101   255.255.255.192
!
router igrp 1
network 168.11.0.0
```

Beispiel 13.2: R2 Konfiguration

```
interface serial0
encapsulation frame-relay
ip address   168.11.123.202 255.255.255.192
frame-relay interface-dlci 501
frame-relay interface-dlci 503
!
interface ethernet 0
ip address 168.11.12.102   255.255.255.192
!
router igrp 1
network 168.11.0.0
```

Beispiel 13.3: R3 Konfiguration

```
interface serial0
encapsulation frame-relay
ip address 168.11.123.203   255.255.255.192
frame-relay interface-dlci 501
frame-relay interface-dlci 502
!
interface ethernet 0
ip address 168.11.13.103   255.255.255.192
!
router igrp 1
network 168.11.0.0
```

Für Aufgabe 3 in Szenario 1, Teil B, müssen auf allen drei Routern statischen Routen festgelegt werden. R2 benötigt Pfade zu den zwei LAN-basierten Subnetzwerken an den anderen Standorten. Entsprechend benötigen R1 und R3 Routen zu 168.11.12.64 (Ethernet hinter R2). Beispiel 13.4 führt die Routen in allen drei Routern auf.

Beispiel 13.4: Statische Routen

```
R1(config)#ip route 168.11.12.64 255.255.255.192 168.11.123.202

R2(config)#ip route 168.11.11.64 255.255.255.192 168.11.123.201
R2(config)#ip route 168.11.13.64 255.255.255.192 168.11.123.203

R3(config)#ip route 168.11.12.64 255.255.255.192 168.11.123.202
```

Aufgabe 4 erfordert die Konfiguration von statischen **frame-relay map** Befehlen. Die **map** Befehle sind für jedes geroutete Protokoll erforderlich. Das Schlüsselwort **broadcast** ist notwendig, damit Pakete wie zum Beispiel Routingupdates, die normalerweise als Broadcast gesendet würden, als Unicast über jeden VC für jedes Protokoll gesendet werden. Beispiel 13.5 zeigt die zusätzlichen Befehle.

Beispiel 13.5: frame-relay map Befehle

```
R1(config)#frame-relay map ip 168.11.123.202 502 broadcast

R2(config)#frame-relay map ip 168.11.123.201 501 broadcast
R2(config)#frame-relay map ip 168.11.123.203 503 broadcast

R3(config)#frame-relay map ip 168.11.123.202 502 broadcast
```

Szenario 1, Teil C: Überprüfung und Fragen

Die CCNA-Examen prüfen auch ab, ob Sie sich daran erinnern, was man über welche **show** Befehle herausbekommen kann. Beantworten Sie die folgenden Fragen mit Bezug zu den Beispielen 13.6, 13.7 und 13.8.

ANMERKUNG

In dem Netzwerk, dem wir diese Befehle entnommen haben, gab es noch diverse weitere administrative Einstellungen, die wir im Szenario übergehen. Beispielsweise wurde ein enable-Passwort eingerichtet. **show running-config** Befehle in den Beispielen können schon einmal Konfigurationen anzeigen, die keinen direkten Bezug haben.

Beispiel 13.6: Szenario 1, Teil C – R1 show und debug Output

```
R1#show ip interface brief
Interface       IP-Address      OK? Method Status                Protocol
Serial0         168.11.123.201  YES NVRAM  up                    up
Serial1         unassigned      YES unset  administratively down down
Ethernet0       168.11.11.101   YES NVRAM  up                    up

R1#debug ip igrp transactions
IGRP protocol debugging is on
R1#
IGRP: sending update to 255.255.255.255 via Serial0 (168.11.123.201)
      subnet 168.11.123.192, metric=180571
      subnet 168.11.11.64, metric=688
      subnet 168.11.13.64, metric=180634
      subnet 168.11.12.64, metric=180634
IGRP: sending update to 255.255.255.255 via Ethernet0 (168.11.11.101)
      subnet 168.11.123.192, metric=180571
```

Beispiel 13.6: Szenario 1, Teil C – R1 show und debug Output

```
        subnet 168.11.13.64, metric=180634
        subnet 168.11.12.64, metric=180634
IGRP: received update from 168.11.123.202 on Serial0
        subnet 168.11.123.192, metric 182571 (neighbor 180571)
        subnet 168.11.11.64, metric 182634 (neighbor 180634)
        subnet 168.11.13. 64, metric 182634 (neighbor 180634)
        subnet 168.11.12. 64, metric 180634 (neighbor 688)
IGRP: received update from 168.11.123.203 on Serial0
        subnet 168.11.123.192, metric 182571 (neighbor 8476)
        subnet 168.11.11. 64, metric 182634 (neighbor 8539)
        subnet 168.11.13. 64, metric 180634 (neighbor 688)
        subnet 168.11.12. 64, metric 182634 (neighbor 8539)
IGRP: sending update to 255.255.255.255 via Serial0 (168.11.123.201)
        subnet 168.11.123.192, metric=180571
        subnet 168.11.11. 64, metric=688
        subnet 168.11.13. 64, metric=180634
        subnet 168.11.12. 64, metric=180634
IGRP: sending update to 255.255.255.255 via Ethernet0 (168.11.11.101)
        subnet 168.11.123.192, metric=180571
        subnet 168.11.13. 64, metric=180634
        subnet 168.11.12. 64, metric=180634
R1#undebug all
All possible debugging has been turned off
```

Beispiel 13.7: Szenario 1, Teil C – R2 show und debug Output

```
R2#show interface
Serial0 is up, line protocol is up
  Hardware is HD64570
  Internet address is 168.11.123.202/26
    MTU 1500 bytes, BW 56 Kbit, DLY 20000 usec,
      reliability 255/255, txload 1/255, rxload 1/255
  Encapsulation FRAME-RELAY, loopback not set, keepalive set (10 sec)
  LMI enq sent  1657, LMI stat recvd 1651, LMI upd recvd 0, DTE LMI up
  LMI enq recvd 0, LMI stat sent  0, LMI upd sent  0
  LMI DLCI 0  LMI type is ANSI Annex D  frame relay DTE
  Broadcast queue 0/64, broadcasts sent/dropped 979/0, interface broadcasts 490
  Last input 00:00:01, output 00:00:01, output hang never
  Last clearing of »show interface« counters never
  Queuing strategy: fifo
  Output queue 0/40, 0 drops; input queue 0/75, 0 drops
  5 minute input rate 0 bits/sec, 0 packets/sec
  5 minute output rate 0 bits/sec, 0 packets/sec
     4479 packets input, 165584 bytes, 0 no buffer
     Received 1 broadcasts, 0 runts, 0 giants, 0 throttles
     0 input errors, 0 CRC, 0 frame, 0 overrun, 0 ignored, 0 abort
     4304 packets output, 154785 bytes, 0 underruns
     0 output errors, 0 collisions, 4 interface resets
```

Beispiel 13.7: Szenario 1, Teil C – R2 show und debug Output (Forts.)

```
    0 output buffer failures, 0 output buffers swapped out
    12 carrier transitions
    DCD=up  DSR=up  DTR=up  RTS=up  CTS=up
Serial1 is administratively down, line protocol is down
  Hardware is HD64570
  MTU 1500 bytes, BW 1544 Kbit, DLY 20000 usec, rely 255/255, load 1/255
  Encapsulation PPP, loopback not set, keepalive set (10 sec)
  LCP Closed
  Closed: CDPCP, LLC2
  Last input never, output never, output hang never
  Last clearing of »show interface« counters never
    Input queue: 0/75/0/0 (size/max/drops/flushes); Total output drops: 0
  Queueing strategy: weighted fair
  Output queue: 0/1000/64/0 (size/max total/threshold/drops)
     Conversations  0/1/256 (active/max active/max total)
     Reserved Conversations 0/0 (allocated/max allocated)
     Available Bandwidth 1158 kilobits/sec
  5 minute input rate 0 bits/sec, 0 packets/sec
  5 minute output rate 0 bits/sec, 0 packets/sec
    0 packets input, 0 bytes, 0 no buffer
    Received 0 broadcasts, 0 runts, 0 giants, 0 throttles
    0 input errors, 0 CRC, 0 frame, 0 overrun, 0 ignored, 0 abort
    0 packets output, 0 bytes, 0 underruns
    0 output errors, 0 collisions, 5 interface resets
    0 output buffer failures, 0 output buffers swapped out
    0 carrier transitions
    DCD=down  DSR=down  DTR=down  RTS=down  CTS=down
Ethernet0 is up, line protocol is up
  Hardware is MCI Ethernet, address is 0000.0c89.b170 (bia 0000.0c89.b170)
  Internet address is 168.11.12.102/26, subnet mask is 255.255.255.192
    MTU 1500 bytes, BW 10000 Kbit, DLY 1000 usec,
       reliability 255/255, txload 1/255, rxload 1/255
  Encapsulation ARPA, loopback not set, keepalive set (10 sec)
  ARP type: ARPA, ARP Timeout 4:00:00
  Last input 00:00:04, output 00:00:04, output hang never
  Last clearing of »show interface« counters never
  Queuing strategy: fifo
  Output queue 0/40, 0 drops; input queue 0/75, 0 drops
  5 minute input rate 0 bits/sec, 0 packets/sec
  5 minute output rate 0 bits/sec, 0 packets/sec
     6519 packets input, 319041 bytes, 0 no buffer
     Received 5544 broadcasts, 0 runts, 0 giants, 0 throttles
     0 input errors, 0 CRC, 0 frame, 0 overrun, 0 ignored, 0 abort
     2055 packets output, 192707 bytes, 0 underruns
     0 output errors, 0 collisions, 2 interface resets
     0 output buffer failures, 0 output buffers swapped out
     6 transitions
```

Beispiel 13.7: Szenario 1, Teil C – R2 show und debug Output (Forts.)

```
R2#show ip protocol
Routing Protocol is »igrp 1"
  Sending updates every 90 seconds, next due in 6 seconds
  Invalid after 270 seconds, hold down 280, flushed after 630
  Outgoing update filter list for all interfaces is not set
  Incoming update filter list for all interfaces is not set
  Default networks flagged in outgoing updates
  Default networks accepted from incoming updates
  IGRP metric weight K1=1, K2=0, K3=1, K4=0, K5=0
  IGRP maximum hopcount 100
  IGRP maximum metric variance 1
  Redistributing: igrp 1
  Automatic network summarization is in effect
    maximum path: 4
  Routing for Networks:
    168.11.0.0
  Routing Information Sources:
    Gateway          Distance      Last Update
    168.11.123.201      100        00:00:02
    168.11.123.203      100        00:00:09
  Distance: (default is 100)

R2#show frame-relay pvc

PVC Statistics for interface Serial0 (Frame Relay DTE)

DLCI = 501, DLCI USAGE = LOCAL, PVC STATUS = ACTIVE, INTERFACE = Serial0

  input pkts 780         output pkts 529        in bytes 39602
  out bytes 29260        dropped pkts 0         in FECN pkts 0
  in BECN pkts 0         out FECN pkts 0        out BECN pkts 0
  in DE pkts 0           out DE pkts 0
  out bcast pkts 525        out bcast bytes 28924
    pvc create time 04:36:40, last time pvc status changed 04:34:54
DLCI = 503, DLCI USAGE = LOCAL, PVC STATUS = ACTIVE, INTERFACE = Serial0

  input pkts 481         output pkts 493        in bytes 30896
  out bytes 34392        dropped pkts 0         in FECN pkts 0
  in BECN pkts 0         out FECN pkts 0        out BECN pkts 0
  in DE pkts 0           out DE pkts 0
  out bcast pkts 493        out bcast bytes 34392
    pvc create time 04:36:41, last time pvc status changed 04:34:55

R2#show frame-relay map
Serial0 (up): ip 168.11.123.201 dlci 501(0x1F5,0x7C50), dynamic,
              broadcast,, status defined, active
Serial0 (up): ip 168.11.123.203 dlci 503(0x1F7,0x7C70), dynamic,
              broadcast,, status defined, active
```

Beispiel 13.8: Szenario 1, Teil C – R3 show und debug Output

```
R3#show running-config
Building configuration...

Current configuration : 912 bytes
!
version 12.2
service timestamps debug uptime
service timestamps log uptime
no service password-encryption
!
hostname R3
!
enable secret 5 $1$J3Fz$QaEYNiiI2aMu.3Ar.qOXm.
!
ip subnet-zero
no ip domain-lookup
!

ipx routing 0200.cccc.cccc
!
interface Serial0
 ip address 168.11.123.203 255.255.255.192
 encapsulation frame-relay
 no fair-queue
 frame-relay interface-dlci 501
 frame-relay interface-dlci 502
!
interface Serial1
 no ip address
 encapsulation ppp
 shutdown
 clockrate 56000
!
interface Ethernet0
 ip address 168.11.13.103 255.255.255.192
!
router igrp 1
 network 168.11.0.0
!
ip classless
no ip http server
!
!
line con 0
 password cisco
 login
line aux 0
line vty 0 4
```

Beispiel 13.8: Szenario 1, Teil C – R3 show und debug Output (Forts.)

```
 password cisco
 login
!
end

R3#show ip arp
Protocol  Address          Age (min)  Hardware Addr   Type   Interface
Internet  168.11.13.103        -      0000.0c89.b1b0  SNAP   Ethernet0

R3#show ip route
Codes: C - connected, S - static, I - IGRP, R - RIP, M - mobile, B - BGP
       D - EIGRP, EX - EIGRP external, O - OSPF, IA - OSPF inter area
       N1 - OSPF NSSA external type 1, N2 - OSPF NSSA external type 2
       E1 - OSPF external type 1, E2 - OSPF external type 2, E - EGP
       i - IS-IS, L1 - IS-IS level-1, L2 - IS-IS level-2, ia - IS-IS inter area
       * - candidate default, U - per-user static route, o - ODR
       P - periodic downloaded static route

Gateway of last resort is not set

     168.11.0.0/26 is subnetted, 4 subnets
C       168.11.123.192 is directly connected, Serial0
I       168.11.11.64 [100/8539] via 168.11.123.201, 00:00:06, Serial0
C       168.11.13. 64 is directly connected, Ethernet0
I       168.11.12. 64 [100/8539] via 168.11.123.202, 00:00:46, Serial0

R3#ping 168.11.11.80

Type escape sequence to abort.
Sending 5, 100-byte ICMP Echos to 168.11.11.80, timeout is 2 seconds:
!!!!!
Success rate is 100 percent (5/5), round-trip min/avg/max = 76/76/76 ms

R3#trace 168.11.11.80

Type escape sequence to abort.
Tracing the route to 168.11.11.80

  1 168.11.123.201 44 msec 44 msec 44 msec
  2 168.11.11.250 44 msec * 40 msec

R3#show frame-relay map
Serial0 (up): ip 168.11.123.201 dlci 501(0x1F5,0x7C50), dynamic,
              broadcast,, status defined, active
Serial0 (up): ip 168.11.123.202 dlci 502(0x1F6,0x7C60), dynamic,
              broadcast,, status defined, active

R3#show frame-relay lmi
```

Beispiel 13.8: Szenario 1, Teil C – R3 show und debug Output (Forts.)

```
LMI Statistics for interface Serial0 (Frame Relay DTE) LMI TYPE = CISCO
  Invalid Unnumbered info 0      Invalid Prot Disc 0
  Invalid dummy Call Ref 0       Invalid Msg Type 0
  Invalid Status Message 0       Invalid Lock Shift 0
  Invalid Information ID 0       Invalid Report IE Len 0
  Invalid Report Request 0       Invalid Keep IE Len 0
  Num Status Enq. Sent 1677      Num Status msgs Rcvd 1677
  Num Update Status Rcvd 0       Num Status Timeouts 0
```

Beantworten Sie die folgenden Fragen mit Bezug zu den Beispielen 13.6, 13.7 und 13.8:

1. Welcher Befehl sagt Ihnen, wieviel Zeit vergehen muss, bis das nächste IP-IGRP-Update von einem Router gesendet wird?

2. Welcher Befehl zeigt eine Auflistung der IP-Adressen auf einem Router an?

3. Welcher **show** Befehl zeigt die Routen an, die über IP-IGRP erlernt worden sind?

4. Beschreiben Sie den Inhalt eines IP-IGRP-Updates von R1 an R3. Welche **debug** Befehlsoptionen liefern die Angaben darüber, was in den IGRP-Updates steht?

5. Wenn in diesem Netzwerk die IP-Adressen auf dem Interface im Setupmodus konfiguriert werden, wie wird dann die Subnetzinformation eingegeben?

6. Wenn ein Routingloop auftritt und IP-Pakete an 168.11.12.66 ständig zwischen Routern hin- und hergeleitet werden, was hält diese Pakete endgültig davon ab? Werden Mitteilungen darüber losgeschickt, wenn einer der Router das Loop bemerkt? Wenn ja, wie lautet die Mitteilung?

7. Wie erlernt R2, dass die IP-Adresse von R1 168.11.123.201 lautet.

8. Wofür steht NBMA?

9. Wann verwendet IGRP die Split-Horizon-Regeln auf Interfaces mit Frame-Relay-Einkapselung?

10. Welchen Effekt hat der Interface-Unterbefehl **no keepalive** auf Frame-Relay-Interfaces?

11. Wenn genau der VC zwischen R1 und R3 **ietf**-Einkapselung erfordert, welche Konfigurationsänderungen sind notwendig?

12. Welcher Befehl gibt die Gesamtzahl an Status Enquiry Messages an, die auf einem Frame-Relay-Interfaces empfangen wurden?

Lösungen zu Szenario 1, Teil C: Überprüfung und Fragen

Die richtigen Antworten auf die Fragen in Szenario 1, Teil C lauten so:

1. Diese Information gibt der Befehl **show ip protocol** (siehe Beispiel 13.7).

2. Diese Information gibt der Befehl **show ip interface brief** (siehe Beispiel 13.6).

3. Der Befehl **show ip route** identifiziert das Routingprotokoll, welches verwendet wurde, um einen Eintrag der Routingtabelle zu erlernen. Der **show ip route** Befehl in Beispiel 13.8 hat als erstes Zeichen bei zwei Routen ein **I**, was bedeutet, dass die Route über IGRP erlernt wurde. Das geht aus der Legende am Anfang des Outputs hervor.

4. Der Befehl **debug ip igrp transaction** ergibt eine Debug-Anzeige mit Einzelheiten über die IGRP-Updates. Der Output folgt direkt auf die Mitteilung **IGRP: sending update to 255.255.255.255 via Serial0 (168.11.123.201)** in Beispiel 13.6. Beachten Sie, dass alle vier Routen angeboten werden, da Split Horizon auf dem seriellen Interface deaktiviert ist, wenn keine Subinterfaces verwendet werden.

5. Geben Sie die Maskeninformation als Anzahl der Subnetzstellen an, statt einfach die Maske einzugeben. In diesem Netzwerk hat die Maske 255.255.255.192 6 Host-Bits. Es wird ein Klasse B Netzwerk mit 16 Netzwerkstellen verwendet. Daher bleiben 10 Subnetzstellen.

6. Jeder Router setzt das TTL-Feld (Time To Live) im IP-Header um den Wert 1 herab. Wenn die Zahl im Feld 0 erreicht hat, löscht der Router das Paket und sendet eine ICMP TTL-exceeded Message an den Host, der das Paket ursprünglich abgeschickt hat.

7. R1 verwendet Inverse ARP, um seine IP- und IPX-Adressen auf dem seriellen Interface für Frame Relay bekannt zu machen. Die Inverse ARP message wird über den VC zwischen den beiden Routern gesendet. R2 lernt aufgrund der empfangenen Nachricht.

8. NBMA steht für Nonbroadcast-Multiaccess.

9. IGRP verwendet Split Horizon nur auf Punkt-zu-Punkt-Subinterfaces. Werden Multipoint-Subinterfaces eingesetzt oder gar keine, ist Split Horizon gemäß der Standardeinstellung abgeschaltet.

10. LMI Keepalive Messages, die zwischen Router und Switch verkehren, werden nicht weiter gesendet. Von Router zu Router verkehren keine Keepalive Messages.

11. Der Befehl **frame-relay interface-dlci** kann auf den Routern 1 3 verändert werden. Er beinhaltet dann das Keyword **ietf** am Ende – zum Beispiel **frame-relay interface-dlci 501 ietf** auf R3.

12. Diese Information wird durch **show frame-relay lmi** angezeigt (siehe Beispiel 13.8).

13.1.4 Szenario 2

Teil A des letzten Szenarios beginnt mit einigen Planungsrichtlinien. Sie enthalten die Planung der IP-Adressen und der Position der Standard-ACLs. Wenn Sie mit Teil A fertig sind, müssen Sie in Teil B von Szenario 2 das geplante Design auf den drei Routern implementieren und einige andere Features einrichten. In Teil C tauchen dann plötzlich ein paar Fehler auf. Diese müssen Sie anhand der Befehlsausgabe auf dem Router herausfinden. Teil C enthält weitere Fragen zum Benutzerinterface und den Protokollspezifikationen.

Szenario 2, Teil A: Planung

Sie betreuen ein Netzwerk mit drei Standorten wie in Bild 13.2. Die Entscheidung für Frame Relay ist schon gefallen und die Geräte sind ausgewählt. Lösen Sie in Teil A bitte die folgenden, verbleibenden Aufgaben:

1. Planen Sie die IP-Adressierung und die Subnetze für das Netzwerk. Vom NIC (Network Information Center) wurde das Klasse B Netzwerk 170.1.0.0 zugeteilt. Die Höchstzahl an Hosts pro Subnetzwerk beträgt 300. Weisen Sie auch den PCs IP-Adressen zu. Tragen Sie die Antworten in die Tabellen 13.3 und 13.4 ein.

2. Planen Sie die Position und das Verfahren der ACLs, um nach folgenden Kriterien zu filtern:

   – Zugang zu den Servern auf PC11 und PC12 ist für Web- und FTP-Clients von überall her erlaubt.
   – Jeder andere Verkehr von und zu den PCs 11 und 12 ist verboten.
   – Es darf keinen IP-Verkehr zwischen den Ethernets hinter R2 und R3 geben.
   – Jeder andere Verkehr zwischen beliebigen Standorten ist erlaubt.

3. Nach der Auswahl der Subnetznummern berechnen Sie die Broadcast-Adressen und den Bereich gültiger IP-Adressen für jedes Subnetz. Verwenden Sie am besten Tabelle 13.5 dafür.

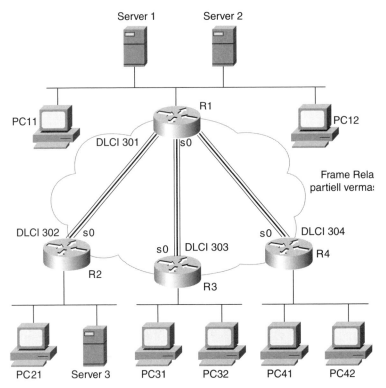

Bild 13.2: Szenario 13.2 – Netzwerk-Diagramm

Tabelle 13.3: Szenario 2, Teil A – Planungstabelle für IP-Subnetze

Geografische Lage von Subnetz/Netzwerk	Subnetzmaske	Subnetznummer
Ethernet hinter R1		
Ethernet hinter R2		
Ethernet hinter R3		
Ethernet hinter R4		
VC zwischen R1 und R2		
VC zwischen R1 und R3		
VC zwischen R1 und R4		
Server 1 intern		
Server 2 intern		
Server 3 intern		

Tabelle 13.4: Szenario 2, Teil A – Planungstabelle für IPAdressen

Host	Adresse
PC11	
PC12	
PC21	
PC31	
PC32	
PC41	
PC42	
R1-E0	
R1-S0-sub ____	
R1-S0-sub ____	
R1-S0-sub ____	
R2-E0	
R2-S0-sub ____	
R3-E0	
R3-S0-sub ____	
R4-E0	
R4-S0-sub ____	
Server 1	
Server 2	
Server 3	

Tabelle 13.5: Szenario 2, Teil A – Subnetze, Broadcast-Adressen und Bereich gültiger Adressen

Subnetznummer	Subnetz-Broadcast-Adresse	Bereich gültiger Adressen

Lösungen zu Szenario 2, Teil A: Planung

Das IP-Subnetzdesign beinhaltet die Verwendung der Maske 255.255.254.0. Dieselbe Maske wird im gesamten Netzwerk verwendet. Daher werden 9 Host-Bits benötigt. Ein Subnetzwerk soll ja bis zu 300 Hosts umfassen (siehe Tabelle 13.6).

Tabelle 13.6: Szenario 2, Teil A – Vollständige Planungstabelle für die IP Subnetze

Geografische Lage von Subnetz/Netzwerk	Subnet Mask	Subnetznummer
Ethernet hinter R1	255.255.254.0	170.1.2.0
Ethernet hinter R2	255.255.254.0	170.1.4.0
Ethernet hinter R3	255.255.254.0	170.1.6.0
Ethernet hinter R4	255.255.254.0	170.1.8.0
VC zwischen R1 und R2	255.255.254.0	170.1.10.0
VC zwischen R1 und R3	255.255.254.0	170.1.12.0
VC zwischen R1 und R4	255.255.254.0	170.1.14.0
Server 1 intern	–	–
Server 2 intern	–	–
Server 3 intern	–	–

Die Auswahl der IP-Adressen kann nach einem beliebigen Standard geschehen. Die Adressen müssen nur im richtigen Subnetz liegen. Sehen Sie in Tabelle 13.8 wegen der gültigen Adressen in den ausgewählten Subnetzen nach. Tabelle 13.7 verwendet eine Regelung, bei der die Zahlen die PCs wiedergeben. Bei den Routern verwendet das Verfahren Adressen aus der hinteren Hälfte der Adressbereiche in jedem Subnetz. Durch diese Regelung kann man sich leichter an die gültigen Adressen dieses Subnetz-Schemas erinnern.

Tabelle 13.7: Szenario 2, Teil A – Vollständige Planungstabelle für die IP-Adressen

Host	Adresse
PC11	170.1.2.11
PC12	170.1.2.12
PC21	170.1.4.21
PC31	170.1.6.31

Tabelle 13.7: Szenario 2, Teil A – Vollständige Planungstabelle für die IP-Adressen (Forts.)

Host	Adresse
PC32	170.1.6.32
PC41	170.1.8.41
PC42	170.1.8.42
R1-E0	170.1.3.1
R1-S0-sub 2	170.1.10.1
R1-S0-sub 3	170.1.12.1
R1-S0-sub 4	170.1.14.1
R2-E0	170.1.5.2
R2-S0-sub 2	170.1.10.2
R3-E0	170.1.7.3
R3-S0-sub 3	170.1.12.3
R4-E0	170.1.9.4
R4-S0-sub 4	170.1.14.4
Server 1	170.1.2.101
Server 2	170.1.2.102
Server 3	170.1.4.103

Die IP-ACLs kann man an verschiedenen Stellen unterbringen. Wenn man Paketen in einer der beiden Richtungen verbietet, kann ein Anwender sich nicht mehr mit den Servern verbinden. Um die ersten Kriterien zu erfüllen, verbietet eine ACL Pakete den Zugang zum seriellen Interface von R1. Dadurch werden Pakete an PC11 und PC12 verboten. Die zweiten Kriterien sollen den Verkehr zwischen den Standorten 2 und 3 verhindern. Dazu wird auch eine ACL auf R1 positioniert. Die ACLs würden den Verkehr früher stoppen können, wenn Sie auf R2 oder R3 platziert wären. Der Verkehrsfluss ist aber gering, da zwischen den IP-Hosts an den Standorten 2 und 3 keine wirklichen Anwendungen laufen können.

Das hier gewählte Design filtert alle entsprechenden Pakete von ACLs auf dem Interface S0 von R1. Es gibt aber auch andere Möglichkeiten. Denken Sie zum Beispiel an die empfohlene Strategie aus dem Cisco-ICND-Kurs, dass Pakete immer so nah wie möglich an ihrer Quelle gefiltert werden sollten.

Tabelle 13.8 enthält die Antworten mit den Subnetznummern, den entsprechenden Broadcast-Adressen und dem Bereich gültiger, zuteilbarer IP-Adressen.

Tabelle 13.8: Szenario 2, Teil A – Vollständige Planungstabelle für IP-Subnetze

Subnetznummer	Subnetz-Broadcast-Adresse	Bereich gültiger Adressen (Letzte 2 Stellen)
170.1.2.0	170.1.3.255	2.1 bis 3.254
170.1.4.0	170.1.5.255	4.1 bis 5.254
170.1.6.0	170.1.7.255	6.1 bis 7.254
170.1.8.0	170.1.9.255	8.1 bis 9.254
170.1.10.0	170.1.11.255	10.1 bis 11.254
170.1.12.0	170.1.13.255	12.1 bis 13.254
170.1.14.0	170.1.15.255	14.1 bis 15.254

Szenario 2, Teil B: Konfiguration

Im nächsten Schritt richten wir das Netzwerk aus Teil A ein. Verwenden Sie die Lösungen zu Szenario 2, Teil A, um IP-Adressen, ACLs und Einkapselung festzulegen. Bearbeiten Sie in Teil B die folgenden Aufgaben:

1. Konfigurieren Sie IP für das Routing. Verwenden Sie IP-IGRP als Routingprotokoll. Verwenden Sie IGRP process-id 1.

2. Konfigurieren Sie Frame-Relay mit Punkt-zu-Punkt-Subinterfaces. Der Frame-Relay-Switch, der an R1 angeschlossen ist, verwendet den LMI-Typ ANSI. Auf allen Routern soll Cisco-Einkapselung verwendet werden, außer auf dem VC zwischen R1 und R4.

Lösungen zu Szenario 2, Teil B: Konfiguration

Die Beispiele 13.9 bis 13.12 zeigen die Konfigurationen der Aufgaben 1, 2 und 3 für Teil B von Szenario 2.

Beispiel 13.9 – R1 Konfiguration

```
interface serial0
encapsulation frame-relay
interface serial 0.2 point-to-point
 ip address   170.1.10.1   255.255.254.0
  frame-relay interface-dlci 302
  ip access-group 102 in
!
```

Beispiel 13.9 – R1 Konfiguration (Forts.)

```
interface serial 0.3 point-to-point
 ip address  170.1.12.1  255.255.254.0
 frame-relay interface-dlci 303
 ip access-group 103 in
!
interface serial 0.4 point-to-point
 ip address  170.1.14.1  255.255.254.0
 frame-relay interface-dlci 304 ietf
 ip access-group 104 in
!
interface ethernet 0
 ip address  170.1.3.1  255.255.254.0
!
router igrp 1
network 170.1.0.0
!
access-list 102 permit tcp any host 170.1.2.11 eq ftp
access-list 102 permit tcp any host 170.1.2.11 eq www
access-list 102 permit tcp any host 170.1.2.12 eq ftp
access-list 102 permit tcp any host 170.1.2.12 eq www
access-list 102 deny ip any host 170.1.2.11
access-list 102 deny ip any host 170.1.2.12
access-list 102 deny ip 170.1.4.0 0.0.1.255 170.1.6.0 0.0.1.255
access-list 102 permit ip any any

access-list 103 permit tcp any host 170.1.2.11 eq ftp
access-list 103 permit tcp any host 170.1.2.11 eq www
access-list 103 permit tcp any host 170.1.2.12 eq ftp
access-list 103 permit tcp any host 170.1.2.12 eq www
access-list 103 deny ip any host 170.1.2.11
access-list 103 deny ip any host 170.1.2.12
access-list 103 deny ip 170.1.6.0 0.0.1.255 170.1.4.0 0.0.1.255
access-list 103 permit ip any any

access-list 104 permit tcp any host 170.1.2.11 eq ftp
access-list 104 permit tcp any host 170.1.2.11 eq www
access-list 104 permit tcp any host 170.1.2.12 eq ftp
access-list 104 permit tcp any host 170.1.2.12 eq www
access-list 104 deny ip any host 170.1.2.11
access-list 104 deny ip any host 170.1.2.12
access-list 104 permit ip any any
```

Beispiel 13.10 – R2 Konfiguration

```
interface serial0
encapsulation frame-relay
interface serial 0.1 point-to-point
 ip address  170.1.10.2  255.255.254.0
 frame-relay interface-dlci 301
!
interface ethernet 0
ip address  170.1.5.2  255.255.254.0
!
router igrp 1
network 170.1.0.0
!
```

Beispiel 13.11 – R3 Konfiguration

```
interface serial0
encapsulation frame-relay
interface serial 0.1 point-to-point
 ip address  170.1.12.3  255.255.254.0
 frame-relay interface-dlci 301
!
interface ethernet 0
ip address  170.1.7.3  255.255.254.0
!
router igrp 1
network 170.1.0.0
```

Beispiel 13.12 – R4 Konfiguration

```
interface serial0
encapsulation frame-relay ietf
interface serial 0.1 point-to-point
 ip address  170.1.14.4  255.255.254.0
 frame-relay interface-dlci 301
!
interface ethernet 0
ip address  170.1.9.4  255.255.254.0
!
router igrp 1
network 170.1.0.0
```

Auf R1 sieht man drei verschiedene ACLs. Liste 102 filtert Pakete, die auf Subinterface 2 hereinkommen. Liste 103 filtert Pakete, die auf Subinterface 3 hereinkommen, und Liste 104 solche auf Subinterface 4. Die Listen 102 und 103 prüfen Pakete zwischen den Standorten 2 und 3 sowie Pakete zu PC11 und PC12. Die Maske, mit der alle Hosts in den Subnetzen 170.1.4.0 und 170.1.6.0 kontrolliert werden, ist etwas kompliziert. Sie hat 23 binäre Nullen und 9 binäre Einsen. Das bedeutet, dass die ersten 23 Bits der Zahl in der ACL mit den ersten 23 Stellen in der Quell- oder Zieladresse des Pakets übereinstimmen müssen. Dadurch sind alle Hosts in jedem Subnetz berücksichtigt, da sie zusammen 23 Netzwerk- und Subnetzstellen haben.

Die Frame-Relay-Konfiguration ist relativ einfach. LMI wird automatisch ermittelt. Die **ietf**-Einkapselung zwischen R1 und R4 wird auf zwei Arten konfiguriert. R1 hat das Schlüsselwort **ietf** im Befehl **frame-relay interface-dlci**. R4 hat die Option **ietf** im Befehl **encapsulation**. Das bewirkt **ietf**-Einkapselung auf allen VCs auf diesem seriellen Interface.

Szenario 2, Teil C: Überprüfung und Fragen

Das CCNA-Examen verlangt von Ihnen, dass Sie Ihre Arbeitsergebnisse auch mit **show** Befehlen überprüfen können. Beantworten Sie bitte die Fragen unter den Outputs mit Bezug auf die Beispiele 13.13 bis 13.16.

Beispiel 13.13: Szenario 2, Teil C – R1 show und debug Output

```
R1#show ip interface brief
Interface            IP-Address      OK? Method Status                Protocol
Serial0              unassigned      YES unset  up                    up
Serial0.2            170.1.10.1      YES NVRAM  up                    up
Serial0.3            170.1.12.1      YES NVRAM  up                    up
Serial0.4            170.1.14.1      YES NVRAM  up                    up
Serial1              unassigned      YES unset  administratively down down
Ethernet0            170.1.3.1       YES NVRAM  up                    up

R1#show cdp neighbor detail
-------------------------
Device ID: R2
Entry address(es):
  IP address: 170.1.10.2
Platform: cisco 2500,  Capabilities: Router
Interface: Serial0.2,  Port ID (outgoing port): Serial0.1
Holdtime : 132 sec
Version :
Cisco Internetwork Operating System Software
 IOS (tm) 2500 Software (C2500-DS-L), Version 12.2(1), RELEASE SOFTWARE (fc2)
 Copyright (c) 1986-2001 by cisco Systems, Inc.
 Compiled Fri 27-Apr-01 14:43 by cmong

advertisement version: 2

-------------------------
Device ID: R3
Entry address(es):
  IP address: 170.1.12.3
Platform: Cisco 2500,  Capabilities: Router
Interface: Serial0.3,  Port ID (outgoing port): Serial0.1
Holdtime : 148 sec
```

Beispiel 13.13: Szenario 2, Teil C – R1 show und debug Output (Forts.)

```
Version :
Cisco Internetwork Operating System Software
 IOS (tm) 2500 Software (C2500-DS-L), Version 12.2(1), RELEASE SOFTWARE (fc2)
 Copyright (c) 1986-2001 by cisco Systems, Inc.
 Compiled Fri 27-Apr-01 14:43 by cmong

advertisement version: 2

-------------------------
Device ID: R4
Entry address(es):
  IP address: 170.1.14.4
Platform: Cisco 2500,  Capabilities: Router
Interface: Serial0.4,  Port ID (outgoing port): Serial0.1
Holdtime : 149 sec

Version :
Cisco Internetwork Operating System Software
 IOS (tm) 2500 Software (C2500-DS-L), Version 12.2(1), RELEASE SOFTWARE (fc2)
 Copyright (c) 1986-2001 by cisco Systems, Inc.
 Compiled Fri 27-Apr-01 14:43 by cmong

 advertisement version: 2

R1#
R1#debug ip igrp transactions
IGRP protocol debugging is on
R1#
IGRP: received update from 170.1.14.4 on Serial0.4
      subnet 170.1.8.0, metric 8539 (neighbor 688)
IGRP: sending update to 255.255.255.255 via Serial0.2 (170.1.10.1)
      subnet 170.1.8.0, metric=8539
      subnet 170.1.14.0, metric=8476
      subnet 170.1.12.0, metric=8476
      subnet 170.1.2.0, metric=688
      subnet 170.1.6.0, metric=8539
IGRP: sending update to 255.255.255.255 via Serial0.3 (170.1.12.1)
      subnet 170.1.10.0, metric=8476
      subnet 170.1.8.0, metric=8539
      subnet 170.1.14.0, metric=8476
      subnet 170.1.2.0, metric=688
      subnet 170.1.4.0, metric=8539
IGRP: sending update to 255.255.255.255 via Serial0.4 (170.1.14.1)
      subnet 170.1.10.0, metric=8476
      subnet 170.1.12.0, metric=8476
      subnet 170.1.2.0, metric=688
      subnet 170.1.6.0, metric=8539
      subnet 170.1.4.0, metric=8539
```

Beispiel 13.13: Szenario 2, Teil C – R1 show und debug Output (Forts.)

```
IGRP: sending update to 255.255.255.255 via Ethernet0 (170.1.3.1)
      subnet 170.1.10.0, metric=8476
      subnet 170.1.8.0, metric=8539
      subnet 170.1.14.0, metric=8476
      subnet 170.1.12.0, metric=8476
      subnet 170.1.6.0, metric=8539
      subnet 170.1.4.0, metric=8539
IGRP: received update from 170.1.10.2 on Serial0.2
      subnet 170.1.4.0, metric 8539 (neighbor 688)
IGRP: received update from 170.1.12.3 on Serial0.3
      subnet 170.1.6.0, metric 8539 (neighbor 688)
R1#
R1#undebug all
All possible debugging has been turned off
```

Beispiel 13.14: Szenario 2, Teil C – R2 show und debug Output

```
R2#show interfaces
Serial0 is up, line protocol is up
  Hardware is HD64570
  MTU 1500 bytes, BW 56 Kbit, DLY 20000 usec,
     reliability 255/255, txload 1/255, rxload 1/255
  Encapsulation FRAME-RELAY, loopback not set, keepalive set (10 sec)
  LMI enq sent  144, LMI stat recvd 138, LMI upd recvd 0, DTE LMI up
  LMI enq recvd 0, LMI stat sent  0, LMI upd sent  0
  LMI DLCI 0  LMI type is ANSI Annex D  frame relay DTE
  Broadcast queue 0/64, broadcasts sent/dropped 73/0, interface broadcasts 48
  Last input 00:00:04, output 00:00:04, output hang never
  Last clearing of »show interface« counters never
    Input queue: 0/75/0/0 (size/max/drops/flushes); Total output drops: 0
    Queueing strategy: weighted fair
    Output queue: 0/1000/64/0 (size/max total/threshold/drops)
       Conversations  0/0/256 (active/max active/max total)
       Reserved Conversations 0/0 (allocated/max allocated)
       Available Bandwidth 42 kilobits/sec
  5 minute input rate 0 bits/sec, 0 packets/sec
  5 minute output rate 0 bits/sec, 0 packets/sec
     232 packets input, 17750 bytes, 0 no buffer
     Received 1 broadcasts, 0 runts, 0 giants, 0 throttles
     0 input errors, 0 CRC, 0 frame, 0 overrun, 0 ignored, 0 abort
     225 packets output, 12563 bytes, 0 underruns
     0 output errors, 0 collisions, 4 interface resets
     0 output buffer failures, 0 output buffers swapped out
     12 carrier transitions
     DCD=up  DSR=up  DTR=up  RTS=up  CTS=up
 --More--
Serial0.1 is up, line protocol is up
  Hardware is HD64570
  Internet address is 170.1.10.2/23
```

Beispiel 13.14: Szenario 2, Teil C – R2 show und debug Output (Forts.)

```
  MTU 1500 bytes, BW 1544 Kbit, DLY 20000 usec,
     reliability 255/255, txload 1/255, rxload 1/255
  Encapsulation FRAME-RELAY
 --More--
Serial1 is administratively down, line protocol is down
  Hardware is HD64570
    MTU 1500 bytes, BW 1544 Kbit, DLY 20000 usec,
     reliability 255/255, txload 1/255, rxload 1/255
  Encapsulation PPP, loopback not set, keepalive set (10 sec)
  LCP Closed
  Closed: CDPCP, LLC2
  Last input never, output never, output hang never
  Last clearing of »show interface« counters never
    Input queue: 0/75/0/0 (size/max/drops/flushes); Total output drops: 0
      Queueing strategy: weighted fair
    Output queue: 0/1000/64/0 (size/max total/threshold/drops)
    Conversations  0/1/256 (active/max active/max total)
    Reserved Conversations 0/0 (allocated/max allocated)
    Available Bandwidth 1158 kilobits/sec
  5 minute input rate 0 bits/sec, 0 packets/sec
  5 minute output rate 0 bits/sec, 0 packets/sec
     0 packets input, 0 bytes, 0 no buffer
     Received 0 broadcasts, 0 runts, 0 giants, 0 throttles
     0 input errors, 0 CRC, 0 frame, 0 overrun, 0 ignored, 0 abort
     0 packets output, 0 bytes, 0 underruns
     0 output errors, 0 collisions, 5 interface resets
     0 output buffer failures, 0 output buffers swapped out
     0 carrier transitions
        DCD=down  DSR=down  DTR=down  RTS=down  CTS=down
 --More--
Ethernet0 is up, line protocol is up
  Hardware is TMS380, address is 0000.0c89.b170 (bia 0000.0c89.b170)
  Internet address is 170.1.5.2/23
    MTU 1500 bytes, BW 10000 Kbit, DLY 1000 usec,
       reliability 255/255, txload 1/255, rxload 1/255
  Encapsulation ARPA, loopback not set, keepalive set (10 sec)
  ARP type: ARPA, ARP Timeout 4:00:00
  Last input 00:00:00, output 00:00:01, output hang never
  Last clearing of »show interface« counters never
  Queuing strategy: fifo
Output queue 0/40, 0 drops; input queue 0/75, 0 drops
  5 minute input rate 0 bits/sec, 0 packets/sec
  5 minute output rate 0 bits/sec, 0 packets/sec
     583 packets input, 28577 bytes, 0 no buffer
     Received 486 broadcasts, 0 runts, 0 giants, 0 throttles
     0 input errors, 0 CRC, 0 frame, 0 overrun, 0 ignored, 0 abort
     260 packets output, 31560 bytes, 0 underruns
     0 output errors, 0 collisions, 2 interface resets
```

Beispiel 13.14: Szenario 2, Teil C – R2 show und debug Output (Forts.)

```
     0 output buffer failures, 0 output buffers swapped out
     6 transitions

R2#show frame-relay pvc

PVC Statistics for interface Serial0 (Frame Relay DTE)

DLCI = 301, DLCI USAGE = LOCAL, PVC STATUS = ACTIVE, INTERFACE = Serial0.1

   input pkts 102           output pkts 82         in bytes 16624
   out bytes 11394          dropped pkts 0         in FECN pkts 0
   in BECN pkts 0           out FECN pkts 0        out BECN pkts 0
   in DE pkts 0             out DE pkts 0
   out bcast pkts 76        out bcast bytes 10806
   pvc create time 00:25:09, last time pvc status changed 00:23:15

R2#show frame-relay lmi

LMI Statistics for interface Serial0 (Frame Relay DTE) LMI TYPE = ANSI
   Invalid Unnumbered info 0      Invalid Prot Disc 0
   Invalid dummy Call Ref 0       Invalid Msg Type 0
   Invalid Status Message 0       Invalid Lock Shift 0
   Invalid Information ID 0       Invalid Report IE Len 0
   Invalid Report Request 0       Invalid Keep IE Len 0
   Num Status Enq. Sent 151       Num Status msgs Rcvd 145
   Num Update Status Rcvd 0       Num Status Timeouts 7
```

Beispiel 13.15: Szenario 2, Teil C – R3 show und debug Output

```
R3#show ip arp
Protocol  Address          Age (min)  Hardware Addr    Type   Interface
Internet  170.1.7.3            -      0000.0c89.b1b0   SNAP   Ethernet0

R3#show ip route
Codes: C - connected, S - static, I - IGRP, R - RIP, M - mobile, B - BGP
       D - EIGRP, EX - EIGRP external, O - OSPF, IA - OSPF inter area
       N1 - OSPF NSSA external type 1, N2 - OSPF NSSA external type 2
       E1 - OSPF external type 1, E2 - OSPF external type 2, E - EGP
       i - IS-IS, L1 - IS-IS level-1, L2 - IS-IS level-2, ia - IS-IS inter area
       * - candidate default, U - per-user static route, o - ODR
       P - periodic downloaded static route

Gateway of last resort is not set

     170.1.0.0/23 is subnetted, 7 subnets
I       170.1.10.0 [100/10476] via 170.1.12.1, 00:00:57, Serial0.1
I       170.1.8.0 [100/10539] via 170.1.12.1, 00:00:57, Serial0.1
I       170.1.14.0 [100/10476] via 170.1.12.1, 00:00:57, Serial0.1
```

Beispiel 13.15: Szenario 2, Teil C – R3 show und debug Output (Forts.)

```
C       170.1.12.0 is directly connected, Serial0.1
I       170.1.2.0 [100/8539] via 170.1.12.1, 00:00:57, Serial0.1
C       170.1.6.0 is directly connected, Ethernet0
I       170.1.4.0 [100/10539] via 170.1.12.1, 00:00:57, Serial0.1

R3#trace 170.1.9.4

Type escape sequence to abort.
Tracing the route to 170.1.9.4

  1 170.1.12.1 40 msec 40 msec 44 msec
  2 170.1.14.4 80 msec * 80 msec

R3#trace 170.1.5.2

Type escape sequence to abort.
Tracing the route to 170.1.5.2

  1 170.1.12.1 40 msec 40 msec 40 msec
  2 170.1.10.2 72 msec * 72 msec

R3#ping 170.1.5.2

Type escape sequence to abort.
Sending 5, 100-byte ICMP Echos to 170.1.5.2, timeout is 2 seconds:
!!!!!
Success rate is 100 percent (5/5), round-trip min/avg/max = 136/136/140 ms

R3#ping
Protocol [ip]:
Target IP address: 170.1.5.2
Repeat count [5]:
Datagram size [100]:
Timeout in seconds [2]:
Extended commands [n]: y
Source address or interface: 170.1.7.3
Type of service [0]:
Set DF bit in IP header? [no]:
Validate reply data? [no]:
Data pattern [0xABCD]:
Loose, Strict, Record, Timestamp, Verbose[none]:
Sweep range of sizes [n]:
Type escape sequence to abort.
Sending 5, 100-byte ICMP Echos to 170.1.5.2, timeout is 2 seconds:
UUUUU
Success rate is 0 percent (0/5)
```

Beispiel 13.15: Szenario 2, Teil C – R3 show und debug Output (Forts.)

```
R3#show frame-relay lmi

LMI Statistics for interface Serial0 (Frame Relay DTE) LMI TYPE = CISCO
  Invalid Unnumbered info 0     Invalid Prot Disc 0
  Invalid dummy Call Ref 0      Invalid Msg Type 0
  Invalid Status Message 0      Invalid Lock Shift 0
  Invalid Information ID 0      Invalid Report IE Len 0
  Invalid Report Request 0      Invalid Keep IE Len 0
  Num Status Enq. Sent 172      Num Status msgs Rcvd 172
  Num Update Status Rcvd 0      Num Status Timeouts 0

R3#show frame-relay map
Serial0.1 (up): point-to-point dlci, dlci 301(0x12D,0x48D0), broadcast
          status defined, active
```

*Beispiel 13.16: Szenario 2, Teil C – R4 **show** und **debug** Output*

```
R4#show ip interface brief
Interface         IP-Address      OK? Method Status                Protocol
Serial0           unassigned      YES unset  up                    up
Serial0.1         170.1.14.4      YES NVRAM  up                    up
Serial1           unassigned      YES unset  administratively down down
Ethernet0         170.1.9.4       YES NVRAM  up                    up

R4#show cdp neighbor detail
-------------------------
Device ID: R1
Entry address(es):
  IP address: 170.1.14.1
Platform: Cisco 2500,  Capabilities: Router
Interface: Serial0.1,  Port ID (outgoing port): Serial0.4
Holdtime : 178 sec

Version :
Cisco Internetwork Operating System Software
IOS (tm) 2500 Software (C2500-DS-L), Version 12.2(1), RELEASE SOFTWARE (fc2)
Copyright (c) 1986-2001 by cisco Systems, Inc.
Compiled Fri 27-Apr-01 14:43 by cmong

advertisement version: 2

R4#show frame-relay pvc

PVC Statistics for interface Serial0 (Frame Relay DTE)

DLCI = 301, DLCI USAGE = LOCAL, PVC STATUS = ACTIVE, INTERFACE = Serial0.1
```

*Beispiel 13.16: Szenario 2, Teil C – R4 **show** und **debug** Output (Forts.)*

```
input pkts 85          output pkts 63         in bytes 14086
out bytes 8464         dropped pkts 0         in FECN pkts 0
in BECN pkts 0         out FECN pkts 0        out BECN pkts 0
in DE pkts 0           out DE pkts 0
out bcast pkts 53      out bcast bytes 7614
pvc create time 00:18:40, last time pvc status changed 00:18:40
```

Beantworten Sie bitte mit Bezug auf die Beispiele 13.13 bis 13.16 die folgenden Fragen:

1. Der Ping von 170.1.5.2 (E0 auf R2) und R3 war erfolgreich (Beispiel 13.15). Warum war er erfolgreich, wenn die ACLs auf R1 aktiviert waren, wie man es in seiner Konfiguration sieht?

2. Welche **show** Befehle kann man auf R4 eingeben, um die IP-Adressen von R1 anzuzeigen?

3. Welcher Befehl zeigt die IP-Subnetznummern an, an die R2 angeschlossen ist?

4. Welche Befehle zeigen die Routing-Metriken für die IP-Subnetze an?

5. Wie können Sie ohne enable-Passwort herausbekommen, welche ACLs verwendet werden?

6. Wofür steht ICMP?

7. Wie erlernt R2, dass die IP-Adresse von R1 170.1.10.1 lautet?

8. Wofür steht DLCI? Wie groß kann ein DLCI sein?

9. Welche zusätzliche Konfiguration braucht man auf R3, damit Routingupdates über den VC zu R1 gehen?

10. Welche **show** Befehle zeigen Frame Relay PVCs und IP-Adressen am anderen Ende des PVCs in diesem Netzwerk an?

11. Welche **show** Befehle zeigen den Status des VC zwischen R1 und R2 an?

12. Wofür stehen ISDN, BRI und PRI?

13. Geben Sie Beispiele für zwei ISDN-Referenzpunkte.

Lösungen zu Szenario 2, Teil C: Überprüfung und Fragen

Die Antworten auf die Fragen zu Szenario 2, Teil C lauten folgendermaßen:

1. Der **ping** Befehl verwendet die IP-Adresse des Ausgangs-Interface als Quelladresse des Pakets, in diesem Fall 170.1.12.3. Die ACLs 102 und 103 prüfen Quell- und Zieladressen für die Subnetze auf den Ethernet-

Segmenten. Daher wird das Paket nicht berücksichtigt. Wenn Sie sich in Beispiel 13.15 den erweiterten **ping** mit der IP-Quelladresse 170.1.7.3 (E0-IP-Adresse von R3)ansehen, werden Sie merken, dass er fehlschlägt. Der erweiterte **ping** benutzt die 170.1.7.3 als Source-IP-Adresse.

2. **show ip route** (Beispiel 13.15) zeigt die IP-Adressen der Nachbarrouter an. Da nur Punkt-zu-Punkt-Subinterfaces verwendet werden, zeigt **show frame-relay map** (Beispiel 13.15) keine Einzelheiten über die Layer 3 Adressen der Nachbarrouter an. **show cdp neighbor detail** (Beispiel 13.16) zeigt auch Informationen zu IP-Adressen an.

3. Diese Nummern führt der Befehl **show ip route** auf (Beispiel 13.15). Routen mit einem **C** in der linken Spalte kennzeichnen verbundene Subnetzwerke.

4. Die Metrikwerte fragt man mit **show ip route** ab (Beispiel 13.15). Der Metrikwert ist bei jedem IP-Subnetz die zweite der beiden Zahlen in Klammern.

5. Verwenden Sie **show access-lists**.

6. ICMP steht für Internet Control Message Protocol.

7. Inverses ARP läuft nicht auf Punkt-zu-Punkt-Subinterfaces. Daher kann R2 nur über CDP die IP- und IPX-Adressen von R1 oder über die Quelladressen der IPX RIP und IP IGRP Routingupdates erlernen.

8. DLCI bedeutet Data-Link Connection Identifier. Es werden Längen zwischen 10 und 14 Bits festgelegt. Eine 10-Bit Zahl ist der Normalfall.

9. Hier ist keine weitere Konfiguration nötig; es handelt sich um eine Fangfrage. Es kann Ihnen im Examen einfach passieren, dass Sie auf eine falsche Fährte gelockt werden. Lesen Sie die Fragen langsam und lesen Sie sie zweimal.

10. Der Befehl **show frame-relay pvc** führt die PVCs auf. Bei Multipoint Subinterfaces, oder wenn für die Frame-Relay-Konfiguration gar keine Subinterfaces verwendet werden, listet man die IP-Adressen über **show frame-relay map** auf. In beiden Fällen funktionieren **show ip route** oder **show cdp neighbor detail** aber auch.

11. Den Status zeigt man mit **show frame-relay pvc** an.

12. ISDN steht für Integrated Services Digital Network. BRI bedeutet Basic Rate Interface. PRI heißt Primary Rate Interface.

13. Ein Referenzpunkt ist ein Interface zwischen Funktionsgruppen. R, S, T und U sind Referenzpunkte. S und T werden oft kombiniert und heißen dann S/T-Referenzpunkt.

Anhang A

Antworten zum »Weiß ich's schon?«-Quiz und den Q&A-Fragen für alle Kapitel

Kapitel 1

»Weiß ich's schon?«-Quiz

1. Welche der folgenden Aussagen beschreibt einen Teil der Entscheidung, die ein Switch beim Weiterleiten eines Frames an eine Unicast-MAC-Adresse trifft?

   Antwort: A

2. Welche der folgenden Aussagen beschreibt einen Teil der Entscheidung, die ein LAN-Switch für die Weiterleitung eines Frames an eine Broadcast-MAC-Adresse trifft?

   Antwort: C

3. Welche der folgenden Aussagen beschreibt am besten, wie ein Switch einen Frame verarbeitet, der für eine unbekannte Unicast-Adresse bestimmt ist?

   Antwort: A

4. Welche der folgenden Vergleiche stellt ein Switch an, um zu entscheiden, ob eine neue MAC-Adresse seiner Bridging-Tabelle hinzugefügt wird?

   Antwort: B

5. In welchem der folgenden CLI-Modi könnten Sie ein Duplex-Setting für Interface Fastethernet 0/5 konfigurieren?

   Antwort: E. Der duplex Befehl ist ein Interface Unterbefehl.

6. In welchem der folgenden CLI-Modi könnten Sie einen Befehl eingeben, mit dem Sie die Initial-Konfiguration des Switch ermitteln können?

   Antwort: B. Der erase-Befehl ist ein EXEC-Befehl. Er kann nicht im Konfigurationsmodus eingegeben werden. Auch der User-Modus erlaubt einen erase-Befehl nicht.

7. Welche Art von Switch-Speicher wird verwendet, um die Konfiguration zu speichern, die der Switch für das erste Hochfahren verwendet?

   Antwort: D. Das IOS lädt die Konfiguration während des Bootens vom NVRAM in den RAM.

8. Welcher Befehl kopiert die Konfiguration vom RAM in den NVRAM?

   Antwort: F. Der erste Parameter enthält die Quelle, der zweite das Ziel der Konfiguration.

9. Sie konfigurieren den Befehl **enable secret**, gefolgt von **enable password** von der Konsole aus. Nun loggen sie sich am Switch aus und loggen sich auf der Konsole wieder ein. Mit welchem Befehl bestimmen Sie das Passwort, das eingegeben werden muss, wenn Sie von der Konsole aus wieder in den privilegierten Modus wechseln wollen?

   Antwort: B. Wenn beide konfiguriert sind, hat das enable secret Passwort Vorrang vor enable.

10. Mit welchem Befehl stellt man die IP-Adresse eines Switch für In-Band-Management auf 10.1.1.1, Subnetz-Maske 255.255.255.0 ein?

    Antwort: A. Interessanterweise ist die Syntax die gleiche, wie bei der Router-IOS-Software.

11. Stellen Sie sich einen Switch vor, bei dem ein PC an das Interface Fastethernet 0/1 und ein Router an das Interface Fastethernet 0/2 angeschlossen sind. Der PC muss mit TCP/IP über den Router mit anderen TCP/IP-Hosts kommunizieren können. In welchem Konfigurations-Modus könnten Sie die IP-Adresse des Switch eingeben?

    Antwort: G. Zunächst einmal braucht der Switch keine IP-Adresse, damit der PC mittels TCP/IP Pakete über den Switch zum Router senden kann. Diese Details kommen nur in der Frage vor, um zu prüfen, ob Sie die Antwort wirklich wissen. Den Befehl ip address fügt man auf Interface vlan 1 hinzu. Daher wird der Befehl im Interface-Konfigurationsmodus für Interface vlan 1 eingegeben.

12. Welcher Interface-Unterbefehl nimmt ein Interface des Switch außer Betrieb?

    Antwort: C. Der Befehl shutdown schaltet das Interface ab, mit no shutdown schaltet man es wieder ein.

Q&A

1. Wie entscheidet ein Switch, ob ein Frame weitergeleitet wird? Wie wählt er das richtige Interface für die Weiterleitung aus?

   Antwort: Der Switch analysiert die MAC-Zieladresse und sucht sie in der eigenen Bridge- oder Adresstabelle. Findet er sie, bestimmt der

Matching-Eintrag, aus welchem Ausgangsinterface der Switch den Frame weiterleitet. Wenn kein Eintrag gefunden wird, wird der Frame aus allen anderen Interfaces herausgeleitet (außer aus denen, die durch Spanning Tree blockiert werden, und dem, auf dem der Frame angekommen ist). Die Switch-Tabelle wird erstellt, indem die Quell-MAC-Adresse ankommender Frames untersucht wird.

2. Wie erstellt ein Switch seine Adressen-Tabelle?

    Antwort: Der Switch achtet auf ankommende Frames und untersucht deren Quell-MAC-Adresse. Wenn sie sich noch nicht in der Tabelle befindet, wird die Quelladresse mit dem Port (Interface) hinzugefügt, auf dem der Frame angekommen ist. Der Switch versieht den Eintrag auch mit einem Haltbarkeitsdatum, so dass alte Einträge nach einer bestimmten Zeit gelöscht werden können, insbesondere wenn sie nicht mehr verwendet werden. Dadurch bleibt die Größe der Tabelle unter Kontrolle. Auch größere Veränderungen, die durch neue Spanning-Tree-Konstellationen hervorgerufen werden, gehen dadurch leichter vonstatten.

3. Durch welchen Konfigurations-Befehl fordert ein Switch den Anwender an der Konsole zur Eingabe eines Passworts auf? In welchem Befehls-Zusammenhang muss man sich im Konfigurations-Modus aufhalten, um den erforderlichen Befehl einzugeben. (Welche/r Befehl/e muss zuvor im Konfigurations-Modus eingegeben werden?) Listen Sie die Befehle in der Reihenfolge auf, in der sie im Konfigurations-Modus eingegeben werden müssen.

    Antwort:

    line console 0
    login

    Der Befehl line console 0 versetzt Sie in den richtigen Kontext (ein »context-setting command«); er fügt der Konfiguration keine Information hinzu. Er kann aus jedem Teil des Konfigurationsmodus eingegeben werden. Der Befehl login, der auf line console 0 folgt, sagt dem IOS, dass eine Passwortanforderung an der Konsole erwünscht ist.

4. Mit welchem Befehl teilt man dem Switch das Passwort mit, das er beim Zugriff von der Konsole aus verlangen soll? In welchem Konfigurations-Modus muss man sich dazu aufhalten? (Welche/r Befehl/e muss zuvor im Konfigurations-Modus eingegeben werden?) Listen Sie die Befehle in der Reihenfolge auf, in der sie im Konfigurations-Modus eingegeben werden müssen.

    Antwort:

    line console 0
    password *xxxxxx*

Der Befehl password sagt dem IOS, welche Tastenkombination von einem Anwender an der Konsole eingegeben werden muss. Dieser Wert wird vom IOS aufgrund des Befehls login gefordert. Den Befehl password *xxxxxxx* muss man im Konsolen-Konfigurationsmodus eingeben, den man über die Eingabe von line console 0 erreicht.

5. Mit welchem Befehl legt man das Passwort fest, das bei der Eingabe des Befehls **enable** verlangt werden soll? Wird das Passwort automatisch verschlüsselt?

   Antwort: enable password oder enable secret. Das Passwort ist beim Befehl enable nicht automatisch verschlüsselt. Das enable secret Passwort wird dagegen mit MD5 verschlüsselt.

6. Wird an der Konsole das gleiche Passwort verlangt wie bei einem Zugriff über Telnet?

   Antwort: Nein. Das Telnetpasswort ("virtual terminal") ist nicht das Gleiche, obwohl vielfach genau die gleiche Zeichenkombination gewählt wird.

7. Nennen Sie zwei Befehle, mit denen man sich die Konfiguration ansehen kann, die der Switch beim nächsten Neustart verwendet. Welcher der beiden hat die größere Nähe zum IOS?

   Antwort: show config und show startup-config. show startup-config ist der neuere der beiden und wohl auch einfacher zu behalten.

8. Nennen Sie zwei Befehle, mit denen man die aktuell laufende Konfiguration anzeigen kann. Welcher der beiden hat die größere Nähe zum IOS?

   Antwort: write terminal und show running-config. show running-config ist der neuere der beiden und wohl auch einfacher zu behalten.

Kapitel 2

»Weiß ich's schon?«-Quiz

1. In welchem Zustand befinden sich die Ports nach Abschluss der STP-Abstimmung?

   Antwort: A, B

2. Welche der folgenden Port-Zustände werden nur vorübergehend während der STP-Anpassung (»Konvergenzprozess«) verwendet?

   Antwort: C, D

3. Auf welche der folgenden Bridge-IDs würde die Wahl zur Root fallen, wenn sich die Switches mit den Bridge-IDs im selben Netzwerk befinden?

   Antwort: C

4. Wovon hängt ab, wie häufig eine Bridge oder ein Switch, welche nicht als Root konfiguriert sind, eine BPDU-Mitteilung senden?

   Antwort: B

5. Welches Feature versetzt ein Interface sofort in den Weiterleitungs-Status, sobald es physikalisch eingeschaltet ist?

   Antwort: E

6. Welches Feature verwendet mehrere parallele Ethernet-Verbindungen zwischen zwei Switches, so dass der Datenverkehr ausgeglichen über beide Verbindungen fließt und das STP alle Verbindungen wie eine einzige betrachtet?

   Antwort: F

7. Welche Abkürzung steht für das weiter entwickelte STP, mit dem die Konvergenz-Zeit verringert wird?

   Antwort: B, D

8. Welche der folgenden Port-Funktionen unter RSTP haben unter STP genau die gleiche Bezeichnung?

   Antwort: B, D

9. Mit welchem Befehl lässt sich auf einem Cisco 2950 der Wert der Bridge-ID verändern, ohne dass man für jeden Teil der Bridge-ID einen speziellen Wert konfiguriert?

   Antwort: B

10. Mit welchem Befehl lassen sich auf einem Cisco 2950 Switch die Status-Informationen zum STP anzeigen?

    Antwort: C

Q&A

1. Mit welchem Routing-Protokoll erlernt eine transparente Bridge Adress-Gruppierungen auf Layer 3?

   Antwort: Mit keinem. Bridges verwenden keine Routingprotokolle. Transparente Bridges haben nichts mit Layer 3 Adressgruppierungen zu tun. Die Geräte auf beiden Seiten der transparenten Bridge sind in derselben Layer 3 Gruppe – also im selben IP-Subnetzwerk.

2. Welche Einstellungen untersucht eine Bridge oder ein Switch, um festzulegen, wer von ihnen als Root im Spanning-Tree ausgewählt wird?

   Antwort: Zunächst wird die Bridge-Priorität herausgestellt (die niedrigste gewinnt). Bei einem Unentschieden gewinnt die niedrigste Bridge-ID. Die Priorität wird der Bridge-ID in der BPDU-Mitteilung vorangestellt, so dass die Felder in ihrer Kombination leicht verglichen werden können.

3. Ein Switch hört drei verschiedene Hallo-BPDUs von drei verschiedenen Nachbarn auf drei verschiedenen Interfaces, die alle behaupten, dass Bridge 1 die Root ist. Wie entscheidet der Switch, welches Interface sein Root-Port ist?

   Antwort: Der Rootport ist der Port, auf dem die BPDU mit dem geringsten Kostenwert empfangen wird. Der Rootport wird auf einer Bridge und einem Switch immer in den Weiterleitungs-Status versetzt.

4. Können Ports einer Root-Bridge oder eines Root-Switch in den Blockieren-Status versetzt werden?

   Antwort: Die Ports einer Rootbrigde sind immer im Weiterleitungs-Status. Sie haben immer den Kostenwert 0 zur Root. Das stellt sicher, dass sie immer die designierten Bridges ihrer jeweiligen LAN-Segmente sind.

5. Beschreiben Sie die Vorteile des Spanning-Tree-Protokolls, wie es von transparenten Bridges und Switches angewendet wird.

   Antwort: Physikalisch redundante Pfade sind in Netzwerken erlaubt, damit sie beim Ausfall einer anderen Verbindung genutzt werden können. In dem gebridgten Netzwerk werden auch Netzwerk-Loops verhindert. Loops sind besonders gefährlich, da beim Bridging LAN-Header verwendet werden, bei denen die Frames nicht markiert werden können, um ihre Lebenszeit zu begrenzen; ein Frame könnte theoretisch unendlich lange im Kreis laufen.

6. Eine Bridge oder ein Switch werden das erste Mal unter STP gestartet. Welches der beteiligten Geräte sollte nach der ihrer oder seiner Auffassung zur Root des Verbindungs-Baumes gewählt werden?

   Antwort: Jedes dieser Geräte, Bridge oder Switch, beansprucht mit den ersten BPDUs, selbst die Rootbridge zu sein.

7. Nennen Sie drei Gründe, warum ein Port unter STP in den Weiterleitungs-Status versetzt wird.

   Antwort: Zunächst werden alle Ports auf einer Rootbridge in den Weiterleitungs-Status versetzt. Zweitens ist ein Port jeder Bridge ein Rootport, der ebenfalls in den Weiterleitungs-Status versetzt wird. Schließlich ist eine Bridge auf jedem LAN-Segment die designierte Bridge auf diesem LAN; das Interface der designierten Bridge auf diesem LAN wird auch in den Weiterleitungs-Status versetzt.

8. Nennen Sie außer dem Weiterleitungs-Status drei weitere Interface-Status, die unter STP möglich sind. Bei welchem Status handelt es sich um einen Übergangs-Status?

    Antwort: Blocking, Listening und Learning (Blockieren, Hören, Lernen). Blockieren ist dabei der einzige stabile Status; die anderen beiden sind Übergangsphasen zwischen Blockieren und Weiterleiten. Tabelle 2.2 fasst die Status und ihre Eigenschaften zusammen.

9. Aus welchen beiden Gründen können ein Switch oder eine Bridge, die sich nicht in der Root-Position befinden, einen Port in den Weiterleitungs-Status versetzen?

    Antwort: Wenn der Port die designierte Bridge auf dem LAN-Segment ist, wird er in den Weiterleitungs-Status versetzt. Das Gleiche gilt, wenn der Port der Rootport ist. Andernfalls ist er im Blockieren-Status.

10. Können Ports von Root-Bridge oder Root-Switch auch im Blockieren-Status sein?

    Antwort: Die Ports der Rootbridge sind immer im Weiterleitungs-Status, da sie immer den Kostenfaktor 0 zur Root haben. Sie sind immer die designierten Bridges auf ihren jeweiligen LAN-Segmenten.

11. Welche beiden EXEC-Befehle zeigen auf einem Cisco 2950 Switch Informationen über den STP-Status eines Interface an?

    Antwort: Der Befehl show spanning-tree zeigt die Einzelheiten über den aktuellen Spanning Tree für alle VLANs an, sowie den Portstatus. show spanning-tree interface x/y zeigt die Details genau für das Interface x/y an.

Kapitel 3

»Weiß ich's schon?«-Quiz

1. Welcher Begriff kann in einem LAN am ehesten den Begriff »VLAN« ersetzen?

    Antwort: B. Ein VLAN enthält per definitionem alle Geräte, die in der selben LAN-Broadcast-Domain liegen.

2. Stellen Sie sich einen Switch mit drei konfigurierten VLANs vor. Wieviele IP-Subnetze sind erforderlich, wenn alle Hosts in allen VLANs TCP/IP verwenden sollen?

    Antwort: D. Die Hosts in jedem VLAN müssen in unterschiedlichen Subnetzwerken liegen.

3. Welche Lösung kann den originalen Ethernet-Frame vollständig in einen Trunking-Header einkapseln?

   Antwort: B. ISL kapselt den ursprünglichen Frame vollständig ein, während 802.1q einfach einen Header im Ethernet-Frame hinzufügt.

4. Welche der folgenden Lösungen fügt bei allen VLANs, außer einem, den Trunking-Header hinzu?

   Antwort: C. 802.1q behandelt ein VLAN als »native«. In diesem Fall wird der Trunking-Header für Frames an das native VLAN nicht hinzugefügt.

5. Welche der folgenden Lösungen ermöglicht einen Spanning-Tree pro VLAN?

   Antwort: D

6. Welche der folgenden Lösungen verbreitet VLAN-Informationen an Nachbar-Switches?

   Antwort: A. Die Haupteigenschaft von VTP ist die Verbreitung von VLAN-Konfigurationsinformationen.

7. Welche der folgenden VTP-Modi ermöglichen, dass auf einem Switch VLANs erstellt werden?

   Antwort: B, C

8. Sie bekommen die Information, dass Switch 1 auf seiner Ethernetverbindung zu Switch 2 mit dem Parameter **auto** für Trunking konfiguriert worden ist. Jetzt müssen Sie Switch 2 konfigurieren. Welche der folgenden Trunking-Einstellungen ermöglichen die Trunking-Funktionen?

   Antwort: A, C. Auto bedeutet, dass ein Switch darauf wartet, dass der Switch am anderen Ende eines Trunks darauf wartet, dass dieser das Trunking einleitet. Wenn beide Switches auf auto eingestellt sind, funktioniert das Trunking daher nicht.

Q&A

1. Definieren Sie Broadcast-Domain.

   Antwort: Eine Broadcast-Domain ist eine Gruppe von Ethernet-Geräten, innerhalb derer ein Broadcast, der von einem Gruppenmitglied versendet wird, von allen anderen empfangen wird. Anders als Router hören Bridges und Switches nicht auf, Broadcasts zu verbreiten. Wenn zwei Segmente (eines Netzwerks) durch einen Router getrennt sind, liegen sie in einer anderen Broadcast-Domain. Ein Switch kann mehrere Broadcast-Domains mittels mehrerer VLANs erstellen. Zwischen den VLANs ist aber ein Router notwendig, um die Pakete zu routen.

2. Definieren Sie *VLAN*.

   Antwort: Ein virtuelles LAN bezeichnet einen Vorgang, bei dem eine Untergruppierung von Interfaces eines Switchs als eine Broadcast-Domain verstanden wird. Broadcasts aus einem VLAN werden nicht auf ein anderes weitergeleitet; Unicasts zwischen VLANs müssen über einen Router laufen. Mit modernen Arbeitsweisen wie Layer-3-Switching mit einer NetFlow-Karte in einem Catalyst 5000 Switch, kann man einen LAN-Switch trotzdem den Datenverkehr in ein anderes VLAN weiterleiten lassen, ohne dass jeder einzelne Frame auf einem Router den Routingprozess durchlaufen muss. Das geht jedoch für die im CCNA verlangten Detailkenntnisse zur Zeit hinaus.

3. Welche VLAN-Trunking-Protokolle kann man verwenden, wenn zwei Cisco-LAN-Switches mit Fast Ethernet verbunden sind? Braucht man ein VLAN-Trunking-Protokoll, wenn sich nur ein VLAN zwischen beiden Switches befindet?

   Antwort: Die Trunking-Protokolle, die Cisco für Fast Ethernet einsetzt, heißen ISL und 802.1q. Wenn die beiden Switches über nur ein VLAN verbunden sind, wird gar kein Trunking-Protokoll gebraucht. Trunking- oder Taggingprotokolle nimmt man, um einen Frame damit zu kennzeichnen (Tagging), dass er zu einem bestimmten VLAN gehört. Wenn es nur ein VLAN gibt, ist das Tagging überflüssig.

4. Definieren Sie *VTP*.

   Antwort: Das VLAN Trunking Protokoll überträgt Konfigurationsinformationen über VLANs zwischen verbundenen Switches. VTP hilft dabei, Fehlkonfigurationen zu vermeiden, erleichtert die Switch-Administration und deduziert die Auslastung auf der Broadcast-Ebene durch VTP-Pruning.

5. Nennen Sie die drei VTP-Modi. In welchem Modus kann man keine VLANs hinzufügen oder verändern?

   Antwort: Der Server- und der Client-Modus sind dazu da, sich aktiv am VTP zu beteiligen. Der transparente Modus dient dazu, Servern und Clients bei der Verwendung von VTP nicht im Weg zu stehen, ohne VTP zu verwenden. Switches im Client-Modus können keine VLANs verändern oder hinzufügen.

6. Mit welchem Konfigurations-Befehl richtet man auf einem Catalyst 2950 Switch ISL-Trunking auf dem Port fastethernet 0/12 so ein, dass der Trunk im Trunking-Modus ist, solange der Switchport am anderen Ende des Trunks nicht abgeschaltet (off) ist oder so konfiguriert ist, dass er nicht verhandeln darf?

Antwort: Der Interface-Unterbefehl »switchport mode dynamic desirable« sagt dem Switch, dass er im Trunking-Modus bleiben soll, solange der Switch am anderen Ende des Trunks mit trunk, auto oder desirable konfiguriert ist. Wenn der andere Switch den Trunk als Accessport konfiguriert hat, verwendet das Interface kein Trunking.

7. Welcher VTP-Modus erlaubt dem Switch, VLANs einzurichten und sie anderen Switches anzubieten?

    Antwort: Nur VTP-Server können VLANs mit VTP erstellen und verbreiten.

8. Müssen alle Mitglieder desselben VLANs in derselben Kollisionsdomain, derselben Broadcast-Domain sein, oder beides?

    Antwort: Mitglieder desselben VLANs sind schon per definitionem Teil derselben Broadcast-Domain. Sie können auch in derselben Kollisionsdomain sein, aber nur, wenn alle Geräte im VLAN an Hubs angeschlossen sind.

9. Wie heißt das Cisco-properitäre Protokoll für Trunking über Ethernet?

    Antwort: ISL (Inter-Switch Link)

10. Erklären Sie, welche Vorteile VTP-Pruning bietet.

    Antwort: VTP-Pruning reduziert die Auslastung des Netzwerks, da keine Broadcasts und unbekannte Unicasts innerhalb eines VLAN unterwegs sind, die für Switches außerhalb und ohne Interface in diesem VLAN gedacht sind.

11. Sehen Sie sich den folgenden Satz an: »Ein VLAN ist eine Broadcast-Domain ist ein IP-Subnetz.« Stimmen Sie zu oder nicht? Warum?

    Antwort: Die Aussage ist gewissermaßen falsch, da der Begriff IP-Subnetz aus dem Bereich des OSI-Layer 2 stammt, Broadcast-Domain und VLAN aber zu Layer 2 gehören. Dennoch ist es so, dass die Geräte in einer Broadcast-Domain dieselbe Gerätegruppe darstellen, die im selben VLAN und im selben IP-Subnetz liegt.

12. Welche Felder werden in einem Ethernet-Header hinzugefügt oder verändert, wenn Sie 802.1Q verwenden? Wo befindet sich innerhalb dieser Felder die VLAN-ID?

    Antwort: Es wird ein neuer 4-Byte 802.1q-Header mit der VLAN-ID nach dem MAC-Adressen-Quellfeld hinzugefügt. Jetzt muss auch das ursprüngliche FCS-Feld im Ethernet-Trailer verändert werden, da der Wert jetzt dem verlängerten Header entsprechen muss.

13. Wie behandelt ein Switch in transparentem VTP-Modus VTP-Mitteilungen von einem VTP-Server.

    Antwort: Ein Switch in transparentem VTP-Modus empfängt die VTP-Mitteilungen und leitet sie als Broadcasts weiter. Der Switch ignoriert jedoch den Inhalt der Mitteilungen und erhält deshalb keine VLAN-Informationen durch sie.

14. Welcher Befehl erstellt auf einem 2950er Switch VLAN 5? Welcher Konfigurations-Modus ist dafür erforderlich?

    Antwort: Im VLAN-Konfigurations-Modus erzeugt der Befehl »vlan 5 name newvlan5« das neue VLAN und gibt diesem einen Namen.

15. Welcher Befehl legt auf einem 2950er Switch ein Interface in VLAN 5? Welcher Konfigurations-Modus ist dafür erforderlich?

    Antwort: Im Interface-Konfigurationsmodus des entsprechenden Interfaces weist der Befehl »switchport access vlan 5« das Interface dem VLAN 5 zu.

16. Beschreiben Sie die Hauptunterschiede zwischen den Abläufen im VLAN-Konfigurations-Modus und im normalen Konfigurations-Modus.

    Antwort: Im VLAN-Konfigurations-Modus wirken sich die Befehle nicht sofort aus. Sie müssen den Konfigurations-Modus verlassen oder apply eingeben, damit die Konfiguration angenommen wird.

17. Welches ist die korrekte Schreibweise der Befehle, die ein Interface in die verschiedenen Trunking-Modi versetzen? Welche Befehle davon funktionieren, wenn der Switch auf der anderen Seite der Verbindung die Option **auto** aktiviert hat.

    Antwort:

    switchport mode dynamic desirable
    switchport mode dynamic auto
    switchport mode trunk
    switchport mode access

    Der erste und der dritte Befehl funktionieren, wenn auf der anderen Seite der Verbindung auto eingestellt ist.

18. Welche **show**-Befehle zeigen auf einem 2950er Switch den konfigurierten und den operationalen Trunk-Status an?

    Antwort:

    show interfaces fastethernet 0/*x* switchport
    show interfaces fastethernet 0/*x* trunk

Kapitel 4

»Weiß ich's schon?«-Quiz

1. Welche der folgenden Zahlen ist das Ergebnis eines Booleschen UND zwischen der IP-Adresse 150.150.4.100 und der Maske 255.255.192.0?

   Antwort: B

2. Die Maske 255.255.255.128 wird in einem B-Klasse-Netzwerk verwendet. Wie viele Subnetze kann es geben, und wie viele Hosts pro Subnetz?

   Antwort: E. B-Klasse-Netzwerke haben 16 Netzwerkstellen und die Maske enthält 7 Hostbits (es gibt 7 binäre Nullen in der Maske). Daher bleiben 9 Subnetz-Bits. $2^9 - 2$ ergibt 510 Subnetze, $2^7 - 2$ ergibt 126 Hosts pro Subnetz.

3. Die Maske 255.255.255.240 wird in einem C-Klasse-Netzwerk verwendet. Wie viele Subnetze kann es geben, und wie viele Hosts pro Subnetz?

   Antwort: B. C-Klasse-Netzwerke haben 24 Netzwerkstellen und die Maske enthält 4 Hostbits (es gibt 4 binäre Nullen in der Maske). Daher bleiben 4 Subnetz-Bits. $2^4 - 2$ ergibt 14 Subnetze, $2^4 - 2$ ergibt 14 Hosts pro Subnetz.

4. Welche der folgenden IP-Adressen sind nicht in demselben Subnetz, wie 190.4.80.80, Maske 255.255.255.0?

   Antwort: E, F. 190.4.80.80, Maske 255.255.255.0, ist in Subnetz 190.4.80.0, Broadcast-Adresse 190.4.80.255, mit einem Bereich gültiger Adressen von 190.4.80.1 bis 190.4.80.254.

5. Welche der folgenden IP-Adressen sind nicht in demselben Subnetz, wie 190.4.80.80, Maske 255.255.240.0?

   Antwort: F. 190.4.80.80, Maske 255.255.240.0, ist in Subnetz 190.4.80.0, Broadcast-Adresse 190.4.95.255, mit einem Bereich gültiger Adressen von 190.4.80.1 bis 190.4.95.254.

6. Welche der folgenden IP-Adressen sind nicht in demselben Subnetz, wie 190.4.80.80, Maske 255.255.255.128?

   Antwort: D, E, F. 190.4.80.80, Maske 255.255.255.128, ist in Subnetz 190.4.80.0, Broadcast-Adresse 190.4.80.127, mit einem Bereich gültiger Adressen von 190.4.80.1 bis 190.4.80.126.

7. Mit welcher der folgenden Subnetzmasken kann ein B-Klasse-Netzwerk bis zu 150 Hosts und bis zu 164 Subnetze haben?

   Antwort: C. Sie brauchen 8 Bits, um bis zu 150 Hosts zu nummerieren, da $2^7 - 2$ weniger als 150 ergibt, $2^8 - 2$ aber mehr. Desgleichen braucht man 8 Subnetz-Bits. Die einzige gültige B-Klasse-Subnetzmaske mit 8 Host-Bits und 8 Subnetz-Bits lautet 255.255.255.0.

8. Mit welcher der folgenden Subnetzmasken kann ein A-Klasse-Netzwerk bis zu 150 Hosts und bis zu 164 Subnetze haben?

    Antwort: C, D, E, F. Sie brauchen 8 Host-Bits und 8 Subnetz-Bits. Da die Maske in einem A-Klasse-Netzwerk benutzt wird, erfüllt jede Maske, bei der das ganze zweite Oktett Teil des Subnetzfeldes und das ganze vierte Oktett Teil des Hostfeldes ist, die Anforderung.

9. Welche der folgenden Adressen sind gültige Subnetz-Nummern in Netzwerk 180.1.0.0 mit Maske 255.255.248.0?

    Antwort: C, D, E, F. In diesem Fall beginnen die Subnetznummern mit der 180.1.0.0 (Subnetz Null) und gehen dann weiter mit 180.1.8.0, 180.1.16.0, 180.1.24.0 und so fort, wobei sich das dritte Oktett um 8 erhöht, bis 180.1.240.0 (als letzte gültige Subnetznummer) und 180.1.248.0 (als Broadcast-Subnetz) erreicht sind.

10. Welche der folgenden Adressen sind gültige Subnetz-Nummern in Netzwerk 180.1.0.0 mit Maske 255.255.255.0?

    Antwort: A, B, C, D, E, F. In diesem Fall beginnen die Subnetznummern mit der 180.1.0.0 (Subnetz Null) und gehen dann weiter mit 180.1.1.0, 180.1.2.0, 180.1.3.0 und so fort, wobei sich das dritte Oktett um 1 erhöht, bis 180.1.254.0 (als letzte gültige Subnetznummer) und 180.1.255.0 (als Broadcast-Subnetz) erreicht sind.

Q&A

1. Nennen Sie die Teile einer IP-Adresse.

    Antwort: Netzwerkteil, Subnetzteil und Hostteil werden die drei Anteile einer IP-Adresse genannt. Manche Leute betrachten den Netzwerk- und den Subnetzteil als zusammen gehörig, weshalb bei dieser Sichtweise nur noch ein Subnetz- und ein Hostteil bleiben. Bei Multiple-Choice-Fragen im Examen wird ergänzt, welche dieser Terminologien Anwendung finden soll.

2. Definieren Sie den Begriff *Subnetzmaske*. Was sagen die Stellen in der Maske, deren Wert binär Null ist, über die entsprechende(n) IP-Adresse(n) aus?

    Antwort: Eine Subnetzmaske legt fest, wie viele Hoststellen eine Adresse hat. Die Stellen mit dem Wert Null bestimmen, welche Bits einer Adresse Host-Bits sind. Die Maske ist besonders wichtig für die Formel, mit der man eine IP-Adresse aufgliedert. Außer den Informationen über die

Anzahl an Netzwerk-Bits für A-, B- oder C-Klasse-Netzwerke sagt die Maske auch aus, wie groß die Netzwerk-, Subnetz- und Host-Anteile einer Adresse sind.

3. Gegeben sind die IP-Adresse 10.5.118.3 und die Maske 255.255.0.0. Wie lautet die Subnetznummer?

   Antwort: Die Subnetznummer lautet 10.5.0.0. Das binäre Rechenverfahren sehen Sie in der folgenden Tabelle.

Adresse	10.5.118.3	0000 1010 **0000 0101** 0111 0110 0000 0011
Maske	255.255.0.0	1111 1111 **1111 1111** 0000 0000 0000 0000
Ergebnis	10.5.0.0	0000 1010 **0000 0101** 0000 0000 0000 0000

4. Gegeben sind die IP-Adresse 190.1.42.3 und die Maske 255.255.255.0. Wie lautet die Subnetznummer?

   Antwort: Die Subnetznummer ist 190.1.42.0. Das binäre Rechenverfahren sehen Sie in der folgenden Tabelle.

Adresse	190.1.42.3	1011 1110 0000 0001 **0010 1010** 0000 0011
Maske	255.255.255.0	1111 1111 1111 1111 **1111 1111** 0000 0000
Ergebnis	190.1.42.0	1011 1110 0000 0001 **0010 1010** 0000 0000

5. Gegeben sind die IP-Adresse 140.1.1.1 und die Maske 255.255.255.248. Wie lautet die Subnetznummer?

   Antwort: Die Subnetznummer ist 140.1.1.0. Mit der folgenden Subnetztabelle kann man nachvollziehen, wie die Subnetznummer ohne binäre Mathematik zu ermitteln ist. Die magische Zahl ist 256 - 248 = 8.

Oktett	1	2	3	4	Kommentar
Adresse	140	1	1	1	
Maske	255	255	255	248	Das interessante Oktett ist das vierte.
Subnetznummer	140	1	1	0	0 ist das kleinste Vielfache der magischen Zahl, das nicht größer als 1 ist.
Erste Adresse	140	1	1	1	Füge 1 zum letzten Oktett hinzu.

Oktett	1	2	3	4	Kommentar
Broadcast	140	1	1	7	Subnetz + magische Zahl - 1.
Letzte Adresse	140	1	1	6	Ziehe 1 von dem Broadcast ab.

6. Gegeben sind die IP-Adresse 167.88.99.66 und die Maske 255.255.255.192. Wie lautet die Subnetznummer?

   Antwort: Die Subnetznummer ist 167.88.99.64. Mit der folgenden Subnetztabelle kann man nachvollziehen, wie die Subnetznummer ohne binäre Mathematik zu ermitteln ist. Die magische Zahl ist 256 - 192 = 64.

Oktett	1	2	3	4	Kommentar
Adresse	167	88	99	66	
Maske	255	255	255	192	Das interessante Oktett ist das vierte.
Subnetznummer	167	88	99	64	64 ist das nächstliegende Vielfache der magischen Zahl unter 66.
Erste Adresse	167	88	99	65	Füge 1 zm letzten Oktett hinzu
Broadcast	167	88	99	127	Subnetz + magische Zahl - 1.
Letzte Adresse	167	88	99	126	Ziehe 1 von dem Broadcast ab.

7. Gegeben sind die IP-Adresse 10.5.118.3 und die Maske 255.255.0.0. Wie lautet die Broadcast-Adresse?

   Antwort: Die Broadcast-Adresse ist 10.5.255.255. Das binäre Rechenverfahren sehen Sie in der folgenden Tabelle.

Adresse	10.5.118.3	0000 1010 0000 0101 0111 0110 0000 0011
Maske	255.255.0.0	1111 1111 1111 1111 0000 0000 0000 0000
Ergebnis	10.5.0.0	0000 1010 0000 0101 0000 0000 0000 0000
Broadcast-Adresse	10.5.255.255	0000 1010 0000 0101 **1111 1111 1111 1111**

8. Gegeben sind die IP-Adresse 190.1.42.3 und die Maske 255.255.255.0. Wie lautet die Broadcast-Adresse?

   Antwort: Die Broadcast-Adresse ist 190.1.42.255. Das binäre Rechenverfahren sehen Sie in der folgenden Tabelle.

Adresse	190.1.42.3	1011 1110 0000 0001 0010 1010 0000 0011
Maske	255.255.255.0	1111 1111 1111 1111 1111 1111 0000 0000
Ergebnis	190.1.42.0	1011 1110 0000 0001 0010 1010 0000 0000
Broadcast-Adresse	190.1.42.255	1011 1110 0000 0001 0010 1010 **1111 1111**

9. Gegeben sind die IP-Adresse 140.1.1.1 und die Maske 255.255.255.248. Wie lautet die Broadcast-Adresse?

   Antwort: Die Broadcast-Adresse ist 140.1.1.7. Das binäre Rechenverfahren sehen Sie in der folgenden Tabelle.

Adresse	140.1.1.1	1000 1100 0000 0001 0000 0001 0000 0001
Maske	255.255.255.248	1111 1111 1111 1111 1111 1111 1111 1000
Ergebnis	140.1.1.0	1000 1100 0000 0001 0000 0001 0000 0000
Broadcast-Adresse	140.1.1.7	1000 1100 0000 0001 0000 0001 0000 **0111**

10. Gegeben sind die IP-Adresse 167.88.99.66 und die Maske 255.255.255.192. Wie lautet die Broadcast-Adresse?

    Antwort: Die Broadcast-Adresse ist 167.88.99.127. Das binäre Rechenverfahren sehen Sie in der folgenden Tabelle.

Adresse	167.88.99.66	1010 0111 0101 1000 0110 0011 0100 0010
Maske	255.255.255.192	1111 1111 1111 1111 1111 1111 1100 0000
Ergebnis	167.88.99.64	1010 0111 0101 1000 0110 0011 0100 0000
Broadcast-Adresse	167.88.99.127	1010 0111 0101 1000 0110 0011 0**111 1111**

11. Gegeben sind die IP-Adresse 10.5.118.3 und die Maske 255.255.0.0. Wie lauten die zuweisbaren IP-Adressen in diesem Subnetz?

    Antwort: Die Subnetznummer lautet 10.5.0.0, die Broadcast-Adresse 10.5.255.255. Die zuweisbaren Adressen liegen zwischen der Subnetz- und der Broadcast-Adresse – also 10.5.0.1 bis 10.5.255.254.

12. Gegeben sind die IP-Adresse 190.1.42.3 und die Maske 255.255.255.0. Wie lauten die zuweisbaren IP-Adressen in diesem Subnetz?

    Antwort: Die Subnetznummer lautet 190.1.42.0, die Broadcast-Adresse 190.1.42.255. Die zuweisbaren Adressen liegen zwischen der Subnetz- und der Broadcast-Adresse – also 190.1.42.1 bis 190.1.42.254.

13. Gegeben sind die IP-Adresse 140.1.1.1 und die Maske 255.255.255.248. Wie lauten die zuweisbaren IP-Adressen in diesem Subnetz?

    Antwort: Die Subnetznummer lautet 140.1.1.0, die Broadcast-Adresse 140.1.1.7. Die zuweisbaren Adressen liegen zwischen der Subnetz- und der Broadcast-Adresse – also 140.1.1.1 bis 140.1.1.6.

14. Gegeben sind die IP-Adresse 167.88.99.66 und die Maske 255.255.255.192. Wie lauten die zuweisbaren IP-Adressen in diesem Subnetz?

    Antwort: Die Subnetznummer lautet 167.88.99.64, die Subnetz-Broadcast-Adresse 167.88.99.127. Die zuweisbaren Adressen liegen zwischen der Subnetz- und der Broadcast-Adresse – also 167.88.99.65 bis 167.88.99.126.

15. Gegeben sind die IP-Adresse 10.5.118.3 und die Maske 255.255.255.0. Bestimmen Sie alle Subnetznummern, wenn für alle Subnetze dieses Netzwerks dieselbe (statische) Maske verwendet wird?

    Antwort: Die Nummern lauten 10.0.1.0, 10.0.2.0, 10.0.3.0, und so fort, bis 10.255.254.0. Die Nummer für das A-Klasse-Netzwerk ist 10.0.0.0. Die Maske impliziert, dass das gesamte zweite und dritte Oktett, und auch nur die, das Subnetzfeld enthalten. Die erste Subnetznummer, das Zero-Subnetz (Nullsubnetz, 10.0.0.0), und die letzte Subnetznummer, das Broadcast-Subnetz (10.255.255.0), sind reserviert.

16. Wie viele IP-Adressen kann man in jedem Subnetz von 10.0.0.0 zuweisen, wenn die Maske 255.255.255.0 verwendet wird? Wie viele Subnetze gibt es, wenn für alle Subnetze die (statische) Maske verwendet wird?

    Antwort: Es gibt $2^{\text{Anzahl-an-Hostbits}}$ oder 2^8 Hosts pro Subnetz, minus zwei Spezialfälle. Die Anzahl der Subnetze beträgt $2^{\text{Anzahl-an-Subnetzbits}}$ oder 2^{16}, minus zwei Spezialfälle.

Netzwerk und Maske	Anzahl der Netzwerk-bits	Anzahl der Hostbits	Anzahl der Subnetz-bits	Anzahl der Hosts pro Subnetz	Anzahl der Subnetze
10.0.0.0, 255.255.255.0	8	8	16	254	65.534

17. Wie viele IP-Adressen kann man in jedem Subnetz von 140.1.0.0 zuweisen, wenn die Maske 255.255.255.248 verwendet wird? Wie viele Subnetze gibt es, wenn für alle Subnetze die (statische) Maske verwendet wird?

Antwort: Es gibt $2^{number\text{-}of\text{-}host\text{-}bits}$, or 2^3, Hosts pro Subnetz, minus zwei Spezialfälle. Die Anzahl an Subnetzen beträgt $2^{number\text{-}of\text{-}subnet\text{-}bits}$, oder 2^{13}, minus zwei Spezialfälle.

Netzwerk und Maske	Anzahl der Netzwerkbits	Anzahl der Hostbits	Anzahl der Subnetzbits	Anzahl der Hosts pro Subnetz	Anzahl der Subnetze
140.1.0.0	16	3	13	6	8190

18. Sie müssen das Netzwerkdesign für einen Kunden erstellen, der auf jedem Subnetz dieselbe Subnetzmaske verwenden möchte. Der Kunde verwendet Netzwerk 10.0.0.0 und braucht 200 Subnetze mit jeweils bis zu 200 Hosts. Welche Subnetzmaske würden Sie einsetzen, um möglichst viele Subnetze einrichten zu können? Welche Maske erfüllt die Anforderungen und erlaubt möglichst viele Hosts pro Subnetz?

Antwort: Netzwerk 10.0.0.0 ist ein A-Klasse-Netzwerk. Daher gibt es ohne Subnetting 24 Hoststellen. Um 200 Subnetze durchnummerieren zu können, braucht man 8 Subnetzstellen, da 2^8 gleich 256 ist. Genauso braucht man 8 Hoststellen, um auf 200 Hosts pro Subnetz zu kommen. Nehmen wir also eine Maske mit 8 Subnetzstellen und 8 Hoststellen. 255.255.0.0 ist eine solche Maske mit 8 Subnetz- und 16 Hoststellen. Das ermöglicht schon einmal 200 Subnetze und 200 Hosts, wobei man die Anzahl der Hosts pro Subnetz noch auf 2^{16} - 2 erhöhen könnte – eine ziemlich hohe Anzahl. Gleichzeitig ergibt die Maske 255.255.255.0 16 Subnetstellen für 2^{16} - 2 Subnetze und 2^8 - 2 Hosts pro Subnetz.

19. Sehen Sie sich Bild 4.5 an. Fred ist mit der IP-Adresse 10.1.1.1 konfiguriert. Das Ethernet-Interface von Router A ist mit 10.1.1.100 konfiguriert. Das serielle Interface von Router A heißt 10.1.1.101. Die serielle Schnittstelle von Router B heißt 10.1.1.102. Das Ethernet von Router B heißt 10.1.1.200. Der Webserver verwendet 10.1.1.201. In allen Fällen wird die Maske 255.255.255.192 benutzt. Was stimmt mit diesem Netzwerk nicht? Wie kann der Fehler am einfachsten behoben werden? Sie können jedes funktionierende interne Routingprotokoll zugrunde legen.

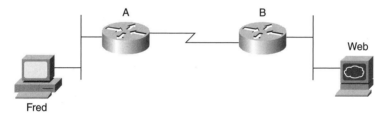

Bild A.1: Netzwerk für die Subnetting-Fragen

Antwort: Das Ethernet-Interface von Router A und das von Fred sollten im selben Subnetz liegen. Das tun sie aber nicht. Freds Konfiguration impliziert ein Subnetz mit IP-Adressen von 10.1.1.1 bis 10.1.1.62; die Ethernetkonfiguration von Router A impliziert ein Subnetz mit IP-Adressen von 10.1.1.65 bis 10.1.1.126. Die beiden Interfaces von Router A müssen in verschiedenen Subnetzen liegen. Mit der jetzigen Konfiguration liegen sie in selben Subnetz. Die Lösung ist, die Ethernet-IP-Adresse von Router A zwischen 10.1.1.1 und 10.1.1.62 zu legen, da sie dann im selben Subnetz liegt, wie Fred.

20. Sehen Sie sich Bild A.1 an. Fred hat die IP-Adresse 10.1.1.1 und die Maske 255.255.255.0. Das Ethernet von Router A heißt 10.1.1.100, Maske 255.255.255.224. Das serielle Interface von Router A heißt 10.1.1.129, Maske 255.255.255.252. Das serielle Interface von Router B lautet 10.1.1.130, Maske 255.255.255.252. Das Ethernet von Router B heißt 10.1.1.200, Maske 255.255.255.224. Der Webserver verwendet 10.1.1.201, Maske 255.255.255.224. Was stimmt mit diesem Netzwerk nicht? Wie kann der Fehler am einfachsten behoben werden? Sie können jedes funktionierende interne Routingprotokoll zugrunde legen.

    Antwort: Die Konfiguration von Fred impliziert ein Subnetz mit einem Adressbereich von 10.1.1.1 bis 10.1.1.254. Er denkt daher, dass das Ethernet-Interface von Router A im selben Subnetz liegt. Die Konfiguration von Router A impliziert jedoch ein Subnetz mit Adressen von 10.1.1.97 bis 10.1.1.126. Router A denkt daher nicht, dass sich Fred im selben Subnetz befindet wie das Ethernet von Router A. Um das Problem zu lösen, ändert man Freds Maske in 255.255.255.224.

21. Sehen Sie sich Bild A.1 an. Fred hat IP-Adresse 10.1.1.1, Maske 255.255.255.0. Router A hat Ethernet 10.1.1.100, Maske 255.255.255.224 konfiguriert. Die serielle Schnittstelle von Router A benutzt 10.1.1.129, Maske 255.255.255.252. Die serielle Schnittstelle von Router B benutzt 10.1.1.130, Maske 255.255.255.252. Router B hat Ethernet 10.1.1.200, Maske 255.255.255.224. Der Webserver verwendet 10.1.1.201, Maske 255.255.255.224. Was stimmt mit diesem

Netzwerk nicht? Wie kann der Fehler am einfachsten behoben werden? Sie können jedes funktionierende interne Routingprotokoll zugrunde legen.

Antwort: Die Konfiguration von Fred impliziert ein Subnetz mit einem Adressbereich von 10.1.1.1 bis 10.1.1.254. Er denkt daher, dass das Ethernet-Interface von Router A im selben Subnetz liegt. Die Konfiguration von Router A impliziert jedoch ein Subnetz mit Adressen von 10.1.1.97 bis 10.1.1.126. Router A denkt daher nicht, dass sich Fred im selben Subnetz befindet wie das Ethernet von Router A. Um das Problem zu lösen, ändert man Freds Maske in 255.255.255.224.

22. Sehen Sie sich Bild A.1 an. Fred hat IP-Adresse 10.1.1.1, Maske 255.255.255.240. Das Ethernet von Router A ist mit 10.1.1.2 konfiguriert, Maske 255.255.255.240. Das serielle Interface von Router A verwendet 10.1.1.129, Maske 255.255.255.252. Das serielle Interface von Router B benutzt 10.1.1.130, Maske 255.255.255.252. Router Bs Ethernet verwendet 10.1.1.200, Maske 255.255.255.128. Der Webserver verwendet 10.1.1.201, Maske 255.255.255.128. Was stimmt mit diesem Netzwerk nicht? Wie kann der Fehler am einfachsten behoben werden? Sie können jedes funktionierende interne Routingprotokoll zugrunde legen.

    Antwort: Die Konfiguration von Fred impliziert ein Subnetz mit einem Adressbereich von 10.1.1.129 bis 10.1.1.130 auf der seriellen Verbindung und von 10.1.1.129 bis 10.1.1.254 auf dem Ethernet. Die Subnetze überlappen also. Eine Lösung besteht darin, die Masken von Router B und Webserver mit einer Maske von 255.255.255.192 zu konfigurieren. Dadurch ändert sich das Subnetz und die gültigen Adressen liegen zwischen 10.1.1.193 und 10.1.1.254.

Kapitel 5

»Weiß ich's schon?«-Quiz

1. Welche der folgenden Bedingungen müssen erfüllt sein, damit das IOS eine Route nach einem **show ip route**-Befehl als »S« bezeichnet?

    Antwort: C. Die Bezeichnung »S« bedeutet, dass es sich um eine statische Route handelt. Statische Routen werden mir dem Befehl ip route konfiguriert.

2. Welcher der folgenden Befehle richtet eine statische Route korrekt ein?

    Antwort: A

3. Welche der folgenden Distanzvektor-Eigenschaften verhindert Routingloops, weil das Routingprotokoll nur eine bestimmte Anzahl bekannter Routen anbietet, statt der gesamten Routingtabelle?

   Antwort: D. Split Horizon sorgt dafür, dass ein Router nicht alle Routen aus einem Interface anbietet, wenn eine Route bewirken würde, dass Pakete aus demselben Interface wieder gesendet werden würden.

4. Welche der folgenden Eigenschaften verhindert Routingloops durch das Anbieten einer unendlichen metrischen Route, wenn eine Route versagt?

   Antwort: E. Route Poisoning bedeutet, dass eine versagende Route mit »infiniter« Metrik angeboten wird, anstatt einfach darauf zu verzichten, die Route anzubieten. Poison Reverse ist ein Route Poisoning, bei dem eine Route angeboten wird, die vorher wegen Split Horizon gar nicht angeboten wurde.

5. Router1 hat Interfaces mit den Adressen 9.1.1.1 und 10.1.1.1. Router2 ist mit Router1 seriell verbunden. Er hat die Adressen 10.1.1.2 und 11.1.1.2. Welche der folgenden Befehle wären Teil einer vollständigen RIP-Konfiguration auf Router2, durch die Router2 über alle Interfaces und über alle Routen Verbindungen anbietet?

   Antwort: A, E, H. Ein Router braucht nur Netzwerkbefehle, die seine eigenen Interfaces betreffen.

6. Welche der folgenden Situationen bewirkt, dass RIP oder IGRP alle Routen löschen, die von einem bestimmten Nachbar-Router übernommen wurden?

   Antwort: B. Distanzvektorprotokolle beruhen auf dem regelmäßigen Empfang von Routingupdates von ihren Nachbarn. Wenn diese ankommen, wird angenommen, dass die entsprechenden Routen noch existieren.

7. Welcher der folgenden **network**-Befehle bewirkt nach einem **router rip**-Befehl, dass RIP aus den Interfaces mit den IP-Adressen 10.1.2.1 und 10.1.1.1, Maske 255.255.255.0 Updates sendet?

   Antwort: A. Der network Befehl hat eine A-, B- oder C-Klasse-Netzwerknummer als Parameter. Der Router aktiviert RIP auf allen Interfaces in diesem Netzwerk.

8. Welche(r) Befehl(e) zeigt/en die Informationen an, an denen man erkennt, welche Nachbar-Router Routinginformationen an einen bestimmten Router senden?

   Antwort: B, D

9. An welchem Teil der Anzeige eines **show ip route**-Befehls erkennt man die Metrik einer Route?

   Antwort: E. Die erste Zahl in den Klammern ist die administrative Distanz, die zweite Zahl ist die Metrik.

Q&A

1. Welches Routingprotokoll-Verfahren verwendet ein Holddown Timer? Welchen Zweck hat er?

   Antwort: Distanzvektor. Holddown hilft dabei, Counting-to-Infinity-Probleme zu verhindern. Wenn ein Router lernt, dass eine Route versagt, wartet er ein Zeitintervall des Holddown Timers, bevor er neuen Informationen über die Route Glauben schenkt.

2. Definieren Sie, was Split Horizon für den Inhalt der Routingupdates bedeutet. Gilt dies sowohl für Distanzvektor als auch für Link-State Algorithmen?

   Antwort: Routingupdates, die aus einem Interface gehen, enthalten keine Routinginformationen über Subnetze, die aus Updates stammen, die auf diesem Interface angekommen sind. Split Horizon wird nur von Distanzvektor-Routingprotokollen verwendet.

3. Welche Schritte würden Sie für einen Übergang von RIP zu IGRP vorschlagen, wenn die aktuelle RIP-Konfiguration des Routers als Befehle nur **router rip** und danach **network 10.0.0.0** enthält?

   Antwort: Geben Sie im Konfigurationsmodus die folgenden Befehle ein:
   ```
   router igrp 5
   network 10.0.0.0
   no router rip
   ```
   Wenn RIP noch konfiguriert wäre, würden die IGRP-Routen über RIP ausgewählt. Die Cisco-IOS-Software hält automatisch IGRP für eine bessere Informationsquelle für Routinginformationen, wie in den administrativen Distanzeinstellungen festgelegt (Standard ist 120 für RIP, 100 für IGRP).

4. Wie kennzeichnet die Cisco IOS Software ein Subnetz in der Routingtabelle als direkt verbunden? Wie sieht es mit Routen aus, die von IGRP oder RIP erlernt wurden?

   Antwort: show ip route zeigt Routen mit einem Kennzeichen auf der linken Seite der Befehlsanzeige an. C repräsentiert verbundene Routen (connected), I bedeutet IGRP, und R leitet sich von RIP ab.

5. Erstellen Sie eine IGRP-Konfiguration auf einem Router mit den folgenden Schnittstellen und Adressen: e0 verwendet 10.1.1.1, e1 verwendet 224.1.2.3, s0 verwendet 10.1.2.1, s1 verwendet 199.1.1.1. Nehmen Sie ID 5.

   Antwort:
   ```
   router igrp 5
   network 10.0.0.0
   network 199.1.1.0
   ```

   Wenn Sie feststellen, dass 224.1.2.3 keine gültige A-, B- oder C-Klasse-Adresse ist, bekommen Sie die volle Punktzahl. Man braucht für Ethernet1 eine neue Adresse und den entsprechenden Netzwerkbefehl.

6. Erstellen Sie eine IGRP-Konfiguration auf einem Router mit den folgenden Schnittstellen und Adressen: to0 verwendet 200.1.1.1, e0 verwendet 128.1.3.2, s0 verwendet 192.0.1.1, s1 verwendet 223.254.254.1.

   Antwort:
   ```
   router igrp 1
   network 200.1.1.0
   network 128.1.0.0
   network 192.0.1.0
   network 223.254.254.0
   ```

   Für vier verschiedene Netzwerke braucht man vier verschiedene network Befehle. Wenn Sie feststellen, dass in dieser Frage die process ID (1 in diesem Beispiel) gar nicht festgelegt wird, aber eine konfigurieren, bekommen Sie die volle Punktzahl. Solche Netzwerknummern kommen in mehreren Beispielen vor; merken Sie sich die Bereiche der gültigen A-, B- und C-Klasse Netzwerknummern.

7. Wie können Sie aus dem User Modus eines Routers feststellen, welche Router Updates senden, ohne in den privilegierten Modus zu gehen oder Debug-Befehle zu verwenden?

   Antwort: Die Anzeige des Befehls show ip protocol zeigt die Routingquellen an – die IP-Adressen von Routern, die Updates an diesen Router senden. Wenn man weiß, wie man Angaben herausbekommt, ohne sich die Konfiguration anzusehen, ist man besser auf einige Prüfungsfragen vorbereitet. show ip route zeigt auch die IP-Adressen der Next-Hop-Router. Die aufgeführten Next-Hop-Router sind die, die auch Routingupdates senden.

8. Stellen Sie sich einen Router mit Interface E0, IP-Adresse 168.10.1.1 und E1 mit IP-Adresse 10.1.1.1 vor. Wenn man ihn nur mit **router rip** und **network 10.0.0.0** konfiguriert und keine anderen network Befehle eingegeben werden, sendet RIP dann Updates aus Ethernet0?

   Antwort: Nein. Es muss ein Netzwerkstatement für Netzwerk 168.10.0.0 geben, damit RIP Routen aus diesem Interface heraus anbietet. Der bloße network Befehl bestimmt nur die angeschlossenen Interfaces, auf denen Updates gesendet und empfangen werden.

9. Stellen Sie sich einen Router mit Interface E0, IP-Adresse 168.10.1.1 und E1 mit IP-Adresse 10.1.1.1 vor. Wenn man den Router mit den Befehlen **router igrp 1** und **network 10.0.0.0** konfiguriert, bietet IGRP dann 168.10.0.0 an?

   Antwort: Nein. Es muss ein Netzwerkstatement für Netzwerk 168.10.0.0 geben, damit IGRP direkt angeschlossene Routen anbietet.

10. Wenn die Befehle **router igrp 1** und **network 10.0.0.0** auf einem Router mit Ethernet0 Interface, IP-Adresse 168.10.1.1, Maske 255.255.255.0 konfiguriert werden, hat der Router dann einen Pfad zu 168.10.1.0?

    Antwort: Ja. Die Route befindet sich in der Routingtabelle, da es sich um ein direkt angeschlossenes Subnetz handelt, nicht aufgrund der Arbeitsweise von IGRP.

11. Müssen die IGRP-Metriken mehrerer Routen zum selben Subnetz gleich sein, damit die Routen gleichzeitig in der Routingtabelle stehen können? Wenn nein, wie nah müssen die Metrikwerte beieinander liegen?

    Antwort: IGRP (und EIGRP) verwenden eine Funktion namens Varianz, die festlegt, wie nah Metriken beieinander liegen müssen, um als gleich angesehen zu werden. Eingestellt wird der Wert mit dem Router-Unterbefehl variance.

12. Welcher Konfigurationsbefehl beschränkt unter RIP die Anzahl der equal-cost Routen die gleichzeitig in der Routingtabelle stehen können? Wieviele equal-cost Routen mit demselben Ziel können gleichzeitig in einer IP-Routingtabelle stehen?

    Antwort: Der Router-Unterbefehl ip maximum-paths x wird im RIP-Konfigurationsmodus verwendet, um die Zahl einzugeben. Das Maximum liegt bei 6, Standard ist 4.

13. Welcher Konfigurationsbefehl beschränkt unter IGRP die Anzahl der equal-cost Routen die gleichzeitig in der Routingtabelle stehen können? Wieviele equal-cost Routen mit demselben Ziel können gleichzeitig in einer IP-Routingtabelle stehen?

Antwort: Der Router-Unterbefehl ip maximum-paths *x* wird im RIP-Konfigurationsmodus verwendet, um die Zahl einzugeben. Das Maximum liegt bei 6, Standard ist 4.

14. Welcher Befehl führt alle IP-Routen auf, die über RIP erlernt wurden?

    Antwort: show ip route rip zeigt nur Routen, die über RIP erlernt wurden.

15. Welcher Befehl oder welche Befehle führen alle IP-Routen in Netzwerk 172.16.0.0 auf?

    Antwort: show ip route 172.16.0.0 zeigt alle Routen in 172.16.0.0 an. Es funktioniert auch show ip route list 1, wenn der Konfigurationsbefehl access-list 1 permit 172.16.0.0 0.0.255.255 eingegeben wurde.

16. Wahr oder falsch: Distanzvektor-Routingprotokolle lernen Routen durch die Übertragung von Routingupdates.

    Antwort: Falsch. Routen werden durch den Empfang von Routingupdates von Nachbar-Routern erlernt.

17. Nehmen wir an, dass ein Router nur eine Route zu jedem Zielnetzwerk in seine Routingtabelle aufnehmen darf. Welche Route landet in der Routingtabelle, wenn mehr als eine Route zu einem bestimmten Netzwerk führt, jede Route dieselbe Metrik aufweist und das Distanzvektorverfahren angewendet wird?

    Antwort: In dieser Szenerie wird die zuerst erlernte Route in die Tabelle aufgenommen. Wird die Route einmal gelöscht, rückt die im zweiten Update nach dem ursprünglichen erlernte Route nach.

18. Geben Sie Ziel und Bedeutung des Begriffs Route-Poisoning wieder.

    Antwort: Route-Poisoning ist eine Eigenschaft des Distanzvektor-Routingprotokolls. Eine neuerlich versagende Route wird mit unendlicher Metrik angeboten. Router, die diese Routinginformation empfangen, können die Route dann sofort als schlecht kennzeichnen. Verhindert werden sollen damit Routingloops.

19. Geben Sie Ziel und Bedeutung des Begriffs getriggerte Updates wieder.

    Antwort: Getriggerte Updates sind ein Feature von Routingprotokollen, bei denen ein Update sofort gesendet wird, wenn neue Routinginformationen vorliegen, statt auf das Ablaufen des entsprechenden Timer-Intervalls zu warten.

20. Welcher Begriff beschreibt das Verfahren, das hinter dem Routingprotokoll OSPF steht?

    Antwort: Link-State

21. Router1 hat eine serielles Interface S0, das ihn über ein Punkt-zu-Punkt-Link mit Router2 verbindet. Router2 hat die Ethernetinterfaceadresse 20.1.21.1 mit Maske 255.255.252.0. Nennen Sie eine Abwandlung des Befehls **ip route,** die Sie mit Ihrem jetzigen Wissen vollständig und syntaktisch richtig konfigurieren könnten.

    Antwort: Sie müssen ip route 20.1.20.0 255.255.255.252 serial0 statt ip route 20.1.20.0 255.255.252.0 next-hop eingeben. Es geht zwar Beides, Sie haben aber nicht die IP-Adresse von Router2 für die serielle Verbindung. Daher fehlen Informationen, die für den Befehl mit Bezug auf die Next-Hop-IP-Adresse nötig sind.

Kapitel 6

»Weiß ich's schon?«-Quiz

1. Welche der folgenden Kategorien beeinflusst die Berechnung von OSPF-Routen, wenn überall Standardwerte eingestellt sind?

    Antwort: A. OSPF kalkuliert die Metriken anhand der Kosten, die mit den jeweiligen Interfaces assoziiert sind. Der Standard ist, dass OSPF die Kosten anhand der Einstellungen für die Bandbreite berechnet.

2. Welche der folgenden Kategorien beeinflusst die Berechnung von EIGRP-Metriken, wenn überall Standardwerte eingestellt sind?

    Antwort: A, B. Wie IGRP nutzt EIGRP automatisch Bandbreite und Delay zur Berechnung der Metriken.

3. OSPF kennt ein Verfahren zur Ermittlung der besten aktuellen Route. Welcher der folgenden Begriffe beschreibt diese Methode?

    Antwort: A, D. OSPF verwendet das SPF-Verfahren nach dem Mathematiker Dijkstra.

4. EIGRP hat ein Verfahren zur Ermittlung von Routen, wenn es keine Backuproute gibt. Welcher der folgenden Begriffe beschreibt diese Methode?

    Antwort: B. Eine »feasible successor« Route ist eine Backuproute. Wenn es eine solche nicht gibt, verwendet EIGRP das DUAL-Verfahren, um mögliche Routen zu finden, bei deren Einsatz keine Routingloops entstehen.

5. Wie erkennen OSPF und EIGRP, dass ein Nachbar-Router ausgefallen ist?

    Antwort: D. OSPF und EIGRP verwenden Hello Messages, aber sie verwenden die Hello Nachricht nur einmalig für das Routing-Protokoll.

6. Welche/r der folgenden network Befehle sagen einem Router, dass er auf Schnittstellen mit den IP-Adressen 10.1.1.1, 10.1.100.1 und 10.1.120.1 OSPF starten soll, wenn der Befehl **router ospf 1** eingegeben wurde?

   Antwort: B, D. Antwort D funktioniert, weil die Platzhaltermaske alle IP-Adressen betrifft, die mit 10 anfangen und mit 1 aufhören. Antwort B funktioniert auch, weil alle Interfaces im A-Klasse-Netzwerk 10.0.0.0 berücksichtigt werden.

7. Welche/r der folgenden network Befehle sagen einem Router, dass er auf Schnittstellen mit den IP-Adressen 10.1.1.1, 10.1.100.1 und 10.1.120.1 OSPF starten soll, wenn der Befehl **router ospf 1** eingegeben wurde?

   Antwort: A

8. Welcher der folgenden Befehle führt die OSPF-Nachbarn hinter Interface serial 0/0 auf?

   Antwort: A, B, E

9. Welche Bezeichnung steht im Befehl **show ip route** dafür, dass eine Route über EIGRP erlernt wurde?

   Antwort: I

10. Welche der folgenden network Befehle, gefolgt von **router eigrp 1**, befehlen dem Router EIGRP auf Interfaces mit den Adressen 10.1.1.1, 10.1.100.1 und 10.1.120.1 zu starten?

    Antwort: A

Q&A

1. Erstellen Sie eine Minimalkonfiguration, bei der auf jedem Interface eines 2600er Routers IP aktiviert wird (2 x seriell, ein Ethernet). Das NIC (Network Information Center) weist Ihnen Netzwerk 192.168.1.0 zu. Ihr Chef teilt Ihnen mit, dass Sie bis zu 60 Hosts pro LAN-Subnetz benötigen. An die seriellen Schnittstellen sind auch Punkt-zu-Punkt-Verbindungen angeschlossen. Bei der Wahl der IP-Adressen und Subnetznummern beginnen Sie bei den niedrigsten Werten. Berücksichtigen Sie die Punkt-zu-Punkt-Verbindungen und die Tatsache, dass EIGRP als Routingprotokoll verwendet wird.

```
interface ethernet 0/0
ip address 192.168.1.65 255.255.255.192
interface serial 0/1
ip address 192.168.1.129 255.255.255.252
interface serial 0/1
ip address 192.168.1.133 255.255.255.252
router eigrp 1
network 192.168.1.0
```

Antwort: Es sind mehrere richtige Antworten möglich. Sie müssen auf den seriellen Verbindungen die Maske 255.255.255.252 und 255.255.255.192 auf dem LAN-Interface verwenden. EIGRP müssen Sie konfigurieren, wie es hier gezeigt ist, obwohl Sie einen anderen Wert als 1 als autonome Systemnummer wählen können. Die Lösung verwendet auch kein Nullsubnetz.

2. Mit welchen Schritten würden Sie von RIP zu OSPF übergehen, wenn die aktuelle RIP-Konfiguration eines Routers nur die Befehle **router rip** und **network 10.0.0.0** umfasst. Sie befinden sich in einer einzelnen OSPF-Area, und wollen so wenige **network** Befehle wie möglich verwenden.

   Antwort: Geben Sie die folgenden Befehle im Konfigurationsmodus ein:
   ```
   router ospf 5
   network 10.0.0.0 0.0.0.255 area 0
   no router rip
   ```

3. Erstellen Sie eine Konfiguration für EIGRP auf einem Router mit den folgenden Schnittstellen und Adressen: e0 mit 10.1.1.1, e1 mit 224.1.2.3, s0 mit 10.1.2.1 und s1 mit 199.1.1.1. Verwenden Sie Process ID 5.
   ```
   router eigrp 5
   network 10.0.0.0
   network 199.1.1.0
   ```
   Antwort: Wenn Sie merken, dass 224.1.2.3 keine gültige A-, B- oder C-Klasse Adresse ist, bekommen Sie die volle Punktzahl. Für Ethernet1 ist eine neue Adresse mit dem betreffenden network Befehl nötig.

4. Erstellen Sie eine Konfiguration für EIGRP auf einem Router mit den folgenden Schnittstellen und Adressen: e0 mit 200.1.1.1, e1 mit 128.1.3.2, s0 mit 192.0.1.1 und s1 mit 223.254.254.1.
   ```
   router eigrp 1
   network 200.1.1.0
   network 128.1.0.0
   network 192.0.1.0
   network 223.254.254.0
   ```
   Antwort: Weil vier verschiedene Netzwerke verwendet werden, braucht man vier network Befehle. Wenn Sie merken, dass in dieser Frage keine AS-Nummer erwähnt wird (hier 1), aber eine konfigurieren, bekommen Sie die volle Punktzahl. Von diesen Netzwerknummern werden einige in den Beispielen verwendet; merken Sie sich den Bereich gültiger A-, B- und C-Kasse Netzwerknummern.

5. Wie kann man aus dem User-Modus eines Routers heraus, ohne Debug-Befehle oder privilegierten Modus, bestimmen, welche Router Ihnen EIGRP Routingupdates senden?

   Antwort: Die Anzeige des Befehls show ip protocol zeigt die Routingquellen an – die IP-Adressen von Routern, die Updates an diesen Router senden. Wenn man weiß, wie man Angaben herausbekommt, ohne sich die Konfiguration anzusehen, ist man besser auf einige Prüfungsfragen vorbereitet. show ip route zeigt auch die IP-Adressen der Next-Hop-Router. Die aufgeführten Next-Hop-Router sind die, die auch Routingupdates senden. show ip eigrp neighbor und show ip ospf sind Interface-Befehle, die auch Nachbarn anzeigen, die per definitionem Routingupdates senden.

6. Der Befehl **router eigrp 1** ist, gefolgt von **network 10.0.0.0**, ohne weitere Netzwerkbefehle auf einem Router mit dem Interface Ethernet0 mit IP-Adresse 168.10.1.1 konfiguriert. Sendet das EIGRP Updates aus Ethernet0?

   Antwort: Nein. Es muss ein network-Statement für Netzwerk 168.10.0.0 da sein, bevor EIGRP Routen aus dem Interface heraus anbietet. Der network Befehl wählt nur die Interfaces, auf denen Updates gesendet und empfangen werden.

7. Der Befehl **router ospf 1** ist, gefolgt von **network 10.0.0.0 0.255.255.255 area 0**, ohne weitere Netzwerkbefehle auf einem Router mit dem Interface Ethernet0 mit IP-Adresse 10.10.1.1 konfiguriert. Sendet OSPF Updates aus Ethernet0?

   Antwort: Nicht unbedingt. OSPF muss andere OSPF-Nachbarn entdecken, bevor es Routinginformationen (LSAs) anbietet.

8. Die Befehle **router eigrp 1** und **network 10.0.0.0** sind auf einem Router mit Interface Ethernet0 mit IP-Adresse 168.10.1.1, Maske 255.255.255.0 konfiguriert. Hat dieser Router eine Route zu 168.10.1.0?

   Antwort: Ja. Die Route ist in der Routingtabelle, weil es sich um ein direkt verbundenes Subnetz handelt, nicht wegen einer Eigenschaft von EIGRP.

9. Welcher Befehl führt alle IP-Routen auf, die via OSPF erlernt wurden?

   Antwort: show ip route ospf zeigt alle Routen, die über OSPF erlernt wurden.

10. Stellen Sie gegenüber: Welche Art von Informationen werden in Routingupdates von Distanzvektor- und Link State-Routingprotokollen ausgetauscht.

    Antwort: Distanzvektorprotokolle bieten Subnetze und ihre assoziierten Metrikwerte an. Link-State-Protokolle bieten Informationen über Router und Subnetze oder Links mit den Metrikwerten für die Links an. Link-State-Protokolle beschreiben die komplette Netzwerktopologie. Die Link-State-Routinginformation ist detaillierter als die von Distanzvektorprotokollen.

11. Definieren Sie Balanced Hybrid und geben Sie ein Beispiel für ein Balanced Hybrid-Protokoll.

    Antwort: Cisco verwendet den Begriff Balanced Hybrid für eine Klasse von Routingprotokollen. Sie haben einige Eigenschaften der Distanzvektor-, aber auch einige der Link-State-Protokolle. Zurzeit fällt nur EIGRP in diese Kategorie.

12. Beschreiben Sie den Unterschied zwischen einem Balanced Hybrid- und einem Distanzvektor-Protokoll in Bezug auf die Frage, wie ein Router den Ausfall eines Nachbar-Routers bemerkt.

    Antwort: Distanzvektorprotokolle arbeiten normalerweise mit vollständigen Routingupdates von jedem Nachbar-Router. Wenn ein Router eine bestimmte Zeit lang von einem anderen Router keine Updates mehr erhält, denkt er, dass der Router ausgefallen ist. Balanced-Hybrid-Protokolle senden normalerweise keine vollständigen Routingupdates; stattdessen senden sie Hallo-Mitteilungen. Wenn ein Timeout-Intervall lang keine Hello Messages empfangen werden, nimmt der Router, der keine Mitteilungen mehr empfängt, an, dass der andere Router ausgefallen ist.

13. Listen Sie die Distanzvektor-Loop-Vermeidungs-Eigenschaften auf, die von OSPF verwendet werden, wie etwa Split Horizon.

    Antwort: OSPF, als Link-State-Routingprotokoll, braucht keine Features zur Verhinderung von Loops, wie sie das Distanzvektorprotokoll verwendet. Loop Avoidance ist in dieses Routingprotokoll schon von vorneherein eingebaut.

14. Nennen Sie zwei OSPF-Features, mit denen die Größe der OSPF-Topologiedatenbank reduziert wird.

    Antwort: Bei mehreren OSPF-Areas vermindert sich die Größe der Datenbank in allen Routern, die keine ABRs sind. Beim Einsatz von Stub-Areas können Sie die Größe der Topologie-Datenbank überdies verkleinern.

15. Sie erstellen ein neues Netzwerk und müssen sich beim Routingprotokoll zwischen OSPF und EIGRP entscheiden. Nennen und erklären Sie die entscheidenden Gründe für die Wahl von OSPF und für die Wahl von EIGRP.

Antwort: OSPF konvergiert sehr schnell (wie EIGRP), ist aber ein offener Standard (anders als EIGRP). Daher nimmt man OSPF eher, wenn Router verschiedener Hersteller zusammengeschaltet werden. EIGRP konvergiert sehr schnell (wie OSPF), erfordert aber weniger Gestaltung durch die Techniker, während OSPF bei größeren Netzwerken auch großen Aufwand mit sich bringt.

Kapitel 7

»Weiß ich's schon?«-Quiz

1. Welche der folgenden zusammengefassten Subnetze ist die kleinste zusammengefasste Route, die aber die Subnetze 10.1.55.0, 10.1.56.0 und 10.1.57.0, Maske 255.255.255.0 enthält?

   Antwort: D

2. Welche der folgenden zusammengefassten Subnetze ist keine gültige Zusammenfassung der Subnetze 10.1.55.0, 10.1.56.0 und 10.1.57.0, Maske 255.255.255.0?

   Antwort: C. Sie können Ihre Antwort selbst überprüfen. Leiten Sie den Bereich gültiger IP-Adressen für jedes Subnetz her und vergleichen Sie diese mit dem Bereich gültiger IP-Adressen der drei Subnetze in der Frage.

3. Wofür steht VLSM?

   Antwort: A

4. Ein Router hat drei Routen zu Subnetzen in Netzwerk 10.0.0.0. Es wird VLSM verwendet. Wie oft führt der Befehl **show ip route** mask/prefix-Informationen über Routen in Netzwerk 10.0.0.0 auf?

   Antwort: C. Wenn VLSM verwendet wird, wird die Maskeninformation neben jeder Router aufgeführt, da jede Route eine andere Maske haben kann.

5. Welches Routingprotokoll führt automatisch Autosummarization durch?

   Antwort: A, B, C. Von diesen Routingprotokollen erlaubt nur EIGRP, dass Autosummarization abgeschaltet wird.

6. Welche der folgenden Routingprotokolle sind klassenlos?

   Antwort: C, D

7. Welche der folgenden Entscheidungen ist davon abhängig, ob ein Router klassenlos oder klassenabhängig routet?

   Antwort: A. Klassenloses Routing wählt immer die Standardroute, sofern es eine gibt. Klassenabhängiges Routing wählt die Standardroute nur, wenn das eigentliche A-, B- oder C-Klasse Zielnetzwerk nicht in der Routingtabelle ist.

8. Welche der folgenden Routingprotokolle unterstützen Route Summarization?

   Antwort: C, D. RIP-1 und IGRP benutzen Autosummarization. Wenn Sie auch A und B gewählt haben und wissen, dass sie nur Autosummarization unterstützen, können Sie sich selbst Punkte für die richtige Antwort geben!

Q&A

1. Mit welchen beiden Befehlen richtet man gewöhnlich das Standard-Gateway auf einem Router ein.

   Antwort: Die Befehle ip default-network und ip route 0.0.0.0 0.0.0.0 geben dem Router eine bekannte Route als Standard für Pakete, die nicht in der Routingtabelle gefunden werde. ip route 0.0.0.0 0.0.0.0 nutzt die Tatsache aus, dass Netzwerk 0.0.0.0 von der Cisco-IOS-Software als Standardnetzwerk gesehen wird.

2. Nehmen wir an, die Subnetze von Netzwerk 10.0.0.0 sind in der IP-Routingtabelle eines Routers. Andere Netzwerke oder Subnetze sind dagegen nicht bekannt. Es gibt aber eine Standardroute (0.0.0.0) in der Tabelle. Nun erreicht den Router ein Paket mit der Zieladresse 192.1.1.1. Welcher Konfigurationsbefehl bestimmt, ob in diesem Fall die Standardroute verwendet wird?

   Antwort: Das Paket wird, unabhängig von anderen Konfigurationsbefehlen, über die Standardroute geleitet. In dieser Szenerie, das A-, B- oder C-Klasse-Netzwerk ist bekannt, gibt es unter den bekannten Subnetzen keinen Treffer für das Ziel. Es existiert jedoch eine Standardroute, die benutzt werden muss.

3. Nehmen wir an, die Subnetze von Netzwerk 10.0.0.0 sind in der IP-Routingtabelle eines Routers. Andere Netzwerke oder Subnetze sind dagegen nicht bekannt. Es gibt aber eine Standardroute (0.0.0.0) in der Tabelle. Nun erreicht den Router ein Paket mit der Zieladresse 10.1.1.1. Kein bekanntes Subnetz von Netzwerk 10 stimmt mit dieser Zieladresse

überein. Welcher Konfigurationsbefehl bestimmt, ob in diesem Fall die Standardroute verwendet wird?

Antwort: Wenn ip classless konfiguriert wurde, wird das Paket über die Standardroute geleitet. Wenn nicht, wird das Paket gelöscht.

4. Welche von EIGRP unterstützte Eigenschaft erlaubt EIGRP, VLSM zu unterstützen?

    Antwort: Die Verknüpfung und Übertragung von Maskeninformation mit jeder Route gestattet VLSM-Support bei jedem Routingprotokoll.

5. Nennen Sie die internen Routingprotokolle, bei denen Auto Summary als Standard verwendet wird. Bei welchem dieser Protokolle kann man die Auto Summary mit einem Konfigurationsbefehl abschalten?

    Antwort: RIP-1, IGRP, EIGRP und RIP-2 verwenden als Standardeinstellung Autosummarization. EIGRP und RIP-2 können die Eigenschaft auch abschalten.

6. Welche internen IP-Routingprotokolle unterstützen Route Summarization?

    Antwort: EIGRP, OSPF, IS-IS und RIP-2 unterstützen Route Summarization. (Geben Sie sich selbst Zusatzpunkte, wenn Sie auch OSPF und EIGRP genannt haben.)

7. Nehmen wir an, dass in der Routingtabelle eines Routers diverse Subnetze von Netzwerk 172.16.0.0 stehen. Unter welcher Voraussetzung wird bei der Eingabe von **show ip route** die Masken-Information nur in der Zeile mit Netzwerk 172.16.0.0, nicht aber neben jeder Route zu jedem Subnetzwerk?

    Antwort: Wenn alle Subnetze von 172.16.0.0 dieselbe Maske verwenden, zeigt show ip route die Maske nur in der ersten Netzwerkzeile an. Unter VLSM würde jede Route für jedes Subnetz die Maske mit angeben.

8. Die Router A und B sind über eine serielle Punkt-zu-Punkt-Verbindung verbunden. Die Interfaces von Router A haben IP-Adresse 172.16.1.1, Maske 255.255.255.0 und 172.16.2.1, Maske 255.255.255.0. Die Interfaces von Router B nutzen 172.16.2.2, Maske 255.255.255.0 und 10.1.1.1 255.255.254.0. Ist hier VLSM im Einsatz? Begründen Sie Ihre Antwort.

    Antwort: Obwohl zwei unterschiedliche Masken verwendet werden, wird kein VLSM verwendet. VLSM impliziert, dass zwei verschiedene Masken im selben A-, B- oder C-Klasse-Netzwerk verwendet werden. In diesem Beispiel gibt es aber nur eine Maske für jedes klassenabhängige Netzwerk.

9. Welche kleinste Summenroute fasst die Subnetzwerke 10.1.63.0, 10.1.64.0, 10.1.70.0 und 10.1.71.0, alle mit Maske 255.255.255.0 am besten zusammen?

   Antwort: Die Subnetzadressen haben nur die ersten 17 Stellen gemein. Daher ist die kleinste Summe die 10.1.0.0, Maske 255.255.128.0.

10. Welche kleinste Summenroute fasst die Subnetzwerke 10.5.111.0, 10.5.112.0, 10.5.113.0 und 10.5.114.0, alle mit Maske 255.255.255.0 am besten zusammen?

    Antwort: Die Subnetzadressen haben die ersten 19 Stellen gemein. Daher ist die kleinste Summe die 10.5.96.0, Maske 255.255.224.0.

11. Welche kleinste Summenroute fasst die Subnetzwerke 10.5.110.32, 10.5.110.48 und 10.5.110.64, alle mit Maske 255.255.255.248 am besten zusammen?

    Antwort: Die Subnetzadressen haben die ersten 25 Stellen gemein. Daher ist die kleinste Summe die 10.5.110.0, Maske 255.255.255.128.

12. Welches der Routingprotokolle RIP-1, IGRP, EIGRP und OSPF ist klassenlos?

    Antwort: EIGRP und OSPF

13. Welches der Routingprotokolle RIP-1, IGRP, EIGRP und OSPF unterstützt VLSM?

    Antwort: EIGRP und OSPF

14. Welches der Routingprotokolle RIP-1, IGRP, EIGRP und OSPF bietet die Maskeninformation mit der Subnetznummer an?

    Antwort: EIGRP und OSPF

15. Welcher der Begriffe – klassifiziertes Routing, klassifiziertes Routingprotokoll, klassenloses Routing und klassenloses Routingprotokoll – beschreibt eine Eigenschaft, die beeinflusst, wann sich ein Router für die Standardroute entscheidet?

    Antwort: Klassifizierte Routing und klassenloses Routing definieren Regeln, nach denen eine Router entscheidet, wann die Standardroute verwendet wird.

16. Was ermöglicht den erfolgreichen Einsatz eines nicht zusammenhängenden A-, B- oder C-Klasse-Netzwerks – klassifiziertes Routing, klassifiziertes Routingprotokoll, klassenloses Routing oder klassenloses Routingprotokoll?

Antwort: Ob ein Routingprotokoll klassenabhängig oder klassenlos arbeitet, entscheidet darüber, ob nicht zusammenhängende Netzwerke unterstützt werden. Nur klassenlose Routingprotokolle unterstützen solche nicht-kontingenten Netzwerke.

17. Stellen Sie Route Summarization und Auto Summary vergleichend gegenüber.

    Antwort: Route Summarization erlaubt dem Netzwerktechniker, eine Summe zu konfigurieren, die statt vieler Einzelrouten angeboten werden kann. Autosummarization fasst nur eine A-, B- oder C-Klasse-Netzwerknummer zusammen, und das nur an der Grenze von einem Netzwerk zum anderen.

18. Welches der Routingprotokolle RIP-1, IGRP, EIGRP und OSPF verwendet Autosummarization als Standard, ohne dass sich die Funktion abschalten lässt?

    Antwort: RIP-1 und IGRP

19. Mit welchem Befehl schaltet man einen Router vom klassenlosen ins klassifizierte Routing?

    Antwort: no ip classless global deaktiviert als Konfigurationsbefehl das klassenlose Routing und aktiviert dadurch das klassifizierte Routing.

Kapitel 8

»Weiß ich's schon?«-Quiz

1. Wofür steht CIDR?

   Antwort: F

2. Welche der folgenden zusammengefassten Subnetzwerke sind gemäß der Intention von CIDR gültige Routen?

   Antwort: D. Eigentliches Ziel von CIDR war, das Zusammenfassen mehrerer A-, B- oder C-Klasse-Netzwerke zu ermöglichen, um die Routingtabellen im Internet zu verkleinern. Nur Antwort D fasst mehrere Netzwerke zusammen.

3. Welche der folgenden Adressen sind gemäß RFC 1918 keine privaten Adressen?

   Antwort: B, E. RFC 1918 beschreibt private Netzwerknummern. Enthalten sind das A-Klasse-Netzwerk 10.0.0.0, die B-Klasse-Netzwerke 172.16.0.0 bis 172.31.0.0, sowie 192.168.0.0 bis 192.168.255.0.

4. Stellen sie sich vor, dass statisches NAT nur intern Adressen übersetzt. Was veranlasst die Erstellung von NAT-Tabelleneinträgen?

   Antwort: C. Bei statischem NAT werden die Entries statisch konfiguriert. Da die Frage die Übersetzung interner Adressen erwähnt, braucht man das Schlüsselwort inside.

5. Stellen sie sich vor, dass dynamisches NAT nur intern Adressen übersetzt. Was veranlasst die Erstellung von NAT-Tabelleneinträgen?

   Antwort: A. Bei dynamischem NAT sind die Entries das Ergebnis des ersten Pakets, das vom internen Netzwerk aus ankommt.

6. Welcher der folgenden Befehle erkennt die interne lokale IP-Adresse, wenn dynamisches NAT nur die Quelladressen von Paketen einer privaten Netzwerknummer übersetzt?

   Antwort: A. list 1 parameter bezieht sich auf eine IP-ACL, die Pakete anhand der internen lokalen Adresse prüft.

7. Welcher der folgenden Befehle erkennt die externe lokale IP-Adresse, wenn dynamisches NAT nur die Quelladressen von Paketen einer privaten Netzwerknummer übersetzt?

   Antwort: E. Die externe lokale IP-Adresse wird nicht verändert, wenn nur die Quelladresse der Pakete von einem privaten Netzwerk übersetzt wird.

8. Stellen Sie sich vor, dass ein Ethernet-Interface auf einem Router schon mit IP-Adresse 10.1.1.1 und Maske 255.255.255.0 konfiguriert wurde. Welcher der folgenden Befehle fügt dem Interface eine zweite IP-Adresse hinzu?

   Antwort: G. Es wird der Befehl ip address verwendet, aber mit einem zweiten Schlüsselwort am Ende. Ohne dieses würde die IP-Adresse die ursprüngliche IP-Adresse ersetzen.

9. Welches der folgenden Datei-Übertragungsprotokolle (die in mehreren Internet RFCs definiert sind) bietet die meisten Features?

   Antwort: A. Nur FTP und TFTP sind Datei-Übertragungsprotokolle, die in RFCs definiert sind. FTP hat mehr Features als TFTP.

10. Stellen Sie sich vor, der PC Fred ist an ein Ethernet angeschlossen, das auch mit seinem Standardrouter R1 verbunden ist. R1 hat eine serielle Punkt-zu-Punkt-Verbindung zu R2. R2 hat eine Ethernet-Verbindung zu PC Barney. Die MTU der Ethernets hat jeweils den Standardwert. In welchem Fall sendet R1 Pakete fragmentiert von Fred zu Barney?

    Antwort: A. Der MTU-Standardwert für Ethernet-Interfaces liegt bei 1500. Die serielle Verbindung müsste einen MTU-Wert unter 1500 aufweisen, damit die Pakete fragmentiert werden können. Andernfalls bekommt R1 von Fred kein IP-Paket, das fragmentiert werden muss.

11. Router1 hat ein FastEthernet-Interface 0/0 mit der IP-Adresse 10.1.1.1. Das Interface ist an einen Switch angeschlossen. Diese Verbindung wird nun auf ISL umgestellt. Welcher der folgenden Befehle ist für den Betrieb von ISL auf R1 wohl sehr nützlich?
    Antwort: A, G

12. Was bedeutet ein ».« im Output eines **ping** Befehls?
    Antwort: C. Der Punkt ».« bedeutet, dass eine Ping-Anfrage gesendet wurde, es aber keine Antwort gab.

13. Was bedeutet ein »U« in der Anzeige eines **ping** Befehls?
    Antwort: E. Die Kennzeichnung »U« bedeutet, dass der Ping eine ICMP Unreachable Message bekommen hat. Das heißt, dass der Router keinen Pfad zu dem Subnetz weiß, an das das Paket gesendet wurde.

14. Auf welcher Kodierung einer ICMP Message beruht der Befehl **trace**?
    Antwort: C. Der Befehl trace sendet Pakete mit TTL = 1, dann TTL = 2 und so fort. Dann kommen nacheinander TTL Exceeded Messages von den verschiedenen Routern in der Route zurück, wodurch man die Router erkennen kann.

Q&A

1. Definieren Sie private Adressierung gemäß RFC 1918.
   Antwort: Einige Hosts müssen nie mit anderen Hosts über das Internet kommunizieren. In solchen Fällen ist die Zuweisung von IP-Adressen aus registrierten Netzwerken Verschwendung. Um IP-Adressen zu sparen, gibt es eine Reihe von Netzwerknummern, die privaten Adressen, die dafür verwendet werden können, damit für das Internet IP-Adressen gespart werden.

2. Geben Sie den Bereich privater Netzwerke nach RFC 1918 an.
   Antwort: Das A-Klasse-Netzwerk 10.0.0.0, die B-Klasse-Netzwerke 172.16.0.0 bis 172.31.0.0, und die C-Klasse-Netzwerke 192.168.0.0 bis 192.168.255.0.

3. Hat CIDR Auswirkungen auf die Größe der Internet-Routingtabellen? Wenn ja, was passiert mit diesen Routingtabellen?
   Antwort: CIDR erlabt ISPs, mehrere A-, B- oder C-Klasse-Netzwerke oder typische C-Klasse-Netzwerke in Summenrouten zusammenzufassen. Das verkürzt die IP-Routingtabellen und verbessert die Performance beim Internet-Routing.

4. Definieren Sie NAT und erklären Sie das Grundprinzip.

   Antwort: NAT (Network Address Translation) ist ein Verfahren, mit dem Hosts mit privaten Adressen, die mit registrierten Netzwerken kollidieren, trotzdem über das Internet kommunizieren können. NAT-Router ändern die IP-Adressen in Paketen von und zu diesen Hosts, so dass über das Internet nur registrierte IP-Adressen zur Anwendung kommen.

5. Definieren Sie den Begriff der internen lokalen Adresse in Bezug auf NAT. Erklären Sie Ihre Antwort anhand von Bild A.21.

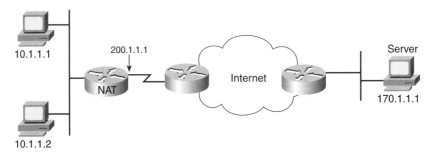

Bild A.2: Netzwerk für die Beantwortung der Fragen zu NAT

   Antwort: Das interne Netzwerk ist das Unternehmensnetzwerk auf der linken Seite von Bild A.2. In diesem Netzwerk sind die privaten IP-Adressen angesiedelt. Intern lokal nennen sich die IP-Adressen, die einem Computer zugewiesen sind. 10.1.1.1 ist in dieser Darstellung eine solche interne lokale Adresse.

6. Definieren Sie den Begriff der internen globalen Adresse in Bezug auf NAT. Erklären Sie Ihre Antwort anhand von Bild A.2.

   Antwort: Das interne Netzwerk ist das Unternehmensnetzwerk auf der linken Seite von Bild A.2. Die interne globale Adresse ist diejenige, die im Internet interne lokale Adressen repräsentiert. Eine Adresse aus dem Netzwerk 200.1.1.0 könnte in diesem Beispiel sehr gut eine interne globale IP-Adresse sein.

7. Schreiben Sie eine Konfiguration für Overload-NAT für eine einzelne IP-Adresse des Routers in Bild A.2.

   Antwort:
   ```
   interface Ethernet0/0
    ip address 10.1.1.3 255.255.255.0
    ip nat inside
   !
   interface Serial0/0
    ip address 200.1.1.1 255.255.255.252
   ```

```
 ip nat outside
!
ip nat inside source list 1 interface Serial0/0 overload
!
access-list 1 permit 10.1.1.2
access-list 1 permit 10.1.1.1
```

8. Schreiben Sie eine Konfiguration für statisches NAT, durch die Host 10.1.1.1 mit 200.1.1.11 verknüpft wird, für den Router in Bild A.2.

    Antwort:
    ```
    interface Ethernet0/0
     ip address 10.1.1.3 255.255.255.0
     ip nat inside
    !
    interface Serial0/0
     ip address 200.1.1.1 255.255.255.252
     ip nat outside
    !
    ip nat inside source static 10.1.1.1 200.1.1.11
    ```

9. Was erfordert mehr Zeilen im Quelltext, FTP oder TFTP? Erklären Sie Ihre Antwort.

    Antwort: FTP erfordert mehr Quellcode. TFTP wurde so entwickelt, dass es möglichst trivial und einfach ist. Der wenige Speicherplatz, den man braucht, gehört zu den Vorteilen von TFTP. FTP arbeitet robust und hat wesentlich mehr Eigenschaften und Quellcode.

10. Führen FTP oder TFTP eine Fehlerentdeckung durch? Wenn ja, stellen Sie bitte deren Grundfunktionen dar.

    Antwort: FTP und TFTP führen »error recovery« durch. FTP beruht auf TCP, TFTP führt eine Fehlererkennung auf der Anwendungsebene pro Datenblock durch.

11. Beschreiben Sie die Methode, mit der IP-Router Pakete fragmentieren und wieder zusammensetzen.

    Antwort: Wenn ein Paket weitergeleitet werden muss, das größer als die MTU (Maximum Transmission Unit) für das Ausgangsinterface ist, wird es vom Router fragmentiert, es sei denn, das »Don't Fragment-Bit« ist gesetzt. IP-Router setzen Pakete gar nicht wieder zusammen; die Fragmente werden erst am Zielhost wieder zusammengesetzt.

12. Wie viele B-Klasse-Netzwerke sind nach RFC 1918 für private Adressierung reserviert?

    Antwort: Es sind 16 B-Klasse-Netzwerke in RFC 1918 für private Netzwerke reserviert – die Netzwerke 172.16.0.0 bis 172.31.0.0.

13. Beschreiben Sie, warum ARP-Anfragen eine Ethernet-Broadcast-Adresse statt einer Ethernet-Unicastadresse verwenden.

    Antwort: Hosts verwenden ARP, wenn sie die MAC-Adresse von einem anderen IP-Host brauchen. Weil der Host die MAC-Adresse nicht weiß, kann man keine Ethernet-Unicast benutzen, da der Host nicht die richtige MAC-Adresse in das Ziel-Adressfeld des Ethernet-Frames hineinschreiben könnte.

14. Stellen Sie sich vor, dass Host 10.1.1.1 in Bild 8.21 ein Paket an den Server mit Adresse 170.1.1.1 sendet. Der NAT-Router muss das Paket fragmentieren. Beschreiben Sie, wann und wo in diesem Fall die Pakete wieder zusammengesetzt werden.

    Antwort: Der Host am Endpunkt, für den die Pakete bestimmt sind, setzt sie wieder zusammen. In diesem Fall ist es der Host 170.1.1.1.

15. Stellen Sie sich vor, dass R1 ein Interface hat, FastEthernet 0/0, das über ISL-Trunking mit einem Switch verbunden ist. R1 muss zwischen VLAN 1 und VLAN 2 routen. Erstellen Sie eine funktionierende Konfiguration.

    Antwort:
    ```
    interface fastethernet 0/0.1
    ip address 10.1.1.1 255.255.255.0
    encapsulation isl 1
    !
    interface fastethernet 0/0.2
    ip address 10.1.2.1 255.255.255.0
    encapsulation isl 2
    ```

16. Beschreiben Sie, wie NAT-Overload mit einer einzigen internen globalen Adresse mehr als eine interne lokale IP-Adresse unterstützt.

    Antwort: NAT-Overload verwendet PAT (Port Address Translation), um Quelladresse und Portnummer eingehender interner Pakete zu übersetzen. Durch die Verwendung einmaliger Portnummern für dieselben internen globalen IP-Adressen kann NAT-Overload mehrere Sockets auf mehreren internen Hosts wie mehrere Sockets erscheinen lassen, im öffentlichen Internet aber wie ein Host.

Kapitel 9

»Weiß ich's schon?«-Quiz

1. Welche der folgenden Arten von WAN-Verbindungen ermöglichen den sofortigen Einsatz von PPP als Einkapselung auf dem Interface?

    Antwort: A, C

2. Ein Router ist an ein DTE-Kabel angeschlossen. Die serielle Verbindung zwischen zwei Routern, die in einem Labor mit DTE- und DCE-Kabeln (statt CSU/DSUs) verbunden sind, soll aktiviert werden. Welcher der folgenden Befehle muss auf dem Router mit angeschlossenem DTE-Kabel eingegeben werden, damit das serielle Link funktioniert?

   Antwort: E. Keiner dieser Befehle wird auf dem DTE gebraucht. clock rate 56000 oder einen ähnlichen Befehl gibt man auf einem Router mit DCE-Kabel ein.

3. Welcher der folgenden Befehle lässt ein serielles Interface zum Standardprotokoll für die Datenverbindung zurückkehren, wenn gerade PPP läuft?

   Antwort: E, G. HDLC ist die Standardeinstellung.

4. Welches der folgenden Authentifizierungs-Protokolle authentifiziert ein Gerät am anderen Ende einer Leitung, ohne das Passwortinformationen als lesbarer Text übertragen werden?

   Antwort: C. Von den genannten Antworten sind nur PAP und CHAP Authentifizierungsprotokolle. PAP sendet Passworte im Klartext.

5. Stellen Sie sich vor, dass zwei Router, R1 und R2, mit einer Mietleitung verbunden sind. Jeder Router hat seine Konfiguration durch einen Neustart gelöscht. R1 ist danach folgendermaßen konfiguriert worden:

   ```
   interface s0/0
   encapsulation ppp
   ppp authentication chap
   ```

   Mit welchem der folgenden Konfigurationsbefehle kann man die Konfiguration auf R1 so vervollständigen, dass CHAP richtig läuft? Nehmen wir dabei an, dass R2 richtig konfiguriert wurde, und das Passwort fred lautet.

   Antwort: D. R1 braucht das Passwort für den Router am anderen Ende der Verbindung – R2.

6. Aus welchem der folgenden Gründe sollte man auf Link-Komprimierung verzichten?

   Antwort: C. »Verminderung« verfügbarer CPU ist eine Art auszudrücken, dass Kompression Router-CPU einnimmt, ein Grund, keine Kompression einzustellen.

7. Welche der folgenden Eigenschaften ist Teil der Methode, mit der PPP bemerkt, dass auf einer Verbindung eine Loop entstanden ist, durch die die gesendeten Pakete beim selben Router wieder ankommen?

   Antwort: B

8. Welche der folgenden Protokolle sind Teil von PPP?

   Antwort: B, D

Q&A

1. Definieren Sie DCE und DTE für den Zusammenhang der physikalischen Schicht einer Punkt-zu-Punkt-Verbindung.

   Antwort: Auf der physikalischen Schicht ist das DTE ein Gerät, das sich nach der Taktung des Gerätes am anderen Ende der Kabelverbindung richtet. Das DCE liefert die Taktung. Ein Computer ist zum Beispiel normalerweise ein DTE, ein Modem oder eine CSU/DSU-Einheit das DCE. Auf der Datenverbindungsebene definieren X.25 und Frame Relay logische DTEs und DCEs. In diesem Fall ist ein CPE (Customer Premises Equipment) wie Router und CSU/DSU, ein logisches DTE das Equipment des Service Providers (Frame-Relay-Switch und CSU/DSU) das DCE.

2. Mit welchem Befehl legt man die Taktrate auf einem Interface fest, an das ein DCE-Kabel angeschlossen ist. Stellen Sie die beiden Versionen des Befehls gegenüber, wie er im Konfigurationsmodus eingegeben wird, und wie er in der Konfiguration erscheint.

   Antwort: Die Befehle clock rate und clockrate stellen den Takt ein, den ein Interface über ein serielles DCE-Kabel gibt. Wenn Sie im Interface-Konfigurationsmodus um Hilfe fragen, wird nur der Befehl clock rate gezeigt. Wenn Sie den Befehl eingegeben haben, wird bei der Eingabe von show running-config der Befehl clockrate unter dem Interface gezeigt, egal welche Version Sie eingegeben haben.

3. Nennen Sie ein WAN-Datenverbindungsprotokoll für Punkt-zu-Punkt-Verbindungen, das über eine Methode zur Bekanntgabe der IP-Adresse eines Interface an andere Geräte über ein WAN verfügt.

   Antwort: PPP verwendet ein IPCP-Protokoll (IP Control Protocol), um IP-Adressen den Verbindungsenden mitzuteilen oder auch zuzuweisen.

4. Kann PPP IP-Adressen dynamisch zuweisen? Wenn ja, ist die Funktion immer aktiv?

   Antwort: Das IPCP-Protokoll von PPP kann dem Gerät am anderen Ende der Verbindung eine IP-Adresse zuweisen. Dieses Verfahren ist weder erforderlich, noch Standard. PPP führt eine Adresszuweisung gewöhnlich für den Einwahlzugang durch, etwa wenn ein Anwender einen ISP anwählt.

5. Erstellen Sie eine Konfiguration, mit der PPP auf serial 0 für IP aktiviert wird. Erstellen Sie IP Layer 3 Adressen, wie nötig.
```
interface serial 0
ip addr 1.1.1.1 255.255.255.0
encapsulation ppp
```
Antwort: encapsulation ppp ist alles, was man für PPP braucht.

6. Definieren Sie PAP und CHAP. Welches von beiden sendet Passworte im Klartext?

Antwort: PAP steht für Password Authentication Protocol. CHAP steht für Challenge Handshake Authentication Protocol. PAP sendet Passworte in einfachem Text, CHAP verwendet MD5, einen Zerhacker, um das Passwort unlesbar zu machen.

7. CHAP-Konfiguration verwendet Benutzernamen und Kennworte. Welche Namen und Passworte müssen auf den jeweiligen CHAP-Konfigurationen auf Router A und B übereinstimmen, um zugelassen zu werden.

Antwort: Router A hat den Namen B und ein entsprechendes Passwort konfiguriert. Router B hat den Namen A und dasselbe Passwort konfiguriert. Die verwendeten Namen werden als Hostnamen der Router verendet, bis ein CHAP-Name konfiguriert wird.

8. Welches Feld hat Cisco dem HDLC-Header hinzugefügt, welches ihn proprietär macht?

Antwort: Es handelt sich um ein Protokolltypfeld, das Verkehr mit mehreren Protokolltypen ermöglicht. Dafür war HDLC ursprünglich nicht vorgesehen.

9. Welche Arten von Paket-Switching sind in diesem Kapitel vorgekommen? Bei welcher Art wird der Datenverkehr in kleinere Teile zerlegt?

Antwort: Frame Relay, X.25 und ATM wurden als Paket-Switching-Dienste erwähnt. ATM, auch Cell-Switching, segmentiert den Datenverkehr in 53-Byte Zellen, überträgt diese dann und setzt sie hinter dem WAN wieder zum ursprünglichen Frame zusammen.

10. Es gibt heute kaum noch Standleitungen, die aus zwei Kabelverbindungen bestehen, besonders nicht zwischen Routern. Welches Problem kam mit den vier-drahtigen Standleitungen auf (im Vergleich zu den zweidrahtigen)?

Antwort: Zwei-adrige Standleitungen kann man als ein Paar interpretieren, um zugleich nur in eine Richtung Daten zu übertragen. Bei vieradrigen Kabeln kann man zwei in jede Richtung benutzen, also eine voll-Duplex Übertragung gewährleisten.

11. Was bedeutet »synchron« bei Standleitungen.

    Antwort: Die Einführung einer Zeitvorgabe für einen Datenstrom. Praktisch gesprochen möchten Geräte an zwei Enden einer seriellen Verbindung mit derselben Geschwindigkeit arbeiten. Durch die Analyse von Spannungswechseln auf der Verbindung kann ein Gerät leichte Geschwindigkeitswechsel in der Übertragung feststellen und sich selbst nachjustieren.

12. Erstellen Sie zwischen zwei Routern eine CHAP-Konfiguration. Berücksichtigen Sie besondere Feinheiten, die notwendig werden.

    Antwort: Ihre Konfiguration unterscheidet sich bestimmt etwas von unserer. Um genau zu sein, braucht man die Globalbefehle username, die sich dann auf den Hostnamen des anderen Routers beziehen, mit dem richtigen Fall und dem richtigen Passwort. PPP muss auf jedem seriellen Link aktiviert werden und auf jedem Interface muss man ppp authentication chap eingeben.

Router Fred	**Router Barney**
username Barney password Bedrock	username Fred password Bedrock
!	!
interface serial 0	interface serial 0
encapsulation ppp	encapsulation ppp
ppp authentication chap	ppp authentication chap
.	.

Kapitel 10

»Weiß ich's schon?«-Quiz

1. Wie schnell ist der D-Kanal auf einem BRI und auf einem PRI?

    Antwort: E

2. Welche der folgenden Protokolle definieren Call-Setup Signalisierung für ISDN?

    Antwort: E

3. Welche der folgenden Referenzpunkte werden von ISDN BRI Interfaces in einem Cisco-Router verwendet?

    Antwort: C, D. Der Router kann zwar einen seriellen Link mit dem Referenzpunkt R benutzen, die Frage bezieht sich aber auf die ISDN-Interfaces im Router.

4. Welche der folgenden PRI-Funktionsgruppen ist für die Verwendung mit einem PC und einem einfachen seriellen Interface bestimmt?

   Antwort: E. BRIs unterstützen verschiedene Referenzpunkte und Funktionsgruppen, PRIs nicht.

5. Welche der folgenden Verschlüsselungen kann man in Nordamerika auf einem PRI laufen lassen?

   Antwort: A, B. In Nordamerika basieren PRIs auf T1-Schaltungen, die AMI- und B8ZS-Verschlüsselung unterstützen.

6. Nehmen wir an, ein Router hat eine IP-ACL mit der Nummer 109, die den Verkehr zur IP-Adresse 10.1.1.1 regelt. Welche der folgenden Befehle richtet sich mit der korrekten Schreibweise an die ACL und erklärt den Verkehr an 10.1.1.1 für »interessant«?

   Antwort: E. Der Globalbefehl dialer-list bezieht sich zuerst einmal auf den gesamten IP-Verkehr und kann sich dann auf ein IP ACL richten, um genauer zu bestimmen, welchen Teil des IP-Verkehrs DDR für »interessant« hält.

7. Welcher der folgenden Begriffe könnte in einer Konfiguration mit DDR- und ISDN BRI Interfaces notwendig werden?

   Antwort: A, D. Die ISDN-Konfiguration erfordert meistens den Switch-Typ.

8. Welcher der folgenden Begriffe könnte in einer Konfiguration mit DDR- und ISDN BRI Interfaces in Nordamerika notwendig werden?

   Antwort: A, B, C, E. Die ISDN-Konfiguration erfordert meistens den Switch-Typ. Unter PRI hat man für die Encodierung und das Framing zwei Möglichkeiten. Außerdem müssen Sie dem Router mitteilen, welche DS0-Kanäle auf dem PRI benutzt werden.

9. Sie konfigurieren DDR mit Dialerprofilen. Welcher der folgenden Befehle ist auf dem Einwahlinterface sehr nützlich?

   Antwort: D. Die Einkapselung muss auf dem physikalischen wie auf dem Einwahlinterface stattfinden.

10. Welcher der folgenden Interface Unterbefehle aktiviert Multilink PPP?

    Antwort: A

Q&A

1. Wofür steht LAPD? Wird es als Layer 2 Protokoll auf eingewählten ISDN-Trägerkanälen verwendet? Wenn nein, was dann?

   Antwort: LAPD steht für Link Access Procedure auf dem D-Kanal. LAPD wird nicht auf Trägerkanälen, aber auf dem Signalkanal eingesetzt. PPP ist auf Trägerkanälen typisch.

2. Wofür stehen ISDN, BRI und PRI?

   Antwort: ISDN steht für Integrated Services Digital Network. BRI steht für Basic Rate Interface. PRI steht für Primary Rate Interface. BRI ist im Examen am wahrscheinlichsten.

3. Definieren Sie *Funktionsgruppe*. Führen Sie zwei Beispiele für Funktionsgruppen auf.

   Antwort: Eine Funktionsgruppe ist eine Anzahl von ISDN-Funktionen, die durch ein Gerät implementiert werden. NT1, NT2, TE1, TE2 und TA sind Funktionsgruppen.

4. Definieren Sie *Referenzpunkt*. Geben Sie zwei Beispiele für Referenzpunkte.

   Antwort: Ein Referenzpunkt ist ein Interface zwischen Funktionsgruppen. R, S, T, und U sind Referenzpunkte. S und T sind in vielen Fällen kombiniert und werden dann S/T Referenzpunkt genannt. Referenzpunkte beziehen sich auf die Verkabelung, also auch auf die Zahl der Adern. S und T Punkte verwenden insbesondere vieradrige Kabel, das U Interface ein zweiadriges.

5. Wie viele Trägerkanäle gibt es in einem BRI? Wieviele beim PRI in Nordamerika? Wieviele beim PRI in Europa?

   Antwort: BRI verwendet zwei Trägerkanäle und einen Signalkanal (2B+D). PRI hat in Nordamerika 23B+D, 30B+D in Europa. Der Signalkanal hat beim BRI 16-kbit/s; beim PRI sind es 64-kbit/s.

6. Wahr oder falsch: ISDN definiert Protokolle, die den OSI-Layern 1, 2 und 3 entsprechen. Erklären Sie Ihre Antwort.

   Antwort: Richtig. Referenzpunkte definieren das physikalische Interface zum Teil mit. Auf dem Signalkanal ist LAPD ein Datenverbindungsprotokoll. SPIDs definieren eine logische Adress-Struktur und entsprechen in etwa dem OSI Layer 3.

7. Welche Referenzpunkte verwenden ISDN BRI Interfaces auf Cisco-Routern?

Antwort: Ein BRI-Interface mit einem S/T-Referenzpunkt oder ein BRI mit einem U Referenzpunkt kann man bei Cisco kaufen. Beim S/T-Interface ist ein externes NT1, NT2 oder NT1/NT2 erforderlich. Beim U-Interface braucht man kein externes Gerät.

8. Wird LAPD auf ISDN-Kanälen verwendet? Wenn ja, auf welchen?

    Antwort: LAPD wird nur auf ISDN-D-Kanälen verwendet, um Signale an den lokalen ISDN-Switch zu senden. Viele Leute missverstehen die Funktion von LAPD und denken, es würde auf B-Kanälen verwendet, wenn die Einwahl zustande gekommen ist. Die in der Routerkonfiguration gewählte Einkapselung bestimmt das Datenverbindungsprotokoll auf den Trägerkanälen. Cisco-Router können LAPD auf dem Signalkanal nicht deaktivieren.

9. Welcher Standard definiert ISDN-Protokolle?

    Antwort: Die ITU (International Telecommunications Union) definiert die ISDN-Protokolle. Die Gruppe nannte sich früher CCITT. Die ITU wird von den Vereinten Nationen geleitet.

10. Welche ISDN-Funktionen werden durch die Standards ITU-T Q.920 und Q.930 definiert? Entspricht einer dieser Standards einem OSI-Layer?

    Antwort: Q.920 definiert die ISDN-Data-Link Spezifikationen wie LAPD; Q.930 definiert Layer 3 Funktionen wie Anrufs-Setup-Mitteilungen. I.440 und I.450 entsprechen jeweils Q.920 und Q.930.

11. Welche ISDN-Funktionen werden durch ITU-T I.430 definiert? Entspricht dieser Standard einem OSI-Layer?

    Antwort: I.430 definiert die Spezifiktionen für die physikalische Ebene von ISDN BRI. Es ist vergleichbar mit OSI Layer 1. I.430 hat keine Entsprechung in der Q-Serie.

12. Wofür steht SPID? Was bedeutet es?

    Antwort: SPID steht für Service Profile Identifier. Es handelt sich um eine Zusatzfunktion, die für die Authentifizierung zwischen einem Telco/Telekom-Switch und dem Gerät am anderen Ende der Leitung, wahrscheinlich ein Router, verwendet wird.

13. Definieren Sie *TE1, TE2* und *TA*. Welche Lösung impliziert, dass die beiden anderen auch verwendet werden müssen?

    Antwort: TE1 steht für Terminal Equipment 1. TE2 steht für Terminal Equipment 2. TA steht für Terminal Adapter. Ein TE2 erfordert ein TA. Ein TE2 verwendet einen R Referenzpunkt. Einen S Referenzpunkt braucht man für die ISDN-Signalisierung. Er wird durch ein TA bereitgestellt.

14. Wie viele B-Kanäle gibt es auf einem PRI in Ländern, in denen man ein T1 verwendet? Und bei E1?

    Antwort: Es gibt 23 B-Kanäle auf einem PRI in den Ländern, in denen PRI auf einem T1 basiert, 30 in denen mit E1.

15. Welchen Referenzpunkt verwendet man in Nordamerika zwischen dem Endkunden und der Telefongesellschaft? Und in Europa?

    Antwort: In Nordamerika verwendet man das U-Interface, überall sonst das T-Interface. Die NT1-Funktion, die Trennlinie zwischen T und U Referenzpunkten, wird außerhalb von Nordamerika von den Telefongesellschaften eingebaut.

16. Welches Problem löst Multilink PPP, wenn mehrere B-Kanäle zwischen zwei Routern aktiv sind?

    Antwort: MLP verteilt den Datenverkehr gleichmäßig über mehrere Verbindungen. Ohne MLP überlassen die Router die Verteilung dem Routingprozess, was normalerweise nicht auf eine gleichmäßige Verteilung hinausläuft.

17. Wie lautet die Syntax des Befehls **interface**, mit dem Einkapselung, IP-Adresse und DDR-Parameter auf einem PRI in Nordamerika eingegeben werden? Was bedeuten ein Punkt und eine Zahl hinter der Interface-Nummer?

    Antwort: Der Befehl interface serial 0/0:23 versetzt Sie in den Interface-Konfigurationsmodus für PRI D-Kanäle. Der D-Kanal ist der Ort für Befehle im Interface-Konfigurationsmodus für DDR. Die :23 bezeichnet den letzten DS0-Kanal im PRI. Die Nummerierung der Kanäle im Interface-Befehl fängt bei 0 an. Deshalb hat Kanal 24 die Nummer 23.

18. Welches Datenverbindungsprotokoll (OSI Layer 2) gilt für einen ISDN B-Kanal?

    Antwort: HDLC, PPP und LAPB sind hier mögliche Optionen. PPP ist zu bevorzugen. Wenn Sie DDR an mehr als einem Standort benutzen, brauchen Sie PAP- oder CHAP-Authentifizierung. Dann muss man auch PPP verwenden. PPP bietet auch eine automatische Adress-Zuweisung, besonders für die Einwahl vom PC.

19. Definieren Sie *MLPPP*. Beschreiben Sie, wie MLPPP in einem kleinen Büro verwendet wird.

    Antwort: MLPPP steht für Multilink Point-to-Point Protocol. Hier werden mehrere B-Kanäle als eine Verbindung behandelt, weil MLPPP die

Pakete fragmentiert und über unterschiedliche Kabel sendet, um den Datenverkehr zu verteilen. MLPPP kann man sehr gut in Heimbüros verwenden, um zwei B-Kanäle zu teilen. Es ist aber nicht etwa auf den Heimgebrauch beschränkt.

20. Konfigurieren Sie das ISDN Interface BRI1. Es ist an einen DMS-100 ISDN Switch angeschlossen und hat als SPID nur 404555121201.

    Antwort:
    ```
    isdn switch-type basic-dms100
    interface bri1
      isdn spid1 404555121201
    ```
    Man braucht den Befehl switch-type. SPIDs braucht man nur bei einigen Switches.

21. Beschreiben Sie den Entscheidungsprozess der Cisco IOS Software beim Versuch, sich in eine Legacy DDR Verbindung einzuwählen.

    Antwort: Zunächst muss der Verkehr aus dem Interface geroutet werden, welches angewählt werden soll; das geschieht dadurch, dass man statische Routen aus dem entsprechenden Interface zeigen lässt. Dann muss der »interessante« Verkehr definiert werden; wenn Pakete aus dem Interface geleitet werden, die interessant sind, findet die Einwahl statt.

22. Wenn Pakete von 10.1.1.0/24 in Bezug auf die DDR-Konfiguration »interessant« sind, so dass Sie eine DDR-Verbindung aus Interface BRI0 hervorrufen, welche Konfigurationsbefehle bewirken, dass die Cisco IOS Software denkt, die Pakete seien auf BRI0 interessant.

    Antwort: Die folgende ACL definiert die Pakete von 10.1.1.0/24. Der Befehl dialer-list definiert die Verwendung von access-list 1 für die Feststellung, was interessant ist. Der Befehl dialer-group aktiviert diese Logik auf Interface BRI0.
    ```
    access-list 1 permit 10.1.1.0 0.0.0.255
    !
    dialer-list 2 protocol ip list 1
    !
    interface bri 0
      dialer-group 2
    ```

23. Router R1 hat zwei BRI Interfaces. Konfigurieren Sie ein Dialerprofil, so dass R1 einen von 6 Remote-Routern über irgendeinen der B-Kanäle auf einem der BRIs anwählen kann. Nehmen Sie an, dass jeder Verkehr interessant ist. Sie können die Befehle für statische Routen ignorieren, die dafür sorgen, dass die Pakete aus dem richtigen Interface gehen. Verwenden Sie keine SPIDs und kein CHAP. Für Parameter, die nicht aufgeführt sind, können Sie sich Werte ausdenken.

Antwort:
```
dialer-list 2 protocol ip permit
!
interface dialer 0
 encapsulation ppp
 dialer map ip 172.16.2.1 broadcast 15551111111
 dialer map ip 172.16.2.2 broadcast 15552222222
 dialer map ip 172.16.2.3 broadcast 15553333333
 dialer map ip 172.16.2.4 broadcast 15554444444
 dialer map ip 172.16.2.5 broadcast 15555555555
 dialer map ip 172.16.2.6 broadcast 1555666666
 dialer-group 2
 dialer pool 3
!
interface bri0
encapsulation ppp
 dialer pool-member 3
!
interface bri1
encapsulation ppp
 dialer pool-member 3
```

Kapitel 11

»Weiß ich's schon?«-Quiz

1. Welche der folgenden Bezeichnungen steht für ein Protokoll, das im Netzwerk eines Providers zwischen Frame Relay DTE Frame Relay Switch verwendet wird?

   Antwort: C. LMI verwaltet die Verbindung zwischen DTE und Switch und bemerkt, wenn ein VC aufgebaut wird oder zusammenbricht.

2. Welcher der folgenden Begriffe steht für ein Protokoll oder eine Eigenschaft, bei der es darum geht, was der Provider in seinem eigenen Netzwerk macht, was aber für DTE oder Router, die den Frame-Relay-Dienst nutzen, transparent ist?

   Antwort: F. FRF.5 Service Interworking definiert, wie ein Provider ein ATM-Netzwerk zwischen den Frame-Relay-Switches verwendet. Die Router außerhalb der Frame Relay Wolke merken nicht, ob FRF.5 verwendet wird oder nicht.

3. Wofür steht DLCI?

   Antwort: A

4. Die zwei Cisco-Router R1 und R2 verwenden einen Frame Relay Dienst. R1 ist mit einem Switch verbunden, der LMI Typ ANSI T1.617 verwendet, R2 mit einem Switch, der ITU Q.933a verwendet. Womit konfiguriert man R1 und R2, damit die LMIs richtig laufen?

   Antwort: C, F. Die richtigen Stichworte stehen in Antwort C. Die Router erkennen den LMI-Typ automatisch, darüber braucht man sich bei der Konfiguration keine Gedanken zu machen.

5. FredCo hat fünf Standorte. Die Router sind an dasselbe Frame-Relay-Netzwerk angeschlossen. Zwischen jedem Routerpaar sind VCs (Virtual Circuits) eingerichtet worden. Welches ist die kleinste Anzahl von Subnetzwerken, mit der FredCo das Frame-Relay-Netzwerk ausstatten kann?

   Antwort: A. Man kann in jeder Frame-Relay-Topologie ein einzelnes Subnetz einsetzen. Aber nur bei einer vollständigen Vermaschung arbeitet das Ganze ohne komplizierte Eingaben für die Routingprotokolle.

6. BarneyCo hat fünf Standorte. Die Router sind an dasselbe Frame-Relay-Netzwerk angeschlossen. Zwischen jedem Routerpaar sind VCs (Virtual Circuits) eingerichtet worden. Der Präsident der Firma, Barney, feuert jeden, der Frame Relay ohne Punkt-zu-Punkt Subinterfaces konfiguriert. Welches ist die kleinste Anzahl von Subnetzwerken, mit der BarneyCo das Frame-Relay-Netzwerk ausstatten kann?

   Antwort: D. BarneyCo hat insgesamt 10 VCs. Wenn alle auf Punkt-zu-Punkt-Subinterfaces konfiguriert werden, brauchen Sie 10 Subnetze, eins pro VC.

7. BettyCo hat fünf Standorte. Die Router sind an dasselbe Frame-Relay-Netzwerk angeschlossen. Zwischen jedem Routerpaar sind VCs (Virtual Circuits) eingerichtet worden. Die Präsidentin der Firma, Betty, feuert jeden, der irgendetwas konfiguriert, das genauso gut in der Standardeinstellung hätte bleiben können. Bei welchem der folgenden Befehle für das Frame-Relay-Netzwerk könnte der Ingenieur sofort seine Papiere abholen?

   Antwort: C, D, E. Der lmi-Typ wird automatisch erkannt. inverse-arp ist auf dem physikalischen Interface in der Standardeinstellung eingeschaltet, so dass es keinen Grund gibt, es einzuschalten (E), und es gibt keinen Grund für statische Maps (D).

8. WilmaCo hat einige Router, die an ein Frame-Relay-Netzwerk angeschlossen sind. R1 ist ein Router an einem Remote-Standort mit einem einzelnen VC zurück zum Hauptstandort der WilmaCo. Die R1-Konfiguration sieht so aus:

```
interface serial 0/0
  ip address 10.1.1.1 255.255.255.0
  encapsulation frame-relay
```

Wilma, die Präsidentin, findet Punkt-zu-Punkt Subinterfaces cool. Deshalb bekommen Sie den Auftrag, die Konfiguration so zu verändern, dass Punkt-zu-Punkt Subinterfaces verwendet werden. Mit welchem der folgenden Befehle können Sie die Konfiguration verändern?

Antwort: A, E. Die IP-Adresse geht zum Subinterface und muss auf dem seriellen Interface zuerst gelöscht werden (A). Die Einkapselung bleibt auf dem physikalischen Interface erhalten. Den Befehl frame-relay interface-dlci muss man auf dem Subinterface eingeben, damit der Router weiß, welcher DLCI zu welchem Interface gehört – auch wenn es nur einen DLCI gibt.

9. WilmaCo hat ein weiteres Netzwerk mit einem Router am Hauptstandort und 10 VCs zu den Remote-Standorten. Wilma denkt inzwischen, dass Multipoint-Subinterfaces noch viel cooler sind, als Punkt-zu-Punkt. Die aktuelle Konfiguration des Routers am Hauptstandort sieht so aus:

```
interface serial 0/0
  ip address 172.16.1.1 255.255.255.0
  encapsulation frame-relay
```

Wilma möchte jetzt gern zu einem Multipoint-Subinterface übergehen. Welchen der folgenden Befehle benötigt man für den Übergang zur neuen Konfiguration? (Beachten Sie: Für die 10 VCs werden die DLCIs 101 bis 220 verwendet.)

Antwort: F. Sie können einen DLCI nur mit frame-relay interface-dlci eingeben und Sie benötigen je einen für jeden VC auf dem Multipoint-Interface.

10. Welcher der folgenden Befehle zeigt die Informationen an, die über Inverse ARP erlernt worden sind?

Antwort: F

Q&A

1. Welche zwei WAN-Datenverbindungsprotokolle bestimmen eine Methode, mit der die Layer-3-Adressen eines Interface anderen, an das WAN angeschlossenen Geräten bekannt machen?

Antwort: PPP und Frame Relay. PPP verwendet Kontrollprotokolle für jedes unterstützte Layer-3-Protokoll. Frame Relay verwendet Inverse ARP.

2. Erklären Sie den Zweck von Inverse ARP, und wie es Frame-Relay-Broadcasts einsetzt.

   Antwort: Ein Router erkennt die Layer-3-Adresse(n) eines Routers am anderen Ende eines VC, wenn der eine Inverse ARP Message sendet. Diese Mitteilung ist kein Broadcast.

3. Würde sich ein Frame-Relay-Switch, der mit einem Router verbunden ist, anders verhalten, wenn die IETF-Option mit **encapsulation frame-relay ietf** vom angeschlossenen Router gelöscht würde? Würde sich ein Router am anderen Ende des VC anders verhalten, wenn man dieselben Änderungen vornimmt?

   Antwort: Der Switch verhält sich nicht anders. Der andere Router muss aber IETF-Einkapselung verwenden. Andernfalls sehen sich die Router nicht die richtigen Felder an, um den Pakettyp zu erkennen.

4. Wofür steht NBMA? Bezieht sich der Ausdruck auf X.25- oder auf Frame-Relay-Netzwerke?

   Antwort: NBMA steht für Nonbroadcast Multiaccess. X.25 und Frame Relay sind NBMA-Netzwerke. Multiaccess bedeutet im Grunde, dass mehr als ein Gerät an die Datenverbindung angeschlossen ist, weil viele andere Geräte möglicherweise über ein einziges Gerät erreicht werden. Router1 hat vielleicht einen PVC zu Router2 und Router3 und dadurch kommt es zu Multiaccess.

5. Welcher oder welche OSI-Layer ist besonders eng mit den Funktionen von Frame Relay verbunden? Warum?

   Antwort: Die OSI-Layer 1 und 2 sind am engsten mit den Funktionen von Frame Relay verbunden. Frame Relay bezieht sich auf gut bekannte Spezifikationen des physikalischen Layers. Frame Relay definiert Header für die Datenlieferung über die Frame-Relay-Wolke, aber keine Adress-Struktur, die VCs auf vielen verschiedenen Frame-Relay-Netzwerken ermöglichen würde. Darum werden keine Anforderungen von OSI-Layer 3 erfüllt. Seitdem es Frame Relay SVCs gibt, könnte man sagen, dass Frame Relay Funktionen von Ebene 3 wahrnimmt.

6. Wenn Inverse ARP wegen der Standardeinstellung verwendet wird, mit welcher zusätzlichen Konfiguration bringt man IGRP-Routingupdates dazu, über jeden VC zu fließen?

   Antwort: Es ist keine zusätzliche Konfiguration notwendig. Die Weiterleitung von Broadcasts als Unicasts kann auf jedem VC und für jedes Protokoll aktiviert werden, für die Inverse ARP empfangen wird.

7. Definieren Sie die Eigenschaften von vollständig und teilweise vermaschten Frame-Relay-Netzwerken.

   Antwort: In einem teilweise vermaschten Netzwerk sind nicht alle DTEs direkt mit einem VC verbunden. In einem voll vermaschten Netzwerk sind alle DTEs direkt mit einem VC verbunden.

8. Welches sind die notwendigen Schlüsselinformationen einer **frame-relay map** Aussage?

   Antwort: Die notwendigen Informationen bestehen im Layer-3-Protokoll, der Layer-3-Adresse des Next-Hop-Routers, dem DLCI, mit dem man den Router erreicht und ob Broadcasts weitergeleitet werden sollen. Frame-Relay-Maps sind nicht notwendig, wenn Inverse ARP verwendet wird.

9. Erstellen Sie eine Konfiguration für Router1, die Frame-Relay-VCs zu Router2 und Router3 (DLCIs 202 und 203) auf dem Serial1 Interface von Router1 enthält. Verwenden Sie jede IP-Adresse, die Sie möchten. Nehmen Sie aber an, dass das Netzwerk nicht voll vermascht ist.

   Antwort:
   ```
   interface serial 1
   encapsulation frame-relay
   interface serial 1.1 point-to-point
   ip address 168.10.1.1 255.255.255.0
   frame-relay interface-dlci 202
   interface serial 1.2 point-to-point
   ip address 168.10.2.1 255.255.255.0
   frame-relay interface-dlci 203
   ```
   Dies ist nicht die einzig mögliche Lösung. Punkt-zu-Punkt-Subinterfaces sind hier aber erste Wahl, da das Netzwerk nicht voll vermascht ist. Cisco-Einkapselung ist die Standardeinstellung. Der LMI-Typ wird automatisch erkannt.

10. Welcher **show** Befehl informiert Sie darüber, dass ein PVC gerade aktiv wurde? Woher weiß der Router, wann ein PVC aktiv wurde?

    Antwort: show frame-relay pvc zeigt die Zeit an, seit der letzte PVC aufgebaut wurde. Sie können die Zeitangabe von der aktuellen Zeit abziehen, um den Zeitpunkt herauszufinden, wann der VC aufgebaut wurde. Der Router erfährt dies, wenn PVCs durch LMI Messages hoch und runter fahren.

11. Welcher **show** Befehl zeigt die Frame-Relay-Informationen zum Mapping an? In welchen Fällen enthält die angezeigte Information die Layer-3-Adressen des Routers?

Antwort: show frame-relay map zeigt die Frame-Relay-Informationen zum Mapping an. Die Mapping-Information enthält Layer-3-Adressen, wenn Multipoint-Subinterfaces oder wenn keine Subinterfaces verwendet werden. Die zwei Fälle, in denen die Layer-3-Adressen von Nachbar-Routern angezeigt werden, sind die beiden Fälle, in denen sich Frame Relay wie ein Multiaccess-Netzwerk verhält. Bei Punkt-zu-Punkt-Subinterfaces ist das Verfahren das gleiche wie bei einer Punkt-zu-Punkt-Verbindung. Die Layer-3-Adresse des Next-Hop-Routers ist dann für das Routing unwichtig.

12. Wahr oder falsch: Der Befehl **no keepalive** auf einem seriellen Frame-Relay-Interface bewirkt, dass keine Cisco-markeneigenen Keepalive-Mitteilungen mehr an den Frame-Relay-Switch gesendet werden.

    Antwort: Falsch. Der Befehl stoppt LMI Status Inquiry Messages. Sie sind in den Standards des Frame Relay Forums definiert. Cisco sendet properitäre Keepalive Messages auf seriellen Punkt-zu-Punkt- und LAN-Interfaces.

13. Welche **debug** Option zeigt Inverse ARP Messages an?

    Antwort: debug frame-relay events zeigt Inverse ARP Messages, wie man in Beispiel 11.18 sieht.

14. Wahr oder falsch: Der Konfigurationsbefehl **map** für Frame Relay gestattet mehr als eine Verknüpfung einer Layer-3-Protokolladresse auf demselben Konfigurationsbefehl.

    Antwort: Falsch. Die Syntax erlaubt nur ein einziges Netzwerklayer-Protokoll und eine einzige Netzwerklayer-Adresse.

15. Wie lautet der Name des Feldes, das einen Frame-Relay-VC kennzeichnet?

    Antwort: Der DLCI (Data-Link Connection Identifier) identifiziert einen VC. Die Zahl kann am anderen Ende des VCs eine andere sein.

16. Beschreiben Sie den Unterschied der beiden Arten von Service-Interworking, FRF.5 und FRF.8.

    Antwort: FRF.5 bestimmt, wie Frame-Relay-Switches einen ATM VC untereinander in einem ISP-Netzwerk verwenden. FRF.8 bestimmt, wie zwei DTEs, Router zum Beispiel, kommunizieren, wenn ein Router einen Frame Relay VC und einer einen ATM VC verwendet. Unter FRF.5 sind die End-DTEs an eine Frame Relay Cloud angeschlossen. Unter FRF.8 ist ein DTE direkt mit einem ATM-Netzwerk verbunden.

Kapitel 12

»Weiß ich's schon?«-Quiz

1. Barney ist ein Host mit der IP-Adresse 10.1.1.1 in Subnetz 10.1.1.0/24. Für welche der folgenden Aufgaben kann man eine Standard-IP-ACL konfigurieren?

   Antwort: A, C. Standard-ACLs prüfen die IP-Quelladresse. Antwort B ist mit einem einzigen Befehl nicht möglich. Für diese Zusammenstellung von Adressen bräuchte man mehrere Befehle.

2. Welche der folgenden Felder kann man unter einer erweiterten IP-ACL nicht vergleichen?

   Antwort: E, F. Erweiterte Namens-ACLs können dieselben Felder untersuchen.

3. Welches der folgenden Felder kann man mit Namens-Zugriffslisten vergleichen, nicht aber mit nummerierten, erweiterten ACLs?

   Antwort: H. Erweiterte Namens-IP-ACLs berücksichtigen dieselben Felder wie erweiterte nummerierte IP-ACLs.

4. Welche der folgenden Platzhaltermasken ist am besten, wenn man alle IP-Pakete in Subnetz 10.1.128.0, Maske 255.255.255.0 auf Übereinstimmung prüfen will?

   Antwort: D. 0.0.0.255 berücksichtigt alle Pakete, die dieselben ersten drei Oktette haben. Das ist praktisch, wenn Sie ein Subnetz treffen wollen, bei dem der Subnetzteil die ersten drei Oktette umfasst, wie in diesem Beispiel.

5. Welche der folgenden Platzhaltermasken ist am besten, wenn man alle IP-Pakete in Subnetz 10.1.128.0, Maske 255.255.240.0 auf Übereinstimmung prüfen will?

   Antwort: E. 0.0.15.255 berücksichtigt alle Pakete mit denselben ersten 20 Bits. Das ist praktisch, wenn Sie ein Subnetz treffen wollen, bei dem der Subnetzteil die ersten 20 Bits umfasst, wie in diesem Beispiel.

6. Welche der folgenden **access-list** Befehle erlaubt Datenverkehr von IP-Adresse 10.1.1.1 zu allen Webservern, deren IP-Adresse mit 172.16.5 beginnt?

   Antwort: A, E. Der Bereich von ACL-Nummern für erweiterte IP-ACLs geht von 100 bis 199 und von 2000 bis 2699.

7. Welcher der folgenden **access-list** Befehle erlaubt Datenverkehr von allen Webservern, deren IP-Adressen mit 172.16.5 beginnen, zu einem Webclient?

   Antwort: E. Weil das Paket zu einem Web-Client geht, müssen Sie die Portnummer des Webservers als Quellport prüfen. Der IP-Adressbereich des Clients ist nicht Teil der Frage, aber die Server sind es, weshalb die Quelladresse, die mit 172.16.5 beginnt, die richtige Antwort ist.

8. Welche allgemeine Faustregel sollte man beachten, wenn man IP-ACLs platziert, und zwar gemäß dem ICND-Kurs, auf dem der CCNA aufgebaut ist?

   Antwort: C. Cisco macht nur für erweiterte IP-ACLs einen Vorschlag.

Q&A

1. Konfigurieren Sie eine nummerierte IP-ACL, so dass keine Pakete mehr aus Subnetz 134.141.7.0 255.255.255.0 aus serial 0 eines Routers gehen. Erlauben Sie alle anderen Pakete.

   ```
   access-list 4 deny 134.141.7.0 0.0.0.255
   access-list 4 permit any
   interface serial 0
   ip access-group 4 out
   ```

   Antwort: Die erste access-list Aussage verbietet Pakete von dem Subnetz. Das andere Statement braucht man, da die Standardeinstellung darin besteht, Pakete zu verbieten, und deshalb nicht extra erwähnt wird.

2. Konfigurieren Sie eine IP-ACL, die Paketen von Subnetz 193.7.6.0 255.255.255.0, erlaubt, zu Hosts in Netzwerk 128.1.0.0 zu gelangen und über einen Webserver in 128.1.0.0 auf das Interface serial 0 eines Router zu gelangen.

   ```
   access-list 105 permit tcp 193.7.6.0 0.0.0.255
   128.1.0.0 0.0.255.255 eq www
   !
   interface serial 0
   ip access-group 105 in
   ```

   Antwort: Am Ende der Liste steht immer unausgesprochen deny all.

3. Wie kann ein Benutzer ohne enable-Passwort herausfinden, welche ACLs konfiguriert worden sind, und wo sie greifen?

   Antwort: show access-list zeigt alle ACLs an. show ip interfaces und show ipx interfaces erkennen Interfaces, auf denen ACLs aktiviert sind.

4. Konfigurieren und aktivieren Sie eine IP-ACL, so dass keine Pakete mehr aus Subnetz 10.3.4.0/24 über das serielle Interface S0 hinausgehen, und keine Pakete von 134.141.5.4 auf S0 ankommen. Erlauben Sie den anderen Verkehr.

   ```
   access-list 1 deny 10.3.4.0 0.0.0.255
   access-list 1 permit any
   access-list 2 deny host 134.141.5.4
   access-list 2 permit any
   interface serial 0
   ip access-group 1 out
   ip access-group 2 in
   ```

5. Konfigurieren und aktivieren Sie eine IP-ACL so, dass Pakete aus Subnetz 10.3.4.0/24, an jeden Webserver aus dem seriellen Interface S0 hinausgehen können. Erlauben Sie auch Pakete von 134.141.5.4 an TCP-basierte Server auf einem well-known Port, über serial 0 herein zukommen. Verbieten Sie den restlichen Verkehr.

   ```
   access-list 101 permit tcp 10.3.4.0 0.0.0.255 any eq www
   access-list 102 permit tcp host 134.141.5.4 any lt 1023
   interface serial 0
   ip access-group 101 out
   ip access-group 102 in
   ```

   Antwort: Es sind zwei erweiterte ACLs erforderlich. Liste 101 erlaubt Pakete gemäß dem ersten der beiden Kriterien, wonach Pakete untersucht werden, die S0 verlassen. Liste 102 erlaubt Pakete gemäß dem zweiten der beiden Kriterien, wonach Pakete untersucht werden, die auf S0 ankommen.

6. Können Standard-IP-ACLs verwendet werden, um die IP-Quelladresse zu kontrollieren, wenn sie über **ip access-group 1 in** aktiviert werden, und IP-Zieladressen, wenn diese **ip access-group 1 out** verwenden?

   Antwort: Nein. Standard IP-ACLs prüfen nur die IP-Quelladresse. Dabei ist unwichtig, ob die Pakete ankommen oder hinausgehen.

7. Wahr oder falsch: Wenn alle **access-list** Statements in einer bestimmten Liste die Aktion Löschen nach sich ziehen, sorgt die Standardeinstellung dafür, dass alle anderen Pakete erlaubt werden.

   Antwort: Falsch. Standard ist, dass am Ende einer IP-ACL alle anderen Pakete verboten werden.

8. Wie viele IP-ACLs desselben Typs können gleichzeitig auf einem Interface aktiv sein?

   Antwort: Es kann nur eine IP-ACL pro Interface pro Richtung aktiviert sein. Es ist also eine Ausgangs- und eine Eingangs-ACL möglich, nicht mehr.

Für die Fragen 9 bis 11 setzen wir voraus, dass das Netzwerk in Bild A.3 mit allen seinen Teilen funktioniert. IGRP ist das verwendete IP-Routingprotokoll. Beantworten Sie die Fragen nach Beispiel A.1, das eine Zusatzkonfiguration für Mayberry enthält.

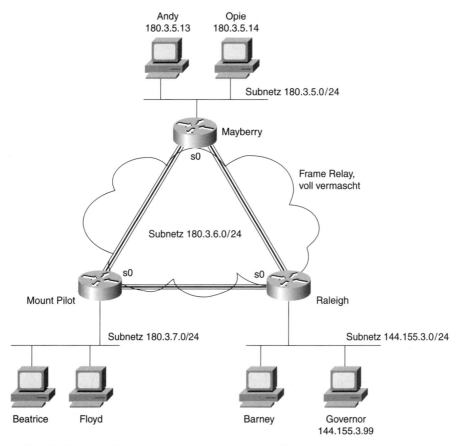

Bild A.3: Netzwerk-Diagramm für die Fragen 9 bis 11

Beispiel A.1: ACL auf Mayberry

```
access-list 44 permit 180.3.5.13 0.0.0.0
!
interface serial 0
ip access-group 44 out
```

9. Beschreiben Sie, welche Pakettypen dieser Filter löscht, und an welcher Stelle.

    Antwort: Mayberrys Interface serial 0 wird nur von Paketen von Andy verlassen. Pakete, die innerhalb des Routers Mayberry ihren Ursprung haben – wie ein ping von Mayberry – funktionieren, da die Cisco-IOS-Software keine Pakete filtert, die aus demselben Router kommen. Opie hat kein Glück – er wird niemals (mit einem Paket) aus Mayberry herauskommen!

10. Stoppt die ACL in Beispiel A.1 Pakete, die Richtung Webserver Governor unterwegs sind? Warum oder warum nicht?

    Antwort: Pakete von Andy kommen nicht zum Webserver Governor. Pakete von Mount Pilot können an Governor geliefert werden, wenn der Pfad direkt von Mount Pilot auf Raleigh zeigt, so dass die Pakete nicht über Mayberry gehen. Daher stoppt die ACL, wie eingegeben nur Hosts außer Andy auf dem Mayberry Ethernet, damit diese den Webserver Governor nicht erreichen.

11. Erstellen und aktivieren Sie für Bild A.3 ACLs so, dass der Zugriff auf den Webserver Governor von Hosts an jedem Standort möglich ist, und dass keine weiterer Zugang zu Hosts in Raleigh möglich ist.

    ```
    ! this access list is enabled on the Raleigh router
    access-list 130 permit tcp 180.3.5.0  0.0.0.255 host 144.155.3.99 eq www
    access-list 130 permit tcp 180.3.7.0  0.0.0.255 host 144.155.3.99 eq www
    !
    interface serial 0
    ip access-group 130 in
    ```

    Antwort: Die ACL erfüllt ihre Funktion und filtert auch IGRP-Updates. Das ist eine Gefahr von Eingangs-ACLs. Bei einer Ausgangs-Liste filtert der Router keine Pakete, die auf diesem Router ihren Ursprung haben. Bei einer Eingangs-ACL werden alle ankommenden Pakete untersucht und können auch gefiltert werden. Ein IGRP-Protokolltyp wird im erweiterten ACL-Befehl erlaubt; das Problem mit den IGRP-Updates kann also gelöst werden. Der Befehl access-list 130 permit igrp any any berücksichtigt, wie erforderlich, die IGRP-Updates und erlaubt sie. (Dieser Befehl muss vor jeder Aussage in Liste 130 kommen, die die IGRP-Updates filtern könnte.)

12. Nennen Sie alle Kategorien, die Standard-ACLs auf Übereinstimmung prüfen können.

    Antwort:

    IP-Quelladresse

    Einen Teil der IP-Quelladresse (durch die Verwendung einer Maske)

13. Nennen Sie alle Kategorien, die erweiterte ACLs auf Übereinstimmung prüfen können.

Antwort:

Protokolltyp
Quellport
IP-Quelladresse
Einen Teil der IP-Quelladresse (durch die Verwendung einer Maske)
Zielport
IP-Zieladresse
Einen Teil der IP-Zieladresse (durch die Verwendung einer Maske)

14. Wahr oder falsch: Sie benutzen erweiterte IP-ACLs, um den vty-Zugang zu beschränken. Sucht sich das Matchingverfahren die beste oder die erste Übereinstimmung aus der Liste heraus?

    Antwort: Falsch. Das ACL-Verfahren sucht sich immer den ersten Treffer und wendet ihn an.

15. In einer nummerierten Standard-IP-ACL mit drei Aussagen wird eine **no**-Version des ersten Statements im Konfigurationsmodus eingegeben. Sofort danach wird ein weiterer ACL-Konfigurationsbefehl der ACL hinzugefügt. Wie viele Statements sind nun in der Liste und an welcher Position kommt das neue Statement?

    Antwort: Es bleibt nur eine Aussage in der Liste: die neue. Der Befehl no access-list *x* löscht die ganze Liste, auch wenn man alle Parameter eines Befehls mit eingibt, wenn man die no-Version verwendet.

16. In einer Standard-Namens-ACL mit drei Aussagen wird eine **no**-Version des ersten Statements im Konfigurationsmodus eingegeben. Sofort danach wird ein weiterer ACL-Konfigurationsbefehl der ACL hinzugefügt. Wie viele Statements sind nun in der Liste, und an welcher Position kommt das neue Statement?

    Antwort: Es bleiben 3 Aussagen in der Liste, und die neue kommt zum Schluss. Der Befehl no deny | permit... löscht in Namenslisten nur den entsprechenden Unterbefehl. Wenn der Befehl wieder eingegeben wird, kann er aber wieder nur ans Ende gesetzt werden.

17. Nennen Sie alle Kategorien, die Standard-Namens-ACLs auf Übereinstimmung prüfen können.

    Antwort:

    IP-Quelladresse
    Einen Teil der IP-Quelladresse (durch die Verwendung einer Maske)

    Standard Namens-ACLs berücksichtigen dieselben Kategorien, wie nummerierte Standard-ACLs.

18. Konfigurieren Sie eine Namens-ACL, die verhindert, dass Pakete aus Subnetz 134.141.7.0 255.255.255.0 serial 0 eines Routers verlassen. Erlauben Sie alle restlichen Pakete.

    ```
    ip access-list standard fred
     deny 134.141.7.0 0.0.0.255
     permit any
    !
    interface serial 0
    ip access-group fred out
    ```

    Antwort: Die erste Aussage verbietet Pakete von diesem Subnetz. Die andere Aussage braucht man, weil das Standardverfahren, die Löschung aller anderen Pakete, nicht extra erwähnt wird.

19. Konfigurieren Sie eine Namens-ACL, die nur Paketen von Subnetz 193.7.6.0 255.255.255.0 zu Hosts in Netzwerk 128.1.0.0, die einen Webserver in 128.1.0.0 verwenden, auf serial 0 eines Routers hereinzugehen.

    ```
    ip access-list extended barney
     permit tcp 193.7.6.0 0.0.0.255 128.1.0.0 0.0.255.255 eq www
    !
    interface serial 0
    ip access-group barney in
    ```

    Antwort: Am Ende ist eine deny-Aussage automatisch enthalten.

20. Zählen Sie auf, welche IP-ACLs (standard nummeriert, erweitert nummeriert, Standard-Namens-, erweiterte Namens-) Einwahlzugang auf einen Router verhindern. Welche Befehle braucht man, um diese Funktion zu aktivieren, wenn **access-list 2** schon so eingerichtet ist, dass die richtigen Pakete gefiltert werden?

    Antwort: Man kann mit jedem Typ der IP-ACLs einen vty-Zugang verhindern. Der Befehl line vty 0 4, gefolgt von ip access-class 2 in, aktiviert das Feature für ACL 2. Weil ACLs, die einen Einwahlzugang verhindern, nur die Quelladresse prüfen, braucht man hier keine erweiterte ACL.

21. Welcher Befehl zeigt die erweiterte ACL auf serial 1 an, ohne dass noch andere Interfaces angezeigt werden?

    Antwort: show ip interface serial 1 führt die Namen und Nummern der ACLs auf, die auf serial 1 aktiviert sind.

22. Nennen Sie alle Kategorien, die eine erweiterte Namens-ACL prüfen kann.

    Antwort:

    Protokoll Typ
    Quell Port
    Quell IP-Adresse
    Teil der eingehenden Quell IP-Adresse (Maske)
    Ziel Port
    Ziel IP-Adresse
    Teil der ausgehenden Ziel IP-Adresse (Maske)

    Diese Parameter können in einer nummerieren erweiterten IP-Access-Liste eingestellt werden.

Anhang B

Dezimal-Binär Übersetzungstabelle

Dezimalwert	Binärwert	Dezimalwert	Binärwert	Dezimalwert	Binärwert
0	0000 0000	24	0001 1000	48	0011 0000
1	0000 0001	25	0001 1001	49	0011 0001
2	0000 0010	26	0001 1010	50	0011 0010
3	0000 0011	27	0001 1011	51	0011 0011
4	0000 0100	28	0001 1100	52	0011 0100
5	0000 0101	29	0001 1101	53	0011 0101
6	0000 0110	30	0001 1110	54	0011 0110
7	0000 0111	31	0001 1111	55	0011 0111
8	0000 1000	32	0010 0000	56	0011 1000
9	0000 1001	33	0010 0001	57	0011 1001
10	0000 1010	34	0010 0010	58	0011 1010
11	0000 1011	35	0010 0011	59	0011 1011
12	0000 1100	36	0010 0100	60	0011 1100
13	0000 1101	37	0010 0101	61	0011 1101
14	0000 1110	38	0010 0110	62	0011 1110
15	0000 1111	39	0010 0111	63	0011 1111
16	0001 0000	40	0010 1000	64	0100 0000
17	0001 0001	41	0010 1001	65	0100 0001
18	0001 0010	42	0010 1010	66	0100 0010
19	0001 0011	43	0010 1011	67	0100 0011
20	0001 0100	44	0010 1100	68	0100 0100
21	0001 0101	45	0010 1101	69	0100 0101
22	0001 0110	46	0010 1110	70	0100 0110
23	0001 0111	47	0010 1111	71	0100 0111

Dezimalwert	Binärwert	Dezimalwert	Binärwert	Dezimalwert	Binärwert
72	0100 1000	104	0110 1000	136	1000 1000
73	0100 1001	105	0110 1001	137	1000 1001
74	0100 1010	106	0110 1010	138	1000 1010
75	0100 1011	107	0110 1011	139	1000 1011
76	0100 1100	108	0110 1100	140	1000 1100
77	0100 1101	109	0110 1101	141	1000 1101
78	0100 1110	110	0110 1110	142	1000 1110
79	0100 1111	111	0110 1111	143	1000 1111
80	0101 0000	112	0111 0000	144	1001 0000
81	0101 0001	113	0111 0001	145	1001 0001
82	0101 0010	114	0111 0010	146	1001 0010
83	0101 0011	115	0111 0011	147	1001 0011
84	0101 0100	116	0111 0100	148	1001 0100
85	0101 0101	117	0111 0101	149	1001 0101
86	0101 0110	118	0111 0110	150	1001 0110
87	0101 0111	119	0111 0111	151	1001 0111
88	0101 1000	120	0111 1000	152	1001 1000
89	0101 1001	121	0111 1001	153	1001 1001
90	0101 1010	122	0111 1010	154	1001 1010
91	0101 1011	123	0111 1011	155	1001 1011
92	0101 1100	124	0111 1100	156	1001 1100
93	0101 1101	125	0111 1101	157	1001 1101
94	0101 1110	126	0111 1110	158	1001 1110
95	0101 1111	127	0111 1111	159	1001 1111
96	0110 0000	128	1000 0000	160	1010 0000
97	0110 0001	129	1000 0001	161	1010 0001
98	0110 0010	130	1000 0010	162	1010 0010
99	0110 0011	131	1000 0011	163	1010 0011
100	0110 0100	132	1000 0100	164	1010 0100
101	0110 0101	133	1000 0101	165	1010 0101
102	0110 0110	134	1000 0110	166	1010 0110
103	0110 0111	135	1000 0111	167	1010 0111

Anhang B • Dezimal-Binär Übersetzungstabelle

Dezimalwert	Binärwert	Dezimalwert	Binärwert	Dezimalwert	Binärwert
168	1010 1000	200	1100 1000	232	1110 1000
169	1010 1001	201	1100 1001	233	1110 1001
170	1010 1010	202	1100 1010	234	1110 1010
171	1010 1011	203	1100 1011	235	1110 1011
172	1010 1100	204	1100 1100	236	1110 1100
173	1010 1101	205	1100 1101	237	1110 1101
174	1010 1110	206	1100 1110	238	1110 1110
175	1010 1111	207	1100 1111	239	1110 1111
176	1011 0000	208	1101 0000	240	1111 0000
177	1011 0001	209	1101 0001	241	1111 0001
178	1011 0010	210	1101 0010	242	1111 0010
179	1011 0011	211	1101 0011	243	1111 0011
180	1011 0100	212	1101 0100	244	1111 0100
181	1011 0101	213	1101 0101	245	1111 0101
182	1011 0110	214	1101 0110	246	1111 0110
183	1011 0111	215	1101 0111	247	1111 0111
184	1011 1000	216	1101 1000	248	1111 1000
185	1011 1001	217	1101 1001	249	1111 1001
186	1011 1010	218	1101 1010	250	1111 1010
187	1011 1011	219	1101 1011	251	1111 1011
188	1011 1100	220	1101 1100	252	1111 1100
189	1011 1101	221	1101 1101	253	1111 1101
190	1011 1110	222	1101 1110	254	1111 1110
191	1011 1111	223	1101 1111	255	1111 1111
192	1100 0000	224	1110 0000		
193	1100 0001	225	1110 0001		
194	1100 0010	226	1110 0010		
195	1100 0011	227	1110 0011		
196	1100 0100	228	1110 0100		
197	1100 0101	229	1110 0101		
198	1100 0110	230	1110 0110		
199	1100 0111	231	1110 0111		

Anhang C

Simulations-Software für Praxisübungen

Eine der wichtigsten Schlüsselkompetenzen zum Bestehen der INTRO-, ICND- und CCNA-Prüfungen ist das sichere Konfigurieren von Cisco-Routern und Switches. Ein Grund für den Umfang dieses Buch ist, dass die Befehle so ausführlich erklärt werden. Das betrifft besonders den Output von **show**-Befehlen und ihr Zusammenwirken. Viele CCNA-Kandidaten bringen einfach sehr wenig praktische Erfahrung mit. Daher haben wir dieses Buch so gestaltet, dass man auch dann Hilfe an die Hand bekommt, wenn praktische Erfahrungen eher fehlen.

Eine andere Möglichkeit, praktische Erfahrungen zu sammeln, besteht in der Arbeit am Simulator. Das Unternehmen Boson Software (*www.boson.com*) hat einen Netzwerksimulator entwickelt – NetSim™. Die Vollversion des NetSim-Netzwerksimulators, die über das Internet erhältlich ist, enthält viele Laborübungen an etlichen Geräten. Man kann quasi vom Reißbrett aus eine komplette Netzwerktopologie entwerfen! Ein beeindruckendes Produkt.

Die CD, die diesem Buch beiliegt, enthält eine Version des Boson-Netzwerksimulators, die speziell auf dieses Buch abgestimmt ist. Die Laborübungen und Szenarien sind speziell für dieses Buch geschrieben worden. Die Software ist nach der Installation jedoch nur soweit aktiviert, dass man alle Übungen machen kann, die sich auf dieses Buch beziehen. Wer die Vollversion benutzen möchte, muss die Software kostenpflichtig registrieren. Dann hat man aber auch eine ganze Reihe weiterer Laborsituationen zur Verfügung, die bereits auf die CCNP-Prüfungen vorbereiten.

In diesem kurzen Teil des Anhangs geht es um Folgendes:

- Wie man die NetSim-Benutzeroberfläche öffnet
- Welche Praxisübungen aus dem Buch in dieser Version von NetSim enthalten sind

Öffnen des NetSim-Netzwerksimulators von der CD

Das Öffnen des NetSim-Netzwerksimulators von der CD ist recht einfach. Legen Sie die CD in Ihr CD-Rom Laufwerk. Die Software startet dann automatisch. (Wenn nicht, geben Sie **autorun.exe** ein.) Nach dem Anmelden wählen Sie »Hands-on Practice Exercises and NetSim Demo Software«. Es öffnet sich ein Fenster, in dem die CD-Anhänge zu sehen sind. Außerdem kann man den NetSim starten.

NetSim lässt Sie nun wählen, mit welcher Labortopologie Sie arbeiten wollen. Klicken Sie eine Topologie an und gehen Sie in die nächste Benutzeroberfläche.

Sie befinden sich nun in einem Networking-Labor mit Routern und Switches. Die Verkabelung und die Interfacenummern entsprechen den Szenarien im Buch. Sie können nun ein Gerät auswählen und Befehle eingeben!

Wie Sie bemerkt haben, ist die gesamte CD in englischer Sprache. Daher machen Sie alle Übungen auf der CD automatisch in der Form, die Ihnen auch von der Testsoftware bei der Prüfung abverlangt wird.

Die NetSim-Software enthält einen NetSim User Guide, mit dem Sie sich leichter im NetSim zurechtfinden. (Wählen Sie »Help« und »User guide«.) Die Bedienungsanleitung jedoch sagt nichts über die aktiven Übungen, die Sie mit dieser speziellen NetSim-Version machen können. Sie können mit dem NetSim gerne herumexperimentieren und alle erdenklichen Befehle eingeben. Denken Sie aber daran, dass viele Funktionen für die Vollversion gelten und bei dieser Version auch nicht alle Befehle funktionieren. Wenn Sie sich ein paar gute Tipps geben lassen möchten, wie man NetSim für unsere Zwecke am besten nutzt, lesen Sie das nächste Kapitel. Es enthält alle Laborexperimente und Szenarien aus diesem Buch, die sich mit NetSim nachstellen lassen!

NetSim-Übungen zu diesem Buch

Dieses Buch enthält drei unterschiedliche Übungytypen, die man mit dem NetSim nachstellen kann – Szenarien, Laboranwendungen und Konfigurationsübungen. Sie verbessern Ihre Praxiskompentenz auf jeden Fall, ob Sie nun wirklich ins Labor gehen, den NetSim benutzen oder die Übungen im Buch genau studieren.

Szenarien

Die Szenarien der Cisco Press Examens-Reihe enthalten eine Aufgabenstellung, die Sie lösen müssen. Dann sieht man einen Lösungsvorschlag, in dem auch die Fallstricke erklärt werden, denen Sie bei der Beantwortung begegnet sein könnten. Viele der Szenarien enthalten Konfigurations- und EXEC-Befehle, einige aber auch nicht. Die Szenarien sind so aufgebaut, dass Sie sehr viel über Router und Switches lernen können, auch wenn Sie keinen Zugang zu real existierender Hardware haben. Genau die gleichen Szenarien kann man mit dem NetSim üben!

Laborübungen

Dieses Buch enthält auch Laborübungen, die dem typischen Laboraufbau in Networking-Kursen entsprechen. Diese »Labs« geben Ihnen mehr Hilfestellungen als die Szenarien. Die Szenarien geben Ihnen nur ein Ziel vor, wie zum Beispiel »Konfigurieren Sie diese drei Router so, dass ein vollständig vermaschtes Netzwerk mit PVCs unterstützt wird«. Bei den Laborübungen bekommen Sie für jeden einzelnen Schritt eine Arbeitsanweisung. Wenn Sie sich an diese Anweisungen halten, leitet Sie die Laborübung durch alle erforderlichen Schritte, die zur Lösung notwendig sind.

Wie die Szenarien, kann man die Laborübungen real oder mit dem NetSim-Simulator durchführen, der auf der CD ist. Wenn Sie sehr wenig Zeit haben, können Sie die Laborübungen auch durchlesen und sich die Lösungen dann sofort ansehen. Vielleicht können Sie aber wenigstens die Lösung schnell aufschreiben, bevor Sie sich die Antwort durchlesen!

Die Konfigurationsabschnitte in den Kapiteln 3 und 10

Kapitel 3 enthält die Konfiguration von VLANs und Trunking. NetSim enthält ein »Labor«, das im Wesentlichen dem Beispiel aus Kapitel 3 entspricht. NetSim verwendet genau die gleiche Topologie, so dass Sie das Beispiel ganz einfach mit den Befehlen aus dem Kapitel wiederholen können.

Genauso ist es mit Kapitel 10.

Auflistung der praktischen Übungen

Mit NetSim lässt sich am besten arbeiten, wenn Sie zuerst eine Laborübung oder ein Szenario aussuchen. Vielleicht möchten Sie sich auch einen Ausdruck von der Topologie machen, wenn sich das Szenario in einem Anhang befindet, der nur auf der CD ist. Dann können Sie sich die entsprechende NetSim-Topologie heraussuchen. NetSim simuliert ein Netzwerk, das genau der gewählten Übung entspricht. Sie brauchen nur anzufangen, Befehle einzugeben, als wenn würden Sie sich in der Realität befinden!

Die Szenarien und Laborübungen befinden sich an unterschiedlichen Stellen. Kapitel 13 enthält zwei Szenarien. Hier finden sich viele Inhalte aus dem Buch wieder. Die CD hat einen Szenarien- (CD-Anhang B, »Scenarios«) und einen Labor-Anhang (CD-Anhang C, »Hands-on Lab Exercises«). Sie konzentrieren sich auf etwas speziellere Themen. Wenn Sie NetSim häufig verwenden möchten, sollten Sie sich die beiden Anhänge B und C ausdrucken.

Im CD-eigenen Anhang B sind die Szenarien so nummeriert, dass Sie einen Bezug zu den jeweiligen Kapiteln im Buch haben. Szenario 5.1 nimmt zum Beispiel Themen aus Kapitel 5 auf, »Konzepte und Konfiguration von statischen Routen, RIP und IGRP«.

Tabelle C.1 führt die Szenarien und »Labs« unseres Buches auf, die man mit NetSim von der CD aus nachstellen kann. Beachten Sie, dass einige Szenarien aus dem CD-eigenen Anhang B nicht mit dem Simulator geübt werden können. Wenn in einer Übung nichts in ein Netzwerk implementiert wird, ist der Simulator ja auch überflüssig. Tabelle C.1 zeigt also nur die Szenarien und Laborübungen, die man auch mit NetSim machen kann.

Tabelle C.1: »Labs«, die man mit NetSim üben kann

Szenario oder Lab	Ort	Thema	NetSim Lab-Nummer
Szenario 1	Kapitel 13	Grundszenario 1 für Themen aus diesem Buch	7
Szenario 2	Kapitel 13	Grundszenario 2 für Themen aus diesem Buch	8
Szenario 4.2	CD-eigener Anhang B	Subnetzdesign mit einem B-Klasse-Netzwerk	9
Szenario 4.3	CD-eigener Anhang B	Subnetzdesign mit einem C-Klasse-Netzwerk	10
Szenario 5.1	CD-eigener Anhang B	IP Konfiguration 1	11
Szenario 5.2	CD-eigener Anhang B	IP Konfiguration 2	12
Szenario 11.2	CD-eigener Anhang B	Frame Relay Konfiguration	13
Szenario 11.3	CD-eigener Anhang B	Frame Relay Konfigurationsaufteilung	14
Szenario 12.1	CD-eigener Anhang B	IP Filterbeispiel 1	15
Szenario 12.2	CD-eigener Anhang B	IP Filterbeispiel 2	16
Szenario 12.3	CD-eigener Anhang B	IP Filterbeispiel 3	17
Lab 1	CD-eigener Anhang C	IP Routing-Konfiguration	18

Tabelle C.1: »Labs«, die man mit NetSim üben kann (Forts.)

Szenario oder Lab	Ort	Thema	NetSim Lab-Nummer
Lab 2	CD-eigener Anhang C	IP Accesslisten-Konfiguration	19
Lab 3	CD-eigener Anhang C	WAN Konfiguration	20
VLAN und Trunk-Konfiguration	Kapitel 3	Labor, das einfach die Topologie und die Befehle aus diesem Teil von Kapitel 3 unterstützt	21
DDR und ISDN Konfiguration	Kapitel 10	Labor, das einfach die Topologie und die Befehle aus diesem Teil von Kapitel 10 unterstützt	22

Wie Sie mit NetSim vorgehen sollten

Sie können die Laborübungen und Szenarien mit dem NetzSim natürlich machen, wann Sie wollen. Sie können aber auch eine Lernstrategie verfolgen:

- Starten Sie NetSim sofort auf Ihrem Übungs-PC und gehen Sie zu einer Router-Eingabeaufforderung. Wenn Sie jetzt schon mit Ihrer ersten Übung beginnen könnten, haben Sie alles erfolgreich installiert.
- Wenn Sie die meisten Übungen machen wollen, sollten Sie sich die CD-eigenen Anhänge B und C ausdrucken.
- Überlegen Sie sich, ob Sie die Labs und Szenarien beim oder nach dem Lesen des Buches üben wollen.
- Wenn Sie die Übungen begleitend zu Ihrer Lektüre machen, sehen Sie in Tabelle C.2 meine Vorschläge für den besten Zeitpunkt:

Tabelle C.2: Der beste Zeitpunkt für die Übungen mit NetSim

Szenario oder Lab	Ort	Thema	Nach dem Lesen von Kapitel
Szenario 1	Kapitel 13	Grundszenario 1 für Themen aus diesem Buch	13
Szenario 2	Kapitel 13	Grundszenario 2 für Themen aus diesem Buch	13
Szenario 4.2	CD-eigener Anhang B	Subnetzdesign mit einem B-Klasse-Netzwerk	4

Tabelle C.2: Der beste Zeitpunkt für die Übungen mit NetSim (Forts.)

Szenario oder Lab	Ort	Thema	Nach dem Lesen von Kapitel
Szenario 4.3	CD-eigener Anhang B	Subnetzdesign mit einem C-Klasse-Netzwerk	4
Szenario 5.1	CD-eigener Anhang B	IP Konfiguration 1	5
Szenario 5.2	CD-eigener Anhang B	IP Konfiguration 2	5
Szenario 11.2	CD-eigener Anhang B	Frame Relay Konfiguration	11
Szenario 11.3	CD-eigener Anhang B	Frame Relay Konfigurations-aufteilung	11
Szenario 12.1	CD-eigener Anhang B	IP Filterbeispiel 1	12
Szenario 12.2	CD-eigener Anhang B	IP Filterbeispiel 2	12
Szenario 12-3	CD-eigener Anhang B	IP Filterbeispiel 3	12
Lab 1	CD-eigener Anhang C	IP Routing-Konfiguration	4
Lab 2	CD-eigener Anhang C	IP Accesslisten-Konfiguration	12
Lab 3	CD-eigener Anhang C	WAN Konfiguration	10
VLAN und Trunk-Konfiguration	Kapitel 3	Labor, das einfach die Topologie und die Befehle aus diesem Teil von Kapitel 3 unterstützt	3
DDR und ISDN Konfiguration	Kapitel 10	Labor, das einfach die Topologie und die Befehle aus diesem Teil von Kapitel 10 unterstützt	10

Anhang D

Dynamische Routingprotokolle im Vergleich

Die Deutsche Post AG leitet Tag für Tag riesige Mengen von Briefen und Paketen an die richtigen Empfänger weiter. Dafür müssen die Sortiermaschinen sehr schnell laufen und sehr viele Briefe sortieren. Die kommen dann in den richtigen Container, auf den richtigen LKW oder in das richtige Flugzeug, und ab geht es, Richtung Empfänger. So ein Vorgehen nennt man Logistik. Wenn es allerdings Niemanden gibt, der die Postleitzahlen in die Sortiermaschinen einprogrammiert, sieht die Sache schlecht aus. Genau so geht es einem Cisco Router. Er kann unheimlich viel Pakete routen, also sortieren und weiterleiten. Wenn er jedoch keine Routen dafür kennt, sieht die Sache schlecht aus.

Die Kapitel 5 und 6 dieses Buches enthalten Details zu vier verschiedenen Routingprotokollen – RIP, IGRP, EIGRP und OSPF. Das ICND-Examen enthält aber auch die Anforderung, dass man für ein bestimmtes Setting das richtige Routingprotokoll wählen kann. Daher finden Sie in diesem Anhang einen Auszug aus dem INTRO-Buch mit Definitionen und Vergleichen der Routingprotokolle, sowie ein paar tiefere Einblicke in weitere IP-Routingprotokolle.

Wenn Sie eine Ausgabe des INTRO-Buchs besitzen, finden Sie alle Informationen auch dort, insbesondere im 14. Kapitel.

Routingprotokolle im Überblick

IP-Routingprotokolle haben im Grunde die Hauptaufgabe, die IP-Routingtabellen immer mit den besten Routen zu füllen, die es gerade gibt. Das hört sich einfach an, kann aber recht kompliziert werden.

Beim Kennenlernen der Routingprotokolle kann sich einem die Terminologie durchaus in den Weg stellen. In diesem Buch halten wir uns bei den Themen Routing und Routingprotokolle an die Terminologie aus den entsprechenden Ciscokursen. Dem entsprechen zugleich fast alle Dokumentationen und Veröffentlichungen von Cisco. Damit wir wirklich über die gleichen

Dinge sprechen, ist eine kurze Wiederholung der wichtigsten Begriffe aber mit Sicherheit sinnvoll:

- Ein *Routingprotokoll* füllt die Routingtabelle mit Routinginformationen. Beispiele dafür sind RIP und IGRP.

- Ein *geroutetes Protokoll* hat OSI-Layer-3-Eigenschaften. Sie bestimmen lokale Adressierung und Routing. Die Pakete, die durch den Netzwerklayer-Anteil dieser Protokolle bestimmt werden können, können geroutet werden. Beispiele dafür sind IP und IPX.

- Der Begriff *Routingtype* kommt gelegentlich in anderen Ciscokursen vor. Daher ist es ganz gut, ihn zu kennen. Er bezieht sich auf den Protokolltyp, also beispielsweise Link-State oder Distanzvektor.

IP-Routingprotokolle füllen eine IP-Routingtabelle mit gültigen und (hoffentlich) Loop-freien Routen an. Neben dieser Hauptaufgabe gibt es aber noch ein weitere Funktion, die die Routingprotokolle erfüllen: die Verhinderung von Loops. Die Routen, die in die Routingtabelle geschrieben werden, enthalten eine Subnetznummer, das Interface, aus dem Pakete zu diesem Subnetz geschickt werden, und die IP-Adresse des Next-Hop-Routers, der eventuell dazwischen liegt, und die Pakete an dieses Subnetz empfängt.

Man kann sich die Sache ganz gut anhand einer Analogie voranschaulichen. Stellen wir uns einen halsstarrigen, eigensinnigen Mann vor, der eine Reise in ihm unbekannte Gebiete unternimmt. Er orientiert sich an den Schildern, die ihn an jeder Kreuzung in Richtung Ziel leiten sollen. Das kann auch ganz gut funktionieren. Unter Umständen ist die Beschilderung aber etwas unvollständig, so dass der Mann im Kreis fährt. In seinem Eigensinn fragt er aber auch niemanden, sondern fährt lieber immer weiter im Kreis – zumindest, bis der Sprit leer ist. In dieser Analogie ist der Mann das geroutete Protokoll – es reist Richtung Ziel. Das Routingprotokoll ist derjenige, der sich überlegt, was auf den verschiedenen Schildern stehen muss, die an den Kreuzungen stehen sollen. Solange die Schilder richtig beschriftet sind, hat der Mann im Auto eine gute Chance, sein Ziel zu erreichen. Genauso ist es mit den Routingprotokollen. Solange sie die richtigen Informationen in die Routingtabellen schreiben, können die Router die Pakete erfolgreich weiterleiten.

Alle Routingprotokolle haben einige gemeinsame Aufgaben, die Sie in der folgenden Liste finden:

- Dynamisch zu lernen und die Routingtabelle mit einer Route zu jedem Subnetz im Netzwerk zu füllen.

- Wenn es mehr als eine Route zu einem Subnetz gibt, die beste in die Routingtabelle zu schreiben.

- Bemerken, wenn eine Route in der Tabelle nicht mehr aktuell ist, und sie dann zu löschen.
- Wenn eine Route gelöscht worden ist und es eine andere über einen Nachbar-Router gibt, diese in die Routingtabelle zu schreiben. (Viele Leute sehen diesen und den vorigen Schritt als einen an.)
- Neue Routen oder Ersatzrouten so schnell wie möglich verwendbar machen. Die Zeit zwischen dem Verlust einer Route und ihrer erfolgreichen Ersetzung bezeichnet man als *Konvergenzzeit*.
- Routing-Loops zu verhindern.

Alle Routingprotokolle verfolgen im Allgemeinen dieselben Ziele. Die Cisco-IOS-Software unterstützt sehr viele unterschiedliche IP-Routingprotokolle. Die lange Geschichte von IP und seine ungebrochene Popularität haben zu einer unglaublichen Vielfalt konkurrierender Protokolle geführt. Diese sollte man anhand ihrer Unterschiede klassifizieren können.

Vergleichende Gegenüberstellung von IP-Routingprotokollen

Routingprotokolle kann man verschieden kategorisieren. Eine Möglichkeit besteht darin, danach zu unterscheiden, ob das Protokoll zwischen zwei verschiedenen Firmen oder Institutionen eingesetzt wird oder innerhalb einer einzigen. Denn nur das BGP (Border Gateway Protocol) ist unter den heute gängigen IP-Protokollen dafür entwickelt worden, zwischen zwei verschiedenen Firmen eingesetzt zu werden. Das BGP wird heute tatsächlich weltweit für das Übertragen von Routinginformationen zwischen ISPs und bei Bedarf auch zwischen ISPs und ihren Kunden eingesetzt.

Routingprotokolle, die Routen zwischen Firmen und Organisationen verbreiten, wie das BGP, nennt man *externe Routingprotokolle*. Routingprotokolle, die Routinginformation innerhalb einer Organisationseinheit verteilen, dagegen *interne Routingprotokolle*. Der Unterschied ist der gleiche, wie derjenige zwischen dem Bundesverkehrsministerium und dem Tiefbauamt in Frankfurt/Oder. Das Bundesverkehrsministerium plant sechsspurige Verkehrsprojekte, kümmert sich aber weniger darum, ob jemand gerade seinen Hof an einen Investor verkauft hat, dem das Tiefbauamt die Zusage gegeben hat, dass das Gebiet mit einer Straße erschlossen wird, so dass überhaupt gebaut werden kann. Das Bundesverkehrsministerium ist mit einem externen Routingprotoll vergleichbar – hier geht es um internationale Konnektivität, weniger darum, ob irgendein Berliner Startup gerade ein zweites LAN und ein neues Subnetz braucht. Für die internen Routingprotokolle ist das dagegen schon ziemlich interessant. Denn wenn das Paket das Startup über den Daten-Highway erreicht, müssen die Router das neue Subnetz alle schon kennen, damit der Auftrag erfolgreich in der richtigen Abteilung ankommt.

Tabelle D.1 führt die wesentlichen Vergleichskategorien von Routingprotokollen auf.

Tabelle D.1: Die wesentlichen Vergleichskategorien zwischen Routingprotokollen

Vergleichskategorie	Beschreibung
Typ des Routingprotokolls	Jedes interne Routingprotokoll in diesem Kapitel kann man anhand seiner Arbeitsweise beschreiben. Diese ihm zugrunde liegende Logik wird häufig als Protokolltyp bezeichnet. Die drei Typen heißen *Distanzvektor, Link-State* und *hybrid*.
Vollständige Updates oder Teilupdates	Einige interne Routingprotokolle senden grundsätzlich ihre kompletten Routingtabellen. Das Verfahren nennt sich *vollständiges Routingupdate*. Andere senden nur einen Teil der Routingtabelle als Update, logischer Weise besonders dann, wenn sich etwas verändert hat. Ein solcher Teil einer Routingtabelle ist ein *partielles Routingupdate*. Teilupdates belasten ein Netzwerk natürlich viel weniger.
Konvergenz	*Konvergenz* ist die Zeit, die die Router brauchen, um auf eine Veränderung im Netzwerk zu reagieren (Kabelbruch oder Router ausgefallen, zum Beispiel). Dann müssen ungültige Routen durch neue ersetzt werden, so dass die aktuell besten Routen wieder in den Routingtabellen stehen.
Metrik	Die *Metrik* ist der nummerische Wert, an dem man erkennt, wie gut eine Route im Vergleich ist. Je niedriger die Metrik, desto besser die Route. Dabei lassen einige Metrikwerte mehr Rückschlüsse darüber zu, wie gut eine Route in der Realität im Vergleich zu anderen ist.
Support von VLSM	*VLSM (Variable-length Subnet Masking)* bedeutet, dass in einem einzigen A-, B- oder C-Klasse-Netzwerk mehrere Subnetzmasken eingesetzt werden können. Der Vorteil von VLSM ist, dass man jedes Netzwerk nach Bedarf skalieren, also in der Größe verändern kann. Eine serielle Point-to-Point Verbindung braucht zum Beispiel nur zwei IP-Adressen. Als Subnetzmaske reicht deshalb 255.255.255.252, was zwei gültige IP-Adressen ergibt und keine IP-Adresse verschwendet. Gleichzeitig kann man für LAN-basierte Subnetze eine Maske für eine weit größere Zahl von IP-Adressen verwenden. Einige Routingprotokolle unterstützen VLSM, andere nicht.

Tabelle D.1: Die wesentlichen Vergleichskategorien zwischen Routingprotokollen (Forts.)

Vergleichskategorie	Beschreibung
Klassenlos oder klassenabhängig	*Klassenlose Routingprotokolle* übertragen zu jeder Route auch die Subnetzmaske, wenn ein Update von einem solchen Protokoll gesendet wird. *Klassenabhängige Routingprotokolle* übertragen keine Maskeninformation. Also unterstützen auch nur klassenabhängige Routingprotokolle VLSM. Klassenlos bedeutet bei einem Protokoll VLSM-Unterstützung, und umgekehrt

Das Meiste, was es zu Routingprotokollen zu sagen gibt, finden Sie in den Kapiteln 5 und 6. Das Wenige, was im ICND-Examen nicht richtig vorkommt, wird in den kommenden Abschnitten in den Grundzügen erklärt.

Internet-Routing mit dem Border Gateway Protokoll (BGP)

ISPs verwenden heute BGP zum internen Austausch von Informationen, aber auch mit Kunden. Während es für interne Routingprotokolle oft schwer genug ist, Routen zu alle Subnetzwerken innerhalb einer einzigen Organisation anzubieten, wo schon einmal ein paar Tausend IP-Routen in den Routingtabellen für etwas größere Netzwerke stehen können, geht es bei den externen Routingprotokollen darum, dass die angebotene Routinginformation überhaupt bei dem Netzwerk jeder angeschlossenen Organisation ankommen kann. Externe Routingprotokolle haben es, bei allem Bemühen um ihre Verkleinerung, immer noch mit Routingtabellen zu tun, in denen 100.000 Routen stehen können.

BGP verbreitet Routinginformationen nur an festgelegte Peers oder Gruppenmitglieder, und zwar über TCP. Durch das Benutzen von TCP ist klar, dass ein Routingupdate noch einmal gesendet werden kann, wenn es unterwegs aus irgendeinem Grund verloren gegangen ist.

Das Verfahren, mit dem BGP die einzelnen Routen beschreibt, nennt sich *autonome Systeme*. Ein autonomes System (AS) ist eine Gruppe von Geräten, die von einer einzigen Organisation oder Firma kontrolliert werden – diese Firma hat also eine gewisse Autonomie gegenüber anderen, was das Netzwerk und das Internet angeht. Jedem AS wird eine AS-Nummer (ASN) zugewiesen, über die das autonome System im Internet erkannt wird. BGP schreibt die ASNs mit in die Routingupdates hinein, um Loops zu verhindern. Bild D.1 zeigt, worum es hierbei generell geht.

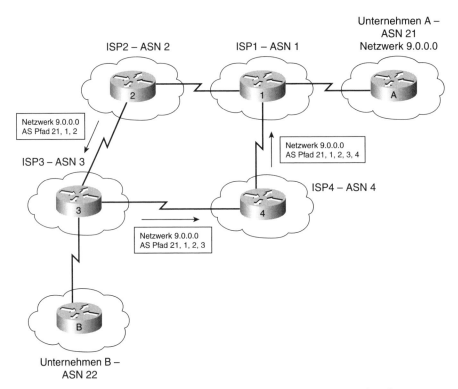

Bild D.1: *BGP verwendet die ASNs, um Routing-Loops zu verhindern.*

Beachten Sie, dass die BGP-Updates, die an die aufeinander folgenden autonomen Systeme gesendet wurden, zur Route auch die ASNs angeben. Wenn R1 ein BGP-Update von R4 bekommt, merkt er, dass seine eigene ASN im AS-Path steht und ignoriert diese Route.

BGP denkt und handelt nicht nach der Logik der internen Routingprotokolle. Weil BGP für die Kommunikation zwischen ISPs, sowie zwischen ISPs und deren Kunden vorgesehen ist, arbeitet BGP mit ziemlich robusten Alternativen, was die Wahl der Route angeht; diese Alternativen nennt man *Policen (Policies)*. Die Routingpolicy kann zum Beispiel von der Tatsache abhängig sein, dass ein ISP eine bessere Geschäftsbeziehung zu einem zweiten ISP hat, als zu einem dritten. In Bild D.1 können Pakete von Unternehmen B über eine »heißere« Route zu Unternehmen A rasen (von ASN 3 zu ASN 2, dann zu ASN 1), wenn ISP3 eine bessere Geschäftsbeziehung zu ISP2 hat als zu ISP4.

RIP Version 2

RIP Version 2 (RIP-2), aktuell definiert in RFC 2453, hat einige Verbesserungen zum ursprünglichen RIP-Protokoll (RIP Version 1) zu bieten. (Kapitel 5 enthält Einzelheiten zu RIP Version 1.) Wie RIP-1 verwendet RIP-2 die Distanzvektorlogik und die Hop-Zählung als Metrik, sendet regelmäßig vollständige Routingupdates und hat eine »unmögliche« Konvergenzzeit.

RIP-2 unterstützt aber, im Gegensatz zu RIP-1, VLSM, wodurch ein klassenloses Routingprotokoll entsteht. RIP-2 nimmt die Subnetzmaske jedes Subnetzes in der Routingtabelle mit in das Routingupdate hinein. Tabelle D.2 stellt die Verbesserungen für RIP durch RIP-2 heraus.

Tabelle D.2: Verbesserungen der RIP-Technologie durch das RIP V2

Feature	Beschreibung
Überträgt die Subnetzmaske mit der Route	Dieses Feature erlaubt VLSM, weil die Maske mit jeder Route mit übertragen wird und das genaue Subnetz angibt. Dadurch wird RIP-2 zum klassenlosen Routingprotokoll.
Bietet Authentifizierung	Zur Authentifizierung kann Klartext (nach RFC) und MD5-Verschlüsselung (von Cisco) zur sicheren Identifizierung der Quelle einer Routinginformation verwendet werden.
Im Routingupdate ist die IP-Adresse des Next-Hop-Routers enthalten.	Ein Router kann eine Route anbieten, aber die Empfänger auf einen anderen Router im selben Subnetz weiter verweisen.
Externe Routing-Tags	RIP kann Informationen über Routen weitergeben, die von externen Quellen stammen und in das RIP eingeflossen sind. Diese externen Tags kann ein anderer Router demselben Routingprotokoll in anderen Teilen des Netzwerks bekanntmachen. so dass die Informationen besser verbreitet werden
Multicast Routingupdates	Anstatt von Broadcasting-Updates an 255.255.255.255 wie unter RIP-1, ist die IP-Zieladresse 224.0.0.9, eine IP-Multicast-Adresse. 224.0.0.9 ist für RIP-2 reserviert. Das vermindert die Prozessorleistung auf Hosts in einem öffentlichen Netz, die nicht RIP sprechen.

Der wichtigste Unterschied ist, dass RIP-2 VLSM unterstützt. Heute wäre die Wahl von RIP-1 einfach Unsinn – der entsprechende RFC hat nur noch historischen Wert. Beide Protokolle arbeiten klasse, aber RIP-2 ist einfach funktionaler. Wenn Sie ein Routingprotokoll mit anerkanntem Standard verwenden wollen, dass nicht so kompliziert ist, wie die Link-State-Protokolle, dann wählt man heute RIP-2.

Das Integrierte IS-IS Link State Routingprotokoll

Vor langer, langer Zeit bestand die Welt des Networking aus Markenprotokollen unzähliger Hersteller. Wenn Sie damals Ihre Computer nur bei einem Hersteller bestellten, konnte nichts passieren. Wenn Sie jedoch Computer verschiedener Hersteller benutzten, wurde die Sache mit dem Networking schon ziemlich problematisch.

Eine Antwort auf dieses Problem war sah man in der Entwicklung eines standardisierten Netzwerkprotokolls, wie TCP/IP. Ein paar Jahrzehnte später finden Sie nun keinen Hersteller mehr, der einen netzwerkfähigen Computer verkauft, der nicht TCP/IP versteht. Das Problem existiert nicht mehr!

Bevor TCP/IP zum Standard der Networking-Protokolle wurde und diese Probleme löste, arbeitete die ISO (International Organization for Standardization) intensiv an einer Protokollarchitektur namens *OSI (Open System Interconnection)*. OSI definierte eigene Protokolle für die Layer 1 bis 7, die auf anderen Standards für die Layer 1 und 2 aufbauen, wie es heute auch beim TCP/IP ist. OSI hat sich kommerziell nicht durchgesetzt – der Sieg ging an das gewandtere, flexiblere TCP/IP.

Warum langweile ich Sie dann überhaupt noch damit? Nun, OSI definiert ein Netwerklayer-Protokoll namens CLNP (Connectionless Network Protocol) und ein Routingprotokoll namens IS-IS (Intermediate System-to-Intermediate System) – ein Routingprotokoll, das CLNP-Routen anbieten kann. IS-IS verbreitet CLNP-Routen zwischen »intermediären Systemen«. Das ist innerhalb von OSI die Bezeichnung für einen *Router*.

Das Leben ging weiter und IS-IS bekam ein Upgrade, um nicht nur CLNP-, sondern auch IP-Routen anbieten zu können. Zur Unterscheidung gegenüber dem alten IS-IS heißt das neue nun *Integriertes IS-IS*. Der Ausdruck *integriert* weist darauf hin, dass dieses Routingprotokoll die Routinginformationen mehrerer gerouteter Protokolle auf Layer 3 verarbeiten kann.

IS-IS und OSPF sind Link-State-Protokolle. Link-State-Protokolle verhindern Loops, weil jede Route eine komplette elektronische Netzwerkkarte mit der Topologie vorliegen hat. Wenn Sie einen Ausflug mit Ihrem Auto machen und eine Karte dabei haben, ist die Gefahr, sich zu verfahren, bekanntlich wesentlich geringer, als wenn Sie sich nur nach den Schildern richten können. Aus demselben Grund hilft die Topologie-Information unter Link-State-Protokollen erfolgreich dabei, Loops zu verhindern. Wie Sie aus Kapitel 5 wissen, ist der Grund für die schlechte Konvergenzzeit der Distanzvektorprotokolle in dem Aufwand zu suchen, den sie zur Vermeidung von Loops treiben müssen. Bei Link-State-Protokollen sind diese Features gar nicht nötig, die Konvergenz ist kurz – oft weniger als 10 Sekunden.

Integriertes IS-IS hat gegenüber OSPF den Vorteil, dass sowohl CLNP- als auch IP-Routen verbreitet werden können. CLNP werden jedoch kaum verwendet, der Vorteil hält sich in Grenzen. Tabelle D.3 zeigt einen Vergleich aller interner Routingprotokolle in Bezug auf Integriertes IS-IS und OSPF.

Tabelle D.3: IP Link-State Protokolle im Vergleich

Feature	OSPF	Integriertes IS-IS
Intervall zwischen den Routingupdates	30 Minuten	15 Minuten
Metrik	Kostenwert	Metrik
Unterstützt VLSM	Ja	Ja
Konvergenz	Schnell	Schnell

Zusammenfassung zu den internen Routingprotokollen

Bevor Sie Ihre Studien für die INTRO- oder CCNA-Prüfung beenden, lernen Sie weit mehr über RIP-1, IGRP, EIGRP und OSPF, als dieser Anhang enthält. Er stellt Hauptbegriffe vor, vergleicht die genannten Protokolle und versorgt Sie mit einigen weiterführenden Informationen. Tabelle D.4 fasst die wichtigsten Punkte aus unserem Vergleich der internen Routingprotokolle zusammen, Tabelle D.5 liefert einen wichtigen Teil der Terminologie.

Tabelle D.4: Interne IP-Routingprotokolle im Vergleich: Zusammenfassung

Routing-protokoll	Metrik	Konvergenz	Untertützt VLSM und ist klassenlos	Standardintervall für ein volles Update
RIP-1	Hop count	Langsam	Nein	30 Sekunden
RIP-2	Hop count	Langsam	Ja	30 Sekunden
IGRP	Wird aus Bandbreite und Delay errechnet	Langsam	Nein	90 Sekunden
EIGRP	Wie beim IGRP, aber multipliziert mit 256	Sehr schnell	Ja	N/A
OSPF	Kosten werden aus der Bandbreite abgeleitet	Schnell	Ja	N/A
Integrated IS-IS	Metrik	Schnell	Ja	N/A

Tabelle D.5: Terminologie zum Thema Routingprotokolle

Begriff	Definition
Routingprotokoll	Ein Protokoll, das verfügbare Routen erlernen kann, die besten in eine Routingtabelle setzt und sie wieder löscht, wenn sie ungültig sind.
Externes Routingprotokoll	Ein Routingprotokoll, das zwischen zwei verschiedenen Organisationseinheiten verwendet wird. Das können zwei ISPs sein, aber auch eine Firma und ein ISP. Eine Firma betreibt ein externes Routingprotokoll zum Beispiel zwischen einem ihrer Router und einem Router beim ISP.
Internes Routingprotokoll	Ein Routingprotokoll für den Gebrauch innerhalb einer Organisationseinheit. Eine Firma kann sich zum Beispiel komplett für IGRP entscheiden, ein internes Routingprotokoll.
Distanzvektor	Die Logik hinter einigen der internen Routingprotokolle, wie RIP und IGRP.
Link-State	Die Logik hinter einigen internen Routingprotokollen, wie OSPF.
Balanced-Hybrid	Die Logik hinter EIGRP, welches ein Routingprotokoll zwischen Distanzvektor und Link-State ist, mehr zu Distanzvektor tendiert, sich aber von beiden unterscheidet.
Dijkstra Shortest Path First (SPF)	Magische Mathematik, die von Link-State-Protokollen wie OSPF zur Berechnung der Routingtabelle verwendet wird.
Diffusing Update Algorithm (DUAL)	Der Prozess, mit dem die Router unter EIGRP gemeinsam die Routen für ihre Routingtabellen berechnen.
Konvergenz	Die Zeit, die Router brauchen, um auf Veränderungen im Netzwerk zu reagieren, ungültige Routen zu löschen, neue hinzuzufügen und immer die beste Route im Angebot zu haben.
Metrik	Nummerischer Wert, der beschreibt, wie gut eine Route im Vergleich ist. Je niedriger der Wert, desto besser die Route.

Anhang E

Konfiguration beim Cisco 1900 Switch

In den vergangenen Jahren hat Cisco die Serie Catalyst 1900 für die CCNA-Kurse empfohlen. Es gibt heute aber keine so guten Gründe mehr dafür, sich für einen 1900er zu entscheiden, wenn man einen neuen Cisco Switch kaufen möchte – im Gegenteil, man kann gar keinen mehr bestellen. Daher behandelt Cisco in den Kursen inzwischen sowohl den 1900er als auch den 2950er Switch. Die Cisco Learning Partner können ältere Labore weiter benutzen oder moderne 2950er Switches einsetzen. Cisco geht es nur darum, dass Sie lernen, welche verschiedenen Dinge Sie auf einem Switch eingeben können – ein älters Modell kann da für die ersten Schritte durchaus sehr sinnvoll sein.

Wir streifen in diesem Buch der Vollständigkeit halber auch die Themen, die nur mit geringer Wahrscheinlichkeit im Examen vorkommen. Da in den normalen Kapiteln oft der 2950er behandelt wird, gibt es diesen Anhang zum 1900er. Um es ganz einfach zu sagen: Was in diesem Anhang vorkommt, kann zwar Gegenstand irgend einer Examensfrage werden, es ist aber fraglich, ob sich der zusätzliche Zeitaufwand für das Examen in jedem Fall lohnt. Wer sich allerdings hyper-gut vorbereiteten möchte, findet hier einige interessante Details zum 1900er Switch.

Die Grundkonfiguration für den 1900er Switch

Es gibt drei verschiedene Methoden, den Catalyst 1900 zu konfigurieren:

- Menü-Interface vom Konsolenport aus
- Web-basierter VSM-Manager (Visual Switch Manager)
- CLI (IOS Command-Line Interface)

Wie schon erwähnt, konzentrieren wir uns in diesem Kapitel auf die Konfiguration über das CLI. Tabelle E.1 führt die Switchbefehle für diesen Abschnitt auf.

Tabelle E.1: Befehle für die Konfiguration eines Catalyst 1900 Switch

Befehl	Beschreibung
ip address *address subnet-mask*	Stellt die IP-Adresse für in-band Management auf dem Switch ein.
ip default-gateway	Stellt das Default-Gateway so ein, dass das Management-Interface von einem Remote-Netzwerk aus erreicht werden kann.
show ip	Zeigt die Konfiguration der IP-Adressen.
show interfaces	Zeigt die Informationen zu den Interfaces.
mac-address-table permanent *mac-address type module/port*	Stellt eine permanente MAC-Adresse ein.
mac-address-table restricted static *mac-address type module/port src-if-list*	Stellt eine beschränkte statische MAC-Adresse ein.
port secure [max-mac-count *count*]	Stellt die Portsicherheit ein.
show mac-address-table {security}	Zeigt die MAC-Adressen-Tabelle an; die Option **security** zeigt Informationen über die restingierten oder statischen Einstellungen an.
**address-violation {suspend	disable	ignore}**	Stellt das Verhalten des Switch bei einer Adress-Sicherheitsverletzung ein.
show version	Zeigt Informationen über die Version an.
copy tftp://*host/src_ file* {**opcode** [*type module*]	**nvram**}	Kopiert eine Konfigurationsdatei vom TFTP-Server in den NVRAM.
copy nvram tftp://*host/dst_ file*	Speichert eine Konfigurationsdatei in den TFTP-Server.
delete nvram [*type module*]	Löscht alle Konfigurationparameter und stellt die Werkseinstellungen ein.

Standardkonfiguration auf dem 1900

Die Standardeinstellung eines Switchs hängt von seinen Features ab. Die folgende Liste enthält einige der Standardeinstellungen des Catalyst 1900. (Es sind nicht alle Werkseinstellungen aufgeführt.)

– IP-Adresse: 0.0.0.0

– CDP: aktiviert

– Switching-Modus: FragmentFree

– 100BaseT port: Autonegotiate-duplex Modus

- 10BaseT port: Halb-duplex
- Spanning Tree: aktiviert
- Konsolenpasswort: keines

Nummerierung der Ports (Interfaces)

Die Begriffe *Interface* und *Port* stehen beide für die »physikalischen« oder »physischen« Steckplätze am Gehäuse des Switch. Der Befehl **show running-config** verwendet den Begriff *Interface*, der Befehl **show spantree** dagegen *Port*. Die Nummerierung der Interfaces kann man sich durchaus merken. Die Festlegung für die Nummerierung beim 1912er und 1924er sieht man in Tabelle E.2. Beispiel E.1 zeigt drei exec Befehle und hebt die Begriffe *interface* und *port* hervor.

Tabelle E.2: Catalyst 1912 und 1924: Interface/Port-Nummerierung

	Catalyst 1912	**Catalyst 1924**
10BaseT Ports	12 insgesamt (e0/1 to e0/12)	24 insgesamt (e0/1 to e0/24)
AUI Port	e0/25	e0/25
100BaseT uplink Ports	fa0/26 (port A) fa0/27 (port B)	fa0/26 (port A) fa0/27 (port B)

Beispiel E.1: show run Output für Port e0/1 als Interface Ethernet 0/1

```
wg_sw_d#show running-config



Building configuration...
Current configuration:
!
!
interface Ethernet 0/1
!
interface Ethernet 0/2
! Portions omitted for brevity...



wg_sw_d#show spantree



Port Ethernet 0/1 of VLAN1 is Forwarding
   Port path cost 100, Port priority 128
   Designated root has priority 32768, address 0090.8673.3340
   Designated bridge has priority 32768, address 0090.8673.3340
   Designated port is Ethernet 0/1, path cost 0
   Timers: message age 20, forward delay 15, hold 1
```

Beispiel E.1: show run Output für Port e0/1 als Interface Ethernet 0/1 (Forts.)

```
! Portions omitted for brevity...
wg_sw_a#show vlan-membership


Port  VLAN   Membership Type      Port  VLAN   Membership Type
-----------------------------------------------------------------
1     5      Static               13    1      Static
2     1      Static               14    1      Static
3     1      Static               15    1      Static
```

IP-Grundkonfiguration und Duplex-Verhalten

Zwei Einstellungen, die man bei fast jeder Switchkonfiguration sofort vornimmt, sind TCP/IP-Unterstützung und der Duplexmodus für wichtige Switchports. Switches untertützen IP, aber auf andere Art als Router. Der Switch verhält sich mehr wie ein normaler IP-Host mit einer Adresse/Maske für den Switch und einem Standardrouter. Es braucht nicht jedes Portinterface eine eigene IP-Adresse, weil der Switch kein Layer-3-Routing macht. Wenn man den Switch nicht verwalten müsste, bräuchte er im Grunde gar kein IP.

Das zweite Feature, das man auf Switches sofort einrichtet, ist die Vorkonfiguration einiger Ports auf halb- oder voll-duplex, damit sie nicht anfangen zu verhandeln. Denn das selbständige Aushandeln der Verbindungseigenschaften mit der Autonegotiation kann bisweilen zu unliebsamen Überraschungen führen. Ein Beispiel dafür ist, dass der Catalyst einen Port, der zu einem Gerät ohne Autonegotiation führt, stets in den halb-duplex Modus versetzt. Wenn dieses Gerät nun aber gerade zufällig auf voll-duplex eingestellt ist, entsteht ein Duplexfehler. Das vermeidet man, indem man die Duplexparameter per Hand einstellt.

Der Catalyst 1900 hat mehrere Konfigurationsmodi, wie das Router-IOS auch. Beispiel E.2 zeigt die Initialkonfiguration für IP und Duplex, und was man ein der Eingabeaufforderung sieht, wenn man im EXEC- oder Konfigurationsmodus ist.

Beispiel E.2: Konfigurationsmodi bei der IP- und Duplex-Konfiguration

```
wg_sw_a#configure terminal
wg_sw_a(config)#ip address 10.5.5.11 255.255.255.0
wg_sw_a(config)#ip default-gateway 10.5.5.3
wg_sw_a(config)# interface e0/1
wg_sw_a(config-if)#duplex half
wg_sw_a(config-if)#end
wg_sw_a
```

Im Beispiel hätte man den Duplexparameter auf folgende Modi einstellen können:

- **Auto** – Autonegation des Duplexmodus. Standard bei 100-Mbit/s TX Ports
- **Full** – Voll-duplex Modu.
- **Full-flow-control** – Voll-duplex Modus mit Datenflusskontrolle
- **Half** – Halb-duplex Modus. Standard bei 10-Mbit/s TX Ports

Um die IP-Konfigurierung den die Duplex-Setting bei einem gegebenen Interface zu überprüfen, benutzen Sie den **show ip** und den **show interface** Befehl, wie es Beispiel E.3 zeigt:

Beispiel E.3: show ip und show interfaces Output

```
wg_sw_a#show ip

IP address: 10.5.5.11
Subnet mask: 255.255.255.0
Default gateway: 10.5.5.3
Management VLAN:  1
Domain name:
Name server 1: 0.0.0.0
Name server 2: 0.0.0.0
HTTP server: Enabled
HTTP port:  80
RIP: Enabled


wg_sw_a#show interfaces


Ethernet 0/1 is Enabled
Hardware is Built-in 10Base-T
Address is 0090.8673.3341
MTU 1500 bytes, BW 10000 Kbits
802.1d STP State: Forwarding     Forward Transitions:  1
Port monitoring: Disabled
Unknown unicast flooding: Enabled
Unregistered multicast flooding:  Enabled
Description:
Duplex setting: Half duplex
Back pressure: Disabled
```

Beispiel E.3: show ip und show interfaces Output (Forts.)

Receive Statistics		Transmit Statistics	
Total good frames	44841	Total frames	404502
Total octets	4944550	Total octets	29591574
Broadcast/multicast frames	31011	Broadcast/multicast frames	390913
Broadcast/multicast octets	3865029	Broadcast/multicast octets	28478154
Good frames forwarded	44832	Deferrals	0
Frames filtered	9	Single collisions	0
Runt frames	0	Multiple collisions	0
No buffer discards	0	Excessive collisions	0
		Queue full discards	0
Errors:		Errors:	
FCS errors	0	Late collisions	0
Alignment errors	0	Excessive deferrals	0
Giant frames	0	Jabber errors	0
Address violations	0	Other transmit errors	0

Im **show interface** Output ist keine IP-Adresse, weil die diese sich auf den kompletten Switch bezieht, nicht auf ein einzelnes Interface. Der Spanning-Tree-Status wird angezeigt und auch die Duplexeinstellung. Wenn es einen Fehler bei der Duplexeinstellung geben sollte, würde sich der Kollisionszähler, der am Ende steht, wahrscheinlich schnell erhöhen.

Ansehen und Konfigurieren von Entries in der MAC-Adresstabelle

Switching-/Bridging-Tabellen, die wir uns an einer früheren Stelle des Kapitels angesehen haben, nennt man auf dem 1900er Switch *MAC-Adresstabelle*. Die MAC-Adresstabelle enthält dynamische Einträge, die erlernt werden, wenn der Switch Frames empfängt und deren MAC-Quelladresse untersucht. Es gibt noch zwei weitere Varianten von Einträgen in der MAC-Adresstabelle, die außer den dynamischen Adressen in der folgenden Liste aufgeführt werden:

- **Dynamische Adressen** – MAC-Adressen werden der MAC-Adresstabelle während der normalen Arbeit des Switch-/Bridgegerätes hinzugefügt. Wenn ein Frame ankommt, wird die Quell-MAC mit dem Einangs-Port/Interface verknüpft. Diese Entries verschwinden wieder aus der Tabelle, wenn sie nicht verwendet werden (nach 300 Sekunden auf dem 1900er) oder wenn die ganze Adrestabelle gelöscht wird.

- **Permanente MACAdressen** – Eine MAC-Adresse kann mit einem Port verknüpft werden, wie eine dynamische. Permanente Entries werden allerdings bei Nichtgebrauch nicht gelöscht.

- **Restringierte statische Einträge** – Eine MAC-Adresse kann mittels Konfiguration mit einem speziellen Port verbunden werden, wobei eine Einschränkung gilt: Frames für diese MAC-Adresse müssen auf dafür festgelegten Ports ankommen.

Bild E.1 gibt ein einfaches Beispiel für permanente und restringierte statische Adressen. Ein öffentlicher Server (Server 1) liegt an Port E0/3 an. Seine MAC-Adresse soll immer in der Tabelle stehen. Der Server in der Finanzbuchhaltung liegt auch auf dem Switch und der Finanzdirektor soll Zugriff haben. Die Konfiguration und die daraus resultierende MAC-Adresstabelle sehen Sie in Beispiel E.4, das auf das Bild folgt.

Bild E.1: Bearbeitung der MAC-Adresstabelle – Netzwerkbeispiel

Beispiel E.4: Die MACAdresstabelle mit dynamischen, permanenten und restringierten statischen Einträgen

```
wg_sw_a(config)#mac-address-table permanent 0200.2222.2222 ethernet 0/3
wg_sw_a(config)#mac-address-table restricted static 0200.1111.1111 e0/4 e0/1
wg_sw_a(config)#End
wg_sw_a#
wg_sw_a#show mac-address-table
Number of permanent addresses : 1
Number of restricted static addresses : 1
Number of dynamic addresses : 5


Address            Dest Interface      Type          Source Interface List
-----------------------------------------------------------------------------
0200.4444.4444     Ethernet 0/1        Dynamic       All
00E0.1E5D.AE2F     Ethernet 0/2        Dynamic       All
0200.2222.2222     Ethernet 0/3        Permanent     All
0200.1111.1111     Ethernet 0/4        Static        Et0/1
00D0.588F.B604     FastEthernet 0/26   Dynamic       All
00E0.1E5D.AE2B     FastEthernet 0/26   Dynamic       All
00D0.5892.38C4     FastEthernet 0/27   Dynamic       All
```

In diesem Beispiel bleibt Server 1 als permanenter Eintrag immer in der Adresstabelle stehen. Der Server in der Finanzbuchhaltung ist immer hinter Port 0/4 zu finden, wobei nur Geräte auf Port 0/1 Frames an ihn senden können.

Ein weiteres Feature, das sich auf die MAC-Adresstabelle auswirkt, ist die *Portsecurity*. Portsicherheit, wenn aktiviert, begrenzt die Anzahl an MAC-Adressen in der Tabelle, die mit einem Port verknüpft sein können. Es gibt also eine Voreinstellung über die Anzahl an Quellen, von denen Frames auf diesem Switchport ankommen dürfen.

Man kann das besonders gut an einem Beispiel nachvollziehen. Die Konfiguration ist allerdings nicht allzu schwer. Nehmen wir Bild E.2. Die Konfiguration ist die gleiche wie in Bild E.1, nur dass die Finanzbuchhaltung um drei Mitarbeiter aufgestockt wurde. Die drei sind an denselben geteilten Hub angeschlossen, der mit Switchport 0/1 verkabelt wird.

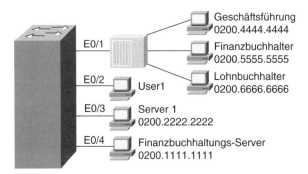

Bild E.2: Beispiel zur Portsicherheit

Die Portsecurity kann Port 0/1 so begrenzen, dass nur drei MAC-Adressen aus Frames in Port 0/1 hineindürfen. Schließlich soll nur die Finanzbuchhaltung den geteilten Hub benutzen. Jede permantente und restringierte statische MAC-Adresse zählt bei diesen drei erlaubten Adressen mit. Beispiel E.5 zeigt eine Beispielkonfiguration mit **show** Befehlen.

Beispiel E.5: Beispiel für Portsecurity

```
wg_sw_a(config)#mac-address-table permanent 0200.2222.2222 ethernet 0/3
wg_sw_a(config)#mac-address-table permanent 0200.4444.4444 ethernet 0/1
wg_sw_a(config)#mac-address-table restricted static 0200.1111.1111 e0/4 e0/1
wg_sw_a(config)#interface ethernet 0/1
wg_sw_a(config-if)#port secure max-mac-count 3
wg_sw_a(config-if)#End
wg_sw_a#
wg_sw_a#show mac-address-table
Number of permanent addresses : 2
Number of restricted static addresses : 1
Number of dynamic addresses : 6
```

Beispiel E.5: Beispiel für Portsecurity (Forts.)

```
Address            Dest Interface    Type        Source Interface List
--------------------------------------------------------------------------
0200.4444.4444     Ethernet 0/1      Permanent   All
0200.5555.5555     Ethernet 0/1      Dynamic     All
0200.6666.6666     Ethernet 0/1      Dynamic     All
00E0.1E5D.AE2F     Ethernet 0/2      Dynamic     All
0200.2222.2222     Ethernet 0/3      Permanent   All
0200.1111.1111     Ethernet 0/4      Static      Et0/1
00D0.588F.B604     FastEthernet 0/26 Dynamic     All
00E0.1E5D.AE2B     FastEthernet 0/26 Dynamic     All
00D0.5892.38C4     FastEthernet 0/27 Dynamic     All
wg_sw_a#show mac-address-table security
Action upon address violation : Suspend


Interface          Addressing Security    Address Table Size
-------------------------------------------------------------
Ethernet 0/1       Enabled                3
Ethernet 0/2       Disabled               N/A
Ethernet 0/3       Disabled               N/A
Ethernet 0/4       Disabled               N/A
Ethernet 0/5       Disabled               N/A
Ethernet 0/6       Disabled               N/A
Ethernet 0/7       Disabled               N/A
Ethernet 0/8       Disabled               N/A
Ethernet 0/9       Disabled               N/A
Ethernet 0/10      Disabled               N/A
Ethernet 0/11      Disabled               N/A
Ethernet 0/12      Disabled               N/A
```

In diesem Beispiel hat der Finanzdirektor die permanente MAC-Adresse 0200.4444.444, die immer mit Port e0/1 verknüpft ist. Beachten Sie, dass die beiden neuen Mitarbeiter auch in die MAC-Adresstabelle aufgenommen sind. **port secure max-mac-count 3** bedeutet, dass auf diesem Port insgesamt bis zu drei Adressen erlernt werden und anliegen können.

Was soll der Switch am besten machen, wenn plötzlich ein Frame von einer vierten MAC-Adresse auf E0/1 ankommt? Eine Adressverletzung liegt dann vor, wenn ein gesicherter Port einen Frame von einer neuen Quelladresse aus bekommt, die die Begrenzung der Anzahl an Adressen für diesen Port überschreiten würde, wenn sie in die Tabelle geschrieben wird. Bei einer Verletzung der Portsicherheit hat der Switch mehrere einstellbare Reaktionsmöglichkeiten, den Port vom Dienst zu suspendieren, die Sicherheitsverletzung zu ignorieren, oder den Port zu deaktivieren. Wenn ein Port nur suspendiert wird, kann ihn jeder Frame mit einer gültigen Adresse wieder beleben. Wenn er deaktiviert wird, muss man ihn wieder per Hand aktivieren. Wenn die Sicherheitsverletzung ignoriert wird, bleibt der Port aktiv.

Der globale Konfigurationsbefehl **address-violation** ist für die Einstellung des Verhaltens bei einer solchen Port-Addressviolation zuständig. Die Syntax des Befehls sieht so aus:

```
address-violation {suspend | disable | ignore}
```

Mit **no address-violation** kann man die Standardeinstellung wählen – **suspend**.

Die Verwaltung der Konfigurations- und Systemdateien

Befehle für die Verwaltung von Konfigurations- und Systemdateien sind auf 1900ern etwas anders als beim Router-IOS. Das IOS läuft gar nicht auf einem Switch – trotzdem gibt es viele Ähnlichkeiten wie das IOS CLI. In Beispiel E.6 haben wir einen **show version** Befehl mit der bekannten Anzeige der Einschaltzeit und den Softwareversionen, nicht aber der IOS-Version, da keine installiert ist.

Beispiel E.6: show version Output mit Informationen zur Switch-Hardware und Cisco IOS Software

```
wg_sw_a#show version
Cisco Catalyst 1900/2820 Enterprise Edition Software
Version V9.00.00(12) written from 171.071.114.222
Copyright  Cisco Systems, Inc.  1993-1999
DS2820-1 uptime is 2day(s) 19hour(s) 34minute(s) 41second(s)
cisco Catalyst 2820 (486sxl) processor with 2048K/1024K bytes of memory
Hardware board revision is 1
Upgrade Status: No upgrade currently in progress.
Config File Status: No configuration upload/download is in progress
25 Fixed Ethernet/IEEE 802.3 interface(s)
SLOT A:
 FDDI (Fiber DAS Model), Version 00
  v1.14 written from 172.031.004.151: valid
SLOT B:
 100Base-TX(1 Port UTP Model), Version 0
Base Ethernet Address: 00-E0-1E-87-21-40
```

Ein weiterer Unterschied besteht darin, dass bei einer Konfigurationsänderung nicht nur die aktuelle Konfigurationsdatei modifiziert wird, sondern auch die Startkonfiguration im NVRAM automatisch aktualisiert wird. Daher muss man nicht noch zusätzlich **copy running-config startup-config** eingeben, wie auf einem Router. Konfigurationsdateien kann man auch auf einen externen TFTP-Server kopieren, dafür gibt man aber nicht **startup-config** (wie beim Router) ein, sondern nimmt **NVRAM**.

Die Schreibweise des Befehls, mit dem man eine NVRAM-Konfigurtionsdatei für Host 10.1.1.1 unter mybackup.cfg abspeichert, lautet **copy nvram tftp://10.1.1.1/mybackup.cfg**. Anders als beim Router-IOS fragt der Switch IOS CLI nicht nach Servername, IP-Adresse oder Dateiname. Stattdessen werden Adresse oder der Hostname des Servers und der Dateiname in die Befehlszeile eingegeben. Dass der Befehl nicht zurückfragt, ist sicherlich ein Unterschied zum Router-IOS. Für den Router kann man aber ab Cisco IOS 12.0 dieselbe Befehlssyntax verwenden. Ein ebenfalls gut gültiger IOS-Befehl könnte zum Beispiel **copy startup-config tftp://10.1.1.1/myrouter.cfg** lauten.

Tabelle E.3 fasst die Hauptunterschiede zwischen dem Router-IOS und der 1900er IOS CLI zusammen.

Tabelle E.3: IOS CLI Vergleich: Router und 1900er Switch

Funktion	Routerbefehl, Features	Switchbefehl, Features
Softwareversion	**show version** Befehl; zeigt die IOS-Version an.	**show version** Befehl; zeigt die Switchsoftware-Version an.
Kopiert Konfigurationsdateien auf den TFTP-Server	**copy startup-config tftp** Befehl; Router IOS fragt nach den TFTP-Parametern.	**copy nvram tftp://server/file** Befehl; Switch IOS CLI fragt nicht nach den TFTP-Parametern. »Server« kann hier eine IP-Adresse oder ein Hostname sein.
Update der Konfigurationsdatei für den Neustart	**copy running-config startup-config** Befehl	Änderungen der aktuellen Konfiguration werden automatisch in den NVRAM übernommen.
Löschen der Konfigurationsdatei für den Neustart	**write erase** oder **erase startup-config** Befehl	**delete nvram** Befehl

VLAN- und Trunking-Konfiguration

Im folgenden Abschnitt geht es um VLAN- und VTP-Konfiguration auf dem 1900er Switch.

Basic VLAN-Konfiguration

Vor der Konfiguration von VLANs sollten Sie sich einige wichtige Punkte ins Gedächtnis zurückrufen:

- Die Höchstzahl der VLANs hängt vom Switch ab. Der Catalyst 1900 unterstützt 64 VLANs mit separatem Spanning Tree.

- VLAN 1 ist eines der vom Werk eingestellten VLANs.
- CDP- und VTP-Advertisements werden auf VLAN 1 gesendet.
- Die IP-Adresse des Catalyst 1900 liegt auf der Broadcastdomain in VLAN 1.
- Um VLANs zu erstellen, hinzuzufügen oder zu löschen, muss der Switch im VTP-Servermodus sein.

Tabelle E.4 stellt die Befehle aus diesem Abschnitt zusammen und gibt zu jedem eine kurze Erläuterung.

Tabelle E.4: VLAN-Befehlsliste

Befehl	Beschreibung
delete vtp	Reset aller VTP-Parameter auf die Werkseinstellung und der configuration revision number auf 1
vtp [server	transparent	client] [domain *domain-name*] [trap {enable	disable}] [password *password*] [pruning {enable	disable}]	Definiert VTP-Parameter
vtp trunk pruning-disable *vlan-list*	Deaktiviert Pruning für bestimmte VLANs auf einem bestimmten Trunkinterface (Interface Unterbefehl)
show vtp	Zeigt den VTP-Status
trunk [on	off	desirable	auto	nonegotiate]	Konfiguriert ein Trunkinterface
show trunk {A	B	port-channel} [allowed- vlans	prune-eligible	joined-vlans	joining- vlans]	Zeigt den Trunkstatus
vlan *vlan* [name *vlan-name*] [state {operational	suspended}]	Definiert ein VLAN und seinen Namen
show vlan [*vlan*]	Zeigt VLAN-Information an
vlan-membership {static {*vlan*}	dynamic}	Weist einem VLAN einen Port zu
show vlan-membership	Zeigt die VLAN-Mitgliedschaft an
show spantree [*bridge-group*	*vlan*]	Zeigt die Spanning-Tree-Information für ein VLAN an

VLAN-Konfiguration für einen einzelnen Switch

Wenn man nur einen einzigen Switch hat, braucht man kein VTP. VTP ist im Servermodus aber erst einmal automatisch aktiviert. Daher schaltet man VTP in diesem Fall zunächst ab, indem man den transparenten VTP-Modus einschaltet.

Die Schritte dazu werden hier aufgeführt:

1. Aktivierung des transparenten VTP-Modus
2. Eingabe der VLAN-Nummern und Namen
3. Konfiguration der VLANs, die den Ports zugewiesen sind

Gegen Sie als Erstes den globalen Konfigurationsbefehl **vtp** ein, um den transparenten VTP-Modus einzuschalten. Definieren Sie mit **vlan** die VLAN-Nummer (notwendig) und den Namen (optional). Dann weisen Sie jeden Port seinem entsprechenden VLAN mit dem Interface-Unterbefehl **vlan-membership** zu. Beispiel E.7 zeigt ein Beispiel, das sich auf Bild E.3 bezieht.

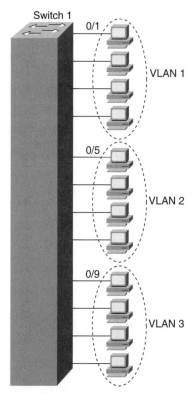

Bild E.3: Beispielnetzwerk mit einem Switch und drei VLANs

Beispiel E.7: VLAN-Konfiguration für einen Switch zu Bild E.3

```
switch(config)# vtp transparent domain dummy
switch(config)# vlan 2 name VLAN2
switch1(config)# vlan 3 name VLAN3
switch1(config)# interface e 0/5
switch1(config-if)# vlan-membership static 2
```

Beispiel E.7: VLAN-Konfiguration für einen Switch zu Bild E.3 (Forts.)

```
switch1(config-if)# interface e 0/6
switch1(config-if)# vlan-membership static 2
switch1(config-if)# interface e 0/7
switch1(config-if)# vlan-membership static 2
switch1(config-if)# interface e 0/8
switch1(config-if)# vlan-membership static 2
switch1(config-if)# interface e 0/9
switch1(config-if)# vlan-membership static 3
switch1(config-if)# interface e 0/10
switch1(config-if)# vlan-membership static 3
switch1(config-if)# interface e 0/11
switch1(config-if)# vlan-membership static 3
switch1(config-if)# interface e 0/12
switch1(config-if)# vlan-membership static 3
```

Es scheinen einige Konfigurationen zu fehlen! VLAN 1 mit dem Namen VLAN 1 ist nicht konfiguriert worden, da das automatisch geht. Man kann den Namen auch nicht verändern. Alle Ports ohne spezielle statische VLAN-Konfiguration werden selbstverständlich erst einmal in VLAN 1 gesehen. Genauso ist die IP-Adresse des Switchs die Broadcastdomain von VLAN 1. Die Ports 5 bis 8 sind statisch für VLAN 2 konfiguriert. VLAN 3 enthält die Ports 9 bis 12. VTP ist im transparenten Modus, der zugehörige Domainname dummy ist bedeutungslos.

Nach der Konfiguration eines VLANs sollte man prüfen, ob seine Parameter stimmen. Dafür nimmt man den privilegierten EXEC-Befehl **show vlan** *vlan#*. Mit **show vlan** sehen Sie sich alle eingegebenen VLANs an. Beispiel E.8 zeigt einen **show** Output mit den Switchports, die dem VLAN zugewiesen sind.

Beispiel E.8: show vlan Output

```
Switch1#show vlan 3


VLAN Name             Status      Ports
---------------------------------------------------
3    VLAN3            Enabled     9-12
---------------------------------------------------


VLAN Type        SAID    MTU   Parent RingNo BridgeNo Stp Trans1 Trans2
------------------------------------------------------------------------
3    Ethernet    100003  1500     0      1       1    Unkn   0      0
------------------------------------------------------------------------
```

Weitere VLAN-Parameter in Beispiel E.3 sind der Typ (Standard ist Ethernet), SAID (für FDDI Trunk), MTU (Standard ist 1500 für ein Ethernet-VLAN), Spanning-Tree Protokoll (der 1900 untestützt nur 802.1D) und andere Parameter für Token Ring oder FDDI VLANs.

Beispielkonfiguration für mehrere Switches

Um mehrere Switches mit einem VLAN zu verbinden, muss man *Trunks* konfigurieren. Trunks sind LAN-Segmente, die Switches verbinden und die Frames mit einer von zwei Methoden mit einer VLAN-Nummer kennzeichnen. Cisco nennt die Verwendung eines Trunkingprotokolls wie ISL oder 802.1Q *Trunking*, daher aktiviert man diese Protokolle mit dem Befehl **trunk**.

Mit den Interface-Konfigurationsbefehl **trunk** versetzen Sie einen Fast-Ethernet-Port in den Trunkmodus. Auf dem Catalyst 1900 sind die beiden Fast-Ethernet-Ports Interface fa0/26 und fa0/27. Für ISL kann man das *Trunking*-Protokoll statisch oder dynamisch einstellen. Die Syntax für den Fast Ethernet Interface-Konfigurationsunterbefehl **trunk** sieht so aus:

```
switch(config-if)# trunk [on | off | desirable | auto | nonnegotiate]
```

Als Optionen kann man folgendes auswählen:

- **On** – Stellt den permanenten ISL-Trunkmodus auf dem Port ein und vereinbart mit dem angeschlossenen Gerät, dass die Verbindung in den Trunkmodus geht.

- **Off** – Deaktiviert den Trunkmodus und vereinbart non-trunk mit dem angeschlossenen Gerät.

- **Desirable** – Der Port geht selbstständig möglichst in den Trunkmodus. Der Port wird zum Trunkport, wenn das angeschlossene Gerät auch auf **on, desirable** oder **auto** steht. Sonst wird der Port zum non-trunk Port.

- **Auto** – Aktiviert einen Port als Trunk, wenn das angeschlossene Gerät auf **on** oder **desirable** steht.

- **Nonegotiate** – Versetzt einen Port in den permanenten ISL-Trunkmodus. Mit dem Partnergerät finden keine Vereinbarungen statt.

Wie man in der Liste sieht, gibt es viele Optionen. Die richten sich mehr oder weniger nach Ihren persönlichen Vorlieben. Weil Trunks sich gar nicht so oft ändern, liegt meine Präferenz bei **on** oder **off**.

Bild E.4 und die Beispiele E.9 und E.10 behandeln ein erweitertes Beispielnetz mit den zusätzlichen Konfigurationen für Trunking und die VTP-Serverkonfiguration.

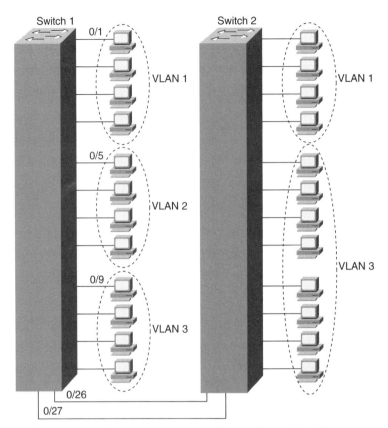

Bild E.4: Beispielnetz mit zwei Switches und drei VLANs

Beispiel E.9: Switch 1 – Vollständige Konfiguration als VTP-Server

```
switch1# configure terminal
switch1(config)#ip address 10.5.5.11 255.255.255.0
switch1(config)#ip default-gateway 10.5.5.3
switch1(config)# vtp server domain Hartsfield pruning enable
switch1(config)# vlan 2 name VLAN2
switch1(config)# vlan 3 name VLAN3
switch1(config)# interface e 0/5
switch1(config-if)# vlan-membership static 2
switch1(config-if)# interface e 0/6
switch1(config-if)# vlan-membership static 2
switch1(config-if)# interface e 0/7
switch1(config-if)# vlan-membership static 2
switch1(config-if)# interface e 0/8
switch1(config-if)# vlan-membership static 2
switch1(config-if)# interface e 0/9
switch1(config-if)# vlan-membership static 3
switch1(config-if)# interface e 0/10
switch1(config-if)# vlan-membership static 3
switch1(config-if)# interface e 0/11
```

Beispiel E.9: Switch 1 – Vollständige Konfiguration als VTP-Server (Forts.)

```
switch1(config-if)# vlan-membership static 3
switch1(config-if)# interface e 0/12
switch1(config-if)# vlan-membership static 3
Switch1(config)# interface fa 0/26
switch1(config-if)# trunk on
switch1(config-if)# vlan-membership static 1
switch1(config-if)# vlan-membership static 2
switch1(config-if)# vlan-membership static 3
switch1(config-if)# interface fa 0/27
switch1(config-if)# trunk on
switch1(config-if)# vlan-membership static 1
switch1(config-if)# vlan-membership static 2
switch1(config-if)# vlan-membership static 3
```

Beispiel E.10: Switch 2 – Vollständige Konfiguration als VTP-Client

```
switch2# configure terminal
switch2(config)#ip address 10.5.5.12 255.255.255.0
switch2(config)#ip default-gateway 10.5.5.3
switch2(config)# vtp client
switch2(config)# interface e 0/5
switch2(config-if)# vlan-membership static 3
switch2(config-if)# interface e 0/6
switch2(config-if)# vlan-membership static 3
switch2(config-if)# interface e 0/7
switch2(config-if)# vlan-membership static 3
switch2(config-if)# interface e 0/8
switch2(config-if)# vlan-membership static 3
switch2(config-if)# interface e 0/9
switch2(config-if)# vlan-membership static 3
switch2(config-if)# interface e 0/10
switch2(config-if)# vlan-membership static 3
switch2(config-if)# interface e 0/11
switch2(config-if)# vlan-membership static 3
switch2(config-if)# interface e 0/12
switch2(config-if)# vlan-membership static 3
switch2(config-if)# interface fa 0/27
switch2(config-if)# trunk on
switch2(config-if)# vlan-membership static 1
switch2(config-if)# vlan-membership static 3
```

Es gibt in dieser Konfiguration ein paar recht wichtige Punkte. Der Globalbefehl **vtp** in Beispiel E.9 zeigt Switch 1 als Server mit der Domain Hartsfield. Es gibt in diesem Fall kein Passwort. Switch 2 ist nicht auf den Domainnamen eingestellt, erlernt ihn aber mit dem ersten Advertisement. In Beispiel E.10 fehlt die Festlegung der VLANs, die nicht nur unnötig ist, sondern im VTP-Client-Modus gar nicht erlaubt. Weil auf Switch 1 im **vtp** Befehl Pruning aktiviert wurde, nimmt VTP VLAN 2 von Switch 2, da

Switch 2 keine Ports in VLAN 2 hat. VLAN 2 Broadcasts, die auf Switch 1 ankommen, werden nicht auf Switch 2 weitergeleitet.

Beachten Sie, dass Trunking nicht nur auf beiden Fast Ethernet Ports aktiviert ist, sondern jedes der drei VLANs auf allen Ports statisch konfiguriert ist. Wenn man die VLANs auch konfiguriert, behandelt der Switch die Trunkports als Teil dieser VLANs.

Um eine gerade aktualisierte Konfiguration zu prüfen oder sich einfach die VTP-Informationen anzusehen, gibt man den privilegierten EXEC-Befehl **show vtp** ein (Beispiel E.11). Es wird auch die IP-Adresse des Gerätes angezeigt, von dem die Konfiguration ausging, sowie der Zeitpunkt der Änderung. VTP gibt es in zwei Versionen: VTP Version 1 für Ethernet, und VTP Version 2 für Ethernet und Token Ring.

Beispiel E.11: show vtp Output

```
switch1# show vtp
VTP version: 1
Configuration revision: 4
Maximum VLANs supported locally: 1005
Number of existing VLANs: 3
VTP domain name:Hartsfield
VTP password:
VTP operating mode: Server
VTP pruning mode: Enabled
VTP traps generation: Enabled
Configuration last modified by: 10.5.5.3 at 00-00-0000 00:00:00
```

Um die Trunk-Konfiguration zu prüfen, nimmt man den privilegierten EXEC-Befehl **show trunk**. Er zeigt die Trunkparameter an, was in Beispiel E.12 dargestellt ist. Die Syntax sieht so aus:

```
switch1# show trunk [a | b]
```

Die Parameter a und b stehen für die Fast-Ethernet-Ports:

- Port a steht für Fast Ethernet 0/26.
- Port b steht für Fast Ethernet 0/27.

Beispiel E.12 zeigt ein Beispiel für den **show trunk,** und für den **show vlan-membership** Befehl.

Beispiel E.12: show trunk und show vlan-membership Output

```
Switch1# show trunk a
DISL state: Off, Trunking: On, Encapsulation type: ISL

Switch1#show vlan-membership
```

Beispiel E.12: show trunk und show vlan-membership Output (Forts.)

Port	VLAN	Membership Type	Port	VLAN	Membership Type
1	1	Static	14	1	Static
2	1	Static	15	1	Static
3	1	Static	16	1	Static
4	1	Static	17	1	Static
5	2	Static	18	1	Static
6	2	Static	19	1	Static
7	2	Static	20	1	Static
8	2	Static	21	1	Static
9	3	Static	22	1	Static
10	3	Static	23	1	Static
11	3	Static	24	1	Static
12	3	Static	AUI	1	Static
13	1	Static			
A	1-3	Static			
B	1-3	Static			

Die Hauptinformationen zum STP kann man mit dem privilegierten EXEC-Befehl **show spantree** aufrufen (Beispiel E.13).

Beispiel E.13: show spantree Output

```
switch1# show spantree 1
VLAN1 is executing the IEEE compatible Spanning-Tree Protocol
  Bridge Identifier has priority 32768, address 0050.F037.DA00
  Configured hello time 2, max age 20, forward delay 15
  Current root has priority 0, address 00D0.588F.B600
  Root port is FastEthernet 0/27, cost of root path is 10
  Topology change flag not set, detected flag not set
  Topology changes 53, last topology change occurred 0d00h17m14s ago
  Times:  hold 1, topology change 8960
          hello 2, max age 20, forward delay 15
  Timers: hello 2, topology change 35, notification 2
Port Ethernet 0/1 of VLAN1 is Forwarding
  Port path cost 100, Port priority 128
  Designated root has priority 0, address 00D0.588F.B600
  Designated bridge has priority 32768, address 0050.F037.DA00
  Designated port is Ethernet 0/1, path cost 10
  Timers: message age 20, forward delay 15, hold 1
```

Beispiel E.13 zeigt verschiedene Spanning-Tree-Informationen über VLAN 1 an, darunter Folgendes:

- Port e0/1 ist für VLAN 1 im Weiterleitungs-Status

- Die Rootbridge für VLAN 1 hat die Bridge-Priorität 0, MAC-Adresse ist 00D0.588F.B600.

- Auf dem Switch läuft das Spanning-Tree-Protokoll IEEE 802.1d.

Glossar

802.1Q IEEE-Standardprotokoll für VLAN-Trunking.

Access Link Mietleitung zwischen Frame-Relay-DTE und DCE.

ACL Zugangsliste (Access Control List). Liste, die auf einem Router konfiguriert ist, und die Paketbewegung über den Router kontrolliert. So können Pakete mit einer bestimmten IP-Adresse davon abgehalten werden, ein bestimmtes Interface eines Routers zu verlassen.

AR Access Rate. Die Geschwindigkeit, mit der ein Access-Link getaktet ist. Hat meistens große Auswirkung auf die Preisgestaltung der Verbindung.

ARP Address Resolution Protokoll. Internetprotokoll, das eine IP-Adresse und eine MAC-Adresse verknüpft. Definiert in RFC 826.

asynchron Asynchron sind digitale Signale, die ohne genaue Taktung übertragen werden. Solche Signale haben im Allgemeinen unterschiedliche Beziehungen von Frequenz und Phase. Asynchrone Übertragungen kapseln die Zeichenkombinationen in Kontrollbits, den Start- und Stopbits, ein. Sie kennzeichnen Anfang und Ende einer Zeichenkombination.

Autosummarization Wenn auf einem Interface Routen angeboten werden, deren IP-Zieladresse nicht in Netzwerk X liegt, können alle Routen zu Subnetzen in Netzwerk X zu einer Route zusammengefasst und zusammen angeboten werden. Die Route gilt dann für das gesamte A-, B- oder C-Klasse-Netzwerk X. Autosummarization ist eine Eigenschaft einiger IP-Routingprotokolle.

Balanced-hybrid Ein drittes Verfahren von Routingprotokollen neben Distanzvektor und Link-State. EIGRP ist das einzige Protokoll, das von Cisco als Protokoll mit balanced-hybrid-Verfahren eingestuft wird.

Bc Vereinbarte Datenrate (committed burst). Bc legt die Anzahl an Bits fest, die über eine Zeit hinweg nacheinander mit der vereinbarten Geschwindigkeit übertragen werden können, ohne dass der Vertragsumfang gesprengt wird.

BECN Backward Rxplicit Congestion Notification. Bit in einem Frame-Relay-Header, das einer Einheit, die diesen Frame empfängt (Switches und DTEs), mitteilt, dass es in der entgegengesetzten Richtung einen Stau gibt. Switche und DTEs können dann die Taktung in der jeweiligen Richtung reduzieren.

blocking state Portstatus beim Spanning-Tree-Protokoll, in dem keine Frames auf einem Interface verarbeitet werden (Eingang oder Ausgang), außer STP-Mitteilungen.

Boolesches UND Mathematische Rechenart, die auf ein Paar einstelliger Binärzahlen angewendet wrid. Das Ergebnis ist wieder eine einstellige Binärzahl. 1 UND 1 ergibt 1; alle anderen Kombinationen ergeben 0.

BRI Basic Rate Interface. Ein ISDN-Interface mit zwei Trägerkanälen (B) und einem Datenkanal (D) für Circuit-Switched-Übertragung von Voice, Video und Daten.

Bridge ID 8-Byte-Wert für das Spanning-Tree-Protokoll, der eine Bridge oder einen Switch repräsentiert. Die ersten beiden Stellen enthalten einen Wert für die Priorität, die anderen eine MAC-Adresse auf einer Bridge oder einem Switch.

Broadcastadresse In jedem Subnetzwerk gibt es eine IP-Adresse, die die Broadcastadresse für dieses Subnetz ist. Es ist diejenige mit dem höchsten nummerischen Wert im Adressbereich dieses Subnetzes. Die Broadcastadresse kann einem Computer nicht als IP-Adresse zugewiesen werden.

Broadcastdomain Eine Gerätegruppe, die alle Broadcast-Frames bekommen, die ein Gerät aus der Gruppe sendet. Geräte im selben VLAN sind auch in derselben Broadcastdomain.

Broadcastsubnetz Beim Subnetting für ein A-, B- oder C-Klasse-Netzwerk werden zwei Subnetznummern von der Verwendung ausgeschlossen; eine der beiden nennt sich Broadcastsubnetz. Es handelt sich um die Subnetznummer, bei der alle Subnetzstellen binäre Einsen sind.

CHAP Challenge Handshake Authentication Protokoll. Ein Sicherheitsfeature für Leitungen mit PPP-Einkapsulung, das unautorisierten Zugang verhindert. CHAP verhindert dabei nicht den Zugriff selbst, sondern erkennt nur den Remote-Computer. Der Router oder Access-Server entscheidet daraufhin, ob der jeweilige User zugelassen wird.

CIDR Classless Interdomain Routing. Diese Technik wird von BGP-4 unterstützt und beruht auf Route Aggregation. CIDR erlaubt Routern, Pfade über ein Internetzwerk zu Gruppen zusammenzufassen, so dass die Menge der Routinginformation auf Hauptroutern reduziert wird. Durch CIDR erscheinen mehrere IP-Netzwerke außerhalb der Gruppe als eine einzige größere Entität. Die IP-Adressen und ihre Subnetzwerkmasken werden mit den bekannten vier Oktetten, getrennt durch Punkte, ausgedrückt, die Subnetzmaske folgt in der zweistelligen Zahl hinter einem Schrägstrich.

CIR Committed Information Rate. Die Datenrate, die ein DTE über einen bestimmten VC senden darf, und deren Versendung der Provider garantiert. Der Provider sendet auch mehr Daten über diesen VC, wenn sein Netzwerk zum jeweiligen Zeitpunkt genug Kapazität hat. Der Wert wirkt sich im Allgemeinen auf den Preis eines VC aus.

Circuit Switching Switchingsystem, bei dem für die Dauer eines »Anrufs« zwischen Sender und Empfänger eine dedizierte physikalische Verbindung bestehen muss. Sehr verbreitet in den Netzwerken der Telefongesellschaften.

Klassenabhängiges Routingprotokoll Überträgt keine Maskeninformationen neben der Subnetznummer. Daher müssen Grenzen von A-, B- oder C-Klasse-Netzwerken beachtet und Autosummarization an deren Grenzen durchgeführt werden.

Klassenabhängiges Routing Routingmethode, die sich zunächst einmal nach dem A-, B- oder C-Klasse-Netzwerk in der Routingtabelle richtet. Wird die Netzwerknummer gefunden, nicht aber die richtige Subnetznummer für die IP-Zieladresse eines Pakets, wird auch keine Standardroute genommen.

Klassenloses Routing Routingmethode, die sich nicht um A-, B- oder C-Klasse-Netzwerke in der Routingtabelle kümmert. Wenn die richtige Subnetznummer für die IP-Zieladresse eines Pakets nicht gefunden wird, wird jede Standardroute genommen.

Klassenloses Routingprotokoll Überträgt die Maskeninformation mit der Subnetznummer. Daher müssen die Grenzen von A-, B- oder C-Klasse-Netzwerke nicht berücksichtigt werden. Autosummarization an den Grenzen von A-, B- oder C-Klasse-Netzwerken ist möglich, aber nicht erforderlich.

CSU/DSU Channel Service Unit/Data Service Unit. Eine CSU-Komponente ist ein digitales Interface, das Geräte von Endanwendern mit dem lokalen digitalen Telefonnetz verbindet. Eine DSU-Komponente schließt das physikalische Interface in einem DTE mit einem Übertragungsmedium wie T1 oder E1 zusammen. Die DSU-Komponente ist zugleich für Funktionen wie das Signaltiming zuständig.

DCE Data Communications Equipment. Frame-Relay-Switches sind DCEs. Man nennt sie im Amerikanischen auch Data Circuit-Terminating Equipment. DCEs findet man üblicherweise im Netzwerk von ISPs.

DDR Dial-on-Demand-Routing. Eine Verbindungsform, bei der ein Router bei Bedarf automatisch eine Einwahlverbindung herstellen und beenden kann, wenn andere Übertragungsgeräte danach fragen. Der Router spooft Keepalives, so dass Endgeräte denken, die Leitung sei aktiv. DDR gestattet Routing über ISDN- oder Telefon-Leitungen mit einem externen ISDN-TA oder Modem.

DE discard eligible (bevorzugt löschen). Ein Bit im Frame-Relay-Header, der für den Fall, dass Frames gelöscht werden müssen, anzeigt, dass dieser Frame eher gelöscht werden soll, als Frames ohne DE-Bit.

deny Vorgang im Zusammenhang mit ACLs, bei dem ein Paket gelöscht wird.

designierter Port Port (Interface) einer Bridge oder eines Switch, der die beste Spanning-Tree BPDU (hello message) auf einem LAN-Segment anbietet.

directed broadcast address Identisch mit Broadcastadresse.

Löschen-Status Portstatus beim RSTP, der statt Blockieren, Hören oder Deaktivieren eingestellt werden kann.

Distanzvektor Routingverfahren, das anhand der Anzahl von Hops in einer Route den kürzesten Pfad findet. Beim Distanzvektorverfahren sendet jeder Router seine ganze Routingtabelle im Update mit, jedoch nur an seine Nachbarn. Distanzvektorverfahren sind etwas anfälliger für Routingloops, aber wesentlich leichter zu verarbeiten, als Link-State-Verfahren. Wird auch Bellman-Ford Routingverfahren genannt.

DLCI Data-Link Connection Identifier. Frame-Relay-Adresse im Frame-Relay-Header zur Erkennung des VC.

DTE Data Terminal Equipment. Ein DTE ist an den Frame-Relay-Dienst einer Telefongesellschaft angeschlossen und an dem Standort der Firma angesiedelt, die den Frame-Relay-Dienst bestellt hat.

DUAL Diffusing Update Algorithm. Konvergenzverfahren unter EIGRP, das Loop-frei arbeitet und eine Routenberechnung durchführt. Router in einer Topologie können synchron Änderungen durchführen, ohne dass nicht betroffene Router überhaupt in Anspruch genommen werden.

EIGRP Enhanced Interior Gateway Routing Protokoll. Weiterentwicklung von IGRP von Cisco. Bietet beste Konvergenzeigenschaften, arbeitet effizient und verbindet die Vorteile von Link-State mit denen von Distanzvektorverfahren.

encoding Enkodierung, Verschlüsselung. Konvention für die Veränderung der elektrischen oder optischen Signale über ein Kabel, um damit Binärkodes darzustellen. Ein Modem stellt zum Beispiel die binäre 1, im Gegensatz zur binären Null, durch eine andere Frequenz dar.

EtherChannel Entwickelt und geschützt von Cisco Systems. Logische Zusammenfassung mehrerer Ethernet-Interfaces, damit am Routing- oder Bridging-Endpunkt die Bandbreite optimal genutzt wird.

Feasible Successor Bezeichnung für einen Nachbar-Router, der im Falle eines Ausfalls einer eigentlichen Hauptroute sofort als Ersatzrouter infrage kommt. EIGRP spürt dafür ständig nach möglichen Ersatzrouten über die Next-Hop-Router, so dass der Kabelausfall die Netzwerk-Performance nicht so stark beeinträchtigt.

FECN Forward Explicit Congestion Notification. Bit im Frame-Relay-Header, das einer Einheit (Switches und DTEs), die den Frame empfängt, mitteilt, dass in der gleichen Richtung ein Stau vorliegt.

Filter Ein Gerät oder ein Prozess, wodurch Datenverkehr auf einem Netzwerk auf bestimmte Eigenschaften hin untersucht wird, Quelladresse, Zieladresse oder das Protokoll zum Beispiel. Daraufhin wird anhand von Kriterien entschieden, ob der Datenverkehr weitergeleitet oder gelöscht wird.

Forward Delay Timer Timer, der beim STP festlegt, wie lange ein Interface im Hören- oder Lernen-Status bleibt. Das Interface bleibt so lange als Verzögerung in dem jeweiligen Status, wie im Timer Sekunden angegeben sind.

forward Weiterleiten eines Frames in Richtung Empfänger mit einem Internetbauteil.

Weiterleitungs-Status Portstatus beim Spanning-Tree-Protokoll. Eine Bridge oder ein Switch verabeiten Frames auf einem Interface (Eingang oder Ausgang). Beeinflusst nicht die STP Messages.

Framing Konvention dafür, wie Bits, die gemäß Layer 1 gesendet werden, auf Layer 2 interpretiert werden. Nachdem ein elektrisches Signal empfangen und in Binärwerte konvertiert wurde, erkennt Framing zum Beispiel die Informationsfelder in den Daten.

FTP File Transfer Protokoll. Anwendung aus der TCP/IP-Protokollreihe, mit der Dateien zwischen Netzwerkknoten übertragen werden können. FTP ist unter RFC 959 definiert.

Funktionsgruppe ISDN-Begriff für eine Anzahl von Funktionen, die eine Hardware- oder Softwarekomponente ausführt. Da es der ITU daran gelegen war, dass der Kunde eine gewisse Auswahl erhält, hat sie mehrere unterschiedliche Funktionsgruppen festgelegt. Siehe auch Referenzpunkt.

HDLC High-Level Data Link Control. Bit-orientiertes, synchrones Datenverbindungslayer-Protokoll, entwickelt von der ISO (International Organization for Standardization). Abgeleitet vom SDLC (Synchronous Data Link Control), verfügt das HDLC über eine Methode zur Dateneinkapselung auf seriellen synchronen Verbindungen und verwendet Framekennzeichen und Prüfsummen.

Hello Timer STP-Timer, der der Rootbridge oder dem Switch diktiert, wie oft STP hello messages gesendet werden. Weiterhin wird diktiert, wie oft Nonroot-Bridges und Switches eine solche Nachricht zu erwarten haben, um nicht einen Fehler zu vermuten.

Hello Protokoll für OSPF-Systeme, mit dem Verbindungen zu den Nachbarn aufgenommen und unterhalten werden.

Holddown Status einer Route, während dessen sie eine Zeit lang von keinem Router angeboten wird und auch keinem Angebot dieser Route von anderer Seite vertrauen (Holddown-Intervall). Holddown sorgt dafür, dass falsche Informationen über eine Route in einem Netzwerk bereinigt werden, ohne dass neue Falschinformationen entstehen. Der Holddown-Status entsteht im Allgemeinen, wenn innerhalb einer Route ein Link zusammenbricht.

IGRP Interior Gateway Routing Protokoll. Ein internes Gateway Protokoll (IGP), das von Cisco entwickelt wurde, um Routingprobleme in großen, heterogenen Netzwerken methodisch anzugehen.

ISDN Integrated Services Digital Network. Kommunikationsprotokoll, das von Telefongesellschaften angeboten wird und Daten, Voice- und Videostreams und andere Quelldaten transportiert.

ISL Inter-Switch Link. Cisco-Protokoll, das VLAN-Informationen wie Verkehrsflüsse zwischen Switches und Routern aufrechterhält.

ISL Inter-Switch Link. Cisco-eigenes VLAN-Trunkingprotokoll.

LAPF Link Access Procedure Frame Bearer Services. Name der allgemeinen Definition des Frame-Relay-Headers und Trailers. Der Header enthält DLCI-, FECN-, BECN- und DE-Bits.

learn Transparente Bridges und Switches erlernen MAC-Adressen durch eine Untersuchung der MAC-Quelladresse von Frames, die sie bekommen. Sie fügen einer Adresstabelle jede neue MAC-Adresse mit der Portnummer des Ports hinzu, auf dem sie sie kennen gelernt haben.

Mietleitung Übertragungskabel eines Anbieters zur privaten Verwendung des Kunden. Mietleitungen sind eine Art dedizierter Leitungen.

Link-State Routingverfahren, bei dem jeder Router Broadcasts oder Multicasts mit Informationen zu den Routenkosten aller Nachbarverbindungen und allen Knotenpunkten des Internetzwerks verschickt. Link-State erzeugt ein konsistentes Bild des gesamten Netzwerks und verhindert so Routingloops. Das erkaufen sie mit einer größeren Verarbeitungsleistung und vielen Informationsflüsssen im gesamten Netzwerk (im Vergleich zu Distanzvektorverfahren).

LMI Lokales Management Interface. Protokoll, mit dem eine Verbindung zwischen DCE und DTE verwaltet wird. Anrufsignalisierung für SVCs, PVC Status Messages und Keepalives sind LMI Messages.

LSA Link-State Advertisement. Broadcastpaket unter Link-State-Protokollen, das Informationen über Nachbarn und Routenkosten enthält. LSAs werden von den empfangenden Routern zur Aufrechterhaltung ihrer Routingtabellen verwendet.

mask Siehe Subnetzmaske.

MaxAge Timer STP-Timer, der festlegt, wie lange eine Bridge oder ein Switch beim ausfallen der hello message abwartet, bevor er denkt, dass sich die Netzwerktopologie verändert hat.

Metrik Maßeinheit von Routingverfahren zum Feststellen der besten Wege für den Datenverkehr zu einem bestimmten Ziel.

MLP Multilink Point-to-Point Protokoll. Methode zur Aufteilung, Zusammenfügung und Nummerierung von Datenpaketen über mehrere logische Verbindungen.

MTU Maximum Transmission Unit. Paketgröße in Bytes, die ein bestimmtes Interface noch verarbeiten kann.

NAT Network Address Translation. Mechanismus zum Einsparen globaler und einmaliger IP-Adressen. Durch NAT kann eine Organisationseinheit, obwohl sie keine global einmaligen IP-Adressen im eigenen NEtzwerk verwendet, trotzdem mit dem Internet verbunden werden, weil die betroffenen Adressen vorher in global routbare Adressen übersetzt werden.

NBMA Nonbroadcast Multiaccess. Netzwerk, in dem keine Broadcasts unterstützt werden, trotzdem aber mehr als zwei Geräte verbunden sein können.

Neighbor Nachbar. Ein Router, der eine Schnittstelle in ein gemeinsames Netzwerk hat. In Multiaccess-Netzwerken werden Neighbors vom OSPF Hello Protokoll dynamisch erkannt.

OSPF Open Shortest Path First. Routingverfahren unter IGP (Link-State, hierarchisches, internes Interior Gateway Protokoll), welches von der Internetcommunity als Nachfolger des RIP (Routing Information Protokoll) gehandelt wird. Zu den OSPF-Eigenschaften gehören least-cost Routing, Multipath-Routing und Lastenverteilung (load balancing). OSPF leitet sich von einer frühen IS-IS-Version (Intermediate System-to-Intermediate System Protokoll) ab.

Paket-Switching Networkingmethode, bei der Pakete gesendet werden, mittels derer sich Netzwerkknoten die verfügbare Bandbreite sinnvoll aufteilen.

PAP Password Authentication Protokoll. Authentifizierungsprotokoll, mit dem PPP-Gruppenmitglieder sich identifizieren können. Anders als unter CHAP (Challenge Handshake Authentication Protokoll), leitet PAP Passworte, Hostnamen oder Benutzernamen unverschlüsselt über das Netz. PAP wird nur auf PPP-Verbindungen unterstützt.

permit Vorgang im Zusammenhang mit ACLs, bei dem ein Paket von einem Router verarbietet und weitergeleitet wird.

Poison Reverse Routingupdate, das ganz klar aussagt, dass ein Netzwerk oder Subnetz nicht erreichbar ist, statt es nur im nächsten Update fehlen zu lassen. Poison Reverse-Updates sollen große Routingloops verhindern.

Port Headerfeld für den TCP/IP-Transportlayer in TCP- und UDP-Headern. Ports sind Nummern und jeder nummerierte Port ist mit einem bestimmten Prozess verbunden. SMTP ist zum Beispiel mit Port 25 verknüpft.

PPP Point-to-Point Protokoll. Datenverbindungsprotokoll, das Router-zu-Router und Host-zu-Netzwerk-Verbindungen über synchrone und asynchrone Leitungen gewährleistet. PPP ist dazu gedacht, mit verschiedenen Netzwerklayer-Protokollen zusammenzuarbeiten, wie IP, IPX und AppleTalk Remote Access (ARA).

PRI Primary Rate Interface. ISDN-Interface für Zugänge mit hohen Datenraten. Primary Rate Access setzt sich aus einem 64-kbit/s D-Kanal und 23 (T1) oder 30 (E1) B-Kanälen für Voice oder Daten zusammen.

Private Adressen IP-Adressen in verschiedenen A-, B- oder C-Klasse-Netzwerken, die für die Verwendung in privaten Organisationen beiseite gelegt wurden. Diese Adressen, definiert in RFC 1918, können nicht im Internet geroutet werden.

Protokolltyp Feld im IP-Header für den Headertyp, der auch dem IP-Header folgt, meistens ein Layer-4-Header wie TCP oder UDP. ACLs können den Protokolltyp erkennen und eventuell darauf reagieren.

PVC Permanent Virtual Circuit. Vordefinierter VC. Einen PVC kann man mit einer Mietleitung vergleichen.

Q.921 ITU-T-Spezifikation für den Datenverbindungslayer des ISDN User-Network Interface (UNI).

Q.931 ITU-T-Spezifikation für die Signalisierung eines Aufbaus, einer Aufrechterhaltung und dem Beenden von ISDN-Netzwerkverbindungen.

Referenzpunkt ISDN-Ausdruck, der sich auf die unterschiedlichen Interfaces zwischen ISDN-Geräten und auf die Implementierung von Funktionsgruppen bezieht.

RIP Routing Information Protokoll. Internes Gateway Protocol (IGP) für BSD-Systeme (UNIX Berkeley Standard Distribution). RIP ist das üblichste IGP im Internet. Es verwendet den Hop Count als Routingmetrik.

Rootbridge Bridge, die Topologie-Informationen mit designierten Bridges innerhalb einer Spanning-Tree-Implementierung austauscht, um auf die Notwendigkeit von Topologie-Änderungen hinzuweisen. Dadurch werden Loops vermieden und ein gewisser Schutz vor Verbindungsausfällen gewährleistet.

Route Summarization Zusammenfassung angeboteter Adressen in Open Shortest Path First (OSPF) und Intermediate System-to-Intermediate System (IS-IS) Protokollen. Beim OSPF wird hierbei eine Summenroute zu den anderen Areas von einem Grenzrouter angeboten.

RSTP Rapid Spanning Tree Protokoll, definiert unter IEEE 802.1w. Eine Verbesserung des STP, die schneller Konvergenz herstellen kann und konsistenter arbeitet, als STP (802.1d).

SLSM Static-Length Subnet Mask. Verwendung derselben Subnetzmaske für alle Subnetze eines A-, B- oder C-Klasse-Netzwerks.

Spanning Tree Protokoll Bridgeprotokoll, welches das Spanning-Tree-Verfahren verwendet und einer lernenden Bridge erlaubt, Loops durch die Bildung eines »Spanning Tree« zu umgehen. Bridges tauschen BPDU Messages (Bridge Protocol Data Unit) mit anderen Bridges aus, um Loops zu erkennen und durch das Abschalten ausgesuchter Bridge-Interfaces zu verhindern. Baut auf IEEE 802.1 (Spanning Tree Protokollstandard) und das frühere »Digital Equipment Corporation Spanning Tree Protocol« auf. Die IEEE-Version unterstützt Bridge-Domains und gestattet der Bridge die Ausbildung einer Loop-freien Topologie über ein ausgedehntes LAN. Die IEEE-Version wird allgemein gegenüber der »Digital-Version« bevorzugt.

Split Horizon Routingtechnik, bei der Informationen über Routen nicht aus dem Interface angeboten werden, auf dem sie selbst angekommen sind. Split-Horizon-Updates dienen der Verhinderung von Routingloops.

Subinterface Eine Art von virtuellem Interface auf einem einzigen physikalischen Interface.

Subnetz Subnetze sind Teil eines A-, B- oder C-Klasse-Netzwerks, konfiguriert vom Netzwerkadministrator. Subnetze gestatten die Verwendung eines einzigen A-, B- oder C-Klasse-Netzwerks, wobei trotzdem große Gruppen von IP-Adressen verfügbar werden, wie sie für ein effizientes IP-Routing notwendig sind.

Subnet-Broadcastadresse Das Gleiche wie eine Broadcastadresse.

Subnetzmaske 32-Bit-Adressmaske, an der man die Stellen einer IP-Adresse, die den Subnetzanteil der Adresse ausmachen, identizizieren kann. Wird auch einfach Maske genannt.

Successor Unter EIGRP ein Nachbar-Router, der möglicherweise als Next-Hop-Router infrage kommt, um ein bestimmtes Subnetz zu erreichen. Ein Successor ist nicht sofort auch ein Feasible Successor.

SVC Switched Virtual Circuit. Ein VC, der bei Bedarf dynamisch aufgebaut wird. Einen SVC kann mit einer Einwahlverbindung vergleichen.

Switch Netzwerkgerät, das Frames anhand ihrer Zieladresse filtert, weiterleitet und verbreitet. Ein Switch arbeitet auf dem Datenverbindungslayer des OSI-Referenzmodells (Open System Interconnection).

synchron Beschreibt digitale Signale, die genau getaktet sind. Solche Signale haben die gleiche Frequenz und besondere Zeichen, die in Kontrollbits eingekapselt sind (Start- und Stopbits) und Anfang und Ende eines Zeichens kennzeichnen.

TFTP Trivial File Transfer Protokoll. Einfache Version des FTP (File Transfer Protokoll), mit dem man Dateien von einem Computer über ein Netzwerk zu einem anderen überträgt, meistens ohne Client-Authentifizierung (zum Beispiel Benutzername und Passwort).

Topologie-Datenbank Systematische Datensammlung, mit der ein Routingprotokoll die Netzwerk-Topologie erkennt. Link-State und Balanced-Hybrid Routingprotokolle verwenden Topologietabellen, um die Einträge in ihren Routingtabellen vorzunehmen.

Trunking Auch VLAN-Trunking. Methode zur Unterstützung mehrerer VLANs (über ISL von Cisco oder IEEE 802.1Q), die auf mehr als einem Switch Mitglieder haben.

Update Timer Zeitintervall, das reguliert, wie oft ein Routingprotokoll das nächste Routingupdate sendet. Distanzvektorprotokolle senden zu jedem Intervall ein vollständiges Update.

Varianz Weil diese Routingprotokolle die Metrik errechnen, hat die Metrik nur selten denselben Wert. Der Varianzwert wird mit der niedrigeren Metrik multipliziert, wenn zu einem Seubnetz mehrere Routen existieren. Ist das Produkt größer als die Metriken zu anderen Routen, nimmt man an, die Routen seien gleich lang. So können viele Routen in die Routingtabelle aufgenommen werden.

VC Virtual Circuit. Logisches Konzept, das die Pfade beschreibt, die die Frames zwischen den DTEs nehmen. VCs sind im Vergleich von Frame Relay mit physikalischen Mietleitungen sehr nützlich.

VLAN Virtuelles LAN. Gruppe von Geräten auf einem oder mehreren LANs, die mit einer Verwaltungs-Software konfiguriert wird, so dass die Geräte kommunizieren, als würden sie am selben Kabel hängen, obwohl sie auf unterschiedlichste LAN-Segmente verteilt sind. Da VLANs auf logischen, weniger auf physikalischen Verbindungen aufgebaut sind, sind sie extrem flexibel.

VLSM Variable-Length Subnet Mask(ing). Möglichkeit, verschiedene Subnetzmasken für dieselbe A-, B- oder C-Klasse-Netzwerknummer auf verschiedenen Subnetzen festzulegen. VLSM kann den verfügbaren Adressbereich optimieren.

VTP VLAN Trunking Protokoll. Cisco-Switches verwenden dieses Markenprotokoll zum Austausch von VLAN-Konfigurations-Informationen untereinander. VTP definiert ein Layer 2 Mitteilungsprotokoll, mit dem die Switches die VLAN-Konfigurationsinformation austauschen, so dass die VLAN-Konfiguration über das Netzwerk hinweg konsistent bleibt. Mit VTP verwaltet man Hinzufügungen, Löschungen und Namensänderungen von VLANs über mehrere Switche hinweg. Außerdem wird die Auslastung des Netzwerks mit Broadcasts durch VTP-Pruning reduziert.

zero subnet Beim Subnetting eines A-, B- oder C-Klasse-Netzwerks sind zwei Subnetznummern vom Gebrauch ausgenommen; eine davon ist das Zero- oder Nullsubnetz. Es ist die Subnetznummer, bei der alle Subnetzstellen eine binäre Null enthalten.

Stichwortverzeichnis

1900er Switch Serie
- Ports
-- Nummerierung 623

A
Access Links 416, 641
access-class, Befehl 471
Access-Listen 24, 25
- Anweisungen 478, 489
- deny all traffic 467
- Details für alle Protokolle anzeigen 472, 479
- Erlaubnisanweisung 467
- erweiterte 468
- erweiterte IP 465, 476
-- Beispiel 479, 481
-- Details anzeigen von 472, 479
-- Filterungslogik 478
-- Matchingparameter 477, 489
- Funktion von 465
- Matchinglogik 467, 468
- Namens-IP 483, 487
- Standard 465
-- Features 467
-- Konfigurieren 472, 473, 475
- Standard IP 465
-- Details anzeigen von 472, 479
-- Matchingparameter 477, 489
- Verweigerungsanweisung 467
- vty-Zugriff kontrollieren 485
- Wildcardmasken 469, 470
Adressen
- IP-Adressen
-- anzeigen 44
-- Setting 43
-- Übersetzung für ungültige Hosts mit NAT 305
- MAC-Adressen
-- Broadcast-Adressen 38
-- LAN card Addressing 38
-- Multicast-Adressen 38
-- Tabellen, anzeigen 44
Adressklassen 132
Advertisements
- VTP 108
anwenden
- Access-Listen auf vty Ports 485
architected field, Spezifikationen 347
ARP
- siehe auch Inverse ARP 514
Auswählen 69
- der Rootbridge (STP) 69, 70
Authentifizierung
- CHAP 352
- PAP 352
Auto Summarization 272

B
Balanced Hybrid, Routingprotokolle 214, 618
bandwidth, Befehl 436
BECN (backward explicit congestion notification) 642
Befehle 435
- access-class 471
- bandwidth 436
- broadcast 384
- compress 348
- debug
-- output 203, 205, 206
- debug dialer 377

- debug dialer events 390
- debug dialer packets 390
- debug ip igrp event 207, 208
- debug ip igrp transaction 206, 208
- debug ip rip 196, 203, 239, 247
- debug isdn q921 377
- debug isdn q931 377, 390
- delete vtp 112
- dialer fast-idle 385
- dialer idle-timeout 384
- dialer load-threshold 401
- dialer string 382
- dialer-group 375, 381
- encapsulation 329, 348
- encapsulation hdlc 349
- frame-relay interface-dlci 436
- frame-relay lmi-type 435
- interface serial 436
- ip access-group 471, 479
- ip address 43
- ip classless 274, 275, 278, 280
- ip default-gateway 43
- ip default-network 277
- ip mtu 328
- ip route 276
- isdn answer1 375
- isdn spid1 374, 375
- isdn spid2 375
- isdn switch-type 375
- keepalive 436
- mtu 328
- network 195, 196, 197, 198
- no debug all 207
- no router rip 208
- ping 178, 179, 181, 182, 315, 318
- ppp multilink 401
- router igrp 195, 238, 247, 306
- router rip 195, 238, 247, 306
- show access-lists 472
- show controllers bri 377
- show dialer interface bri 377, 389
- show interfaces bri 377, 388
- show ip 44
- show ip interface 472
- show ip protocol 196, 207, 209, 239, 247
- show ip route 178, 181, 201, 206, 208
- show isdn 377
- show isdn active 389
- show isdn status 389
- show version 44
- trace 319
- traffic-share 196, 247
- variance 196, 211, 247

Benennen
- VLANs 112

Binär-dezimal Umrechnung 137, 138
Blockieren 65, 78, 79
Blockieren-Status (Spanning Tree) 75, 94
BPDUs (bridge protocol data units) 65, 68, 78, 79
BRI (Basic Rate Interface) 365
- ISDN 365
- DDR 375, 377
- DDR Parameter, anzeigen 377

Bridges
- IDs 69

broadcast Befehl 384

Broadcast-Adressen
- MAC-Adressen 38

Broadcast-Domains 102
- VLANs
- - ISL Trunking 328, 329, 334
- - VTP 108, 109

Broadcast-Handhabung
- Frame Relay 432

Broadcasts
- Frame Relay-Handhabung 433

Burst Rate 641

C

Can_ t Fragment code (Destination Unreachable ICMP message) 316
CBPDUs (Configuration Bridge Protocol Data Units) 68
Challenge-Handshake-Authentifizierung, siehe CHAP 352
CHAP (Challenge Handshake Authentication) 352
- Konfiguration 353, 354, 356
CIDR 292, 293, 294
- (classless interdomain routing) 292
CIR (Committed Interdomain Routing) 643
classless interdomain routing, siehe CIDR 292
compress, Befehl 348

configuration revision number
- VTP Advertisements 109
count to infinity 188, 216
counting to infinity 202
count-to-infinity
- Holddown Timer 192

D
Data Link Layer
- ISDN-Spezifikationen 366, 402
Data-Link-Protokolle
- error-recovery 347
- konfigurieren 344, 348, 349
- PPP
-- Error Detection 350
-- LCP 349
-- Looped Link Detection 350
-- LQM 351
-- magische Zahlen 351
- Protokolltypfeld 347
- Vergleich 346
Datenverbindungs-Prozess
- FTP 325
Datenverkehr
- Filterung mit Access-Listen 465, 467
- IP, Filterung 465
DCE (data communications equipment) 415
DDR
- Einwahl 384
- Konfigurieren über ISDN BRI 375, 377
- Legacy, Konfiguration 378
-- Auslösen der Einwahl 379, 380
-- Beispielkonfigurationen 385, 388
-- signalisieren 383, 384
-- Verbindungsende 384
DE (Discard eligibility) 644
debug, Befehl
- output 203, 205, 206
debug dialer, Befehl 377
debug dialer events, Befehl 390
debug dialer packets, Befehl 390
debug ip igrp event, Befehl 207, 208
debug ip igrp transaction, Befehl 206, 208
debug ip rip, Befehl 196, 203, 239, 247
debug isdn q921, Befehl 377
debug isdn q931, Befehl 377, 390
delete vtp, Befehl 112

deny all traffic statement (Access-Listen) 467
designierter Port 68, 71
Destination Unreachable ICMP message 315, 317, 333
Destination Unreachable messages 316, 317, 318
Dezimal-binär Umrechnung 137, 138
dialer fast-idle, Befehl 385
dialer groups
- ISDN, Aktivierung 375
dialer idle-timeout, Befehl 384
dialer load-threshold, Befehl 401
dialer string, Befehl 382
dialer-group, Befehl 375, 381
Dijkstra-SPF-Verfahren 215, 618
direkt angeschlossene Routen
- Routingtabellen-Updates 185
direkt angeschlossene Subnetze 183
Distanzvektor, Routingprotokolle 187
- Auto Summarization 272
- equal-cost Routen 209, 211
- IGRP
-- Konfigurieren 195, 196, 197, 198, 199, 241, 247
-- Metriken, Konfigurieren 201
- Loopvermeidung 187, 215
-- count to infinity 188, 216
-- Holddown Timer 192, 193, 194
-- Roison Reverse 192
-- Split Horizon 188, 191
- RIP
-- debug Befehlsanzeige 203, 205, 206
-- hop count 185, 187
-- Konfigurieren 195, 196, 197, 198, 241, 247
-- Umwandlung in IGRP 206, 207, 209
- Routenzusammenfassung 272
- Routing-Tabellen 184, 185, 234, 249
- Routingverhalten 184
- Vergleich 195
DLCI 422, 423, 424, 426, 427
- globale Adressierung 424, 425, 426
- lokale Adressierung 423
DLCI (data-link connection identifier) 416, 644
DTE (data terminal equipment) 415
DUAL (Diffusing Update Algorithm) 215, 618

E

Echo ICMP message 315, 316, 333
Echo Request/Reply messages 315
encapsulation, Befehl 329, 348
encapsulation frame-relay, Befehl 435
encapsulation hdlc, Befehl 349
equal-cost, Routen 209, 211
Erfüllen der Kriterien für die Paketfilterung
- Standard Access-Listen 473, 474, 475
erkennen
- IP Adress-Struktur 142, 143, 145
Erlaubnisanweisung (Access-Listen) 467
Error Detection 350
- PPP 350
Error Recovery
- WAN Protokolle 347
Erstellen
- Subnetzliste 162, 163, 164, 165, 167
- Subnetz-Tabelle 153
erweiterte Access-Listen 468
erweiterte IP Access-Listen 465, 476
- Beispiel 479, 481
- Filterungslogik 478
- Matchingparameter 477, 489
E-series ISDN-Protokolle 366
externe Routingprotokolle 214, 618

F

FCS (frame check sequence) 347
FECN (forward explicit congestion notification) 645
Filterung von Paketen
- Access-Listen
- - Wildcardmasken 469, 470
- erweiterte IP Access-Listen 476
- - Beispiel 479, 481
- Namens-IP Access-Listen 483, 487
- Standard Access-Listen 465
- - Features 467
- - Konfigurieren 472, 473, 475
- - Matchinglogik 467, 468
Forward Delay Timer
- STP 73
Fragmentierung 327
Frame Relay 414
- Broadcast-Handhabung 432, 433
- DLCI 422, 423, 424, 426, 427
- hybrid
- - Konfigurieren 450, 452, 453
- Konfigurieren 435, 437
- Layer-3-Adressierung 428, 429, 431, 455
- - Layer-2-Adressverküpfungen 440, 441, 442, 444, 445
- LMI 420, 421, 422
- Protokolltypfeld, Fehlen von 421
- teilweise vermascht
- - Konfigurieren 445, 447, 449, 450
- VCs 415, 417, 418, 419
- voll vermascht
- - Konfigurieren 437, 438, 439, 440, 441, 442, 444, 445
frame-relay interface-dlci, Befehl 436
frame-relay lmi-type, Befehl 435
Framing 345
FTP 324, 326
- Datenverbindungsprozess 325
- Kontrollverbindungen 324
Funktionsgruppen
- ISDN 369, 371, 372

G

Gateways
- Standard
- - Setting 43, 622
Geräte
- TE2 370
getriggerte Updates 188, 216
globale Adressierung 424, 426
Gruppenadressen 38

H

HDLC
- Konfigurieren 344, 348, 349
Heim-basiertes ISDN 372
hello BPDUs 69
Hello time timer
- STP 73
Holddown Timer 188, 192, 193, 194, 216
hop count 185, 187
Hören-Status (Spanning Tree) 75, 94
Hören-Status (STP) 75
Host Unreachable code (Destination Unreachable ICMP message) 316

Stichwortverzeichnis

hybrides Frame Relay, Netzwerke
- Konfigurieren 450, 452, 453

I

ICMP 314
- echo messages
-- sending/receiving 196, 239, 306
- Mitteilungen
-- Destination Unreachable 315, 316, 317, 318, 333
-- Echo 315, 316, 333
-- Echo Request/Reply 315
-- Parameter Problem 315, 333
-- Redirect 315, 321, 333
-- Source Quench 315, 333
-- Time Exceeded 315, 318, 320, 321, 333
IDs
- Bridges 69
IEEE
- Gruppenadressen 38
IGRP
- Features 194, 216
- Konfigurieren 195, 196, 197, 198, 199, 241, 247
- Metriken 201
-- Konfigurieren 201
- Pakete
-- log messages, anzeigen 196, 239
- Umwandlung von RIP 206, 207, 209
- Updates
-- log messages, anzeigen 196, 239
- versus RIP 194, 216
infinite-distance, Routen 191
interessante Pakete 379
Interface
- Informationen anzeigen 622
- Switche
-- Nummerierung 623
interface serial, Befehl 436
interne Routingprotokolle 214, 618
Inverse ARP 442, 444, 514
IP 465
- Access-Listen, erweiterte
-- Details anzeigen von 472, 479
-- Matchingparameter 477, 489
- Access-Listen, Standard 465
-- Details anzeigen von 472, 479
-- Matchingparameter 477, 489

- Adressen
-- Private Addressing 295
-- Übersetzung für ungültige Hosts mit NAT 305
- CIDR 292, 293, 294
- IP Version 4 292
- IP Version 6 292
- Konfiguration 318
- NAT 292, 305
- Pakete
-- Filterung 465
- Private Addressing 292
- Routingprotokolldetails anzeigen 196, 239, 247, 610
- Routing-Tabellen anzeigen 196, 239, 247
ip access-group, Befehl 471, 479
IP Access-Listen
- siehe Access-Listen 465
ip address, Befehl 43
ip classless, Befehl 274, 275, 278, 280
ip default-gateway, Befehl 43
ip default-network, Befehl 277
ip mtu, Befehl 328
ip route, Befehl 276
IP-Adressen
- anzeigen 44
- Setting 43
IP-Adressierung
- Adressklassen 132
- Adress-Struktur erkennen 142, 143, 145
- Konfigurieren 180, 181
- NAT 296, 298, 304
- Sekundäre Adressen 322
- Subnetting 133
-- Binär-Umrechnung 137, 138
-- Herleitung der Subnetz-Broadcastadresse 151, 157
-- Subnetz-Tabelle, Erstellen 153
- Subnetzliste
-- erstellen 162, 163, 164, 165, 167
ISDN (Integrated Services Digital Network) 363
- ankommende Telefonnummern, Bestimmung 375
- BRI 365
-- DDR-Parameter, anzeigen 377
- CHAP 352

– – Konfiguration 353, 354, 356
– DDR 375, 377
– – Einwahl 384
– – Legacy-Konfiguration 378, 379, 380, 383, 384, 385, 388
– dialer groups
– – Aktivierung 375
– Funktionsgruppen 369, 371, 372
– home-based 372
– Kanäle 365
– Layer-2-Mitteilungen
– – anzeigen 377
– Layer 3 messages, anzeigen 377
– Modems 372
– Multilink PPP
– – Konfigurieren 399, 400, 402
– out-of-band, Signalisierung 368
– PAP 352
– PRI 365
– Protokolle 366, 402
– Referenzpunkte 369, 371, 372
– signalisieren 378
– SPIDs 368
– – Bestimmung 375
– Statusinformation anzeigen 377
– Switche
– – Bestimmung to router 375
isdn answer1, Befehl 375
isdn spid1, Befehl 374, 375
isdn spid2, Befehl 375
isdn switch-type, Befehl 375
I-series ISDN-Protokolle 366
ISL (Inter-Switch Link) Trunking 328, 329, 334
– VTP Pruning 110, 111

K
Kanäle
– ISDN 365
keepalive, Befehl 436
Klasse-B-Netzwerke
– Netzwerkmasken 133
Klasse-C-Netzwerke
– Netzwerkmasken 133
Klassen von Netzwerken 132
Kollisionsdomains 102
Konfiguration
– CHAP 353, 354, 356

– DDR
– – Einwahl 384
– Router
– – IP 318
– Trunks 112
Konfigurationsdateien
– Switche
– – anzeigen der Versionsinformation 44
Konfigurieren
– erweiterte IP Access-Listen 476
– – Beispiel 479, 481
– Frame Relay 435, 437
– – hybrid 450, 452, 453
– – teilweise vermascht 445, 447, 449, 450
– – voll vermascht 437, 438, 439, 440, 441, 442, 444, 445
– HDLC 344, 348, 349
– IGRP 195, 196, 197, 198, 199, 241, 247
– – Metriken 201
– IP-Adressen 180, 181
– ISDN
– – Authentifizierung 354
– – DDR 375, 377
– Legacy DDR 378, 384
– – Auslösen der Einwahl 379, 380
– – Beispielkonfigurationen 385, 388
– – signalisieren 383, 384
– Namens-IP Access-Listen 483, 487
– RIP 195, 196, 197, 198, 241, 247
– – debug, Befehlsanzeige 203, 205, 206
– sekundäre IP-Adressierung 322
– Standard Access-Listen 472, 473, 475
– Standardrouting 274, 275, 278, 280
Konvergenz 215, 618
– STP 73, 74, 75, 94
Kriterien
– für Standard Access-Listen 474, 475
– für STP Weiterleitungs-Status, Aktivierung 67, 68, 94
– für erweiterte IP Access-Listen 478

L
LANs
– VLANs
– – ISL Trunking 328, 329, 334
– – VTP 108, 109

LAPB (Link Access Procedure Balanced) 345
LAPF (Link Access Procedure Frame Bearer Services) 421, 646
Layer-3-Adressierung
- Frame Relay 428, 429, 431, 455
- hybrid Netzwerke
-- Frame-Relay-Konfiguration 450, 451, 453
- Layer-2-Adressverküpfungen 440, 441, 442, 444, 445
- teilweise vermaschte Netzwerke
-- Frame-Relay-Konfiguration 445, 447, 449, 450
- voll vermaschte Netzwerke
-- Frame-Relay-Konfiguration 438, 439, 440
LCP (Link Control Protocol) 349, 350
Legacy-DDR-Konfiguration 378
- Auslösen der Einwahl 379, 380
- Beispielkonfigurationen 385, 388
- signalisieren 383, 384
- Verbindungsende 384
Lernen-Status
- (Spanning Tree) 75, 94
Lernen-Status (STP) 75
Link-State-Routingprotokolle 214, 618
LMI 420, 421, 422
LMI (Local Management Interface) 414, 416, 647
lokale Adressierung 423
Looped Link Detection
- PPP 350
Loops
- Troubleshooting 188
Loopvermeidung
- Distanzvektor Protokollfeatures 187, 215
-- Holddown Timer 192, 193, 194
-- Roison Reverse 192
-- Split Horizon 188, 191
- STP 65, 67, 78, 79
-- designierter Port 71
-- Konvergenz 73, 74, 75, 94
-- timers 72
-- Wahl der Rootbridge 69, 70
-- Weiterleitungs-Status 67, 68, 93
LQM (Link Quality Monitoring) 350, 351

M
MAC-Adressen
- Broadcastadressen 38
- LAN card Addressing 38
- Multicast-Adressen 38
- Tabellen anzeigen 44
magische Zahlen 351
Masken
- Netzwerkmasken
-- Klasse-B-Netzwerke 133
-- Klasse-C-Netzwerke 133
MaxAge timer, STP 73
maximum transmission unit, siehe MTU 327
MD5 (Message Digest 5) 352
Message Digest 5 352
Metriken
- hop count 185, 187
- IGRP 201
-- Konfigurieren 201
Mitteilungen
- ICMP 314
-- Destination Unreachable 316, 317, 318
-- Echo Request/Reply 315
-- Redirect 321
-- Time Exceeded 318, 320, 321
Modems, ISDN 372
MTU (maximum transmission unit) 327
mtu, Befehl 328
multiaccess-Netzwerke
- Frame Relay 414
-- Broadcast-Handhabung 432
-- DLCI 422, 423, 424, 426, 427
-- Konfigurieren 435, 437, 438, 439, 440, 441, 442, 444, 445, 447, 449, 450, 452, 453
-- Layer-3-Adressierung 428, 429, 431, 455
-- LMI 420, 421, 422
-- VCs 415, 417, 418, 419
Multicast-Adressen
- MAC-Adressen 38
Multilink PPP 399, 400, 402

N
Namens-IP Access-Listen 483, 487
- Vergleich mit nummerierten Access-Listen 483

NAT (Network Address Translation) 292, 296, 298, 304, 305
NBMA (nonbroadcast multiaccess) 416, 647
Network Address Translation, siehe NAT 292
network, Befehl 195, 196, 197, 198
Network Unreachable code (Destination Unreachable ICMP message) 316
Netzwerke
- Frame Relay 414
- - Broadcast-Handhabung 432
- - DLCI 422, 423, 424, 426, 427
- - Konfigurieren 435, 437, 438, 439, 440, 441, 442, 444, 445, 447, 449, 450, 452, 453
- - Layer-3-Adressierung 428, 429, 431, 455
- - LMI 420, 421, 422
- - VCs 415, 417, 418, 419
- Klasse B
- - Netzwerkmasken 133
- Klasse C
- - Netzwerkmasken 133
- private Internets 295
- zusammenhängende 272
Netzwerklayer
- ISDN-Spezifikationen 366, 403
Netzwerkmasken
- Klasse-B-Netzwerke 133
- Klasse-C-Netzwerke 133
Netzwerknummern
- zusammenfassen mit CIDR 293, 294
Next-Hop Router
- Routingtabellen-Einträge 185
nicht-zusammenhängende Netzwerke 272
no debug all, Befehl 207
no router rip, Befehl 208
NT1 (Network Termination Type 1) ISDN Funktionsgruppe 371
NT1/NT2 (Network Termination Type 1/ Network Termination Type 2) ISDN Funktionsgruppe 371
NT2 (Network Termination Type 2) ISDN Funktionsgruppe 371
nummerierte IP Access-Listen
- Vergleich mit Namens-IP Access-Listen 483

O
OSI
- Datenverbindungs-Layer
- - ISDN-Spezifikationen 366, 402
- Netzwerklayer
- - ISDN-Spezifikationen 366, 403
- physikalischer Layer
- - ISDN-Spezifikationen 366, 402
out-of-band Signalisierung
- ISDN 368

P
Pakete
- Fragmentierung 327
- IGRP
- - log messages, anzeigen 196, 239
- interessant 379
- IP, Filterung 465
- MTU 327
- Standardrouting 274, 275, 278, 280
Paketfilterung
- Access-Listen
- - Wildcardmasken 469, 470
- erweiterte IP Access-Listen 476
- - Beispiel 479, 481
- Namens-IP Access-Listen 483, 487
- Standard Access-Listen 465
- - Features 467
- - Konfigurieren 472, 473, 475
- - Matchinglogik 467, 468
PAP (Password Authentication Protocol) 352
Parameter, Problem, ICMP message 315, 333
partial mesh, Netzwerke 418, 419
partial-mesh, Frame-Relay-Netzwerke
- Konfigurieren 445, 447, 449, 450
Password Authentication Protocol, siehe PAP 352
periodische Updates 184
physikalischer Layer
- ISDN-Spezifikationen 366, 402
ping Befehl 178, 179, 181, 182, 315, 318
Port Unreachable code (Destination Unreachable ICMP message) 317
Ports
- Switche zuweisen zu VLANs 112

– vty Ports
– – controlling access mit IP Access-
   Listen 485
PPP 348, 356
– Error Detection 350
– Konfigurieren 344, 348, 349
– LCP 349, 350
– Looped Link Detection 350
– LQM 351
– magische Zahlen 351
ppp multilink, Befehl 401
PRI (Primary Rate Interface), ISDN 365
Private Addressing 295
– IP 292
private Internets 295
Protocol Unreachable code (Destination
   Unreachable ICMP message) 316
Protokolle
– ISDN-Protokolle 366, 402
Protokolltypfeld 347
Prüfungsvorbereitung
– IP-Adressierung
– – Adress-Struktur erkennen 142, 143,
   145
– – Erstellen einer Subnetz-Tabelle 153
– – Herleitung der Subnetz-Broadcast-
   adresse 151, 157
Pruning
– VLANs
– – Deaktivierung 112
– VTP Trunks 110, 111
PVCs (permanent virtual circuits) 415,
   418
– DLCI 422, 423, 424, 426, 427

Q
Q-Serie, ISDN-Protokolle 366

R
R ISDN, Referenzpunkt 372
Redirect ICMP message 315, 321, 333
Redirect messages 321
Referenzpunkte
– ISDN 369, 371, 372
Reseller
– erforderliche Zertifizierung 12
RIP
– Features 194, 216
– hop count 185, 187

– Konfigurieren 195, 196, 197, 198, 241,
   247
– – debug Befehlsanzeige 203, 205, 206
– Umwandlung in IGRP 206, 207, 209
– Updates
– – log messages, anzeigen 196, 239
– versus IGRP 194, 216
Roison Reverse 188
Rootbridge 69
– Spanning Tree 69
– – Rootport 68, 94
– Auswahlprozess 69, 70
Rootport 68, 71
– Spanning Tree 68, 94
Route Poisoning 188, 215
Routen
– counting to infinity 202
– Split Horizon 202
– Troubleshooting
– – wenn mehrere Routen zum selben
   Subnetz gehen 209
Routenzusammenfassung 272
Router
– Konfigurationen
– – IP 318
– Next-Hop
– – Routingtabellen-Einträge 185
router igrp, Befehl 195, 238, 247, 306
router rip, Befehl 195, 238, 247, 306
Routing
– Loops
– – Troubleshooting 188
– Typ, siehe Routingprotokolle 610
Routingloops
– STP 65, 67, 78, 79
– – designierter Port 71
– – Konvergenz 73, 74, 75, 94
– – Root-Ports 71
– – Timer 72
– – Wahl der Rootbridge 69, 70
– – Weiterleitungs-Status 67, 68, 93
Routingprotokolle 214, 618
– Distanzvektor
– – Auto Summarization 272
– – equal-cost Routen 209, 211
– – Holddown Timer 192, 193, 194
– – IGRP 199, 201
– – Loopvermeidung 187, 215
– – Roison Reverse 192

– – Routenzusammenfassung 272
– – Routingverhalten 184
– – Split Horizon 188, 191
– – Vergleich 195
– Distanzvektor, Routingprotokolle
– – Konvergenz 187, 188, 215, 216
Routing-Tabellen
– Distanzvektor, Protokolle 184, 185, 234, 249
– IP anzeigen 196, 239, 247
Routingupdate Timer 187

S
S ISDN, Referenzpunkt 372
S/T ISDN, Referenzpunkt 372
SDLC (Synchronous Data Link Control) 348, 356
sekundäre IP-Adressen 322
show access-lists, Befehl 472
show controllers bri, Befehl 377
show dialer interface bri, Befehl 377, 389
show interfaces bri, Befehl 377, 388
show ip, Befehl 44
show ip interface, Befehl 472
show ip protocol, Befehl 196, 207, 209, 239, 247
show ip route, Befehl 178, 181, 201, 206, 208
show isdn active, Befehl 389
show isdn, Befehl 377
show isdn status, Befehl 389
show version, Befehl 44
Sicherheit
– Access-Listen
– – Matchinglogik 467, 468
– – Wildcardmasken 469, 470
– Authentifizierung
– – CHAP 352
– – PAP 352
– erweiterte Access-Listen 468
– erweiterte IP Access-Listen 476
– – Beispiel 479, 481
– Namens-IP Access-Listen 483, 487
– Standard Access-Listen 465
– – Features 467
– – Konfigurieren 472, 473, 475
Signalisierung
– ISDN 378

– ISDN DDR 383, 384
Source Quench ICMP message 315, 333
Spanning Tree
– Blockieren-Status 68, 94
– CBPDUs 68
– designiert 68, 94
– Features von 76
– Funktionen von 75, 76
– port states 72
– Rootbridge 68, 94
– – electing 69
– Timer
– – Forward Delay 73
– – Hello time 73
– – MaxAge 73
– Weiterleitungs-Status 68, 94
Speichern
– Switch, Konfigurationsfiles 622
SPIDs (service profile identifiers) 368
– Bestimmung 375
Split Horizon 188, 191, 202, 215
– mit Roison Reverse 188, 192, 215
Standard Access-Listen 465
– Features 467
– Konfigurieren 472, 473, 475
– Matchinglogik 467, 468
Standard IP Access-Listen 465
– Anwenden auf vty Ports 485
– anzeigen 472, 479
– Matchingparameter 477, 489
Standard-Portkosten
– STP 72, 94
Standardrouting 274, 275, 278, 280
STP (Spanning Tree Protocol) 65, 67, 78, 79
– designierter Port 71
– Konvergenz 73, 74, 75, 94
– Rootport 71
– Timer 72
– Wahl der Rootbridge 69, 70
– Weiterleitungs-Status 67, 68, 93
– – lowest-cost hello, berechnen 71
Subinterfaces 430
Subnetting 133
– Binär-Umrechnung 137, 138
– Herleitung der Subnetz-Broadcast-adresse 151, 157
Subnetze
– direkt angeschlossene 183

Stichwortverzeichnis **663**

– equal-cost Routen 209, 211
– zusammenhängende 272
Subnetzliste
– erstellen 162, 163, 164, 165, 167
Subnetzmasken
– Binär-Umrechnung 144
Subnetznummern
– anzeigen 531
Subnetz-Tabelle
– erstellen 153
SVCs (switched virtual circuits) 416, 418, 650
Switche
– Adresskonflikte 622
– ISDN
– – Bestimmung für den Router 375
– Konfigurationsdateien, Anzeigen der Versionsinformation 44
– Ports zuweisen zu VLANs 112
synchrone serielle Datenverbindungsprotokolle
– Vergleich 346
synchrone serielle Mietleitungen
– HDLC protocol 346
– LAPB protocol 346
– PPP 346
Synchronous Data Link Control, siehe SDLC 348, 356
syntax
– erweiterte IP Access-Listen 480
– Namens-IP Access-Listen 483
– Standard Access-Listen 472

T
T ISDN, Referenzpunkt 372
TA (Terminal adapter) ISDN Funktionsgruppe 371
Taktgeber 345
TCP/IP
– FTP 324, 325, 326
– ICMP 314
– – Destination Unreachable message 315, 316, 317, 318, 333
– – Echo message 315, 316, 333
– – Echo Request/Reply messages 315
– – Parameter Problem message 315, 333
– – Redirect message 315, 321, 333
– – Source Quench message 315, 333

– – Time Exceeded message 315, 318, 320, 321, 333
– IP-Adressierung
– – Adressklassen 132
– – Adress-Struktur erkennen 142, 143, 145
– – CIDR 293
– – Herleitung der Subnetz-Broadcastadresse 151, 157
– – Konfigurieren 180, 181
– – NAT 296, 298, 304
– – private Adressierung 295
– – Sekundäre Adressen 322
– – Subnetze 133, 137, 138
– – Subnetzliste erstellen 162, 163, 164, 165, 167
– – Subnetz-Tabelle erstellen 153
– TFTP 326, 334
TE1 (Terminal Equipment 1) ISDN Funktionsgruppe 371
TE2 (Terminal Equipment 2) ISDN Funktionsgruppe 371
TE2 (Terminal Equipment 2), Geräte 370
TFTP 326, 334
Time Exceeded ICMP message 315, 320, 333
Time Exceeded messages 318, 320, 321
Timer
– Routingupdate Timer 187
– STP 72
tr 109, 110, 122
trace, Befehl 319
traffic-share, Befehl 196, 247
transparenter Modus (VTP) 110
Troubleshooting
– Routen, mehrere Routen zum selben Subnetz 209
Trunking
– ISL 328, 329, 334
– VTP 108
– – Betriebsmodus 109
Trunks
– Konfigurationen 112
– Status anzeigen 112

U
U ISDN, Referenzpunkt 372
Übergehen zu IGRP 206, 207, 209
unreachable codes (ICMP) 316

V
variance, Befehl 196, 211, 247
VCs (virtual circuits) 415, 417, 418, 419
- PVCs
-- DLCI 422, 423, 424, 426, 427
Vergleich
- Distanzvektor, Routingprotokolle 195
- WAN-Optionen 342
- WAN-Protokolle 346
Verhalten
- von Distanzvektor, Routingprotokollen 184
Verhinderung
- Routingloops
-- Holddown Timer 192, 193, 194
-- Roison Reverse 192
-- Split Horizon 188, 191
- Routingloops mit STP 65, 67
-- designierter Port 71
-- Konvergenz 73, 74, 75, 94
-- Timer 72
-- Wahl der Rootbridge 69, 70
-- Weiterleitungs-Status 67, 68, 93
Verweigerungsanweisung (Access-Listen) 467
VLANs
- Benennen 112
- Bestimmung 112
- Information anzeigen 112, 632
- Parameter
-- Verifizierung 634
- Pruning 110, 111
-- Deaktivierung 112
- Switchports zuweisen zu 112
- Trunking
-- ISL 328, 329, 334
- Trunks
-- Konfigurationen 112
-- Status, anzeigen 112
- VTP
-- Advertisements 108
-- Betriebsmodus 109
-- Client-Modus 109, 110, 122
-- Funktionen von 110, 122
-- Parameter, Bestimmung 112
-- Parameter, Standard wiederherstellen 112
-- Pruning 110, 111
-- Servermodus 109, 110, 122

-- Status, anzeigen 112
-- transparenter Modus 109, 110, 122
voll vermaschte Frame-Relay-Netzwerke 418
- Konfigurieren 437, 438, 439, 440, 441, 442, 444, 445
VTP
- Advertisements 108
- Betriebsmodus 109
- Client-Modus 109, 110, 122
- Funktionen 110, 122
- Parameter
-- Bestimmung 112
-- Standard wiederherstellen 112
- Pruning 110, 111
- Servermodus 109, 110, 122
- Status anzeigen 112
- transparenter Modus 109, 110, 122
vty Ports
- Access-Listen, anwenden 485
- controlling access mit IP Access-Listen 485

W
WANs
- Data-Link-Protokolle
-- Konfigurieren 344, 348, 349
-- Protokolltypfeld 347
-- Vergleich 346
- Error Recovery 347
- Frame Relay 414
-- Broadcast-Handhabung 432
-- DLCI 422, 423, 424, 426, 427
-- Konfigurieren 435, 437, 438, 439, 440, 441, 442, 444, 445, 447, 449, 450, 452, 453
-- Layer-3-Adressierung 428, 429, 431, 455
-- LMI 420, 421, 422
-- VCs 415, 417, 418, 419
- ISDN 363
-- CHAP 352
-- DDR 375, 377
-- Funktionsgruppen 369, 371, 372
-- Heim-basiert 372
-- Kanäle 365
-- Legacy-DDR-Konfigurationen 378, 379, 380, 383, 384, 385, 388
-- Multilink PPP 399, 400, 402

– – out-of-band-Signalisierung 368
– – PAP 352
– – Protokolle 366, 402
– – Referenzpunkte 369, 371, 372
– – SPIDs 368
– PPP 348, 356
– – Error Detection 350
– – LCP 349, 350
– – Looped Link Detection 350
– Protokolle
– – SDLC 348, 356
– Vergleich 342

Weiterleitung 65, 78, 79
Weiterleitungs-Status (Spanning Tree) 75, 94
Weiterleitungs-Status (STP) 67, 68, 93
– lowest-cost hello, berechnen 71
Wildcardmasken 469, 470

Z
Zertifizierung
– Reseller-Anforderungen 12
zusammenhängende Netzwerke 272

... aktuelles Fachwissen rund um die Uhr – zum Probelesen, Downloaden oder auch auf Papier.

www.InformIT.de

InformIT.de, Partner von **Markt+Technik**, ist unsere Antwort auf alle Fragen der IT-Branche.

In Zusammenarbeit mit den Top-Autoren von Markt+Technik, absoluten Spezialisten ihres Fachgebiets, bieten wir Ihnen ständig hochinteressante, brandaktuelle Informationen und kompetente Lösungen zu nahezu allen IT-Themen.

wenn Sie mehr wissen wollen ...   **www.InformIT.de**

Neue
LAN-WAN-Analysemethoden!

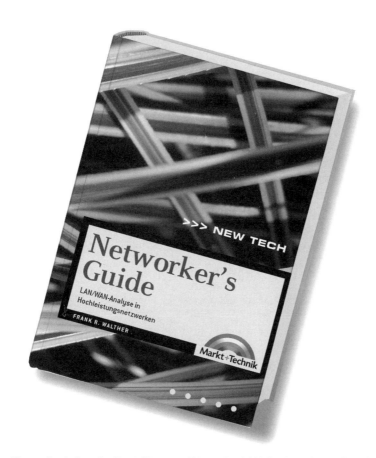

Dieses Buch beschreibt völlig neue Wege der LAN-Analyse, besonders für Gigabit-Ethernet-Netzwerke. Es nennt die bisherigen Defizite und die daraus entstandenen Verluste, aber auch die umfangreichen Möglichkeiten zu neuen Analysemethoden. Es trägt wesentlich zu kostensparenden Analyse-Methoden im Unternehmen bei. Auf CD: Testversion des Analyseprogrammes TraceMagic und komplette erste Auflage des Buches als E-Book.

Von Frank R. Walther
ISBN 3-8272-**6502**-9, 704 Seiten, 1 CD
€ 59,95 [D]

Sie sind Administrator, Webdeveloper oder Programmierer? Und wollen stets auf der Höhe der Zeit sein? New tech bietet Ihnen aktuelles Wissen zu den Themen Betriebssystem, Netzwerk, Internet, Datenbank und Programmierung. Aktuell, professionell und konkret.

Unter **www.mut.de** finden Sie das Angebot von Markt+Technik.

COSMOS CONSULTING

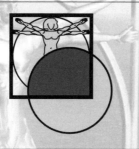

IT DIENSTLEISTUNGEN

Was können wir für Sie tun?

Suchen Sie Ressourcen oder Know-How für Ihre IT-Projekte? Wir können Sie in folgenden Bereichen unterstützen:

COSMOS NET — Beratung, Konzeption und Realisierung von komplexen Netzwerken und Serviceleistungen

COSMOS DEV — Individuelle oder angepaßte Softwareentwicklungen für Ihre Arbeitsprozesse

COSMOS ISP — Anbindung Ihres Unternehmens an das Internet mit allen verfügbaren Services

COSMOS WEB — Grafische und funktional überzeugende Entwicklung Ihres Web-Auftritts

COSMOS TEC — Auf Sie zugeschnittene Hardwareprodukte, herstellerübergreifend oder aus unserem Haus

COSMOS COM — Telefonanlagen eingebunden in Ihre IT-Infrastruktur

COSMOS TEACH — Effektive Schulungen die mit Ihnen zur Lösung führen

COSMOS PRESS — Unabhängiger Journalismus

Die Synergien unserer Geschäftsbereiche bieten Ihnen die Möglichkeit, auf ein einzigartiges Wissensnetzwerk zurückzugreifen - Wir entwickeln für Sie Lösungen, die sich an internationalen Standards und marktführenden Herstellern orientieren. Fordern Sie detaillierte Informationen zu unseren Geschäftsfeldern an oder vereinbaren Sie mit uns einen Termin, damit wir Ihnen ein Angebot erstellen können.

DAS IT-Systemhaus

Cosmos Consulting GmbH   Klenzestr.23   80469 München   Tel.: +49 89 451503 0   Fax: +49 89 451503 800   info@cosmosnet.de